마가복음

설교자를 위한 신학적 주석

마가복음

1쇄 발행 2022년 12월 2일

지은이 아브라함 쿠루빌라
옮긴이 박광진
펴낸이 고종율

펴낸곳 주)도서출판 디모데〈파이디온선교회 출판 사역 기관〉
등록 2005년 6월 16일 제 319-2005-24호
주소 서울특별시 서초구 서초대로 141-25(방배동, 세일빌딩)
전화 마케팅실 070) 4018-4141
팩스 마케팅실 02) 6919-2381
홈페이지 www.timothybook.com

ISBN 978-89-388-1691-7 (04230)
978-89-388-1692-4 (세트)

마가복음

설교자를 위한
신학적 주석

아브라함 쿠루빌라 지음 박광진 옮김

ἵνα ὦσιν μετ' [Ἰησοῦ]

καὶ ἵνα ἀποστέλλῃ αὐτοὺς κηρύσσειν(막 3:14)

예수님과 함께 있게 하고,

또 그분의 부르심을 받아 말씀을

선포하도록 학생들을 가르치는

댈러스신학교 목회학부 교수님들에게

이 책을 헌정합니다.

차례

제2막 "길에서"-예수님의 사명 수용하기

제3막 예루살렘-예수님께 신실하기

감사의 말

"…형제와 자매와 어머니와 자식과…"
마가복음 10:30

나는 여러 사람의 도움으로 이 자리에 이를 수 있었다. 그들은 지난 수년간 내가 연구자와 설교자 그리고 교수로서의 삶을 넘어 이 책에 담긴 철학을 세우도록 응원해주었다. 이들을 내 삶에 허락해주신 하나님께 감사드린다. 특히 나의 부족한 모습을 인내하며 감싸준 아버지와 형을 비롯해 모든 가족에게 말로는 다하지 못할 고마움을 전한다.

지난 2년간 모건(Morgans)과 그의 가족은 나를 만날 때마다, 집필이 순조롭게 진척되고 있는지 관심을 보였다. 그들에게 책을 잘 쓰고 있다고 말하기 위해서라도, 나는 작업에 열중할 수밖에 없었다. 그리고 드디어 마침표를 찍는다. 그들의 사랑과 기도가 (그리고 식사까지도) 나에게 큰 도움이 되었다. 깊은 감사를 전한다.

나의 은사이자, 지금은 동료 교수로서 이웃에 사는 티모시 워런(Timothy Warren) 교수는 공원으로 가는 길에 종종 우리 집에 들러 그의 상징인 보라색 잉크로 원고의 개선할 부분을 표시해주었다. 언제나 그랬듯이, 나는 그의 조언을 기꺼이 받아들였다.

이 책이 완성되기까지 댈러스신학교의 내러티브 설교학 수업(마가복음 설교를 다루는 PM104 수업)에 참가한 많은 학생이 힘든 시간을 보냈다. 그들은 자원하여 내가 해석한 바를 실험할 수 있는 대상이 되어주었고, 유능한 그들이 의욕적으로 참여해주어 모든 수업이 즐거운 실험장이 될 수 있었다. 그 과정에서 그들도 무언가를 배웠겠지만, 오히려 내가 그들을 통해 더 많은 것을 배웠다. 그들을 내게 허락하신 하나님께 감사드린다. 특히 매 학기마다 그들이 마가의 위대한 작품으로 설교하는 것을 듣는 것은 내게 큰 특권이고 기쁨이었다.

지난 수십 년간 제2복음서와 관련된 설교학 주제에 세심한 주의를 기울여준 댈러스신학교 목회학부 동료 교수들에게 감사드린다. 그들은 자신의 학생들이 내러티브 본문을 설교하는 법뿐만 아니라, 그 위대한 말씀에 담긴 교훈을 마음으로 받아들이도록 열정을 다해 가르쳤다. 특히 동료 교수들은 학생들이 '믿음과 희생의 예배를 드리기 위해 치러야 하는 대가'(2011년도 봄 학기 강해 설교 강의 계획표)를 기꺼이 받아들이도록 힘썼다. 교실 안팎에서 수고하는 댈러스신학교 교수들에게 이 책을 헌정한다. 내가 이들의 동료인 것이 너무나 자랑스럽다.

지난 수년간 나는 많은 동료 그리고 학생들과 함께 마가복음에 사용된 키에즘(chiasms, 동심 구조/구분)과 마가가 말하고자 하는 '본문의 세계'에 대해 논의해왔다. 그 가운데 몇 사람은 이 주석의 초안을 면밀하게 검토해주었다. 이 과정에서 여러 이슈에 대해 나와 격렬히 토론하며 지혜로운 피드백을 준 그들에게 감사드린다. 특히 토미(Tommy)와 캐롤라인 부이(Caroline Buie), 존 힐버(John Hilber), 릭(Rick)과 제니 디무지오(Jenny DiMuzio), 후안 에클라린(Juan Eclarin), A. K. 쿠루빌라(A. K. Kuruvilla)가 큰 역할을 해주었다. 이들의 수고를 잊지 못할 것이다.

무엇보다 이 책을 집필하며 마가복음을 다시 연구하는 것 자체가 내게는 축복이었다. 이 과정에서 나는 제자도의 여정을 재검토하고 평가하는 유익한 시간을 보냈다. 또한 섬김을 받으려 함이 아니라 도리어 섬기려 하고 자기 목숨을 나의 대속물로 주신, 주 예수 그리스도를 더 깊이 믿고 사랑하게 되었다.

아브라함 쿠루빌라

들어가는 말

목적, 목표, 전제, 구조, 활용법

미국의 학자이자 철학자인 리처드 위버(Richard Weaver, 1910-1963)는 한때 다음과 같이 주장했다. "정직한 수사학자는 두 가지를 염두에 둔다. 먼저 이상적이며 윤리적인 측면에서 마땅히 요구되는 내용을 염두에 두어야 하고, 다음으로는 청중의 특수한 상황을 고려해야 한다. 수사학자는 이 두 가지를 모두 책임져야 한다."[1] 이 책임은 설교자에게도 동일하게 적용될 수 있다. 설교자는 성경 본문(이상적이고 윤리적인 측면에서 마땅히 요구되는 내용)과 청중의 세계(청중의 특수한 상황)를 책임지고 다루어야 한다. 이것이 설교의 핵심이다. 설교는 성경 본문에 나타난 삶의 거룩한 지침을 청중의 상황에 대입하는 것이고, 하나님의 공동체가 하나님의 영광을 위해 하나님의 뜻에 따라 살게 하는 것이다. 즉, 고대 문서가 현대 청중에게 적용되도록 해야 하는 것이다. 설교를 준비하는 과정에서 중요한 것은 이러한 적용이 본문의 의도에 충실해야 하는(권위성) 동시에 청중에게 맞추어져야 한다는(연관성) 것이다. 즉, 성경 본문이라는 과거의 글을 청중의 현재로 연결하는 작업이 설교자가 해야 할 과업이다. 이 주석은 설교자가 본문을 삶의 실제로 이식하도록 돕고자 하는 광범위한 시도의 일환이다.

1 Weaver, *Language Is Sermonic*, 211.

본 주석의 목적[2]

본 주석의 관심사는 텍스트가 어떻게 삶의 적용으로 옮겨갈 수 있는지를 알아보는 것이다. 여기서 텍스트는 매주 드리는 회중 예배에서 사용되는 성경 텍스트 가운데 일부분, 즉 설교 단위의 본문(pericope)을 말한다.[3] 본문은 회중 모임에서 다루어지는 성경의 가장 기본적인 텍스트 단위이며, 매주 선포되는 성경 말씀의 기본 요소다. 성경 말씀의 일부분인 한 본문에서 그리스도인의 삶으로 전달되어야 하는 것은 무엇일까? 청중이 반드시 들어야 할, 본문의 저자가 이야기하고자 하는 정확한 의미는 무엇인가?[4]

본문 신학

고대 문서가 적용을 통해 현대 청중의 삶에 나타나기 위해서는 결정적으로 본문 신학이라는 요소가 필요하다고 이미 제안한 바 있다. 본문 신학은 독자들에게 하나님의 우선순위, 원리, 실천이 나타나도록 이어주는 이념적 수단이다.[5] 이러한 종류의 신학은 그리스도인에게 '이상적이고 윤리적인 것이 무엇인지'를 알려준다. 따라서 성경 본문은 남녀 모두가 자신들의 삶을 본문에 계시된 신학에 맞추도록 초대하는 문학적 수단이다. 그리고 모든 설교의 목표는 하나님의 백성을 매주 선포되는 성경 본문의 신학으로 점차 정렬시키는 것이다. 그러므로 한 본문에서 다음 본문으로 이어나갈 때 그리스도인의 삶은(개인과 공동체 모두) 다양한 모습 속에서 하나님의 창조 목적(자라나는 신앙, 살아나는 소망, 확고한 신뢰, 좋은 습관, 새로운 성향, 다듬어지는 인격, 그리스도를 닮아감)과 점진적으로 부합되어야 한다.[6] 이것이 설교의 목표다.

---

2 학문적 설명에 대해 특별히 관심이 없다면 건너뛰어도 무관하다. 그러나 이 '들어가는 말'의 끝 단락인 '주석 사용법'은 유익할 것이다.

3 '본문'(pericope)은 복음서의 일부분을 지칭할 때 대개 사용되는 용어이지만, 본서에서는 장르나 길이를 불문하고 하나의 설교를 위한 본문으로서의 성경 말씀의 범위를 가리키기 위해 사용된다.

4 본 주석의 목적상 성경의 저자를 지칭할 때 인간 저자와 하나님 저자를 구분하지 않는다. 저자를 지칭할 때 '마가'는 '마가/성령 하나님'으로 이해하면 된다.

5 본 주석의 해석학적 근거에 대한 더 상세한 설명은 Kuruvilla, *Text to Praxis*, 142–90을 참조하라. 같은 저자의 'Pericopal Theology'도 참조하라.

6 Tertullian, *Apol.* 39에서 수정하여 인용됨.

각 본문의 신학은 매주 삶을 변화시키는 근거가 되고, 그 모든 본문 신학이 모여 하나님이 자신의 백성과 맺으시는 관계에 대한 완전하고도 온전한 이해를 형성한다. 그러므로 정기적인 예배에서의 본문 해석은 성경 전체를 포괄하는 비전의 일부로서 특정 본문을 묘사해야 한다. 즉, 각각의 설교는 특정한 본문에서 하나님에 대해, 또 하나님이 인간과 맺으시는 관계에 대해 무엇을 주장하고 있는가를 설명하면서 본문의 신학을 나타내야 한다. 이렇게 할 때에만 비로소 타당한 적용이 설교에서 제시될 수 있다. 이는 설교자가 하나님의 백성에게 자신의 삶을 매주 선포되는 본문의 신학으로 정렬할 것을 권면함으로써 가능하다. 본문의 신학이 곧 하나님이 생각하시는 '이상적이고 윤리적인 것'이다. 이러한 구체적인 적용을 도출해낼 때, 성경이 신자와 교회 공동체의 삶으로 나타나는 것이다.

따라서 본 주석의 핵심은 다음과 같다. 설교자를 위해 각 본문의 신학을 설명함으로써('신학적 초점'에서는 본문 신학을 한 문장으로 담아냈다), 설교자가 이 중대한 과정을 통해 타당한 적용이 제시되는 설교를 하도록 돕는 것이다. 타당한 적용은 권위와 연관성을 모두 갖추어야 한다. 본문의 신학적 중점에서 끌어낸 적용은 본문 신학과 밀접하게 연관되어 있기에 권위를 지닌다. 본문 신학은 본문을 자세히 읽어나갈 때 얻게 되며, 주어진 본문에 특정(特定)된다. 신학적 초점에서 파생된 적용은 청중의 상황을 뚜렷이 인식한 목회자가 그들의 처지와 관련된 구체적인 적용을 설교할 때 연관성이 생긴다. 그러므로 설교는 두 가지 과정을 거친다. 하나는 본문의 신학적 초점을 강해하는 것이고, 또 다른 하나는 이 신학적 초점이 어떻게 실제로 적용될 수 있는가를 설명하는 것이다.

텍스트/본문 ——→ 신학적 초점 ——→ 적용
권위 **연관성**

텍스트에서 신학으로 옮겨지는 첫 번째 과정에서는 권위를 가지고 성경 텍스트에서 의미를 끌어내고, 신학에서 삶으로 옮겨가는 두 번째 과정에서는 연관성을 가지고 청중의 상황 가운데 의미를 부여하는 것이다.[7] 텍스트와 적용 중간에 신학을 두었

7 본 주석은 설교자를 돕기 위해 텍스트에서 신학('신학적 초점')으로 옮겨지는 첫 번째 과정에 많은 부분을 할애한다. 신학에서 설교 및 적용으로 옮겨지는 두 번째 과정은 몇 가지 보편적 지침 외에는 (각 본문마다

을 때의 장점은 선택된 텍스트의 특수한 신학이 본문에서 본문으로 이어지며 매주 연결이 가능하다는 것이다. 이렇게 함으로써 신학적 주제를 지루하게 반복하는 대신, 모든 성경 단권 텍스트의 신학적 사상을 명확하게 발전시킬 수 있다. 이 책은 이러한 방식으로 설교자에게 특별히 도움이 될 것이다. 또한 이 책은 설교자가 각 본문의 신학적 초점을 발견하도록 설교자를 돕는 일에 집중되어 있으므로, 설교자가 마가복음을 분석할 때 본문의 신학적 초점에 쉽게 도달할 수 있을 것이다. 또한 설교자는 신학적 초점을 통해 설교에서 제시할 타당한 적용을 발견할 수 있을 것이다.

본문 신학과 마가복음

마가는 마가복음을 기록하면서 단순히 무언가를 '말하는'(saying) 것이 아니라 자신이 말한 것을 통해 무언가를 '수행하고'(doing) 있다.[8] 물론 마가복음의 이야기가 실제로 일어난 일들을 정확하게 묘사했다는 사실에는 의심의 여지가 없지만(마가의 기록에 대한 진실성을 의심할 이유가 없다), 저자의 신학적 목적을 발견하기 위해 우리는 이야기의 인물과 사건들을 해석해야 할 필요가 있다.[9] 내러티브는 "이야기라는 매개체를 통해 전달되는 복음서 저자의 신학적 관점이다."[10] 각 본문을 통해 하나의 신학적 개념이 전해지는 것이다. 본 주석에서 각 본문을 해석하는 목표는 본문 신학(본 주석에서는 본문 신학이 신학적 초점으로 구체화되어 있다)을 끌어내는 것이다. 마가는 신학적 목적을 염두에 두고 역사적 자료를 사용하고 있다. 어네스트 베스트(Ernest Best)는 이러한 신학적 목적에 목회적 측면이 있다고 주장한다. 마가의 목표는 "그의 독자들을 그리스도인으

두 가지 설교 개요가 주석에서 제시된다) 많은 지면을 할애하지 않을 것이다. 이는 제3자가 특정한 청중을 위해 구체적인 적용을 제시하는 것은 거의 불가능하기 때문이다. 이것은 설교자와 성령 하나님과 청중 사이에 일어나는 일이다.

8 이러한 관점의 '화'행(speech act, 글로 기록된 '텍스트'도 포함됨)은 화용론 분야의 핵심이며, 본문의 신학을 발견할 수 있는 기반을 형성한다. Kuruvilla, *Text to Praxis*, 30–35 그리고 같은 저자의 "Pericopal Theology"를 참조하라.

9 "마가복음은 무언가를 수행하기 위해, 즉 청중을 설득하거나 청중이 무언가를 행하도록 하기 위해 기록되었다. 마가복음의 모든 등장인물은 이 목표를 이루기 위해 등장한다. 또한 모든 등장인물은 그들의 전통적 혹은 역사적 뿌리와 상관없이 이 목표에 종속된다. 마가복음의 저자와 원 독자가 살았던 시대의 글쓰기, 읽기, 듣기는 이러한 방식으로 등장인물을 사용하였다"(Tolbert, "How the Gospel of Mark Builds Character," 349).

10 Marshall, *Faith as a Theme*, 29.

로 세우고, 진정한 제자도란 무엇인지 보여주는 것이다."[11] 따라서 내러티브(이야기의 배치와 구조, 단어 선택과 강조점, 양식과 인물)는 의도를 가진 내레이터의 결과물이다.[12] "이는 역사적 요소가 이야기에서 배제되었다는 뜻이 아니다. 이야기의 전환점이 되는 중요한 부분에서도 역사적 요소는 배제되지 않는다. 대신 사건의 조화, 의미, 방향은 모두 내레이터의 관점을 표현하고 있다."[13] 그러므로 마가복음은 역사로만 읽을 것이 아니라 이야기로 읽어야 한다. 마가복음은 단순히 당시에 어떤 일이 일어났는가를 볼 수 있는 투명한 창문이 아니라 이야기를, 즉 텍스트의 신학을 덧붙여 전하는 스테인드글라스다.[14] 텍스트는 단순히 밖을 내다보는 창문이 아니라 그 자체를 주시해야 할 창문이다.

그러므로 마가복음을 읽을 때는 다른 복음서와는 별도로 독자적으로 읽어야 한다. 만약 이렇게 읽지 않는다면, 마가가 의도하는 이야기와 그의 독자적인 신학적 특징을 놓치게 된다. 저자의 신학적 초점을 이해하고 식별하기 위해서는 각각의 복음서를 거의 독립적인 책으로 바라보아야 한다.[15] 본 주석은 도나휴(Donahue)와 헤링턴(Harrington)이 주장하는 '내적 텍스트성'(intratextuality)을 긍정한다.

> **우리가 말하는 '내적 텍스트성'은 마가복음을 마가에 의한 마가복음으로 읽는 것을 의미한다. 이 말의 의미는 이 복음서의 최종 양식과 (복음서의 자료나 문학 역사가 아니라) 이 안에 담긴 단어, 관념, 문학 장치, 문학 양식, 구조, 등장인물 묘사 그리고 줄거리에 관심을 가진다는 뜻이다. 마가복음을 마가에 의한 마가복음으로 읽는다는 것은 마가**

11 Best, *Following Jesus*, 11–12. 마가복음의 목적을 더 자세히 살펴보기 위해 본서의 '서론'도 참조하라. 마가복음에 있는 예수님 담화의 마지막 말은 이러한 이해를 보강한다. "깨어 있으라 내가 너희에게 하는 이 말은 모든 사람에게 하는 말이니라"(13:37). 예수님은 열두 제자나 이 이야기에서 등장하는 수많은 제자에게만 말씀하신 것이 아니라 시대를 불문하고 예수님을 따르는 모든 자에게 말씀하셨다(같은 책, 246).

12 Rhoads 외, *Mark as Story*, 5. 성경의 모든 본문도 이러하다. 성경의 모든 저자는 그들이 말한/기록한 바를 통해 신학적 의도를 드러낸다. 즉, 모든 저자는 말한 것으로 무언가를 수행한다.

13 Fackre, "Narrative Theology," 341.

14 이 비유는 Greidanus, *Modern Preacher*, 196에서 차용된 것이다.

15 Rhoads 외, *Mark as Story*, 5–6. 이는 성경 정경의 통일성이나 정경에 담긴 하나님의 권위를 부인하는 것이 아니다. 이런 측면으로 성경 정경의 통일성을 다루는 '독해 규칙'과 성경 각 권을 읽을 때 전체 정경이 미치는 영향을 살펴보기 위해서는 Kuruvilla, *Text to Praxis*, 100–141을 참조하라. 본 주석은 마가복음의 구체적인 신학적 중점을 찾아내고 추적하는 데 목적을 두기 때문에 마가복음을 자립적인 텍스트로서 주로 이해할 것이다. 즉, 본 주석은 마가복음이 완전하고 일관되기에, 기록된 신학적 목적을 온전히 이룰 수 있는 책으로 이해한다.

복음 내내 등장하며, 마가복음을 통일된 문학 작품으로 만드는 독특한 단어와 주제에 특별한 관심을 갖는다는 뜻이다.[16]

공관 복음을 '융화'할 때 발생하는 문제의 예를 마가복음 14:65의 해석으로 들 수 있다. "어떤 사람은 그에게 침을 뱉으며 그의 얼굴을 가리고 주먹으로 치며 이르되 선지자 노릇을 하라 하고 하인들은 손바닥으로 치더라"(막 14:65). 마태와 누가(마 26:68, 눅 22:64)는 예수님을 조롱하는 자들의 의도를 드러낸다. 조롱하는 자들은 누가 본인을 쳤는지 알아맞혀보라며 예수님을 희롱한다. 그러나 마가는 이들의 의도를 밝히지 않는다. 오히려 이에 대해 침묵하고, 지금 조롱받는 선지자가 예언한 것이 이루어지는 장면(막 14:66-72)으로 바로 넘어가며 다른 방향으로 이끈다.[17] 복음서의 이야기들을 화합하는 일은 마가(본문)의 신학적 의도와 이야기의 중점을 방해한다.

본문의 신학(본 주석의 '신학적 초점')은 본문과 실천 사이의 그리고 본문의 상황과 본문을 읽는 공동체 사이의 다리 역할을 감당하며, 권위와 연관성을 가지고 '그때'에서 '지금'으로, '성경 기록'에서 '설교 적용'으로 건너갈 수 있게 한다. 매주 전해지는 본문 신학의 적용을 통해 변화된 삶은, 순서대로 전해지는 본문 설교를 통해 하나님의 백성이 점차적으로 하나님 나라의 가치관에 맞춰지는 과정을 보여준다. 본문을 정기적으로 설교하며 신학을 강해할 때, 하나님의 백성은 하나님의 요구(이상적이고 윤리적인 것)에 맞춰진다. 그러므로 한 본문은 성경의 단위로서 그저 정보를 전달하는 것이 아니라 변화를 가져온다. 하나님의 백성이 신학적 가치관을 받아들이며 하나님의 뜻에 올바로 맞춰진다. 이때 비로소 텍스트가 실제의 삶이 된다.

주석의 목표

이미 언급했듯이 본 주석은 말씀을 자세히 살펴봄으로써 설교자가 본문의 신학에 도달할 수 있도록 돕기 위해 쓰였다. 또한 이 책은 본문을 설교하는 데 초점을 맞춰 말씀을 주해했다. 마가복음을 설교하는 방법은 다양하지만, 이 주석은 설교자가 본

16 Donahue and Harrington, *Gospel of Mark*, 1.

17 본 주석의 마가복음 14:53-72에 대한 주해를 참조하라.

문을 차례대로 설교할 수 있도록 각 본문의 신학을 구별하고, 마가복음의 제자도라는 주제가 본문을 따라 전개되는 과정을 안내한다. 이외에도 본문마다 두 가지 설교 개요를 제시하며 본문을 설교할 수 있는 방법을 제안한다. 또한 설교자가 매주 30-40분씩 마가복음을 설교할 계획을 세우고, 본 주석을 사용할 것을 전제한다. 설교할 본문이 상대적으로 긴 이유는 마가복음 전체를 적당한 숫자로 나누기 위함이다. 본 주석은 총 25개의 본문으로 구성되어 있으므로 6개월가량 쉬지 않고 매주 설교할 수 있다.[18]

이 주석은 설교자가 본문마다 설교문을 작성할 수 있도록 끝까지 돕지는 않는다. 오히려 해석의 측면(즉, 본문에서 신학으로)만 안내한다. 텍스트에서 본문 신학으로 옮기는 과정을 안내하는 것이 본 주석의 주된 목적이지만, 설교자가 설교문을 작성하는 과정에 작은 도움을 주기 위해 '설교 개요'를 제시한다(본문 신학에서 설교문으로 옮기는 과정, 즉 설교의 수사학적 측면이다). 간략한 '설교 개요'가 제공되지만, 설교자가 연관성과 구체적인 적용점, 예화 등을 직접 작성해나가야 한다. 이 작업은 자신에게 맡겨진 양을 잘 아는 목자만이 할 수 있는 일이다. 그러므로 이 책은 엄밀히 말하면 통상적인 '설교' 주석은 아니다. 오히려 이 책은 '설교를 위한 신학적' 주석이다. 즉, 이 주석은 본문 해석에 매우 집중되어 있고, 설교를 작성하는 과정 가운데 본문에서 신학으로 옮겨가는 과정을 설교자에게 안내한다. 이러한 점에서 이 책은 본문 신학(각 본문의 '신학적 초점')을 다루는 '신학적' 주석이다. 이 책은 이와 같은 분명한 목표가 있으므로 본문을 설교하는 데 크게 영향을 주지 않는 쟁점은 다루지 않는다.[19]

주석의 독자

본 주석은 주로 적용에 초점을 맞춰 마가복음을 시리즈로 설교하려는 사람들을 위한 것이다. 그러나 이 책이 말씀에 관심 있는 평신도에게도 도움이 되길 바란다. 종류나 수준과 상관없이 만약 모든 성경공부의 궁극적인 목표가 적용에 있다면, 이러한 책

18 물론 본 주석이 구성한 본문을 더 작게 나누어 설교를 25번 이상 할 수도 있다. 신학적 초점에 주목하면 본문을 더 작은 단위로 나눌 때 도움이 될 것이다. 그러나 만약 이렇게 하면 지난주의 신학적 중점이 다음 주에 되풀이되는 결과를 불러올 가능성이 높다.

19 본 주석은 주요 사본 또는 신학적 논쟁을 자세히 다루지 않는다. 특히, 이러한 논쟁은 다른 마가복음 주석에서 자세히 다루고 있기 때문에 필요하다면 설교자가 쉽게 찾아볼 수 있다. 예를 들어, 사복음의 기록 순서는 마가복음을 설교할 때 큰 영향을 주지 않기 때문에 이 주석에서는 이를 전혀 언급하지 않는다.

이 소그룹 리더나 마가복음을 개인적으로 묵상하는 사람에게도 유익할 것이다. 헬라어를 어느 정도 알고 있다면 본 주석을 읽기에 용이하겠지만, 성경 원어에 능숙하지 못한 이들을 위해서 본 주석에서 사용하는 모든 헬라어(그리고 가끔 등장하는 히브리어) 단어와 구절에 발음과 뜻을 함께 표기해두었다.

주석의 전제

저자의 입장

나는 성경을 하나님 말씀으로 받아들이고, 그리스도인으로서 하나님 말씀에서 삶과 신앙의 방향을 찾고자 하는 전통 개신교인이자 복음주의자다. 본 주석은 다음과 같이 복음주의적이며 다른 기독교 전통과 유사한 전제하에 쓰였다. 그것은 바로 성경이 그리스도인과 교회의 신앙과 실천을 규정하고 있고, 시공간을 뛰어넘어 모든 독자와 관련이 있으며, 어느 본문이든 수많은 적용이 가능하다는 것이다.[20]

개신교와 복음주의 관점을 전제한다는 이유만으로 이 주석이 유용하지 않다고 말할 수는 없다. 특정 전제를 가진 해석이라고 해서, 그 해석이 부적격한 것은 아니다. "해석적 틀이나 목적에서 완전히 자유로운 중립적인 해석은 상상할 수 없는 일이기 때문이다."[21] 오히려 직접 명시된 기준이 있으면, "자신의 관점이 다른 사람의 관점과 다르다고 해서 반드시 틀린 관점은 아니며 오히려 보완이 된다"라는 것을 알 수 있다.[22] 여기서 보완이 된다는 것은 자신의 관점이 동일한 특정 각도에서 관찰된 다른 이의 관점을 보완한다는 말이다. 어떠한 기준도 해석하고자 하는 본문의 모든 측면을 담을 수는 없다. 따라서 본 주석도 특정 관점에서 해석한 것일 뿐이며, 다양한 전통에서 해석한 이들의 노력으로 보완되길 바란다.

20 Kuruvilla, *Text to Praxis*, 42–45를 참조하라.

21 Watson, *Text, Church, and World*, 37.

22 Ratner, "Presupposition and Objectivity," 504.

성경의 최종 양식

본 주석은 정경의 최종 양식을 해석하는 것으로 설교 준비가 충분하다고 여기면서 최종 양식을 다룬다. 최종 양식 이전의 가설에 담긴 별개의 기능보다 비교적 일치된 최종 양식에 담긴 종합적 기능을 우선시해야 한다.[23] 성경을 이렇게 보는 이유는 정경의 성립 과정이 권위가 있고, 이 권위가 최종 양식에 그대로 담겨 있으며, 성경에 포함된 각각의 책이 변치 않음을 인정하는 것이다. 물론 그렇다고 최종 양식이 세세하게 정확히 정해졌다고 말하는 것은 아니다. 그러나 정착된 최종 양식이 지금의 성경을 정경으로 받아들인 공동체에 가장 유용하다고 보는 것이다. 현대 성경 번역본이 무수히 많고, 다양한 번역본이 사용되고 있다는 것은 성경의 최종 양식이 지난 2천 년간 그러했듯이 교회의 신앙과 삶에 충분하다는 것을 입증한다. 최종 양식이 어느 정도는 모호하고 애매하다는 사실을 수용할 수는 있지만, 이것이 성경을 삶에 적용하지 못한다는 뜻은 아니다. 성경을 읽는 사람은 정경화된 성경을 받아들인 공동체처럼 성경을 따라 살아갈 의무가 있다. 이 공동체는 정경화된 성경의 최종 양식만이 설교를 위해 유용하다고 여기며, 이 양식을 지속해서 사용해왔다. 그러므로 본 주석은 설교자에게 본문 비평이라는 짐을 지우는 대신 최종 양식이 충분하다고 전제한다.[24]

마가복음의 통일성

본 주석은 마가복음을 전체적으로 통일된 텍스트로 이해한다. 마가복음의 내용은 모두 서로 연결되어 있으며 하나의 언어 게임(language game)이다.[25] 또한 이 책은 마가복

---

23 Watson은 최종 양식의 복잡한 통일성에 무지한 자들은 "성경 자체에 집중하지 못하도록 방해만 하는 추측성 재구성에 힘을 낭비한다"라고 비판한다(*Text, Church and World*, 16–17, 35).

24 또한 이 주석은 많은 학자의 의견과 동일하게 마가복음이 16:8에서 결말을 맺는 것으로 이해한다('짧은' 결말). 설교할 때 마가복음의 결말에 대한 다양한 의견을 다루는 것이 적합하지 않을 수 있지만, 대부분의 성경은 마가복음을 16:8에서 끝내지 않기 때문에 마가복음 시리즈 설교를 시작하며 이 주제를 공개석상에서 다룰 필요는 있다. 주일학교, 성경 공부, 저녁 설교 때 이 주제를 다룰 수 있다. 본문 비평이 무엇이며 왜 그리스도인에게 중요한가를 다루는 특강도 도움이 될 것이다. 마가복음의 결말과 관련된 전체적인 개요를 보기 위해서는 기본 주석 외에 Wallace, "Mark 16:8 as the Conclusion"; Magness, *Sense and Absence*; Holmes, "To Be Continued," 12–23, 48–49, Spencer, "Denial of the Good News" 그리고 Stein, "Ending of Mark"를 참조하라.

25 Kuruvilla, *Text to Praxis*, 15–19에서 Wittgensteinian의 비유를 해석학에 적용한다.

음에 있는 본문들이 전체적으로 일관되고 일정하다는 사실을 전제하고 있다(이는 마치 정경 전체가 통일되어 있다고 보는 것과 같다). '관대한' 독자는 어떠한 책을 읽든지 간에 본능적으로 이렇게 가정한다.[26] 이미 많은 학자가 마가복음의 통일성(높은 수준의 통일성)을 인정했다. 산드멜(Sandmel)은 "나는 마가가 매우 능숙한 작가라고 생각한다… 내 생각에는 저자가 주의를 기울여서 마가복음 안에 수많은 뉘앙스와 함축된 의미를 담았다. 누가 마가복음을 기록했든지 간에 그는 일반적인 작가나 얼간이가 아니라, 자기 펜을 능숙하게 쥐고 있는 예술적인 작가다."[27] 로즈(Rhoads), 듀이(Dewey), 미치(Michie)도 동일하게 주장한다.

> **우리 연구는 마가의 이야기가 놀랍게도 하나의 이야기임을 밝힌다. 저자의 관점은 일관되고, 줄거리도 일정하다…등장인물은 한 장면에서 다음 장면으로 넘어가도 일정하다. 이야기를 전하는 문학적 기술, 반복되는 그림, 중복되는 패턴 그리고 서로 얽힌 모티브는 계속해서 이야기를 연결시킨다. 그리고 인간의 상태, 믿음, 하나님의 다스림, 윤리적 선택, 사람이 변할 가능성이라는 주제를 일정하게 묘사한다. 전반적으로 수사학 측면에서 큰 영향을 미치는 이야기의 완전함을 볼 때 마가복음의 통일성을 명백하게 알 수 있다.[28]**

나도 이러한 의견에 동의한다. 마가가 성령의 감동 가운데 "명확하고 뚜렷한 신학적 목적"을 가지고 신중하고 의도적으로 사건을 선별하고 구성했다고 확신한다.[29]

마가의 신학적 목적

마가복음은 독자가 특정 방향으로 나아가도록 설득하는 '잘 짜인, 일관된 이야기'다. 마가복음은 중립적이거나 냉철한 신문 기자의 보도가 아니다. 따라서 마가복음의 등

---

26 Booth는 의심을 품고 시작하는 것은 "정보를 파괴하는 것"이라고 경고한다. 여기서 정보는 해석의 대상이나 소재를 말한다. 글을 접할 때 가장 먼저 해야 할 일은 동의하고 항복하는 것이다(*Company We Keep*, 32).

27 Sandmel, "Prolegomena," 299.

28 Rhoads 외, *Mark as Story*, 3. Placher도 마가가 "문학적 천재"라고 말한다(*Mark*, 9).

29 Bailey, "Fall of Jerusalem," 103. Geddert도 이렇게 말한다. "아마도 가장 중요한 전제는 마가복음이…어설프고 서투르고 부주의한 전승 편집자의 결과물이 아니라 신중하고 총명하고 명석하게 진실을 전하는 자의 결과물이라는 것이다"(*Watchwords*, 27).

장인물들은 '창조'된 것이다. 즉, 이들은 실제로 존재했던 사람들인 동시에 이야기를 구성하는 인물들이다. "복음서에 등장하는 사람들은 '실제 사람'에 불과한 것이 아니다. 이들은 저자가 이야기 안에서 구성한 대로 소개되는 사람들이다." 이들은 저자의 의도에 따라 정해진 방식으로 묘사된다.[30] 토도로브(Todorov)는 "자연스럽게 생겨난 내러티브는 없다. 선택과 구성이 항상 이야기를 주재한다. 내러티브는 일련의 사건이 아니라 담화다"라고 말한다.[31] 이야기 안에서 등장인물에 관한 모든 내용을 담지 않으며, 특정한 때의 언행이 모두 묘사되지 않고, 일어났던 모든 일이 드러나지 않는다. 저자의 신학적 의도가 내러티브 안에 무엇이 포함되는지를 결정한다. 삶의 변화를 위해 본문을 설교하는 사람은 바로 이 신학적 의도를 찾아내야만 한다. 각 본문에서 묘사하고 있는 저자의 의도가 바로 본문 신학(본 주석에서 소개하는 '신학적 초점')이다. 마가는 단순히 예수님과 제자들에 관해 무언가를 말하는 것이 아니라 "청중과 독자에게 무언가를 행하고 있다." 마가는 "독자가 이야기를 접한 이후에도 지속적으로 삶에 남을 심오하고 인상적인 의미"를 유도해내기 위해 문학과 내러티브 솜씨를 모두 발휘한다. 즉, "마가복음은 우리를 영구적으로 매혹하기 위해 설계되었다."[32] 내러티브 안에 이러한 신학적 의도가 퍼져 있기 때문에 본문을 해석할 때 마가가 말한 것뿐만 아니라, 마가가 말한 것으로 무엇을 수행하는가를 살펴보아야 한다.[33] 그리고 대부분은 텍스트 자체, 즉 저자가 말한 것으로 무엇을 수행하고 있는가를 찾을 수 있다. 그러므로 마가가 말한 내용으로 무엇을 수행하고 있는가를 분별하기 위해서는 이 주석이 시도하는 것처럼 본문에 담긴 구체적인 요소에 온전히 집중해야만 한다.

적용의 잠재력

본 주석은 성경의 모든 본문이 교회에 적용될 수 있다고 믿는다. 기독교 공동체에서 살아가며 신앙과 삶의 방향을 정하려면 성경의 모든 책을 활용해야 한다. 성경은 하

30 Iverson, *Gentiles in Mark*, 4, 7–8.

31 Todorov, *Poetics of Prose*, 55.

32 Fowler, *Let the Reader Understand*, 10, 79.

33 앞서 언급했듯이 이러한 접근은 화용론 분야에서 행해진다. 따라서 이 주석에 있는 주해는 본문과 본문에 있는 문학적 특성을 자세히 살펴보는 것을 포함한다. "마가는 세련된 헬라어 구사까지는 아니더라도 상당한 문학적 재능을 지닌 저술가다. 마가복음을 올바로 해석하기 위해서는 그가 창작한 문학적 구조에 반드시 유의해야 한다(Dewey, "Literary Structure," 401).

나님의 담화이기에 개인과 공동체를 하나님의 뜻대로 충분히 변화시킬 수 있으며, 성경을 이루는 모든 책과 본문이 선포되어야 마땅하다. 즉, 모든 성경은 적용되기에 유익하다(딤후 3:16).[34] 사도 바울은 로마서 15:4에서도 망설임 없이 "무엇이든지 전에 기록된 바"는 지금의 독자에게 교훈을 주기 위하여 기록된 것이라고 말한다. 정경은 모든 성경이 적용될 것을 요구한다. 모든 성경에는 하나님의 능력이 나타난다. 그렇기 때문에 모든 성경은 효력이 있으며, 효력이 있기에 모든 성경을 적용해야만 한다. 그러므로 본 주석의 해석학에 따르면 마가복음에서 설교와 적용의 목적으로 사용되지 못할 본문은 전혀 없다. 따라서 설교자는 성경의 모든 본문을 살펴보고 그 안에 담긴 신학을 찾아내야 하며, 독자가 교회의 신앙과 실천을 향한 하나님의 뜻대로 살아내게 하도록 성경을 적용해야만 한다.

이러한 적용에 관한 전제 안에는 보편적 연관성이라는 전제도 따라온다. 따라서 정경은 모든 시대의 모든 신자와 연관될 수 있다. 크리소스톰(Chrysostom)은 성경이 "우리를 위해" 기록되었기 때문에 부지런히 연구할 가치가 있다고 말했다. 이와 비슷한 맥락에서 그레고리 대제(Gregory the Great)는 정경의 보편적 연관성과 독자에 대해 다음과 같이 질문했다. "신성한 성경은 전능하신 하나님이 자기 피조물에게 주신 편지이지 않은가?"[35] 또한 탈무드도 출애굽기 13:8을 인용하며 성경이 모든 이와 관련되어 있음을 다음과 같이 기록했다. "따라서 모든 시대에 살고 있는 모든 사람은 자신이 출애굽을 했다고 여겨야 한다"(*m. Pesaḥ.* 10.5). 회당에서 예배를 드릴 때도 말씀은 항상 적용되었다. 필로(Philo)는 모두가 말씀을 배우는 안식일에 성경을 낭독할 때 "이미 많이 배운 이들이 말씀의 중요성과 적용법을 설명하며 삶 전체가 향상될 수 있는 교훈을 주었다"라고 말한다.[36] 이처럼 적용을 위한 낭독이라는 유대인의 방식은 교회의 해석학에도 자리를 잡았다. 순교자 유스티누스(Justin Martyr)는 2세기에 있었던 로마의 예배를 묘사하며, 복음서를 읽은 이후에 "주재하는 사람이 구두로 가르치며 좋은 말

---

34 Kelsey, "Bible and Christian Theology," 395.

35 Chrysostom, *Hom. Gen.* 2:2; Gregory the Great, *Ep. ad Theodorum medicum.* 성경 자체도 미래 세대와 연관되는 메시지를 담고 있다고 증언한다. 예를 들어, 모세 율법도 당시 청중을 넘어선 대상을 향한 것이라고 명시한다. 신명기 29:14–15에서 여호와는 당시에 있었던 이스라엘 백성뿐만 아니라 "오늘 우리와 함께 여기 있지 아니한 자"와도 언약을 맺는다고 말씀하신다. 신명기 6:6–25; 31:9–13; 열왕기하 22–23장; 느헤미야 7:73b—8:18; 시편 78:5–6; 마태복음 28:19; 로마서 15:4; 고린도전서 9:10; 10:6, 11; 디모데후서 3:16–17 등도 참조하라.

36 *Spec. Laws* 2.15.62. *Hypoth.* 7.13도 보라.

씀을 행할 것을 권면했다"라고 말한다(*1 Apol.* 67). 역사적 텍스트의 보편적 연관성을 이처럼 수용한다는 것은 하나님의 담화인 성경이 얼마나 중대한가를 보여준다.

설교자가 회중에게 적용을 제시하는 일은 매우 중요하다. 어거스틴(Augustine)은 성경을 강해하는 사람의 목표는 회중이 "이해하고 기뻐하며 **순종하는 것**"이라고 말했다. 이 교부는 또한 키케로(Cicero)를 인용하며 설교자의 목표에 대해 다음과 같이 말했다. "가르침은 필요성의 문제이고, 기쁨은 매력의 문제이며, **그들**(즉, 청중)**의 마음을 움직이는 것**은 정복의 문제다."[37] 성경을 적용하는 것은 본문에서 삶으로 옮기는 과정의 도달점이다.[38] 독자의 삶(그리고 설교를 듣는 이들의 삶) 가운데 성경이 적용되도록 하는 일은 "말씀을 듣고 받아…결실을 하는" 좋은 땅(막 4:20)과 같이 생산적인 시도에 힘쓰는 것이다. 성경을 교회의 존재, 신념, 활동의 기반으로 두고, 또 개인과 공동체를 훈련하기 위한 수단으로 사용한다는 말에는 성경 해석이 적용으로 완성된다는 전제가 있다. 성경을 적용한다는 것은 하나님의 영광을 위해 삶이 변화되도록 하는 것이다. 하나님의 담화는 항상 반응을 요구한다.

마가복음의 헬라어 번역

이 주석에서 소개하는 성경 본문은 내가 세계성서공회연합회 그리스어 신약전서 4판(UBS Greek New Testament 4th edition)을 직접 번역한 것이다(이 책에서는 개역개정을 사용했다–역주).[39] 헬라어에 그다지 능숙하지 못한 사람들에게 마가가 사용하는 언어유희나 문학적 기교를 보여주기 위해 직접 번역한 성경 본문을 사용했다. 이런 목적으로 번역했기 때문에, 본문이 자연스럽게 읽히기보다 다소 딱딱하다. 이 주석의 성경 본

---

37 *Doctr. chr.* 1.36.40; 4.15.32 그리고 4.12.27(Cicero, *Or. Brut.* 21에서 인용)(강조체 저자). Augustine은 교훈이 행함으로 이어지지 않는다면 진리를 듣고 기쁘게 받는 것이 소용없다고 비난했다(*Doctr. chr.* 4.13.29).

38 고대 수사학에서 수사학자는 청중에게 세 가지의 반응을 기대했다. 과거 일에 관해서 정당한 판단을 내리거나, 미래 일에 관해서는 신중하게 결정을 하거나, 현재에 관해서는 특정 신념이나 가치관을 인식하기를 바랐다. Quintilian, *Inst.* 3.7–9, Anaximenes, *Rhet. Alex.* 1421b를 참조하라. 또한 Black, "Rhetorical Criticism," 261도 참조하라. 세 가지의 수사학 목적과 유사하게 설교 적용도 포괄적으로 볼 때 생각의 변화(인식의 반응), 행동의 변화(의지의 반응), 혹은 감정의 변화(감정의 반응)에서 기인하는 반응으로 볼 수 있다. 설교에서 제시하는 적용은 명료성과 유용성을 위해 명령형으로 전달하는 것이 가장 유익하다(이 주석의 '설교 개요'에서 제시하는 적용도 명령형으로 되어 있다). 명령형으로 된 적용은 설교자에 따라 실제 설교에서는 명시되거나 함축될 수 있다.

39 Aland 외, *Greek New Testament.* 원서에서는 혼동을 줄이기 위해 하나님을 지칭하는 대명사는 대문자로 표기되었다.

문은 심지어 마가가 사용하는 연사 첩용(polysyndeton), 즉 문장에서 접속사를 반복적으로 사용하는 것을 번역에 담아냈다. 이는 스턴버그(Sternberg)가 "어떻게 하면 번역가들이 성경에 있는 병렬을 그대로 둘 수 있도록 그들을 설득할 수 있겠는가?"라고 제기한 불만에 동의하기 때문이다.[40] 가독성과 미적 매력이라는 기준을 충족하고 묵상(*lectio divina*)을 위해 유익하게 사용할 수 있는 성경이 다양하게 나와 있다. 그러나 이 주석의 성경 본문은 분석이라는 목적을 위해 번역되었다. 특히 저자가 말하려는 내용이 어떻게 나타나고 있는가를 찾기 위해서는 이야기가 어떻게 전달되고 있는지 이해해야만 한다. 그렇기 때문에 본문을 해석하며 이야기가 어떻게 전달되는지 이해할 수 있도록 성경 본문을 번역했다.

해석할 때 인식해야 할 성령의 역할

"신학자-설교자"(theologian-homiletician)[41]로서 설교자의 임무는 성경에 담긴 다양하고 함축적인 신성한 담화를 적용이라는 목적으로 풀어내는 것이다. 이렇게 하는 이유는 하나님의 말씀이 하나님 백성의 삶을 다스리도록 하기 위해서다. 설교는 단순히 전략적으로 규칙을 따라 만들어내는 산물이 아니며, 설교학이 그저 매뉴얼을 따르는 단순한 형태로 바뀌어서는 더더욱 안 된다. 좋은 설교자가 되려면 능숙한 해석과 뛰어난 웅변이 필요하지만, 이 둘만으로는 충분하지 않다. 목회자가 설교를 하고 영적 성장을 도모할 때 성령의 역할을 무시한다면 설교자, 설교의 과정 그리고 설교를 듣는 사람 모두가 큰 손해를 볼 수밖에 없다. 설교자는 설교라는 놀라운 과업을 성취해나갈 때 자신의 삶과 자신이 섬기는 하나님 백성의 삶에 말씀의 저자이신 성령의 역사가 얼마나 중요한가를 반드시 인식해야 한다.

40 Sternberg, *Poetics of Biblical Narrative*, 525n8.

41 '신학자-설교자'는 내가 사용하는 현학적인 용어다. 이 용어는 설교 본문의 신학을 날카롭게 해석할 수 있는 지각과 열정적 목양과 설교의 감각을 지닌 설교자를 가리킨다.

주석의 구조

각 장(본문)의 구조는 다음과 같다("X"는 해당 본문의 숫자를 의미한다.)[42]

복습, 요약, 예습

본문 X-1 복습: 이전 본문에 대한 간략한 복습이 제시된다.

본문 X 요약: 현재 본문에 대한 간략한 요약문이 제시된다.

본문 X+1 예습: 다음 본문에 간략한 예습이 제시된다.

본문 X의 신학적 초점

X 해당 본문의 모든 요소를 포함하는 종합적인 신학적 초점이 제시된다.

X.1 본문 X의 한 단락의 신학적 초점이 제시된다.

X.1.1 하부 단락의 신학적 초점이 제시된다.

X.1.2 하부 단락의 신학적 초점이 제시된다.

X.2 본문 X의 한 단락의 신학적 초점이 제시된다.

X.2.1 하부 단락의 신학적 초점이 제시된다.

X.2.2 하부 단락의 신학적 초점이 제시된다.

개관

성경 본문

주해[43]

42 각 장은 해당 본문에 대한 상세 설명들로 이루어졌다.

43 '주해'는 본문의 해당 단락에 대한 '신학적 초점'을 설명해주는 해설이다. 이러한 해설은 단락별로 이루어져 있는데 성경 본문의 모든 언어적, 문학적 요소를 다루는 대신 '신학적 초점'을 발견하기 위해 필요한 주요 개념을 다룬다. 여기서 주의해야 할 점이 있다. '주해'에서는 설교 시간에 전달할 수 있는 내용보다 많은 정보가 제공된다. 필요 이상의 정보가 담겨 있는 이유는 본문의 주요 요소들이 해당 단락의 '신학적 초점'과 전체 본문의 '신학적 초점'에 어떻게 기여하고 있는가를 보여주기 위함이다. 따라서 설교자는 유도된 '신학적 초점'을 입증하기 위해 회중에게 무엇을 전달해야 하는지 판단할 필요가 있다.

설교의 초점 및 개요

설교를 위한 본문 X의 신학적 초점

X 본문 X의 신학적 초점을 설교 준비를 위해 더 간략하게 제시한다.

본문 X의 설교 개요[44]

I. 설교 개요의 대지

- 1대지를 위한 요소

II. 설교 개요의 대지

- 2대지를 위한 요소

III. 적용점

주석 활용법

성경을 펼쳐 각각의 본문을 천천히 그리고 깊이 연구할 것을 추천한다.

- 자신이 선호하는 번역본으로 마가복음 전체를 적어도 10번 이상, 기도하는 마음으로 읽으며 충분히 이해하라.
- 본문의 첫 단락에 대한 본 주석의 '성경 본문'을 여러 번 읽으며 메모하라.
- 해당 단락의 '신학적 초점'을 살펴보라.
- 해당 단락의 '주해'를 연구하며 설교에 포함할 수 있는 요소를 파악하라.[45]

---

44 마가복음의 각 본문에 대해 두 가지 설교 개요가 제시된다. 설교자는 설교 개요에 제시된 각 대지를 분별하지 못하는 청중에게 쏟아붓는 정보 덩어리로 보지 말고, 하나의 '움직임'으로 받아들여야 한다. 이에 대해서는 설교자는 Craddock, *Preaching*과 *As One without Authority*, Lowry, *Homiletical Plot* 그리고 Buttrick, *Homiletic*을 분별력 있게 숙지하면 좋을 것이다. Eslinger, *Web of Preaching*에서 유익한 개요를 찾아볼 수 있다.

45 앞서 언급했지만, 다시 한번 경고할 필요가 있다. 설교자는 설교에 사용할 수 있는 (혹은 꼭 사용해야 할) 내용보다 훨씬 더 많은 주해의 내용을 발견할 것이다. 따라서 청중에게 전달될 내용을 선별할 수 있는 설교자의 판단력이 필요하다. 이를 돕기 위해 '설교 개요'에 제안 사항이 포함되어 있다. 주중이나 주일 저녁에 열리는 회중 예배 때는 본문의 상세 내용을 '가르치고', 동일한 본문을 다가오는 주일 예배 때 '설교'하

- 해당 단락의 '신학적 초점'을 다시 살펴보고 그것이 어떻게 도출되었는지 파악하라.
- 다음 단락으로 넘어가 동일한 절차를 밟으라.
- 본문을 다 살펴본 후에 해당 장의 처음으로 돌아가 각 단락의 '신학적 초점'을 포괄하는 본문 전체의 '신학적 초점'을 살펴보라. 본문 전체를 익히라.[46]
- '설교의 초점 및 개요'로 넘어가 '설교를 위한 본문의 신학적 초점'을 살펴보라.
- 설교 개요의 내용을 살펴보라.
- '본몬 X의 설교 개요'로 넘어가 자신이 사용할 수 있는 설교 개요인지 살펴보라. (설교 적용점도 함께 살펴보라.[47])
- 자신의 연구 결과와 본 주석에서 제안하는 내용으로 자신의 설교 개요를 만들라(혹은 본 주석의 '설교 개요'를 사용하라). 청중에게 알맞은 구체적인 설교 적용점도 함께 준비하라.
- 이제 스스로 (성령님과 함께) 준비하면 된다. 각 대지마다(하부 단락 포함) 무엇을 이야기할지 알면, 설교 원고를 작성하는 데 큰 도움이 된다. 나는 설교자의 주요 임무가 청중이 신학적 초점을 파악할 수 있도록 본문을 설명하는 것이라 생각한다. 각 대지마다 청중과의 연관성('설교 개요'에서 찾아볼 수 있다)을 제시하는 것도 중요하다. 또한 설교 원고에는 부연 설명(예화, 인용문, 통계 등)과 대지 간의 적절한 전환점도 포함해야 한다. 본문의 '신학적 초점'을 드러낸 다음, 설교의 적용점을 제시해야 한다.[48]

는 것도 하나의 방법이 될 수 있다. '설교'할 때는 본문의 신학을 보여주고 하나님께 영광이 되는 삶의 변화를 위해 설득력 있는 적용을 제시하면 좋을 것이다. 본 주석의 각주는 다양하게 사용된다. 혹여 관심을 가질 수 있는 사람들을 위해 때로는 주제에서 벗어난 설명이 각주에 포함되기도 하고 추가 연구를 제시해 주는 각주도 있다.

46 해당 본문의 '신학적 초점'('본문 신학'의 핵심)이 사실상 저자(이 경우에 마가)가 텍스트에서 말한 것을 통해 무언가를 수행하고 있는 것이다.

47 각 본문의 '설교 개요'에서 강조체로 되어 있는 적용은 항상 명령형으로 되어 있다.

48 이 말은 '신학적 초점'(자신의 것이든, 주석에서 제시한 것이든)을 반드시 명시할 필요가 있다는 뜻은 아니다. 물론 이것이 가장 명확한 방법이 될 수도 있지만, '신학적 초점'을 설교를 통해 함축적으로 드러내는 것도 가능하다. 어찌 되었든 간에 본문의 '신학적 초점'이 청중의 머릿속에 명확하게 자리 잡은 후에 적용이 제시되어야 한다.

- 설교의 적용점은 자신이 실천할 수 있으며 청중에게 필요한 구체적인 것으로 제시하라. 이러한 적용점을 통해 하나님께 영광이 되는 삶의 변화가 본문을 통해 찾아올 수 있을 것이다.
- 필요한 모든 노트를 사용하여 설교 전체를 자기 것으로 만든 후(그러나 청중과의 교감을 잊지 말라) 설교하라.

Soli Deo gloria!

약어

고대 문서

1 Apol.	Justin Martyr, *First Apology*
1 Clem.	*First Clement*
Ag. Ap.	Josephus, *Against Apion*
Ann.	Tacitus, *Annales*
Ant.	Josephus, *Antiquities*
Apol.	Tertullian, *Apology*
Bapt.	Tertullian, *Baptism*
Cels.	Origen, *Against Celsus*
Comm. Matt.	Chrysostom, *Commentariorum in Matthaeum libri IV*
Comm. Matt.	Origen, *Commentarium in evangelium Matthaei*
Dial.	Justin Martyr, *Dialogue with Trypho*
Did.	*Didache*
Doctr. chr.	Augustine, *De doctrina christiana*
Enn.	Plotinus, *Enneades*
Ep. ad Theodorum medicum	Gregory the Great, *Epistula ad Theodorum medicum*
Epon.	Livy, *Eponymous*
Haer.	Ireneaus, *Adversus haereses*
Hist. eccl.	Eusebius, *Historia ecclesiastica*
Hom. Gen.	Chrysostom, *Homiliæ in Genesim*
Hypoth.	Philo, *Hypothetica*
Idol.	Tertullian, *De idolatria*
Inst.	Quintilian, *Institutio oratoria*
J.W.	Josephus, *Jewish War*
Lig.	Cicero, *Pro Ligario*
LXX	Septuagint
Marc.	Tertullian, *Adversus Marcionem*
Mart. Pol.	*Martyrdom of Polycarp*

Mor.	Plutarch, *Moralia*
MT	Masoretic Text
Nat.	Pliny the Elder, *Naturalis historia*
Oct.	Minucius Felix, *Octavius*
Or. Brut.	Cicero, *Orator ad M. Brutum*
Peregr.	Lucian, *The Passing of Peregrinus*
Prot.	Plato, *Protagoras*
Quis div.	Clement of Alexandria, *Quis dives salvetur*
Rab. Perd.	Cicero, *Pro Rabirio Perduellionis Reo*
Resp.	Plato, *Republic*
Rhet. Alex.	Anaximenes, *Rhetorica ad Alexandrum*
Sat.	Juvenal, *Saturnalia*
Sera	Plutarch, *De sera numinis vindicta*
Spec. Laws	Philo, *On the Special Laws*
Tract. Ev. Jo.	Augustine, *Tractates on the Gospel of John*
Verr.	Cicero, *In Verrem*

랍비 및 탈굼 문학

'Abod. Zar.	*'Abodah Zarah*
b.	Babylonian Talmud
B. Meṣi'a	*Baba Meṣi'a*
B. Qam.	*Baba Qamma*
Bek.	*Bekorot*
Ber.	*Berakot*
'Ed.	*'Eduyyot*
Gen. Rab.	*Genesis Rabbah*
Giṭ.	*Giṭṭin*
Ḥag.	*Ḥagigah*
Ketub.	*Ketubbot*
m.	Mishnah
Mak.	*Makkot*
Mek.	*Mekilta*
Mid.	*Middot*
Naz.	*Nazir*
Ned.	*Nedarim*
Nid.	*Niddah*

Num. Rab.	*Numbers Rabbah*
'Ohal.	*'Ohalot*
Pesaḥ.	*Pesaḥim*
Pirqe R. El.	*Pirqe Rabbi Eliezer*
Šabb.	*Šabbat*
Sanh.	*Sanhedrin*
Šeqal.	*Šeqalim*
t.	Tosefta
Ta'an.	*Ta'anit*
Ṭehar.	*Ṭeharot*
Tg. Neb.	*Targum of the Prophets*
Tg. Ps.-J.	*Targum Pseudo-Jonathan*
Yad.	*Yadayim*
Yebam.	*Yebamot*

구약 외경 및 위경

2 Esd	2 Esdras
1/2/3/4 Macc	1/2/3/4 Maccabees
1 En.	*1 Enoch* (Ethiopic Apocalypse)
2 En.	*2 Enoch* (Slavonic Apocalypse)
3 En.	*3 Enoch* (Hebrew Apocalypse)
2 Bar.	*2 Baruch* (Syriac Apocalypse)
Apoc. Ab.	*Apocalypse of Abraham*
As. Mos.	*Assumption of Moses*
Barn.	*Barnabas*
Gos. Thom.	*Gospel of Thomas*
Herm. *Vis.*	Shepherd of Hermas, *Vision*
Jdt	Judith
Jub.	*Jubilees*
Let. Aris.	*Letter of Aristeas*
Mart. Ascen. Isa.	*Martyrdom and Ascension of Isaiah*
Pss. Sol.	*Psalms of Solomon*
Sir	Sirach/Ecclesiasticus
T. Benj.	*Testament of Benjamin*
T. Dan	*Testament of Dan*

T. Iss.	*Testament of Issachar*
T. Levi	*Testament of Levi*
T. Naph.	*Testament of Naphtali*
Tob	Tobit
Wis	Wisdom of Solomon

사해 문서

1QH	*Hodayot (Thanksgiving) Hymns* from Qumran Cave 1
1QM	*Milḥamah* or *War Scroll* from Qumran Cave 1
1QS	*Serek hayyahad* (*Rule of the Community*) from Qumran Cave 1
1QSa	Appendix to *Serek hayyahad* (*Rule of the Community*) from Qumran Ca
1QpHab	*Pesher Habakkuk* from Qumran Cave 1
4QFlor	*Florilegium* from Qumran Cave 4
11QTemple	*Temple Scroll* from Qumran Cave 11

기타 약어

BBR	*Bulletin for Biblical Research*
BECNT	Baker Exegetical Commentary on the New Testament
Bib	*Biblica*
BibInt	*Biblical Interpretation*
BJRL	*Bulletin of the John Rylands University Library of Manchester*
BR	*Bible Review*
BT	*The Bible Translator*
BTB	*Biblical Theology Bulletin*
BZ	*Biblische Zeitschrift*
CBQ	*Catholic Biblical Quarterly*
ChrCent	*Christian Century*
CTJ	*Concordia Theological Journal*
EncJud	*Encyclopedia Judaica*
EQ	*Evangelical Quarterly*
ExpTim	*Expository Times*
GOTR	*Greek Orthodox Theological Review*
Int	*Interpretation*
JAAR	*Journal of the American Academy of Religion*

JBL	*Journal of Biblical Literature*
JBR	*Journal of Bible and Religion*
JETS	*Journal of the Evangelical Theological Society*
JSNT	*Journal for the Study of the New Testament*
JSNTSup	Journal for the Study of the New Testament: Supplement Series
LB	*Linguistica Biblica*
LNTS	Library of New Testament Studies
NIGTC	New International Greek Testament Commentary
NovT	*Novum Testamentum*
NTS	*New Testament Studies*
Phil. Sci.	*Philosophy of Science*
RB	*Revue biblique*
SBLDS	Society for Biblical Literature Dissertation Series
SNTSMS	Society for New Testament Studies Monograph Series
SP	Sacra pagina
TDNT	*Theological Dictionary of the New Testament*
TrinJ	*Trinity Journal*
WBC	Word Biblical Commentary
WUNT	Wissenschaftliche Untersuchungen zum Neuen Testament

서론

장르, 저자, 독자, 양식, 구조

마가복음 1:1-16:8

"누구든지 나를 따라오려거든 자기를 부인하고 자기 십자가를 지고 나를 따를 것이니라."
마가복음 8:34

장르

마가복음에는 τό εὐαγγέλιον κατὰ Μάρκον[토 유안겔리온 카타 마르콘, '마가에 의한 복음' 또는 '마가 버전의 (한) 복음서'][1]이라는 적절한 제목이 달려 있다. 신약의 주인공인 예수 그리스도의 생애를 훌륭하게 그린 네 개의 이야기는 모두 '복음'이라는 제목을 공유한다. 각각의 복음서는 해당 저자에 '의한'(κατά, 카타) 복음이라고 불린다. 이는 네 개의 복음서가 연합된 주제를 다루는 동시에 다양한 신학적 주제를 내포하고 있기 때문이다. 즉, 네 면으로 된 하나의 복음인 것이다.[2] 그래서 초대 교회는 하나의 복음서만 사용하지 않았고[예를 들어 마르키온(85-160년 추정)은 누가복음만 사용했다], 사복음서를 하나로 통합하지도 않았다[예를 들어 사복음서가 결합된 통관 복음서 *Diatessaron*, Tatian(120-180년 추정)]. 이는 각 복음서의 고유한 목적, 곧 예수 그리스도라는 인물에 대해 특정한 방식으로 이야기를 전개함으로써 특정한 신학적 메시지를 전달하려는 목적을 잃지 않기 위해서였다. 달리 말하면, 초대 교회가 사복음서를 수용했다는 것은 그것을 단순히 역사적 기록으로 간주한 것이 아니라 중요한 신학 서적으로 여긴 것이다.[3] 이 책은 이러한 이해를 바탕으로 쓰였다.[4]

---

1 France, *Gospel of Mark*, 5.(『NIGTC 마가복음』 새물결플러스, 34)

2 $\mathfrak{P}^{66}$과 $\mathfrak{P}^{75}$(2세기에서 3세기 초반 사이) 사본에서 이와 같은 복음서 제목들을 찾아볼 수 있다.

3 Stanton, "Fourfold Gospel," 343-44.

4 반면에 마가복음의 구체적인 문학 장르에 대한 논의는 최소화했다. "왜냐하면 고대 전기는 다양한 목적

저자, 기록 장소, 기록 연대

지난 2천 년 동안 대부분의 교회는 마가가 사도 베드로의 도움을 받아 제2 복음서를 기록했다고 인정했다. 헤라폴리스(Hierapolis)의 주교인 파피아스(Papias, 70–155년 추정)는 "한 장로(아마도 요한?)"의 말을 인용하며 마가가 베드로의 "해석자"(ἑρμηνευτής, 헤르메우테스)였고 베드로가 "질서 정연하게 설명하는 대신 때에 따라 가르쳤기"["일화적인 방식으로", πρὸς τὰς χρείας, 프로스 타스 크레이아스] 때문에 비록 마가가 연대순으로 기록한 것은 아니지만 정확하게 기록했다고 말한다.[5] 따라서 마가가 목회적 필요와 신학적 의도를 품고 베드로의 가르침을 기록했다고 짐작할 수 있다.

초대 교회의 전통과 상당수의 내적, 외적 증거에 따르면 마가복음이 기록된 장소는 로마이며 베드로 생전에 기록되었을 것이다(65년 혹은 그 이전).[6] 마가가 라틴어 성향을 띠며 아람어에서 헬라어로 번역한 점(막 12:42; 15:16)이 로마의 기원을 뒷받침해 준다.[7] 저자는 청중이 예수님의 칭호(그리스도, 하나님의 아들, 다윗의 아들, 주, 인자)를 인지하고 있음을 전제하며 '말씀', '제자', '세례(침례)'와 같은 용어에 대해 단 한 번도 설명하지 않는다. 또한 인물과 장소에 대한 설명이나 서문이 없는 것을 보면(예를 들어 요한, 빌라도, 구레네 시몬의 아들, 명시되지 않은 예수님의 고향, 기타 장소, 구약의 다양한 인물, 산헤드린, 다양한 유대교파와 전통 그리고 마가복음에서는 예수님도 특별한 소개 없이 갑작스럽게 등장한다), 청중이 인물과 장소도 이미 알고 있었다는 것을 짐작할 수 있다.[8]

으로 사용될 수 있기 때문이다(예를 들어 변론, 변증, 윤리, 찬사, 사상). 복음서의 장르를 식별한다고 해서 저자의 기록 목적을 이해하는 데 큰 도움이 되는 것은 아니다"(Winn, *Purpose of Mark's Gospel*, 4).

5 Eusebius, *Hist. eccl.* 3.39.15, citing Papias's five–volume work, *The Interpretation of the Lord's Sayings*(ca. 120/130 CE). 2세기에서 4세기 사이에 마가복음의 저자를 마가로 보는 외적 증거는 다음과 같다. Irenaeus(*Haer.* 3.1.1), the Anti–Marcionite Prologue(that calls Mark the "stump–fingered" one), the Muratorian canon, Clement of Alexandria(cited in Eusebius, *Hist. eccl.* 2.15; 6.14.5–7), Origen(cited in Eusebius, *Hist. eccl.* 6.25.5), Tertullian(*Marc.* 4.5.3), and Jerome(*Lives of Illustrious Men: Simon Peter* 1.1).

6 France, *Gospel of Mark*, 38(『NIGTC 마가복음』 새물결플러스, 85), Winn, *Purpose of Mark's Gospel*, 91. 베드로전서 5:13은 마가가 "바벨론"(로마)에서 베드로와 함께 있음을 언급한다. 만약 베드로가 네로 황제에 의해 64/65년경에 죽었다면 마가복음의 기록 연대는 60년대 중반이 될 것이다.

7 Gundry, *Mark*, 1043–45; Witherington, *Gospel of Mark*, 20–21; France, *Gospel of Mark*, 20–21(『NIGTC 마가복음』 새물결플러스, 87–88) 참조. 마가에게 보이는 라틴어적 특성에는 라틴어 단어를 헬라어로 표기한 것(δηνάριον, 데나리온, 막 6:37; 12:15; 14:5; κράβαττος, 크라바토스, '상', 2:4, 9, 11, 12; 6:55; συμβούλιον, '계획', 3:6; σπεκουλάτωρ, 스페쿨라토르, '시위병', 6:27 등)과 라틴어 관용구를 헬라어로 직역한 것(예를 들어 τὸ ἱκανὸν ποιέω, 토 히카논 포이에오, '만족을 주고자', 15:15)이 있다. van Iersel, *Mark*, 33–35와 Stein, *Mark*, 11–12도 참조하라.

8 Stein, *Mark*, 9–10.

정확한 기록 연도에 대한 견해는 차이가 조금씩 있지만, 예루살렘 성전이 파괴(70년)되기 전에 기록되었을 가능성이 크다. 이는 마가복음에 이와 같은 대참사에 대한 언급이나 암시가 전혀 없기 때문이다.[9] 또한 만약 예루살렘 성전 파괴 이후에 복음서가 기록되었다면, 여름에 성전이 파괴되었다는 점에서 "이 일이 겨울에 일어나지 않도록 기도하라"라는 말씀(막 13:18)을 이해하기 어렵다. 보링(Boring)은 이 시기를 다음과 같이 묘사한다.

> **어떻든 간에(예루살렘 파괴 이전이 되었든 그 후가 되었든 간에) 이때는 (로마) 제국, 유대교, 새로운 기독교 공동체 모두에게 격동의 시기였다. 60–63년 사이에는 심각한 지진이 일어났다(Tacitus, *Annals* 15.44). 62년에는 로마 군대가 동쪽 국경에서 파르티아인에게 패배했다. 64년에는 로마 기독교인들이 (네로 황제에 의해) 로마 시내 대부분을 파괴한 막심한 화재의 희생양이 되었다. 기독교인들은 체포되어 가장 악랄한 방법으로 죽임을 당했다. 아마도 베드로와 사도 바울은 이 숙청으로 죽었을 것이다. 마가복음이 기록되었을 때는 다른 기독교 지도자들도 이미 순교한 후였다. 네로 황제는 68년에 자살했는데, 제국의 통치권을 두고 힘겨루기가 이어지면서 1년 동안 황제가 세 번 바뀌는 일도 있었다. 이 시기에 로마 군대는 팔레스타인에서 반란을 제압하기 위해 혈전을 벌이면서 예루살렘 성전을 파괴하고 예루살렘을 황폐한 지역으로 만들었다. 이 포위 기간에 사령관이 황제가 되었고, 전쟁을 끝낸 그의 아들이 성전을 불태웠다. 그는 성전의 유물들을 로마로 가져가 승전을 기리는 시가행진에 사용했다. 이러한 대혼란 속에서 마가복음이 기록되었다.[10]**

여하튼 저자와 기록 장소, 연대에 대한 불확실성은 복음서를 신학적으로 해석하는 데 큰 영향을 미치지 않는다.[11]

---

9 van Iersel, *Mark*, 46

10 Boring, *Mark*, 14–15.

11 Guelich, *Mark*, xxx, xxxii.

독자와 목적

보컴(Bauckham)은 1세기 기독교 공동체의 폭넓은 네트워크를 근거로 마가복음의 독자를 한정하지 않고, 1세기 기독교인으로 이해한다. 그는 복음서가 의도적으로 기록 대상을 제한하지 않기 때문에 해석에 있어서 청중이 처한 특수한 상황이나 사건들과는 무관하다고 보는 입장이다. 위더링턴(Witherington)도 비슷한 입장을 보인다. 그는 복음서의 저자들이 특정한 독자를 염두에 두고 있었다고 믿으면서도 "다른 측면에서 복음서는 저자와 거리가 먼 곳에 있는 독자라 할지라도, 포괄적인 기독교 대중을 수신자로 삼는다"라고 말한다.[12]

그럼에도 불구하고 60년대 후반, 로마의 무질서한 상황 속에서 예수 그리스도를 믿는 신자들이 크게 동요하며 그들의 믿음이 흔들렸을 가능성이 크다.[13] 그들이 지금 당하는 고난이 과연 '정상적인 일'인가? 그들은 어떻게 반응해야 하는가? 신앙을 포기하는 것이 더 나은 선택은 아닌가? 그리스도를 따른다는 것은 정확히 어떤 의미인가? 어디까지 그를 따른다는 것인가? 이 모든 상황은 어떻게 끝날 것인가? 아마도 마가는 이러한 난제에 대한 답을 제시하기 위해 복음서를 기록했을 것이다.

(앞서 살펴보았듯이) 인물과 주제, 조직과 장소, 교파와 용어들이 피상적으로 소개된 것을 볼 때, 마가의 주된 목적은 정보 전달이 아니었음을 짐작할 수 있다.[14] 주인공인 예수님이 단락마다 소개는 되지만, 그분의 제자들 또한 거의 매번 등장한다. 제자들이 지속해서 예수님과 함께 등장하는 것을 볼 때, 마가복음이 오직 그리스도께만 초점을 두고 있다고 보기는 어렵다. 물론 제자도와 기독론이 분리될 수 있다는 말은 아니다. "제자도는 건강한 기독론의 타당한 결과물이다."[15] 제자도는 기독론에서 흘러나온다. 즉, 예수님의 정체성에 대한 이해와 그분의 사명을 수용한 결과물이 제자도다. 동시에 마가복음은 단순히 예수님과 가까운 열두 제자에 대한 이야기가 아니다.

---

12 Witherington, *Gospel of Mark*, 30(28–29도 참조); Bauckham, "For Whom Were Gospels Written?"

13 예수님이 들짐승과 함께하심(막 1:13), "불로써 소금 치듯"(9:49), 박해에 대한 상급(10:30), 마가복음 13장 전체의 담화 모두 고난과 박해를 당하고 있거나 적어도 당할 것을 예상하고 있는 청중을 암시한다(Healy, *Gospel of Mark*, 20).

14 "마가복음은 예수님의 생애에 대한 정보를 제공하기 위해서가 아니라 마가가 시무하는 교회의 필요를 채우기 위해 기록되었다(Stock, *Method and Message*, 229). 마가복음이 기독교인 청중을 염두에 두고 기록되었다는 사실에는 반박의 여지가 없다. Bauckham, "For Whom Were Gospels Written?," 9–12 참조.

15 France, *Gospel of Mark*, 28.(『NIGTC 마가복음』 새물결플러스, 70)

마가는 "제자"라는 문구가 예수님과 함께 지낸 자들로 한정되지 않고 더 폭넓은 대상을 포함하고 있음을 자주 시사한다. 예를 들어 3:20–35과 4:10에 등장하는 "제자", 즉 열두 제자가 세워진 이후에 그들 대부분의 이름을 찾아보기 힘든 점과 열두 제자를 세우기 전 이미 "제자"라는 용어가 사용된 점(2:15, 16, 18, 23; 3:7, 9 등)을 비추어볼 때 그러하다. "마가는 독자가 개인이 아닌, 집단에 그리고 그들이 무엇을 대표하고 있는지에 주목하기를 바란다."[16] 마가는 온 이스라엘 백성이 다시 세워지는 모습을 상징적으로 보여줌으로써 하나님 백성의 재건, 즉 새로운 창조를 시사한다. 따라서 "제자"는 복음서의 역사적 시공간을 초월한다. 즉, 모든 시대와 장소에 있는 평범한 사람들이 과거의 제자들처럼 예수님과 함께 '제자도 여정'을 밟으며 예수님이 완성하시는 하나님 나라에 참여하는 과정을 가리킨다.[17]

양식

마가복음은 구두로 전달되는 이야기로 쓰였을 가능성이 크다. 이는 "이야기를 조금 더 확장하려는 마가의 방식 및 잘 알려진 반복이나 이중적으로 표현하려는 경향"과, 마가가 "청중의 주의를 계속 붙들기 위해 유명한 이야기꾼이 사용하는 검증된 장치인 샌드위치" 기법을 사용한 것을 보면 알 수 있다.[18] 마가는 샌드위치 이야기 구조뿐만

16 같은 책, 27.(『NIGTC 마가복음』 새물결플러스, 68–69) "제자도"가 열두 제자 이외의 사람들에게도 적용된다는 것을 암시하는 마가복음 구절은 다음과 같다. 1:31; 2:15; 3:35; 5:20; 7:29; 8:34–38; 9:40; 10:29–31, 52; 11:23; 12:44; 13:13, 37; 14:9; 15:41, 43–46.

17 Placher, *Mark*, 56 참조. 예수님과 그의 제자(μαθηταί, 맛데타이) 간의 관계는 놀랍게도 동사격인 μανθάνειν이나 그와 연관된 어원 대신 "따르다"라는 단어로 표현된다. 마가복음은 바로 이 "따르다"라는 실제적이고 구체적인 행위에 초점을 둔다. '예수를 따른다는 것은 무엇을 의미하는가?' Kuthirakkattel, *Beginning of Jesus' Ministry*, 112 참조. Winn은 마가의 목적이 제자도라는 주제를 전달하려는 것이라는 견해에 대해 의문을 던진다. 그는 제자도라는 주제를 전하려는 목적에 비추어볼 때 '복음'이라는 매개가 서신서에 비해 너무 간접적이라고 간주한다(*Purpose of Mark's Gospel*, 27). 본서는 마가복음의 연속적인 내러티브 본문들이 마가가 옹호하는 제자도를 어떻게 펼쳐내는가를 보여줌으로써 Winn의 주장을 반박하고자 한다.

18 France, *Gospel of Mark*, 9–10.(『NIGTC 마가복음』 새물결플러스, 41) 이외에 Best, "Mark's Narrative Technique"와 Dewey, "Oral Methods"도 참조하라. 역사적 현재 시제(적어도 150번)와 완곡적 동사 형태(periphrastic verb form; 특히 현재 분사와 함께 사용되는 ἦν, 앤)를 빈번하게 사용한다는 점도 구어적인 스타일로 인식되었다[France, *Gospel of Mark*, 16–17(『NIGTC 마가복음』 새물결플러스, 52)]. 두 개의 바깥 이야기가 하나의 안쪽 이야기를 감싸는 문학 구조인 '샌드위치' 이야기는 마가복음 3:20–35; 5:20–43; 6:7–32; 11:12–25; 14:1–11; 14:53–72에서 찾아볼 수 있다.

아니라, 1세기 그리스-로마 반문맹 시대에 일반적으로 사용된 키에즘(chiasms, 또는 동심 구조/구분)을 자주 사용한다.[19] 이러한 키에즘은 해당 본문에서 다루어질 것인데, 가장 먼저 마가복음의 전체 구조에서 발견된다(다음 표를 참조하라). 그러나 복음서가 기록된 문서라는 사실은 부인할 수 없다. 따라서 복음서는 저자의 신중한 의도가 담긴 작문의 성격을 지닌다. 큰 단락 사이의 문학적 연관성을 볼 때 저자는 단순히 듣는 귀를 위해서만이 아니라 읽는 눈을 위해서도 복음서를 기록했음을 알 수 있다. 아마도 낭독자(예를 들면 목사)가 이러한 문학적 연관성을 분별하여 그 중요성을 청중에게 알릴 의무가 있었을 것이다. "읽는 자는 깨달을진저"라고 기록된 마가복음 13:14은 명백한 예시다. 마가복음의 신학을 파악하기 위해 본 주석은 이러한 복음서의 텍스트성(textuality)을 고려할 것이다.

구조

마가복음의 구조는 지리와 장소를 기준으로 쉽게 나눌 수 있으며(광야, 갈릴리, 여정, 예루살렘, 무덤), 주요 요소를 연결하는 부차적인 주제의 구조도 확인할 수 있다(맹인, 가는 "길에서"는 제자도의 여정을 비유한다).

제목(1:1)	제자도의 주제
A **광야**(1:2-13) [장소] B **갈릴리**(1:16-8:21) [지리]	제1막: 예수님의 정체성 인식하기
맹인(8:22-26) [주제] C 가는 **"길에서"**(8:27-10:45)[지리/주제] 맹인(10:46-52) [주제]	제2막: 예수님의 사명 수용하기
B′ **예루살렘**(11:1-15:39) [지리] A′ **무덤**(15:42-16:8) [장소]*	제3막: 예수님께 신실하기

* van Iersel, *Reading Mark*, 20, 같은 저자, "Locality," 49.

광야와 무덤은 유혹, 사탄의 활동, 시체가 있는 곳(1:13; 5:2; 15:46)이지만, 마가복음의 시작[세례(침례)]과 결말(부활)에는 광야와 무덤이 새로운 생명이 움트는 장소로 묘사된다. 이 두 장소에서는 의복이 묘사된 종말론적 사자(1:6–8; 16:5–7)가 등장한다. 이 가운데 한 명은 예수님의 도래를 증언하고, 다른 한 명은 그분의 승천을 증언한다. 도래와 승천 사건에는 예수님의 물리적 움직임이 포함된다. 예수님은 요한 "뒤에" 나타나시고(ὀπίσω, 오피소, 1:7), 제자들보다 '앞서서' 가신다[προάγω, 프로아고, 접두사 προ–(프로–), 16:7]. 두 경우 모두 청중과 독자의 반응을 요구한다(1:15; 16:7).[20]

맹인을 치유하는 두 이적은(마가복음에 이러한 이적은 두 번 나타난다) 마가복음 중앙에 위치한 제2막의 전후에 배치되어 있다(8:22–26과 10:46–52이 8:27–10:45의 전후에 배치되어 있다). 첫 번째 이적에서는 맹인이 점차 치유되고, 두 번째 이적에서는 맹인이 즉시 보게 되어 예수님을 길에서 따른다.[21] 두 이적 사이에는 갈릴리에서 예루살렘으로 향하는 여정이 등장한다(8:27–10:45). 제자들과 함께 예루살렘을 향해 가시는 동안 예수님은 그들에게 자신의 사명을 밝히시려고 세 번에 걸쳐 십자가 수난을 예언하신다(8:31; 9:31; 10:33–34).

따라서 마가복음은 대략 제1막 갈릴리(1:1–8:21), 제2막 갈릴리에서 예루살렘으로 가는 "길에서"(8:22–10:52), 제3막 예루살렘(11:1–16:8)으로 나눌 수 있다. 반 이어설(van Iersel)은 지리적 무대가 되는 제1막 갈릴리와 제3막 예루살렘 안에서 더 구체적인 구조를 제시한다. 갈릴리와 예루살렘에서는 각각 예수님의 권위와 관련된 일련의 논쟁이 등장한다.

---

19 학생들은 헬라어 철자를 순서대로, 역순으로 배울 뿐만 아니라 처음과 마지막 철자(Α–Ω), 두 번째 철자와 뒤에서 두 번째 철자(Β–Ψ), 세 번째 철자와 뒤에서 세 번째 철자(Γ–Χ) 등을 교차로 짝을 지어 배웠다. "따라서 고대 문학에서 발견된 동심 구조(concentric structures)는 본래 연상 기법을 위한 구조였을 가능성이 있다. 이러한 구조는 낭송자가 청중에게 글의 구조를 전달하는 데 도움을 주었다"(van Iersel, *Mark*, 70–71). 고대 문서에 나타난 키에즘을 더 연구하려면 Breck, *Shape of Biblical Language*; Lund, *Chiasmus*; Welch, *Chiasmus in Antiquity*; Dart, "Scriptural Schemes," 22–25; Parunak, "Oral Typesetting"; Stock, "Chiastic Awareness" 그리고 van Iersel, "Concentric Structures," 78–81을 참조하라.

20 van Iersel, *Reading Mark*, 20–24.

21 두 이적의 배치에 대한 추가 설명은 뒤에서 살펴볼 것이다.

제1막: 갈릴리(1:1-8:21)

- 권위에 대한 논쟁(1:21-3:6)

    비유 담화(4:1-34) (예수님이 앉으심, 4:1)

        예수님의 정체성에 대한 제자들의 인식이 부족한 것이 강조됨(4:35-8:21)

제2막: 갈릴리에서 예루살렘으로 가는 여정(8:22-10:52)

제3막: 예루살렘(11:1-16:8)

- 권위에 대한 논쟁(11:12-12:40)

    종말론 담화(13:3-27) (예수님이 앉으심, 13:3)

        예수님을 향한 제자들의 신뢰가 부족한 것이 강조됨(14:1-16:8)

권위에 대한 논쟁 가운데 ἐξουσία(에쿠시아, "권위")라는 용어가 수차례 등장하며 [1:22, 27; 2:10; 3:15; 11:28(2회), 29, 33], 논쟁 이후에 긴 담화가 나온다(1:21-3:35 이후 비유 담화와 11:1-13:2 이후 종말론 담화).[22] 두 담화는 각각 제1막과 제3막의 중앙에 배치되어 있으며, 마가복음의 시작과 끝에서 서로 비슷한 위치에 있다(첫 번째 담화는 4장, 두 번째 담화는 13장). 또한 두 담화는 오로지 담화 형식으로만 이루어져 있으며, 예수님의 말씀이 얼마나 중요한가를 독자에게 강조한다(4:3, 9, 21-25; 13:5, 14, 30-31, 37).[23] 제1막(갈릴리)에서는 담화 이후 제자들이 예수님의 정체성을 인식하지 못하는 모습을 묘사하는 일련의 사건이 등장하며, 제3막(예루살렘)에서는 담화 이후 예수님의 수난이 등장한다. 두 담화 이후의 이야기에서는 공통적으로 예수님을 향한 충성심이 부족한 제자들의 모습을 강조한다. 이처럼 제1막(갈릴리)과 제3막(예루살렘)은 유사한 패턴을 공유하지만, 다음과 같은 차이점이 있다.[24]

---

22 두 담화는 비유와 종말에 대한 서로 다른 담화이면서도 서로의 특성을 담고 있다. 비유 담화는 종말론적 모티브를 담고 있고("내부자"에게 주는 특별한 교훈, 4:9-13; 빛과 어둠의 이원론, 4:22; "추수", 4:29), 종말론 담화는 비유적 모티브를 담고 있다(무화과나무, 13:28; 깨어 있으라, 13:34-37) (Myers, *Binding the Strong Man, 170).*

23 van Iersel, *Reading Mark*, 110. 놀랍게도 κάθημαι(카세마이, "앉다") 동사는 마가복음에서 열한 번 사용되지만 예수님과 관련해서는 4:1과 13:3에서 두 번 사용된다(같은 책, 112).

24 Boring, *Mark*, 4-5에서 수정됨.

제1막: 갈릴리(막 1:1-8:21)	제3막: 예루살렘(막 11:1-16:8)
•제자들을 부르시고 보내심 •이적 사역(귀신을 쫓아내신 것 포함) •제자도 모티브: 예수님의 정체성 인식 •주요 담화: 비유, 정결 예식, 안식일, 회당 •침묵하되…그러나 선포는 이어짐 •신속한 전개(εὐθὺς, 유투스, "즉시"가 마가복음에서 총 41회 사용된 가운데 제1막에서는 31회 등장함)	•제자들을 부르시고 보내시는 장면이 없음 •이적이 부재한 사역* •제자도 모티브: 예수님을 신뢰함 •주요 담화: 종말론적 성전 •침묵은 없지만…그러나 선포도 없음** •비교적 느리며 연대순으로 전개(εὐθὺς가 마가복음에서 총 41회 사용된 가운데 제3막에서는 6회 등장함) (예수님의 마지막 일주일이 마가복음의 3분의 1을 차지함) (예수님의 최후 24시간은 마가복음의 6분의 1을 차지함)***

* 무화과나무를 저주하여 시들게 하는 사건과 부활 사건은 당연히 제외한다.

** Κηρύσσω(케루쏘)는 마가복음 전반부에서 1:4, 7, 14, 38, 39, 45, 3:14, 5:20, 6:12, 7:36에서 발견되지만, 후반부에서는 오로지 두 번, 13:10과 14:9에서 발견된다. 후반부에서 발견되는 두 번은 모두 미래에 일어날 일을 선포하는 예언이다(제3막에서는 이 단어를 찾아볼 수 없다).

*** 실제로 마가복음을 제외한 신약에서 εὐθὺς는 오직 10번만 등장한다.

갈릴리에서 예루살렘으로 가는 "길에서"

제2막(갈릴리에서 예루살렘으로 가는 "길에서", 8:22-10:52)은 예수님이 예루살렘으로 가고자 하는 의도를 드러내시며(8:31) 시작된다. 이로써 북쪽 빌립보 가이사랴에서 남쪽 예루살렘으로 가는 여정이 시작된다. 제2막은 맹인을 치유하는 이적(8:22-26과 10:46-52)으로 시작되고 끝난다.

ὁδός(호도스, "길")라는 단어는 마가복음에서 총 16회 나온다(1:2, 3, 2:23, 4:4, 15, 6:8, 8:3, 27, 9:33, 34, 10:17, 32, 46, 52, 11:8, 12:14). 마가복음은 예수님께 길이 있음을 선포함으로 시작하며(1:2), 이 길 끝에는 십자가가 있음이 나중에 드러난다. 1:2에서 "길"을 문자적으로 사용하는 대신 신학적 개념으로 사용하는 것을 볼 때, 마가복음에

서 내내 "길"이 신학적 개념으로 사용되고 있음을 알 수 있다.[25] 물론 예수님이 예루살렘을 수차례 방문하셨다는 사실(요한복음에서 알 수 있듯이)은 분명하나, 마가는 단 한 번의 여정을 그린다. 마가는 의도적으로 간단한 일차원적인 전개로 구조를 잡은 것이다.[26] 저자는 예수님의 생애를 세 가지 국면으로 전개되는(제1막 갈릴리, 제2막 "길에서", 제3막 예루살렘) 하나의 길로 표현하고 있다. 따라서 "길에서"(on the way)라는 주제는 마가가 영감을 받아 문학적으로 '창작'한 것이기에 신학적으로 이해해야 한다. 예수님께 대항한 자들조차 이를 이해한 것으로 보인다(12:14).[27]

ἐν τῇ ὁδῷ(엔 테 호도, "길에서")라는 특정한 문구는 제2막에서(8:3, 27; 9:33, 34; 10:32, 52) 자주 발견된다. 이 가운데 예수님의 수난을 예고하는 세 구절에서 이 문구가 사용된다는 점을 주목해야 한다(8:27; 9:33; 10:32). 물론 "길에서" 예수님을 따른다는 개념은 신약에서 생소하지 않다. 사도행전에서는 그리스도인의 삶을 순례로 자주 표현한다(행 9:2; 19:9, 23; 22:4; 24:14, 22에서 그리스도인을 "도"를 따르는 사람으로 표현한다). 또한 예수님이 곧 "길"이시다(요 14:6). "걷다"(περιπατέω, 페리파테오)라는 표현도 삶을 살아가는 자세라는 뜻으로 쓰인다(롬 6:4; 13:13; 14:15; 갈 5:16; 빌 3:17; 살전 2:12 등). 구약의 경우 아브라함의 부르심과 여정, 출애굽, 이스라엘 백성의 추방과 귀환 등은 모두 여정이라는 모티브의 모형이다. 히브리서 2:10, 3:7–4:16, 12:1–2, *Barn.* 18–20, *Did.* 1.1–2, 5.1, 6.1, 1 *Clem.* 35.5, 1QS 3.17–4.26 등에서도 그리스도인의 삶을 여정으로 표현한다. 누가복음에서도 중대한 부분이 예루살렘을 향한 여정으로 묘사된다(9:51–19:44). "길"이라는 단어가 신학적 개념으로 사용되는 것은 히브리어 단어 דֶּרֶךְ(데렉)뿐만 아니라 예언서에서도 자주 찾아볼 수 있다(사 48:17; 렘 2:23; 4:18; 겔 7:3–9; 9:10; 11:21; 16:43; 22:31; 36:17–19, 31–32; 말 3:1). 이사야 40:3에서 דֶּרֶךְ יְהוָה(데렉 야훼, "여호와의 길")와 דֶּרֶךְ אֲדֹנָי(데렉 아도나이, "하나님의 대로")가 신학적인 개념으로 윤리적인 측면을 강조하듯, 창세기 18:19, 사사기 2:22, 열왕기하 21:22, 잠언 10:29, 예레미야 5:4, 5, 에스겔 18:25, 29, 33:17, 20에서도 모두 유사하게 사용된다.[28]

마가복음

25 Danove, *Rhetoric of the Characterization*, 9.

26 이러한 의도적인 구조는 그것이 문학적 장치로서 사용되고 있음을 시사한다. France는 "순수하게 지리적인 자료로서도 그것은 의도적으로 이야기에 부과된 구조처럼 보인다"라고 말한다[France, *Gospel of Mark*, 12(『NIGTC 마가복음』 새물결플러스, 45)].

27 마가에게 이 "길"은 복음서에서 내내 묘사된 것처럼 고난을 통과하여 영광에 이르는 길이다.

28 Hatina, *In Search of a Context*, 174–75 참조. 이사야 40:3에 대한 쿰란의 윤리적/신학적 취급은 1QS 8.13–14 참조. 동일한 성경 저자는 이사야가 דֶּרֶךְ(데렉)을 사용하듯 "길"을 문자적 또는 신학적으로 병행하

제자도의 세 가지 측면

마가복음의 제1–3막은 각각 마가복음에 나타난 제자도의 세 가지 주제를 다룬다.

- **제1막:** 예수님의 정체성 인식하기
- **제2막:** 예수님의 사명 수용하기
- **제3막:** 예수님께 신실하기

마가복음 1:1–8:21(제1막)은 시종일관 예수님의 정체성을 인식하지 못하는 제자들에게 초점을 둔다. 제자들은 올바른 이유를 품고 예수님을 따르는 사람들로 묘사되지 않고(1:21–45), 이해(4:13; 7:18)와 믿음(4:40)이 부족한 자들로 그려진다. 또한 그들은 수천 명을 위한 양식을 주실 수 있는 예수님의 능력을 의심하고(6:37; 8:4), 물 위를 걸으시는 예수님을 알아보지 못하며(6:49), 오병이어 이적을 올바로 이해하지 못한다(8:16–21). 마가복음 8:22–10:52(제2막)은 제자들이 수용하지 못하는 예수님의 수난 예언, 곧 예수님의 사명 선포에 초점을 둔다(8:32; 9:5–6, 32–50; 10:35–45). 마가복음 11:1–16:8(제3막)은 예수님의 수난을 다루며 제자들이 스승을 온전히 따르지 못하는 모습을 보여준다(14:10–11, 18–21, 27–52, 66–72 등). 마가는 이 모든 부정적인 묘사를 통해 예수님을 따르는 제자들이 그분의 정체성을 올바로 인식하고, 그분의 사명을 수용하며, 그분을 끝까지 따를 것을 도전한다.[29] 따라서 본 주석은 마가복음의 전체적인 신학적 개념을 다음과 같이 이해한다. **제자는 예수님을 따르는 자로서 그분의 정체성을 인식하고, 그분의 사명을 수용하며, 고난을 통과해 영광의 길로 그분을 끝까지 따른다.**[30]

예루살렘 단락(제3막)이 제자들보다 "먼저 갈릴리로 가시나니…거기서 뵈오리라"

며 사용할 수 있다. 문자적으로 사용한 경우는 다음과 같다. 이사야 9:1; 15:5; 37:29, 34; 42:16; 43:16, 19; 49:9, 11; 51:10; 57:10, 14(2회); 62:10. 그리고 신학적으로 사용한 경우는 다음과 같다. 이사야 2:3; 8:11; 10:24, 26; 30:11, 21; 35:8; 40:3, 14, 27; 42:24; 45:13; 48:15, 17; 53:6; 55:7, 8(2회), 9(2회); 56:11; 57:17, 18; 58:2, 13; 59:8; 63:17; 64:5; 65:2; 66:3.

29 본서에서 해당하는 장을 참조할 것. Weeden(*Mark*, 26–51)도 비슷하게 예수님과 제자들의 관계를 지각의 부재, 오해, 부인이라는 세 단계로 본다.

30 Rhoads 등은 **"마가의 이야기는 하나님의 통치를 믿음으로 받아들이고 어떠한 대가를 치를지라도 예수님을 따를 용기가 있는 이상적인 독자를 만들어내려고 한다"**라고 주장한다(*Mark as Story*, 138, 강조체 원저자).

는 예수님의 약속으로 끝난다는 점(16:7, 또한 14:28도 참조)에 주목해야 한다. 출발점이었던 갈릴리로 다시 돌아오는 모습과 제자들이 여정을 밟기 위해 다시 모이는 모습을 결말로 묘사하는 것은 제자도 여정의 새로운 출발을 보여준다. 따라서 마가복음은 새로운 여정을 제시하며 출발점으로 다시 돌아온다! 이는 제자도로 부름받은 다음 세대를 위한 새로운 여정이 시작되었음을 보여준다. 당신은 따를 준비가 되어 있는가?

제1막
갈릴리

예수님의
정체성 인식하기

본문 1

따를 준비가 되어 있는가?

마가복음 1:1-20

[세례(침례) 요한, 예수님의 세례(침례), 제자들을 부르심]

요약, 예습[1]

본문 1 요약: 첫 본문(막 1:1–20)에서 저자는 예수님을 "길에서" 따르는 제자도라는 주제를 소개한다. 이 주제를 내러티브로 드러내기 위해 부르심과 반응의 모티브가 요한의 신적 부르심과 그의 반응, 예수님의 신적 부르심과 그분의 반응, 제자들의 신적 부르심과 그들의 반응으로 제시된다. 요한과 예수님이 각자의 부르심에 응하는 대가도 함께 제시된다(혹은 강하게 암시된다). 그러나 놀랍게도 제자들이 치를 대가에 대해서는 전혀 언급되지 않는다. 하지만 이야기의 구조와 전달 방식을 통해 제자들의 '운명'을 명백히 알 수 있다. 바로 고난이다! 당신은 고난으로의 부르심이라 할지라도, 이 제자도의 여정에 동참하겠는가?

본문 2 예습: 다음 본문(1:21–45)은 제자도에서 예수님을 따른다는 것은 자기 만족이 아닌 자기 희생의 길임을 보여준다.

1 해당 본문의 '요약'은 마가가 서술(saying)한 내용으로 무엇을 수행(doing)하고 있는지를 "연역적"으로 명시한다. 요약문에 명시된 내용은 이하 '주해' 단락에서 본문을 토대로 귀납적인 방법을 통해 구체적으로 설명될 것이다. '예습'과 '복습'은 해당 설교 본문이 전후의 본문과 어떤 연관이 있는지를 간략히 설명한다(첫 번째 본문이기 때문에 '복습'은 없다).

본문 1. 마가복음 1:1-20

본문 1의 신학적 초점*

1 제자도 여정은 유일하게 따르기에 합당한 하나님의 아들, 예수 그리스도가 소개하시는 하나님 나라 확립의 시작점이다. 이 여정에는 영적 전쟁을 포함해 희생과 고난이 따르지만, 성령의 능력을 받게 된다는 약속도 존재한다(1:1-20).

1.1 제자도 여정은 하나님의 아들 예수 그리스도가 소개하시는 새로운 시작, 즉 그분에 관한 그리고 그분에 의해 선포되는 복음이다. 예수님께는 최고의 권위가 있으며 그분의 길만이 따를 가치가 있다(1:1-3).

1.1.1 새로운 삶의 방식인 복음의 시작은 예수 그리스도에 관한 것이며, 그분에 의해 선포된다.

1.1.2 따르기에 합당한 분은 오직 권위를 지니신 하나님의 아들, 예수님뿐이다.

1.1.3 제자도의 길은 예수님을 따르는 제자의 여정이다.

1.2 제자도 여정은 급진적인 삶의 변화를 요구하며 희생과 고난이 따르지만, 성령 하나님의 능력으로 가능하다(1:4-8).

1.2.1 제자도는 급진적인 삶의 변화를 요구한다.

1.2.2 희생과 고난은 제자도의 필수 요소다.

1.2.3 성령 하나님의 임재가 제자도를 가능하게 한다.

1.3 자신의 사명에 신실하며 성부 하나님을 기쁘시게 하는 예수님을 따를 때 시험(영적 전쟁)을 겪지만, 제자도의 여정은 하나님 나라를 확립하는 시작점이다(1:9-15).

1.3.1 제자도에서 따르기에 합당한 분은 예수님이시다. 그분은 성령 하나님의 기름 부음을 받으셨고 성부 하나님을 기쁘시게 한다.

1.3.2 제자도에서 시험에 승리하신 예수님을 따르는 제자에게 영적 시험이 닥치고, 영적 도움이 주어지는 것은 마땅하다.

1.3.3 하나님 나라는 예수님을 따르라는 부르심으로 시작된다.

1.4 제자들을 부르시고, 제자들에게 사명을 주시는 예수님께 순종함으로 예수님을 따르는 제자도의 여정은 희생과 고난의 삶을 요구한다(1:16-20).

1.4.1 예수님이 제자들을 부르시고, 제자들에게 사명을 주심으로 제자도의 여정이 시작된다.

1.4.2 순종함으로 예수님을 따르려면 희생과 고난을 각오해야 한다.

1.4.3 부르심, 사명, 대가의 순서는 제자도 여정의 본질이 무엇인지 경고한다.

* '서론'에서 언급했듯이 본문의 모든 요소를 최대한 포함하려다 보니 각 본문의 '신학적 초점'이 길고 상세해졌다. 축약된 신학적 초점은 각 장의 끝에 있는 '설교의 초점 및 개요'에서 제시된다. 설교를 준비하려면 이것이 더 유용할 것이다. '설교를 위한 본문 1의 신학적 초점'은 축소된 내용이다.

개관

문학적인 관점에서는 마가복음 1:1–13을 별도의 본문으로 볼 수 있지만, 설교 본문을 정한다면 1:1–20을 하나의 본문으로 채택하는 것이 더 효과적이다. 이는 제자들의 부르심과 복음을 소개하는 문단을 합친 것이다. 뒤에서 더 자세히 설명하겠지만, 이 본문은 '부르심과 반응'이라는 구조를 분명히 보여준다. 1:1–15에서는 요한과 예수님의 부르심과 반응 그리고 1:16–20에서는 제자들의 부르심과 반응을 소개한다. "시작"과 관련해서 베드로가 설교한 사도행전 10:37–39과 마가가 기록한 이 본문은 매우 유사하다. 두 기록 모두 요한, 예수, "우리", 증인/제자의 순서를 따른다.[2] 따라서 요한, 예수, 제자들의 부르심을 설교 본문으로 고려할 수 있다.

1.1 마가복음 1:1–3

1.1 신학적 초점

1.1 제자도 여정은 하나님의 아들 예수 그리스도가 소개하시는 새로운 시작, 즉 그분에 관한 그리고 그분에 의해 선포되는 복음이다. 예수님께는 최고의 권위가 있으며 그분의 길만이 따를 가치가 있다(1:1–3).

- **1.1.1** 새로운 삶의 방식인 복음의 시작은 예수 그리스도에 관한 것이며, 그분에 의해 선포된다.
- **1.1.2** 따르기에 합당한 분은 오직 권위를 지니신 하나님의 아들, 예수님뿐이다.
- **1.1.3** 제자도의 길은 예수님을 따르는 제자의 여정이다.

1.1 단락 요약: 하나님의 아들 예수 그리스도는 자신의 "길"인 복음을 소개한다. 이 "길"은 마가복음에서 제자도의 여정을 상징한다. 예수님의 권위와 유일성은 처음부터 확립되었고, 이로 인해 그분은 충성하기에 합당한 유일한 분이 되신다. 주의 길을 준비하라는 요한의 부르심은 예수님과 함께 제자도의 여정을 걸어갈 모든 이를 향한 초대다.

1.1 성경 본문

1:1 하나님의 아들 예수 그리스도의 복음의 시작이라

2 '서론'에서 살펴본 것처럼 마가의 기록은 대부분 사도 베드로의 회상을 담고 있을 가능성이 크다.

1:2 선지자 이사야의 글에 보라 내가 내 사자를 네 앞에 보내노니 그가 네 길을 준비하리라
1:3 광야에 외치는 자의 소리가 있어 이르되 너희는 주의 길을 준비하라 그의 오실 길을 곧게 하라
기록된 것과 같이

1.1 주해

1.1.1 새로운 삶의 방식인 복음의 시작은 예수 그리스도에 관한 것이며, 그분에 의해 선포된다.[3]

여기서 "시작"이라는 단어는 창세기 1:1의 "태초"(רֵאשִׁית, 레시트)를 암시하며 새 시대의 시작 또는 재창조를 염두에 두고 쓰인 단어다. 광야(막 1:3)라는 장소는 애굽에서 나오도록 부름받은 이스라엘을 연상하게 하며 새로운 백성을 향한 부르심, 곧 "구속사의 재건", "제자도라는 새로운 모험의 시작"을 시사한다.[4] 이스라엘은 유산을 상속받기 위해 요단강에 들어갔었다. 그리고 이제 새로운 출발을 위해 그들은(1:5, "온 유대 지방과 예루살렘 사람") 다시 그 강으로 들어간다. 그러나 과거와 다른 점은 이스라엘 백성이 또 다른 "여호수아"(יְהוֹשֻׁעַ, Yehoshua 혹은 "예수")의 도래를 알리는 세례(침례) 요한과 함께 들어간다는 점이다. 이러한 시작에는 어쩌면 하나님 백성의 역사를 재현하려는 의도가 담겼을 수도 있다. 물론 이전과 종류가 다르고, 이전보다 영향력이 훨씬 크며, 나중에 복음서에서 명확히 드러나겠지만 그 역사에는 이방인도 포함된다. "하나님의 아들 예수 그리스도의 복음의 시작"은 문자 그대로 시작이자 새로운 출발이며, 예수님이 인도하셔서 하나님과 동행하게 되는 새로운 삶의 "길"이다.[5]

마가의 이야기는 16장에서 제자들을 회복시키는 부르심으로(16:7) 결론을 맺는다. 제자들은 갈릴리로 다시 모이라는 부름을 받는다. 갈릴리는 제자로서의 여정이 시작된 곳이며, 이제는 예수님이 앞서서 가시는 곳이다. 이런 면에서 이 부르심은 두 번째로 내딛는 새로운 제자도의 여정이다. 그래서 마가는 이야기의 끝에서 다시 시작함으로써, 그리스도를 따른다는 것이 어떤 의미인가를 되풀이하여 소개한 것이다. 이

---

3 이러한 소단락 문장은 본문의 주요 개념을 다루며 이보다 포괄적인 단락의 신학적 초점을 구성하는 일부 요소가 된다. '들어가는 말'에서 이야기했듯이 본서에서는 원문의 모든 요소나 모든 역사적 암시, 또는 모든 참고 문헌을 다루지 않는다. 본서의 주해는 각 단락의 신학적 초점과, 궁극적으로는 본문의 신학적 초점에 기여하는 원문의 개념과 요소만을 다룬다.

4 Myers, *Binding the Strong Man*, 122.

5 Drury, "Mark 1:1–15," 31.

러한 이야기가 새로운 제자도의 여정에 동참하는 각각의 제자를 위해 그리고 다음 세대를 위해 다시 쓰이는 것은 마땅하다.[6]

εὐαγγελιον(유앙겔리온, "복음/기쁜 소식")이라는 단어는 '이사야적' 톤과 색깔이 강하게 묻어난다[εὐαγγελίζω, 유앙겔리조, '복음/기쁜 소식을 선포하다', 동사형은 사 40:9(2회); 52:7(2회); 60:6; 61:1 칠십인역에 나온다]. 이사야 선지자에게 이 단어는 적군을 물리치고, 하나님의 통치를 실현시킬 메시아에 대한 기쁜 소식을 선포한다는 의미다.[7] 이사야 61:1(그리고 이를 언급하는 신약 구절은 마 11:5; 눅 4:18; 7:22이다)은 메시아를 그분 자신에 대한 기쁜 소식을 전하는 자로 묘사한다. 따라서 마가복음 1:1의 속격("예수 그리스도의 복음")은 주격이며 목적격이다. 즉, 복음은 예수 그리스도에 관한 것이며 동시에 예수 그리스도에 의해 선포되는 것이다(막 1:14).[8] 이사야가 이스라엘을 향해 선포한 기쁜 소식이, 이제는 (궁극적으로는 사람을 낚는 어부인 예수님의 제자들을 통해, 1:17) 열방을 향해 선포되고 있는 것이다. 하나님의 통치는 가까이 왔으며(이것이 기쁜 소식이다), 제자도의 부르심은 하나님 나라를 확립하는 시작점이다. 예수님의 제자라는 무리에 소속됨으로써(다음 단락 참조), 그들은 하나님 나라의 시민이 되고, 그 나라를 선포하며 확장하는 자가 된다.

1.1.2 따르기에 합당한 분은 오직 권위를 지니신 하나님의 아들, 예수님뿐이다.

"하나님의 아들"이라는 칭호는 신과 왕이라는 두 의미를 모두 내포하는 칭호로 이해해야 한다(시 2:7; 삼하 7:14 등의 메시아 예언에서처럼 이해해야 한다). 마가복음 1:15에서 언급되는 하나님의 나라가 이를 뒷받침한다.[9] 당시의 그리스-로마 용법, 특히 로마 황제 숭배를 논할 때 사용되는 용법이 여기서 명백히 암시된다. 율리우스 카이사르는 *divus Iulius*("신 줄리어스"), 그의 아들 옥타비아누스는 *divi filius*("신의 아들")라는 칭호를 갖고 있었다. 또한 θεοῦ υἱός(데우 휘오스, "신의 아들")는 아우구스투스뿐만 아니라 티베리우스, 네로 등 여러 로마 황제의 칭호로 사용되었다. εὐαγγελίζω(유앙겔리조)는 로마

---

6 "길"에서 예수님을 따르는 제자도의 개념을 살펴보려면 '서론'과 뒤에 나오는 내용을 참조하라.

7 Winn, *Purpose of Mark's Gospel*, 96.

8 Wallace의 "제한되지 않는 속격"(plenary genitive)은 요한계시록 1:1에서도 찾을 수 있다(*Greek Grammar*, 120–21). Henderson, *Christology*, 42도 참조하라.

9 Collins, *Mark*, 135.

황제의 탄생, 정치적 승진, 즉위, 군사적 업적과 대체로 연관되어 사용되었다.[10] 이 모든 용법은 마가복음의 독자들에게 익숙했을 것이다. 그래서 마가는 예수님을 세상에서 가장 뛰어난 통치자 가운데 한 명으로 표현한 것이다. 예수님은 하나님께 임명된 왕이자 이스라엘의 메시아일 뿐만 아니라, 자신이 신의 아들 또는 섭정이라고 주장하는 이들의 대항자이기도 하다. 마가가 예수님을 이렇게 소개하는 것은 '로마 문화를 원칙에서부터 파괴하는 것'일 뿐만 아니라 '전쟁 선포'에 가깝다. 그 어떤 로마 황제보다도 충성을 다해 따를 가치가 있는 분이 예수님이시라고 소개하기 때문이다. "따라서 첫 구절에는 예수님이…유대교의 메시아 예언의 성취라고 주장하는 방어적 태도뿐만 아니라, 그분이 로마 황제보다 우월하다고 주장하는 공격적 태도가 드러난다."[11]

"하나님의 아들"이라는 칭호는 마가복음 내내 사람에 의해 그다지 언급되지 않다가, 끝(15:39, 죽음으로 예수님의 사명이 완수될 때)에 등장한다.[12] 16:7(14:28)에 나오는, 갈릴리에서 다시 모이는 것으로 새로운 출발을 알리는 이야기의 순환적 특성은 "하나님의 아들"이라는 칭호를 사용하는 마가의 내러티브 전략을 더 강화한다. 이 칭호는 "시작"할 때 나왔다가 끝에 다시 등장하는데, 이때 처음으로 사람의 입을 통해 고백된다. 제자도의 여정을 한 번 마치고 나서 이 이야기를 재차 접하면 이 서론을 더 깊이 이해할 수밖에 없다. 왜냐하면 이 이야기를 한 번 접한 사람은 예수님이 누구신지 그리고 그분의 사명이 무엇이었는지를 이미 파악했기 때문이다.[13] 마가의 이야기를 전체적으로 이해한 제자만이 "하나님의 아들"이라는 칭호의 중요성을 이해할 수 있다. 그리고 이 이야기를 다시금 읽을 때 비로소 자신이 따르는 분이 영광의 길을 따라 고난을 당하신 참된 하나님의 아들이라는 사실을 깨닫고, 나쁜 소식이 아닌 (비록 희생과

10 Winn, *Purpose of Mark's Gospel*, 96. 이 중에 Caesar Augustus(BC 9 추정)를 기념하며 프리엔 달력에 새겨진 다음의 문구가 중요하다. "…Augustus 신(θεοῦ, 데우)의 생일은 그로 말미암아 생겨난 세상에 기쁜 소식(εὐαγγελίων, 유앙겔리온)의 시작(ἦρξεν, 에륵센은 마가복음 1:1에서 사용된 동사형 ἄρχομαι, 아르코마이, '시작하다'에서 나옴)이었다." 이 문구에서 본 황제를 "구원자"(σωτήρ, 소테르)로도 표기한다. Evans, "Mark's Incipit" 참조. Vespasian의 즉위에 관하여 Josephus는 모든 도시가 "기쁜 소식(εὐαγγέλια, 유앙겔리아)"을 경축하였다고 기록한다(*J.W.* 4.10.6).

11 Winn, *Purpose of Mark's Gospel*, 101–2, 179; Myers, *Binding the Strong Man*, 123–24. 만약 마가복음이 자신이 신에 의해 임명되었고, 유대교가 말하는 메시아 예언의 성취라고 주장한 Vespasian 황제 때 기록되었다면(69–79년), 마가복음의 첫 구절은 현재의 로마 황제보다 더 위대한 예수님을 따르라는 부르심으로 인해 논쟁에 가까운 성격을 띄게 된다(Winn, *Purpose of Mark's Gospel*, 178).

12 그러나 하나님, 예수님, 심지어 귀신도 이 칭호를 되풀이한다. 막 1:1, 11; 3:11; 5:7; 9:7(비록 믿지는 않지만 대제사장도 14:61에서 이 칭호를 사용한다).

13 Myers, *Binding the Strong Man*, 123.

고난이 요구된다 할지라도) 기쁜 소식을 기대하며 읽게 될 것이다.[14]

1.1.3 제자도의 길은 예수님을 따르는 제자의 여정이다.

마가복음 1:2–3에서는 ὁδός[호도스, "길"(way)]가 두 번 나오고, 1:3 후반부에서는 다른 헬라어로 "길"(path, τρίβος, 트리보스)이 표현된다. 이것은 마가의 중요한 모티브인 "길"을 주목하게 한다. 이 길은 예수님의 길, 즉 그분이 걸어가시는 길이자 자신을 따르라고 부르시는 제자의 길이다. '서론'에서 언급되었듯이 이 모티브는 복음서에서 문자 그대로 사용되기보다 신학적으로 사용된다(예수님의 적대자들조차도 12:14에서 신학적으로 사용한다). 실로 이 "길"은 전형적인 그리스도인의 삶이자 예수님을 따르는 제자의 여정을 나타낸다.

따라서 마가복음의 서문은 기쁜 소식의 중요한 요소인 복음을 선포하는 자의 정체성과 제자들이 걸어가야 할 길(예수님의 길)을 알려준다. 그러므로 하나님의 길을 따를 자들은 "준비"해야 할(1:3–4, 14에서 등장하는 회개) 의무가 있다. 달리 말하면, "세례(침례) 요한이 '소리'로서 사람들에게 주의 길을 준비하라고 선포할 때, 마가는… '능력 많으신 이'가 요구하시는 여정(제자도의 길)을 따를 수 있도록 사람들을 준비시키는 것에 초점을 둔다."[15] 이 본문은 이후에 더 명백히 드러날 것이지만, 예수님의 길을 따르라는 부르심이다. 마가복음은 계속해서 이 "길"을(마가복음에서 핵심이 되는 제자도를 가리키는 모티브) 걷는 것이 어떤 의미인가를 설명한다.

1.2 마가복음 1:4–8

1.2 신학적 초점

1.2 제자도 여정은 급진적인 삶의 변화를 요구하며 희생과 고난이 따르지만, 성령 하나님의 능력으로 가능하다(1:4–8).

- **1.2.1** 제자도는 급진적인 삶의 변화를 요구한다.
- **1.2.2** 희생과 고난은 제자도의 필수 요소다.
- **1.2.3** 성령 하나님의 임재가 제자도를 가능하게 한다.

---

14 Witherington, *Gospel of Mark*, 69–70.

15 Hatina, *In Search of a Context*, 181–82.

1.2 단락 요약: 주의 길을 걷기 시작할 때는 급진적인 삶의 변화를 각오해야 한다. 이 길을 걸을 때는 세상적인 가치관을 포기해야 하며, 고난도 따를 수 있다. 그러나 약속된 성령 하나님이 제자도의 길(희생/고난)을 걷는 제자에게 힘을 주신다.

1.2 성경 본문

1:4 세례 요한이 광야에 이르러 죄 사함을 받게 하는 회개의 세례를 전파하니

1:5 온 유대 지방과 예루살렘 사람이 다 나아가 자기 죄를 자복하고 요단 강에서 그에게 세례를 받더라

1:6 요한은 낙타털 옷을 입고 허리에 가죽 띠를 띠고 메뚜기와 석청을 먹더라

1:7 그가 전파하여 이르되 나보다 능력 많으신 이가 내 뒤에 오시나니 나는 굽혀 그의 신발끈을 풀기도 감당하지 못하겠노라

1:8 나는 너희에게 물로 세례를 베풀었거니와 그는 너희에게 성령으로 세례를 베푸시리라

1.2 주해

1.2.1 제자도는 급진적인 삶의 변화를 요구한다.

μετάνοια(매타노이아, "회개")는 "하나님 나라의 역설적 가치관으로 방향을 재정립"하라는 부르심을 가리킨다. 이러한 사고방식은 처음 신앙을 갖게 되는 순간에 이루어지는 것이 아니라 평생 그리스도를 따르며 변화되는 것이다.[16] 이것은 분명히 급진적인 부르심이다. 성전 밖에서 용서가 일어나고, 제사장 없이 죄가 사해지며, 회개의 (성격을 띤) 세례(침례)로 죄가 사해진다. 이는 새로운 삶으로의 부르심, 즉 급진적인 삶의 변화가 요구되는 '제자의 삶'으로의 부르심이다. 세례(침례) 요한은 청중을 향해 회개와 세례(침례)를 통해 주의 길을 예비하라고 선포한다(막 1:3–4). 이는 예수님이 가신 길을 따라가도록 준비시키기 위함이다.[17] 제자도의 여정은 이러한 방식으로 시작해야 한다.

16 France, *Gospel of Mark*, 66–67.(『NIGTC 마가복음』 새물결플러스, 126) 칭의의 쟁점은 마가에게 특별한 관심사가 아니다. 대신 마가의 작품은 예수님을 따른다는 것이 어떤 의미이며(물론 이것은 그리스도를 구원자로 믿는 것에서 출발한다), '역설적 가치관'을 정립한다는 것이 어떤 의미인지에 초점을 둔다. 이 두 의미는 마가복음의 나머지 15장에서 자세히 설명된다.

17 Moyise, "Wilderness Quotation," 84.

시작점이 되는 세례(침례)라는 요소는 돌이켜보면 교회의 개념을 갖고 있다. 이는 세례(침례)가 예수 그리스도의 길을 따르는 인생 여정의 시작을 표시하기 때문이다. "요단"과 "광야"(1:3, 4, 5)의 병치는 하나님이 이미 한 번 보살핌을 드러내신 광야에서 자신의 백성을 약속의 땅으로 인도하시는 '새로운 출애굽'을 나타낸다(사 48:20-21; 렘 2:6-7; 겔 20:35; 호 2:14-20). 이것은 '하나님을 선두로 둔 새로운 여행'이며 이 여정을 시작하려면 삶의 변화라는 대가를 치러야 한다.[18]

1.2.2 희생과 고난은 제자도의 필수 요소다.

세례(침례) 요한의 의복에 대한 묘사는(막 1:6) 엘리야의 의복을 설명하는 열왕기하 1:8과 거의 일치한다. 엘리야는 죽음을 면한 사람이며(왕하 2:9-12), 여호와의 날 전에 메시아의 사자로 돌아올 자다(말 3:1; 4:5-6). 본문에서 신랄하게 묘사되는 세례(침례) 요한의 투박한 의복과 빈약한 식성은 그가 세상과 거리가 먼 선지자임을 보여준다. 이는 주님을 따르기 위해 제자도의 여정에 들어서는 자가 하나님 나라의 참여자로서 그리고 하나님 통치에 대한 선포자로서 치러야 하는 희생임을 암시한다. 광야의 위치도 세속적인 것을 부인한다는 점을 강조한다. 하나님의 길을 따라 하나님의 나라에 들어서는 것은 세상과 세상의 길을 부차적인 것으로 여기는 것이다. 제자에게 요구되는 삶의 변화("회개")는 이러한 희생을 마땅히 여긴다.

예수님의 길을 따를 때 어려운 환경이 닥치며 어려운 시간이 찾아온다는 사실은 세례(침례) 요한이 있는 장소와 의복뿐만 아니라(1:3, 4, 6), 예수님이 처하신 장소와 시험에도(1:12, 13 그리고 이후에 1:35, 45) 내포되어 있다. 세상의 안위를 포기하고 예수님을 따르는 제자 역시 동일하게 광야를 맞닥뜨린다(6:31, 32, 35). 이 모든 단서는 예수님을 따르는 제자에게 요구되는 내용을 시사한다. 전체적인 제자도의 여정 내러티브는 해로운 장소를 많이 포함한다. 이 여정은 사탄이 잠재하고 있는 광야에서 시작하여(1:13) 귀신이 머무는(5:2) 무덤에서 끝난다(16:1-8). 그러나 마가복음에서 이런 위험한 장소들은 새로운 삶의 시작을 보여주기도 한다. 예수님은 시작점에서 세례(침례)를 받으시고, 끝에서는 부활하신다. 동일하게 예수님은 시작점에서 제자들을 부르시고, 끝에서 그들을 다시 한번 부르신다. 시작할 때 하나님 나라가 선포되고 끝날 때 하나

18 Wright, "Spirit and Wilderness," 273, 291. 고린도전서 10:2에서도 세례(침례)를 출애굽 세대의 경험으로 비교한다.

님 나라 확립의 핵심인 십자가(crux) 부활이 등장한다(crux는 핵심을 뜻하기도 하고, 십자가를 뜻하기도 한다. 저자는 이 단어를 사용하여 두 의미를 모두 담아낸다–역주). 그럼에도 불구하고 세례(침례) 요한이 머무는 장소와 그에 대한 묘사는(1:3, 4, 6) 제자도의 여정 안에 자기 부인과 희생이 따른다는 것을 보여준다.

제1막(1:1–8:21)을 제외하고는 "광야"라는 단어가 마가복음에 등장하지 않는다. 광야는 새로운 시작을 나타내는 장소이자(렘 2:2; 호 2:14; 9:10) 언약이 세워지고 하나님의 백성으로 구별되는 장소이며(신 29:12), 하나님 나라가 시작되는 장소이자 하나님의 구원 사역의 발판이 되는 곳이다(사 40:3; 41:18; 42:11; 43:19; 44:26; 51:3).[19] 또한 세례(침례) 요한과 광야는 밀접하게 연관되어 있을 뿐만 아니라(막 1:3, 4), 성령님은 예수님을 광야로 몰아내시고 그곳에서 40일 동안 사탄에게 시험받게 하신다(1:13–14). 마가는 이야기의 서막이 광야에서 일어나고 있음을 지나칠 정도로 장황하게 반복한다. 그는 이 장면이 소망 가득한 새 출발점이 되는 출애굽(겔 20:35–38을 보라)과 유사하다는 것을 강조하려고 애쓰는 듯하다.[20] 동시에 예수님이 사탄의 공격을 받으시는 광야의 황량함을 무시하기도 힘들다(1:13). 이 제자도의 여정은 결코 수월한 여정이 아님이 분명하다. 희생과 고난이 기다리고 있다.

1.2.3 성령 하나님의 임재가 제자도를 가능하게 한다.

세례(침례) 요한이 간접적으로 엘리야로 언급되는 것은[21] 그가 '전임자'와 같이 성령님을 받았을 가능성이 크다는 것을 보여준다(왕하 2:9, 15; 눅 1:17도 성령님의 임재와 능력을 토대로 요한과 엘리야를 연관시킨다). 이것이 옳다면, 엘리야에게 주어진 것은 예수님을 따르는 모두에게도 주어지는 것이다. 하나님은 그의 아들의 길을 따르기로 작정한 자에게 성령님을 부어주실 것이다(1:8). 이렇게 하나의 패턴이 완성된다. 요한은 엘리야와 연관되어 성령님을 부분적으로 받았고, 예수님께는 성령님이 임하셨으며(1:10), 제자(예수님을 따르는 자)는 예수님이 성령님으로 세례(침례)를 베푸실 것이라는 약속을

---

19 Boring, *Mark*, 39.

20 쿰란 사람들은 하나님이 광야에서 나타나실 것으로 기대했다(1QS 8.13–14; 9.18–21). France, *Gospel of Mark*, 56–57(『NIGTC 마가복음』 새물결플러스, 110–111)을 참조하라.

21 이러한 언급은 세례(침례) 요한의 의복에 대한 묘사와 마가복음 1:2에서 말라기 3:1을 인용한 것에서(말 4:5은 엘리야를 언급한다) 찾아볼 수 있다. 예수님은 마태복음 17:11–13에서 요한과 엘리야를 직접 연관시키신다.

받는다(1:8). 지금까지 마가복음에서 소개한 예수님의 길을 걷기 위해서는 영적 도움이 필요하다. 그리고 이 구절은 제자에게 필요한 도움이 주어질 것임을 확언한다.

1.3 마가복음 1:9-15

1.3 신학적 초점

1.3 자신의 사명에 신실하며 성부 하나님을 기쁘시게 하는 예수님을 따를 때 시험(영적 전쟁)을 겪지만, 제자도의 여정은 하나님 나라를 확립하는 시작점이다(1:9-15).

1.3.1 제자도에서 따르기에 합당한 분은 예수님이시다. 그분은 성령 하나님의 기름 부음을 받으셨고 성부 하나님을 기쁘시게 한다.

1.3.2 제자도에서 시험에 승리하신 예수님을 따르는 제자에게 영적 시험이 닥치고, 영적 도움이 주어지는 것은 마땅하다.

1.3.3 하나님 나라는 예수님을 따르라는 부르심으로 시작된다.

1.3 단락 요약: 신성한 부르심이라는 예수님의 독특한 선포 그리고 예수님과 성령 하나님의 깊은 관계는 그분이 제자들이 따를 만한 분임을 더욱 부각시킨다. 그러나 예수님의 길은 세례(침례) 요한이 경험하였듯이 위험으로 가득하다. 세례(침례) 요한이 죽은 뒤 이어서 바통을 들고 나아가시는 예수님의 모범은 그분 자신의 죽음을 예견한다. 그렇다면 누가 하나님의 나라를 확장하는 일에 앞장서서 바통을 이어 잡을 것인가?

1.3 성경 본문

1:9 그 때에 예수께서 갈릴리 나사렛으로부터 와서 요단 강에서 요한에게 세례를 받으시고

1:10 곧 물에서 올라오실새 하늘이 갈라짐과 성령이 비둘기 같이 자기에게 내려오심을 보시더니

1:11 하늘로부터 소리가 나기를 너는 내 사랑하는 아들이라 내가 너를 기뻐하노라 하시니라

1:12 성령이 곧 예수를 광야로 몰아내신지라

1:13 광야에서 사십 일을 계시면서 사탄에게 시험을 받으시며 들짐승과 함께 계시니 천사들이 수종들더라

1:14 요한이 잡힌 후 예수께서 갈릴리에 오셔서 하나님의 복음을 전파하여

1:15 이르시되 때가 찼고 하나님의 나라가 가까이 왔으니 회개하고 복음을 믿으라 하시더라

주해 1.3

1.3.1 제자도에서 따르기에 합당한 분은 예수님이시다. 그분은 성령 하나님의 기름 부음을 받으셨고 성부 하나님을 기쁘시게 한다.

예수님의 세례(침례)는 추종하는 자들의 리더로서 그분의 사역 시작과 제자도 여정의 시작을 알린다. 성부 하나님의 반응은 (성령 하나님의 임재와 더불어) 삼위일체 하나님이 제자들을 이끌 자격이 있으신 신성한 예수님을 증언하고 있음을 보여준다.

마가복음 1:5과 1:9은 서로 유사하지만 대조되는 부분도 상당하다.

	마가복음 1:5	마가복음 1:9
세례(침례)를 주는 자	요한	요한
장소	요단강	요단강
세례(침례)를 받는 자	온 유대 지방과 예루살렘 사람	예수님
동사	ἐξεπορεύετο (엑스에포류에토. "다 나아가")	ἦλθων(엘텐, "[예수님이] 와서") [동일한 어원]
행동	그들이 세례(침례)를 받음	그분이 세례(침례)를 받음
인원	모든 사람	한 명
세례(침례)의 형태	죄를 자복함	죄를 자복하는 장면이 없음

표를 보면 알 수 있듯이 두 구절 사이에 의도된 동일한 구조 및 세례(침례)를 받는 사람의 규모와 형태의 대조에 대해 프란스(France)는 "그 한 사람이 수많은 사람을 대신함"이라고 해석한다.[22] 적어도 예수님이 하나님의 아들로 소개된 점을 미루어 볼 때, 단독으로 세례(침례)를 받는 그분이 다른 이와는 다르다는 것을 강조한다. 또한 예수님이 영적으로도 특별한 분임을 성부 하나님과 성령 하나님이 인정하신다. 죄의 자복 없이 세례(침례)를 받는 자는 당연히 신성한 분이시요, 하나님의 아들이시다(막

22 France, *Gospel of Mark*, 76.(『NIGTC 마가복음』 새물결플러스, 141) 저자가 의도적으로 "한 사람이 수많은 사람을 대신"했다는 메시지를 간접적으로 표현했을 수도 있다. 마가복음의 원독자(그리스도인인 로마인?)는 이미 예수님의 정체성과 사명을 알고 있었을 가능성이 크다. 예수님이 마가복음에서 등장하실 때 예수님을 소개하는 내용이 없는 점을 보아 독자는 예수님이 누군지 적어도 소문을 통해 알고 있었음을 분명히 가정했다. 이러한 전제는 마가복음의 주된 목적이 기독론을 변증하는 것이 아님을 뒷받침한다.

1:11). 단 한 분을 위한 이 세례(침례)를 통해 하나님의 아들이라는 모티브가 메시아적 신성과 왕권의 함축과 함께 다시 한번 강조되고 있다.[23]

1.3.2 제자도에서 시험에 승리하신 예수님을 따르는 제자에게 영적 시험이 닥치고, 영적 도움이 주어지는 것은 마땅하다.

뒤이어 등장하는 광야의 장면(막 1:12–13)에서 예수님은 거의 수동적인 사람으로 묘사된다. 그분은 성령님, 사탄, 천사들의 행동에 수동적이며 단순히 들짐승과 함께 광야에 "계실"(ἦν, 앤) 뿐이다. 프란스는 이 장면을 서로 대립하는 두 진영으로 나뉜 "광야의 극적 장면"이라고 부른다. 한 진영에는 성령과 천사들이 있고, 다른 진영에는 사탄과 들짐승이 있다.[24]

A καὶ…τὸ πνεῦμα(카이…토 프뉴마, "그리고…성령이"):
예수님이 성령님의 행동에 수동적이시다(1:12).

B καὶ ἦν(카이 앤, '그리고 그가 계시니'): 예수님이 주어다(1:13a). **[광야]**

C πειραζόμενος(페이라조메노스, "시험을 받으시며"): **[사탄의 시험]**
예수님이 사탄의 행동에 수동적이시다(1:13b).

B′ καὶ ἦν('그리고 그가 계시니'): 예수님이 주어다(1:13c). **[들짐승]**

A′ και οἱ ἄγγελοι('카이 호이 앙게로이', '그리고 천사들이'):
예수님이 천사들의 행동에 수동적이시다(1:13d)*

* Heil, "Jesus with the Wild Animals," 65. 이러한 평행 구조는 들짐승과 함께 있는 것이 호의적인 상황이 아닌, 사탄의 유혹과 연관된 적대적인 상황이었음을 보여준다.

이러한 구조는 지상의 장면 배후에 있는 영적 세력과의 갈등을 강하게 암시한다. 이 장면은 불길한 장소인 광야를 배경으로 두고 있다. 광야는 시작하는 곳이기도

23 마가복음 1:10에서 하늘이 '갈라졌다'라는 표현의 중요성은(마태복음과 누가복음은 '열렸다'라고 기록한다) 복음서 결말에서 또 다른 '갈라짐'이 등장할 때(참조. 15:39) 더 구체적으로 논의될 것이다. 이 장면(15:39)에서도 '영'(spirit)뿐만 아니라 하나님의 아들을 인정하는 목소리가 나타난다. 이러한 유사점은 마가복음 15장을 설교할 때 설명하는 것이 가장 바람직하다. 설교가 시간의 제약을 받는다는 점을 고려할 때 설교자는 청중을 적용(즉, 하나님의 영광을 위한 구체적인 삶의 변화)까지 인도하기 위해 각각의 설교에서 무엇을 반드시 다루어야 할지를 신중하게 판단해야 한다.

24 France, *Gospel of Mark*, 83.(『NIGTC 마가복음』 새물결플러스, 153) *T Benj.* 5.2; *T Iss.* 7.7; *T Naph.* 8.4에서는 들짐승을 사탄 및 귀신과 연관시킨다. Gundry는 비꼬는 투로 광야는 "천국, 지옥 그리고 동물원에서 뽑힌 인구로 가득하다"라고 말한다(*Mark*, 61).

하며, 출애굽의 역사적 배경으로서 하나님 나라의 확립을 준비하는 데 시험대가 되는 장소이기도 하다. πειράζω(페이라조, "시험")라는 단어의 어원은 초대 기독교에서 고정적으로 사용된 단어로서, "주어진 임무와 그에 따른 제약을 누군가에게 위탁할 수 있는 자격 또는 그 사람의 충성심이나 헌신의 정도를 파악하기 위해 대체로 고난과 역경을 통해 살피고 증명하는 것"을 뜻한다.[25] 따라서 40일간의 시험은 출애굽하여 광야를 거친 세대의 여정에 부합한다[신 8:2-4; 또한 8:2, 16에 나타난 ἐκπειράζω(에크페이라조, "시험") 참조].

예수님은 시험을 성공적으로 통과하신다. 하나님의 아들로 임명된 신성한 분은 시험 속에서도 신실하며 자격이 있는 분이다. 이뿐만 아니라 그분은 성부 하나님께 기쁨이 되며 그 어떤 통치자보다 뛰어난 분이기에 따를 만한 분으로 증명되셨다. 그러나 영적 갈등에 대한 언급은 경고를 준다. 세례(침례) 요한과 예수님뿐만 아니라 제자들도 광야에 이르게 된다. 이는 예수님을 따르는 제자에게는 동일한 시험과 공격이 따를 것이라는 사실을 암시한다. 하나님의 아들을 따르는 자는 예수님이 겪은 저항을 받을 것이다. 그러나 사탄의 공격 직후에 곧바로 천사들의 사역이 언급되었다는 것은(막 1:13), 사탄의 공격에 둘러싸인 제자들에게 영적 도움이 주어질 것을 보여준다. 예수님을 따르는 자는 강력한 시험을 받지만 하늘로부터 도움을 받으리라 확신할 수 있다.

1.3.3 하나님 나라는 예수님을 따르라는 부르심으로 시작된다.

하나님 나라가 가까이 왔다는 것은 기쁜 소식이다(막 1:15).[26] 청중은 (독자와 더불어) 회개와 믿음으로 새 왕의 새 통치 아래 자신을 둘 것을 권면받는다. 새 시대가 이르렀다. 그 나라가 가까이 왔다. 이는 "영원하면서도 종말론적이고, 성취된 동시에 대망하고 있으며, 현존하면서도 임박해 있으며," 이미 왔지만 또한 아직 오지 않은 나라이다.[27] "사랑하는 아들"을 통해 나라를 세울 하나님의 계획이 시작된 것이다. 그리고 그 나라를 위해 하나님은 그리스도를 따르는 백성을 만들고 계신다. 예수님을 따르는 행

---

25 Gibson, "Jesus' Wilderness Temptation," 12. 실제로 1세기에는 "ἔρημος(에레이모스, "광야")를 '충성심의 시험대'에 오르는 장소로 이해하기도 했다"(같은 책, 16). 시편 91:11-13은 천사들이 메시아를 들짐승들로부터 보호하는 모습을 묘사한다.

26 πεπλήρωται[페프레이로타이, "(때가) 찼고"]와 ἤγγικεν(엥기켄, "가까이 왔으니") 모두 완료 시제로서 성취의 단계가 이미 시작되었음을 뚜렷하게 나타내지만 성취가 완료되었다는 뜻은 아니다. 최종 성취는 아직 이르다.

27 France, *Gospel of Mark*, 93.(『NIGTC 마가복음』 새물결플러스, 168)

위 자체가 하나님 나라를 세우기 시작하는 것이며, 하나님의 궁극적인 목적을 이루는 것이다. 예수님을 따르는 자들이 제자도의 여정을 시작할 때, 새로운 통치를 확립하는 과정도 시작된다. 하나님 나라의 완성은 피할 수 없이, 하나님의 종말론적 계획에 따라 하나님의 아들이 재림하실 때에 일어날 것이다. 그러나 현재 요구되는 회개는 앞서 언급했듯이 "개인과 공동체의 삶에 대한 모든 방식이 전환되는 것이다."[28] 제자가 예수님과 동행하기 위해 발걸음을 내디딜 때 구체적으로 어떤 헌신이 요구되는지는 앞으로 전개될 이야기를 통해 설명된다. 그러나 지금 현재 독자들에게 요구되는 반응은 분명하다. 제자도의 여정 속에 예수님을 따를 준비를 하라! 하나님 나라가 가까이 왔다!

지금까지는 세례(침례) 요한이 복음을 전파했고(1:4), 요한이 "잡힌 후" 이제 예수님이 전파하기 시작하신다(1:14-15, 38-39). 따라서 이 이야기의 순차적인 흐름을 알 수 있다. 요한에 이어 예수님이 바통을 받으신다. 예수님이 "잡히신 후"에는 바통을 이어받을 사람이 제자 외에 누가 있겠는가? 남은 15장의 마가복음 이야기에서는 예수님의 지상 사명이 끝난 이후 바통을 넘겨받을 제자들이 훈련되는 것을 볼 수 있다.[29] 이러한 제자들의 승리와 실패에 담긴 그들의 성장과 발전은, 주님의 바통을 이어받아 충실히 달릴 다음 세대의 제자들을 향한 제자도 교훈이다. 즉, 이 순차적 흐름을 통해 마가는 다음과 같은 질문을 던진다. 예수님 다음으로 바통을 이어받을 자가 누구인가? 당신은 제자도의 여정을 따를 준비가 되어 있는가?[30]

---

28 Marshall, *Faith as a Theme*, 48, 51.

29 "확장하는 하나님 나라에 관한 마가의 신학은 마치 육상 경기장에서 한 선수가 다음 선수에게 복음을 위해 받는 박해라는 바통을 넘겨주는 계주와도 같다…. 또는 (마가의 비유에 더 근접하기 위해) 새로운 제자가 갈릴리에서 예루살렘을 향해 가는 '길'로 여정을 떠날 때 십자가라는 바통을 넘겨받아 어깨에 짊어지는 것과 같다"(Geddert, *Watchwords*, 150).

30 1:1-20에서 순차적으로 드러나는 장면을(요한/예수님/제자들) 어떻게 설교에서 활용하는지 보려면 다음 단락을 참조하라.

1.4 마가복음 1:16-20

1.4 신학적 초점

1.4 제자들을 부르시고, 제자들에게 사명을 주시는 예수님께 순종함으로 예수님을 따르는 제자도의 여정은 희생과 고난의 삶을 요구한다(1:16-20).

1.4.1 예수님이 제자들을 부르시고, 제자들에게 사명을 주심으로 제자도의 여정이 시작된다.

1.4.2 순종함으로 예수님을 따르려면 희생과 고난을 각오해야 한다.

1.4.3 부르심, 사명, 대가의 순서는 제자도 여정의 본질이 무엇인지 경고한다.

1.4 단락 요약: 제자들을 향한 예수님의 분명한 부르심과 사명은 그들로 하여금 예수님을 따르도록 명령한다. 예수님을 '따르는 길'에는 희생과 고난이 동반된다. 이 본문에 포함된 세 가지의 '부르심과 응답' 구조와 더불어, 세례(침례) 요한과 예수님이 치르신 치명적인 대가는 제자들이 제자도의 여정을 시작하며 어떤 대가를 감수해야 할지를 보여준다.

1.4 성경 본문

1:16 갈릴리 해변으로 지나가시다가 시몬과 그 형제 안드레가 바다에 그물 던지는 것을 보시니 그들은 어부라

1:17 예수께서 이르시되 나를 따라오라 내가 너희로 사람을 낚는 어부가 되게 하리라 하시니

1:18 곧 그물을 버려 두고 따르니라

1:19 조금 더 가시다가 세베대의 아들 야고보와 그 형제 요한을 보시니 그들도 배에 있어 그물을 깁는데

1:20 곧 부르시니 그 아버지 세베대를 품꾼들과 함께 배에 버려 두고 예수를 따라가니라

1.4 주해

1.4.1 예수님이 제자들을 부르시고, 제자들에게 사명을 주심으로 제자도의 여정이 시작된다.

이 본문의 면밀한 구조는 매우 인상적이다.

시몬과 그 형제 안드레를 보심(1:16a)

A 바다에 그물을 던짐, 그들은 어부라(1:16b)

B "나를 따라오라"(1:17)

A′ 그물을 버려둠(1:18a)

그들이 예수님을 따름(1:18b)

야고보와 그 형제 요한을 보심(1:19a)

A 배에서 그물을 깁음(1:19b)

B 그들을 부르심(1:20a)

A′ 아버지를 배에 버려둠(1:20b)

그들이 예수님을 따라감(1:20c)*

* Kuthirakkattel, *Beginning of Jesus' Ministry*, 105–6.

각각의 병렬 구조에서 A와 A′는 예수님이 발견한 어부들의 위치를(물 위) 반복하여 언급한다. 특히, 형제들의 위치가 눈에 띈다(막 1:16, 18, 19, 20). 일종의 "세례"(침례)를 간접적으로 언급하고 있는 것일까? 요한과 예수님이 세례(침례)를 받으셨다면 제자들도 세례(침례)를 받아야 마땅하지 않은가? 두 쌍의 형제 모두 물 위에 있으며(1:16, 19), "물 위에" 있는 어부들은 물 밖에 계신 예수님께 어부가 되라고 부름을 받는다. 예수님은 비유적으로 물 밖으로 낚인 그들에게 사람을 낚는 어부가 될 것이라고 약속하신다. 이러한 제자들의 본을 따라 다른 이들도 예수님을 따르게 될 것이다. 그리고 이들이 제자도의 여정을 밟으며 예수님의 사역을 공유할 사명을 받는다. 다음 세대의 제자들에게 새로운 부르심과 사명이 주어질 때마다 이 순환이 새롭게 반복되는 것이다. 이 본문에 나오는 네 명의 제자는 예수님의 부르심에 응했다. 마가복음의 독자도 부르심에 응할 것인가?[31]

1.4.2 순종함으로 예수님을 따르려면 희생과 고난을 각오해야 한다.

따르라는 부르심에는 희생도 따른다. 본문에 나타난 두 쌍의 형제가 희생의 본보기

31 예수님이 "지나가시다가"라고 언급하는 것은(막 1:16) 그분이 이미 여정을 시작했음을 시사한다. 제자들이 예수님을 따라 그분의 사명에 동참하는 것만이 남아 있다.

다. 그들은 본업, 가족, 미래에 대한 희망을 버려두고 순종함으로 예수님을 따른다(앞의 구조에서 두 A′에 해당한다, 막 1:18a, 20b). 제자도의 여정은 자기 부인(그리고 고난)의 성격을 띠고 있으며, 따르는 자의 거의 모든 것을 요구한다. 이는 하나님 나라를 확립하기 위해서 예수님의 뜻에 (그리고 예수님의 권위에) 전적으로 헌신하는 것을 말한다. "'따르다'라는 말은 발이 움직이는 것보다 마음이 움직이는 것, 즉 삶의 도를 이행하는 것을 가리킨다"(Bede, *Homilies on the Gospels* 1.21).[32] 정확히 어떤 헌신이 요구되는지는 남은 이야기를 통해 드러난다.[33] 예수님에 관한 "공간적" 위치를 명시해주는 전치사 ὀπίσω(오피소, "뒤", 1:17, 20)는 마가복음에서 총 네 번 등장한다(1:17, 20, 8:33, 34). 그 가운데 두 번이 이곳, 예수님을 처음 따르기 시작하는 장면에 나온다(1:17–20, 제1막 갈릴리의 서두). 그리고 나머지 두 번은 예수님을 '뒤에서' 따를 때 제자들이 감수해야 할 고난과 관련해서 등장한다(8:33–34, 제2막 여정의 서두). 다음 표가 보여주는 두 본문의 유사성은 예수님의 '뒤를'(after) 따를 때 치르는 대가를 보여준다. 제자도는 예수님과 함께 고난을 받는 부르심이다.

마가복음 1:16–20 (제자들을 향한 첫 부르심)	마가복음 8:33–34 (첫 고난 예고)
네 명의 제자 이름(1:16,19)	"제자들"(8:33)
"이르시되"(1:17)	"이르시되"(8:34)
"나를 (ὀπίσω) 따라오라"(1:17)	"내 뒤로 (ὀπίσω) 물러가라"(8:33)
"예수를 따라가니라(ὀπίσω)"(1:20)	"누구든지 나를 따라오려거든[ὀπίσω]"(8:34)
그를 "따르니라"(1:18)	"나를 따를 것이니라"(8:34, 또한 8:33)
καλέω(칼레오, "부르다", 1:20)	προσκαλέω(프로스칼레오, "불러 모으다", 8:34)*

* Kuthirakkattel, *Beginning of Jesus' Ministry*, 109n127.

32 Oden and Hall, *Mark*, 28에 인용됨.

33 당연히 모든 것을 버린다는 뜻은 아니다. 어부들은 배와 집을 일부분 소유한다(1:29; 3:9, 20 등). 그러나 예수님과 동행하려면 제자들은 모든 것을 포기할 각오를 해야 한다(10:28–30). 마가복음의 전체 이야기는 제자들의 훈련과 성장에 초점을 두고, 간접적으로는 예수님을 '따르기'로 작정한 독자들의 훈련과 성장에도 초점을 둔다. 마가가 전하는 제자들의 성공과 실패 이야기를 읽는 독자는 자신이 걸어야 할 제자도의 기반을 긍정적, 부정적 예시 안에서 발견할 것이다. France, *Gospel of Mark*, 94.(『NIGTC 마가복음』 새물결플러스, 169)

이 본문에서 앞으로 어떤 일이 일어날지 독자들에게 경보가 울리는 것이다. 경고를 받으라!

1.4.3 부르심, 사명, 대가의 순서는 제자도 여정의 본질이 무엇인지 경고한다.

이 본문에서 '부르심-사명-결과'라는 세 단계의 패턴을 엿볼 수 있다. 이 패턴은 세례(침례) 요한, 예수님, 제자들에게 각각 적용된다.

세례(침례) 요한	예수님	제자들
부르심 하나님의 음성: 성령 하나님(1:2-3)* 보냄받음(1:2) 세례(침례)(1:4, 8)	**부르심** 하나님의 음성: 성부 하나님(1:11) 보냄받음(1:12) (이 외에 9:37; 12:6) 세례(침례)(1:8-11)	**부르심** 하나님의 음성: 성자 하나님(1:17, 20) 부름받음(1:17, 20) (3:14; 6:7에서 보냄받을 것임) "세례(침례)"?(1:16-20)**
사명 주의 길을 예비함(1:2) 광야(1:3, 4) 회개를 전파함(1:4, 7)	**사명** 복음을 전파함(1:14) 광야 (1:12, 13) 회개를 전파함(1:14-15)	**사명** 사람을 낚는 어부(1:17) [광야로 가게 될 것임 (6:31, 32, 35)] [회개를 전파할 것임(3:14; 6:12)]
결과 "잡히다"(1:14)	**결과** ["잡힐" 것임]***	**결과** ?

* 이 본문에 등장하는 음성은 성령 하나님이시다.

** 제자들이 물 위에 있을 때 부름받은 것이 침례를 간접적으로 나타낸다는 점은(마가의 강조점 중 하나) 앞서 언급했다.

*** 마가복음에서 παραδίδωμι(파라디도미, "넘겨지다/잡히다")가 등장하는 구절을 보려면 아래 각주들을 참조하라.

이야기가 순차적으로 진행되는 것에 주목하라. 요한은 예수님 전에 등장하고(막 1:2), 예수님은 요한 이후에 등장하시며(1:7), 제자들은 그들보다 앞서 등장하신 예수님을 따르라는 명령을 받는다(1:17, 20).[34] 세례(침례) 요한의 부르심, 사명, 결과('잡히다', 1:14)는 이 본문에 모두 등장한다. 예수님의 부르심과 사명도 동일하게 이 본문에 나

34 "시작"에 관한 베드로의 이야기(행 10:37-39)와 마가의 이야기 사이의 비교는 이전에 언급했다. 두 이야기 모두 동일하게 세례(침례) 요한, 예수님, 제자들의 순서로 진행된다.

오지만, 결과('잡히다')는 이야기가 더 진행되면서 드러난다.[35] 제자들의 부르심과 사명도 이 본문에 등장한다. 그러나 예수님을 따르는 제자도 여정을 밟은 제자들의 결말은 마가복음에서 찾아볼 수 없다.[36] 그들은 어떤 최후를 맞이하게 될까? 이 여정을 떠날 제자(그 누구라도)의 운명은 어떻게 될까? 열두 제자의 운명이 열린 결말로 마무리되는 이야기를 통해 마가는 열두 제자 이후의 다음 세대들이 바통을 넘겨받는 것을 묘사한다. 그리고 요한과 예수님을 통해 드러난 부르심–사명–결과의 패턴이 다음 세대 제자들에게도 적용된다는 것을 알려주고 있다. 요한이 맞이한 최후와 앞으로 예수님이 맞이하실 최후가 일종의 암시라면, 마가는 결코 제자도의 여정을 장밋빛 그림으로 그리고 있지 않다. 마가는 독자들에게 날카로운 질문을 던지고 있는 것이다. "어떠한 결과를 맞이할지 알고도 당신은 예수님을 따르겠는가?"

설교의 초점 및 개요

설교를 위한 본문 1의 신학적 초점*

1 하나님 나라 확립의 포문이 되는 제자도의 여정은 고난을 수반한다(1:1–20).

* '신학적 초점'은 설교에서 제시될 중심 생각이다. 본 주석이 추구하는 설교의 관점에서 볼 때, 이 신학적 초점을 강해하는 것이 설교자의 중요한 임무다. 물론 하나님께 영광이 되는 삶의 변화가 찾아올 수 있도록 설교자는 회중에게 각 본문의 신학적 개념을 삶에 어떻게 적용할지도 제시해주어야 한다.

이 본문의 포괄적 신학적 초점(제자도에서 예상되는 희생과 고난)이 계속해서 마가복음에서 드러나지만, 이 본문의 설교를 마가복음 설교 시리즈의 서론으로 본다면 제자도로의 부르심, 수반되는 희생과 고난, 하나님의 도우심에 대한 약속이라는 주제를 전반적으로 다루는 것이 가장 좋을 것이다. 설교 시리즈 자체가 제자도의 여정을 보여주는 (만약 본 주석의 단락 구분을 따른다면) 마가복음에 관한 25주간의 여정이다. 이 제자도 여정과 다른 목회 사역(예배, 소그룹, 주일학교 등)이 제자도라는 하나의 주제를 다룬다면 훨씬 더 유익할 것이다.

---

35 παραδίδωμι(1:14)는 마가복음의 청중에게 확립되어 있는 의미의 영역이 있다. 마가복음에서 예수님이 팔리시고 넘겨지시는 것과 요한이 잡힌 것을 이 단어로 표현한다. 3:19; 9:31; 10:33(2회); 14:10, 11, 18, 21, 41, 42, 44; 15:1, 10, 15(요한과 예수님의 운명은 6:7–32과 9:12–13에서 더 깊이 연관된다).

36 마가복음 6:7–30은 제자들의 운명이 어떠할지 암시한다. παραδίδωμι의 단어 사용과 관련해서는 13:9, 11, 12을 참조하라.

세례(침례) 요한으로 시작하여 예수님 그리고 제자들까지 이어지는 순차적인 이야기를 다루는 것이, 이 본문에서 저자가 무엇을 수행하는지를 청중에게 가장 잘 이해시킬 수 있을 것이다. 앞서 제시한 표를 수정한 다음의 표로 핵심을 알 수 있다.

	부르심	사명	결과
세례(침례) 요한	+	+	+
예수님	+	+	+
제자들	+	+	?

세 주인공은 부르심-사명-결과의 패턴을 보여준다. 그러나 하나님의 부르심과 사명에 대한 제자들의 반응과 결과가 직접 명시되어 있지 않기 때문에 독자가 이를 궁금해할 수밖에 없다. 하지만 독자가 요한이 맞이한 최후 그리고 예수님이 마가복음에서 앞으로 맞이하실 최후를 안다면, 예수님을 따르기로 작정한 자가 맞이할 최후가 무엇인지 쉽게 예상할 수 있다. 세례(침례) 요한과 예수님이 붙잡혀 죽음을 맞이하셨다면 제자들은 어떻게 되겠는가?

고난은 분명히 제자도 여정의 일부분이다. 그러므로 마가복음 첫 본문의 설교는 전체 시리즈의 시작점으로 사용될 수 있다. 앞으로 제자가 될 (그리고 이미 제자가 된) 사람들에게 예수님을 따르며 기꺼이 고난을 받으라고 초대하는 것이다. 예수님을 따르기 위해 희생하지 못하는 것은 무엇인가? 제자도에는 희생이 따른다! 설교자는 마가복음을 설교함으로써 제자가 되는 것이 어떤 대가를 치르는 일인지 가르쳐야 한다.

본문의 긍정적인 측면은 성령님에 대한 약속, 그분이 여정 가운데 주실 능력 그리고 머지않아 완성될 하나님 나라다.[37] 마가복음의 중요한 주제 가운데 하나는 영광이 우리를 기다리고 있다는 것이다. 그러나 그전에 반드시 고난을 거쳐야만 한다. 훗날의 영광을 생각해볼 때 희생과 고난을 치를 만한 충분한 가치가 있다.

세계 어디에 있느냐에 따라, 그리스도인이 (적대자, 박해자 때문에) 겪는 고난의 강도가 다르다는 것은 인정할 수밖에 없다. 그리고 마가복음의 기사에서 등장하는 역사

---

37 제자들이 험난한 길에서 예수님을 따를 수 있도록 돕는 성령의 역할은 마가복음 전체에서 특별히 강조되지 않는다. 그러나 예수님이 사탄의 시험을 받을 때 혹은 시험 직후에 천사들이 수종 드는 장면(1:13)은 영적 도움을 암시한다.

적 제자들조차도 이후에 예수님을 따르는 자들이 겪은 고난을 겪지 않았다.[38] 그러나 어찌 되었건 모든 고난이 반기독교적인 파벌에서 생겨나는 것은 아니다. 어떤 고난은 불완전한 세상을 살아가는 우리의 삶에서 비롯되기도 한다. 따라서 설교를 하며 '고난'이라는 개념을 다양하게 설명할 수 있다. 그러나 고난을 기꺼이 받을 마음은 제자가 되기 위한 본질적인 자세다.

마가복음의 처음 두 본문(지금의 본문과 다음 본문, 막 1:21–45)은 제자도의 특징인 고난(1:1–20)과 섬김(1:21–45)을 전반적으로 전해준다. 제자도의 여정을 시작하며 제자가 평생토록 꼭 지녀야 할 마음가짐을 펼쳐 보이는 것이다. 고난과 섬김의 주제가 마가복음에서 또 등장하지만, 두 본문을 설교하며 복음을 위해 고난을 받고 섬길 것을 전반적으로 권면하는 것이 적절할 것이다. 그리고 두 본문을 설교하면서 어떻게 하면 이러한 삶을 살아낼 수 있는지를 구체적으로 다룬다면 더 유익할 것이다.

예수님을 따르라는 초대장이 날아왔다. 독자는 어떤 최후를 맞이할지 알면서도 따를 것인가? 이번 설교는 마가복음을 소개하는 동시에 회중에게 제자도가 걸어가야 할 길에서 치러야 할 값을 신중히 계산할 것을 도전한다. 고난 이후에 영광이 찾아온다. 제자도는 고난을 거쳐 영광에 이르는 여정이다.

본문 1의 설교 개요[39]

I. 부르심: 세례(침례) 요한, 예수님, 제자들

- 순차적 부르심을 설명하라: 1:2, 1:10–11, 1:16–20
- 청중과의 연관성: 우리가 받은 부르심의 본질

II. 사명: 세례(침례) 요한, 예수님, 제자들

- 순차적 사명을 설명하라: 1:3–8, 1:14–15, 1:17
- 청중과의 연관성: 우리 사명의 본질과 제자들의 사명이 일치한다.

---

38 열두 제자 대부분이 박해를 당하거나 순교했다는 사실은 보편적으로 수용되지만 마가가 말해주지는 않는다.

39 설교 개요는 의도적으로 간결하게 제시했다. 설교 개요는 단순하게 제안된 것일뿐이며 설교자가 이 거친 돌을 더 다듬어야 한다. 특정 청중을 모르는 채로 설교 개요를 구성하는 것은 거의 불가능하다. 따라서 본 주석은 설교자를 위해 구체적인 설교문을 명시하지는 않는다. 단, 설교 개요를 더 구체적으로 발전시킬 수 있도록 각 대지마다 간단한 조언이 포함되어 있다.

Ⅲ. 결과: 세례(침례) 요한, 예수님, (제자들?)

• 순차적 결과를 설명하라(고난에 대한 암시도 포함, 주해 참조): 1:14; 9:31; 10:33(2회)

Ⅳ. *대가를 알라!**

• 구체적으로 어떻게 준비할 수 있는가? 어떻게 값을 헤아릴 수 있는가?

* 본 주석의 설교 개요는 일종의 적용을 대지에 포함할 것이다. 적용의 구체적인 방향은 성령님, 본문, 설교자, 청중 사이에서 정해져야 한다. 이 본문에 대한 설교의 적용점을 하나 제시한다면, 회중이 다 함께 25주 동안 마가복음을 깊이 묵상함으로 예수님의 "길"을 따라 걷는 것이다. 시리즈 설교의 서막으로 적절한 적용이 될 것이다.

본문의 순서를 따라 다음과 같은 설교 개요도 가능하다.[40]

Ⅰ. 세례(침례) 요한의 부르심, 사명, 결과

Ⅱ. 예수님의 부르심, 사명, 결과

Ⅲ. 제자들의 부르심, 사명, …[결과?]

Ⅳ. 대가를 알라!

40 설교 개요를 본문의 순서와 반드시 일치시킬 필요는 없다. 구두로 전하는 설교는 기록된 복음서와 다른 매개체로 전달되기 때문에, 전자는 반드시 후자의 논증 순서나 내레이션을 따를 필요가 없다. 예배의 회중과 강대상에서 선포되는 설교에 적합한 개요가 무엇인지는 설교할 때마다 매번 결정해야 한다. 그러나 성경 본문의 구조와 유사한 설교 구조는 (회중의 시각에서) 이해하기 더 수월하다. 본문과 설교의 구조가 일치하면 설교자가 본문에서 구절을 건너뛰어야 하는 경우가 줄어든다. 그리고 본문에서 건너뛰는 구절이 적을수록 설교는 명확해지며 청중의 마음, 생각, 삶에 진리가 더 확고히 자리 잡을 수 있다.

본문 2

섬기기 위해 따르다

마가복음 1:21-45

[귀신을 쫓아내심, 시몬의 장모와 나병 환자를 고치심]

복습, 요약, 예습

본문 1 복습: 저자는 1:1–20에서 '부르심과 반응' 구조를 통해 제자도 여정에 동참할 모든 제자를 향한 예수님의 부르심을 묘사하면서, 제자도 여정에 희생과 고난이라는 대가가 따를 수 있음을 보여주었다.

본문 2 요약: 마가복음의 두 번째 본문(막 1:21–45)은 예수님을 따르는 제자들의 태도에 초점을 맞춘다. 예수님이 직면하신 적대 관계는 그분의 사명이 얼마나 중대한지를 제자들에게 보여준다. 그러나 많은 이가 예수님의 사역이 얼마나 중대한지 깨닫지 못한 채, 자기 이익만을 좇아 예수님을 따른다. 이와 반대로 시몬의 장모는 자기 희생의 모범을 보인다. 시몬의 장모 이야기가 전개되는 방식을 보면 그녀가 섬김의 본이 됨을 알 수 있다. 따라서 제자도 여정에 올라 하나님 나라의 확장이라는 예수님의 사명을 좇는 제자들은 이와 같이 섬김의 태도로 살아가도록 부르심을 받았다.

본문 3 예습: 다음 본문(2:1–3:6)은 예수님을 향한 적개심이 점점 커져감을 보여줌으로써 제자들이 직면할 저항에 초점을 둔다. 이 본문은 반대 세력을 어떻게 (담대함과 인내로) 직면할지 보여준다.

본문 2. 마가복음 1:21-45

본문 2의 신학적 초점

2 하나님 나라를 확장하기 위해서 권위로 적과 맞서시는 예수님을 따르는 것은, 그분과 그분의 사명을 오해하여 자기중심적으로 행하는 것이 아니라 오히려 하나님 나라의 대의를 위해 자신을 희생하여 섬기는 것이다(1:21-45).

2.1 하나님 나라를 확장하기 위해 귀신에 맞서시는 예수님을 따르는 것은 저항에 직면할 여정에 오르는 것이다(1:21-29).

2.1.1 예수님을 권위자로 인식하는 것이 제자들의 올바른 태도다.

2.1.2 예수님을 따르는 제자는 영적 저항에 직면할 수 있다.

2.2 예수님의 길을 따르는 것은 자신을 위해 실존적이며 일시적인 이익을 좇는 것이 아니라, 헌신적으로 섬기며 하나님 나라의 대의를 위한 예수님의 중대한 사명에 동참하는 것이다(1:28-39).

2.2.1 예수님의 사명을 오해하면 자기중심적인 마음으로 예수님을 따를 수 있다.

2.2.2 예수님을 따르는 제자에게 그분의 사명을 온전히 이해하는 것은 매우 중요하다.

2.2.3 제자는 예수님의 사명을 위해 헌신적으로 섬기는 일로 부름받았다.

2.2.4 질병에서 잠시 해방되는 것은 예수님을 따르는 제자도의 목표가 아니다.

2.2.5 하나님 나라 확립이라는 예수님의 사명은 고통에서 해방되는 것 이상을 포함한다.

2.3 예수님의 사명은 필요를 채우는 것도 포함하지만, 저항에 맞서며 하나님 나라를 확장하는 것에 초점을 둔다(1:40-45).

2.3.1 예수님의 사명은 단순히 일시적인 고통에서 해방되는 것이 아니라, 하나님 나라를 확립하는 것이다.

2.3.2 하나님 나라를 확립하고자 예수님을 따르면 저항에 직면할 수 있다.

개관

마가복음 1:21-45은 예수님의 명성이 퍼져나가는 것을 빠른 전개로 묘사한다. 이 본문은 네 개의 축귀 또는 치유 단락(1:21-28, 1:29-31, 1:32-39, 1:40-45)으로 구성되었다. 반면에 다음 본문인 2:1-3:6은 이야기의 전개 속도가 느리며, 예수님의 인기보다는 예수님과 그분을 따르는 자들을 향한 적대 세력에 초점을 둔다.

1:21-45은 가버나움과 그 주변을 배경으로 하며, 24시간 동안 일어난 일이 기

록되었다(1:32, 35). 이 본문은 예수님이 갈릴리에서 행하신 사역의 모든 면[가르침(1:21–22, 27), 귀신을 쫓아냄(1:23–26, 32, 34, 39), 치유(1:30–31), 전도(1:38–39)]을 담고 있다. 이 모든 사역은 아마도 새롭게 부름받은 제자들이 예수님의 사명에 동참할 때 경험할 일들을 내비치고 있을 것이다. 이런 측면에서 이 본문은 예수님이 다양한 사역을 하시며 지속적으로 그분의 제자들과 함께 계시는 모습을 묘사한다. 1:21("들어가니라")과 1:29("나와", "들어가시니")에 나오는 전환 동사는 모두 복수형이며, 1:38에서 예수님은 제자들에게 "우리가…가자"라고 권면하신다. 제자들의 훈련이 시작된 것이다! 과연 어떤 태도로 예수님을 따라야 하는 것인가?

2.1 마가복음 1:21-29

2.1 신학적 초점

2.1 하나님 나라를 확장하기 위해 귀신에 맞서시는 예수님을 따르는 것은 저항에 직면할 여정에 오르는 것이다(1:21-29).

2.1.1 예수님을 권위자로 인식하는 것이 제자들의 올바른 태도다.

2.1.2 예수님을 따르는 제자는 영적 저항에 직면할 수 있다.

2.1 단락 요약: 예수님은 제자들을 부르시고, 사명을 주신 후에 가장 먼저 귀신 들린 자와 대면하셨다. 이 사실은 예수님을 따르는 사람들에게 제자도 여정이 결코 즐거운 산책이 아님을 경고한다. 대부분의 사람이 하나님 나라를 확립하고 확장하는 예수님의 사명이 얼마나 중대한지 모른 채 잘못된 동기로(다음 단락 참조) 예수님을 따르기 때문에 이러한 경고가 필요하다.

2.1 성경 본문

1:21 그들이 가버나움에 들어가니라 예수께서 곧 안식일에 회당에 들어가 가르치시매

1:22 뭇 사람이 그의 교훈에 놀라니 이는 그가 가르치시는 것이 권위 있는 자와 같고 서기관들과 같지 아니함일러라

1:23 마침 그들의 회당에 더러운 귀신 들린 사람이 있어 소리 질러 이르되

1:24 나사렛 예수여 우리가 당신과 무슨 상관이 있나이까 우리를 멸하러 왔나이까 나는 당신이 누구인 줄 아노니 하나님의 거룩한 자니이다

1:25 예수께서 꾸짖어 이르시되 잠잠하고 그 사람에게서 나오라 하시니
1:26 더러운 귀신이 그 사람에게 경련을 일으키고 큰 소리를 지르며 나오는지라
1:27 다 놀라 서로 물어 이르되 이는 어찜이냐 권위 있는 새 교훈이로다 더러운 귀신들에게 명한즉 순종하는도다 하더라
1:28 예수의 소문이 곧 온 갈릴리 사방에 퍼지더라
1:29 회당에서 나와 곧 야고보와 요한과 함께 시몬과 안드레의 집에 들어가시니

2.1 주해

2.1.1 예수님을 권위자로 인식하는 것이 제자들의 올바른 태도다.

상위 단락(1:21–3:30)의 중심 주제는 예수님의 권위에 대한 의문이다. ἐξουσία("권위")라는 단어는 1:22, 27, 2:10, 3:15에 등장하는데, 예수님의 권위는 치유 사역으로도 드러난다(1:31, 42).[1] 이번 단락에서는 예수님이 귀신을 쫓아내시면서, 그분의 신성한 권위가 드러나고 하나님 나라가 확장된다. 그 당시의 축귀 방식과는 다르게 예수님의 기적은 장치(향, 부적, 약초 등)나 결과를 입증할 '증거'가 없이 일어난다. 그리고 예수님의 기적은 초자연적인 권위를 향한 주문이나 기도도 없이 일어난다. 이러한 예수님의 축귀는 그분의 절대적인 권위를 드러내 보이며 군중이 그분의 권위를 정확히 인식하게 한다(1:27).[2]

첫 번째 단락은 뜻밖의 방법으로 전개된다. 귀신 들린 사람이 예수님을 "하나님의 거룩한 자"라고 부르며 예수님에 대한 영적인 통찰력을 드러낸다. "하나님의 거룩한 자"는 마가복음에 나오는 새로운 표현이다. 마가복음에서 고통받고 있는 대부분의 사람은 예수님을 추상적으로 지칭하지만["선생", 9:17; "다윗의 자손", 10:47–48; "선생"('랍비'), 10:51], 귀신들은 예수님의 신성을 정확히 표현한다(1:24; 3:11; 5:7).[3] 이번 본문에서 사람들은 예수님을 일종의 무한한 자판기로 여기며 물질적인 이익을 얻기 위해 그분을 가까

1 1:21–45에서는 예수님의 권위를 군중에게 나타내 보인 것으로 묘사하고, 2:1–3:6에서는 예수님의 권위를 유대교 종교 지도자들의 주목을 받은 것으로 묘사한다. 마가복음 1:22은 사복음서 가운데 유일하게 기적을 "교훈"이라고 부른다. διδάσκειν(디다스케인, "가르치다")은 마가복음에서 총 17번 등장하는데 이 중 16번은 예수님이 주어다(사도들이 주어로 등장하는 6:30은 예외). 하나님 나라의 확립은 '가르치는 사역'(축귀와 치유 사역을 포함하는 포괄적인 개념)과 밀접하게 연관되어 있다.

2 Osborne, "Structure and Christology," 152–53과 Winn, *Purpose of Mark's Gospel*, 111 참조.

3 Witherington, *Gospel of Mark*, 91.

이하려고 자리싸움까지 한다(다음 단락 참조). 그러나 귀신들은 반대로 예수님이 누구신지 정확히 인식하지만, 도리어 그분에게서 멀어지려고 한다.[4]

2.1.2 예수님을 따르는 제자는 영적 저항에 직면할 수 있다.

이번 단락의 순서는 의도적으로 구성되었다.[5]

A 예수님은 즉시 회당으로 들어가신다(εἰσέρχομαι, 에이스에르코마이, 1:21)

B 예수님이 권위로 가르치신다(ἐξουσία, 엑수시아 그리고 διδαχῇ, 디다케, 1:21–22*), "뭇 사람이…놀라니"

C 더러운 귀신 들린 사람(1:23)

D 그가 소리 질러 이르되 "…왔나이까"(ἦλθες, 엘데스, 1:24)

D′ 예수가 꾸짖어 이르시되 "…나오라"(ἔξελθε, 엑스엘데, 1:25)

C′ "더러운 귀신들에게 명한즉"(1:27)

B′ 예수님이 권위로 가르치신다(ἐξουσία와 διδαχὴ, 1:27), "다 놀라"

A′ 예수님이 즉시 회당에서 나오신다(ἐξέρχομαι, 엑스에르코마이, 1:29)

* 동사형 διδάσκω(디다스코, "가르치다")도 1:21–22에 등장한다.

예수님이 제자들 앞에서 행하신 첫 '공식' 활동은 서기관들의 상징적인 장소이자 영역인 회당에 발을 들이신 것이다(1:21). 예수님은 바로 이곳에서 기록상으로 첫 기적인 축귀를 행하시고, 곧바로 예수님을 향한 저항에 맞닥뜨리신다. 이 단락의 문학적 구조 한가운데서(D와 D′) 예수님과 귀신이 권위를 놓고 맞붙는다.[6] 예수님이 40일 동안 사탄에게 시험을 받으시고 들짐승과 맞서신 후에 얼마 지나지 않아(1:21–29) 회당에서 더러운 귀신과 부딪히시는 장면은 전혀 이상하지 않다. 이번 본문(1:21–45)의 시작과 끝에 종교 지도자들이 언급되었다는 것은(1:21–29에서는 서기관 그리고

4 이번 단락은 뒤에 나오는 두 개의 단락(4:35–41과 5:12–20)의 예시에 가깝다. 1:21–29은 두 단락의 '모형'이다. 뒤에 나오는 본문 6 참조.

5 Myers, *Binding the Strong Man*, 142; Kuthirakkattel, *Beginning of Jesus' Ministry*, 125.

6 더러운 귀신 들린 사람(단수)이 1인칭 복수로 이야기하는 점을 주목하라["우리가 당신과 무슨 상관이 있나이까"(1:24)]. "우리"는 가장 가까운 복수 선행사인 서기관들(1:22)을 가리키며, 저명한 서기관들이 귀신 들린 사람과 동일시되고 있음을 암시하는가?

1:40-45에서는 제사장이 언급됨), 예수님이 이들에게서도 저항을 받으실 것임을 시사한다. 실제로 다음 본문(2:1-3:6)에서 종교 지도자 무리가 예수님과 그분의 제자들과 심하게 대립한다.

이러한 대립과, 예수님의 권위와 귀신의 저항 사이에 일어나는 상호 작용은 제자들도 예수님을 따르며 하나님 나라를 확장할 때 동일한 저항에 맞닥뜨릴 수 있다는 신호를 보낸다.[7] 바꾸어 말하면 제자들의 부르심, 사람을 낚는 어부의 사명, 예수님을 따르는 삶은 위험 지대로 뛰어드는 것이다. 만약 제자들이 예수님을 따르는 것을 평온한 여정으로 여겼다면 크게 착각한 것이다. 1:21-29(그리고 1:40-45)과 2:1-3:6에서 자세히 보여주는 것처럼, 권위 있는 자를 따르기 위해 제자들은 적대 세력을 직면할 수밖에 없다. 마가가 마치 "주의하라!"고 권고하는 듯하다. 이번 단락 이후에 등장하는 단락들이 물질과 삶의 개선을 위해 예수님을 따르는 군중과 제자들을 그리는 반면에, 이번 단락과 마지막 단락(1:40-45)은 이러한 모습이 잘못되었음을 보여준다. 제자도는 무언가를 얻어내며 수월하게 걷는 여정이 결코 아니다. 이 여정은 단연코 공원에서 걷는 산책이 아니다. 오히려 그 반대다.

2.2 마가복음 1:28-39

2.2 신학적 초점

2.2 예수님의 길을 따르는 것은 자신을 위해 실존적이며 일시적인 이익을 좇는 것이 아니라, 헌신적으로 섬기며 하나님 나라의 대의를 위한 예수님의 중대한 사명에 동참하는 것이다(1:28-39).

2.2.1 예수님의 사명을 오해하면 자기중심적인 마음으로 예수님을 따를 수 있다.

2.2.2 예수님을 따르는 제자에게 그분의 사명을 온전히 이해하는 것은 매우 중요하다.

2.2.3 제자는 예수님의 사명을 위해 헌신적으로 섬기는 일로 부름받았다.

2.2.4 질병에서 잠시 해방되는 것은 예수님을 따르는 제자도의 목표가 아니다.

2.2.5 하나님 나라 확립이라는 예수님의 사명은 고통에서 해방되는 것 이상을 포함한다.

2.2 단락 요약: 이번 단락은 잘못된 동기로 예수님을 따르는 것을 비난하고 있다. 많은

7 제자들이 직면하게 될 구체적인 저항에 대해서는 2:1-3:6에서 설명된다. 그 부분에서 예수님과 그분의 제자들은 더 맹렬한 저항에 직면한다.

사람이 하나님 나라를 확장하는 예수님의 사명을 오해한 채, 예수님께 나아가는 것을 고통 없이 자기 이익을 챙길 수 있는 길로 여긴다. 그러나 이번 단락은 제자들에게 하나님 나라의 대의를 위해 이기심을 버리고, 섬김의 자세를 취할 것을 요구한다.

2.2 성경 본문

1:28 예수의 소문이 곧 온 갈릴리 사방에 퍼지더라
1:29 회당에서 나와 곧 야고보와 요한과 함께 시몬과 안드레의 집에 들어가시니[8]
1:30 시몬의 장모가 열병으로 누워 있는지라 사람들이 곧 그 여자에 대하여 예수께 여짜온대
1:31 나아가사 그 손을 잡아 일으키시니 열병이 떠나고 여자가 그들에게 수종드니라
1:32 저물어 해 질 때에 모든 병자와 귀신 들린 자를 예수께 데려오니
1:33 온 동네가 그 문 앞에 모였더라
1:34 예수께서 각종 병이 든 많은 사람을 고치시며 많은 귀신을 내쫓으시되 귀신이 자기를 알므로 그 말하는 것을 허락하지 아니하시니라
1:35 새벽 아직도 밝기 전에 예수께서 일어나 나가 한적한 곳으로 가사 거기서 기도하시더니
1:36 시몬과 및 그와 함께 있는 자들이 예수의 뒤를 따라가
1:37 만나서 이르되 모든 사람이 주를 찾나이다
1:38 이르시되 우리가 다른 가까운 마을들로 가자 거기서도 전도하리니 내가 이를 위하여 왔노라 하시고
1:39 이에 온 갈릴리에 다니시며 그들의 여러 회당에서 전도하시고 또 귀신들을 내쫓으시더라

2.2 주해

2.2.1 예수님의 사명을 오해하면 자기중심적인 마음으로 예수님을 따를 수 있다.

예수님이 마땅한 권위로 귀신을 내쫓으신 후, 그분의 소문이 사방에 퍼진다(1:28).

8 마가복음 1:28–29은 이전 단락과 현재 단락의 연결 고리다.

A 귀신을 쫓아내심(귀신이 나오다, ἐξέρχομαι, 에크에르코마이, 1:26), 더러움, 잠잠할 것을 명하심, 서기관(1:21-27)

B 예수님의 소문이 온(ὅλος, 홀로스) 갈릴리 사방에 퍼짐(1:28)

C 사적: 집, 네 명이 개입된 이후에 시몬의 장모가 치유됨(1:29-31)

D 공적: 온(ὅλος) 동네, 치유와 축귀 사역, 잠잠할 것을 명하심(1:32-34)

C′ 사적: 한적한 곳, 시몬과 그와 함께 있는 자들이 예수님을 만나 개입함(1:35-38)

B′ 예수님이 온(ὅλος) 갈릴리에 다니심(1:39)

A′ 치유(나병이 떠나가다, ἀπέρχομαι, 아페르코마이, 1:42), 깨끗해짐, 잠잠할 것을 명하심, 제사장(1:40-45)*

* Kuthirakkattel, *Beginning of Jesus' Ministry*, 66과 Dowd, *Reading Mark*, 18에서 수정함.

이 본문의 정중앙(D)을 보면 모든 사람이 예수님을 떠들썩하게 찾고 있었다는 것을 알 수 있다. 이것이 이 본문의 핵심이다. 많은 이가 병에서 치유되기를 바라는 마음을 갖고 있었기 때문에 온 사방에서, 온 동네가 기적을 행하시는 예수님께 나아왔다. 이전 단락에서 예수님이 권위로 귀신을 쫓아내시며 그분의 사명이 얼마나 중대한지 보여주었지만, 이번 단락은 예수님을 찾아온 무리가 그분의 사명을 이해하지 못했음을 보여준다. 안타깝게도 제자들 역시 예수님의 기적에만 몰두한다. 이러한 측면에서 저자는 제자들의 분별력이 무리와 크게 다르지 않음을 보여준다. 제자들은 두 번이나 개입하며 자신들의 필요를 채우고자 한다[가족의 고통을 예수님께 말한다(1:29-31). 그리고 무리의 필요를 채우고자 자신의 계획을 예수님께 내세운다(1:35-38). 이는 평행을 이루는 C와 C′이다]. 놀랍게도 무리와 제자 모두 잘못된 동기로 예수님을 따른다.[9] 하나님 나라는 단순히 안락한 삶을 위해 인간에게 실리를 채워주는 도구가 아니다. 제자들이 귀신과 질병을 다스리시는 예수님을 따를 때, 자신의 필요를 채우는 것이 그분을 따르는 목적이 되어서는 안 된다. 제자들은 예수님이 신성한 권위(물질 세계와 영적 세계의 모든 영역을 다스리시는 권위)로 부르시고, 일시적인 안위나 풍요보다 훨씬 더 크고 영원한 하나님 나라를 약속하시기 때문에 그분을 따르는 것이다. 제자도는 자신

9 제자들의 개입 자체가 잘못된 것은 아니다. 예수님은 제자들의 요청에 응하신다. 그렇지만 마가는 제자들의 동기가 이익이 아닌 섬김이 되어야 함을 강조한다. 제자도는 실제적인 이득을 얻기 위해 예수님을 따르는 것이 아니다.

의 일시적 위안과 평안을 확보하는 일보다 더 숭고한 사명으로의 부르심이다.

2.2.2 예수님을 따르는 제자에게 그분의 사명을 온전히 이해하는 것은 매우 중요하다.

잘못된 동기로 예수님의 소문이 점점 더 퍼져나가고 있었기 때문에, 예수님이 잠잠할 것을 거듭 명하신다(1:25, 34, 44, 앞의 A, D, A′ 참조). 예수님은 단순히 치유와 축귀 사역을 감당하시며 주변 사람들의 물질적 필요를 채우기 위해 오신 것이 아니라, 전파(새로운 삶의 길이 되는 하나님 나라를 선포하며 확장하는 것, 1:14-15)하기 위해 오셨다.[10] 예수님이 비밀로 할 것을 명하시지만, 그분의 소문은 점점 더 퍼져나간다[ὅλος(홀로스, "온")가 1:28, 33, 39에서 반복되는 점을 볼 때 이를 알 수 있다(B, D, B′)]. 마가복음 내내 예수님은 귀신(1:34; 3:12)과 병(1:43; 5:43; 7:36)에서 치유된 사람 그리고 심지어 제자들(8:30; 9:9)에게까지 잠잠하라고 명하신다. 예수님은 그분의 사명을 온전히 이해하지 못한 사람은 오히려 자신을 따르지 않길 바라시는 것처럼 보인다. 그러므로 예수님은 자신을 오직 기적을 행하는 자로 보는 사람들에게 잠잠하라고 명하신다. 그들이 예수님의 사명을 파악하고 그분이 고난을 당할 자(9:9; 15:39)임을 깨달을 때까지는 소문을 내는 것이 금지된다. 1:25, 34에서는 예수님이 귀신들에게 잠잠할 것을 명하신다. 이는 예수님의 신성한 능력을 이미 알고 있는 귀신들이 자신의 수난 사역이 알려지지 않은 채 능력만 소문내지 못하게 하기 위함이다. 당연히 예수님을 통해 기쁨과 빛이 퍼져나가지만, 그분이 선포하시는 하나님의 길은 이 세상의 길과 역행하며 저항을 받게 될 것이기 때문에 이 땅에서는 고통과 암흑이 수반된다. 예수님은 사람들이 매우 중대한 고난의 측면을 깨닫고 이해하기 전까지는 "오도(誤導)된 대중적 아첨"을 피하기 위해 잠잠하라고 명하신다.[11] 결국 마가복음의 주제는 '영광으로 가는 고난의 길', 곧 하나님 나라의 길이다. 오스본(Osborne)은 다음과 같이 말한다. "예수님이 누구신지는 단순히 그분이 행하신 이적을 통해 절대 이해할 수 없다. 그분이 누구신지 알기 위해서는 본질적으로 고난을 당하시고, 부활하신 예수님에 대한 하나님의 영적 계시가 필

10 예수님은 단순히 요술사나 마술사로 소문이 나는 것을 막기 위해 잠잠하라고 명하신 것일 수도 있다. 그러나 수사학적 관점에서 볼 때 저자는 잠잠하라는 명령을 통해 제자는 세속적인 삶의 질을 향상시킬 수 있는 예수님의 능력에 초점을 맞추지 말아야 한다는 사실을 전한다. 예수님은 오히려 사람들이 전적으로 회복되기를 바라신다. 이러한 회복은 고난의 길 끝에 놓인 미래의 영광인 하나님 나라에 소속될 때 가능하다.

11 France, *Gospel of Mark*, 105(『NIGTC 마가복음』 새물결플러스, 156)와 Placher, *Mark*, 56 참조.

요하다."[12] 그러나 예수님의 노력에도 불구하고 비밀이 지켜지지 않는다. 치유하시고 귀신을 내쫓으시는 예수님의 소문은 안타깝게도 잘못된 동기로 빠르게 퍼져나간다(1:33, 37, 45; 2:1-2; 3:7-9).

2.2.3 제자는 예수님의 사명을 위해 헌신적으로 섬기는 일로 부름받았다.

예수님의 소문이 점점 더 퍼져나가는 이야기 속에서 여성인 시몬의 장모만이 예수님을 헌신적으로 섬긴다("수종드니라", 1:31). 이 여성의 이야기(앞의 구조에서 C)는 예수님의 소문이 퍼져나가는 두 이야기(B와 D) 사이에 놓여 있다. 예수님을 찾는 무리 가운데 그분을 섬기는 사람은 제자들을 포함하여 단 한 명도 없다. 이 익명의 여성을 제외하고는 모두가 무언가를 얻기 위해 예수님을 찾는다. 예수님에게서 얻으려고만 하는 사람들 사이에서 한 사람만이 기꺼이 드리려고 한다. 그녀가 이미 받았기 때문이다. 마가복음에서 διακονέω(디아코네오, "섬기다")라는 동사가 사람을 주어로 두는 경우가 두 번(1:31; 15:41) 등장하는데, 두 경우 모두 주어가 여성이다. 저자는 시몬의 장모가 보인 본을 통해 이 여성이 남성 제자들보다 더 뛰어나다는 점을 미묘하게 드러낸다.[13] 그녀는 나중에 예수님이 제자들에게 보일 본을 이미 행한 것이다. '인자가 온 것은 섬김을 받으려 함이 아니라 도리어 섬기려 함이다'(10:45)라는 예수님의 본질적 사명 문구에 동일한 동사인 διακονέω가 등장한다. 저자는 예수님의 본을 따라 섬기는 이 여성이 진정한 제자임을 암시한다. 따라서 시몬의 장모는 이 본문에 등장하는 무리와 제자들 그리고 잘못된 동기로 예수님을 따르는 모든 자와 대비되는 인물이다.

2.2.4 질병에서 잠시 해방되는 것은 예수님을 따르는 제자도의 목표가 아니다.

마가는 예수님을 "찾나이다"(1:37)라는 표현을 사용하며 군중을 온전치 못한 자들로 묘사하는 듯하다. 마가복음에서 ζητέω(제테오, "찾다")는 적대나 저항을 함축하며(3:32, 21 그리고 8:11, 12; 11:18; 12:12; 14:1, 11, 55 참조), 항상 부정적인 의미를 담고 있다. 무리는 기적을 행하시는 예수님에게서 무언가를 얻기 위해 그분을 찾는다. 그러나 이 땅에서의 고통과 짐을 일시적으로 덜어내는 것이 예수님의 본질적 사명은 아니다.

12 Osborne, "Structure and Christology," 156.

13 마가복음에 등장하는 여자들은 열두 제자보다 더 빛난다. 혈루증을 앓는 여자(5:25-34), 수로보니게 족속의 여자(7:25-30), 두 렙돈을 헌금한 과부(12:38-44) 그리고 예수님의 머리에 향유를 부은 여자(14:1-11)까지 모두 제자도의 모범이 된다.

그분은 하나님 나라를 전파하고, 자신을 따르라고 사람들을 부르시기 위해 오셨다(1:15, 38). 하지만 무리는 귀신과 병으로 인한 현실적인 고통에서 해방되는 것에만 관심을 둔다. 헬라어 원문으로 1:34의 단어 순서를 살펴보면 귀신을 내쫓는 것과 질병의 치유를 동일한 것으로 취급한다(다음 구조에서 강조체 참조).[14]

예수께서 고치시다

많은 사람을

각종 병이 든

귀신을

많은

내쫓으시되

마가의 신학(어쩌면 다른 복음서도 마찬가지로)에서 귀신 들린 것과 육신의 고통은 모두 사탄의 영향과 사람의 죄로 인해 하나님의 길이 파괴되어 생겨난 병이다. 그러나 무리에게는 이 모두가 단순히 자신의 능력, 경제 활동, 수명, 안락함에 영향을 주는 질병에 불과하다. 그들은 질병으로 인한 결핍을 채우고, 증상을 치료받기 위해 기적을 행하시는 예수님을 찾는다. "(저자는) 무리가 축귀와 치유를 예수님과 동일한 관점(사탄과의 대립에서 승리하고 하나님 나라가 임하기 시작했음을 알리는 사례)으로 보지 못한 것을 독자가 알아차리기를 원했을 수도 있다. 무리는 축귀와 치유를 그들의 고뇌가 일시적으로 멈추는 것으로만 이해했을 것이다."[15] 즉, 무리(제자들과 더불어)는 예수님의 사명(저항에 맞서서 하나님의 나라를 확장하는 것)을 이해하지 못한 채 잘못된 동기로 그분을 따른다.

2.2.5 하나님 나라 확립이라는 예수님의 사명은 고통에서 해방되는 것 이상을 포함한다.

앞서 언급했듯이 제자들은 예수님이 생각하시는 사역을 '바로잡기' 위해서 개입하는 듯하다. 제자들은 무리와 마찬가지로 예수님이 사람들의 필요를(자신들의 필요도 함께,

---

14 이미 언급했듯이 이 본문에 나타난 1:21-29(축귀)과 1:40-45(치유)의 평행적 배치(앞서 제시된 본문의 구조 참조)는 귀신 들린 것과 질병이 동일하다는 것을 확증한다.

15 Witherington, *Gospel of Mark*, 101.

1:30, 36-37) 채우는 일에 전념하시기를 원한다. 제자들은 두 번째로 개입하며(1:35-38) 예수님이 한적한 곳에서 홀로 시간을 보내시는 대신, 예수님을 "찾는" 사람들의 육신적인 필요를 채우시도록 설득하고자 한다. 그때 오히려 예수님이 제자들을 바로잡으신다. 예수님은 일차적으로 복음을 전파하며 하나님 나라를 선포하기 위해 오신 것이지, 육신의 질병이나 귀신 들린 것과 같은 문제를 일시적으로 해결하기 위해 오신 것이 아니다(1:38). 그러나 예수님이 전도뿐 아니라 치유와 축귀의 사역을 감당하신 것을 볼 때, 하나님 나라를 선포하는 예수님의 목적에 사탄의 세력을 파멸하고 인간을 고통에서 해방하는 일도 포함되어 있음을 알 수 있다. 하지만 예수님은 이러한 고통을 육신적인 질병을 넘어서서 영적인 질병으로 바라보셨다. 따라서 축귀와 치유 사역은 예수님의 선포 사역 수단의 일부일 뿐, 군중이 좇는 덧없는 목표에 응하기 위함이 아니다. 예수님의 본질적인 사명은 일시적인 고통에서 해방하시는 것이 아니라, 하나님 나라를 확립하는 것이다. 섬김의 자세를 보이며 하나님 나라에 들어갈 때, 예수님을 따르는 자가 진정 찾고자 하는 것과 그에게 진정 필요한 것이 주어진다. 그것은 바로 하나님의 통치 아래 이루어지는 온전하고 영원한 회복이다.

2.3 마가복음 1:40-45

2.3 신학적 초점

2.3 예수님의 사명은 필요를 채우는 것도 포함하지만, 저항에 맞서며 하나님 나라를 확장하는 것에 초점을 둔다(1:40-45).

- **2.3.1** 예수님의 사명은 단순히 일시적인 고통에서 해방되는 것이 아니라, 하나님 나라를 확립하는 것이다.
- **2.3.2** 하나님 나라를 확립하고자 예수님을 따르면 저항에 직면할 수 있다.

2.3 단락 요약: 나병 환자가 깨끗해지는 이 이야기와 앞서 등장한 귀신 들린 자의 이야기는 비슷하다. 이 유사성은 다양한 저항에 맞서며 하나님 나라를 확장하는 예수님의 사명을 더욱 명확히 드러낸다. 예수님이 사람들의 필요를 돌보는 일을 마다하지 않으셨다는 사실은, 하나님 나라가 확장되는 과정에 고통에서 해방되고, 필요가 충족되며, 괴로운 마음이 위안받는 일도 포함된다는 점을 확인해준다.

2.3 성경 본문

1:40 한 나병환자가 예수께 와서 꿇어 엎드려 간구하여 이르되 원하시면 저를 깨끗하게 하실 수 있나이다

1:41 예수께서 불쌍히 여기사 손을 내밀어 그에게 대시며 이르시되 내가 원하노니 깨끗함을 받으라 하시니

1:42 곧 나병이 그 사람에게서 떠나가고 깨끗하여진지라

1:43 곧 보내시며 엄히 경고하사

1:44 이르시되 삼가 아무에게 아무 말도 하지 말고 가서 네 몸을 제사장에게 보이고 네가 깨끗하게 되었으니 모세가 명한 것을 드려 그들에게 입증하라 하셨더라

1:45 그러나 그 사람이 나가서 이 일을 많이 전파하여 널리 퍼지게 하니 그러므로 예수께서 다시는 드러나게 동네에 들어가지 못하시고 오직 바깥 한적한 곳에 계셨으나 사방에서 사람들이 그에게로 나아오더라

2.3 주해

2.3.1 예수님의 사명은 단순히 일시적인 고통에서 해방되는 것이 아니라, 하나님 나라를 확립하는 것이다.

'나병 환자'에 대한 이야기는 질병(disease)과 병(illness)의 논점을 다시 수면 위로 드러낸다.[16] 이 본문의 첫 단락과 마지막 단락(1:21–29과 1:40–45) 사이의 유사성을 쉽게 알아차릴 수 있다.

- 두 단락의 용어가 비슷하다.
  ἀκάθαρτος, 아카싸르토스, "더러운"(1:23, 26, 27)
  καθαρίζω, 카싸리조, '깨끗케 하다'(1:40, 41, 42), καθαρισμός, 카싸리스모스, '깨끗함'(1:44)
- 두 단락 모두 종교 지도자[서기관(1:22)과 제사장(1:44)]를 언급한다.

16 '나병'이 한센병일 가능성은 낮다. 성경에서 묘사된 증상은 나균(Mycobacterium lepra, 한센병의 병원균)에 감염되어 나타나는 증상과는 매우 다르다.

- 예수님이 잠잠할 것을 명하신다(1:25; 1:44).
- 두 단락 모두 고통이 '떠나간다'는 묘사를 담고 있다. 나병 환자가 깨끗해지는 것을 마치 귀신이 나오는 것처럼 표현한다.

  ἐξέρχομαι, 에크에르코마이, 더러운 귀신이 '나오다'(1:25, 26)

  ἀπέρχομαι, 아페르코마이, 나병이 '떠나가다'(1:42)

이런 유사한 표현은 귀신이 나오는 것과 나병을 모두 '병'으로 나타내면서 그 둘을 동일하게 여긴다. 귀신이 들리든 나병에 걸리든 모두 사람을 부정하게 만든다. 하나님 나라를 확립하고 확장하는 예수님의 사명에서 중대한 부분은 단순히 사람의 고통과 괴로움('질병')을 덜어주는 것이 아니라, 부정함('병')을 없애는 것이다. 그럼에도 불구하고 예수님의 긍휼하심에 대한 묘사와 마가가 반복하여 예수님이 부정한 사람을 만지시는 모습("손을 내밀어", "대시며", 1:41)을 그리는 장면은 예수님이 질병/병으로 고통받는 자들을 돌보시고 위하신다는 점을 강조한다. 하나님 나라가 세워져야 비로소 이 땅의 모든 고통, 수고, 파멸이 사라질 것이다. 이것은 그 위대한 나라가 완성되는 그날에 온전히 실현될 것이다.

2.3.2 하나님 나라를 확립하고자 예수님을 따르면 저항에 직면할 수 있다.

예수님이 나병 환자를 향해 마지막으로 말씀하시며 그가 깨끗하게 된 것으로 제사장을 '비난'("그들에게 입증하라", 1:44)하라고 하신다. 이 문구는 마가복음의 다른 곳(6:11; 13:9)에서 부정적 톤으로 쓰이며 저항에 맞서는 문맥에서 등장한다. 회당에서 처음으로 종교 지도자가 등장할 때(1:21–29) 예수님은 서기관들과 대조된다(예수님의 권위가 훨씬 뛰어나다). 마지막 단락에서는(1:40–45) 예수님이 제사장들과 대조된다(치유하시는 예수님의 능력은 단순히 치유됨을 승인하는 제사장보다 훨씬 뛰어나다). 이 본문의 시작과 끝에는 종교 지도자의 적대가 암시되어 있다. 따라서 마가복음 1장의 마지막 단락은 예수님과 그분의 제자들을 점점 더 강하게 반대하는 세력(오로지 그 당시의 성직자로 이루어진 세력)을 묘사할 2:1–3:6을 준비한다.

깨끗하게 된 나병 환자는 이 일을 전파하기 시작한다(1:45). 마가는 이 사람의 "전파"와 1:38–39에서 언급한 예수님의 "전도"를 대조하는 듯하다. 한때 나병 환자였던 이의 '말씀' 전파를 통해 예수님에 대한 소문이 더 널리 퍼졌다(1:45, 아마도 온전치 못한 선포였을 것이다). 반면에 예수님의 "말씀"(2:2 등)은 예수님과 그분의 제자들을 향한 신랄한 저항을 불러왔다. 앞서 언급했듯이 이 단락은 예수님의 말씀과 사역에 대한 저항이 기하급수적으로 거세지는 2:1–3:6을 읽기 전에 독자를 준비시킨다. 고통의 해방을 기대했던 군중과 제자들의 예상과는 전혀 다르게 저항은 제자도의 큰 부분을 차지할 것이다. 마가는 고난을 통해 영광의 길로 걸어가시는 예수님을 따르는 자들에게 저항과 대립이 있을 것을 경고한다.

몇 개의 '연결 고리 단어'는 이 본문(1:21–45)과 다음 본문(2:1–3:6)을 연결한다.

그 사람이 나가서(ἐξέρχομαι, 에크에르코마이)(1:45a)

  이 일을 많이 전파하여(1:45b)

    다시는…들어가지 못하시고(1:45c)

      사람들이 그에게로 나아오더라(εἰσελθεῖν, 에이스엘쎄인)(1:45d)

      들어가시니(εἰσελθὼν, 에이스엘쏜)(2:1a)

    들어설 자리가 없게 되었는데(2:2b)

  도를 말씀하시더니(2:2c)

사람들이…올새(ἔρχομαι, 에르코마이)(2:3a)

설교의 초점 및 개요

설교를 위한 본문 2의 신학적 초점

2 예수님을 따르는 것은 예수님과 그분의 사명을 오해하여 자기중심적으로 행하는 것이 아니라, 자신을 희생하여 섬기는 것이다(1:21–45).

이 본문에서는 자신의 필요를 채우고, 병이 치유되는 것에 집중된 무리의 좁은 관점이 드러난다. 그러나 하나님의 관점에서는 예수님의 축귀, 치유, 전도 사역을 통해 그분의 나라가 확립되고 확장된다. 악은 뒤로 물러서며, 하나님의 나라는 전진한다. 이 모든 사역은 예수님이 위험을 감수하시게 하며, 저항과 대립을 불러온다(2:1–3:6에서 더 구체적으로 다룬다). 물론 예수님의 죽음 자체가 강한 저항의 정점이다. 그러나 군중과 제자들은 이러한 위험과 대립을 알아차리지 못한 채, 자신들의 필요와 그 필요를 채울 수 있는 예수님의 능력에만 관심을 둔다. 그 결과 예수님의 소문은 더 널리 퍼진다(다음 본문에서 예수님을 향한 저항이 커지듯).

이 본문은 예수님을 따르는 것의 의미를 오해하고 있음을 책망한다. 따를 의지가 있는 것만으로도 칭찬받을 만한 일이지만(1:1–20), 제자는 자신이 어떤 길로 들어서게 되는 것인지를 반드시 알아야 한다. 이 제자도 여정은 물질적인 이익과 고통의 해방을 반드시 보장해주지는 않는다. 이를 바란다면 좋게 말해 순진하거나, 나쁘게 말해 욕심이 많은 것이다. 제자들은 잘못된 동기로 예수님을 따르지 않도록 자신들이 어떤 길을 걷는지를 반드시 알아야 한다. 이 본문에서 설명한 것처럼 일시적인 필요를 채우거나 고난에서 해방되고자 예수님을 따르는 것은 잘못된 동기다. 하나님의 부르심으로 걷게 되는 제자도 여정의 본질은 이 땅에서 즐거움, 안락, 행복을 누리기 위한 도구가 아니다. 오히려 제자들이 따르는 예수님의 사명은 고결하고 숭고한 것이며, 받는 것이 아니라 자신을 희생하여 드리는 섬김의 태도로 감당해야 한다. 이 본문은 하나님 나라가 확립될 때에만 비로소 인간의 모든 병이 치유되고, 고통이 영원히 사라질 수 있음을 암시한다.

마가복음 서두의 두 본문은 제자도의 삶을 고난(1:1–20)과 섬김(1:21–45)으로 표현한다. 두 개념은 마가복음에서 거듭 등장하는 주제이기 때문에 더 구체적으로 설명된다. 이 두 본문을 통해서는 제자들에게 하나님의 백성을 섬기는 일에(혹은 이전 본문에서는 고난에 동참하는 일에) 헌신하도록 (이러한 삶을 어떻게 살아갈 수 있는지 구체적인 적용점도 함께 제시하며) 권면하기에 충분할 것이다.

본문 2의 설교 개요[17]

I. 받기 위해 따르는 것: 예수님에 대한 무리의 반응, 제자들의 개입

- 예수님에 대한 무리와 제자들의 부정적 반응을 설명하라: 1:28, 32–34, 45; 29–31, 35–37
- 연관성: 우리의 잘못된 반응

17 '설교를 위한 본문 2의 신학적 초점'에서 명시된 '자기중심적으로 행하는 것'과 '자신을 희생하여 섬기는 것'은 '본문 2의 설교 개요'에서 '받는 것'과 '드리는 것'으로 더 간소하게 명시되었다.

II. (그러나…) 예수님의 사명: 반대 세력에 맞서서 하나님 나라를 확장하는 것, 일시적 필요를 채우기 위함이 아님

- 축귀의 중요성: 제자들이 맞서야 할 것, 1:21-27
- 연관성: 제자도 여정의 모든 실체(1:1-20에서 설명)

III. 드리기 위해 따르는 것: 시몬의 장모

- 모범이 되는 시몬의 장모: 1:30-31

IV. (따라서…) *받는 것이 아니라 드리는 것이 제자의 올바른 자세임을 알라!**

- 구체적으로 어떻게 이 올바른 태도를 보일 수 있는가?

* 4대지 설교 개요를 고집할 필요는 없다(이번 본문뿐만 아니라 이전 본문에서도 이미 언급했다)! 본문, 시간, 편의, 청중, 설득력에 따라 대지는 원하는 만큼 사용할 수 있다. 또한 본문의 적용점을 반드시 명령형으로 제시할 필요도 없다. 명령형으로 제시하면 명확하게 전달되지만, 함축적으로 제시하는 것도 효과적인 방법이다. 제자도에 중요한 섬김의 주제를 적용점에서 다루는 것도 유익할 것이다.

또 다른 설교 개요

I. 예수님의 사명: 반대 세력에 맞서서 하나님 나라를 확장하는 것, 일시적 필요를 채우기 위함이 아님

II. 부정적 예시: 받기 위해 따르는 것-무리와 제자들

III. 긍정적 예시: 드리기 위해 따르는 것-시몬의 장모

IV. *받는 것이 아니라 드리는 것이 제자의 올바른 자세다!*

본문 3

저항에 맞서다

마가복음 2:1-3:6

[다섯 번의 논쟁]

복습, 요약, 예습

본문 2 복습: 마가복음 1:21-45은 예수님을 따르는 제자도는 자기만족이 아닌 자기희생의 여정이라는 것을 보여준다.

본문 3 요약: 이번 본문(2:1-3:6)은 예수님을 따르는 자가 맞닥뜨릴 수 있는 여러 저항에 대해 이야기한다. 죄를 사할 권세를 가진 지도자를 따를 때, 죄인들을 제자의 무리로 초청할 때(인간은 구원자가 필요하다는 암시), 제자로서 새로운 방식으로 살아갈 때 그리고 예수님이 세우시는 새로운 나라의 관점으로 전통적인 관습을 비판할 때 여러 저항이 일어날 수 있다. 제자는 어떠한 저항을 만나든지 예수님이 하나님 나라를 확장하시는 사명을 감당하며 보여주신 강한 인내를 따라야 한다.

본문 4 예습: 다음 본문(3:7-35)은 하나님의 뜻을 행하는 자, 곧 예수님과 함께하는 '내부자'가 제자임을 밝힌다.

본문 3. 마가복음 2:1-3:6

본문 3의 신학적 초점

3 제자도에서는 예수님을 따를 때 죄 사함의 권리를 주장하고 죄인들과 교제하며, 새로운 방식으로 살아가고 전통적인 관습을 비판하며 직면하게 되는 저항 때문에 하나님의 부르심을 포기하지 않는 담대함과 인내를 요구한다(2:1-3:6).

3.1 죄를 사할 권세를 지니신 예수님을 따를 때 제자는 자신들을 향한 저항에 직면한다(2:1-12).

3.2 하나님 나라를 확장하시는 예수님의 사명 중 매우 중요한 사역은 죄인들을 제자의 무리로 초대하는 것이다. 죄인들을 초대할 때는 자기를 의롭다고 여기는 자들에게 저항을 받는다. 이는 그들 또한 죄인임을 암시하기 때문이다(2:13-17).

3.3 제자들이 하나님 나라에 새롭게 소속되어 이전의 삶의 방식을 버리고 변화된 삶을 살아가면 의심과 저항이 일어난다(2:18-22).

3.4 예수님의 권위 아래서 그분을 따르며 변화된 삶을 살아가는 제자들이 세속적인 방식을 비판할 때 저항이 일어난다(2:23-28).

3.5 예수님은 마음이 완악한 대항 세력 때문에 슬퍼하며 화도 내시지만, 제자들은 하나님의 부르심을 감당하기 위해 예수님이 보이신 담대함과 인내를 본받아야 한다. 제자들은 저항으로 인해 하나님 나라를 확립하시는 예수님의 사명을 따르라는 부르심을 포기하지 않는다(3:1-6).

개관

마가복음의 이야기는 1:21-45에 나타난 예수님의 소문이 (잘못된 이유로) 널리 퍼지는 장면에서, 이제 2:1-3:6의 거세지는 저항(이 역시 잘못된 이유로)으로 옮겨간다. 1:44에 나오는 종교 지도자를 향한 비난과 더불어 직전 본문의 첫 단락과 마지막 단락(1:21-29과 1:40-45, '본몬 2' 참조) 간의 대조 그리고 거기에 제시된 부정적 그림은 현재 본문에 드러난 대립이 토대를 마련했다. 본문의 초점은 여전히 예수님께 있지만, 제자들이 늘 그분과 함께 등장하면서 그분이 직면하신 저항에 그들도 동일하게 직면한다. 마가복음 1:21-45에 하나님 나라의 사명을 감당하는 자들이 맞설 대립이 암시되어 있다면, 이번 본문(2:1-3:6)에서는 이전에 암시된 바들이 현실로 나타난다. 이 모든 현실은 제자들에게 낙관적인 그림을 기대하지 못하게 한다.

2:1-3:6은 별도의 본문으로 볼 수 있다. 이는 다음과 같은 근거로 명확히 뒷받

침된다. 본문이 의도적으로 대칭적 구조(뒤의 표 참조)로 구성되었고, 계획적으로 갈등이 고조되며, 이 본문에는 잠잠하라는 명령이 없고(1:21–45에는 나옴), 각각의 이야기가 예수님의 격언으로 결론을 맺으며, 모든 이야기가 배경을 가버나움으로 두고 있다. 이에 더하여 1:45에서 3:7로 자연스럽게 이야기가 흘러갈 수 있다는 점도 2:1–3:6을 별도의 본문으로 구분해준다.[1]

이번 본문에 있는 다섯 번의 논쟁 중에서 한가운데 위치한 세 번의 논쟁(2:13–17, 18–22, 23–27, 뒤의 표 참조)에만 제자들이 등장한다. 그러나 마가는 이야기를 통해 예수님이 직면하신 것을 그분을 따르는 자들도 똑같이 경험할 것임을 명백히 드러낸다. 한 제자가 부름받은 직후("레위", 2:14)에 모든 제자가 예수님과 함께 움직이며 그분을 향한 저항이 그들에게도 향한다. 나머지 두 개의 단락(2:18–22, 23–28)에서는 예수님이 아닌 제자들의 행동 때문에 논쟁이 생긴다. 대항 세력은 제자들의 행동에 대해 예수님께 불만을 표한다! 제자들이 예수님의 사역에 깊이 가담하고, 예수님과 더욱 동일시되면서 "한 인물(예수님)과 그를 대표하는 집단(제자들)은 서로를 유동적으로 나타낸다."[2] 리더에게 일어나는 일이 결국 그를 따르는 자에게도 일어난다. 제자들은 그들의 '주인'과 밀접하게 동일시된다.

뒤의 표는 다섯 개의 단락에 대한 구조를 정리한 것이다.[3]

1 Boring, *Mark*, 73. 동시에 1:45과 2:1–2 간의 연속성도 부인할 수 없다. 이 구절들 속에 드러난 교차 배열을 앞서 설명했다(1:45에 대한 주해 참조). 이번 본문을 다섯 개의 단락으로 확연히 나눌 수 있기 때문에 설교도 다섯 번으로 나누어 할 수 있다. 하지만 2:1–3:6 단락들의 주제가 유사하기 때문에 하나의 본문으로 여기는 것이 더 실용적이다. 흥미롭게도 여기에 나타난 다섯 번의 논쟁은 이후 예루살렘에서 일어나는 다섯 번의 논쟁(11:1–13:2 참조)과 대응된다.

2 Henderson, *Christology*, 73.

3 Parrott, "Conflict and Rhetoric," 120; van Iersel, "Concentric Structures," 77, 91; 같은 저자, *Mark*, 118; 그리고 Byrne, *Costly Freedom*, 54–55 참조.

단락	적대 세력	문학적 요소			
A 2:1-12	서기관	치유	죽음(2:7)*	마음(2:6, 8)	일어서다(2:9, 11, 12)
B 2:13-17	서기관/ 바리새인	식사(제자들)	필요성: "쓸 데 있느니라"(2:17)		
C 2:18-22	"사람들이"	금식(제자들)	죽음(2:20)		
B′ 2:23-28	바리새인	식사(제자들)	필요성: "먹을 것이 없어"(2:25)		
A′ 3:1-6	바리새인/ 헤롯당	치유	죽음(3:6)	마음(3:5)	일어서다(3:3)

* '죽음'은 예수님의 죽음을 암시한다. 신성 모독(2:7)은 예수님이 처형당하신 이유이고, "신랑을 빼앗길 날이"(2:20) 이를 것이며, 예수님을 죽일 방법을 의논한다(3:6). 단락 A, C, A′는 유사하게 시작한다. A는 εἰσελθὼν πάλιν(에이스엘쏜 팔린, "다시…들어가시니", 2:1), C는 ἐξῆλθεν πάλιν(에크엘쎈 팔린, "다시…나가시매", 2:13), A′는 εἰσελθὼν πάλιν("다시…들어가시니", 3:1)으로 시작한다. 단락 B와 B′는 이야기가 진행되는 실외에서 시작하여 실내로 이동하고(B′에는 적어도 주인공인 다윗이 그러함), 둘 다 그리스도에 관한 격언으로 끝난다.

본문의 단락들은 갈수록 예수님과 제자들을 향한 적대심이 고조되고 있음을 보여주며, 이 적대심은 예수님을 어떻게 죽일지 의논하는 장면(3:6)에서 정점에 달한다. 이러한 크레센도는 독자에게 명백하게 들리며, 적들의 공격이 점차 거세짐을 보여준다. 첫 번째 단락에서 서기관들이 마음으로 생각한 것이, 마지막에 가서는 예수님을 죽일 노골적인 계획으로 바뀐다(다음 표 참조). 다음 표는 적대심과 저항을 야기하는 논점들을 정리한 것이다.

단락	논점	적대 세력의 반응
A 2:1-12	죄를 사하는 자의 권세	서기관들, 마음으로 생각, 예수님을 신성 모독으로 비난
B 2:13-17	죄인들과 교제	서기관/바리새인은 예수님의 행동에 대해 제자들에게 질문
C 2:18-22	새로운 관습	"사람들이" 제자들의 부적합한 행동에 대해 예수님께 질문
B′ 2:23-28	이전 것에 대한 재해석	바리새인들이 제자들이 '법을 어기는 것'에 대해 예수님께 질문
A′ 3:1-6	저항에 대한 반응	바리새인/헤롯당이 예수님을 죽일 계획을 세움

예수님을 통해 하나님의 통치가 침범해오는 것은 권력을 잡고자 하는 모든 이에

게 위협이 된다. 새로운 정권이 도래하자 그 결과 하나님의 통치에 복종하기를 거부하는 사람들과 권력을 둘러싼 다툼이 일어난다.[4] 예수님과 그분을 따라가는 자들을 향해 저항과 신랄한 적개심이 일어날 것이다. 이 본문은 제자들이 직면할 수도 있는 저항을 묘사한다.

이 본문에 있는 단락들의 신학적 주제를 살펴보면 하나의 사고방식을 알아차릴 수 있다. 처음 두 단락은 각각 죄를 사할 수 있는 예수님의 권세와 모든 인류가(스스로 의롭다고 여기는 자들을 포함한) 죄인이기에 구세주의 치유가 필요하다는 것을 다루며 서로 연결된다. 즉, 모든 사람은 예수님만이 지니신 죄 사함의 권세가 필요하다. 그러나 적대 세력은 예수님의 권세뿐만 아니라 죄 사함이 필요하다는 사실도 거부한다. 그다음 두 단락도 서로 연결되어 있다. 두 단락은 각각 예수님을 따르는 자의 새로운 삶을 향한 적개심과, 삶이 바뀐 자들이 세상의 관습을 향해 던지는 함축된 비판을 다룬다. 즉, 제자들의 삶의 방식은 변화되었고, 새로운 삶의 방식은 조용히 세상의 옛 방식을 책망한다. 그러나 적대 세력은 변화된 삶의 타당성과 영성에 의문을 던지며, 자신들의 관습을 향한 비판을 거부한다. 마지막 단락은 이 본문을 결론 내며 제자들이 이러한 저항에 어떻게 반응해야 하는지를 다룬다.

3.1 마가복음 2:1-12

3.1 신학적 초점

3.1 죄를 사할 권세를 지니신 예수님을 따를 때 제자는 자신들을 향한 저항에 직면한다(2:1-12).

3.1 단락 요약: 이번 단락의 구조는 중앙에서 신성 모독의 죄를 다루면서 예수님이 지니신 마땅한 신적 특권에 대한 저항에 초점을 둔다. 본문 내내 드러나는 리더와 리더를 따르는 사람들의 연대에 비추어볼 때, 죄를 사하는 권세를 지니신 인자를 따르는 제자들도 저항에 직면할 것을 예상할 수 있다. 죄를 사하는 권세를 사용하는 것은 하나님 나라를 확장하는 수단이다.

4 Witherington, *Gospel of Mark*, 110-11.

3.1 성경 본문

2:1 수일 후에 예수께서 다시 가버나움에 들어가시니 집에 계시다는 소문이 들린지라

2:2 많은 사람이 모여서 문 앞까지도 들어설 자리가 없게 되었는데 예수께서 그들에게 도를 말씀하시더니

2:3 사람들이 한 중풍병자를 네 사람에게 메워 가지고 예수께로 올새

2:4 무리들 때문에 예수께 데려갈 수 없으므로 그 계신 곳의 지붕을 뜯어 구멍을 내고 중풍병자가 누운 상을 달아 내리니

2:5 예수께서 그들의 믿음을 보시고 중풍병자에게 이르시되 작은 자야 네 죄 사함을 받았느니라 하시니

2:6 어떤 서기관들이 거기 앉아서 마음에 생각하기를

2:7 이 사람이 어찌 이렇게 말하는가 신성 모독이로다 오직 하나님 한 분 외에는 누가 능히 죄를 사하겠느냐

2:8 그들이 속으로 이렇게 생각하는 줄을 예수께서 곧 중심에 아시고 이르시되 어찌하여 이것을 마음에 생각하느냐

2:9 중풍병자에게 네 죄 사함을 받았느니라 하는 말과 일어나 네 상을 가지고 걸어가라 하는 말 중에서 어느 것이 쉽겠느냐

2:10 그러나 인자가 땅에서 죄를 사하는 권세가 있는 줄을 너희로 알게 하려 하노라 하시고 중풍병자에게 말씀하시되

2:11 내가 네게 이르노니 일어나 네 상을 가지고 집으로 가라 하시니

2:12 그가 일어나 곧 상을 가지고 모든 사람 앞에서 나가거늘 그들이 다 놀라 하나님께 영광을 돌리며 이르되 우리가 이런 일을 도무지 보지 못하였다 하더라

3.1 주해

3.1 죄를 사할 권세를 지니신 예수님을 따를 때 제자는 자신들을 향한 저항에 직면한다.
이번 단락도 키에즘 구조이며, 중앙에 위치한 신성 모독의 죄를 강조한다.[5]

---

5 Kuthirakkattel, *Beginning of Jesus' Ministry*, 181 참조.

내러티브 도입(2:1-2)

A 사람들이 오다(ἔρχομαι, 에르코마이), 중풍 병자를 메워 가지고 가다(αἴρω, 아이로), 무리가 모여 있음, 누운 상을 달아 내리다(2:3-4)

B 예수님이 중풍 병자에게 이르심, "네 죄 사함을 받았느니라"(2:5)

C 서기관들이 마음에 생각함(2:6)

D "신성 모독"이라고 말함(2:7)

C′ 서기관들이 속으로 생각함, 마음에 생각함(2:8)

B′ "네 죄 사함을 받았느니라", 죄를 사하는 권세, 중풍 병자에게 말씀하심(2:9-10)

A′ "네 상을 가지고(αἴρω)", "그가 일어나 곧 상을 가지고(αἴρω)", "나가거늘"(ἐξέρχομαι, 에크에르코마이), 무리가 모여 있음(2:11-12c)

내러티브 결말(2:12d)

이 단락은 치유하는 내용만을 담고 있지 않다. "이 이야기는 신체적 질병에 대한 예수님의 권능을 보여주는 간단한 기사일 수 있었다. 그러나 예수님이 죄 사함을 선포하심으로 인해 새로운 차원이 더해진다. 예수님이 그 신적인 특권을 지니셨다는 전제는 서기관들의 신학적 반발을 일으킨다."[6] 이에 더해 키에즘 구조 중앙에는 치유하는 장면이 아닌, 오히려 서기관들이 죄 사함을 받았다고 선포하신 예수님께 화를 내는 장면이 나온다. 이야기를 살펴보면 치유 사건은 예수님이 죄를 사하는 권세를 지니셨다는 사실을 공개적으로 드러낼 뿐이다(2:10).[7] 이야기의 초점은 예수님이 직면하신 저항에 있다. 서기관들은 죄를 사하는 신적 권세를 지니신 예수님께 불만을 품고, 그분께 "신성 모독"이라고 말한다. 그리고 이후에 예수님이 처형당하신 이유 중 하나가 바로 신성 모독이다(14:64).

서기관들은 하나같이 마음속으로 εἷς ὁ θεός[헤이스 호 데오스, 2:7, 직역하면 "여호와(는) 한 분이다"이지만, "오직 하나님 한 분 외에는"이라고 번역됨]라고 외친다. 분개하는 이

---

6 France, *Gospel of Mark*, 121.(『NIGTC 마가복음』 새물결플러스, 214)

7 동사 πιστεύω(피스튜오, "믿다")는 마가복음의 다양한 문맥에서 등장한다. 명사형 πίστις(피스티스, "믿음", 5회)와 ἀπιστία(아피스티아, "불신", 2회)는 항상 이적 기사에 나타난다(4:40; 5:34; 6:5-6; 9:22-24; 10:52; 11:22-24). 이는 "믿음"이 구체적으로 예수님께 치유할 능력이 있음을 믿는 것임을 나타낸다. 이전 본문에서 무리가 바로 예수님의 치유를 바라며 좇는 것을 볼 때 이러한 의미가 전혀 놀랍지 않다. 중풍 병자를 메고 온 동료들의 믿음도 어쩌면 치유하시는 예수님과 연관될 뿐 중풍 병자의 죄를 사하시는 예수님과는 전혀 동떨어진 것일 수도 있다(이 문제는 본문 해석에서 많은 어려움을 낳는다).

외침은 여호와가 유일한 신이라는 유대교의 신념(신 6:4; 막 10:18도 참조)을 지키려는 의지를 내포한다. "오직 하나님만이 하실 수 있는 일을 한다고 주장하는 사람은 하나님의 유일무이한 신분을 위협한다. 그것은 신성 모독이다."[8] 예수님은 자신이 분명히 하나님께만 있는 권위를 행사하고 있음을 전제하시기 때문에 저항을 만나신다. 그리고 신적 권위를 행사하는 예수님을 따르는 자들도 동일한 저항에 직면할 것이다. 세상은 죄를 사할 수 있는 자를 따른다는 말을 불쾌해한다. 제자들이 이와 같은 말을 할 때 세상은 제자들이 다른 사람들보다 더 뛰어나다는 주장을 펼친다고 보기 때문에 그들에게 저항한다.[9]

마가복음에서 "인자"는 항상 예수님이 스스로를 지칭할 때 사용하시는 칭호다. 이 칭호를 언급하는 핵심 구약 구절인 다니엘 7:13에 비추어볼 때, 서기관들은 마가복음 2:10에 기록된 예수님의 말씀을 통해 예수님 자신이 하나님의 총독이자 메시아, 곧 신이라고 주장한다는 사실을 올바로 이해한다.[10] 지금까지는 하늘로부터 내려온 하나님의 죄 사함을, 이제 스스로 "인자"라고 부르는 이가 이 땅에서 행사한다.[11] 한 인간이 죄를 사하시는 하나님의 권세를 행사한다. 다니엘 7:13-14은 인자가 옛적부터 항상 계신 이로부터 온 땅을 다스릴 권세를 받는 모습을 묘사한다. 다니엘 7:13-18은 인자를 "지극히 높으신 이의 성도들"과 동일시하는 인상(둘 다 영원한 나라를 받음)을 주는데, 이 본문도 이를 내비친다(제자들이 등장하는 다음 단락들 참조). 인자와 성도들은 밀접하게 연관되었고, 연대를 이루기 때문에 둘 다 동일하게 종교 지도자들에게 저항을 받기 쉽다. 예수님을 길에서 따르는 자들이 앞으로 겪을 일은 명백하다. 세상은 예수님의 신성과 죄를 사하시는 권세를 부인하기에 제자들은 저항에 직면할 것이다.

---

8 France, *Gospel of Mark*, 126.(『NIGTC 마가복음』 새물결플러스, 222)

9 이전 본문과 같이 여기서도 온전함은 단순히 신체적인 질병의 치료를 말하는 것이 아니다. 온전함은 죄 사함에서 볼 수 있듯이 올바른 하나님과의 관계에서 비롯된 영적인 정직함과 연관이 있다. 예수님은 이러한 온전함이 하나님 나라 시민의 특징이 되게 하려고 오신 것이다.

10 "메시아는 보통 통치자와 전사인 사람으로 묘사되지만 인자는 하늘로부터 왔다." 인자라는 칭호에 신성이 포함된다(Placher, *Mark*, 44). 예수님이 스스로 인자라고 부르는 영향력은 다니엘 7장과 더 직접적으로 연관되는 마가복음 13장에 이를 때까지 드러나지 않는다. 마가복음에 등장하는 "인자"(Son of Man, SM)라는 발언에 대한 해설을 보려면 Winn, *Purpose of Mark's Gospel*, 105-7을 참조하라. "마가복음에 등장하는 "인자"가 모두 다니엘 7장을 가리키는 것은 아니지만, 마가는 이러한 배경 속에서 "인자"를 이해하기를 바라고 있을 가능성이 크다"(같은 책, 106).

11 France, *Gospel of Mark*, 129.(『NIGTC 마가복음』 새물결플러스, 226)

3.2 마가복음 2:13-17

3.2 신학적 초점

3.2 하나님 나라를 확장하시는 예수님의 사명 중 매우 중요한 사역은 죄인들을 제자의 무리로 초대하는 것이다. 죄인들을 초대할 때는 자기를 의롭다고 여기는 자들에게 저항을 받는다. 이는 그들 또한 죄인임을 암시하기 때문이다(2:13-17).

3.2 단락 요약: 예수님은 자신의 사명의 본질이 죄인을 "부르러" 온 것임을 단언하시며, 모든 인류가 "죄인"이고 모두에게 죄 사함이 필요함을 함축적으로 말씀하신다. 죄인을 부르시는 것은 하나님 나라를 확립하는 일에서 너무나 중대한 부분이지만, 자기를 의롭다 여기는 세상의 저항을 불러일으킨다.

3.2 성경 본문

2:13 예수께서 다시 바닷가에 나가시매 큰 무리가 나왔거늘 예수께서 그들을 가르치시니라

2:14 또 지나가시다가 알패오의 아들 레위가 세관에 앉아 있는 것을 보시고 그에게 이르시되 나를 따르라 하시니 일어나 따르니라

2:15 그의 집에 앉아 잡수실 때에 많은 세리와 죄인들이 예수와 그의 제자들과 함께 앉았으니 이는 그러한 사람들이 많이 있어서 예수를 따름이러라

2:16 바리새인의 서기관들이 예수께서 죄인 및 세리들과 함께 잡수시는 것을 보고 그의 제자들에게 이르되 어찌하여 세리 및 죄인들과 함께 먹는가

2:17 예수께서 들으시고 그들에게 이르시되 건강한 자에게는 의사가 쓸 데 없고 병든 자에게라야 쓸 데 있느니라 나는 의인을 부르러 온 것이 아니요 죄인을 부르러 왔노라 하시니라

3.2 주해

3.2 하나님 나라를 확장하시는 예수님의 사명 중 매우 중요한 사역은 죄인들을 제자의 무리로 초대하는 것이다. 죄인들을 초대할 때는 자기를 의롭다고 여기는 자들에게 저항을 받는다. 이는 그들 또한 죄인임을 암시하기 때문이다.

이번 단락에서는 대담하게도 세리가 예수님의 무리로 초대된다.[12] 레위를 부르시는 장면은 네 명의 어부를 부르시는 장면과 유사하다. 두 장면 사이에는 몇 가지 공통적인 요소가 있다. 해변을 "지나가시다가"(1:16; 2:13, 14), "보시고"(1:16, 19; 2:14), "따르니라"(1:18, 20; 2:14). 그뿐만 아니라 예수님께 부르심을 받고 모두 삶의 터전을 즉시 떠나며, 그 부르심에 동일하게 반응한다.[13] 부도덕한 세리(맙소사!)가 예수님의 제자들과 함께한다. 죄인이 제자가 된다. 마가의 능숙한 내러티브로 죄인이 실로 제자처럼 보이기 시작한다(다음 구조를 참조하라).

2:15-16을 원어로 보면 제자, 죄인, 세리는 이중 키에즘 구조로 구성되었다. 각각의 키에즘에서 "제자"(강조체)가 중앙에 위치해 있고 "세리"(강조체)와 "죄인"이 "제자"를 둘러싸고 있다.

세리
    죄인
        제자
    죄인
  세리
제자
  세리
    죄인

---

12 유대인들은 대부분 유대인인 세리들이 이방인과 관계를 맺고, 자신들을 억압하는 로마 제국을 위해 세금을 거두며, 본인의 '노고'에 대한 보상을 위해 추가 금액을 거두었기 때문에 그들을 경멸했다. 미슈니(*mishnah*)는 세리들을 도둑이나 살인자와 같은 범죄자들과 동일하게 보았다(*b. Ṭehar.* 7; *m. Ned.* 3.4; *m. B. Qam.* 10.2 참조). 그리고 신약에서는 이들을 죄인(마 9:10; 21:31; 막 2:15; 눅 7:34; 15:1; 18:11) 및 이방인(마 5:46-47; 18:17)과 같이 취급했다. Witherington, *Gospel of Mark*, 120과 Donahue and Harrington, *Gospel of Mark, 101-2* 참조.

13 "레위"는 이 구절과 누가복음 5:27-32에만 등장한다. 마태복음 9:9-13은 동일한 이야기 속에서 "마태"라고 부르며, 마태복음 10:1-4은 "세리 마태"로 표현한다. 레위와 야고보는 둘 다 알패오의 아들(막 2:14, 3:18)이며 둘은 형제일 가능성이 크다. 따라서 앞서 베드로/안드레와 야고보/요한 형제가 부름받은 것처럼 여기서도 형제가 부름받는다. 만약 레위가 실제로 마태라면 마태복음 10:3과 사도행전 1:13에서 열두 제자를 열거할 때 알패오의 아들인 레위와 야고보를 나란히 붙여 명시한 이유를 알 수 있다. Witherington, *Gospel of Mark*, 119 참조.

이 단락의 주요 특징은 그 당시 분명하게 구별되었던 세리/죄인과 나머지 사람의 경계선을 흐리게 하는 것이다. 마가가 이야기를 통해 수행하려는 것은 예수님이 레위를 부르신 것처럼(2:14) 평판이 좋지 않은 무리를 자신의 제자로 부르려 하심을 드러내는 것이다.[14] 또한 2:15b에서 "많이"가 반복해서 등장하는데, 이는 2:15a에서 "많은"이 가리키는 "세리와 죄인들"이 아니라 오히려 제자들의 숫자(가장 근접한 선행구)를 가리키는 것일 수도 있다. 2:15b의 "많이"를 "제자들"과 연관시키면, "많은 세리와 죄인들"(2:15a)과 "사람들[제자들]이 많이 있어서"(2:15b)가 균형을 이룬다. 즉, "많은 세리와 죄인들이…예수와 그의 제자들과 함께 앉았으니…많은 제자들"로 볼 수 있다. 세리/죄인과 제자들을 문자 그대로 서로 겹쳐놓은 것이다.

마가복음에서 "제자"라는 단어가 여기서 처음으로 등장한다. 제자와 죄인이라는 단어가 섞여 사용되는 이 단락에서 "제자"라는 용어를 소개한다는 점에 주목할 필요가 있다. 죄인이 제자가 되며, 제자 또한 부름받은 죄인일 뿐이다. 구분을 짓는 바리새인과 달리, 예수님의 사역에서는 모두가 하나님 앞에서 평등하다. "제자도의 길에는 이제 죄인밖에 없다."[15] 제자들은 제자도의 길을 따라, 예수님을 따르라는 부르심에 반응한 (그래서 하나님 나라에 들어간) 죄인들이다. 이는 "바리새인의 서기관들"에게는 큰 문제다. 어찌하여 세리가 부름을 받고, 죄인의 무리가 이제 예수님을 따르는 자들과 함께하며 식사 잔치에 동참하는가? 예수님은 그들의 교만을 신랄하게 꼬집는다. 의사의 사명은 병든 자를 고치는 것이며, 신성한 치료자의 사명은 죄인을 하나님의 나라로 초대함으로 온전하게 회복하는 것이다. 스스로를 건강하다고 규정하는 소위 "의인"은 하나님 나라의 축복뿐만 아니라 죄라는 질병이 치료되는 놀라운 회복을 놓칠 것이다. 예수님 말씀에 따르면 병든 자와 죄인을 부르시는 것(이는 세상이 죄로 가득하며 치유가 필요함을 암시한다)이 그분의 사명인 하나님 나라 확립의 핵심이다(2:17).

예수님이 배타주의자와 분리주의자를 "의인"(2:17)이라고 부르신 것은 아마도 풍자일 것이다. "예수님의 비판자들이 그들 자신의 견해에서 볼 때 δίκαιοι(디카이오이, "의인")라고(따라서 예수의 사역이 필요 없는 자들이라고) 언급된다는 것이다."[16] 성 제롬은 다음과 같이 말한다. "그 누구도 온전히 의롭지 않기에 그리스도는 있지도 않은 사람

14 Guelich, *Mark*, 105.

15 Myers, *Binding the Strong Man*, 157.

16 France, *Gospel of Mark*, 135.(『NIGTC 마가복음』 새물결플러스, 237)

을 부르시기 위해 오신 것이 아니다. 오히려 그분은 '여호와여 도우소서 경건한 자가 끊어졌다'라는 시편 말씀을 기억하며 이 세상에 가득한 수많은 죄인을 부르시기 위해 오셨다"(*Against the Pelagians* 2.12).[17] 죄를 사하는 권세를 지니시고 죄인을 부르는 것이 자신의 주된 사역이라고 명시하신 예수님은 사실상 모든 인류(="죄인들")가 죄 사함이 필요함을 주장하시는 것이다. 그러나 예수님께 저항하는 자들은 자신이 건강하여 의사의 손길이 필요 없다는 태도를 취한다. 스스로를 건강하다고 여기는 자들(자칭 의인)은 의사와 아무런 관계를 맺지 않을 것이며, 그들을 건강하지 않다고 여기는 이를 거부할 것이다. 이 단락의 중점은 다음과 같다. 스스로를 의인이라고 여기는 사람은 죄 사함의 권세를 지녔다는 사실을 증명하신 분께 사함받아야 한다는 사실을 거부한다. 그러므로 제자들이 하나님 나라를 확장하는 예수님의 사명을 수행할 때, 죄로 말미암아 깨진 존재이자 구원자가 필요한 존재로 여겨지는 것을 싫어하는 세상의 저항이 있을 것을 예상할 수 있다.

3.3 마가복음 2:18-22

3.3 신학적 초점

3.3 제자들이 하나님 나라에 새롭게 소속되어 이전의 삶의 방식을 버리고 변화된 삶을 살아가면 의심과 저항이 일어난다(2:18-22).

3.3 단락 요약: 이전 것을 바꾸기 위해 새로운 것이 도래했다. 하나님 나라의 새로운 가치는 이전 삶의 방식과 종교를 능가한다. 이 둘은 양립할 수 없다. 그 때문에 예수님을 따르며 새로운 가치를 받아들인 제자들은 부적절하고 부적합하다는 비난을 받는다.

3.3 성경 본문

2:18 요한의 제자들과 바리새인들이 금식하고 있는지라 사람들이 예수께 와서 말하되 요한의 제자들과 바리새인의 제자들은 금식하는데 어찌하여 당신의 제자들은 금식하지 아니하나이까

2:19 예수께서 그들에게 이르시되 혼인 집 손님들이 신랑과 함께 있을 때에 금식할 수 있느냐 신랑과 함께 있을 동안에는 금식할 수 없느니라

17 Oden and Hall, *Mark*, 30에서 인용함.

2:20 그러나 신랑을 빼앗길 날이 이르리니 그 날에는 금식할 것이니라

2:21 생베 조각을 낡은 옷에 붙이는 자가 없나니 만일 그렇게 하면 기운 새 것이 낡은 그것을 당기어 해어짐이 더하게 되느니라

2:22 새 포도주를 낡은 가죽 부대에 넣는 자가 없나니 만일 그렇게 하면 새 포도주가 부대를 터뜨려 포도주와 부대를 버리게 되리라 오직 새 포도주는 새 부대에 넣느니라 하시니라

3.3 주해

3.3 제자들이 하나님 나라에 새롭게 소속되어 이전의 삶의 방식을 버리고 변화된 삶을 살아가면 의심과 저항이 일어난다.

이번 단락은 2:1–3:6 전체 논쟁의 중앙부다(앞서 제시된 단락 구조 참조). 논쟁의 핵심은 예수님이 제시하시는 "종말론적인 새로움"이며, 이는 이번 본문에 있는 모든 논쟁의 핵심이기도 하다.[18] 이 단락에서 대항자들은 예수님과 제자들의 언행과 관련된 "위법"(이전 단락과 다음 두 단락이 여기에 해당됨)이 아니라, 단순히 특정 유대교 파당의 종교적 관습(요한의 제자들과 바리새인들이 행하는 금식)을 따르지 않은 것을 문제 삼는다. 원칙상 이러한 금식이 모든 유대인에게 요구되는 것은 아니지만, 대항자들은 예수님의 제자들에게 관습을 이행할 것을 요구한다. 이러한 영적인 저항과 도전은 금식의 관습을 따르는 '더 영적인' 파당이 자신들의 '우월한 종교심을 은밀하게 주장하는 것'이다. 스스로 도덕적으로 우월하다고 여기는 이들은 예수님과 그분의 제자들이 종교의식을 진지하게 받아들이지 않는다고 주장한다. 예수님과 제자들은 특정 유대교 파당이 행하는 관습을 따르지 않고 있기 때문에 그들의 경건함과 영성을 의심받는다.[19] 이에 맞서 예수님은 그분의 새로운 사명이 전통적인 관습을 대체한다고 선언하신다. 본문 전체 논쟁의 중앙부인 이 단락은 옛것과 새로운 것 사이의 갈등과 대조를 더 구체화한다. "논쟁은 단순히 종교적인 사람이 얼마나 엄숙해야 하는가에 대한 것이 아니라, 하나님의 구속사 가운데 어떤 시기인가에 대한 것이다. 예수님과 그분의 제자

---

18 Boring, *Mark*, 83.

19 France, *Gospel of Mark*, 137–38.(『NIGTC 마가복음』 새물결플러스, 240–241) 구약 율법에서 명시한 정기적인 금식은 속죄일에 하는 것이었다[레 16:29, 31; 23:26–32; 민 29:7–11, 이 구절에서 "괴롭게" 한다는 표현은 자기 부인의 다양한 형태를 포함하며 주로 금식을 가리킨다(시 35:13; 행 27:9; *m. Yoma* 8.1–2 참조)]. 바벨론 유수 이후 더 다양한 금식이 있었을 것이다(슥 8:19 참조). 어찌 되었건 바리새인들은 성경에 나타난 금식을 더 확대해나갔다(눅 18:12; *Did.* 8.1; b. *Ta'an.* 10a, 12a).

들은 하나님의 나라가 임하도록 장려하는 차원에서 금식하는 것이 아니라 이미 동트기 시작한 하나님 나라를 경축한다."[20] 요컨대 새로운 것은 옛것과 합쳐질 수 없고, 새로운 것은 옛것으로 돌아갈 필요를 없앤다. 이 단락에 나오는 결혼식 비유는 과거에는 단지 암시되었지만, 현 시대에 이르러 볼 수 있는 하나님과 그분의 백성이 맺는 친밀한 관계를 가리킨다.[21] 새로운 관계와 시대는 새로운 삶의 방식을 요구한다. 새로운 나라가 가까이 왔고, 죄 사함을 받아들이는 자에게 거저 주어지며, 죄인과 세리가 제자가 된다. 왜냐하면 모든 이가 신성한 의사의 치료를 받아야 하기 때문이다. 새로운 시대에 축제는 적절하다. 제자들이 새로운 왕을 따라 하나님의 나라에 들어가며 삶이 변화될 때, 경건함과 영성이 부족하다는 비난을 받게 될 것이다.

예수님은 세례(침례) 요한을 '빼앗겨' 요한의 제자들이 금식했으며, 어느 날 예수님을 '빼앗길' 때 그의 제자들도 금식할 것이라고 시사하신다.[22] 예수님을 '빼앗겨' 애도하는 시기를 엄밀히 따지면 십자가 처형과 부활 사이의 이틀뿐일 수도 있고, 부활과 성령(예수님은 성령님을 통해 신자 안에 거하신다)이 임하시는 오순절 날 사이의 시기가 될 수도 있다.[23]

이어지는 구절은 생베 조각을 낡은 옷에 붙이거나 새 포도주를 낡은 가죽 부대에 넣을 때 발생하는 해로운 효과를 묘사한다. 이 구절들로 미루어볼 때, 이번 단락의 중점은 단순히 금식에 있는 것이 아니라 옛 전통과 기독교인의 새로운 삶의 방식이 부조화를 이루는 데 있다. 이러한 부조화는 영성과 관련된 것을 포함하지만, 단순히

---

20 Boring, *Mark*, 85.

21 여호와는 이미 이사야 54:4–8, 61:10, 62:4–5, 예레미야 2:2, 에스겔 16장, 호세아 2:19–23에서 자기 백성의 신랑으로 등장하신다. 이사야 62:5은 하나님 나라의 관계를 예시하며 "아들들"(υἱοί, 후이오이)이 여호와가 신랑으로 비유되는 혼인식에 참여하는 것을 보여준다. 신약에서 그리스도도 또한 비슷하게 묘사된다(마 22:1–14; 25:1–13; 요 3:25–30; 고후 11:2; 엡 5:22–32; 계 19:7–9; 22:17). 예수님이 여호와에 이어서 신랑으로 비유되는 것이 눈에 띈다. 마가복음 2장에서 제자들이 "신랑의 아들들"(υἱοὶ τοῦ νυμφῶνος, 후이오이 투 님포노스, "혼인 집 손님들"이라고 번역됨)이다. 제자들이 신랑인 예수님과 밀접하게 연관되었다는 사실은 이 본문에서 예수님과 그분의 제자들이 하나로 묶여 있음을 보여준다. 제자들은 예수님이 직면하신 저항에 맞서게 될 것이고, 그들이 직면한 저항은 결국 예수님과 그분의 사명에 대한 저항이다. Henderson, *Christology*, 75 참조.

22 ἀπαρθῇ(아파르테, "빼앗길", 2:20)는 무력을 암시하며 마가복음에서 처음으로 예수님의 잔인한 죽음을 가리킨다. 이 단어는 세례(침례) 요한의 처형을 가리킬 수도 있다(마가복음 6장 설명 참조).

23 마태복음 28:20은 부활 이후에도 제자들과 계속해서 함께하실 예수님을 명확히 보여준다. 따라서 교회 시대를 예수님이 부재하시는 시대로 보는 것은 옳지 않다. "빼앗길"이라는 단어에 내포된 무력과 잔인함을 고려해볼 때 교회 시대의 예수님은 부재하신 것이 아니다. 오히려 부활 이후 살아 계시며 더 이상 예수님을 '빼앗기지' 않는다. 그러므로 마가복음 2:18–22은 제자들이 예수님의 재림 때까지 금식하라는 부르심이 아니다.

영성만을 이야기하지는 않는다. "중대한 사안은 새것을 옛것보다 우선으로 여기느냐의 문제보다, 새것과 옛것의 양립성에 대한 근본적인 질문이다."[24] 이 둘은 조화될 수 없다. 예수님의 새롭고 급진적인 하나님 나라에 관한 말씀은 기존의 종교 허세와 양립할 수 없다. 두 비유(2:21-22)는 옛것과 타협하면 역효과를 낳을 수 있고, 심지어 해가 될 수 있음을 보여준다. 그리스도의 제자가 살아가는 새로운 삶은 옛것과 연관된 모든 것을 시대착오적이고 부적절한 것으로 만든다. 이전 삶의 방식과 관습으로 돌아가는 것은 부적절함을 넘어 파멸적인 것이다. "모든 것이 하나님의 새로운 은혜로 말미암아 세속적인 것에서 영적인 것으로 바뀌었다. 이 은혜는 복음과 함께 도래하며 옛것을 완전히 없앴다"[테르툴리아누스, *On Prayer* 1]. 이 단락은 영성이 무엇으로 이루어졌는지에 대해 새롭게 정의를 내린다. 세상은 그리스도를 따르는 자들의 삶에서 드러나는 부적합하고 부족한 경건을 거부하며, 이에 대한 해명을 요구할 것이다. 따라서 논쟁으로 이루어진 전체 본문 중 이 단락 역시, 예수님을 따를 때 저항에 부딪힐 또 다른 이유를 제시한다. 제자의 특징으로 나타나는 기독교인의 새로운 삶의 방식은 세상을 분노하게 할 것이다.

3.4 마가복음 2:23-28

3.4 신학적 초점

3.4 예수님의 권위 아래서 그분을 따르며 변화된 삶을 살아가는 제자들이 세속적인 방식을 비판할 때 저항이 일어난다(2:23-28).

3.4 단락 요약: 제자들이 새로운 것을 받아들이는 것과 더불어 전통적 관습을 비판(함축적이거나 다른 방법으로)하자 저항이 일어난다. 이번 단락에서 적대 세력은 단순히 새로운 삶의 방식이 아닌 새로운 삶 그 자체를 공격한다. 새로운 삶의 특수성으로 인해 옛것이 비판받고, 하나님 나라를 확립하시려는 예수님의 사역에 비추어볼 때 옛것이 불충분하다는 것을 폭로하기 때문이다.

---

24 van Iersel, "Concentric Structures," 96. "그러나 이 비유들의 관련성을 여러 곳에서 예수님이 서기관들과 대립하시며 제시된 문제들로 국한하는 것은 잘못이다. 여기에서 신학적인 문제는 기독교 전통이 1세기 유대교에 미치는 영향을 포괄적으로 포함한다"(Witherington, *Gospel of Mark*, 127).

3.4 성경 본문

2:23 안식일에 예수께서 밀밭 사이로 지나가실새 그의 제자들이 길을 열며 이삭을 자르니
2:24 바리새인들이 예수께 말하되 보시오 저들이 어찌하여 안식일에 하지 못할 일을 하나이까
2:25 예수께서 이르시되 다윗이 자기와 및 함께 한 자들이 먹을 것이 없어 시장할 때에 한 일을 읽지 못하였느냐
2:26 그가 아비아달 대제사장 때에 하나님의 전에 들어가서 제사장 외에는 먹어서는 안 되는 진설병을 먹고 함께 한 자들에게도 주지 아니하였느냐
2:27 또 이르시되 안식일이 사람을 위하여 있는 것이요 사람이 안식일을 위하여 있는 것이 아니니
2:28 이러므로 인자는 안식일에도 주인이니라

3.4 주해

3.4 예수님의 권위 아래서 그분을 따르며 변화된 삶을 살아가는 제자들이 세속적인 방식을 비판할 때 저항이 일어난다.

저항이 거세지면서 동시에 '도발'도 강해진다. 마가복음 2:13–17, 18–22, 23–28 세 단락(본문의 구조에서 B, C, B′에 해당함, 이전 본문의 구조 참조)에서 음식이 주요 요소로 등장한다. 예수님과 제자들은 '부적절한' 무리와 함께 식사한 후 금식하지 않는다. 그리고 이제는 배가 고파 이삭을 자르며(먹기도 하고) 겉보기에 안식일을 지키지 않는다. 여기서 당면한 문제는 안식일에 허용되는 '일'이 과연 있는지 그리고 있다면 그것은 어떤 '일'인가다. 출애굽기 34:21은 안식일에 추수를 금한다. 과연 제자들이 이삭을 자른 행동이 '추수'에 해당되어 안식일에 금지된 일을 한 것인가?[25] 바리새인들은 우연한 일이나 엉터리 견해로 안식일을 범하는 경우가 생기지 않도록 '일'의 범주를 정했다. 그들은 "신실한 자가 안식일에 금지된 일을 절대 범하지 않도록 모든 상황에 대한 법을 만들었다." 예수님이 모세오경을 반박하시는 것은 아니다. 하지만 예수님은 바리새인들의 할락힉(*halakhic*) 법률 재정[구전으로 이어지다가 이후에 미슈나(*Mishnah*)로 성문화됨]을 대부분 묵살함으로서 수용된 권위를 반박하시는 것이며, 법을 해석하는

25 안식일에 금지된 활동을 명시한 목록을 보려면 예를 들어 *Jub.* 50.6–13; *m. Šabb.* 7:2를 참조하라.

모든 과정을 뒤엎으려고 위협하시는 것이다.[26] 그러므로 이 단락의 중점은 단순히 겉보기에 안식일을 지키지 않은 것(물론 위반이 아니다)이 아니라, 인자이신 예수님의 권위 아래 놓인 새로운 나라의 법칙을 위해 이전의 통치를 비판하고 무효화하는 데 있다. 예수님은 다윗의 행위가 '합법적'이지 않았다는 것에 동의하시면서도(2:26), 전통적인 관습을 파기할 수 있는 권위와 안식일에 어떤 일이 허용되고 허용되지 않는지를 선언할 수 있는 권위가 바로 '안식일의 주인'에게 있음을 보여주신다. 이 주인은 이제 그가 다윗보다 더 큰 권위를 지니셨다고 주장한다.[27] 긴급한 경우에는 안식일을 범하는 것이 수용되었지만, 그 어떤 누구도 자신을 '안식일의 주인'이라고 선언하지 않았다.[28] 이 단락과 더불어 본문 3(2:1–3:6)의 초점은 예수님의 권위에 있다. 예수님은 죄를 사하시고, 구원이 필요한 죄인들(즉, 모든 인류)을 부르시며, 새로운 나라에 적합한 새로운 방식을 도입하시고, 이제는 심지어 옛 전통을 비판하신다. 권위의 문제는 지금까지 계속해서 증폭되었다. 예수님은 이미 그의 가르침과 행동(치유와 축귀) 그리고 죄 사함을 통해 주인으로 계시되었다. 이제는 안식일에도 그분 자신이 주인이심을 선언하신다.[29] 따라서 예수님과 그의 제자들은 새로운 방식을 세울(2:18–22) 뿐만 아니라 이번 단락에서는 한 발 더 나아간다. 옛 관습이 폐지될 수 있고, 예수님이 세우시는 나라의 새로움에 비추어볼 때 옛것은 부족하다고 비판한다. 물론 그렇다고 해서 예수님이 구약의 율법을 부인하신다는 말이 아니다. 예수님은 다만 바리새인들의 구전으로 정해진 안식일의 허용 범위를 반박하시는 것이다. 하나님 나라에 속한 사람들의 새로운 방식은 그 나라의 통치를 받지 않는 이들의 옛 전제와 의식에 대한 비판적 해설이 될 것이다.

---

26 France, *Gospel of Mark*, 143–44.(『NIGTC 마가복음』 새물결플러스, 249–250) 할라카는 느헤미야 10:29, לָלֶכֶת בְּתוֹרַת הָאֱלֹהִים(라레케트 브토라트 하엘로힘), "하나님의 율법을 따라 [걷다]"에서 나왔다.

27 예수님이 예루살렘에 있는 제사장과 하나님의 성전과의 연관성을 더 강화하시기 위해 고의로 구약 학자들이 생각하는 아히멜렉 대신 그의 아들 아비아달을 언급하신 것일 수도 있다. 아비아달은 예루살렘에 있는 하나님의 성전에서 제사장으로 지냈고(삼하 15:29), 아히멜렉은 놉에서 다윗에게 거룩한 떡을 건네주었다(삼상 21:1–6). Gundry, *Mark*, 141 참조.

28 1 Macc 2:41; *2 Bar.* 14.18; *b. Yoma* 85b 참조. Rabbi Simeon ben Menassia(180년 추정)는 다음과 같이 말했다. "안식일이 당신에게 주어진 것이지 당신이 안식일에 주어진 것이 아니다"(출 31:12–17에 대한 *Mek.*). 그럼에도 불구하고 안식일에 일하면 죽임당했다(출 31:14, 민 15:32–36; *Jub.* 2.25–27; 50.6–13).

29 여기서 처음으로 예수님을 "주[인]"로 가리킨다(마가복음 1:3에서 이사야 40:3을 인용할 때를 제외). '안식일의 주인'은 여호와의 권위와 밀접한 예수님의 속성이다(출 16:23, 25; 31:13; 35:2; 레 19:3, 30; 23:3, 38; 26:2; 신 5:14; 사 56:4, 6; 겔 20:12–14; 22:8, 26; 23:38; 44:24). 마가복음에 등장하는 모든 "인자"는 예수님의 특별한 권위를 가리킨다(Boring, *Mark*, 91–92).

리더와 그를 따르는 자들을(οἱ μετ' αὐτοῦ, 호이 메트 아우투, "함께 한 자들이", 즉 다윗과 다윗을 따른 자들, 이와 유사한 표현으로는 οἱ σὺν αὐτῷ ὄντες, 호이 순 아우토 온테스, "함께 한 자들에게도", 2:26) 연관시키는 이유는 제자들이 예수님과 얼마나 밀접한 관계인지를 또 한 번 보여주기 위해서다. "자기와 함께"라는 문구는 제자들을 공식적으로 파송하는 장면인 3:14에 등장한다. 제자들은 예수님과 함께하도록 부름받는다. 여기에서 등장하는 이 문구는 예수님을 따라갈 모든 자를 위한 전례(典例)를 제공한다. 제자들의 행동은 그들의 주인이 가진 권위에 기반을 두고 있으며 그분의 주권에 속해 있다(2:27). 예수님의 사명은 곧 그들의 사명이며, 그분의 권위는 그들에게 양도된다(이후 제자들을 파송할 때 더욱 명확히 드러난다). 다시금 예수님과 그의 제자들의 연대를 엿볼 수 있다. 따라서 예수님이 직면하신 저항을 제자들도 만나게 될 것이다. 제자들의 새로운 삶과 방식이 간접적으로 세상의 방식을 비판하기 시작할 때, 저항은 반드시 일어날 것이다.

3.5 마가복음 3:1-6

3.5 신학적 초점

3.5 예수님은 마음이 완악한 대항 세력 때문에 슬퍼하며 화도 내시지만, 제자들은 하나님의 부르심을 감당하기 위해 예수님이 보이신 담대함과 인내를 본받아야 한다. 제자들은 저항으로 인해 하나님 나라를 확립하시는 예수님의 사명을 따르라는 부르심을 포기하지 않는다(3:1-6).

3.5 단락 요약: 이번 본문의 마지막 단락에서는 종교 지도자들이 새로운 논점을 제기하지 않는다. 대신 이 마무리 단락은 본문(2:1-3:6) 내내 보이던 저항이 증폭되어, 예수님을 죽이고자 하는 적대 세력의 의도로 저항이 정점에 달하는 것을 보여준다. 위험한 상황 속에서 예수님이 보이신 담대함과 인내는 그분의 권위와 길을 따르는 제자들이 본받아야 할 점이다.

3.5 성경 본문

3:1 예수께서 다시 회당에 들어가시니 한쪽 손 마른 사람이 거기 있는지라

3:2 사람들이 예수를 고발하려 하여 안식일에 그 사람을 고치시는가 주시하고 있거늘

3:3 예수께서 손 마른 사람에게 이르시되 한 가운데에 일어서라 하시고

3:4 그들에게 이르시되 안식일에 선을 행하는 것과 악을 행하는 것, 생명을 구하는 것과 죽이는 것,
어느 것이 옳으냐 하시니 그들이 잠잠하거늘

3:5 그들의 마음이 완악함을 탄식하사 노하심으로 그들을 둘러 보시고 그 사람에게 이르시되 네
손을 내밀라 하시니 내밀매 그 손이 회복되었더라

3:6 바리새인들이 나가서 곧 헤롯당과 함께 어떻게 하여 예수를 죽일까 의논하니라

3.5 주해

3.5 예수님은 마음이 완악한 대항 세력 때문에 슬퍼하며 화도 내시지만, 제자들은 하나님의 부르심을 감당하기 위해 예수님이 보이신 담대함과 인내를 본받아야 한다. 제자들은 저항으로 인해 하나님 나라를 확립하시는 예수님의 사명을 따르라는 부르심을 포기하지 않는다.

2:1–12과 3:1–6의 유사성은 두 단락이 각각 더 큰 단위인 본문을 열고 닫는 기능을 하고 있음을 보여준다.

마가복음 2:1–12		마가복음 3:1–6	
2:1	"예수께서 다시…들어가시니"	3:1	"예수께서 다시…들어가시니"
2:5, 10	"중풍병자에게 이르시되/말씀하시되", 2회	3:3, 5	"사람에게 이르시되", 2회
2:9	암묵적 저항, 예수님의 질문	3:4	암묵적 저항, 예수님의 질문
2:11–12	말씀으로 치유(육신의 회복)	3:5	말씀으로 치유(육신의 회복)

마가복음 3:1–6은 논쟁으로 이루어진 본문 3의 결론으로 적절하다. 이 단락에서는 저항을 일으키는 새로운 주제가 없으며, 새로운 질병이 치유되지도 않는다('마비'는 "마른" 것과 동일하다고 볼 수 있다). 이전 단락에서 등장한 안식일의 문제가 다시금 여기서 등장하지만, 이전 4개의 단락에 나타난 그리스도에 관한 진술(2:10, 17, 20, 27–28)은 없다. 또한 처음과 마지막 단락은 종교 지도자들과의 갈등으로 인한 예수님의 죽음을 암시하며(첫 단락은 "신성 모독"을 언급하고, 마지막 단락에서는 직접적으로 예수님을 어떻게 죽일지 의논한다), 두 단락에서 예수님 외에는 소리 내어 말하는 사람이 없다. 다른 한편으로는 모든 단락에서 논점이 질문으로 드러나는데, 이전 4개의 단락(A, B, C 그리고 B′)에서는 각 단락의 저항하는 자들이 소리를 내거나 마음속으로 질문을 제기한다. 그러나 이번 마지막 단락(A′)에서는 예수님이 먼저 질문하신다. 또한 이전 단락

들과 달리 예수님의 감정을 구체적으로 묘사한다(뒤의 설명을 참조하라).[30] 이번 단락에서는 저항의 강도가 정점을 찍는다. 저항하는 자들의 마음에서 시작된 암중의 생각이(2:6) 이제 예수님을 죽일 방법을 찾는 공공연한 의논이 되어버렸다(3:6).

예수님은 안식일이 선행을 하기 위한 날이라고 주장하시며, 안식에 허용되는(바리새인의 전통에서 이해한) '일'을 새롭게 정의하신다.[31] 공교롭게도 예수님이 선행을 하신 안식일에 종교 지도자들은 악행(죽일 의논, 3:6)을 한다. 종교 지도자들에 따르면 선행은 안 되지만, 누군가를 죽일 방법은 의논할 수 있다! 3:4에서 "옳으냐", "선", "악", "생명"이 원어로는 앞쪽에 나오는데('옳으냐 어느 것이, 선을 행하는 것과 악을 행하는 것… 생명을 구하는 것과 죽이는 것'), 이는 종교 지도자들이 행하려는 것(악)과 예수님이 실제로 행하시는 일(선)을 더욱 대조한다.

레위기 21:16-24에서는 이 단락의 손 마른 사람과 같은 상태의 사람이 성전 제사에 참여하는 것을 금한다. 그러나 예수님이 손 마른 사람을 치유하심으로 그는 예배에 참여할 수 있게 되었다. 이는 예수님이 사람의 전적인(육신적, 사회적, 종교적) 회복에 관심을 두고 계심을 다시 한번 강조한다. 예수님은 단순히 질병을 치유하시는 것이 아니라 병을 치유하신다. 다시 말하지만, 이번 단락은 모든 것을 회복할 하나님의 나라를 세우는 사명에 매진하시는 예수님을 드러낸다. 흥미롭게도 치료에 관한 이야기는 명령과 치유를 증명하는 반응으로 짧게 구성되어 있다. 이 명령은 원어로 세 단어로 이루어져 있다. 바리새인들이 어떻게 이렇게 짧은 말을 '일'로 간주할 수 있을까?

이번 본문의 첫 단락(2:1-12)과 마찬가지로 예수님은 회당에서 주도적으로 행하신다. 예수님은 손 마른 사람을 조명이 비추는 무대("한가운데에")로 오게 하신다. 이 사람이 먼저 치유해달라고 부탁하지도 않았다. 오로지 예수님이 그를 초청하신 것이다. 예수님의 이러한 대담한 행동은 본문 내내 드러난 예수님께 저항하는 자들의 증오에도 불구하고, 논점을 "한가운데에" 세우시겠다는 예수님의 의지를 보여준다. 마이어스(Myers)는 이를 신중히 연출된 정치극이라고 설명한다. 예수님은 공작원으로 활동하고 계신 것이다![32] 예수님이 지금까지 직면하신 저항(2:1-28)을 조금도 무서워하시지 않는다는 사실이 중요하다. 그분은 하나님 나라를 확장하기 위해 사명을 계속

30 Dewey, *Markan Public Debate*, 119.

31 미슈나도 안식일을 '무효화'할 수 있는 예외적인 상황을 열거한다. *m. Pesaḥ* 6.1-2 참조.

32 Myers, *Binding the Strong Man*, 162; Witherington, *Gospel of Mark*, 135.

해서 감당하신다. 육신적인 치료는 예수님의 권위를 입증하며, 하나님 나라의 영역을 더 확장하는 방편이 된다. 예수님께는 자신의 안전보다 사명이 더 중요하다. 저항이 있지만, 예수님은 인내와 담대함으로 그분이 받으신 사명을 이루실 것이다.

이 단락에서는 예수님의 감정이 마가복음의 그 어느 곳보다 더 많이 표현되어 있다. 예수님은 종교 지도자들의 무자비함에 노하시며, 그들의 완악함에 탄식하신다. 건드리(Gundry)는 종교 지도자들의 완악한 마음이 손 마른 사람의 손보다 더 심각함을 지적한다.[33] 따라서 이 본문의 마지막 단락에서 예수님의 긍휼하심과 아픔 그리고 완악한 자들을 향한 진노가 두드러진다. 종교 지도자들은 예수님을 멈추게 할 수 없으며, 그들의 악의도 예수님이 사명을 완수하는 것을 막지 못한다. 예수님은 흔들리지 않고 계속 나아가시며, 손 마른 사람을 즉시 치유하신다. 예수님은 진노하고 탄식하시며 그분의 신분에 위협이 되는 격렬한 저항에 부딪히시지만, 선을 행하고 하나님 나라를 확장하시는 일을 멈추지 않으신다. 예수님을 따라 제자도의 길을 걷는 자들도 동일하게 어떤 저항 앞에서도 굳은 의지와 인내, 담대함으로 예수님의 사명을 따르라는 부르심을 이루어가야 할 것이다. 제자들이 예수님과 동일시되기 때문에 동일한 저항에 직면하는 것이다. 따라서 예수님을 따르는 제자들은 그분과 똑같이 반응해야 하며, 이와 같은 측면에서 예수님과 동일시되어야 한다.

설교의 초점 및 개요

설교를 위한 본문 3의 신학적 초점

3 제자도에서 예수님을 따를 때는 하나님의 부르심을 포기하지 않고, 담대함과 인내로 저항에 맞서야 한다(2:1–3:6).

이 본문을 다섯 개의 설교로 나누기보다는, 하나의 설교로 저항의 여러 측면을 다루는 것이 더 현명한 선택일 것이다. 왜냐하면 2:1–3:6을 다섯 번에 나누어 설교하기에는 이 본문에 포함된 단락들의 주제가 너무 유사하기 때문이다. 또한 첫 번째와 마지막 단락이 본문의 서론과 결론의 역할을 각각 감당하는 것을 볼 때 강해를 위해서는 본문을 하나로 묶어서 보는 것이 적절하다. 그리고 본문 전체를 설교한다면 회중에게

33 Gundry, *Mark*, 151–52. 여기에서 등장한 "마음의 완악함"은 이후에 제자들의 특징이 된다(6:52, 8:17).

제자로서 직면할 수 있는 다양한 저항(죄를 사하시는 예수님의 권위에 대한 저항, 모든 인간은 구원자가 필요한 죄인이라고 암시하는 것에 대한 저항, 세상이 정의하는 영성과는 다른 제자들의 새로운 삶의 방식에 대한 저항, 세상의 방식을 비판하는 그리스도인에 대한 저항)을 설명할 수 있게 된다. 청중의 상황에 따라 설교자는 저항의 한 측면을 다른 측면보다 더 강조할 수 있다(다음 '설교 개요' 중에 '문제'가 여기에 해당된다). 어떤 측면을 강조하든 간에 이 본문의 설교 초점은 3:1–6에서 예수님이 저항에 맞서신 자세에 있다.[34]

본문 3의 설교 개요

다음의 개요는 오래된(또한 효과적인) 수사학적 구조인 '문제–해결–적용'의 구조다.

I. 문제: 제자들의 변화된 삶은 그들을 향한 저항을 초래한다.

- 각 단락마다(혹은 그중 하나의 단락) 변화된 삶의 측면과 그로 인해 일어난 저항을 다룬다.
- 연관성: 그리스도로 인해 변화된 삶을 살아가며 우리가 직면할 수 있는 저항

II. 해결: 본이 되는 예수님의 반응: 담대함과 인내

- 저항에 맞선 예수님의 반응(우리의 본보기): 3:1–6

III. 적용: *담대함과 인내로 저항에 맞서라!*

- 구체적인 적용: 어떻게 담대함과 인내로 저항에 맞설 것인가?

또 다른 설교 개요

I. 작용: 제자들의 변화된 삶은 이 세상과 그 문화에 도전한다.

- 각 단락마다(혹은 그중 하나의 단락) 변화된 삶의 측면을 다룬다.
- 연관성: 우리의 변화된 삶이 이 세상과 그 문화에 도전하는 방법

34 나중에 살펴볼 본문(6:7–32)도 저항을 다루지만, 그 본문에서는 저항하는 중에 공급되는 하나님의 도우심에 초점을 맞춘다. 반대로 이 본문의 초점은 예수님의 본을 따라 담대함과 인내로 저항에 맞서는 것이다. 마가복음은 제자도의 요구 사항을 다루며, 예수님을 따르는 의미를 다양한 측면으로 설명한다. 본문들이 서로 비슷한 문제를 다룰 수 있지만, 각각의 본문은 마음으로 받아들여야 할 특정한 측면을 강조한다.

II. 반작용: 이 세상과 그 문화는 제자들의 변화된 삶에 대항한다.

- 이 세상과 문화의 저항
- 연관성: 그리스도로 인해 변화된 삶을 살아가며 우리가 직면할 수 있는 저항

III. 적용: 예수님의 반응, 우리의 본보기, *담대함과 인내로 저항에 맞서라!*

- 저항에 맞서시는 예수님의 반응(우리의 본보기): 3:1-6
- 구체적인 적용: 어떻게 담대함과 인내로 저항에 맞설 것인가?

본문 4

누가 제자인가?

마가복음 3:7-35

[보냄받은 제자, 가족들은 예수님을 찾고 서기관들은 그분을 비난함]

복습, 요약, 예습

본문 3 복습: 마가복음 2:1-3:6은 제자들이 직면할 것이라 예상되는 저항과 그 저항을 어떻게 예수님처럼 담대함과 인내로 맞설 것인지 보여준다.

본문 4 요약: 이번 본문(3:7-35)은 본문 2(1:21-45)의 이야기를 이어나간다. 예수님을 따르는 자가 직면할 수 있는 여러 저항에 대해 이야기한다. 실질적인 이익만을 위해 예수님을 찾는 자들이 다시 한번 등장함으로써(3:7-12) 정확히 누가 예수님을 위하는 사람인지에 대한 문제가 제기된다. 이후의 본문은 이 질문에 대한 해답을 제시한다. 제자들은 예수님의 신성한 권위로 그분과 함께하도록 세워진 후 하나님 나라를 섬기며 예수님의 사명을 확장해나가기 위해 보냄을 받는다. 뒤이어 등장하는 마가의 '샌드위치' 구조는 제자가 누구인지 상세히 설명해준다. 제자는 예수님의 정체성을 인식하는 자로서 하나님의 뜻을 행하는 '내부인'이다. 그는 예수님과 함께하며 이후 하나님 나라를 위해 세상에 나아가 사역을 감당하도록 예수님께 보냄을 받는다. 이러한 사람이 바로 예수님을 위하는 사람이다.

본문 5 예습: 다음 본문(4:1-34)은 제자도에서 열매를 맺는 과정 중에 제자의 책임(하나님의 말씀을 받아들이는 자세)을 설명한다. 또한 열매를 맺는 일에서 하나님의 역할도 자세히 설명한다.

본문 4. 마가복음 3:7-35

본문 4의 신학적 초점

4 제자들은 예수님과 함께하는 '내부인'이며 하나님의 뜻을 행하는 자들이다. 그들은 예수님과 함께하도록 부름을 받고, 그분의 사명을 확장하기 위해 파송된다(3:7-35).

4.1 예수님을 따르는 제자는 예수님과 함께하도록 부름을 받고 예수님의 사명을 확장하기 위해 파송된다. 제자는 예수님의 권위를 인식하지 못한 채 잘못된 목적을 가지고 예수님을 찾는 이들과 다르다(3:7-19).

4.1.1 예수님의 권위와 사명을 이해하지 못한 채 잘못된 목적을 가지고 예수님을 따르는 자는 제자가 아니다.

4.1.2 어느 세대에서나 제자 삼는 일은 예수님의 중대하고도 권위적인 부르심을 통해 이루어진다.

4.1.3 제자는 예수님과 함께하도록 부름을 받고 예수님의 사명을 확장하기 위해 파송된다.

4.2 예수님의 '내부인'인 제자는 예수님의 권위를 인식하지 못하는 '외부인'과는 달리 하나님의 뜻을 행하는 자들이다(3:20-35).

4.2.1 예수님과 설령 혈육 관계일지라도 예수님의 권위를 무시하는 자는 '내부인'이 될 수 없다.

4.2.2 예수님과 물리적으로나 종교적으로 가까울지라도, 예수님의 권위를 무시하는 자는 '내부인'이 될 수 없다.

4.2.3 진정한 '내부인', 곧 제자의 신분은 하나님의 뜻을 행하는지 아닌지에 달려 있다.

개관

이 본문은 1:21-45에 나타난 예수님의 평판을 회상하고, 이전 이야기를 요약하며 시작된다(3:7-12). 그리고 이 본문의 개관은 동시에 앞으로 있을 일을 내다본다. 무리는 아직도 질병의 치유와 고통의 해방을 위해 예수님을 찾는다. 그들은 잘못된 목적을 가지고 그분을 따른다. 오히려 더러운 귀신들이 예수님을 인식하지만, 그들에게는 침묵이 요구된다. 이는 무리가 예수님을 단순히 슬픔과 고뇌에서 해방하시는 '기적을 행하는 사람'으로 오해하는 것을 막기 위함이다. 독자는 궁금해하기 시작한다. 만약 모두가 다른 목적으로 예수님을 좇고 있다면 과연 예수님의 정체성과 사명을 인식하며, 진정으로 예수님과 그분의 사명을 위해 좇는 사람이 있을까? 예수님을 따르는 의미를 올바로 이해한 사람은 없는 것인가? 이 본문은 이와 같은 질문에 대한 해답을 제시한다. 예수님을 지지한다는 것의 의미는 무엇인가? 누가 그분을 지지하고 있는가?

4.1 마가복음 3:7-19

4.1 신학적 초점

4.1 예수님을 따르는 제자는 예수님과 함께하도록 부름을 받고 예수님의 사명을 확장하기 위해 파송된다. 제자는 예수님의 권위를 인식하지 못한 채 잘못된 목적을 가지고 예수님을 찾는 이들과 다르다(3:7-19).

- **4.1.1** 예수님의 권위와 사명을 이해하지 못한 채 잘못된 목적을 가지고 예수님을 따르는 자는 제자가 아니다.
- **4.1.2** 어느 세대에서나 제자 삼는 일은 예수님의 중대하고도 권위적인 부르심을 통해 이루어진다.
- **4.1.3** 제자는 예수님과 함께하도록 부름을 받고 예수님의 사명을 확장하기 위해 파송된다.

4.1 단락 요약: 이 본문은 이전에 나타난 무리의 잘못된 동기와 더러운 귀신에게 요구된 침묵을 반복하며 이야기가 전개된다. 제자가 누구인지 정의하는 과정에서 예수님이 열두 제자를 세우시는 장면이 등장한다. 또한 예수님과 함께 있고 그분의 사명을 확장해나가기 위해 보냄을 받는 제자의 역할을 설명한다.

4.1 성경 본문

3:7 예수께서 제자들과 함께 바다로 물러가시니 갈릴리에서 큰 무리가 따르며

3:8 유대와 예루살렘과 이두매와 요단 강 건너편과 또 두로와 시돈 근처에서 많은 무리가 그가 하신 큰 일을 듣고 나아오는지라

3:9 예수께서 무리가 에워싸 미는 것을 피하기 위하여 작은 배를 대기하도록 제자들에게 명하셨으니

3:10 이는 많은 사람을 고치셨으므로 병으로 고생하는 자들이 예수를 만지고자 하여 몰려왔음이더라

3:11 더러운 귀신들도 어느 때든지 예수를 보면 그 앞에 엎드려 부르짖어 이르되 당신은 하나님의 아들이니이다 하니

3:12 예수께서 자기를 나타내지 말라고 많이 경고하시니라

3:13 또 산에 오르사 자기가 원하는 자들을 부르시니 나아온지라

3:14 이에 열둘을 세우셨으니 이는 자기와 함께 있게 하시고 또 보내사 전도도 하며

3:15 귀신을 내쫓는 권능도 가지게 하려 하심이러라

3:16 이 열둘을 세우셨으니 시몬에게는 베드로란 이름을 더하셨고

3:17 또 세베대의 아들 야고보와 야고보의 형제 요한이니 이 둘에게는 보아너게 곧 우레의 아들이란 이름을 더하셨으며

3:18 또 안드레와 빌립과 바돌로매와 마태와 도마와 알패오의 아들 야고보와 및 다대오와 가나나인 시몬이며

3:19 또 가룟 유다니 이는 예수를 판 자더라

4.1 주해

4.1.1 예수님의 권위와 사명을 이해하지 못한 채 잘못된 목적을 가지고 예수님을 따르는 자는 제자가 아니다.

1:21-45에서 보았던 것처럼, 군중은 하나도 빠짐없이 치유와 축귀를 위해서만 예수님을 찾는다. 그런데 이번 본문에서는 이전처럼 예수님의 가르침을 전혀 언급하지 않고 오직 실질적인 만족을 좇는 무리를 묘사한다. 이러한 군중을 미묘하게 비판하는 것을 본문에서 찾아볼 수 있다. 무리는 "그가 하신 큰 일을" 듣고서(3:8) 예수님께 '달려들었고'(혹은 "몰려왔음이더라", ἐπιπίπτειν, 에피피프테인, 3:10), 더러운 귀신들은 예수님 '앞에 엎드렸다'(προσέπιπτον, 프로세피프톤, 3:11). 무리와 귀신은 같은 행동을 하는 것처럼 묘사된다(두 헬라어 모두 πιπτω에서 유래함-역주). 예수님을 향한 무리의 행동은 긍정적으로 해석되지 않는다. 역설적으로 귀신들은 예수님을 "하나님의 아들"이라고 올바르게 인식하는 반면, 무리는 전혀 그렇게 묘사되지 않는다.[1] 마가복음 3장에 나타난 군중의

---

1 예수님이 "아들"로 언급된 것은("인자"는 제외) 마가복음에서 여러 번 찾아볼 수 있다. "사랑하는(혹은 유일한) 아들"(1:11; 9:7; 12:6), "아들"(13:32), "하나님의 아들"(3:11; 15:39), "높으신 하나님의 아들"(5:7) 그리고 "찬송받을 이의 아들"(14:61)이 있다. 칭호를 회의적으로 사용한 마지막의 경우를 제외하고는 15:39에서 백부장이 하나님의 아들이라고 고백하며 유일하게 사람의 입을 통해 예수님의 칭호가 불린다. 3:12에서 침묵을 명하는 것은, 예수님의 정체성이 아직 온전히 계시되지 않았음을 보여준다. 예수님이 고난을 받고 나신 후에야(제2막) 그분의 정체성을 공개할 수 있게 된다. 이렇게 하지 않으면 잘못된 이유로 예수님을 따를 것이다.

이런 모습을 보며 독자는 '예수님을 지지하는 자가 과연 있는가?'라는 질문을 던질 수 밖에 없다. 이후의 본문 내용이 이 질문에 대한 답을 준다. 가장 먼저 열두 제자가 예수님의 기적을 바라보며 열광하는 무리 가운데 택함을 받고 정식으로 사명을 받는다(3:13–19, 해당 주해 참조). 이후에 '샌드위치' 구조로 된 단락(3:20–35)에서 제자가 누구인지 명확한 답을 주며 열두 제자를 넘어선 제자의 범위를 제시한다.

4.1.2 어느 세대에서나 제자 삼는 일은 예수님의 중대하고도 권위적인 부르심을 통해 이루어진다.

산 위에서 열두 제자를 세우는 장면(3:13)은, 광야의 여정 가운데 모세가 시내산에 오르고 이스라엘 백성이 하나님과 언약을 맺는 사건(출 19장)을 연상시킨다. 이 사건은 출애굽하여 약속의 땅에 들어가는 과정 중에 일어났다. 예수님과 제자들도 이 사건과 유사하게 "예수님을 통해 하나님이 이 세상에 개입하셔서 약속의 땅인 하나님의 나라가 임하는 과정 중에" 놓여 있다.[2] 이 세대에서 예수님을 따르는 모든 자는 '이미–그러나–아직'의 시기에 살고 있다.

모세가 시내산에서 하나님과 마주한 사건(출 19장)이 암시되는 것에 비추어볼 때, 마가복음 3:13의 "산"은 "하늘과 땅이 만나는 장소이며 거룩한 사람이 하나님을 만나 백성이 계시를 받는 장소"임을 함축적으로 상징한다.[3] 마가복음 3장에서 제자들이 부르심을 받는 사건은 산에서 '새로운 시내산 언약'을 맺는 것이다. 이는 제자들이 모세 시대에 약속의 땅으로 들어가는 것 이상으로 중요한 여정을 따라, 모세 이상으로 권위가 있는 분을 따르도록 공식적으로 세워지는 사건이다. 출애굽기 19장에서는 여호와가 모세를 부르시고, 마가복음 3장에서는 예수님이 권위를 가지고 제자들을 부르신다. 그리고 두 사건의 비교를 통해 예수님이 여호와와 동등하게 여겨지신다는 사실과 예수님이 분명 모세보다 훨씬 더 크신 분임을 알 수 있다.

2 Henderson, *Christology*, 80과 79–81도 참조.

3 Collins, *Mark*, 215. 9:2에서도 예수님은 산에서 변형되신다. Boring은 "산에 올라가셨다"라는 문구는 칠십인역에서 스물네 번이나 등장하는데, 열여덟 번은 모세오경에 나타나며 대부분 다 모세를 가리킬 때 사용된다고 말한다(Boring, *Mark*, 100).

출애굽기 19:3(칠십인역)	마가복음 3:13
모세가…올라가니	또 (그가) 오르사 [=예수님이 모세와 비교됨]
하나님의 산에	산에
하나님이 그를 부르심(ἐκάλεσσεν, 에칼레센)	자기가 원하는 자들을 부르시니 (προσκαλεῖται, 프로스칼레이타이) [=예수님이 하나님과 비교됨]

예수님이 열두 제자를 세우시는 마가복음 3:14, 16의 장면에서 제사장들(ποιέω, 포이에오, 왕상 12:3, 13:33 칠십인역)과 모세와 아론(삼상 12:6 칠십인역)을 세울 때 사용하는 동사가 나타난다. 이 동사는 마가복음 1:17에서 예수님이 제자들에게 "사람을 낚는 어부가 되게 하리라"라고 말씀하실 때도 나타난다. 열두 제자는 분명히 권위적인 부르심으로 세워지며, 이는 매우 중대한 사건이다.

때가 찼고 하나님의 나라가 가까이 왔다는 선포(1:15)와 출애굽을 연상케 하는 다수의 언급[예수님의 '길'이 광야에서 시작되는 것과 40일이라는 모티브(1:1–20) 그리고 이 본문에서 제자들을 세우시는 장면]을 고려해볼 때, "열둘"(3:14, 16)이라는 숫자는 분명히 이스라엘 공동체 전체의 종말론적 회복(겔 47:13, Sir 36.11, 23)을 상징하는 열두 지파를 암시한다. 예수님의 지상 사역의 주된 대상이었던 이스라엘 청중에게 산 위에서 일어난 이 일은 새로운 '이스라엘'의 시작을 상징한다. 하나님 나라가 왔다는 맥락에서 열둘이라는 숫자는 하나님 나라에 들어가기 위해 예수님을 따르고자 작정한 하나님의 백성으로 이루어진 새로운 공동체의 시작을 가리킨다. 대부분의 열두 제자는 이 무리의 일원으로 더 잘 알려졌기 때문에 열둘은 분명히 상징적인 숫자다. "전승에 있어 그들의 수와 공동 정체성은 그들 개인의 약력보다 더 중요했다."[4] 그러므로 신학적 초점은 열두 제자를 넘어서서 새로운 하나님의 백성이 구성되는 것에 있다. 예수님의 부르심에 응답하여 그분을 따라 제자도의 여정에 동참하는 모든 이가 "열둘"이라고 말할 수 있다.

열두 제자가 더 큰 무리의 '제자들'에 포함된다는 사실이 이를 확증한다. 예를 들어, 10:32에서 열두 제자는 예수님을 "따르는 자들"에 속해 있다. 더 나아가 야이로

4 France, *Gospel of Mark,* 158–59.(『NIGTC 마가복음』 새물결플러스, 274) 물론 예수님이 열두 제자를 부르시지 않았다는 말은 아니다. 그러나 예수님이 굳이 열두 명을 선택하신 상징적 이유가 있음을 시사한다.

의 딸이 일어나는 사건(5:37), 변화산 사건(9:2–8), 종말론 담화(13:3–4), 겟세마네 동산(14:32–42)에서는 열두 제자가 아니라 그중 서너 명이 예수님을 따르는 큰 무리의 핵심 인물이 된다. "마가복음 구조에서 열두 제자가 부름을 받고 세워지는 이야기가 중요하지만, 이 이야기들의 주된 역할은 제자도의 본질을 나타내는 것이다."[5] 예수님의 부르심은 그분을 따르는 모든 자를 향한 것이다(이 본문 끝에 제시된 '제자'의 정의가 이를 확증한다).

4.1.3 제자는 예수님과 함께하도록 부름을 받고 예수님의 사명을 확장하기 위해 파송된다.

제자들은 "자기(예수님)와 함께"(μετ' αὐτοῦ, 메트 아우투)하고 파송받기 위해 세워진다(3:14). 여기서 재미있는 역설을 발견할 수 있다. 제자들은 예수님과 함께하기 위해 그리고 동시에 파송받기 위해 세워진다.[6] 그들은 예수님과 친밀함을 경험하는 동시에 전도하고 귀신을 내쫓기 위해 보냄을 받으며 예수님의 권위를 행사한다. 예수님과 '함께' 하는 사람만이 예수님께 파송을 받을 수 있다. 전자는 후자의 전제 조건이다. 예수님의 사명을 확장해나가기 위해서는 그분과 함께 있어야만 한다. 즉, 따르는 자가 동반자가 되고, 동반자가 예수님의 사역을 확장해나가는 참여자가 된다. 그리고 참여자가 예수님이 행하신 전도와 축귀 역할을 이어받아 행할 때 제자가 되는 것이다. 1:38에 나타난 예수님의 목적("우리가…가자 전도하리니", 목적을 나타내는 이 동사는 단수로 쓰였음)은 이제 제자들과 공유되기 시작한다(제자들이 전도하기 위해 파송됨). 제자들의 훈련이 시작된 것이다![7] 실제로 1:39 이후에 예수님이 전도하시는 기록은 찾아볼 수 없다. 예수님의 바통이 넘겨진 것이다. 그리고 이 바통은 마가복음 독자 가운데 제자가 되기로 작정한 다음 세대에게 또다시 넘겨질 것이다.[8]

---

5 Donahue and Harrington, *Gospel of Mark*, 126–27. 이 주제에 대한 해설을 참고하기 위해 '들어가는 말'을 참조하라.

6 제자가 예수님과 함께하며 보냄을 받기 위해 세워진다는 내용은 마가복음 뒷부분에서 또 나타난다.

7 열두 제자가 사명을 감당하는 모습은 6:7–13에서 실제로 전파하고 귀신을 쫓아내는 장면에서 찾아볼 수 있다.

8 열두 제자가 감당하는 사명 가운데 오늘날의 제자에게 적용되는 것은 해석자의 성경 및 조직 신학에 따라 다를 것이다. 대부분의 그리스도인은 오늘날의 제자가 전파하는 의무를 부여받았다는 것에는 동의하겠지만, 축귀나 치유(열두 제자가 3:14, 15과 6:12–13에서 행했듯이)의 의무에 대해서는 모두 동의하지 않는다. 예수님이 제자들을 세우신 이후에도 귀신을 쫓아내시며 치유하시는 반면에, 전도하시는 모습은 찾아볼 수 없다는 사실에서 그분을 따르는 자들에게 어떤 바통이 넘겨졌으며 어떤 책임이 구체적으로 전가되었는지 간접적으로 알 수 있다. 동사 κηρύσσω(케루쏘, "전파/전도")가 마가복음에서 누구에게 적용되는지(1:14과 1:38–39에서 예수님을 제외하고) 살펴보라. 세례(침례) 요한(1:4, 7), 나병 환자(1:45), 귀신

4.2 마가복음 3:20-35

4.2 신학적 초점

4.2 예수님의 '내부인'인 제자는 예수님의 권위를 인식하지 못하는 '외부인'과는 달리 하나님의 뜻을 행하는 자들이다(3:20-35).

4.2.1 예수님과 설령 혈육 관계일지라도 예수님의 권위를 무시하는 자는 '내부인'이 될 수 없다.

4.2.2 예수님과 물리적으로나 종교적으로 가까울지라도, 예수님의 권위를 무시하는 자는 '내부인'이 될 수 없다.

4.2.3 진정한 '내부인', 곧 제자의 신분은 하나님의 뜻을 행하는지 아닌지에 달려 있다.

4.2 단락 요약: 마가복음의 첫 '샌드위치' 이야기는 많은 사건을 다룬다. 이 이야기에서는 다양한 무리의 사람이 내부인 혹은 외부인 신분임을 풍자적으로 암시한다. 이 단락은 제자들이 예수님과 '함께'하도록 부름받고 그분이 파송하시는 이전 단락에서 더 확장해나간다. 예수님의 가족과 예루살렘 서기관들은 예수님(특히 그분의 권위)을 인식하지 못하는 '외부인'을 상징한다. 그들은 예수님과 '함께'하지 않으며, 하나님의 뜻을 행하는 제자이자 예수님과 함께하는 '내부인'과 현저히 대비된다.

4.2 성경 본문

3:20 집에 들어가시니 무리가 다시 모이므로 식사할 겨를도 없는지라

3:21 예수의 친족들이 듣고 그를 붙들러 나오니 이는 그가 미쳤다 함일러라

3:22 예루살렘에서 내려온 서기관들은 그가 바알세불이 지폈다 하며 또 귀신의 왕을 힘입어 귀신을 쫓아낸다 하니

3:23 예수께서 그들을 불러다가 비유로 말씀하시되 사탄이 어찌 사탄을 쫓아낼 수 있느냐

3:24 또 만일 나라가 스스로 분쟁하면 그 나라가 설 수 없고

3:25 만일 집이 스스로 분쟁하면 그 집이 설 수 없고

들렸던 자(5:20), 귀먹고 말 더듬는 자(7:36), 열두 제자(3:14; 6:12) 그리고 초대 교회(13:10; 14:9)는 모두 마가복음에서 '제자'로 분류되는 자들이다. 반대로 축귀와 치유의 능력은 광범위하게 주어지지 않는다(마가복음에서 예수님과 열두 제자 외에 단 한 사람만이 이러한 능력을 갖고 있다, 9:38). 이는 축귀와 치유 사역은 제한되었음을 말해준다.

3:26 만일 사탄이 자기를 거슬러 일어나 분쟁하면 설 수 없고 망하느니라
3:27 사람이 먼저 강한 자를 결박하지 않고는 그 강한 자의 집에 들어가 세간을 강탈하지 못하리니 결박한 후에야 그 집을 강탈하리라
3:28 내가 진실로 너희에게 이르노니 사람의 모든 죄와 모든 모독하는 일은 사하심을 얻되
3:29 누구든지 성령을 모독하는 자는 영원히 사하심을 얻지 못하고 영원한 죄가 되느니라 하시니
3:30 이는 그들이 말하기를 더러운 귀신이 들렸다 함이러라
3:31 그 때에 예수의 어머니와 동생들이 와서 밖에 서서 사람을 보내어 예수를 부르니
3:32 무리가 예수를 둘러 앉았다가 여짜오되 보소서 당신의 어머니와 동생들과 누이들이 밖에서 찾나이다
3:33 대답하시되 누가 내 어머니이며 동생들이냐 하시고
3:34 둘러 앉은 자들을 보시며 이르시되 내 어머니와 내 동생들을 보라
3:35 누구든지 하나님의 뜻대로 행하는 자가 내 형제요 자매요 어머니이니라

4.2 주해

이 단락은 마가복음에서 널리 알려진 여섯 개의 '샌드위치' 구조 중 첫 번째 이야기다. '샌드위치' 이야기는 하나의 이야기(외부 이야기)를 두 개로 나누어 다른 이야기(내부 이야기)를 앞뒤로 감싸는 방식의 문학적 배열이다.[9] 이 단락에서는 3:20–21과 3:31–35이 외부 이야기를 구성하며, 3:22–30이 내부 이야기다. 두 이야기 모두 '집'을 중심으로 어떤 이는 집 안에 그리고 다른 이들은 집 밖에 있음을 알려주고 있다. '집' 안이 분열된 이야기도 주목할 필요가 있다(3:25, 27).[10] 마가복음의 '샌드위치' 이야기가 대부분 그러하듯이 두 이야기에서 공존하는 주인공은 예수님밖에 없다. 등장인물이 대칭

---

9 마가복음에 나타난 '샌드위치' 문학 기법에 대한 설명을 보려면 Edwards, "Markan Sandwiches"와 Shepherd, *Markan Sandwich Stories*를 참조하라. 이 단락 외에 마가복음에 있는 명백한 '샌드위치' 구조는 5:20–43; 6:7–32, 11:12–25; 14:1–11; 14:53–72에서 찾아볼 수 있다. 앞으로 살펴보겠지만 바깥 이야기와 안쪽 이야기는 보통 "서로를 조명"한다[France, *Gospel of Mark*, 19(『NIGTC 마가복음』 새물 결플러스, 56)].

10 마가복음의 독자들은 헤롯 대왕이 기원전 4년에 서거한 이후 왕권과 집안이 분열된 것을 인지하고 있었을 것이다. 그리고 이들은 헤롯 안티파스가 나바티안의 왕 아레타스의 군대에 패하면서 몰락하기 시작했다는 것과(Josephus, *Ant.* 5.1), 네로 황제의 죽음 이후 로마제국의 '집안'도 분열되었다는 사실도 익히 알고 있었을 것이다. Donahue and Harrington, *Gospel of Mark*, 130–31 참조.

적인 구조로 소개되는데 주인공이 그 중심에 (그리고 시작과 끝에) 있다.[11]

A **예수님**(3:20a)

　B 무리(3:20b)

　　C 친족(3:21)

　　　D 서기관(3:22)

　　　　예수님(3:23-29)

　　　D′ 서기관(3:30)

　　C′ 친족(3:31)

　B′ 무리(3:32)

A′ **예수님**(3:33-35)

서로 다른 두 집단의 사람들이 집에 접근한다. 한 집단은 예수님의 친족이며 다른 집단은 예루살렘에서 온 서기관들이다. 두 집단은 다른 용건을 가지고 예수님을 만나지만, 둘 다 예수님께 저항하기 위해 그분을 만난다. 이 단락의 '샌드위치' 기법을 통해 예수님을 비난하는 두 내용을 비교할 수 있다. 예수님의 친족은 그분이 미쳤다고 비난하고(3:21), 서기관들은 그분이 귀신 들렸다고 비난한다(3:22, 30).[12]

마가복음 3:20-35은 '샌드위치' 구조를 이루고 있지만, 신학적 중점을 파악하기 위해서는 3:7-4:1 전체 구조를 그려보는 것이 좋다. '내부인'과 '외부인'이 대칭을 이루고 있는 구조에 주목하라.[13]

11 Shepherd, *Markan Sandwich Stories*, 111-38이 3:20-35을 구체적으로 다룬다.

12 마가복음에서 예수님의 가족은 좋은 모습으로 그려지지 않는다. "마가에게 그들은 기껏해야 회의적인 구경꾼으로서 예수 운동에서 전적으로 외부에 있는 자들이었다…. 6:3이 없었다면(그리고 15:40, 47; 16:1) 마가의 독자는 예수님의 가족 이름조차도 몰랐을 것이다"[France, *Gospel of Mark*, 164(『NIGTC 마가복음』 새물결플러스, 282)].

13 van Iersel, "Concentric Structures," 94에서 수정됨.

내러티브 요약: 큰 무리(πολύς, 폴리스), 배(3:7-12)

A 예수님과 '함께'하는 자: 제자(3:13-19)(ποιέω, 포이에오, "세우다", 3:14) **내부인: 열두 제자**

내러티브 대비 인물: 무리(3:20)

B 예수님이 미쳤다고 비난함-친족(3:21) **외부인: 친족**

C 예수님이 귀신 들렸다고 비난함-서기관(3:22-30) **외부인: 서기관**

B′ 사람을 보내어 예수님을 부름-친족(3:31) **외부인: 친족**

내러티브 대비 인물: 무리(3:32)

A′ 예수님을 '둘러 앉은' 자-'내부 사람'(3:33-35)(ποιέω, "행하다", 3:35) **내부인: 모든 사람**

내러티브 요약: 큰 무리(πλεῖστος, 플레이토스, πολύς의 최상급), 배(4:1)

놀랍게도 친족들(예수님은 이들을 '무시'하신다)이나 예루살렘의 서기관들(예수님은 이들을 비판하신다)의 반응은 나타나지 않는다. 이들은 예수님의 말씀에 대답하지 않는다. 따라서 이 단락은 오히려 정적이고 "이야기라기보다는 장면이며 우리가 내부인과 외부인의 대조를 생생하게 볼 수 있도록 한다."[14] 또한 예수님과 '함께'하는 자들(3:14)은 예수님을 "둘러 앉은 자들"(3:34)과 일치한다. 두 무리는 모두 내부인으로서 ποιέω라는 단어와 연관되어 등장한다("세우셨으니", 3:14, "행하는", 3:35). 즉, 하나님의 뜻을 '행하는' 내부인이 곧 예수님과 함께하도록 '세워진' 제자들이다. 반대로 외부인들은 예수님과 함께하지 않기 때문에 '제자'라고 할 수 없다.

4.2.1 예수님과 설령 혈육 관계일지라도 예수님의 권위를 무시하는 자는 '내부인'이 될 수 없다.

'샌드위치' 구조의 첫 번째 외부 이야기(3:20-21):

- 제자들은 예수님과 함께 집에 들어간다[복수형 사용에서 알 수 있다: "(그들이) 식사할 겨를도 없는지라", 3:20]. 제자들은 물리적으로 집 안에 있다.
- 제자들이 도덕적으로 예수님과 함께하기 때문에(μετ' αὐτου, 메트 아우투, 3:14) 그들은 도덕적으로 '내부인'이다.
- 예수님의 친족들(οἱ παρ' αὐτοῦ, 호이 파르 아우투, 직역하면 '그와 관계된 자들', 3:21)은 그분을 붙잡기 위해 '나왔다'(ἐξῆλθον, 에크엘쏜, 3:21, 접두사를 주목하라, εξ, 엑스, "밖에"). 친족들은 물리적으로 밖에 있다.

14 France, *Gospel of Mark*, 178.(『NIGTC 마가복음』 새물결플러스, 302)

- 또한 친족들은 예수님의 정신이 '나갔다'(ἐξέστη, 에크에스테, 3:21, 접두사 ϵξ가 또 다시 사용된다)고 비판한다. 예수님은 도덕적으로 '벗어났다'라고 비판받고 있다. 친족들을 설명할 때 κρατέω(크라테오, "붙잡다", 3:21)가 사용된 점도 중요하다. 이 단어는 마가복음에서 항상 부정적으로 사용된다(6:17; 12:12; 14:1, 44, 46, 49, 51). 단, 예수님이 붙잡는 행동을 하실 때는 예외다(1:31; 5:41; 9:27). 친족들이 부정적으로 행동하는 것을 볼 때 그들이 예수님과 함께하는 '내부인'이 아님을 알 수 있다.[15]

아이러니하게도 혈육으로 따지면 '내부인'(예수님과 혈육 관계인 친족들)인 이들이 정작 물리적으로는 밖에 있다. 그리고 예수님의 정신이 '나갔다'고 비판하는 이들이 정작 도덕적으로 '밖에' 있으며, 예수님의 '측근'에 속하지 못한다. '샌드위치' 구조의 두 번째 외부 이야기는 친족들이 도덕적으로 '밖에' 있음을 다시 한번 확인해준다.

- 예수님의 가족들은 "밖에 서"(ἔξω στήκοντες, 엑소 스테콘테스, 3:31) 있다. 그들은 물리적으로 밖에 있는 것이다. ἔξω("밖에")가 앞에 배치되었다는 것은, 가족들이 혈육 관계로는 '내부인'임에도 불구하고 '외부인'임을 더욱 강조한다.
- 가족들은 예수님을 찾기 위해 밖에 있음이 다시 한번 언급된다(ἔξω, 3:32).[16]
- 가족들은 사람을 '보내어' 예수님을 '부른다.' ἀποστέλλω(아포스텔로)와 καλέω(칼레오)는 예수님이 제자들을 세우실 때(1:20; 2:17; 3:14; 6:7) 사용되는 핵심 단어이다. 예수님만이 보내고 부르실 수 있는 권한을 갖고 계시지만, 여기서는 '외부인'들이 감히 사람을 보내어 예수님을 부른다.

요약하면, 스스로 '내부인'이라고 생각하는(혈육 관계로는 내부인이 맞다) 예수님의 가족들은 정작 물리적으로는 밖에 있다. 더 중요한 것은 이들이 도덕적으로도 밖에 있다는 것이다. 가족들은 예수님의 정체성을 인식하지 못하며(3:11에서 오히려 귀신들이 인식한다), 그분의 권위도 인식하지 못한다. 그들은 예수님과 '함께'하지 않으며 제자

---

15 Shepherd, *Markan Sandwich Stories*, 122. 흥미롭게도 예수님이 κρατέω를 행하실 때 항상 치유에 해당된다.

16 가족들이 예수님을 '찾는' 행위도 부정적으로 표현된다(ζητέω, 제테오, 이 동사는 마가복음에서 항상 부정적으로 사용된다, 8:11, 12; 11:18; 12:12; 14:1, 11, 55). 이들의 행동이 예수님의 사역에 적대적임을 보여준다(1:32-39 주해도 참조하라).

는 더욱 아니다.

4.2.2 예수님과 물리적으로나 종교적으로 가까울지라도, 예수님의 권위를 무시하는 자는 '내부인'이 될 수 없다.

마가는 서기관들이 예루살렘에서 왔다는 사실을 명확히 밝힌다(3:22). 이들이 종교 활동의 중심지이며 성전이 위치한 곳에서 왔다는 사실로 미루어볼 때, 당연히 이들을 '내부인'으로 여길 수 있다. 그리고 '샌드위치'의 내부 이야기(3:22-30)에서 서기관들이 예수님과 대화를 나눈다는 사실을 볼 때 그들이 물리적으로 집 안에 있다는 것을 쉽게 알 수 있다. 서기관들은 물리적으로 예수님과 함께 안에 있으며, 이들이 종교 지도자들이기에 도덕적으로도 안에 있다고 전제할 수 있다. 그러나 이들이 공개적으로 예수님이 귀신에 들렸다고 공격하는 모습에서 이 전제가 틀렸음을 알 수 있다.

서기관들은 두 가지를 비난하며 예수님을 공격한다. 그리고 예수님은 각각의 비난에 역순으로 대답하신다.[17]

A 비난 1(3:22a) 그는 바알세불의 능력으로 행한다!
  B 비난 2(3:22b) 그는 귀신의 왕을 힘입어 귀신을 쫓아낸다!
    C 사탄에 대한 예수님의 발언(3:23-26)
  B′ 비난 2에 대한 대답(3:27) 사탄이 사탄을 쫓아내지 않는다!
A′ 비난 1에 대한 대답(3:28-30) 나는 성령의 능력으로 행한다!

서기관들은 예수님이 성령의 능력이 아닌 사탄의 능력을 힘입어 귀신을 쫓아낸다고 주장한다. 이는 "진리를 완벽히 왜곡하며 하나님의 통치를 거부"하는 것이며, 구원의 은혜와 하나님의 능력을 완벽히 부인하는 것이다. 이러한 노골적인 거부는 용서할 수 없다. 이러한 태도는 용서를 불가능하게 한다.[18] 마가는 이 이야기를 "이는 그들이 말하기를 더러운 귀신이 들렸다 함이러라"(3:30)라고 결론 맺음으로써 서기관들의 태도가 문제임을 강조한다. 1:12에서 성령님이 예수님을 광야로 몰아내시어 사탄과

17 Harrington, *Mark*, 43.

18 France, *Gospel of Mark*, 177(『NIGTC 마가복음』 새물결플러스, 300); Witherington, *Gospel of Mark*, 159; Stein, *Mark*, 187. 랍비의 반론 문헌은 예수님 안에 귀신이 활동하고 있었다고 계속해서 비난했다(*b. Sanh.* 43a, 107b). Justin Martyr, *Dial.* 69; Origen, *Cels.* 1.6 참조.

처음으로 대립하게 주도하셨고, 또한 그 성령님이 예수님의 사역을 책임지신다(3:29). 서기관들은 이 사실을 인정하지 않으며 예수님의 사역이 사탄의 힘으로 말미암은 것이라고 주장한다.[19] 이는 서기관들이 예수님을 통해 일하시는 하나님을 부인하는 것이며, 또한 예수님의 권위를 무시하는 것이다.

'샌드위치' 구조의 내부 이야기(3:22–30):

- 서기관들은 외관상(교회적)으로 '내부인'이다(예루살렘에서 왔다).[20]
- 이들은 집 안에서 예수님과 논쟁하며 물리적으로도 '내부인'이다.
- 예수님이 사탄과 함께하며 사탄의 힘으로 귀신을 내쫓는다고 고발함으로[ἐκβάλλω, 에크발로, '내쫓다' 3:22, 23, 동사의 접두사 ϵξ(엑스)를 주목하라] 그들은 예수님이 도덕적으로 '외부인'이라고 암시한다(예수님의 친족들도 그분이 정신이 '나갔다'고 비난했듯이, ἐξέστη, 엑스데스테, 3:21).
- 예수님은 서기관들이 신성모독을 하였기에 용서할 수 없다고 대답하신다. 서기관들이야말로 도덕적으로 영원히 쫓겨날 자들이다.

요약하자면, 마가가 전하는 이 내부 이야기는 아이러니로 가득하다. 교회적으로나 물리적으로 '내부인'인 이들이 도덕적으로는 '외부인'이다. 서기관들도 예수님의 친족들처럼 그분의 권위를 무시하며 예수님과 '함께'하지 않는다! 이들은 전혀 제자가 아니다! 그렇다면 누가 예수님과 함께하는 '내부인'인가? 예수님을 지지하는 자는 누구인가?

19 France, *Gospel of Mark*, 174.(『NIGTC 마가복음』 새물결플러스, 296) 동사 δύναμαι(두나마이, "…할 수 있다")는 연속적으로 다섯 번이나 등장한다. "사탄이 어찌 사탄을 쫓아낼 수 있느냐", "그 나라가 설 수 없고", "그 집이 설 수 없고", "사탄이…설 수 없고" 그리고 "그 강한 자의 집에 들어[갈 수 없다]"(3:23–27). 무언가를 '할 수 있는' 자는 오직 예수님뿐이시다. 그분의 능력은 실로 위대하다. 예수님은 ὁ ἰσχυρός(호 이스쿠로스, "강한 자")를 결박한 더 강한 자(ὁ ἰσχυρότερός, 호 이스쿠로테로스, 1:7에서 세례(침례) 요한이 예수님을 이렇게 부른다)이시다. 사탄의 왕국이라는 귀신이라는 내부의 적이 아닌, 성령님의 능력으로 일하시는 하나님이신 외부의 적으로부터 포위를 당하고 있다. Busch, "Questioning and Conviction," 493 참조.

20 "교회적"이라는 단어는 당연히 시대착오적이다. 그러나 하나님의 일을 전문적으로 그리고 습관적으로 하는 종교 관계자의 느낌을 전달하려는 표현이다.

4.2.3 진정한 '내부인', 곧 제자의 신분은 하나님의 뜻을 행하는지 아닌지에 달려 있다.

드디어 진정한 '내부인'이 등장한다. 이들은 예수님을 "둘러 앉은 자"들(περὶ αὐτὸν κύκλω, 페리 아우톤 쿠클로, 3:34)이다.[21] 이 단락은 '내부인'과 '외부인'을 구별하는 것이 무엇인지 알려준다. 예수님의 진정한 가족, 새로운 가족은 하나님의 뜻을 행하는 자들이다. 이들이 예수님과 함께하는 자이고, 도덕적으로 '내부인'이며, 예수님의 측근이다. 이들이 곧 예수님의 제자다. 반면에 친족들과 서기관들은 예수님을 따르지 못하는 자들이다. 더 나아가 이들은 예수님을 적극적으로 공격하고 비난하며 그분의 권위를 무시한다. 이들은 예수님과 '함께'하지 않는다.[22]

'내부인'들의 위치(περὶ αὐτὸν κύκλω, 페리 아우톤 쿠클로, "둘러 앉은 자", 3:34)는 열두 제자의 위치(μετ' αὐτου, 매트 아우투, "자기와 함께", 3:14)와 동일하다.[23] 이것이 서로 들어맞음으로 '내부인'이 예수님과 '함께'하도록 세워진 자들(즉, 제자들)과 일치할 뿐만 아니라 예수님의 측근 안에 더 많은 사람이 포함되어 있음을 보여준다. 내부인은 열두 제자만이 아닌, 누구든지 하나님을 뜻을 행하는 자들이다. '내부인'(예수님의 새로운 가족)은 예수님과 '함께'하고 "길에서" 그분을 따르며 하나님의 뜻을 행하는 모든 자를 포함한다. 이들은 "원칙상 무한대로 확장될 수" 있는 가족이다.[24] 예수님이 일부러 "자매"(3:35, 이 '샌드위치' 구조 안에서 유일하게 "자매"가 등장하는 곳이다)라는 포괄적인 용어를 사용하시는 것은, '제자/내부인'은 그때 당시의 사람들을 넘어서서 더 많은 이를 포함하고 있음을 시사한다. 3:31–33에서 마가나 무리가 자매들이 예수님을 찾는다고 전혀 언급하지 않았기 때문에 "자매"가 추가된 것에 주목해야 한다.[25] 즉, 누구나 하나님의 뜻을 행하는 자는 '내부인'이며 예수님과 '함께'하는 자가 그분의 제자다!

21 이들은 '무리'에 속해 있지만 군중과는 분명히 구별된다. 이들에게 특정한 이름이 주어지지 않고 이들이 묘사되지 않는다는 것은 마가복음에서 대비 인물로 사용된다는 것을 가리킨다.

22 France, *Gospel of Mark*, 164.(『NIGTC 마가복음』 새물결플러스, 281–2)

23 4:10은 3:34에서 쓰인 표현을 동일하게 사용하며 열두 제자를 포함한다. οἱ περὶ αὐτὸν σὺν τοῖς δώδεκα(호이 페리 아우톤 신 토이스 도데카, "함께한 사람들이 열두 제자와 더불어").

24 France, *Gospel of Mark*, 180.(『NIGTC 마가복음』 새물결플러스, 304)

25 남성을 편애하는 *Gos. Thom.* 99는 이 본문을 이야기하며 "자매"를 생략한다(그리고 "형제"를 "어머니" 앞에 나열한다).

설교의 초점 및 개요

설교를 위한 본문 4의 신학적 초점

4 예수님과 함께하는 내부인인 제자들은 하나님의 뜻을 행하는 자들이다(3:7–35).

예수님의 정체성을 인식하지 못하여 그분의 권위(주 되심)를 무시하는 외부인과는 달리 하나님의 뜻을 행하는 내부인이 진정한 제자다. 진정한 제자들은 예수님과 함께하도록 부름을 받고, 또한 세상에 나아가 하나님 나라를 섬기며 예수님의 사명을 확장해나가기 위해 파송된다(이는 가볍게 여기거나 소홀히 할 수 없는 너무나 놀랍고 중대한 사명이다). 하나님의 뜻을 행한다는 것은 한평생 이 부르심을 따라 사는 것이다. 이야기가 전해지는 방식을 보면(앞서 제시된 3:7–4:1의 키에즘 구조 참조) 다음과 같은 공식을 세워 볼 수 있다.

예수님과 함께 있도록 세워진(ποιέω, 포이에오) 자(이후 예수님이 파송하심)(3:14)
= 제자('내부인'/예수님의 새로운 가족)(3:34)
= 하나님의 뜻을 행하는(ποιέω) 자(3:35)

혹은

하나님의 뜻을 행하는(ποιέω) 것(3:35)
= 제자의 역할을 감당하는 것('내부인')(3:34)
= 예수님이 세우신(ποιέω) 대로 그분과 함께 있는 것(이후 예수님이 파송하심)(3:14)

'내부인'(즉, 열두 제자와 예수님의 영적 가족)들이 하나님의 뜻에 순종하고 예수님과 '함께'하는 모습은, 예수님의 권위를 무시하고 그분의 주 되심을 인식하지 못하는 '외부인'(즉, 예수님의 친족과 예루살렘의 서기관들)들의 반응과는 대비된다. 예수님의 권위와 주 되심에 복종하는 것은 제자도 여정의 첫걸음이다. 마가는 예수님의 권위와 주 되심에 복종하는 모습이 하나님의 뜻에 순종하시는 것을 통해 드러나며, 예수님과 함께하며 그분께 파송을 받는 부르심에 순종하는 것이 제자가 되는 핵심 요소라고 가르친다.

본문 4의 설교 개요

I. 외부인: 친족과 서기관

- 샌드위치의 외부 이야기는 친족들(외부인)이 예수님의 권위를 무시하는 모습을 묘사한다(3:20-21, 31-32).
- 샌드위치의 내부 이야기는 서기관들(외부인)이 예수님의 권위를 무시하는 모습을 묘사한다(3:22-30).
- 연관성: 우리가 당연히 내부인이라고 여기는 경우

II. 내부인: 제자

- 제자(내부인)의 정의: 하나님의 뜻을 행하는 자(3:33-35)
- 하나님의 뜻: 예수님의 부르심에 순종(3:14)

III. 적용: *하나님의 뜻을 행함으로 예수님과 함께하는 내부인이 돼라!*

- 구체적으로 하나님의 뜻을 어떻게 행할 것인가?(특히 3:14에서 예수님의 부르심과 관련하여)

성경의 모든 내러티브가 그러하지만, 이 본문의 모든 구절을 설교에서 상세히 다룰 필요는 없다. 또한 '주해'에서 설명된 모든 석의(釋義)나 신학적 요점을 다룰 필요도 없다. 청중의 제약(그들의 상황과 영성), 허락된 시간, 설교의 환경 그리고 설교자의 방식에 따라 본문에서 강조할 부분을 정하면 된다. 이 본문뿐만 아니라 모든 본문을 설교할 때 설교자는 본문의 신학(즉, 성경의 권위)을 효과적으로 드러낸 후, 적용(즉, 성경의 연관성)을 제시하는 것이 목표가 되어야 한다.

이 본문을 다른 측면에서 본다면, 예수님의 친족과 예루살렘의 서기관들은 '혈육'과 '지위'를 상징하는 사람으로 볼 수 있다. 세상의 시선에서는 '혈육'과 '지위'가 하나님이 특권을 주시는 기준이다. 영감을 받은 말씀에 따라 이러한 오해를 수정할 수 있다. 특권은 태생, 집안, 직업, 부 등을 통해 얻는 권력의 체계가 아니라 순종을 통해 누릴 수 있다.

I. 세상: '하나님은 혈육이나 사회적, 종교적 지위를 보시고 특권을 주신다.'

- 혈육: 예수님의 친족은 그분의 권위를 무시한다(3:20-21, 31-32).
- 지위: 서기관들은 예수님의 권위를 무시한다(3:22-30).

• 연관성: 우리가 당연히 특권을 받는 내부인이라고 여기는 경우

II. 하나님: '나의 뜻을 행하는 자에게 특권을 준다.'

• 제자는 하나님의 뜻에 순종한다(3:33-35).

• 제자를 향한 하나님의 뜻: 예수님의 부르심을 따라 그분과 함께 있고 파송받는 것(3:14)

III. 적용: *하나님의 뜻을 행하여 특권을 누려라!*

• 구체적으로 하나님의 뜻을 행할 방법(특히 3:14에서 예수님의 부르심과 관련하여)

앞서 제시된 두 가지 설교 개요의 적용점은 추상적이다. 설교자는 예수님과 함께하고 파송받는 제자의 부르심에 초점을 맞추어 구체적인 적용을 찾으면 된다. 설교자에 따라 두 가지 중 한 가지를 더 강조할 수도 있다. 세상의 기준에서 '영적인' 사람이 되는 조건과 달리, 예수님과 가까이하는 사람('내부인')이 누구인지 살펴보는 것도 중요하다.

본문 5

열매를 맺기 위하여

마가복음 4:1-34

[씨앗 비유와 설명]

복습, 요약, 예습

본문 4 복습: 마가복음 3:7-35은 예수님과 함께하며 보냄을 받는 제자를 하나님의 뜻을 행하는 '내부인'이라고 정의한다.

본문 5 요약: 마가복음 4:1-34은 하나님의 말씀에 대한 다양한 반응을 묘사한다. 제자는 사탄이나 세상의 방해를 받으며 도리어 말씀을 수용하고, 말씀에 순종하여(열매를 맺는 데 있어 인간의 역할) 하나님 나라를 위해 열매 맺을 것을 권면받는다. 하나님의 말씀을 수용하지 않고 순종하지 않으면 열매를 맺지 못하고 마음이 굳어져 하나님의 축복을 잃게 되는 부정적 결과를 불러온다. 열매를 맺는 일에서 인간의 역할도 있지만, 이 본문은 우리가 이해할 수 없고, 자동적이며, 중대한 하나님의 역할도 강조한다. 하나님은 제자의 작은 노력이 종말에 중대한 영향을 미치는 결과를 낳도록 허락하신다.

본문 6 예습: 다음 본문(4:35-5:20)은 자연과 '초자연'을 다스리시는 예수님의 능력을 신뢰하며, 예수님의 이러한 능력을 전파하는 사명을 대담하게 받아들이는 제자의 모습을 보여준다.

본문 5. 마가복음 4:1-34

본문 5의 신학적 초점

5 제자도에서 열매를 맺는 과정 가운데 그리스도인의 책임(인간의 역할)은 축복을 잃지 않도록 방해물을 피하여 하나님의 말씀을 수용하고, 말씀에 순종하는 것이다. 하나님의 역사하심으로 불가해한 과정을 거쳐 열매가 저절로 맺어지며, 하나님은 인간의 작은 역할을 사용하셔서 하나님 나라에 중대한 종말론적 영향을 끼치게 하신다(4:1-34).

5.1 예수님과 그분의 사명에 대한 다양한 반응 속에서 제자는 방해물을 피하여 하나님의 말씀을 수용하고 순종하라는 부르심을 받았다. 이 부르심은 하나님 나라를 위해 열매를 맺는 제자도에서 인간에게 주어진 역할이며, 제자가 이 역할을 감당하지 못하면 축복을 잃게 된다(4:1-25).

5.1.1 예수님의 선포와 그분의 사명에 대한 다양한 반응이 있다.

5.1.2 '외부인'은 열매를 맺지 못하는 자들이다.

5.1.3 방해물을 피하여 하나님의 말씀을 수용하면 열매를 맺을 수 있다.

5.1.4 하나님 말씀의 수용 여부에 따라 축복을 더 받거나 더 빼앗기는 결과를 맞는다.

5.2 하나님은 하나님 나라를 위해 제자도에서 열매를 맺는 모든 과정을 관장하신다. 그분의 역사하심으로 불가해한 과정을 거쳐 열매가 저절로 맺어지며, 하나님은 인간의 작은 역할을 사용하셔서 하나님 나라에 중대한 종말론적 영향을 끼치게 하신다(4:26-34).

5.2.1 하나님이 역사하심으로 불가해한 과정을 거쳐 열매가 저절로 맺어진다.

5.2.2 하나님은 인간의 작은 역할을 사용하셔서 제자가 수많은 열매를 맺게 하시며, 하나님 나라에 중대한 종말론적 영향을 끼치게 하신다.

개관

4:1-34은 마가복음 제1막에 있는 긴 담화로서 제3막에 있는 긴 담화와 대칭된다(막 13장, '서론' 참조). "각 담화는 설명적 틀을 제공하여 독자들이 앞뒤 이야기에 대한 정확한 관점을 얻을 수 있도록 한다."[1] 4:1-2은 가르침을 매우 강조한다(διδάσκειν/ἐδίδασκεν/διδαχη, 디다스케인/에디다스켄/디다케, "가르치시니/가르치시니/그 가르치시는 중에"). 이 본문은 교훈적 담화다. 그리고 마가복음에서 예수님이 앉으셨다고 묘사하는 구절

1 France, *Gospel of Mark*, 182.(『NIGTC 마가복음』 새물결플러스, 308)

은 이 본문(4:1)과 13:3뿐이다. 이는 제1막과 3막에 있는 두 교훈적 담화가 서로 연관되어 있음을 보여준다.[2]

지금까지 군중과 종교 지도자들은 (그리고 때로는 제자들마저) 예수님이 행하신 이적을 보고 그분의 가르침을 들었지만, 예수님의 정체성, 권위, 사명을 인식하지 못했다(막 1:21-45; 2:1-3:6, 20-35). 또한 뜻밖에도 예수님의 친족들도 예수님을 올바로 인식하지 못했다(3:20-35). 그러나 반대로 통찰력을 지닌 자들도 등장한다. 제자들/'내부인'(1:1-20; 3:7-19, 20-35)과 시몬의 장모(1:30-31)는 긍정적으로 묘사된다. 이들은 예수님의 권위를 인식하고 나서 순종과 섬김의 모습을 보였다. 예수님은 동일하게 하나님 나라의 복음을 전파하시지만, 이에 대한 반응은 다양하다. '외부인'은 이기적인 목적으로 예수님을 가까이하거나 그분을 대적하는 반면에, '내부인'은 예수님께 순종하고 자신을 희생하여 그분을 섬긴다. 어떻게 동일한 선포에 대해 이렇게 다양하게 반응하는가? 이 본문은 예수님에 대한 다양한 반응을 각기 다르게 열매 맺는 씨/땅을 통해 묘사한다. 특별히 제자도와 관련하여 4:1-34은 열매를 맺기 위해서 예수님께 어떻게 반응해야 하는지 알려준다. 제자의 삶에서 반드시 열매 맺는 방법은 무엇인가?

1:14-15에 처음 선포된 '하나님 나라'는 이 담화에서 다시 한번 나타난다(4:11, 26, 30). 이 본문 서두에 등장하는 씨앗 비유, 이후에 등장하는 숨긴 것과 드러난 것 그리고 또 다른 씨앗 비유는 모두 하나님 나라의 성장과 발전을 다룬다.[3] 하나님 나라의 성장은 제자 공동체의 성장과 일치한다. 따라서 이 본문에서 제자의 열매 맺음은 하나님 나라의 성장과 직결된다. 즉, 하나님 앞에서 열매를 맺는다는 것은 하나님 나라의 확장에 동참하는 것이다. 또한 이 본문은 하나님 나라의 확장과 성장에는 인간과 하나님의 역할이 있음을 가르친다.

이 본문의 구조는 다음과 같이 제시할 수 있다.[4]

---

2 앉아 있다는 자세는 예수님의 권위를 나타낼 가능성이 크다(시 29:10; 계 3:21).

3 이 본문 이후에 '하나님 나라'가 마가복음에서 언급되지 않는 것은 놀랄 일이 아니다. 마가는 하나님 나라가 완성되기 전에 일어날 예수님의 고난과 수난에 서서히 초점을 맞춘다.

4 Dowd, *Reading Mark*, 39에서 인용함.

내러티브 서론	(4:1-2)	(ἐν παραβολαῖς πολλὰ, 엔 파라볼라이스 폴라, "여러 가지를 비유로")
씨앗 비유	(4:3-9)	(교훈 전달: **성장의 비유**)
비밀	(4:10-13)	
사적 설명	(4:14-20)	(교훈 설명: **성장을 위한 인간의 역할**)
계시	(4:21-25)	
씨앗 비유	(4:26-32)	(추가적인 교훈: **성장을 위한 하나님의 역할**)
내러티브 결론	(4:33-34)	(παραβολαῖς πολλαῖς, 파라볼라이스 폴라이스, "많은 비유로")

3:23에서 이미 소개된 '비유'의 개념은 이 본문에 여러 번 나타난다[4:2, 10, 11, 13(2회), 30, 33, 34]. 이 본문의 기초가 되는 성장에 대한 교훈은 4:3-8에서 씨앗 비유를 통해 드러난다. 비유 직후에 제자들(열두 제자를 포함하여 예수님을 따르는 자들, 4:10 참조)은 예수님의 비유에 대하여 묻고, 예수님은 "하나님 나라의 비밀"(4:10-13)에 대한 비유를 설명해주신다. 예수님은 제자가 성장하고 열매를 맺는 데 인간의 역할이 무엇인지 구체적으로 설명해주신다(4:14-20). 제자들에게만 허락된 사적인 설명은 '비밀'이 계시된다는 말씀으로 결론을 맺는다(4:21-25). 이 결론은 말씀을 수용하는 자는 더 받을 것(깨달음을 더 얻어 열매도 더 맺게 될 것)이라는 진리를 강조한다(4:25 주해 참조). 그러나 말씀을 수용하지 않는 자는 그 대가로 '잃을' 것(더 깨닫지 못하여 열매도 못 맺게 될 것)이다(4:25). 본문의 마지막 단락인 4:26-32은 또 하나의 씨앗 비유를 통해 성장하고 열매 맺는 일에서 하나님의 역할이 무엇인지 설명한다.

5.1 마가복음 4:1-25

5.1 신학적 초점

5.1 예수님과 그분의 사명에 대한 다양한 반응 속에서 제자는 방해물을 피하여 하나님의 말씀을 수용하고 순종하라는 부르심을 받았다. 이 부르심은 하나님 나라를 위해 열매를 맺는 제자도에서 인간에게 주어진 역할이며, 제자가 이 역할을 감당하지 못하면 축복을 잃게 된다(4:1-25).

5.1.1 예수님의 선포와 그분의 사명에 대한 다양한 반응이 있다.
5.1.2 '외부인'은 열매를 맺지 못하는 자들이다.
5.1.3 방해물을 피하여 하나님의 말씀을 수용하면 열매를 맺을 수 있다.
5.1.4 하나님 말씀의 수용 여부에 따라 축복을 더 받거나 더 빼앗기는 결과를 맞는다.

5.1 단락 요약: 이 본문 이전의 내용은 예수님과 그분의 사명에 대한 다양한 반응을 보여주었다. 이러한 다양한 반응은 이 본문에서 씨앗과 땅의 다양한 반응을 그린 비유를 통해 묘사된다. 예수님은 제자가 열매 맺지 못하는 이유는 말씀을 수용하지 못하고, 사탄의 공격, 역경, 이 세상의 근심과 즐거움이라는 장애물을 이겨내지 못하기 때문이라고 설명하신다. 반면에 하나님의 말씀을 수용하고 그 말씀에 순종하면 제자의 삶에서 많은 열매를 맺게 되고, 하나님의 나라는 확장된다.

5.1 성경 본문

4:1 예수께서 다시 바닷가에서 가르치시니 큰 무리가 모여들거늘 예수께서 바다에 떠 있는 배에 올라 앉으시고 온 무리는 바닷가 육지에 있더라
4:2 이에 예수께서 여러 가지를 비유로 가르치시니 그 가르치시는 중에 그들에게 이르시되
4:3 들으라 씨를 뿌리는 자가 뿌리러 나가서
4:4 뿌릴새 더러는 길 가에 떨어지매 새들이 와서 먹어 버렸고
4:5 더러는 흙이 얕은 돌밭에 떨어지매 흙이 깊지 아니하므로 곧 싹이 나오나
4:6 해가 돋은 후에 타서 뿌리가 없으므로 말랐고
4:7 더러는 가시떨기에 떨어지매 가시가 자라 기운을 막으므로 결실하지 못하였고
4:8 더러는 좋은 땅에 떨어지매 자라 무성하여 결실하였으니 삼십 배나 육십 배나 백 배가 되었느니라 하시고
4:9 또 이르시되 들을 귀 있는 자는 들으라 하시니라
4:10 예수께서 홀로 계실 때에 함께 한 사람들이 열두 제자와 더불어 그 비유들에 대하여 물으니
4:11 이르시되 하나님 나라의 비밀을 너희에게는 주었으나 외인에게는 모든 것을 비유로 하나니
4:12 이는 그들로 보기는 보아도 알지 못하며 듣기는 들어도 깨닫지 못하게 하여 돌이켜 죄 사함을 얻지 못하게 하려 함이라 하시고
4:13 또 이르시되 너희가 이 비유를 알지 못할진대 어떻게 모든 비유를 알겠느냐

4:14 뿌리는 자는 말씀을 뿌리는 것이라

4:15 말씀이 길 가에 뿌려졌다는 것은 이들을 가리킴이니 곧 말씀을 들었을 때에 사탄이 즉시 와서 그들에게 뿌려진 말씀을 빼앗는 것이요

4:16 또 이와 같이 돌밭에 뿌려졌다는 것은 이들을 가리킴이니 곧 말씀을 들을 때에 즉시 기쁨으로 받으나

4:17 그 속에 뿌리가 없어 잠깐 견디다가 말씀으로 인하여 환난이나 박해가 일어나는 때에는 곧 넘어지는 자요

4:18 또 어떤 이는 가시떨기에 뿌려진 자니 이들은 말씀을 듣기는 하되

4:19 세상의 염려와 재물의 유혹과 기타 욕심이 들어와 말씀을 막아 결실하지 못하게 되는 자요

4:20 좋은 땅에 뿌려졌다는 것은 곧 말씀을 듣고 받아 삼십 배나 육십 배나 백 배의 결실을 하는 자니라

4:21 또 그들에게 이르시되 사람이 등불을 가져오는 것은 말 아래에나 평상 아래에 두려 함이냐 등경 위에 두려 함이 아니냐

4:22 드러내려 하지 않고는 숨긴 것이 없고 나타내려 하지 않고는 감추인 것이 없느니라

4:23 들을 귀 있는 자는 들으라

4:24 또 이르시되 너희가 무엇을 듣는가 스스로 삼가라 너희의 헤아리는 그 헤아림으로 너희가 헤아림을 받을 것이며 더 받으리니

4:25 있는 자는 받을 것이요 없는 자는 그 있는 것까지도 빼앗기리라

5.1 주해

5.1.1 예수님의 선포와 그분의 사명에 대한 다양한 반응이 있다.

첫 번째 씨앗 비유에서 씨를 뿌리는 자는 예수님이시다(4:3-8).

- 씨를 뿌리는 자와 예수님은 둘 다 '나간다'(ἐξέρχομαι, 엑스에르코마이, 4:3과 1:35, 38, 39; 2:13, 17).
- 한 사람은 말씀을 뿌리고 한 사람은 말씀을 전파한다(4:14-15, 33과 1:38-39; 2:2; 8:32).
- 씨 뿌리는 자와 예수님은 뿌린 이후 부정적인 결과와 긍정적 결과를 모두 경험한다. 이전 본문들을 통해 예수님께 반응하지 못하는 '씨'(자기중심적으로 예수님을 따르는 무리, 1:21-45, 예수님의 권위에 복종하기를 거부하는 서기관, 바리새

인, 예수님의 친족들, 2:16, 24; 3:6, 21, 22, 31–35)와 예수님께 올바로 반응하는 '씨'(예수님께 순종한 제자들, 시몬의 장모, '내부인', 1:16–20, 30–31; 3:32–35)가 묘사되었다.

큰 무리가 "육지"(γῆ, 게, "바닷가 육지에", 4:1)에 있다는 지나치게 구체적인 묘사는 좋기도 하고, 나쁘기도 한 다양한 "땅"(γῆ)을 다루는 비유를 위한 토대를 마련한다. 이 비유는 다양한 땅에 "말씀"(λόγος, 로고스)이 뿌려졌을 때 땅이 각각 어떻게 반응하는지를 살핀다(4:15, 16, 18, 20, 33). 이 담화는 말씀을 듣고 반응하는 내용에 대한 것이다.[5] 그리고 예수님의 말씀을 듣고 반응하는 정도에 따라 각각 열매를 맺는다. 비유에서 알 수 있듯이 씨 뿌리는 자의 사명에 대한 반응은 다양하다. 처음 세 종류의 씨/땅을 보면 열매 맺지 못하는 단계가 조금씩 다르다. 첫 번째 땅에서는 씨가 아예 자라지를 못하고, 두 번째 땅에서는 싹이 나오나 곧 말라버리며,[6] 세 번째 땅에서는 자라긴 하지만 결실을 보지 못한다.[7] 세 땅 모두 씨 뿌리는 자에게는 쓸모없다.

세 종류의 실패한 씨앗(땅)과 세 종류의 성공한 씨앗(땅)은 섬세한 균형을 이룬다. 씨 뿌리는 자가 말씀의 씨앗을 뿌릴 때 실패만 두드러지게 경험한 것은 아니다. 오히려 세 가지의 성공한 씨앗에 초점이 있다고 말할 수 있다. 실패한 씨앗은 과거 시제로 표현되지만, 성공한 씨앗은 계속해서 열매를 맺는다는 것을 나타내기 위해 미완료 시제(ἐδίδου, 에디두, '맺다'와 ἔφερεν, 에페렌, '결실하다')와 현재 분사(ἀναβαίνοντα, 아나바이논타, '올라오다', αὐξανόμενα, 아우크아노메나, '자라다')로 표현된다. 이는 제자의 삶에서 열매를 맺는 것은 당연히 지속되어야 할 부분임을 암시한다(4:7–8).

5.1.2 '외부인'은 열매를 맺지 못하는 자들이다.

"비밀"(μυστήριον, 무스테리온, 4:11)은 말 그대로 감추어진 비밀이지, 이해 불가한 수수께끼가 아니다(4:11). 계시된 비밀은 누설된 비밀처럼 반드시 이해할 수 없는 내용을

5 '씨앗' 비유 대신 '토양/땅' 혹은 '성장' 비유로 부르는 것이 더 적합할 것이다(Tolbert, *Sowing the Gospel*, 149). 하지만 다양한 땅이 비교되는 동시에 씨앗도 비교된다. 좋은 땅에 세 가지의 씨가 뿌려져 각기 다른 양의 열매를 맺었다.

6 돌밭에 떨어진 씨의 싹이 빨리 나온(ἐξανατέλλω, 에크아나텔로, 4:5) 만큼 해도 빨리 돋아(ἀνατέλλω, 아나텔로, 4:6) 싹이 타서 말라버린다.

7 Marcus, *Mystery of the Kingdom*, 22. 4:20을 보았을 때 곡물을 재배하는 이야기와는 맞지 않지만, 저자는 καρπός(카르포스)와 관련된 단어들을 "열매"라고 번역했다.

담고 있는 것은 아니다. 그리스-로마 문화에서는 이 단어를 난해하다는 의미로 사용하였지만, 마가는 무언가를 계시하고 밝히려는 목적의 가르침을 나타낼 때 "비밀"이라는 단어를 사용한다.[8] 마가복음 4:21-22은 "비밀"이 영구적으로 숨겨진 하나님의 진리/말씀을 가리킨다는 오해를 완전히 없앤다. 오히려 말씀을 수용하는 자에게는 숨겨진 것처럼 보이는 것이 드러난다(해당 구절 주해 참조).

예수님의 설명에 따르면 비유를 통해 하나님 나라의 비밀이 이미 그 나라에 속한 자들에게 주어졌고, 외인에게는 이 비밀이 감추어졌다(4:11-12).[9] 이는 '외부인'이 처음부터 믿지 않은 자들(고전 5:12-13; 골 4:5; 살전 4:12; 계 22:15)과 동일함을 알려준다. "비유는 예수님의 치유나 전도 사역처럼 사람들을 밖으로 내몰거나, 안으로 끌어당기는 것이 아니라 현재 어떤 종류의 땅이 있는지 보여준다."[10] 외인에게는 "모든 것을 비유로" 한다는(막 4:11) 말에서 "모든 것"은 단순히 예수님의 비유적 가르침만을 말하는 것이 아니다. 그분의 모든 사역, 행동, 말씀이 외인에게는 비유라는 뜻이다. "그들이 알아보지 못한 것은 단순히 일련의 어려운 말씀이 아니라 예수님의 오심으로 그들에게 제시된, 들리고 보인 계시 전체", 곧 예수님의 사역과 말씀이다.[11] 지금까지 예수님이 말씀하시고 행하신 모든 일은 이미 눈과 귀가 먼 사람들에게는 비유로 다가오며 비유로 남는다. 그들은 지금 듣고 있는 말씀이 삶을 바꿔놓는 중대한 말씀임을 파악하지 못한다. 그리고 이처럼 이해하지 못하는 것은 인간의 책임(무책임한 태도)이다.[12] 즉, 마가복음 4:12(=사 6:9-10)은 보는 자와 듣는 자가 하나님께 돌아오는 것을 막으려는 하나님의 계획을 말하는 것이 아니라, 예수님의 말씀에 대한 저항과 완고함의 결과로 이미 귀와 눈이 먼 자들에게 들리지 않고 보이지 않는 현실을 다루고 있다.[13]

마가복음 4:12이 인용하는 이사야 6:9-10은 하나님의 말씀을 부인할 때 반드시

8 France, *Gospel of Mark*, 196(『NIGTC 마가복음』 새물결플러스, 330); Myers, *Binding the Strong Man*, 175.

9 3:20-35과 유사하게 '내부인'과 '외부인' 간의 대조가 여기서도 뚜렷하게 나타난다. οἱ περὶ αὐτὸν σὺν τοῖς δώδεκα[호이 페리 아우톤 신 토이스 도데카, "(예수님과) 함께한 사람들이 열두 제자와 더불어", 4:10]는 οἱ ἔξω(호이 엑소, "외인에게는", 4:11 그리고 특히 3:32, 34)와 대조적이다. 열두 제자 이외에 예수님과 함께한 자들이 있었다는 것은 "제자"라는 용어가 열두 제자에게 국한된 것이 아니라 예수님을 따르는 공동체를 나타냄을 보여준다.

10 Tolbert, *Sowing the Gospel*, 160.

11 France, *Gospel of Mark*, 198.(『NIGTC 마가복음』 새물결플러스, 333)

12 이 말은 마음의 눈을 밝히거나 마음을 굳어지게 하는 하나님의 주권을 경시하는 것이 아니다. 이 단락에서 마가의 초점은 인간의 책임에 있고 하나님의 역할은 이후에 설명된다.

13 4:12을 반어적인 표현으로도 이해할 수 있다(Hollenbach, "Lest They Should Turn" 참조). 앞서 언급했듯이 이 단락의 중점은 눈과 귀를 멀게 하는 하나님의 주권이 아니다.

일어날 결과에 대하여 경고함으로써 남은 자들이 말씀에 귀 기울이도록 요구하는(렘 5:21, 겔 12:2도 참조하라) 전형적인 예언이다.[14] 마가복음 4장에서도 내부인(제자들)은 예수님의 가르침에 눈과 귀를 열어둘 것을 권면받고 있다. 씨 뿌리는 자의 비유는 3절과 9절에 등장하는 "들으라"(ἀκούω, 아쿠오)는 명령으로 둘러싸여 있다. 이뿐만 아니라 이 동사는 34절로 구성된 본문에서 13번이나 나타난다[4:3, 9(2회), 12(2회), 15, 16, 18, 20, 23(2회), 24, 33]. 비유를 설명하는 단락(4:14-20)이 강조하는 것처럼 제자들은 나쁜 땅/씨앗과는 다르게, 열매를 맺도록 예수님의 말씀을 잘 듣고 받아들인다(4:16, 18, 20). 마가는 왜 일부만이 말씀에 반응하는지에 대해 관심을 갖지 않는다. 그는 독자(제자가 되려고 하거나 이미 제자인 사람)가 반응해야 한다는 것에 관심을 둔다. 인간의 책임 혹은 역할은 하나님의 말씀을 수용하여(듣고 받아들여) 열매를 맺는 것이다.

매우 흥미로운 사실은 이사야 6:9-10에 등장하는 용어가 나중에 마가복음 8:17, 21에서 열두 제자에게 적용된다는 점이다(보지도 못하고 깨닫지도 못하는 마음). 실제로 예수님의 측근인 열두 제자보다 제자가 아닌 자들이 더 예리한 눈과 귀로 반응하는 모습을 마가복음에서 여러 번 찾아볼 수 있다(5:34; 7:29; 9:24; 14:3-9; 15:39). 그러므로 '내부인'/'외부인'은 단순하게 "특정 비유에 반응한 방식의 결과"다. 즉, 이 표현은 "고정된 부류이기보다 특성"이며 "변동하는" 또는 대체가 가능한 개념이다. 어떤 사람이 때에 따라 '내부인'도 될 수 있고 '외부인'도 될 수 있는 것이다. 마가복음에서 열두 제자가 이러하다. 이들은 때로는 '내부인'이지만 '외부인'으로 더 자주 묘사된다.[15] 모든 제자는 깨닫지 못하는 '외부인'이 될 위험이 있기 때문에 조심해야 한다.

긍정적으로 반응하며 비유에 대한 설명을 듣기 위해 '안으로' 들어온 무리(4:10)와는 달리 다른 이들은 '밖에' 머물며 "비밀"에 대한 설명에 무관심하다.[16] 반대로 '안으로' 들어갔다는 행동 자체는 예수님의 말씀을 수용하려는(듣고 받아들이려는) 의지를 보여준다. "따라서 어떤 의미에서 11b-12절의 무시무시한 선고는 단지 한시적인 것으로 간주되어, '밖에'(ἔξω) 있는 것으로 규정된 이들을 영구적으로 단념할 필요는 없다

---

14 Snodgrass, "Hermeneutics of Hearing," 70-71.

15 Moule, "Mark 4:1-20," 99. 열두 제자 중에 예수님을 배반하고(14:10-11, 43-46), 버리고 도망가고(14:50), 부인할(14:66-72) 자들이 있다.

16 4:10-11에 등장하는 미완료 동사들은(ἠρώτων, 에로톤, "물으니" 그리고 ἔλεγεν, 엘레겐, "이르시되") 습관적으로 자주 일어나는 일을 가리킬 때 사용하는 반복상의 동사일 수 있다. 4:33-34에 나타난 미완료 동사들도 이러할 수 있다. Moule은 "책임을 가지고 듣는 자는…비유를 연구할 필요를 인식하여…스승에게 도움을 구하기 때문에 중심 교훈을 '얻는다'"라고 말한다(Moule, "Mark 4:1-20," 105).

는 소망을 준다. 곧 내부인들과 외부인들 사이의 분리가 다리가 끊긴 구렁텅이가 아니라는 소망을 남겨둔다."[17] 제자의 삶에서 열매는 단 한 번에 모두 맺어지는 것도 아니며, 양자택일의 문제도 아니다. 예수님을 따르는 자는 열매를 맺는 시기와 맺지 못하는 시기 모두를 경험한다. 이 단락은 열매 맺는 시기가 지속되도록 노력하기를 권면하는 것이다.

5.1.3 방해물을 피하여 하나님의 말씀을 수용하면 열매를 맺을 수 있다.

예수님이 4:13에서 11절에 내부인으로 묘사된 제자들을 책망하시는 모습이 놀랍다. 하나님이 "비밀"을 주셨다고 하더라도 제자들이 단번에 그것을 온전히 이해할 수는 없다. 올바로 받는 것, 즉 진리를 수용하는 인간의 역할이 필요하다.[18] 비유를 설명하는 단락(4:14–20)이 강조하는 것처럼, '말씀을 듣고'(4:16, 18, 20), '기쁨으로 받고'(4:16), '받아야'(4:20) 할 필요가 있다. 이처럼 말씀을 수용하는 것은 제자들에게 요구되는 일이며, 열매를 맺기 위해 꼭 필요한 인간의 역할이다. 물론 말씀을 수용한다는 것은 단순한 인지를 뛰어넘어 헌신과 순종을 포함한다. 4:14–20에서 "말씀"은 8번(개역개정에는 9번) 등장하고[λόγος, 로고스, 4:14, 15(2회, 개역개정에는 3회), 16, 17, 18, 19, 20] '듣다'는 4번 등장한다(ἀκούω, 아쿠오, 4:15, 16, 18, 20). 이 단락에서는 말씀을 듣는 것이('수용하다'/'받아들이다'와 유사어로 여겨짐) 매우 강조된다. '내부인'은 그가 놓인 위치 덕분에 말씀을 올바로 수용할 수 있다. 왜냐하면 "하나님 나라의 본질에 대한 이해는 사람의 추론이 아니라 예수님과 가까운 관계를 통해 가능"하기 때문이다. 그러므로 그분의 임재 속에 거하고 제자들을 부르신 목적처럼 '그분과 함께'하는 것이 중요하다(3:14). 이는 열두 제자에게만 적용되는 것이 아니라 예수님을 따르는 모든 자에게 적용된다.[19] 마가의 의도는 독자들이 이야기의 인물 대신 자기 자신을 떠올리도록 하는 것이다(예수님의 의도이자 성령의 의도이기도 하다). "해석을 해주는 마지막 구절이(4:20) **누구든지**…말씀을 듣고 받는 것에 대해 이야기하는 것이 아니다."[20] 이 구절은 좋은 땅을 언급하고 있지만, 안주하거나 교만해져서 귀와 눈이 멀지 않도록 경고하기도 한다. 제자는 하나님의 말씀을 듣고 말씀에 순종하려는 수용의 자세를 취해야 한다.

---

17 France, *Gospel of Mark*, 201.(『NIGTC 마가복음』 새물결플러스, 339)

18 같은 책, 204.(『NIGTC 마가복음』 새물결플러스, 343)

19 Henderson, *Christology*, 125.

20 van Iersel, *Mark*, 186–7(강조체 저자).

이러한 자세를 취하고 있을 때만(제자의 성장에서 인간의 역할) 열매를 맺을 수 있다. 열매 맺는 것은 제자도의 표준이며 그리스도를 닮아가는 모습으로 나타난다[마 3:8–10(눅 3:8–9); 7:16–20(눅 6:43–44); 12:33; 요 15:1–17; 롬 7:4–5; 갈 5:22–23; 엡 5:9; 빌 1:11, 22; 골 1:10; 약 3:17–18 그리고 *Barn.* 11.11도 참조하라]. 하나님의 나라는 적어도 초기 단계에서만큼은 군사적 전략과 점령으로 세워지는 것이 아니라, 예수님을 따르는 자들이 하나님의 말씀을 수용하여 열매를 맺음으로써 하나님의 규정을 따를 때 세워진다.[21]

열매를 맺는다는 것은, 적어도 마가복음 4:19에 나열된 태도를 부인한다는 것을 암시한다. 이는 (말씀의 수용과 열매 맺음을 방해하는) 세상의 가치관을 거절하고 하나님 나라의 가치관을 받아들이는 것을 의미한다. 열매를 맺지 못하는 자들 가운데 예수님의 ('길에서'가 아닌) "길" 가에(παρὰ τὴν ὁδόν, 파라 텐 호돈, 4:4, 15) 있는 자들이 있다. 이들은 사탄의 속임수에 넘어가고,[22] 환난의 때에 포기해버리며(4:5–6, 16–17), 세상의 염려와 재물의 방해를 받는다(4:7, 18–19). 설교자가 청중의 삶에서 이처럼 하나님 말씀을 수용하는 데 방해가 되는 요소와 상황을 안다면 큰 도움이 될 것이다.

5.1.4 하나님 말씀의 수용 여부에 따라 축복을 더 받거나 더 빼앗기는 결과를 맞는다.

'계시' 단락(4:21–25)은 '비밀' 단락(4:10–13)과 매우 유사하다(앞서 제시된 이 본문의 전체 구조 참조).

---

21 Gundry, *Mark,* 206–7. 베드로(Πέτρος, 페트로스)가 돌밭(πετρώδης, 페트로데스)과 유사한 것은 우연이 아니다. 돌밭에 뿌려진 씨앗의 운명은 베드로의 불안정한(rocky) 모습과 유사하다. 그는 처음에는 열심으로 따르지만 이후에는 압박감 속에서 실패한다(14:66–72). Donahue and Harrington, *Gospel of Mark,* 142 참조. 마가는 이 비유가 등장하는 단락 전까지는 이 제자를 시종일관 "시몬"으로 소개하지만[1:16(2회, 개역개정에는 1회–역주), 29, 30, 36; 3:16(이 구절에서 마가는 이름을 설명하기 위해 "베드로"를 언급한다)], 마가복음 4장 이후로는 그를 시종일관 "베드로"라고 소개한다(14:37에서 예수님이 직접 "시몬"이라고 부르시지만, 마가는 즉시 "베드로"를 덧붙인다. 다른 공관 복음서를 보면 "베드로"는 마태복음 4:18과 누가복음 5:8에서 처음 나타난다. 동일한 돌밭 비유가 등장하는 마태복음 13:5과 누가복음 8:6 본문과는 연관성이 적다. "마태는…베드로의 이름에 대하여 마가와는 정반대의 입장을 취한다. 마가가 간접적으로 그 이름의 뜻을 설명했다면 마태는 직접적으로 이름의 뜻을 밝힌다(마 16:18). 마가복음에서 마음이 단단했던 제자가 마태복음에서는 교회의 (단단한) 반석이 되었다. 두 저자는 시몬의 별명이 지닌 다양한 함축적 의미를 활용하여 이 수제자에 대한 서로 다른 예표론을 세운다"(Tolbert, *Sowing the Gospel,* 145–46).

22 요한계시록 18:2에서도 사탄의 세력이 새로 비유된다. *1 En.* 90.8–13; *Apoc. Ab.* 13.1–14도 참조.

비밀: 마가복음 4:10-13	계시: 마가복음 4:21-25
4:11b "너희에게 주었으나"(δίδωμι, 디도미)	**4:25a** "있는 자는 받을 것이요"(δίδωμι)
4:11 μυστήριον(미스테리온, "비밀")	**4:22** κρυπτόν ἀπόκρυφον(크룹톤, 아포크리폰, "숨긴", "감추인")
4:11c "모든 것을 비유로 하나니"(γίνομαι, 기노마이)	**4:22b** "감추인 것이 없느니라"(γίνομαι)
4:12 ἵνα(히나, 목적/결과)절	**4:21-22** 네 가지의 ἵνα절
4:12 보다-듣다(βλέπω-ἀκούω, 블레포-아쿠오)	**4:24** 보다-듣다(βλέπω-ἀκούω)

'계시'의 주제가 두 짝의 격언으로 소개된다(4:21, 22과 4:24, 25).[23] 다시 말하자면, 이 단락의 강조점은 모든 자에게 말씀을 주의 깊이 듣고, 제자도의 부르심을 듣고 받아들일 수 있는 기회가 주어진다는 점이다(마가복음은 광범위한 부르심으로 시작되었다는 점을 기억하라, 1:4-5, 14-15, 38-39). 즉, 그 누구라도 하나님의 말씀을 수용하려고 마음먹는다면, 할 수 있다.[24] 등불은 등경 위에 있어 찾고자 하는 자에게는 다 보인다. 등불이 숨겨진 것이 아니다. 4:21, 22에 사용된 단수 동사 ἔρχομαι(에르코마이, '오다')는 눈에 띌 수밖에 없다. 등경이 어떻게 '올' 수 있다는 말인가? 이 동사는 어쩌면 전파하시는 예수님을 가리키는 것일 수도 있다. 그분은 '오신' 등불이다(1:7, 14, 38-39; 2:13; 4:3 또한 시 119:105; 잠 6:23에서는 하나님의 말씀이 등불로 비유된다). 예수님의 부르심은 그분의 말씀을 수용할 모든 자를 향한 것이다. 하나님 나라의 비밀은 이미 계시된 (그리고 이미 선포된) 비밀이다. 이 사실은 다음 유의어의 병행으로 강조된다.

κρυπτὸν⋯φανερωθῇ(크립톤⋯파네로테, '숨긴 것⋯드러내다', 4:22a)

ἀπόκρυφον⋯ἔλθῃ εἰς φανερόν(아포크립톤⋯엘테 에이스 파네론, '감추인 것⋯나타내다', 4:22b)

그러나 이렇게 모두에게 계시된 말씀(뚜렷한 등불)을 수용하지 않는 자에게는 그들이 말씀을 가볍게 여긴 그대로 그들에게 돌아갈 것이다. 그들이 예수님과 그분의

23 각각의 격언은 καὶ ἔλεγεν αὐτοῖς(카이 엘레겐 아우토이스, "또 그들에게 이르시되")로 시작하고, 이후에 γάρ(가르, '이는')로 시작하는 설명 문구가 등장한다. 또한 τίθημι[티쎄미, '두다', 4:21(2회)]가 첫 번째 격언에서 사용되고 προστίθημι(프로티쎄미, '더하다', 4:24)가 두 번째 격언에서 사용된다. 두 격언을 연결해주는 또 다른 요소는 곡식을 헤아리는 "말"(μόδιος, 모디오스, 4:21)과 4:24에 등장하는 헤아림의 개념이 될 수도 있다.

24 여기서도 하나님의 주권이 아닌 인간의 역할을 말한다.

말씀을 무시한 정도의 보응이 그들에게 향할 것이다(4:24-25). 그들은 비유를 깨닫지 못할 것이며, 그들이 갖고 있던 씨앗마저도 빼앗길 것이다. 이는 '외부인'들이 이미 깨달은 것도 처벌의 의미에서 빼앗길 것이라는 뜻이다.[25] 반대로 말씀을 수용한 자들은 더 많은 것을 깨달을 것이며, 열매도 더 맺게 될 것이다. 이것이 씨앗 비유에서 열매를 결실하는 양의 차이를 설명한다. 따라서 말씀에 귀 기울이지 않는 자는 무거운 징벌을 받고, 말씀에 귀 기울이는 자는 놀라운 축복을 받는다. "그러나 거룩한 자, 찬송받는 이는 다르다. 그분은 가득한 그릇을 더 채우시지만, 빈 그릇은 채우시지 않는다… 만약 이미 듣고 있었다면 계속해서 들을 것이고, 만약 듣지 않았다면 듣지 못할 것이다…만약 마음이 떠났다면 더 이상 듣지 못할 것이다"(*b. Ber.* 40a).

4:21-23과 4:24-25 사이에는 분명한 긴장감이 있다. 계시의 확실함을 보여주는 전자의 낙관주의는 모두가 이 계시를 받아들이지 않아 고통스러운 결과를 맞게 될 것이라는 후자의 현실주의와 균형을 이룬다.[26] 이 현실주의는 제자의 성장과 결실의 과정에서 하나님의 주권(하나님의 역할)을 보여주는 다음 단락으로 이어진다.

5.2 마가복음 4:26-34

신학점 초점 5.2

5.2 하나님은 하나님 나라를 위해 제자도에서 열매를 맺는 모든 과정을 관장하신다. 그분의 역사하심으로 불가해한 과정을 거쳐 열매가 저절로 맺어지며, 하나님은 인간의 작은 역할을 사용하셔서 하나님 나라에 중대한 종말론적 영향을 끼치게 하신다(4:26-34).

5.2.1 하나님이 역사하심으로 불가해한 과정을 거쳐 열매가 저절로 맺어진다.

5.2.2 하나님은 인간의 작은 역할을 사용하셔서 제자가 수많은 열매를 맺게 하시며, 하나님 나라에 중대한 종말론적 영향을 끼치게 하신다.

25 4:24-25에서 하나님 나라의 비밀이 보응의 측면에서 외부인은 빼앗기고 내부인에게는 상으로 더 주어질 것이라는 사실이 다음과 같이 강조된다. '헤아림'(4:24)이 세 번 반복되고 4:25에서 대조법("있는 자" 대 "없는 자")이 사용된다. '가지다'가 세 번 반복되고 마지막 ἔχει('가지다', 4:25) 전에 강조를 나타내는 καὶ(카이, '…도')가 사용된다. 또한 -θήσεται로 끝나는 네 가지 동사가 4:24-25에 나타난다[μετρηθήσεται(메트레쎄세타이, "헤아림을 받을 것이며"), προστεθήσεται(프로스테쎄세타이, "더 받으리니"), δοθήσεται(도쎄세타이, "받을 것이요"), ἀρθήσεται(아르쎄세타이, "빼앗기리라")]. Gundry, *Mark*, 218 참조. 이 구절에서 "빼앗기리라"가 (하나님이 용인하시는) 사탄의 활동임을 알 수 있는 단서가 있다. 4:25의 αἴρω(아이로) 동사는 4:15에서 사탄이 뿌려진 말씀을 "빼앗는" 것을 표현하는 동사와 동일하다.

26 France, *Gospel of Mark*, 212.(『NIGTC 마가복음』 새물결플러스, 354)

5.2 단락 요약: 이 본문의 마지막 단락은 하나님의 말씀을 신실하게 수용한(인간의 역할) 제자가 열매를 맺는 과정에서 하나님은 어떤 역할을 하시는지를 집중적으로 다룬다. 하나님의 역할은 인간의 책임과 협력하며, (인간의 생각과 관점에서) 무한하고, (인간의 도움의 손길 없이) 자동적이다. 또한 하나님의 역사하심은 가장 보잘것없는 제자의 헌신으로도 하나님 나라에 중대한 종말론적인 영향을 미친다.

5.2 성경 본문

4:26 또 이르시되 하나님의 나라는 사람이 씨를 땅에 뿌림과 같으니

4:27 그가 밤낮 자고 깨고 하는 중에 씨가 나서 자라되 어떻게 그리 되는지를 알지 못하느니라

4:28 땅이 스스로 열매를 맺되 처음에는 싹이요 다음에는 이삭이요 그 다음에는 이삭에 충실한 곡식이라

4:29 열매가 익으면 곧 낫을 대나니 이는 추수 때가 이르렀음이라

4:30 또 이르시되 우리가 하나님의 나라를 어떻게 비교하며 또 무슨 비유로 나타낼까

4:31 겨자씨 한 알과 같으니 땅에 심길 때에는 땅 위의 모든 씨보다 작은 것이로되

4:32 심긴 후에는 자라서 모든 풀보다 커지며 큰 가지를 내나니 공중의 새들이 그 그늘에 깃들일 만큼 되느니라

4:33 예수께서 이러한 많은 비유로 그들이 알아 들을 수 있는 대로 말씀을 가르치시되

4:34 비유가 아니면 말씀하지 아니하시고 다만 혼자 계실 때에 그 제자들에게 모든 것을 해석하시더라

5.2 주해

이 단락에 나타난 두 비유(4:26–29, 30–32)는 각각 καὶ ἔλεγεν(카이 엘레겐, "또 이르시되", 4:26, 30)으로 시작한다. 이는 예수님이 큰 무리를 가르치실 때 사용된 표현과 유사하지만(4:1–9; 4:2, 9 참조), 이전 단락의 두 비유(4:21–23, 24–25)는 각각 καὶ ἔλεγεν αὐτοῖς(카이 엘레겐 아우토이스, "또 그들에게 이르시되")로 시작한다. 현재 단락의 두 비유와 이전 단락의 두 비유는 구분되어 있는 것처럼 보인다. 4:26–32에 나타난 두 비유는 4:21–25에 나타난 두 비유와는 달리 큰 무리를 대상으로 전해졌을 가능성이 크다. 그리고 4:21–25이 실내에 있는 물건을 다루었다면(등불, 곡식을 헤아리는 바구니, 평상,

등경), 4:26–32은 실외 농사와 관련된 요소를 다룬다(씨 뿌리는 사람, 씨, 땅, 씨가 자람, 추수). 이 단락은 마가복음 4장 초반에 등장한 씨앗 비유를 다시 사용한다.[27]

5.2.1 하나님이 역사하심으로 불가해한 과정을 거쳐 열매가 저절로 맺어진다.

4:26–29도 의도적인 구조를 띤다.[28]

A 씨 뿌림(4:26)

B "밤낮 자고 깨고"(4:27a) [사람의 활동]

C "씨가 나서 자라되"(4:27b) [씨의 활동]

D "어떻게 그리 되는지를 알지 못하느니라"(4:27c) [하나님의 활동, **불가해성**(不可解性)(네 단어)*]

D′ "땅이 스스로 열매를 맺되"(4:28a) [하나님의 활동, **자동성**(네 단어)]

C′ "처음에는 싹이요 다음에는 이삭이요 그 다음에는 이삭에 충실한 곡식이라"(4:28b) [씨의 활동]

B′ "낫을 대나니"(4:29a) [사람의 활동]

A′ 추수(4:29b)

* 이 절과 4:28a은 헬라어 기준으로 네 단어다.

이와 같은 구조를 보면 의도적인 순서를 엿볼 수 있다. 사람의 활동(4:26–27a)에서 씨의 활동(4:27b)으로 그리고 뒤이어 암시된 하나님의 활동(4:27c–28a)으로 이어진 다음, 역순으로 씨의 활동(4:28b)에서 사람의 활동(4:29a)으로 이어진다. 키에즘 구조 중앙에는 하나님의 활동이 나타난다(앞 구조의 D와 D′). 열매 맺는 과정의 불가해성과 자동성은 밤낮의 순환 가운데 씨가 나고 자라는 변화가 사람이 알지 못한 채 저절로 일어나는 현상을 반영한다. 이것이 신비하고 주권적인 하나님의 역사하심이다(전 11:4–6 참조).[29] 큰 무리에게 전하신 이전 씨앗 비유(막 4:3–9)는 말씀을 수용해야 하는 인간의 역할(열매는 땅의 수용력과 방해물에 대한 저항력에 따라 맺어짐)을 보여준다. 반면

27 Heil, "Reader–Response," 282n28.

28 Fay, "Introduction to Incomprehension," 74n38에서 인용함.

29 4:28에 αὐτόματος(아우토마토스, "스스로")가 등장한다.

에 동일하게 큰 무리에게 전하신 이번 씨앗 비유는 사람이 아닌 하나님은 사람이 이해할 수 없는 방법으로 일하시기 때문에 좋은 씨앗/땅이 자동으로 반드시 열매 맺게 될 것을 보여준다.[30] 사람은 처음에 씨를 뿌리고 마지막에 추수를 하는 것 외에는 기다릴 뿐이다. 이 비유에서 씨를 뿌리는 사람(4:26), 무지한 사람(4:27), 낫을 대는 사람(4:29)은 절대 하나님이나 예수님을 가리키는 것이 아니다. 씨를 뿌리거나 낫을 대는 행동은 여기서 전혀 강조되지 않으며, 오히려 열매 맺는 과정에 간접적으로 영향을 주는 수동적인 활동에 불과하다. 전적으로 하나님의 일하심으로 열매가 맺어진다.[31] 루터(Luther)가 말했듯이 "나는 그저 하나님의 말씀을 가르치고 선포하고 기록했을 뿐이다. 그 이외에는 아무것도 하지 않았다. 그리고 내가 잠을 자거나 필립(멜란히톤)과 (니콜라우스 폰) 암스도르프와 함께 비텐베르크 맥주를 마시는 동안, 말씀이 그 어떤 군주나 황제도 이렇게 해를 입힌 적이 없을 정도로 교황을 철저히 무력하게 만들었다. 내가 한 것은 아무것도 없고 말씀이 다 했다."[32]

따라서 제자는 하나님의 말씀에 순종하기 위해 지속해서 말씀을 수용해야 한다. 이것이 인간의 역할이다. 이 단락은 말씀을 받아들이는 제자는 하나님의 감독 아래 자동으로 열매를 맺게 될 것이라고 말한다. 열매를 맺게 되는 과정은 불가해한 것이며, 하나님의 신비하고 주권적인 역사하심이기 때문에 이해하려고 힘쓸 필요가 없다. 제자는 오직 4:14-19에 나열된 장애물로 인하여 말씀에 둔감하게 반응하지 않도록 하며 말씀을 받아들이고 순종하는 책임에만 집중하면 된다.[33]

---

30 매우 놀랍게도 4장 초반에 나타난 첫 씨앗 비유는 대부분 과거 시제 동사를 사용한다. 두 번째 씨앗 비유는, Collins에 따르면 "현재 시제로 이루어진 비유법" 또는 직유법이다(*Mark*, 254). 4:3-8 ἄλλο와 ἄλλα(알로와 알라, "더러는")에서 알 수 있듯이 중성 명사 σπέρμα/-ατα[스페르마/-아타, "씨앗(들)"]이 4:26-27에서는 특별히 좋은 씨앗을 나타내는 남성 명사 σπόρος(스포로스, "씨앗")로 바뀌는 것도 주목하라.

31 결론을 맺는 절 ἀποστέλλει τὸ δρέπανον, ὅτι παρέστημεν ὁ θερισμός(아포스텔레이 토 드레파논, 호티 파레스테멘 호 쎄리스모스, "낫을 대나니 이는 추수 때가 이르렀음이라", 4:29)는 ἐξαποστείλατε δρέπανα, ὅτι παρέστηκεν τρύγητος[에크아포스테이라테 드레파나, 호티 파레스태켄 트루게토스, "낫을 쓰라 곡식이 익었도다", τρύγητος(칠십인역)는 '포도밭'과 연관된 단어인 반면에 히브리어 단어인 קָצִיר, 카찌르(MT)는 마가복음의 비유와 같이 '곡식 추수'와 연관되어 있다]를 기록한 칠십인역의 요엘 4:13(개역개정에서는 3:13)을 되풀이한다. 비록 요엘 선지자는 마가와는 달리 심판 날의 부정적인 면을 묘사하지만 둘 다 종말론적 심판을 염두에 둔다[France, *Gospel of Mark*, 214-15(『NIGTC 마가복음』 새물결플러스, 358-59)].

32 Luther, "Second Sermon," 77.

33 예수님을 따라 하나님 말씀을 선포하는 제자들을 향한 격려가 여기서 암시된다. 제자들 또한 "나가서" 전파(ἐξέρχομαι, 에크에르코마이, 6:12; 예수님이 "나가"신 것처럼, 4:3 그리고 1:35, 38, 39; 2:13, 17)하고 예수님처럼 축귀와 치유의 사역을 감당한다(6:13). 이것이 곧 "참여적 기독론"이다(Henderson, *Christology*, 109). 예수님이 행하신 일들을 제자들도 행한다(혹은 행할 것이다). 예수님의 제자들이 선포하는 사역을 뒤이어 감당할 때 그들 또한 청중의 다양한 반응(수용력)을 보게 될 것이다. 열매 맺는 것은 궁극적으

5.2.2 하나님은 인간의 작은 역할을 사용하셔서 제자가 수많은 열매를 맺게 하시며, 하나님 나라에 중대한 종말론적 영향을 끼치게 하신다.

두 번째 비유(4:30–32)도 열매를 맺으려는 제자를 격려한다. 제자는 "우리가 할 수 있는 일이 너무나 작은데도 많은 열매를 맺을 수 있을까?"라는 질문을 던질 수 있다. 넓은 시각에서 볼 때 열매가 자라고 맺히는 과정에서 인간의 역할은 작은 겨자씨만큼 미미하다. 흑겨자의 씨(*Brassica nigra*)는 속담에서 아주 작은 것을 나타낼 때 사용되었다(마 17:20; *b Naz.* 8a; *b. Nid.* 13b, 16b, 40a 등도 참조). 4:31–32에 사용된 직유법의 핵심은 거의 보이지 않는 미약한 시작과 주목할 수밖에 없는 인상적인 결말 사이의 대조다. 제자들은 당당해야 한다. 왜냐하면 그들의 수고가 얼마나 가치 있는 결과를 가져오는지를 예수님이 보장하시고, 하나님은 자신의 백성이 열매를 맺게 하여 적절한 때에 신비한 주권으로 그분의 나라를 (불가해하고, 자동으로) 완전히 이루시기 때문이다. 하나님의 주권적인 계획과 목적 끝에서 그분의 백성은 열매가 풍성할 것이라고 우리는 확신할 수 있다.

그리고 하나님의 백성이 열매를 맺는 가운데 하나님 나라가 서서히 나타나며, 예수 그리스도의 통치가 확립될 때 하나님의 나라는 완성된다고 말할 수 있다. 이러한 종말론적인 색깔은 이 비유에 나타난 용어에서 발견할 수 있다. 그늘에 깃들인 새들(4:32)은 하나님의 통치가 잃어버린 자에게 피난처가 되고, 많은 나라가 모이는 장소가 되는 모습을 그린 에스겔 17:23과 31:6을 떠오르게 한다. 예수님을 따르는 자들의 공동체가 맡은 임무는 절대 가볍지 않다. 그리고 하나님 나라가 장차 얼마나 광범위하게 될지는 "하나님 나라의 '제국적' 주장을 강화"하는 구약의 암시를 통해 분명하게 묘사된다.[34] 지금 당장의 영향력은 미미할지라도 (그리고 그 과정을 알 수 없어도) 하나님의 말씀을 수용하려는 제자의 작은 노력(제자가 성장하고 열매 맺는 데 있어 인간의 역할)이 미래에 얼마나 큰 영향을 미치는지를 절대 과소평가할 수 없다. 갈릴리에서 시작된

로 안전한 하나님의 손에 달려 있기에 제자들은 격려받을 수 있다(고전 3:6).

34 France, *Gospel of Mark*, 216–17.(『NIGTC 마가복음』 새물결플러스, 361–62) 위더링턴(Witherington)은 하나님의 위대한 나라가 겨자씨에 비유되는 것에는 전복적인 요소가 담겨 있다고 생각한다. 하나님 나라의 위대함을 표현하는 데는 레바논의 백향목(겔 17:22–24과 같이)이 더 적절하다. 겨자 수풀은 주변의 식물을 다 덮는 유해 식물이며 모두가 싫어하는 잡초다. 또한 이곳이 환영받지 못하는 다양한 새들(죄인과 세리)의 처소가 된다. 예수님이 선포하시는 나라는 "초기 유대교의 기존 틀과 밭에 위협이 되었다. 예수님이 선포하신 나라가 뿌리내린다면 이스라엘의 기존 왕권과 권력 구조는 전복당할 위험에 처해 있었다"(Witherington, *Gospel of Mark*, 17).

일이 언젠가는 전 세계적으로 뻗어나갈 것이다. 과거에 숨겨진 것이 언젠가는 광범위하게 보편적으로 드러날 것이다. 첫 번째 씨앗 비유에서 삼십 배, 육십 배, 백 배의 놀라운 결실을 본 것처럼 작은 씨가 큰 나무가 되는 놀라운 변화는 오직 하나님의 능력으로 가능하다. 하나님은 불가해성과 자동성을 갖고 일하시며 그분의 나라를 완전히 이루실 것이다. 하나님의 말씀을 받아들이는 자는 열매를 맺을 것이며, 하나님 나라의 큰 계획에 속하게 될 것이다. 스토크(Stock)는 다음과 같이 지혜롭게 설명한다.[35]

> 세 가지 비유에서 사용한 묘사가 중요하다. 행군하는 군대나 영웅적 행위, 위업이 아니라 씨 뿌리고 땅을 갈고 추수하는 천하고 흔한 모습을 사용했다. 씨가 뿌려지고 땅에 떨어져 다양한 운명을 맞이한다. 하나님 나라는 도전적이고 공격적으로 나타나는 것이 아니라 낮고 취약한 곳에서 나타난다. 씨앗은 역경과 거절을 당하며, 지체되고 손해를 본다. 이 비유에서는 즉각적이고 전반적인 승리를 약속하지 않는다. 첫 번째 비유에서 부분적인 손해가 강조되었다면, 다른 비유들은 오랜 기다림과 느린 확장을 설명한다. 하지만 하나님 나라의 긍정적인 측면인 꾸준한 성장도 묘사된다. 아무리 느려도, 손해가 아무리 클지라도 씨는 열매를 맺는다. 그리고 세 비유는 하나님 나라가 미약한 시작과 비교도 되지 않는 성공적인 결말을 반드시 맞이할 것임을 보여준다.

이 본문은 4:33–34로 끝맺는다. λαλέω τὸν λόγον(라레오 톤 로곤, "말씀을 가르치시되", 막 4:33)은 사도행전에서 기독교 메시지를 전파할 때 자주 사용되는 표현이다(행 4:29, 31; 8:25; 11:19; 13:46; 14:25; 16:6, 32). 또한 마가복음 4:14에서는 씨가 λόγος(로고스, "말씀")임을 알려준다.[36] 4:33–34에서 본문을 끝맺으며 미완료 시제를 자주 사용한다는 것은[ἐλάλει, 엘라레이, "말씀하시다"(2회), ἐπέλυεν, 에펠루엔, "해석하시다"], 이 본문 전체에서 예수님이 묘사를 흔하게 사용하셨음을 말해준다. 예수님은 사람들 앞에서는 비유로 말씀하시고, 사적인 자리에서 제자들에게는 모든 것을 해석해주셨다.[37] 말

---

35 Stock, *Method and Message*, 156.

36 France, *Gospel of Mark*, 217.(『NIGTC 마가복음』 새물결플러스, 362–63)

37 4:34의 "제자들"은 4:10의 '열두 제자와 더불어 (예수님과) 함께한 사람들' 곧 '내부인'을 가리킬 가능성이 크다. Witherington에 따르면 "외부인과 내부인 사이에 넘을 수 없는 경계선이 있는 것이 아니라 말씀을 듣고 귀 기울이는 외부인이 내부인이 될 수 있었다. 이것이 바로 비유의 목표였고 혼란이 아니라 계시가 비유의 목적이었다"(*Gospel of Mark*, 173).

씀을 받아들이는 자에게는 항상 빛이 허락되었다.

설교의 초점 및 개요

설교를 위한 본문 5의 신학적 초점

5 하나님은 그분의 말씀을 수용하고 순종하여 열매를 맺는 제자를 통해 주권적으로 역사하셔서 중대한 결과를 낳으신다(4:1-34).

설교자는 제자도에서 열매 맺는 과정 가운데 인간의 역할을 설명하는 4:14-20(비유를 설명하는 단락)과 하나님의 역할을 설명하는 4:26-32(비유를 확장하는 단락)에 초점을 맞추면 좋을 것이다. 제자가 열매 맺지 못하게 하는 세력(사탄)과 상황(역경, 세상의 방해물 등)을 설명하며 오늘날의 청중에게 연관된 것이 무엇인지 고려하면 유익할 것이다.[38] 또한 하나님의 말씀을 수용하지 않을 때 초래되는 부정적 결과도 고려해야 할 것이며, 이외에도 예수님을 따르는 자의 책임 혹은 인간의 역할을 지금의 청중과 연관시켜야 할 것이다. 제자가 책임을 다할 때 맛보게 되는 놀라운 결과는 예수님과 동행하는 데 큰 동기부여가 된다. 그리스도인들은 자기 스승과 제자도의 여정을 걸으며, 하나님의 나라가 완성되는 마지막 때에 놀라운 영향을 미치는 위대한 사명에 참여하게 된다. 제자가 이러한 놀라운 결과와 사명을 온전히 인식한다면, 하나님의 말씀을 신실하게 받아들이도록 힘쓸 것이다. 하나님의 말씀을 수용하여 순종하는 행위가 아무리 작다고 할지라도 결코 미미한 영향을 미치는 것으로 그치지는 않을 것이다!

본문 5의 설교 개요

I. 무엇?: [본문 전체가 요구하는 바] 열매를 맺기 위한 인간의 역할

- 하나님의 말씀을 받아들임: 4:1-9을 다루되 4:14-20에 초점을 더 둘 것. 그리고 시간이 된다면 4:21-25도 설명

---

38 이러한 방식으로 설교자는 청중에게 연관성을 제시한다. 이 책의 모든 설교 개요에서 대부분의 대지 안에 '연관성'이 있음을 발견할 수 있다. 모든 설교에서 본문의 '신학적 초점'을 청중의 삶과 반드시 연결해주어야 한다.

- 말씀을 받아들이지 않는 부정적 결과: 4:11-12
- 연관성: 우리로 하여금 말씀을 받아들이지 못하게 하고, 열매 맺지 못하게 하는 것은 무엇인가?(힌트: 4:15-19에 나타난 방해물)

II. 왜?: [요구하는 바를 이룰 때의 결과] 열매를 맺기 위한 하나님의 역할

- 과정을 다 알 수 없지만, 저절로 열매를 맺게 하시는 하나님의 역사하심: 4:26-32
- 연관성: 하나님을 위한 우리 역할의 중요성/영향력

III. 어떻게?: [현재 청중을 위한 구체적인 적용] *하나님의 말씀을 받아들이라!**

- 우리가 인간의 역할을 이행하기 위해 구체적으로 무엇을 할 수 있는가? 긍정적 측면과 부정적 측면(어떻게 하면 방해를 받지 않을까?) 모두 언급이 가능하다.

* 설교자는 단순히 본문의 요구 사항을 반복할 것이 아니라, 청중의 상황과 환경에 따라 적절하고 구체적인 적용을 제시해야 한다.

앞서 제시된 귀납적 설교 개요(무엇-왜-어떻게) 외에, 다음과 같이 또 다른 적용을 설교 중간에 제시한 후 열매 맺는 주제를 자세히 설명하는 귀납적-연역적 방식의 설교 개요도 가능하다.

I. 열매를 맺기 위한 인간의 역할

- 하나님의 말씀을 받아들임: 4:1-9을 다루되 4:14-20에 더 초점을 둘 것. 그리고 시간이 된다면 4:21-25도 설명
- 말씀을 받아들이지 않는 부정적 결과: 4:11-12
- 연관성: 우리로 하여금 말씀을 받아들이고 열매를 맺지 못하게 하는 것은 무엇인가?(힌트: 4:15-19에 나타난 방해물)

II. *하나님의 말씀을 받아들이라!*

- 우리가 인간의 역할을 이행하기 위해 구체적으로 무엇을 할 수 있는가? 긍정적 측면과 부정적 측면(어떻게 하면 방해를 받지 않을까?) 모두 언급이 가능하다.

III. 열매를 맺기 위한 하나님의 역할(우리가 책임을 이행할 때 자신감을 주시는 하나님의 역할)

- 과정을 다 알 수 없지만, 저절로 열매를 맺게 하시는 하나님의 역사하심: 4:26-32
- 연관성: 하나님을 위한 우리 역할의 중요성/영향력

본문 6

능력을 의지하고 선포하라

마가복음 4:35-5:20

[광풍을 잠잠케 하시고 귀신 들린 사람을 치유하심]

복습, 요약, 예습

본문 5 복습: 마가복음 4:1-34은 제자도에서 열매를 맺기 위하여 하나님의 말씀을 수용해야 하는 제자의 책임과, 열매를 맺는 과정에서 중대한 결과를 초래하는 하나님의 역할을 설명한다.

본문 6 요약: 이번 본문(4:35-5:20)은 공통된 주제를 지닌 두 개의 단락으로 구성되어 있다. 두 번째 단락(5:1-20)의 인물들은 첫 번째 단락(4:35-41)에 등장하는 열두 제자와 대비된다. 두 단락은 짝을 이루며 길에서 예수님을 따를 때 극복해야 할 부분을 다룬다. 제자들은 (열두 제자와 달리) 천재지변과 초자연적인 적대 세력을 다스리시는 예수님의 능력을 의지하며 (귀신 들렸던 사람처럼) 그 능력을 선포한다.

본문 7 예습: 다음 본문(5:21-6:6)은 예수님의 제자들이 제자도 여정에서 생사를 주관하시는 그분의 돌보심과 능력을 담대히 의지하는 모습을 보여준다.

본문 6. 마가복음 4:35-5:20

본문 6의 신학적 초점

6 제자들은 예수님의 능력을 의지하고 선포함으로써 천재지변과 영적인 적을 극복하고 예수님께 받은 사명을 담대히 완수할 수 있다(4:35-5:20).

6.1 제자들은 예수님의 능력을 의지함으로써 천재지변 가운데서도 담대할 수 있다(4:35-41).

6.2 제자들은 예수님의 능력을 의지하고 선포함으로써, 영적인 적을 극복하고 예수님께 받은 사명을 담대히 완수할 수 있다(5:1-20).

6.2.1 제자들은 예수님의 능력을 의지함으로써 영적인 적과 담대히 맞설 수 있다.

6.2.2 제자들은 예수님의 능력을 선포함으로써 예수님께 받은 사명을 완수할 수 있다.

개관

마가복음에서는 바다를 건너는 장면이 여러 번 나타나는데, 그중 세 장면이 눈에 띈다(4:35-41; 6:45-52; 8:13-21).[1] 이방 지역을 오가는 항해는 대체로 윤리적 경계선인 정함과 부정함 사이를 오가는 것을 상징한다. 5:1-20에서는 더러운 귀신과 돼지가 이방 땅에서 등장하며, 5:22-34에서는 혈루증과 죽음이 나타난다. 또한 7:1-23에서는 정결 음식법을 다루며, 7:24-30에서는 더러운 귀신과 이방 여자가 등장한다.

마가복음 4:35-41은 "저편으로" 건너는 첫 항해 속에 광풍을 만나는 장면을 묘사하고, 두 번째 항해에서도 바람이 등장한다(6:45-52). 두 단락 모두 제1막('서론' 참조)의 주제인 제자들의 부족한 인식을 강조하는 이야기로 시작된다.

마가복음 4:35-5:43은 자연, 귀신, 질병 그리고 심지어 죽음을 다스리시는 예수님의 능력을 보여준다. 이것들은 모두 고대의 삶 가운데 겪는 고통과 죽음의 가장 큰 원인이었다. 이 본문에서는 그 이적의 능력과 규모, 범위가 확대되어 나타난다. 4:35-41에서는 호수의 광풍으로 인해 죽게 된 상황에서 구원받는다(=자연재해를 다스리시는 예수님의 능력). 이전 축귀는 하나의 귀신에 대한 것이었다면, 여기서는 군대가 쫓겨나며(5:9), 죽음(무덤) 가운데 살던 사람이 치유된다(=초자연적인 적을 다스리시는 예수님의 능력). 10년 넘게 혈루증을 앓으며 죽어가던(레 17:11 참조) 여자는 온전하게 회복된다

1 바다를 건너는 장면은 다른 곳에도 나타나지만(5:21; 6:32, 53; 8:10) 역사적인 세부 사항을 재현하기 힘들다. van Iersel, *Mark*, 121 참조.

(5:25–26)(=치명적인 질병을 다스리시는 예수님의 능력). 그리고 마지막으로 이미 죽은 아이가 다시 살아난다(5:35)(=죽음을 다스리시는 예수님의 능력).[2] "그러므로 마가복음의 이 부분에는 도움이 필요한 훨씬 더 어려운 상황으로 인해 예수님의 권위(ἐξουσία, 엑수시아)가 시험받고, 그것들을 이겨내기에 점점 고조되는 흥분이 있다."[3] 예수님의 권위를 묘사하는 장면 속에 제자를 향한 교훈이 있다. 제자도의 여정을 지속하는 동안 이러한 파괴적인 세력 앞에서 제자들은 어떻게 반응해야 하는가?[4]

6.1 마가복음 4:35-41

6.1 신학적 초점

6.1 제자들은 예수님의 능력을 의지함으로써 천재지변 가운데서도 담대할 수 있다(4:35–41).

6.1 단락 요약: 이 단락에서 열두 제자의 부정적인 반응은 예수님을 따라 제자도의 여정을 걷는 모든 시대의 제자들에게 자극이 된다. 예수님의 행하심과 말씀을 보고 들은 제자는 믿음으로 하나님의 능력을 기억해야 한다.[5] 제자는 이러할 때만 자연재해가 몰고올 앞으로의 위기를 두려움 없이 직면할 수 있다.

6.1 성경 본문

4:35 그 날 저물 때에 제자들에게 이르시되 우리가 저편으로 건너가자 하시니

4:36 그들이 무리를 떠나 예수를 배에 계신 그대로 모시고 가매 다른 배들도 함께 하더니

4:37 큰 광풍이 일어나며 물결이 배에 부딪쳐 들어와 배에 가득하게 되었더라

---

2 네 개의 단락은 두 개의 본문(4:35–5:20과 5:21–43)으로 나뉘어 있다. 두 번째 본문은 마가가 자주 사용하는 '샌드위치' 구조로 이루어져 있는 하나의 본문이다. 첫 번째 본문은 4:35–41과 5:1–20로 나눌 수 있지만, 두 단락 사이의 공통점(뒤의 설명)과 유사한 신학적 주제로 인해 한편의 설교로 묶는 것이 더 좋다.

3 France, *Gospel of Mark*, 220.(『NIGTC 마가복음』 새물결플러스, 366)

4 마가와 동일한 시대에 살고 있던 독자는 박해를 당하며 이러한 이야기를 읽었는가? "마가복음의 원독자는 네로의 박해와 네로의 죽음 이후 68년에 발생한 로마의 내분과 66–73년에 있었던 유대 전쟁 중에 (혹은 바로 직전에) 혼돈과 악의 세력이 급증하는 것을 경험하였다. 원독자들은 복음서에 나타난 제자들과 같이 하나님 나라의 비밀을 알았지만, '우리가 죽게 된 것을 돌보지 아니하시나이까!'라고 외쳤을 수도 있다"(Donahue and Harrington, *Gospel of Mark*, 162). 여기에 대해 신정론의 오래된 질문을 던질 수밖에 없다. 과연 하나님은 선하신가? 그리고 과연 하나님은 전능하신가?

5 이와 같이 예수님의 능력을 묘사하는 것은 예수님의 사명을 인식하는 제1막의 주제에 해당한다.

4:38 예수께서는 고물에서 베개를 베고 주무시더니 제자들이 깨우며 이르되 선생님이여 우리가 죽게 된 것을 돌보지 아니하시나이까 하니

4:39 예수께서 깨어 바람을 꾸짖으시며 바다더러 이르시되 잠잠하라 고요하라 하시니 바람이 그치고 아주 잔잔하여지더라

4:40 이에 제자들에게 이르시되 어찌하여 이렇게 무서워하느냐 너희가 어찌 믿음이 없느냐 하시니

4:41 그들이 심히 두려워하여 서로 말하되 그가 누구이기에 바람과 바다도 순종하는가 하였더라

6.1 주해

6.1 제자들은 예수님의 능력에 의지함으로써 천재지변 가운데서도 담대할 수 있다.[6]

마가복음 4:35–41 단락은 축귀의 형식으로 이야기가 전개된다. 1:21–28(마가복음에서 예수님이 처음으로 귀신을 쫓아내심)과 4:35–41의 유사성이 이를 입증한다.[7]

마가복음 4:35-41-바다에서 '귀신을 쫓아내심'	마가복음 1:21-28-회당에서 귀신을 쫓아내심
제자들이 예수님께 죽게 되었다고(ἀπόλλυμι, 아폴루미) 이야기한다(4:38).	더러운 귀신이 예수님께 멸하러(ἀπόλλυμι) 오셨는지 물어본다(1:24).
예수님이 바람을 꾸짖으신다(ἐπετίμησεν, 에페티메센)(4:39).	예수님이 더러운 귀신을 꾸짖으신다(ἐπετίμησεν)(1:25).
예수님이 바다더러 고요(φιμόω, 피모오)하라고 명하신다(4:39).	예수님이 귀신에게 잠잠(φιμόω)하라고 명하신다(1:25).
바람이 그칠 때에 아주(μεγάλη, 메갈레) 잔잔하여진다(4:39).	더러운 귀신이 큰(μεγάλη) 소리를 지르며 나온다(1:26).
제자들은 심히 두려워한다(4:41).	무리가 놀란다(1:27).
제자들이 서로 물어본다(4:41).	구경꾼들이 서로 묻는다(1:27).
"그가 누구이기에"(τίς ἄρα οὗτός ἐστιν, 티스 아라 후토스 에스틴, 4:41).	"이는 어찜이냐"(τί ἐστιν τοῦτο, 티 에스틴 투토, 1:27).
"바람과 바다도 순종하는가"(ὑπακούω, 휘파쿠오, 4:41).	"더러운 귀신들에게 명한즉 순종하는도다"(ὑπακούω, 1:27).

6 이 단락과 다른 곳에서 나타난 이러한 신학적 주제는 마가복음에서 열두 제자를 부정적으로 묘사한 것을 가지고 제자도의 한 측면을 긍정적으로 표현한 것이다.

7 Kuthirakkattel, *Beginning of Jesus' Ministry*, 247에서 인용함.

마가는 마치 광풍을 잠잠케 한 것만으로는 충분히 인상적이지 못했다는 듯이 자연재해의 위력을 강조하고, 광풍을 잠잠케 한 것을 축귀와 동일하게 애써 표현한다.[8] 사나운 바다와 광풍을 귀신으로 인격화하고 그것들을 꾸짖는 것에 주목할 필요가 있다. 바람을 마치 살아 있는 생물체인 양 꾸짖으시고 '다루기 힘든 방해꾼'인 것처럼 구체적으로 잠잠하라고 명령하시는 것이 놀랍다.[9] 4:37의 "큰(μεγάλη, 메갈레) 광풍"은 4:39에서 예수님이 꾸짖으신 후 "아주(μεγάλη) 잔잔"하여진다. 광풍이 극적으로 잔잔해지는 변화 가운데 예수님의 능력을 볼 수 있다. 배에서 지켜본 이들(열두 제자)의 반응은 마가복음 1장에서 축귀를 본 이들의 반응과 유사하다.

다우드(Dowd)는 마가복음에서 처음으로 팔레스타인 중북부에 위치한 큰 민물 호수를 '갈릴리 바다'로 기록하고 있다고 말한다. 그 당시의 저술가들은 "호수"(λίμνη, 림네)라고 대신 기록했다.[10] 마가가 호수를 바다(θάλασσα, 쌀라싸, "바다")로 기록한 것(4:1, 39, 41; 5:1, 13, 21; 6:47, 48, 49; 7:31)은 히브리어 단어 יָם(얌, "바다", 칠십인역에서 θάλασσα로 번역됨, 민 34:11; 수 12:3; 13:27)을 의도적으로 반영한 것이다. 이는 고대 근동 신화에서 혼돈을 대표하는 바다의 세력을 다스리는 신성한 전사(여호와도 동일하게 바다를 다스리심)를 떠올리게 하기 위함이다.[11] 사나운 물과 바람을 잔잔하게 하는 것은 하나님의 강력한 역사이며 자연과 창조물을 다스리시는 능력을 나타낸다.

따라서 광풍 속에서도 예수님은 주무실 수 있다. 성경 외에 고대 근동 문서를 살펴보면 신이 잠을 잔다는 것은 신의 무관심(또는 피로함)이 아니라 오히려 다스림을 상징한다. 이는 안식이 신의 특권이기 때문이다.[12] 저자들은 성경의 여호와를 신학적

8 자연재해가 사탄의 세력으로 발생한 것일 수도 있다고 시사하는 것인가?

9 France, *Gospel of Mark*, 223.(『NIGTC 마가복음』 새물결플러스, 373) 말씀을 보면 여호와도 자연을 꾸짖으신다(시 18:15; 104:5–7; 106:9).

10 Josephus, *J.W.* 2.20.6; *Ant.* 5.1.22; *Life* 65; Pliny, *Nat.* 5.15; 그리고 눅 5:1, 2; 8:22, 23, 33 참조.

11 창세기 1:1–10; 8:1; 욥기 38:8–11; 시편 65:5–8; 74:12–17; 77:16–20; 89:9–14; 104:1–9; 106:9; 107:23–32; 이사야 27:1; 51:9–11; 예레미야 5:22; 31:35 등. Dowd, *Reading Mark*, 52와 Boring, *Mark*, 143 참조. *1 En.* 60.16; 69.22과 1QH 6.22–24에서도 바다를 사탄의 세력과 같은 존재로 본다. 혼돈을 야기하는 고대의 세력과 맞서는 여호와에 대해서는 Achtemeier, "Person and Deed"를 참조하라. 만약 마가복음의 이야기가 시편 107:23–32을 기반한 것이라면 "다른 배들"(막 4:36, 이 단락에서 더 이상 등장하지 않는다)은 시편 107:23을 복수형 "배들"을 반영한 것일 수도 있다(Collins, *Mark*, 258). 하나님의 백성이 사나운 물로 시달리는 모습을 시편에서도 찾아볼 수 있고(시 69:1–2; 124:4–5), 교부들은 하나님의 백성을 '배'로 자주 비유하였다(*T. Naph.* 6; Tertullian, *Bapt.* 12; Clement of Alexandria, *Quis. div.* 34.33; Minucius Felix, *Oct.* 29; Justin Martyr, *1 Apol.* 55; Origen, *Comm. Matt.* 11.6 등).

12 Batto, "Sleeping God."

으로 다스리는 자로 표현하기 위해 이러한 주제를 자주 사용한다(창 2:2–3; 출 20:11; 대상 28:2; 시 132:13–14). 그러므로 예수님의 주무심은 그분이 주변 상황을 통제하신다는 것을 나타내는 중요한 요소다. 예수님이 주무시는 모습(그리고 그분의 구체적인 반응, 막 4:38)은 몹시 당황한 열두 제자와 완전히 대조된다. 어부들이 당황할 때 목수는 오히려 잠을 자는 모순이 독자에게 명확하게 드러난다. 제자들은 예수님이 주무시는 모습을, 그분이 자신들의 어려움에 무관심한 것으로 해석한다. 이는 시편 기자가 여호와께 잠에서 깨어나 도와달라고 간청(시 35:23; 44:23–26; 59:5; 78:65–66)하는 것과 유사하다.[13] 제자들이 마가복음 1–4장에서 예수님의 긍휼하신 행동과 말씀(1:31, 34, 39, 41; 2:5, 17, 27; 3:5, 10)을 어떻게 이토록 금방 잊었는지 이해하기 힘들다. 예수님의 주무심은 주변 사람들이나 배에 함께 탄 사람들의 어려움에 무관심한 것이 아니며, 오히려 그분의 주권을 보여준다.[14] 또한 예수님의 주무심은 하나님 아버지에 대한 그분의 신뢰도 보여준다(시 3:5–6; 4:8; 잠 3:24). "하나님 나라의 씨를 뿌리는 자가 하나님의 돌보심을 신뢰함으로 단순히 '밤낮 자고 깨는' 것처럼(막 4:27), 예수님의 주무심은 바다도 다스리시는 하나님을 신뢰하는 모습을 보여준다."[15] 예수님의 주무심이 예수님의 주권을 보여주든, 아니면 하나님 아버지를 향한 예수님의 신뢰를 보여주든 간에(혹은 둘 다일 수도 있음), 제자라면 하나님이 무관심하시다고 생각하는 대신 하나님의 주권적인 능력을 신뢰해야 한다고 저자는 말하고 있다. 배에 있는 열두 제자가 1:24에서 더러운 귀신이 예수님께 질문할 때 사용한 동일한 동사(ἀπολλύμι, 아폴루미, "파멸하다")로 예수님께 질문했다는 것(이전 표 참조)은 제자들의 어두운 믿음을 보여주는 것이다. 적어도 믿음에 관해서는 제자들과 귀신이 크게 다른 점이 없다. 제자들은 귀신처럼 예수님이 자신들을 멸하러 왔다고 생각한다!

마이어스(Myers)는 자연이 예수님께 순종(ὑπακούω, 휘파쿠오)한다는 점을 관찰한다(4:41). 생명이 없는 자연조차 그분의 말씀을 듣는데, 직전 본문에서 들으라(ἀκούω, 아쿠오, 4:3, 9, 20)고 명령을 받은 제자들은 과연 그분의 말씀을 듣고 있는가?[16] 제자

13 동사가 유사하지는 않지만 마가복음 4:37–38의 이야기와 요나서 1:4–6의 이야기는 다음의 요소를 공유한다. 바람, 배가 침몰할 위험, 잠을 자는 주인공, 죽을까(ἀπόλλυμι, 아폴루미) 두려워 주변 사람이 주인공을 깨우는 것, 이후 잠잠해지는 바람은 서로 비슷하다.

14 "배가 그의 몸을 실었지만 그의 신성한 능력이 배와 그 배 안에 있는 모든 것을 싣고 있었다"(Ephrem the Syrian, *Three Homilies: On Our Lord*, 50).

15 Henderson, *Christology*, 140.

16 Myers, *Binding the Strong Man*, 196.

들은 예수님의 말씀을 듣지 않는 듯하다. 제자들이 하나님 나라의 비밀을 맡은 '내부인'으로 불린 이후에도(4:11), 그들은 위기 앞에서 하나님의 능력을 신뢰하는 믿음이 여전히 없다. 예수님은 οὔπω(우포, "아직도")라고 외치시며 실망을 드러내신다. '아직도 믿음이 없느냐?'(4:40). 이 질문이 저자의 신학적 중점을 명확하게 보여준다. 제자들은 예수님의 능력을 보았고, 예수님이 그들을 부르셨으며(3:7-12), 하나님 나라의 비밀이 주어졌고(4:10-12), 예수님의 가르침과 설명을 들을 수 있는 내부인이 되는 특권을 얻었다(4:34). 예수님이 그들과 함께 배에 타셨으며, 앞서 어려움에 넘어지지 말라고 경고도 하셨다(4:16-19). 이뿐만 아니라 예수님은 씨 뿌리는 자가 잠이 들 때에도 하나님이 일하고 계심을 가르치셨다(4:26-29). 그러나 제자들은 천재지변 앞에서 두려워하고 실패한다.[17] 그들은 지금까지 듣고 보고 배운 것을 잊어버렸고, 예수님이 지적하신 것처럼 예수님의 능력을 전혀 신뢰하지 못한다. 광풍이 잔잔해지는 놀라운 이적을 두 눈으로 보고도 그들은 이 단락 말미에서 여전히 "심히 두려워"한다(4:41). 큰(μεγάλη, 메갈레) 광풍이(4:37) 아주(μεγάλη) 잔잔해지지만(4:39), 제자들은 심히(μέγαν, 메간) 두려워할 뿐이다! 제자들은 지금까지 목격한 예수님의 능력을 떠올리지 못한다. 오히려 그들은 "어찌 믿음이 없느냐"라는 예수님의 질문에 "그가 누구이기에"(4:41)라고 서로에게 묻는다. 이는 제자들의 믿음이 얼마나 작은지 보여준다. 제자들은 "혼돈을 야기하는 귀신의 세력을 지배하시는 하나님을 온전히 신뢰하시는 예수님을 닮지 못했을 뿐만 아니라…이러한 세력을 다스리시는 예수님의 권위도 확신하지 못했다."[18] 이 단락의 핵심은 다음과 같다. 제자들은 예수님이 지금까지 행하신 이적과 지금까지 드러난 그분의 능력, 권위, 통치, 관심사를 떠올리지 못한다. 위기(이 경우에는 자연재해) 속에서 제자들은 믿음이 없어(기억을 하지 못해) 두려워한다. 그렇다면 반대로 진정한 제자는 믿음으로 하나님의 능력을 기억하고, 위기를 맞아도 두려워하지 않을 수 있다.[19] 이 단락에서는 축귀와 유사한 바다 위의 위기를 다루고 있지만, 제자가 겪는 위기는 물과 관련된 것만은 아니다. 제자는 다양한 자연재해와 대참사로 인해 고통당할 수 있

---

17 Marshall, *Faith as a Theme*, 217.

18 Henderson, *Christology*, 140.

19 Boring은 다음과 같이 적절히 기록한다. "이 이야기는 제자들이 반드시 죽음을 면하게 하시는 하나님이 아닌 죽을 수도 있는 상황이나 죽음 이후에도 구원해주시는 하나님을 믿으라고 요구한다"(*Mark*, 146). 이 단락은 제자들이 항상 위기를 모면할 것이라고 말하는 것이 아니라 그들을 (이 경우에는 자연재해로부터) 지킬 수 있는 하나님을 신뢰하라는 교훈을 준다.

지만, 귀신처럼 보이는 광풍조차 잔잔해진다면 예수님을 따르는 자들은 어떠한 자연재해 속에서도 예수님의 능력을 신뢰할 수 있다.

6.2 마가복음 5:1-20

6.2 신학적 초점

6.2 제자들은 예수님의 능력을 의지하고 선포함으로써, 영적인 적을 극복하고 예수님께 받은 사명을 담대히 완수할 수 있다(5:1-20).

6.2.1 제자들은 예수님의 능력을 의지함으로써 영적인 적과 담대히 맞설 수 있다.

6.2.2 제자들은 예수님의 능력을 선포함으로써 예수님께 받은 사명을 완수할 수 있다.

6.2 단락 요약: 이 단락에서 등장하는 더러운 귀신, 귀신 들린 자 그리고 구경꾼 모두가 이전 단락에서 낮게 평가된 열두 제자와 대비되는 인물이다. 모순되게도 귀신들이 예수님을 인식하고(예수님이 누구신지 서로 물어보는 열두 제자와는 달리), 귀신 들린 자가 예수님이 자기를 불쌍히 여겨 행하신 일을 전파하러 떠난다(예수님이 이전에 행하신 일을 기억하지 못하고 오히려 그분을 자비가 없는 자로 이해하는 열두 제자와 다르다). 구경꾼들조차 제자들보다 두려움이 없는 것처럼 보인다. 그러므로 진정한 제자는 초자연적인 적을 다스리시는 주님의 능력을 믿음으로 기억하며 그 능력을 선포함으로써 담대히 예수님의 사명을 좇는 자다.

6.2 성경 본문

5:1 예수께서 바다 건너편 거라사인의 지방에 이르러
5:2 배에서 나오시매 곧 더러운 귀신 들린 사람이 무덤 사이에서 나와 예수를 만나니라
5:3 그 사람은 무덤 사이에 거처하는데 이제는 아무도 그를 쇠사슬로도 맬 수 없게 되었으니
5:4 이는 여러 번 고랑과 쇠사슬에 매였어도 쇠사슬을 끊고 고랑을 깨뜨렸음이러라 그리하여
아무도 그를 제어할 힘이 없는지라
5:5 밤낮 무덤 사이에서나 산에서나 늘 소리 지르며 돌로 자기의 몸을 해치고 있었더라
5:6 그가 멀리서 예수를 보고 달려와 절하며
5:7 큰 소리로 부르짖어 이르되 지극히 높으신 하나님의 아들 예수여 나와 당신이 무슨 상관이
있나이까 원하건대 하나님 앞에 맹세하고 나를 괴롭히지 마옵소서 하니

5:8 이는 예수께서 이미 그에게 이르시기를 더러운 귀신아 그 사람에게서 나오라 하셨음이라
5:9 이에 물으시되 네 이름이 무엇이냐 이르되 내 이름은 군대니 우리가 많음이니이다 하고
5:10 자기를 그 지방에서 내보내지 마시기를 간구하더니
5:11 마침 거기 돼지의 큰 떼가 산 곁에서 먹고 있는지라
5:12 이에 간구하여 이르되 우리를 돼지에게로 보내어 들어가게 하소서 하니
5:13 허락하신대 더러운 귀신들이 나와서 돼지에게로 들어가매 거의 이천 마리 되는 떼가 바다를
향하여 비탈로 내리달아 바다에서 몰사하거늘
5:14 치던 자들이 도망하여 읍내와 여러 마을에 말하니 사람들이 어떻게 되었는지를 보러 와서
5:15 예수께 이르러 그 귀신 들렸던 자 곧 군대 귀신 지폈던 자가 옷을 입고 정신이 온전하여 앉은
것을 보고 두려워하더라
5:16 이에 귀신 들렸던 자가 당한 것과 돼지의 일을 본 자들이 그들에게 알리매
5:17 그들이 예수께 그 지방에서 떠나시기를 간구하더라
5:18 예수께서 배에 오르실 때에 귀신 들렸던 사람이 함께 있기를 간구하였으나
5:19 허락하지 아니하시고 그에게 이르시되 집으로 돌아가 주께서 네게 어떻게 큰 일을 행하사 너를
불쌍히 여기신 것을 네 가족에게 알리라 하시니
5:20 그가 가서 예수께서 자기에게 어떻게 큰 일 행하셨는지를 데가볼리에 전파하니 모든 사람이
놀랍게 여기더라

6.2 주해

6.2.1 제자들은 예수님의 능력을 의지함으로써 영적인 적과 담대히 맞설 수 있다.

예수님은 회당에서 귀신을 쫓아내시며 유대 지역에서 사역을 시작하셨다(막 1:21–27). 이제 그분은 묘지(이방인의 예배 장소로 알려짐, 예를 들어 사 65:4은 돼지도 언급함)에서 귀신을 쫓아내시며 이방인 영토에서 사역을 시작하신다. 이 이야기 곳곳에는(이방인 나라, 귀신, 무덤, 돼지) 부정함이 드러나 있다. 프란스는 이 단락이 마가가 전하는 가장 극적인 축귀 기사라고 표현한다(실제로 공관복음 가운데 가장 긴 축귀 기사다). 이 단락은 귀신 들린 자가 처한 소망 없는 상황, 수차례에 걸쳐 귀신 들린 정황, 귀신의 이름 그리고 예수님이 귀신을 쫓아내어 귀신들이 2천 마리의 돼지 떼로 들어가 바다에서 몰

사하는 장면을 구체적으로 묘사한다.[20] 예수님의 ἐξουσία(엑수시아, "권위")는 비길 데가 없다.

귀신 들린 자가 처한 매우 끔찍한 상황은 애써 구체적으로 묘사된 거처, 진단, 통제 불능 상태, 엄청난 힘, 비명 그리고 자해를 통해 알 수 있다(5:2-6).[21]

A 귀신 들린 자가 예수님을 만나다(대면하다)(5:2)*

B 무덤 사이에 거하다(5:3a)

C 아무도 그를 맬 수 없다(οὐδεὶς ἐδύνατο, 우데이스 에디타노)(5:3b)

D 고랑과 쇠사슬에 매이다(5:4a)

D′ 쇠사슬과 고랑을 깨뜨리다(5:4b)

C′ 아무도 그를 제어할 힘이 없다(οὐδεὶς ἴσχυεν, 우데이스 이스쿠엔)(5:4c)

B′ 무덤과 산에서 소리를 지르다(5:5)

A′ 귀신 들린 자가 예수님께 '절하다'(5:6)**

* ὑπαντάω(휘판타오, "만나다")는 항상 적의를 가지고 누구를 만난다는 뜻은 아니지만, 마태복음 8:28, 누가복음 8:27, 14:31, 사도행전 16:16 그리고 Josephus *J.W.*1.177, *Ant* 7.128에서 볼 수 있듯이 이런 의미를 포함할 수도 있다.

** 5:2-6의 구조는 Reid, *Preaching Mark*, 56에서 수정된 것이다. 5:6에서 귀신 들린 자가 예수님께 절할 때 사용된 동사(προσκυνέω, 프로스쿠네오)는 마가복음에서 유일하게 15:19에서 다시 한번 나타난다. 이 구절에서는 로마 군인이 풍자적으로 예수님께 절한다. 아마도 5:6에서 귀신 들린 자가 절하는 것도 진정한 예배를 풍자한 것일 수 있다.

이 단락에서 힘과 조직을 나타내는 군사 용어가 자주 사용되는 것 또한 놀랍다. ἀγέλη(아겔레, "무리", 5:11)는 군대 신병(新兵)을 가리키고, ἐπιτρέπω(에피트레포, "허락하다", 5:13)는 행렬을 해산시키는 군사 명령이며, ὁρμάω(호르마오, "돌진하다", 5:13)는 전투에서 부대가 돌진하는 것을 가리키고, ἀποστέλλω(아포스텔로, "보내다", 5:10)도 부대의 이동을 가리킬 때 사용되기도 하는 용어다. 돼지 떼가 바다에서 몰사하는(5:13) 장면은 바로의 군대가 바다에 잠기는(출 15:4) 모습을 연상시킨다. 이러한 용어들은 강적에

20 France, *Gospel of Mark*, 226.(『NIGTC 마가복음』 새물결플러스, 376)

21 Geddert, *Mark*, 115. 바다를 잠잠하게 하는 단락과 귀신을 쫓아내는 이 단락 모두 자연재해와 초자연적인(귀신) 작용을 각각 극단적으로 묘사했다. 다수의 부정적인 표현[οὐκέτι(우케티, "이제는"), οὐδεὶς(우데이스, "아무도", 2회), οὐδε(우데, '아니다', 5:3-4)]은 귀신 들린 자가 처한 극심한 상황을 더욱 강조한다. οὐδεὶς ἴσχυεν αὐτὸν δαμάσαι(우데이스 이스쿠엔 아우톤 다마사이, "아무도 그를 제어할 힘이 없는지라", 5:4)는 세례(침례) 요한이 선포한 ἰσχυρότερός(이스쿠로테로스, "나보다 능력 많으신 이")와 3:27에서 ἰσχυρός(이스쿠로스, "강한 자")를 결박하는 것을 연상케 한다.

맞선 하나님의 강력한 역사를 보여준다. 물론 "군대"라는 단어 자체가 군사 용어다. "군대"라는 지칭은 귀신의 숫자를 강조하기보다는 수많은 귀신이 일제히 예수님을 적대하는 모습을 강조한다.[22] 이 단락에서 수없이 쏟아지는 호전적인 용어들은 귀신 들린 자의 끔찍한 상태뿐만 아니라 그 속에서 그를 구하시는 예수님의 위대한 사역을 강조한다.

광풍과 맞닥뜨린 단락(막 4:35-41)처럼 이 단락 또한 1:21-27에 나타난 첫 축귀 기사와 유사한 점이 많다. 실제로 마가복음에서 예수님이 귀신과 대화하시는 장면은 다음 표의 두 축귀 기사에서만 찾아볼 수 있다.[23]

	마가복음 5:1-20	마가복음 1:21-27
귀신이 등장	더러운 귀신들	더러운 귀신
귀신 들린 자의 외침	"큰 소리로 부르짖어 이르되"(5:7)	"소리 질러 이르되"(1:23-24)
귀신 들린 자의 도전	"나와 당신이 무슨 상관이 있나이까"(5:7)	"우리가 당신과 무슨 상관이 있나이까"(1:24)
예수님을 인식함	"지극히 높으신 하나님의 아들 예수"(5:7)	"나사렛 예수", "하나님의 거룩한 자"(1:24)
예수님의 명령	"나오라"(ἔξελθε, 엑스엘쎄, 5:8)	"나오라"(ἔξελθε, 1:25)
귀신의 반응	더러운 귀신이 나옴(ἐξέρχομαι, 엑스에르코마이, 5:13)	더러운 귀신이 나옴(ἐξέρχομαι, 1:26)
구경꾼의 반응	두려워함(5:15)	놀람(1:27)

귀신 들린 자가 "나와 당신이 무슨 상관이 있나이까"(5:7)라고 도전하는 표현에는 대부분 적개심이 담겨 있으며, 이는 더 강한 상대로부터 공격당할 것이라고 예상되거나 반격을 가할 때 사용되는 표현이다.[24] 이 단락에서 귀신들이 예수님을 "하나님의

22 이론상으로 1세기 로마 군대는 5,400명의 군사로 구성되었지만, 이 단락에서 돼지 떼의 수는 2,000마리에 불과했다(5:13). Dowd, *Reading Mark*, 54 참조.

23 Myers, *Binding the Strong Man*, 193에서 수정된 표다.

24 예를 들어 사사기 11:12; 사무엘하 16:10; 19:22; 열왕기상 17:18; 열왕기하 3:13; 역대하 35:21; 마태복음 8:29; 마가복음 1:24; 누가복음 4:34; 8:28, 요한복음 2:4. O'Donnell, "Translation and the Exegetical Process," 176-77n50 참조.

거룩한 자"(1:24)가 아니라 "지극히 높으신 하나님의 아들"(5:7)로 인식한다는 것은 이 단락이 1:21–27보다 더 격렬한 대립을 포함하고 있음을 보여준다. "지극히 높으신 하나님의 아들"(5:7)은 4:41에서 "그가 누구이기에"라는 제자들의 질문에 답을 제시해준다. 모순되게도 더러운 귀신이 답을 제시한다! 열두 제자는 예수님과 오랫동안 함께했지만, 가라앉고 있는 배에서 예수님을 "선생님"(4:38)으로만 인식하였다. 귀신 들린 자가 예수님께 "절"(προσκυνέω, 프로스쿠네오, 5:6)하는 모습은 이 역설을 더 부각시킨다. 예수님의 제자들은 지금까지 거의 아무 일도 하지 못했다. 그들은 사실상 예수님이 누구신지 잊어버렸고, 오히려 예수님의 능력을 인식하며 그 힘을 자신들에게 사용하지 말라고 간청하는 귀신들(!)의 도움을 통해 그분이 누구신지 깨달아야 한다.

마가가 구경꾼들의 반응을 유난히 길게 기록(5:14–17)한다는 것은 그 장면을 통해 무언가를 수행하고 있다는 뜻이다. 귀신이 쫓겨난 이후 주변 사람들이 두려워하는 모습(ἐφοβήθησαν, 에포베쎄산, "그들이 두려워하더라", 5:15)은 바다의 바람이 잔잔해진 이후 두려워한 제자들의 모습(ἐφοβήθησαν, 4:41)과도 같다. 단, 두려워한다는 동사의 명사형(φόβος, 포보스)과 "심히"라는 형용사가 더해진 것을 볼 때, 폭풍이 잔잔해진 것을 본 제자들이 마을 사람보다 훨씬 더 두려워했음을 알 수 있다(제자들이 "심히 두려워하여"를 직역하면 '큰 두려움으로 두려워하다'이다, 4:41). 마가복음에서 φοβέω(포베오, "두려워하다")라는 동사는 제자들이 두려워하는 이 장면에서 처음으로 등장하며 명사형인 φόβος는 오직 이 구절에서만 등장한다. '두려워하다'라는 첫 표현이 제자들에게 적용되었다는 것은 분명 무언가를 지적하고 있다! 마가복음 5장에 등장하는 구경꾼들은 예수님을 처음 보았기에 그들이 두려워하는 것은 어느 정도 이해할 수 있다. 그러나 제자들은 내레이션으로 따지면 네 장에 걸쳐 예수님을 보았음에도 불구하고, 기적을 행하는 자가 상당수의 돼지 떼를 바다에 몰사시키는 장면을 지켜본 이방인보다 더 두려워한다. 열두 제자는 예수님을 기억하고 인식하는 데 있어 귀신들에게서 교훈을 얻었어야 했다. 그리고 이제는 그들보다 덜 두려워하는 이방인에게서 교훈을 얻어야 하는 형편이다!

따라서 귀신을 내쫓는 5:1–20에서 제자들이 언급되지는 않지만, 저자는 귀신과 구경꾼 그리고 심지어 귀신 들렸던 자라는 대비되는 인물들을 통해 예수님을 향한 제자들의 부족하고 부적격한 반응을 강조한다. 그러므로 5:1–20은 4:35–41과 이어진 이야기로서 (자연재해와 영적인 적을 다스리시는) 예수님의 능력을 믿음으로 기억하지 못한 제자들의 실패를 강조한다. 또한 폭풍을 잔잔하게 하고 귀신을 내쫓는 두 단락이 귀신을 내쫓는 1:21-27과 매우 유사하다는 점을 볼 때, 4:35-41과 5:1-20이 공통된 주제를 공유하고 있다는 것이 놀랍지 않다(다음 표를 보라. 두 단락에서 볼 수 있는 대표적인 두 가지 차이점은 이 본문의 신학적 초점을 제시해준다).

	마가복음 4:35-41	마가복음 5:1-20
등장인물	예수님, 유대인, 맹렬한 자연	예수님, 이방인, 귀신
위기	극심한 광풍(4:37)	극심하게 귀신 들림(5:2-5)
시작점	제자들의 질문(4:38-39)	귀신 들린 자/군대의 질문(5:6-12)
예수님의 명칭	"선생님이여"(4:38)	"지극히 높으신 하나님의 아들 예수여"(5:7)
예수님의 반응	바다를 '쫓아내심'(4:39a)	바다로 귀신을 쫓아내심(5:8,13)
위기의 결과	바람이 잔잔해짐(4:39b)	귀신 들린 자가 '잔잔해짐'(5:15)
구경꾼의 반응	심히 두려워함(4:40-41a)	두려워함(5:15)

요약하자면, 제자들은 분명히 귀신들이나 마을 사람들보다 뛰어나지 못하다. 오히려 제자들이 예수님을 부르는 명칭("선생님이여")을 통해 귀신들("지극히 높으신 하나님의 아들 예수여")보다 못하다는 것을 알 수 있다. 또한 제자들이 "심히" 두려워하는 모습을 통해 마을 사람들보다 못하다는 것도 알 수 있다. 제자들이 지금까지 내내 예수님과 함께했다면(적어도 지금까지의 내레이션을 볼 때) 예수님에 대해 더 알아야 했고, 영적인 적을 대항하는 예수님의 능력을 믿음으로 마땅히 기억해야만 했다(예수님은 이미 제자들에게 이러한 능력을 보여주셨다. 1:21-28, 34, 39; 3:11-12, 27). 그러나 안타깝게도 그들은 '여전히' 믿음이 없어 예수님의 능력을 기억하지 못했다(4:40).

6.2.2 제자들은 예수님의 능력을 선포함으로써 예수님께 받은 사명을 완수할 수 있다.

두 단락(4:35-4과 5:1-20)의 가장 큰 차이점 가운데 하나는 진정한 제자(귀신 들렸던 자)는 '예수님과 함께'하고자 하며 긍정적으로 반응한다는 것이다. 그 주변에 있는 사람들은 두려워하지만(제자들 또한 "심히" 두려워했다), 치유받은 자는 두려워하지 않고 오히려 예수님과 함께하고자 한다(ἵνα μετ' αὐτοῦ ᾖ, 히나 메트 아우투 에, "함께 있기를", 5:18). 무리는 예수님과 떨어져 있고자 하지만(예수님이 떠나기를 "간구"함, 5:17), 이 사람은 예수님의 임재 안에 거하고자 한다(예수님과 함께 있기를 "간구"함, 5:18). 이 본문에는 열두 제자가 이렇게 긍정적으로 반응하는 모습은 전혀 언급되어 있지 않다.

귀신 들렸던 자가 스스로 먼저 간청하는 모습은 3:14("자기와 함께 있게 하시고", ἵνα ὦσιν μετ' αὐτοῦ, 히나 오신 메트 아우투)에서 열두 제자를 세우고 보내는 장면을 생각나게 한다. 제자들을 세우는 장면(3:13-15)과, 귀신 들렸던 자의 행동(5:1-20)과, 이후 단락에서 제자들을 실제로 보내는 장면(6:7-13) 사이의 공통점을 주목하라.

마가복음 3:13-15	마가복음 5:1-20	마가복음 6:7-13
예수님과 함께함(3:14)	예수님과 함께 있기를 간구함(5:18)	
전도함(3:14)	전파함(5:20)	전파함(6:12)
귀신을 내쫓음(3:15)	더러운 귀신을 쫓아냄(5:8)	귀신을 쫓아냄(6:13)
	많은 귀신(5:9)	많은 귀신(6:13)

열두 제자가 보냄받기 이전에 귀신 들렸던 자가 먼저 예수님으로부터 보냄을 받는다. 그는 열두 제자보다 앞서서 '예수님과 함께'하기를 원하고 전파하기 시작한다. 예수님이 열두 제자를 부르신 이유는 그들을 "보내사 전도"(ἵνα ἀποστέλλῃ αὐτοὺς κηρύσσειν, 히나 아포스텔레 아우투스 케루쎄인, 3:14)하기 위해서다. 제자들이 지금까지 이 사명을 감당하지 못하는 시점에 귀신 들렸던 자가 예수님의 명령에 온전히 순종한다(καὶ ἤρξατο κηρύσσειν, 카이 에릌사토 케루쎄인, "전파하니", 5:20). 이 사람이야말로 예수님이 주신 사명을 완수하고 있는 것이다. 예수님이 귀신 들렸던 자에게 전파하라고 명령하신 내용은 두 번(5:19, 20)이나 반복될 만큼 중요하다. 그는 예수님이 자신에게 얼마나 큰 일을 행하시고, 자신을 불쌍히 여기셨는지 알려야 했다. 즉, 그는 예수님의 능력을 전파해야 했다. 이것이 바로 열두 제자가 잊고 있었던 사명이다. 제자들은 예수님이 그들과 함께하시며 행하신 일과 그분의 능력을 잊어버린 채, 자신들의 어려움에 무관심하고 불쌍히 여기시지 않는다고 오히려 예수님을 비난했다(4:38). 제자들은 예수님이 그들과 함께 행하신 일을 기억하지 못했던 반면에, 귀신 들렸던 자는 자신이 전파해야 할 내용(자신에게 행해진 예수님의 능력)을 정확히 전하며 자신의 사명을 완수하였다(5:20). 마을 사람들이 예수님께 적의를 가졌다는 것은 귀신 들렸던 자가 전파하며 앞으로 이러한 적개심을 맞닥뜨리게 될 것을 암시한다. 그러나 이 사람은 망설이지 않으며 두려움을 전혀 보이지 않는다. 이 사람이야말로 제자의 본보기다!

진정한 제자가 믿음으로 기억해야 할 것은 바로 천재지변과 영적인 적을 다스리시는 예수님의 능력이다. 이뿐만 아니라 제자들은 그 능력을 선포해야 한다. 적어도 이 본문에서만큼은 귀신 들렸던 자가 진정한 제자로 변화되어가는 반면, 열두 제자는 여기까지 미치지 못한다. "그러므로 무명의 사람이 3:13-15에서 예수님이 세우신 열두 제자 무리의 열세 번째 제자로 세워지는 것처럼 보인다."[25] 예수님의 능력을 신뢰하며 그 능력을 선포하는 이 사람이 진정한 제자의 자질을 보여준다.

설교의 초점 및 개요

설교를 위한 본문 6의 신학적 초점

6 제자들은 예수님의 능력을 의지하고 선포함으로써 천재지변과 영적인 적을 극복하고 예수님께 받은 사명을 담대히 완수할 수 있다(4:35-5:20).

이 본문은 두 개의 단락으로 이루어졌기 때문에 설교하는 것이 어려울 수도 있다. 따라서 설교하기에 앞서 청중에게 본문을 미리 숙지하라고 권면하는 것이 좋을 것이다.[26] 본문 '주해'에서 많은 내용을 다루었지만, 이 책의 목적은 모든 세세한 내용을 청중에게 그대로 전달하기 위함이 아니다. 이렇게 많은 정보를 떠넘길 필요도 없고 시간도 없다. 설교자는 대신 청중에게 무엇을 전달할지 신중하게 판단해야 한다. 이러한 면에서 열두 제자, 귀신들, 귀신 들렸던 자 그리고 마을 사람들을 비교하는 것이 유용할 것이다. 청중이 마가가 말한 바를 통해 무엇을 수행하고자 하는지(신학적 초점) 파악할 수 있도록 다른 요소들도 필요에 따라 언급할 수 있다. 이 본문의 초점은, 제자는 자연과 초자연을 다스리시는 예수님의 능력을 믿어야 하며 그 능력을 선포해야 한다는 것이다. 다른 본문도 담대함과 관련된 여러 측면을 다루지만, 이 본문은 자연재해와 영적인 적을 상대할 때 필요한 담대함을 다룬다.[27] 하나님은 크신 능력과 풍성한 긍휼

25 van Iersel, *Mark*, 202.

26 이 본문을 설교할 때 예배 중에 본문을 읽는 (혹은 연극으로) 순서가 들어가야 한다. 30-40분의 설교 안에 담기 힘든 주해의 내용을 설명하기 위해 본문을 장년부 모임에서 일주일 전에 다루거나 목사의 블로그 혹은 다른 매체를 사용하는 것이 유익할 수 있다. 나는 회중 예배에서 선포되는 설교는 성령님의 능력 안에서 특정 본문의 설교를 통해 삶이 변화되는 동기를 부여해야 한다고 믿는다. 청중의 삶이 변화되도록 충분한(이 단어가 중요하다!) 정보만 전달되면 된다. 여기서 '충분한' 정보는 분명 모든 주해를 포함하지 않는다. '충분한' 정보 이상의 주해는 강대상에 서 있는 설교자에게 즐거울 수 있지만, 예배당 좌석에 앉아 있는 사람에게는 재미도 없을 뿐더러 불필요할 수 있다.

27 자연주의와 환원주의로 가득한 서양 문화에서는 지금도 영적인 적의 공격을 당할 수도 있다는 설명을 해

로 우리를 보호하시고 지켜주신다. 제자는 그분의 능력을 신뢰하며 더 나아가 그분의 능력을 선포할 책임이 있다. 예수님의 능력을 선포할 때 그 능력에 대한 믿음도 분명히 자랄 것이다!

이 본문에서 다루어야 할 주요 인물과 요소는 다음과 같다.

- **열두 제자:** 그들이 예수님에 관해 이미 듣고 본 바, 예수님에 대한 부족한 인식("선생님이여"), 예수님을 무관심한 분으로 오해함, 예수님이 누구신지 서로 물음, 심히 두려워함.

  대비 인물: 귀신-예수님에 대한 올바른 명칭(열두 제자와 전혀 다름)

  대비 인물: 마을 사람들-두려움(열두 제자는 심히 두려워함)
- **귀신 들렸던 자:** 예수님과 함께하고자 함, 보냄을 받고 전파함, 두려워하지 않음, 그에게 행해진 예수님의 능력을 선포함.

본문 6의 설교 개요

I. 자연과 '초자연'을 다스리시는 선생님의 능력

- 연관성: 우리를 괴롭히는 자연재해와 영적인 적

II. 열두 제자의 반응-믿음이 없음

- 반응: 열두 제자 vs. 귀신(예수님을 부르는 명칭 비교, 4:38/5:7)
- 반응: 열두 제자 vs. 마을 사람들(열두 제자는 심히 두려워함, 4:40-41a/5:15)
- 연관성: 자연재해와 영적인 적 앞에서 믿음 없이 두려워하는 우리의 반응

III. 제자의 반응-기억하고 선포하라!

- 제자의 본보기인 귀신 들렸던 자는 예수님의 능력을 믿음으로 선포함: 5:15-20
- 우리는 자연과 '초자연'을 다스리시는 예수님의 능력을 어떻게 선포할 수 있는가?

앞의 개요를 약간 수정하여 문제-해결-적용의 형식으로 다음과 같이 설교할 수 있다.

야 할 수도 있다. 대부분의 다른 문화권에서는 이러한 설명이 불필요하다.

Ⅰ. 문제: 두려움을 유발하는 자연재해와 영적인 적

- 마치 귀신 들린 듯한 극심한 폭풍(4:35-41)
- 귀신 들린 자의 심각성(5:1-3)
- 연관성: 우리가 처한 두려운 상황 속에서 자연과 '초자연'을 다스리시는 예수님의 능력을 신뢰하지 못하는 모습

Ⅱ. 해결: 자연과 '초자연'을 다스리시는 예수님의 능력을 신뢰함

- 반응: 열두 제자 vs. 귀신(예수님을 부르는 명칭 비교, 4:38/5:7)
- 반응: 열두 제자 vs. 마을 사람들(열두 제자는 심히 두려워함, 4:40-41a/5:15)

Ⅲ. 적용: *기억하고 선포하라!*

- 본보기: 귀신 들렸던 자는 예수님의 능력을 믿음으로 선포함(5:18-20)
- 우리는 자연과 '초자연'을 다스리시는 예수님의 능력을 어떻게 선포할 수 있는가?

어떻게 하면 예수님의 능력을 기억할 수 있을지 구체적으로 제시하면 좋을 것이다. 예를 들어 일기 쓰기, 간증하기, 정기적인 회상 등의 방법이 있다.

본문 7

고통의 때에 필요한 믿음

마가복음 5:21-6:6

[혈루증을 앓아온 여인이 치유됨, 야이로의 딸이 일어남, 믿음 없는 고향 사람들]

복습, 요약, 예습

본문 6 복습: 마가복음 4:35–5:20은 제자는 천재지변과 영적인 적을 다스리시는 예수님의 능력을 신뢰하고, 그분의 능력을 담대히 선포하는 자라는 사실을 가르친다.

본문 7 요약: 이번 본문(5:21–6:6)에서는 제자도의 본이 되는 인물(혈루증을 앓아온 여인과 야이로)과 그렇지 못한 인물(제자들과 구경꾼/통곡하는 자들)이 등장한다. 예수님을 따르는 자는 제자도 여정 가운데 그분의 관심과 돌보심 그리고 질병과 죽음을 다스리시는 그분의 능력을 인식하여 담대한 믿음을 갖는다. 본문 결말에서 믿음 없는 예수님의 고향 사람들은 하나님 나라를 세우시는 예수님의 사역에서 믿음이 얼마나 중대한 영향을 미치는지를 보여준다.

본문 8 예습: 다음 본문(6:7–32)은 저항하는 세력으로 인한 위험 속에서도 하나님의 공급하심을 신뢰하며 하나님 나라를 확장하기 위해 보냄을 받는 제자들의 모습을 보여준다.

본문 7. 마가복음 5:21-6:6

본문 7의 신학적 초점

7 제자들을 향한 예수님의 관심과 돌보심뿐만 아니라 질병과 죽음을 다스리시는 그분의 능력은 제자들로 하여금 담대하고 효력 있는 믿음을 갖게 하며, 제자들에게 이러한 믿음이 없으면 하나님 나라를 세우시는 예수님의 사역에 오히려 '방해'가 될 수 있다(5:21-6:6).

7.1 제자들을 향한 예수님의 관심과 돌보심뿐만 아니라 질병과 죽음을 다스리시는 그분의 능력은 제자들로 하여금 담대하고 효력 있는 믿음을 갖게 한다(5:21-43).

7.1.1 제자들은 관심을 갖고 돌보시는 예수님의 사역에 동참한다.

7.1.2 질병을 다스리시는 예수님의 능력은 그분의 제자들로 하여금 담대하고 효력 있는 믿음을 갖게 한다.

7.2 제자들에게 믿음이 없으면 하나님 나라를 세우시는 예수님의 사역에 오히려 '방해'가 될 수 있다(6:1-6).

개관

이전 본문에서 언급했듯이 4:35-5:43은 네 개의 단락으로 이루어졌으며, 예수님이 행하시는 이적의 강도가 점점 극대화되는 형태를 띤다. 그분의 권위는 자연, 영적 세력, 질병 그리고 심지어 죽음도 다스린다. 이전 본문(네 개의 단락 중 처음 두 개, 4:35-41과 5:1-20)은 자연과 '초자연'을 다스리시는 예수님의 능력을 신뢰하고, 그 능력을 담대히 선포하는 주제를 다루었다. 그리고 이제 나머지 두 개의 단락(5:21-43)은 제자의 믿음을 동일하게 다루지만, 더 구체적으로 질병과 죽음을 직면했을 때 필요한 효력 있는 믿음을 다룬다.[1] 이 본문은 예수님의 고향에서 일어나는 일로 끝맺으며 하나님 나라를 세우시는 예수님의 사역에 이러한 믿음이 얼마나 중대한 영향을 미치는지를 보여준다.

"저편으로" 건너는 첫 항해(4:35-5:21)를 마친 후에 예수님과 그분의 제자들은 유대 지역으로 돌아온다(5:21). 예수님은 유대 땅을 '정결'하게 하시려고 돌아오시지

1 '효력 있는' 믿음은 하나님의 능력이 믿는 자의 삶에서 드러나는 믿음(믿음이 없어 하나님의 역사를 '방해'하는 것과 달리, '주해 7.2' 참조)을 가리킨다. '효력 있는' 믿음은 믿음에 내재된 어떤 효력이 있다고 말하는 것은 아니다.

만, 계속해서 부정함과 직면하신다. 이번 본문에서 혈루증을 앓는 부정한 여자가 예수님을 만지고 예수님이 부정한 시체를 직접 만지신다(5:27, 41).

7.1 마가복음 5:21-43

7.1 신학적 초점

7.1 제자들을 향한 예수님의 관심과 돌보심뿐만 아니라 질병과 죽음을 다스리시는 그분의 능력은 제자들로 하여금 담대하고 효력 있는 믿음을 갖게 한다(5:21-43).

7.1.1 제자들은 관심을 갖고 돌보시는 예수님의 사역에 동참한다.

7.1.2 질병을 다스리시는 예수님의 능력은 그분의 제자들로 하여금 담대하고 효력 있는 믿음을 갖게 한다.

7.1 단락 요약: 이 단락에서는 제자도의 본이 되는 인물(혈루증을 앓아온 여인과 야이로)과 그렇지 못한 인물(제자들과 구경꾼/통곡하는 자들)이 등장한다. 마가는 이들의 행동을 통해 예수님을 따르는 자는 예수님의 관심과 돌보심 그리고 질병과 죽음을 다스리시는 그분의 능력을 인식하며 담대하고 효력 있는 믿음을 갖는다는 것을 설명한다.

7.1 성경 본문

5:21 예수께서 배를 타시고 다시 맞은편으로 건너가시니 큰 무리가 그에게로 모이거늘 이에 바닷가에 계시더니

5:22 회당장 중의 하나인 야이로라 하는 이가 와서 예수를 보고 발 아래 엎드리어

5:23 간곡히 구하여 이르되 내 어린 딸이 죽게 되었사오니 오셔서 그 위에 손을 얹으사 그로 구원을 받아 살게 하소서 하거늘

5:24 이에 그와 함께 가실새 큰 무리가 따라가며 에워싸 밀더라

5:25 열두 해를 혈루증으로 앓아 온 한 여자가 있어

5:26 많은 의사에게 많은 괴로움을 받았고 가진 것도 다 허비하였으되 아무 효험이 없고 도리어 더 중하여졌던 차에

5:27 예수의 소문을 듣고 무리 가운데 끼어 뒤로 와서 그의 옷에 손을 대니

5:28 이는 내가 그의 옷에만 손을 대어도 구원을 받으리라 생각함일러라

5:29 이에 그의 혈루 근원이 곧 마르매 병이 나은 줄을 몸에 깨달으니라

5:30 예수께서 그 능력이 자기에게서 나간 줄을 곧 스스로 아시고 무리 가운데서 돌이켜 말씀하시되 누가 내 옷에 손을 대었느냐 하시니

5:31 제자들이 여짜오되 무리가 에워싸 미는 것을 보시며 누가 내게 손을 대었느냐 물으시나이까 하되

5:32 예수께서 이 일 행한 여자를 보려고 둘러 보시니

5:33 여자가 자기에게 이루어진 일을 알고 두려워하여 떨며 와서 그 앞에 엎드려 모든 사실을 여쭈니

5:34 예수께서 이르시되 딸아 네 믿음이 너를 구원하였으니 평안히 가라 네 병에서 놓여 건강할지어다

5:35 아직 예수께서 말씀하실 때에 회당장의 집에서 사람들이 와서 회당장에게 이르되 당신의 딸이 죽었나이다 어찌하여 선생을 더 괴롭게 하나이까

5:36 예수께서 그 하는 말을 곁에서 들으시고 회당장에게 이르시되 두려워하지 말고 믿기만 하라 하시고

5:37 베드로와 야고보와 야고보의 형제 요한 외에 아무도 따라옴을 허락하지 아니하시고

5:38 회당장의 집에 함께 가사 떠드는 것과 사람들이 울며 심히 통곡함을 보시고

5:39 들어가서 그들에게 이르시되 너희가 어찌하여 떠들며 우느냐 이 아이가 죽은 것이 아니라 잔다 하시니

5:40 그들이 비웃더라 예수께서 그들을 다 내보내신 후에 아이의 부모와 또 자기와 함께 한 자들을 데리시고 아이 있는 곳에 들어가사

5:41 그 아이의 손을 잡고 이르시되 달리다굼 하시니 번역하면 곧 내가 네게 말하노니 소녀야 일어나라 하심이라

5:42 소녀가 곧 일어나서 걸으니 나이가 열두 살이라 사람들이 곧 크게 놀라고 놀라거늘

5:43 예수께서 이 일을 아무도 알지 못하게 하라고 그들을 많이 경계하시고 이에 소녀에게 먹을 것을 주라 하시니라

7.1 주해

이 단락은 마가복음에서 등장하는 총 여섯 개의 '샌드위치' 이야기 가운데 두 번째 이야기다.[2] 마가복음 5:21–24과 5:35–43은 외부 이야기의 전반부와 후반부를 각각 구

2 3:20–35; 6:7–32; 11:12–25; 14:1–11 그리고 14:53–72에서 '샌드위치' 이야기를 찾아볼 수 있다. 이 '샌드

성하고, 5:25–34이 내부 이야기를 구성한다. 이 '샌드위치' 이야기가 흐르는 과정 가운데 이야기의 배경은 점차 좁아진다. 처음에는 바닷가(5:21)에서 이야기가 시작되었고, 회당장 집으로 가는 길(5:24)을 지나 그의 집(5:38–39)에서 이야기가 전개된다. 시간 또한 연속적으로 전개된다. 외부 이야기에서 내부 이야기로 전개된 다음 다시금 외부 이야기로 돌아온다. 외부 이야기에서 예수님은 시신를 만지며(5:41) 사회적, 종교적 의식을 위반하신다. 내부 이야기에서는 혈루증을 앓는 여인이 예수님을 만지며(5:27) 또 다른 사회적, 종교적 의식을 위반한다. 두 이야기와 인물의 유사성을 통해 저자가 의도적으로 이야기를 이러한 구조로 나열했다는 것을 알 수 있다. 두 이야기는 서로 연결되어 있을 뿐만 아니라, 어떤 면에서는 두 실을 서로 엮어서 하나의 태피스트리(tapestry)를 짜놓은 듯하다.

외부 이야기: 마가복음 5:21–24, 35–43	내부 이야기: 마가복음 5:25–34
야이로, 남성, 회당장, 유명함(5:22)*	익명, 여성, 부정함, 가난함(5:26)
예수님을 봄(5:22)	예수님에 대해 들음(5:27)
절망적인 상황에 놓인 아버지(5:23, 35)	절망적인 상황에 놓인 여성(5:25–26)
예수님과 대면함(5:22)	예수님 뒤에 숨음(5:27)
예수님 발 아래 엎드림(πίπτω, 핍토, 5:22)	예수님 앞에 엎드림(προσπίπτω, 프로스핍토, 5:33)
두려워하지 말라(φοβέω, 포베오, 5:36)	두려워함(φοβέω, 포베오, 5:33)
믿음을 가지라(πιστεύω, 피스투오, 5:36)	믿음을 칭찬함(πίστις, 피스티스, 5:34)

위치' 이야기에 대한 구체적인 내용을 찾아보기 위해서는 Shepherd, *Markan Sandwich Stories*, 138–72를 참조하라. 나는 '샌드위치' 문학적 기법을 중요하게 보지만 반면에 France는 다음과 같이 말한다. "그런 장면의 순서는 확실히 창조적인 이야기의 긴장감 속에서 중요한 문학적 기능을 감당하지만, 양쪽 희생자들이 여성이라는 보다 명백한 점 외에는, 어떤 주제적인 연결이 이런 독특한 '샌드위치 기법'으로 달성되는지는 전혀 명백하지 않다"[France, *Gospel of Mark*, 234–35(『NIGTC 마가복음』 새물결플러스, 390)]. France는 또다시 회의적으로 다음과 같이 말한다. "이뿐 아니라, 몇몇 주석가는 이 여성이 12년 동안 고통을 당했다는 사실(25절)과 야이로의 딸이 12세라는 점(42절)에서 연결점을 찾아낸다. 이것은 확실히 궁여지책이다"[France, *Gospel of Mark*, 235n20(『NIGTC 마가복음』 새물결플러스, 390 각주 279번)]. 그러나 궁여지책이 전혀 아니다! 12라는 숫자는 혈루증을 앓은 여성과 야이로의 딸 사이의 연결점(죽음과 생명이 병치되었다)을 부각시킬 뿐만 아니라, 되풀이되는 '12'는 이스라엘의 열두 지파를 연상시키며 예수님이 유대 땅으로 돌아오셨다는 사실을 독자에게 상기시켜준다. 그러나 더 중요한 사실은 '12'는 생명과 죽음을 다스리시는 능력을 지닌 분을 통해 새롭게 세워질 하나님 나라를 암시한다는 것이다.

외부 이야기: 마가복음 5:21-24, 35-43	내부 이야기: 마가복음 5:25-34
아버지의 딸(θυγάτριον, θυγάτηρ, 쑤가트리온, 쑤가테르, 5:23, 35)	예수님의 '딸'(θυγάτηρ, 쑤가테르, 5:34)
열두 살에 죽음(5:42, 12년 전에 생명이 시작됨)	열두 해 동안 고통당함 (5:25, 12년 전에 죽음이 시작됨)
시체의 부정함(민 19:11-21)	혈루증의 부정함(레 15:19-30)
예수님이 딸을 만지심(5:41)	여자가 예수님의 옷을 만짐(5:27-28)
구경꾼이 오해함(5:31)	구경꾼이 오해함(5:40)
집 안에서 이적이 행해짐	무리 가운데 이적이 행해짐
치유(σῴζω, 소조)를 구하여 생명이 회복됨(5:23, 42)	치유(σῴζω)를 구하여 건강이 회복됨(5:28, 34)

* 야이로는 יאיר(야이르, "깨우치다") 또는 יעיר(야이르 "일깨우다")라는 히브리어를 헬라어로 옮긴 단어로 후자일 가능성이 더 높다(Guelich, *Mark*, 295). 마가복음에 나오는 많은 치유 본문에서 주인공이 익명인 것을 감안할 때, 이 단락에서는 그의 이름을 의도적으로 밝혔을 가능성이 크다.

7.1.1 제자들은 관심을 갖고 돌보시는 예수님의 사역에 동참한다.

혈루증을 앓아온 여성이 등장하는 단락은 주동사(ἥψατο, 헵사토, '만지다', 5:27) 전에 일곱 개나 되는 분사절(하나는 현재형이며 여섯 개는 과거형, 5:25-27)이 나타나는 문장으로 시작한다("앓아 온, 괴로움을 받았고, 허비하였으되, 효험이 없고, 더 중하여졌던 차에, 듣고, 와서…대니").[3] 이처럼 수많은 분사가 나열된 뒤에 '만지다'로 정점에 달하는 전개를 통해 그녀가 얼마나 절망적인 상황에 놓였는지를[5:26에서 등장하는 πολλὰ(폴라, "많은"), πολλῶν(폴론, "많은"), πάντα(판타, "모든")를 주목하라] 알 수 있을 뿐만 아니라 '부정함'이 '정결함'을 만지는 놀라운 장면이 부각된다. 이는 정결 예식을 범하는 행동이다(레 12:4과 15:25-30 참조). 사회적으로 높은 계층에 있는 사람(이름이 드러난 남성이자 유명한 회당장인 야이로)을 도우러 가는 도중에, 사회적으로 낮은 계층에 속한 이 여인을 돕는 모습을 통해 그 누구도 예수님의 관심 밖에 있지 않음을 알 수 있다. 예수님은 그분의 제자를 돌보신다.

이 여인이 치유된 후에 예수님은 그녀에게 아주 특별한 표현을 사용하신다. 마

3 France는 마가복음에서 이 점이 특이하다는 것을 다음과 같이 말한다. "접속사 없이 문장들을 나열하는 마가의 보다 일반적인 방식(paratactic style)과 다른 이 흥미로운 시도는, 그녀의 이야기가 시작되기 전에 독자들(혹은 청자들)로 하여금 이 여성의 처지에 관해 동정적인 마음을 가지도록 한다"[France, *Gospel of Mark*, 236n24(『NIGTC 마가복음』 새물결플러스, 392)]. 이 여성은 분명히 특별한 사람이다.

가복음을 통틀어 예수님이 누군가를 '딸'이라고 부르신 사람은 믿음을 가진 이 '부정한' 여인밖에 없다(막 5:34).[4] 이 '샌드위치' 이야기 후반부에서는 또 다른 자녀에게 생명이 다시 주어지며 아버지에게 딸이 (다시) 생긴다(5:35). 그러나 내부 이야기에서는 이 여성이 하나님의 딸이 된다. 그녀는 말 그대로 예수님의 새로운 가족이 되었으며(3:31-35), 부정함이 사라졌고, 사회적인 신분도 회복되어 온전히 회복되었다. 외부 이야기에 등장하는 딸은 능력 있는 아버지가 그녀를 대신해서 예수님을 부른 반면, 내부 이야기에 등장하는 '딸'은 많은 의사에게 시간과 돈과 에너지를 허비했고, 그녀를 대변할 사람이 아무도 없었다. 이 여인의 편에 서서 옹호하는 사람도 없었다. 그러나 이제 그녀가 예수님의 '딸'이 되었기에 예수님이 대신하여 싸우신다. "가장 낮은 곳에 있는 그녀는 가장 높은 곳에 있는 자의 딸을 위한 중요한 일에 끼어든다. 그러나 이야기의 결말에 이르러서는 그녀가 이야기의 중심이 되는 '딸'이 되었다!…그녀는 온전해졌을 뿐만 아니라 '믿음 없는' 예수님의 남성 제자들보다(4:40) 더 뛰어난 지위를 부여받는다!" 이는 실로 "충격적인 존엄성의 반전이다." 예수님은 가장 하찮은 사람으로 보일 수 있는 제자도 돌보신다.[5]

7.1.2 질병을 다스리시는 예수님의 능력은 그분의 제자들로 하여금 담대하고 효력 있는 믿음을 갖게 한다.

이 여인이 예수님 "뒤로"(ὄπισθεν, 오피스쎈, 부사, 5:27) 왔다는 사실이 놀랍다. 이 단어 자체는 마가복음에서는 유일하게 이곳에서만 등장하지만, 이 단어와 관련된 전치사 ὀπίσω(오피소, "뒤", 1:17, 20; 8:34)를 고려할 때 이 여성의 위치는 예수님을 따르는 자의 위치를 상징한다. 이 단락은 그녀가 진정한 제자임을 명백히 보여준다.

- 이 여성은 칭찬할 만한 믿음[5:34에서 예수님은 믿으라고 말씀하시고(1:15도 참조하라), 4:40에서는 제자들에게 믿음을 기대하신다]을 보여준다.
- 예수님은 치유된 여인을 '딸'이라고 부르시고 그녀는 예수님의 '가족'이 된다(3:34-35에서 예수님의 제자들로 구성된 '가족'을 볼 수 있다).

---

4 2:5에 등장하는 중풍 병자와 10:24에 등장하는 제자들도 예수님이 '자녀/자녀들'(τέκνον/τέκνα, 테크논/테크나)이라고 부르신다.

5 Myers, *Binding the Strong Man*, 202.

- 이 여인은 마치 예수님'처럼' 고난을 당한다[5:26; 8:31; 9:12; πάσχω(파스코) '괴로워하다'는 마가복음에서 이 여인과 예수님에게만 사용되는 동사다].
- 그녀는 예수님처럼 '채찍질'을 당한다[5:29, 34에서 명사 μάστιξ(마스틱스)는 "병"으로 번역되었다. 10:34에서는 동사 μαστιγόω(마스티고오) '채찍질하다'를 예수님의 마지막 수난 예고에서 사용한다. 이 연관 단어들은 마가복음에서 유일하게 이 구절에서만 사용된다].
- 이 여인과 예수님만 피를 흘리는 것과 연관되어 있다[5:25, 29; 14:24, 마가복음에서 이 구절들에서만 αἷμα(하이마), "피"를 사용한다].[6]

이 여인은 특별한 사람이자 진정한 제자다. 그녀의 놀라운 믿음은 예수님이 모든 제자에게 요구하시는 믿음이다(5:34, 36). 두려워하는 그녀에게(5:33) 예수님이 평안히 가라고 말씀하시는 것을 볼 때(5:34) 제자가 지녀야 할 믿음에는 담대함도 수반되어야 함을 알 수 있다.

동일한 이야기가 기록된 누가복음의 본문(눅 8:43-48)에서는 예수님이 자기에게서 능력이 나간 줄 아셨다는 사실을 강조한다. 이 여성의 생각에 대한 묘사는 없고, 그녀가 "모든 사람 앞에서" 말했다고 기록한다(눅 8:47). 이 이야기가 기록된 마태복음에서는 그녀가 마음속으로 예수님의 옷을 만져야겠다고 생각했다는 것에 초점을 맞춘다(마 9:21). 마태복음에서는 여인이 예수님의 옷을 만져서 구원받은 것이 아니라, 오히려 예수님이 여인에게 하신 말씀으로 구원받았다는 사실을 강조하는 듯하다(마 9:22). 또한 치유받은 이후에 예수님 앞에 나와 고백하는 장면이 기록되어 있지 않다. 이를 볼 때, 누가복음과 마태복음은 둘 다 치유하시는 예수님의 능력에 초점을 맞추고 있으며, 누가복음은 여성이 공개적으로 믿음을 고백한 사실을 추가로 강조한다. 이와 달리 마가복음은 여인이 치유받기 전에 가졌던 생각을 자세히 기록할 뿐만 아니라 치유받은 이후에 그녀가 회복되었다고 스스로 깨달은(γινώσκω, 기노스코, 막 5:28-29) 사실을 말해준다. 그리고 예수님이 자기에게서 능력이 나간 줄 아셨다고(ἐπιγινώσκω, 에피기노스코, 5:30) 기록한다. 이외에도 마가복음은 이 여인이 예수님 앞에 엎

6 Miller, *Women in Mark's Gospel*, 65. 예수님과 여인이 당한 고난은 오직 육체적인 면에서만 유사하다. 속죄의 본질이 담긴 예수님의 수난은 무엇과도 비교할 수 없으며, 인류의 죄를 위해서 당하신 그분의 고난은 사람이 지금까지 겪은 그리고 앞으로 겪을 그 어떠한 고난과 비교해서는 안 된다.

드려 모든 사실을 고백했다고 묘사하지만, 공개적인 자리라고 강조하지 않는다(반면에 누가복음에서는 그녀가 공개적인 자리에서 고백했다고 명시한다, 눅 8:47). 그러므로 마가복음에서 강조하는 바는 예수님이 인식하시지 못한 상황 속에서도 치유를 받은 여성이 지닌 믿음이다.[7] 이 믿음은 예수님이 모든 것을(몸을 쇠약하게 만드는 질병일지라도) 다스리시는 분이라는 절대적인 신뢰다. 예수님의 능력에 대한 신뢰(5:28a), 실제로 일어난 치유(5:29a) 그리고 스스로 깨달은 치유(5:29b)는 모두 예수님이 인식한 바와 무리를 향한 그분의 질문(5:30)과는 구분된다. 즉, 이 제자는 정말 놀라운 믿음을 가졌다. 마가복음은 이 제자의 효력 있는 믿음이 치료자의 허락 없이 그리고 그가 거의 모른 채 작용되고 있음을 보여준다. 수사학적으로 볼 때 마가는 제자가 지녀야 할 믿음의 힘과 영향력을 강조한다(6:1-6의 주해를 보면 이 사실이 더욱 강조됨을 알 수 있다).[8]

야이로도 이 단락에서 긍정적으로 묘사된다. 그는 여인에 이어 제자가 본받아야 할 두 번째 본보기로 등장한다(야이로와 혈루증을 앓아온 여인의 공통점을 다룬 이전의 표를 참조하라). 이 단락의 여인처럼 야이로도 절망적인 상황 가운데 예수님께 나와 그 발 앞에 엎드린다. 그리고 뒤이어 야이로의 믿음을 공격하는 세 가지 중대한 상황이 펼쳐진다. 가장 먼저 야이로의 집으로 가는 길에 예수님이 치유받은 여인을 만나시며 여정이 지체된다. 그리고 역시 집으로 가는 길에 집에서 온 사람들이 딸이 죽었다는 소식을 전한다. 마지막으로 집에서 심히 통곡하는 사람들을 통해 딸이 죽었다는 사실이 다시 한번 강조된다. 야이로의 믿음을 공격하는 세 가지 상황 속에서 예수님은 믿는 자에게 치유의 능력을 나타내신다(혈루증을 앓아온 여인이 등장하는 내부 이야기, 5:25-34). 예수님은 야이로에게 믿기만 하라고 말씀하시며(5:36) 딸아이가 죽은 것이 아니라 "잔다"라고 말씀하신다(5:39). 야이로는 믿음이 흔들릴 수 있는 상황을 무사히 극복한다. 그는 여정이 지체되는 상황에서도 절망하지 않으며, 딸이 죽었다는 소식을 듣고 나서도 예수님을 따른다. 믿음을 지킨 야이로의 딸은 예수님의 말씀처럼 다시 일어난다. 질병이나 죽음의 공격으로 인해 상황이 아무리 심각하고 절망적이라고 할지라도, 예수님은 믿음과 담대함으로 자신을 신뢰할 것을 요구하신다. 두 단락의 핵심

---

7 Robbins, "Woman Who Touched," 197-99 참조.

8 예수님이 주권적으로 치유하시고자 하는 마음이 없다거나 어떤 일이 일어났는지 인지하지 못하셨다는 말은 물론 아니다(5:30에 나타난 질문에도 불구하고). 이 내러티브는 마가가 무언가를 수행하기 위한 그의 수사학적 전략일 뿐이다. 그는 예수님을 따르는 자의 삶 속에서 효력 있는 믿음이 얼마나 중요한가를 보여준다.

은 예수님이 제자들의 삶에서 모든 질병과 죽음을 치유하고 물리치시지는 않는다는 사실을 유념하라는 것이다.[9] 이 본문의 초점은 이 땅에서 질병과 죽음으로 찾아오는 모든 절망적인 상황을 다스리시는 그리스도의 능력을 믿는 담대한 믿음, 곧 제자의 효력 있는 믿음에 있을 뿐이다.

이전에 설명했듯이, 여인은 몸이 치유된 것을 깨달았고(γινώσκω, 기노스코, 5:29), 예수님도 자신에게서 능력이 나간 것을 아셨다(ἐπιγινώσκω, 에피기노스코, 5:30). 그녀는 자신이 예수님 모르게 일방적으로 접촉하였다고 생각했지만, 예수님으로부터 능력이 나가면서 발견되었고 오히려 양방향의 접촉이 되어버렸다.[10] 모세의 율법에 따르면 그녀가 부정하기 때문에 그녀의 접촉으로 인해 예수님이 부정해졌다고 예상할 수도 있지만, 예수님께는 아무런 영향이 미치지 않았다. 오히려 예수님의 온전함이 그녀에게 영향을 미쳐 그녀가 치유되고 정결케 된다. 이는 예수님의 정결함이 능력이 있음을 증명한다. "예수님에게 거룩함은 무언가를 부정하게 만드는 부정적인 힘이 아니라 무언가를 치유하는 긍정적인 힘이라고 말할 수 있다."[11] 예수님의 정결함이 능력이 있음은 5:41–42에서 예수님이 시신과 접촉했을 때 동일하게 드러난다. 여기서도 예수님이 부정하게 되시는 것이 아니라 오히려 죽은 아이를 만지실 때 아이가 다시 살아나고 정결케 된다.

예수님이 여인의 구원을 선포하실 때(5:34) 야이로의 딸이 죽었다는 소식이 동시에 전해짐으로써(5:35) 생명과 죽음이 나란히 놓인다. 이는 마치 마가가 죽음과 생명을 겹쳐놓으려는 듯하다. 그리고 예수님이 여인을 "딸"(θυγάτηρ, 쑤가테르, 5:34)이라고 부르시는 장면 직후에 "어린 딸"(θυγάτριον, 쑤가트리온, 5:23)이라고 불렸던 야이로의 자녀가 "딸"(θυγάτηρ, 5:35)로 불리는 것을 볼 때 저자가 의도적으로 둘을 연결하고 있음을 알 수 있다. 한 "딸"이 치유를 받았고, 이제 다른 딸도 치유를 받는다.[12] 하나님의

---

9 모든 질병과 죽음은 훗날 영광의 날에 사라질 것이다. 그러나 이 땅에서는 사라지지 않을 수도 있다.

10 France, *Gospel of Mark*, 237.(『NIGTC 마가복음』 새물결플러스, 394) 다른 구절에서 δύναμις(두나미스, 여기서는 "능력")는 "권능"(6:2, 5, 14; 9:39)을 가리킨다. 5:30에서도 이적의 측면을 나타내는 단어로 사용했을 가능성이 높다.

11 Dunn, "Jesus and Purity," 461.

12 예수님이 왜 부모에게 이 일을 아무도 알지 못하게 하라고 명하셨을까?(5:43) 동네 사람들은 생명이 돌아온 아이를 볼 수밖에 없다. Gundry는 예수님이 지속적으로 무리와 떨어지려고 한 것을 설명하며 아이에게 먹을 것을 주라고 하신 것도 그리고 침묵을 요구하신 것도, 모두 떠날 시간을 확보하기 위함이라고 추측한다(Gundry, *Mark*, 276–77). Gundry의 말도 맞을 수 있지만, Malbon이 이 이야기의 핵심과 더 일치하는 설명을 제공해준다. Malbon은 침묵이 요구되는 이유는 단순히 야이로가 생명을 주시는 예수님의

아들은 질병뿐만 아니라 심지어 죽음도 다스리시는 분이다. 믿음 있는 제자는 두려워할 필요가 없다.

다른 한편으로 이 본문은 믿음 없는 모습을 책망한다. 예수님과 제자들이 주고받는 대화는 비극적인 장면 사이에 희극적인 요소를 짧게 제공한다(5:30–31). '코미디언'이신 예수님은 "에워싸 미는" 무리 속에서(5:24, 31) "누가 내게 손을 대었느냐"라고 물으신다. 예수님은 당연히 믿음의 손과 그렇지 않은 손을 구별하실 수 있다.[13] 그러나 이 장면에서 모순된 것은 예수님도 아시고, 여인도 알고, 독자도 아는 사실을 순진한 제자들만 모른다는 것이다. "제자들은 깨닫지 못하는 무리와 함께 서 있을 뿐만 아니라, 그들의 이의 제기는 야이로의 집에서 비웃는 무리의 말과 매우 유사하다."[14] 야이로의 집에서 떠들며 통곡하는 자들이 아이가 잔다고 말씀하신 예수님을 비웃는 장면이 이 단락에서 두 번째로 등장하는 희극적인 요소다(5:39–40). 여기서 정작 조롱당하는 사람은 예수님을 비웃는 무리다. 무리는 죽음으로 인해 통곡하지만, 예수님은 그들을 비웃으신다! 따라서 마가는 제자들이 혈루증을 앓아온 여인이나 야이로와는 다르게 오히려 믿음 없는 무리와 같다는 것을 미묘하게 보여준다. 그러므로 예수님을 따르는 자는 믿음 없는 제자들이 아닌, 믿음의 본을 보이는 여인과 야이로를 따를 것을 권면받고 있다. 질병이나 심지어 죽음으로 인한 삶의 위기 속에서 제자는 모든 것을 다스리시는 예수님을 효력 있는 믿음으로 담대히 신뢰해야 한다!

7.2 마가복음 6:1–6

7.2 신학적 초점

7.2 제자들에게 믿음이 없으면 하나님 나라를 세우시는 예수님의 사역에 오히려 '방해'가 될 수 있다(6:1–6).

7.2 단락 요약: 이 단락은 '샌드위치' 이야기(5:21–43)에서 명시된 여인의 믿음과 암시된

능력을 전하지 못하게 하기 위함이라고 설명한다. 생명을 주는 능력은 예수님을 이적을 행하는 사람으로만 인식하게 할 수 있기 때문에 고난을 당해야 하는 사명을 지니신 예수님을 온전히 나타낼 수 없다(Malbon, "Narrative Criticism," 46).

13 "믿음으로 그것[그리스도의 몸]을 만지는 사람은 적지만 그것을 미는 무리는 많다"(Augustine, *Sermon on the Words of the Gospel, Matt 8:8* ; Sermon 12.5).

14 Boring, *Mark*, 161.

야이로의 믿음과는 대조되는 모습을 보여준다. 예수님을 따르는 자에게 믿음이 없으면 하나님의 능력이 그 삶에서 역사하시는 데 '방해'가 된다. 반대로 믿음은 하나님의 놀라운 역사를 나타내는 통로가 된다. 따라서 이전 본문에서도 보여준 것처럼 제자는 효력 있는 믿음이 있어야 한다. 이로 인해 하나님 나라를 세우시는 예수님의 사역을 위해 역사하시는 하나님의 능력을 삶 속에서 경험할 수 있기 때문이다.[15]

7.2 성경 본문

6:1 예수께서 거기를 떠나사 고향으로 가시니 제자들도 따르니라

6:2 안식일이 되어 회당에서 가르치시니 많은 사람이 듣고 놀라 이르되 이 사람이 어디서 이런 것을 얻었느냐 이 사람이 받은 지혜와 그 손으로 이루어지는 이런 권능이 어찌됨이냐

6:3 이 사람이 마리아의 아들 목수가 아니냐 야고보와 요셉과 유다와 시몬의 형제가 아니냐 그 누이들이 우리와 함께 여기 있지 아니하냐 하고 예수를 배척한지라

6:4 예수께서 그들에게 이르시되 선지자가 자기 고향과 자기 친척과 자기 집 외에서는 존경을 받지 못함이 없느니라 하시며

6:5 거기서는 아무 권능도 행하실 수 없어 다만 소수의 병자에게 안수하여 고치실 뿐이었고

6:6 그들이 믿지 않음을 이상히 여기셨더라

7.2 주해

7.2 제자들에게 믿음이 없으면 하나님 나라를 세우시는 예수님의 사역에 오히려 '방해'가 될 수 있다.

마가는 믿음이 없는 고향 사람들을 단역으로 등장시키며(6:1-6) 믿음의 능력을 보여준다(실제로는 '믿음의 부재'로 인한 무력함을 보여준다).[16] 이 사람들은 예수님의 이적과 지혜를 목격하고 나서도 그분과 함께하기를 거부한다(6:2). 세 번이나 등장하는

---

15 이는 효력이 있는 믿음과 효력이 없는 믿음을 구분 짓기 위함이 아니다. '효력 있는 믿음'은 올바른 대상(예수님)에 대한 믿음이 항상 효력이 있음을 강조할 뿐이다. 반대로 믿음의 부재는 무력하다.

16 '능력'은 예수님에게서 오는 것이지 제자나 제자의 믿음에 내재된 것은 아니다. 그리고 이 용어는 어떠한 능력이 있는 믿음을 구별하는 것도 아니다. 그러나 하나님의 주권에도 불구하고 삶 속에서 예수님의 능력을 경험하고 삶을 통해 하나님의 나라가 확장되기 위해서는 제자의 믿음이 너무나 중요하다. 믿음의 역할과 하나님의 주권을 균형 있게 바라보아야 한다. 둘 중 어느 것 하나도 부인하거나 과소평가해서는 안 된다.

οὗτος[후토스, "이 사람이", 6:2(2회), 3]는 무시하고 경멸하는 표현일 가능성이 높다(2:7에 나타나는 "이 사람"도 마찬가지다).[17] 예수님이 진정 누구신지 인식하지 못하는 구경꾼들은 6:6이 기록한 것처럼 믿음이 없는 '외부인'이다. 마가복음에서 등장하는 σκανδαλίζω(스칸달리조, '배척하다', 6:3)는 모두 부정적인 의미를 담고 있으며, 이 동사의 주어는 모두 예수님을 믿지 않는 자들이다(4:17; 9:42, 43, 45, 47; 14:27, 29). 그러므로 이 동사는 결국 예수님을 믿는다는 뜻과 반대되는 말이다[σκανδαλίζεσθαι ἐν αὐτω(스칸달리제스싸이 엔 아우토, "그를 배척하다") vs. πιστεῦσαι ἐις αὐτόν(피스튜사이 에이스 아우톤, "그를 믿는다")].[18] 이 짧은 단락에서 놀라운 점은 믿음의 부재로 인해 예수님이 그분의 고향에서 이적을 '행하실 수 없었다'(οὐκ ἐδύνατο, 우크 에두나토)는 사실이다. 지금까지 바람, 파도, 귀신, 질병 그리고 심지어 죽음도 예수님의 권능과 권위에 복종했지만(이전 본문을 보라), 이 단락에서는 예수님이 믿음 없는 자라는 '적수'를 만나신 것처럼 보인다. 그분은 "거기서는 아무 권능도 행하실 수 없다." 칼빈(Calvin)은 다음과 같이 말한다. "믿음 없는 자들은 그들의 완고함으로 하나님의 손을 묶는다. 이는 하나님이 더 나약하여 압도된 것이 아니라 그들이 하나님이 능력을 나타내시도록 허락하지 않기 때문이다"(*Harmony of the Evangelists* 2:216).

이 본문의 앞부분(명시된 여인의 믿음 5:34 그리고 암시된 야이로의 믿음 5:36)과 이전 본문(4:40 참조)에서 예수님의 능력에 대한 믿음이 강조되었다. "능력"/"권능"(δύναμις, 두나미스)은 5:30과 6:2, 5에 등장한다. 따라서 마가복음 5장에서 행해진 놀라운 이적과는 전혀 다르게 '믿지 않는 것'은 예수님의 권능에 방해가 된다. 마가는 '믿지 않는 것'이 하나님 나라를 확장하는 예수님의 능력을 경험하는 데 큰 걸림돌이 된다는 것을 보여줌으로써 수사학적으로 효력 있는 믿음이 무엇인지 전달하려고 한다. 믿음이 얼마나 중요한지와 예수님이 그들이 믿지 않음을 이상히 여기셨다는 말이 기록되어 있다(6:6). 마가복음에서 예수님이 무언가를 이상히 여기신 것은 이 구절뿐이다. 믿음의 부재는 "예수님 사역의 '성공' 여부에 심각한 영향을 미친다"고 볼 수 있다.[19]

---

17 예수님의 친족은 추후에 교인이 되는 것 같다(행1:14, 고전 9:5). Eusebius에 따르면 1세기 교인들은 유다의 손자들이 누구인지도 알았다(*Hist. eccl.* 3.20). France, *Gospel of Mark*, 243(『NIGTC 마가복음』 새물결플러스, 401–2) 참조. '마리아의 아들'도 모욕적인 표현일 수 있다. 요셉이 죽었어도 아버지의 이름을 따라 부르는 것이 당시의 관습이었다(*b. Yoma* 38b, noting the case of a Doeg ben Joseph). Collins, *Mark*, 290 참조.

18 Collins, *Mark*, 291.

19 Henderson, *Christology*, 142.

특히, 이전 '샌드위치' 단락에서 질병과 죽음도 다스리시는 예수님의 놀라운 능력이 드러나는 이적과 함께 믿음이 나타났다면, 이번 단락은 정반대로 효력 있는 믿음을 지녀야 할 제자에 대한 부정적인 예시를 보여주고 있다.[20] 제자의 믿음은 중대한 영향을 끼친다!

설교의 초점 및 개요

설교를 위한 본문 7의 신학적 초점

7 예수님의 돌보심과 질병과 죽음을 다스리시는 그분의 능력은 제자들로 하여금 담대하고 효력 있는 믿음을 갖게 한다(5:21–6:6).

이 본문과 이전 본문은 둘 다 담대한 믿음이라는 주제를 공유한다. 4:35–5:20이 자연과 '초자연'을 다스리시는 하나님의 능력을 기억하는 제자들의 담대한 믿음을 강조한다면, 5:21–43은 인생의 가장 큰 고통인 질병과 죽음을 다스리시는 예수님의 놀라운 능력에 초점을 맞춘다. 제자들은 예수님과 함께 여정을 떠나며 인생에서 가장 힘든 고난을 만나더라도 두려워하지 말아야 한다. 오히려 모든 삶과 죽음을 다스리시는 예수님을 믿어야 한다. 죽음의 위기 앞에서도 신자는 두려움에 사로잡히지 말아야 한다(이번 본문 설교는 이러한 극도의 상황에 초점을 두는 것이 가장 적절하다. 차후 본문에서 다른 위기 상황에 필요한 담대한 믿음을 다룬다). 이미 언급했듯이 이번 본문은 예수님이 질병에서 회복시키시며 죽은 자를 다시 살리신다는 약속을 해주시지는 않는다.

그러나 미래의 어느 날 그분은 반드시 질병과 죽음을 모두 없애실 것이다. 하지만 예수님을 따르는 자는 영광스러운 그날이 이르기 전까지는 주님과 제자도의 여정을 이어가며 예수님을 담대히 믿어야 한다. 6:1–6(혈루증을 앓아온 여인의 이야기도 마찬가지다)은 이러한 믿음이 효력이 있음을 보여준다. 즉, 효력 있는 믿음은 하나님 나라를 확장하기 위해 삶에서 역사하시는 하나님의 능력을 경험하게 하는 믿음이다. 그

20 마가는 예수님이 권능을 행하실 수 없다는 대담한 말(6:5)을 기록한 다음 부가적인 설명을 한다. 독자가 사람의 믿음으로 인해 하나님의 능력이 제한될 수 있다는 생각을 할까 봐 마가는 예수님이 소수의 병자를 고치셨다고 의도적으로 설명한다. 마가복음 5장에서 예수님은 야이로의 딸이나 귀신에게 믿음이 없어도 그들을 모두 치유하신다. 마가복음에서 예수님이 회당에 들어가시는 마지막 모습은 6:2에서 찾아볼 수 있다. 이 구절 이후에 예수님은 밖에 계시지 않는 한, 집에서만 가르치신다(7:17; 9:28, 33; 10:10).

무엇도 하나님의 주권적인 역사하심을 방해할 수 없지만, 제자에게 이러한 믿음이 없다면 자신을 통해 일하시는 하나님의 놀라운 능력을 경험하지 못할 것이다. 그리고 이로 인해 하나님 나라를 세우시는 예수님의 사역을 방해하게 될 것이다.

본문 7의 설교 개요

Ⅰ. 문제: 질병과 죽음으로 인한 절망적인 상황

- 야이로의 상황(질병과 죽음): 5:21-24
- 연관성: 우리 삶에서 불가피하게 직면하게 되는 질병과 죽음

Ⅱ. 해결: 담대하고 효력 있는 믿음

- 여인의 놀라운 믿음(제자들의 부족한 믿음과 대조됨): 5:25-34(6:1-6)

Ⅲ. 적용: *담대하고 강한 믿음을 가지라!**

- 야이로의 믿음(구경꾼들의 믿음과 대조됨): 5:35-43
- 실제 삶에서 질병과 죽음에 직면했을 때, 효력 있는 믿음이 구체적으로 어떻게 드러나는가?

* 이전 본문과 관련하여 이미 언급했듯이 설교자는 추상적인 적용을 청중의 상황과 환경에 따라 구체적으로 제시할 수 있어야 한다.

문제-해결-적용의 개요는 '샌드위치' 구조로 이루어진 본문의 순서에 맞추어 조정해본 것이다. 이 개요는 외부 이야기의 전반부(문제 제시), 내부 이야기(해결 제시) 그리고 마지막으로 외부 이야기의 후반부(적용 제시) 순서로 이어진다. Ⅱ 대지에서 설교자가 믿음의 부재로 하나님의 역사를 삶에서 경험하지 못하게 되는 결과를 짧게 다루어도 된다(6:1-6). 이적을 행하시는 예수님의 능력을 방해하는 믿음의 부재가 궁극적으로는 하나님 나라를 세우시는 예수님의 사역을 방해한다고 볼 수 있다.

또 다른 설교 개요가 다음과 같이 가능하다.

Ⅰ. 대조 1: 여인 vs. 제자들

- 여인의 놀라운 믿음(제자들의 부족한 믿음과 대조됨): 5:25-34(6:1-6)
- 연관성: 질병의 공격과 우리 믿음의 부재

II. 대조 2: 야이로 vs. 구경꾼

- 야이로의 믿음(구경꾼들의 믿음과 대조됨): 5:21-24, 35-43
- 연관성: 죽음의 공격과 우리 믿음의 부재

III. 적용: *담대하고 강한 믿음을 가지라!*

- 실제 삶에서 질병과 죽음에 직면했을 때, 효력 있는 믿음이 구체적으로 어떻게 드러나는가?

본문 8

박해를 감당하도록 공급해주심

마가복음 6:7-32

[파송된 제자들, 참수된 세례(침례) 요한]

복습, 요약, 예습

본문 7 복습: 마가복음 5:21-6:6은 예수님을 따르는 자는 그분의 돌보심과 관심 그리고 질병과 죽음을 다스리시는 그분의 능력을 인식하여, 제자도 여정에서 효력 있는 믿음으로 예수님을 담대히 신뢰한다는 것을 보여준다.

본문 8 요약: '샌드위치' 구조로 된 6:7-32에서 외부 이야기는 하나님 나라를 확장하기 위해 제자들이 보냄을 받는 장면 속에서 그들이 거절당할 것을 암시한다. 여기서 암시된 바는 전파하던 또 다른 '제자'인 세례(침례) 요한이 부도덕하고 현세적인 왕에게 참혹하게 처형당하는 모습을 통해 현실로 나타난다. 세례(침례) 요한의 죽음은 진정한 왕이신 예수님을 대적하는 적들의 위협으로 예수님의 제자들이 직면하게 될 일들을 암시한다. 하지만 하나님이 충분히 공급하시며 예수님 또한 제자들이 계속해서 사명을 완수할 것을 격려하신다.

본문 9 예습: 다음 본문(6:32-56)은 제자들이 예수님의 놀라운 능력을 인식하고, 그 능력이 그들에게도 주어졌음을 보여준다.

본문 8. 마가복음 6:7-32

본문 8의 신학적 초점

8 제자들이 예수님의 사명을 받고 파송될 때 진정한 왕의 적들이 필사적으로 방해하지만, 동시에 사명을 완수하기 위한 공급도 받는다(6:7-32).

8.1 제자들이 예수님의 사명을 받고 파송될 때 모든 필요가 공급되지만, 그들이 저항에 직면하게 될 것이라고 암시한다(6:7-13).

8.1.1 제자들은 하나님 나라를 세우기 위한 예수님의 사명을 위임받아 예수님에 의해 파송되고 공급받는다.

8.1.2 제자들이 파송을 받고, 그들을 거절할 자들의 저항을 받게 될 것이라고 암시한다.

8.2 진정한 왕을 대적하는 적들은 예수님의 사명을 받은 제자들을 필사적으로 방해하지만, 제자들은 지속해서 사명을 완수할 것을 권면받는다(6:14-32).

8.2.1 진정한 왕을 대적하는 적들은 그분의 제자들을 필사적으로 방해한다.

8.2.2 제자들은 지속해서 사명을 완수할 것을 권면받는다.

개관

지금까지 살펴본 본문들 사이에 흐르는 모티브를 통해 이야기를 '꿰맨' 흔적을 확실히 찾아볼 수 있다. 마가복음 5-7장에서는 장마다 여성과 딸이 등장한다(5:21-43; 6:7-32; 7:25-30). 그리고 6-8장에서는 장마다 '떡'과 연관된 모티브가 등장하며(6:32-45; 7:1-24, 25-30; 8:1-12, 13-21), 세 장의 공통된 주요 문제는 이해하지 못하는 제자들이다[바다 이야기와 연관되어 나타남(2회): 6:46-52과 8:13-21 그리고 땅에서 일어남: 7:17-23].

이번 본문도 '샌드위치' 구조이며(외부 이야기: 6:7-13과 6:30-32, 내부 이야기: 6:14-29), 제자들에게 담대하고 효력 있는 믿음을 가지라고 요구한 이전 본문인 5:21-6:6을 기반으로 둔다. 마가복음 6:1-6에서 고향 사람들로부터 예수님의 사역이 거부당하는 모습은 이 본문에서 제자들과 그들이 전파하는 예수님의 말씀이 거절당하는 모습을 예시(豫示)한다. 즉, 제자들은 사명을 감당하는 동안 사람들에게 거절당할 수 있으며, 심지어 세례(침례) 요한처럼(그리고 앞으로 예수님이 당하실 것처럼) 죽임당할 수도 있다.

대부분의 '샌드위치' 이야기가 그러하듯이 외부와 내부 이야기에 공통으로 등장하는 주요 인물은 예수님뿐이다. 내부 이야기에서는 예수님이 "그"/"그의"로 언급되며 간접적으로 등장하고 오히려 다른 사람으로 오해받는다(6:14–16).[1] 이 단락에서 세례(침례) 요한과 예수님은 다음과 같이 간접적으로 비교된다.

세례(침례) 요한	예수님
헤롯 왕이 요한이 죽은 자 가운데서 살아났다고 말한다(6:14).	청년은 예수님이 죽음에서 살아나셨다고 말한다(16:6–7).
헤롯 왕이 사람을 요한에게 보낸다 (ἀποστέλλω, 아포스텔로) (6:17, 27).	예수님이 열두 제자를 보내신다 (ἀποστέλλω) (6:7).
요한에게 κρατέω(크라테오, '잡다')와 δέω(데오, '가두다')가 사용된다(6:17).	예수님에게 κρατέω(14:1, 44, 46, 49)와 δέω(15:1)가 사용된다.
잔치 때 마지못해 승낙한 통치자에게 고난당한다(6:21, 26).	절기 때 마지못해 승낙한 통치자에게 고난당한다(15:1–15).
헤롯 왕은 요한을 의롭고 거룩한 사람이라고 생각한다(6:20).	빌라도는 예수님을 악한 일을 행한 사람이라고 생각하지 않는다(15:14).
통치자가 요한을 두려워한다(6:20).	통치자가 예수님을 두려워한다(11:18).
잔치와 요한의 머리(6:21, 27)	마지막 만찬과 예수님의 몸과 피(14:22–24)
엘리야로 불린다(9:11–13).	엘리야/세례(침례) 요한으로 불린다 (6:14–16; 8:27–28).
제자들이 시신을 가져다가 장사한다(6:29).	'제자'가 시신을 가져다가 장사한다(15:42–46).

이 공통점들은 세례(침례) 요한에게 일어난 일이 예수님께도 일어날 것을 보여준다. 아니 오히려 예수님이 당하실 일이 세례(침례) 요한을 통해 예시된다고 말할 수 있다. 그리고 장차 예수님이 겪으실 일을 그분의 제자들도 겪게 될 것이다. 이러한 면에서 요한과 제자들이 어떻게 서로 비교되는지 아는 것도 중요하다.

1 마가의 '샌드위치' 구조에 대한 자세한 내용을 보려면 Shepherd, *Markan Sandwich Stories,* 172–209를 참조하라. 두 이야기 사이에 "어떠한 논리적 연관성"(*Commentary on the Gospel*, 158)이 없다고 보는 Hooker에게는 실례지만, 이 주석은 이야기 속에 다른 이야기가 삽입되는 의도가 있음을 발견한다. 이 내러티브의 문학적 구조를 경시하는 시각이 학자들 사이에서 드물지 않다는 사실이 안타깝다.

세례(침례) 요한	제자들
감옥에 갇힌다.	자유롭다.
부도덕한 왕이 요한에게 사람을 보낸다 (ἀποστέλλω, 아포스텔로)(6:17, 27).	도덕적인 왕이 보낸다(ἀποστέλλω)(6:7).
회개를 전파한다[1:4; (6:18)].	회개를 전파한다(6:11, 12)
다른 사람들이 요한에 대해 듣는다(ἀκούω, 아쿠오)[6:14, 16, 20(2회)].	다른 사람들이 제자들에 대해 듣는다(ἀκούω) (6:11).
광야에서 등장한다(1:3, 4).	광야에서 등장한다(6:32).
ἡμέρας εὐκαίρου (헤메라스 유카이루, "기회가 좋은 날", 6:21)	εὐκαίρουν(유카이룬, "겨를", 6:31)
생명을 빼앗기다(6:27).	(어떤 운명일 것인가?)

이 단락의 '샌드위치' 구조는 제자들의 운명(예수님의 운명도 마찬가지)이 세례(침례) 요한의 운명과 분명히 연관되어 있음을 강조한다.[2] 내부 이야기는 예수님의 참혹한 운명을 암시할 뿐만 아니라 그분의 제자들도 위험에 직면하게 될 것이라고 말한다. 이것이 바로 이 단락의 핵심 내용이다. 마가복음의 독자는 예수님께 일어난 일을 분명히 알았다. 그러므로 이 이야기는 "길에서" 주님을 따르는 모든 사람을 위한 경고다.[3] 제자도에는 희생이 따른다!

2 Shepherd, *Markan Sandwich Stories*, 185n2. "제자도는 선교지에서 겪는 어려운 환경보다 더 큰 희생을 요구한다"(Shepherd, *Markan Sandwich Stories*, 194). 마가복음 8:34–38; 10:35–40; 13:9–13에서 제자들이 겪을 위협을 언급한다.

3 물론 세례(침례) 요한은 죽임당하고 장사되었고, 예수님은 죽임당하시고 장사되었다가 부활하셨다.

8.1 마가복음 6:7-13

8.1 신학적 초점

8.1 제자들이 예수님의 사명을 받고 파송될 때 모든 필요가 공급되지만, 그들이 저항에 직면하게 될 것이라고 암시한다(6:7-13).

8.1.1 제자들은 하나님 나라를 세우기 위한 예수님의 사명을 위임받아 예수님에 의해 파송되고 공급받는다.

8.1.2 제자들이 파송을 받고, 그들을 거절할 자들의 저항을 받게 될 것이라고 암시한다.

8.1 단락 요약: '샌드위치' 구조의 외부 이야기에서 제자들은 공식적으로 사명을 받고 파송된다. 제자들이 최소한의 물건만 가지고 떠난다는 점을 볼 때 하나님이 그들의 모든 필요를 채우실 것을 알 수 있다. 제자들의 모습은 출애굽 세대가 광야에서 생존한 모습이 연상된다. 제자들이 예수님의 사명을 감당하며 필요를 공급받지만, 하나님 나라의 메시지를 거부하는 이들에게 거절당할 것이라고 본문은 암시한다.

8.1 성경 본문

6:7 열두 제자를 부르사 둘씩 둘씩 보내시며 더러운 귀신을 제어하는 권능을 주시고

6:8 명하시되 여행을 위하여 지팡이 외에는 양식이나 배낭이나 전대의 돈이나 아무 것도 가지지 말며

6:9 신만 신고 두 벌 옷도 입지 말라 하시고

6:10 또 이르시되 어디서든지 누구의 집에 들어가거든 그 곳을 떠나기까지 거기 유하라

6:11 어느 곳에서든지 너희를 영접하지 아니하고 너희 말을 듣지도 아니하거든 거기서 나갈 때에 발 아래 먼지를 떨어버려 그들에게 증거를 삼으라 하시니

6:12 제자들이 나가서 회개하라 전파하고

6:13 많은 귀신을 쫓아내며 많은 병자에게 기름을 발라 고치더라

8.1 주해

8.1.1 제자들은 하나님 나라를 세우기 위한 예수님의 사명을 위임받아 예수님에 의해 파송되고 공급받는다.

이 본문의 외부 이야기(막 6:7-13, 30-32)는 마가복음 3장에서 열두 제자를 세우고 보내는 장면 이후의 이야기다. 이 단락에서 제자들은 맡겨진 사명을 감당하기 위해 실제로 떠난다. προσκαλέω(프로스칼레오, '부르다'), ἀποστέλλω(아포스텔로, '보내다'), κηρύσσω(케루쏘, '선포하다') 그리고 ἐξουσία(엑수시아, 귀신을 내쫓는 "권능")는 마가복음 3장과 6장에 모두 동일하게 등장한다(3:13-15; 6:7, 12).[4] 지금까지 제자들은 "하나님 나라 선포의 주연이 아니라 조연"이었지만, 이제 약속이 실현되며 중요한 역할을 맡는다.[5] 그들은 보냄을 받아(ἀποστέλλειν, 아포스텔레인, '길에서' 보냄을 받는다, 6:7) '보냄받은 자'로 돌아온다(οἱ ἀπόστολοι, 호이 아포스톨로이, "사도들", 6:30).[6] 예수님의 부르심에는 "서로 보완되는 두 강조점이 있다. 하나는 예수님의 임재 안에 거하는 것이고, 다른 하나는 앞으로 임할 하나님 통치의 대리자인 예수님께 보냄을 받는 것이다."[7] 두 강조점은 열두 제자를 세우고 보낼 때 이미 나타났으며(3:14) 이 단락에서도 동일하게 나타난다. 제자들은 보냄을 받고(6:7) 이후 '보냄받은 자'가 되어 예수님께 돌아온다(6:31). 예수님과 함께 거하는 것과 그분을 떠나 파송되는 것은 서로 부딪히는 개념이 아니다. 예수님께 파송받으려면 그분과 함께 있어야만 한다. "나를 떠나서는 너희가 아무것도 할 수 없음이라"(요 15:5)라는 말씀처럼 예수님께 파송받았어도 예수님 안에 거해야만 한다. 예수님과 "함께 있기를"(ἵνα μετ' αὐτοῦ ᾖ, 히나 메트 아우투 에, 막 5:18) 간구했던 귀신 들렸던 자가 집으로 파송되어 사람들에게 예수님이 행하신 일을 전파한 모습은(5:20) 이 두 강조점을 잘 나타낸다.[8]

제자들은 공식적으로, 권위 가운데 파송된다. "둘씩 둘씩" 보내는 것은 단순히

4 προσκαλέω, 프로스칼레오의 현재형은 3:13과 6:7에서만 등장한다.

5 France, *Gospel of Mark*, 245.(『NIGTC 마가복음』 새물결플러스, 406)

6 하나님이 예수님을 보내신 것처럼 예수님이 제자들을 보내신다. 9:37과 12:6에서 하나님이 예수님을 보내실 때 ἀποστέλλω, 아포스텔로가 등장한다.

7 Henderson, *Christology*, 136.

8 "열두 제자는 예수님의 말씀에 반응하고, 그분과 함께하며, 회개를 전파하고, 귀신을 내쫓으며, 병든 자를 치유하는 권능이 그분에게서 왔음을 인식할 때만 예수님의 선교사다. 제자들은 항상 예수님을 '따르는 자'로 남는다(Moloney, "Mark 6:6b-30," 656).

수적인 힘을 나타낼 수도 있지만, 구약 시대에 합법적 증인을 세우는 관행(민 35:30; 신 17:6; 19:15)이나 초기 기독교의 관습(예를 들어, 바울과 바나바가 함께 떠났다)을 반영한 것일 수도 있다. 예수님은 두 쌍의 형제를 부르시며 사역을 시작하셨다(막 1:16–20 그리고 어쩌면 레위/마태와 알패오의 아들 야고보가 세 번째 형제였을 수도 있다). 6:8–9에서 명령한 의복은 출애굽 시대의 복장이었다(출 12:11). 신(신발)은 준비성을 상징하고, 지팡이는 권위와 하나님의 부르심을 상징한다(출 4:2–3; 민 17:1–10 등).[9] 그리고 신명기 8:4과 29:5을 보면 이스라엘 백성이 광야에서 생활하는 동안 그들의 의복과 신이 얼마나 오래갔는지를 알 수 있다. 하나님은 공급해주신다! 제자도 여정을 걷는 제자는 여정에 필요한 것을 채워주시는 하나님을 신뢰할 수 있다.

제자들이 회개하라고 전파(막 6:12)한 내용은 예수님이 전파하신 내용과 유사하고, 연속성을 띠며(1:14–15), 문맥을 볼 때 세례(침례) 요한이 전파한 내용과 더욱더 유사하다(1:4). 헤롯 왕은 전파한 내용이 비슷하다는 사실을 알아차리고 세례(침례) 요한이 살아났다고 말한 것이다(6:14, 16). 사도들이 예수님이 행하신 전도, 축귀, 치유를 행하며 그분의 사역 범위를 넓힌다. 제자들은 "많은 병자"를 고치며(6:13) 예수님의 권능을 '능가한다.' 직전 본문에서 예수님은 고향에서 "소수의 병자"만 고치셨다(6:5). 이는 "예수님의 새로운 가족(3:34–35과 비교하라)이 예수님의 사명을 이어받아 예수님의 태생을 지적하는 자들이 정해놓았던 사역의 범위를 넓혀간다"는 점을 시사한다.[10] 동시에 외부 이야기의 전반부는 궁금증을 유발하면서 끝을 맺는다. 마가는 제자들의 사역 결과가 성공적이었다고 독자들에게 전한다(6:13)! 하지만 예수님이 경고하신 거

9 지팡이는 "하나님이 세우신 지도자를 통해 하나님의 공급하심을 백성에게 전하는 매개체로 계속해서 사용된다"(Henderson, *Christology*, 155). Moloney는 예수님이 예루살렘에 도착하시기 전까지 모든 단락이 움직임을 나타내는 동사로 시작한다고 설명한다(1:12, 14, 16, 19, 21, 29, 35; 2:1, 13 등). 이에 더해 마가는 εὐθύς(유쑤스, "즉시")를 자주 사용하며 끊임없는 움직임을 시사한다. 최소한의 의복과 소지품은 순회하며 불안할 수 있는 삶을 상징한다. 여기서 예수님은 제자들을 예루살렘으로 떠나는 여정, 즉 제자도 여정으로 초대하시는 것이다. Moloney, "Mark 6:6b–30," 652–53 참조. France도 다음과 같이 사려 깊게 말한다. "하나님 나라에 대한 충성은 먼저 물질적 안위에 유착할 여지를 남기지 않는다"[France, *Gospel of Mark*, 249–50(『NIGTC 마가복음』 새물결플러스, 413)]. 그러나 열두 제자가 돈을 가져가지 말라는 명령을 따랐는지는 의심스럽다. 6:37–38을 보면 열두 제자는 이백 데나리온을 갖고 있었으며 떡과 물고기도 있었다(8:5–7 참조).

10 Moloney, "Mark 6:6b–30," 655. '기름을 바르는'(6:13) 새로운 치료법이 소개되는 이유는 아마도 제자들이 치유하는 방식과 예수님의 방식이 다른 것을 보여주기 위함일 것이다. 예수님은 말씀으로(2:11; 3:5) 혹은 직접(1:31, 41; 5:41) 또는 간접적으로 만지시며(3:10, 5:28–30) 치유하시는 반면에 제자들은 기름을 발라 병자를 고친다(6:13). 제자들은 유일무이한 예수님의 직접적이고 신성한 활동을 단지 확장하며 권한을 대행한다.

절은 어디에 나타나는가? 제자들이 발아래 먼지를 떨어버려야 했는가? 이에 대해서는 내부 이야기가 답을 전해준다.

8.1.2 제자들이 파송을 받고, 그들을 거절할 자들의 저항을 받게 될 것이라고 암시한다.

제자들이 '부르심'을 받을 때마다 예수님의 사역에 대한 논쟁이나 부정적 반응이 뒤이어 등장한다. 1:16–20 직후에는 1:21–28에서 축귀 이야기가 등장한다. 3:7–19 직후인 3:20–35에서는 사람들이 예수님에게 미쳤다고 말하고, 사탄의 힘으로 귀신을 쫓아낸다며 예수님을 공격한다. 그리고 6:7–13 뒤에는 세례(침례) 요한이 처형당하는 이야기가 나온다(6:14–32).[11] 계속해서 열두 제자에게 박해와 억압이라는 기나긴 그림자가 드리우며 예수님을 따르는 새로운 제자들도 동일한 그림자에 직면하게 될 것이라고 암시한다. 그러나 세례(침례) 요한의 비극적인 이야기를 접하기도 전에 제자들이 환영받지 못할 것은 이미 예상된다. 사람들이 제자들을 영접하지 않거나, 그들의 말을 듣지 않을 때 어떻게 행동해야 할지 예수님이 가르쳐주시기 때문이다(6:11). 발아래 먼지를 떨어버리는 행동은 느헤미야 5:13(그리고 어쩌면 사도행전13:51)과 유사한 저주로 여겨진다. "이는 하나님 또는 하나님의 대리자가 선교사와 그의 선포를 거절하는 사람들에게 징벌을 내리실 것을 뜻한다."[12] 이 해석은 "그들에게 증거를 삼으라"(6:11)라는 명령과 일치한다. 예수님의 대리인이자 대사인 제자들이 거절당할 때는 실제로 예수님이 거절당하시는 것이기 때문에, 이들에게 증거를 삼는 것은 종말론적 심판이 임할 것을 비유적으로 선언하는 것이다.[13]

11 레위의 부르심 이후에도 비슷한 패턴을 띤다. 2:14 이후에 "바리새인의 서기관들"의 공격을 볼 수 있다(2:15–17).

12 Collins, *Mark*, 301–2. 발의 먼지를 터는 행위는 유대인이 이방 땅에서 돌아올 때 취하는 비난의 행동이다(*m. Ṭehar.* 4.5; *m. 'Ohal.* 2.3; *b. Šabb.* 15b).

13 Stein, *Mark*, 294. 마가복음 9:37도 참조.

8.2 마가복음 6:14-32

8.2 신학적 초점

8.2 진정한 왕을 대적하는 적들은 예수님의 사명을 받은 제자들을 필사적으로 방해하지만, 제자들은 지속해서 사명을 완수할 것을 권면받는다(6:14-32).

8.2.1 진정한 왕을 대적하는 적들은 그분의 제자들을 필사적으로 방해한다.

8.2.2 제자들은 지속해서 사명을 완수할 것을 권면받는다.

8.2 단락 요약: 이 본문의 내부 이야기는 세례(침례) 요한이 참수되는 이야기를 자세히 담고 있다. 두 왕(예수님과 헤롯 왕)이 서로 대조되며 두 딸(야이로의 딸과 헤롯의 딸)이 서로 대조된다. 진정한 왕을 대적하는 적은 제자들에게 위협을 가하고, 그들의 사역을 방해한다. 이는 하나님 나라에 생명과 평화를 주시는 예수님과 대조적이다. 예수님은 자신을 따르는 모든 자를 격려하심으로 제자들을 향한 저항에 응수하신다.

8.2 성경 본문

6:14 이에 예수의 이름이 드러난지라 헤롯 왕이 듣고 이르되 이는 세례 요한이 죽은 자 가운데서 살아났도다 그러므로 이런 능력이 그 속에서 일어나느니라 하고

6:15 어떤 이는 그가 엘리야라 하고 또 어떤 이는 그가 선지자니 옛 선지자 중의 하나와 같다 하되

6:16 헤롯은 듣고 이르되 내가 목 벤 요한 그가 살아났다 하더라

6:17 전에 헤롯이 자기가 동생 빌립의 아내 헤로디아에게 장가 든 고로 이 여자를 위하여 사람을 보내어 요한을 잡아 옥에 가두었으니

6:18 이는 요한이 헤롯에게 말하되 동생의 아내를 취한 것이 옳지 않다 하였음이라

6:19 헤로디아가 요한을 원수로 여겨 죽이고자 하였으되 하지 못한 것은

6:20 헤롯이 요한을 의롭고 거룩한 사람으로 알고 두려워하여 보호하며 또 그의 말을 들을 때에 크게 번민을 하면서도 달갑게 들음이러라

6:21 마침 기회가 좋은 날이 왔으니 곧 헤롯이 자기 생일에 대신들과 천부장들과 갈릴리의 귀인들로 더불어 잔치할새

6:22 헤로디아의 딸이 친히[14] 들어와 춤을 추어 헤롯과 그와 함께 앉은 자들을 기쁘게 한지라 왕이 그

---

14 이 구절은 대다수의 사본을 따라 τῆς θυγατρὸς αὐτῆς Ἡρῳδιάδος(테스 쑤가트로스 아우테스 헤로디아도

소녀에게 이르되 무엇이든지 네가 원하는 것을 내게 구하라 내가 주리라 하고

6:23 또 맹세하기를 무엇이든지 네가 내게 구하면 내 나라의 절반까지라도 주리라 하거늘

6:24 그가 나가서 그 어머니에게 말하되 내가 무엇을 구하리이까 그 어머니가 이르되 세례 요한의 머리를 구하라 하니

6:25 그가 곧 왕에게 급히 들어가 구하여 이르되 세례 요한의 머리를 소반에 얹어 곧 내게 주기를 원하옵나이다 하니

6:26 왕이 심히 근심하나 자기가 맹세한 것과 그 앉은 자들로 인하여 그를 거절할 수 없는지라

6:27 왕이 곧 시위병 하나를 보내어 요한의 머리를 가져오라 명하니 그 사람이 나가 옥에서 요한을 목 베어

6:28 그 머리를 소반에 얹어다가 소녀에게 주니 소녀가 이것을 그 어머니에게 주니라

6:29 요한의 제자들이 듣고 와서 시체를 가져다가 장사하니라

6:30 사도들이 예수께 모여 자기들이 행한 것과 가르친 것을 낱낱이 고하니

6:31 이르시되 너희는 따로 한적한 곳에 가서 잠깐 쉬어라 하시니 이는 오고 가는 사람이 많아 음식 먹을 겨를도 없음이라

6:32 이에 배를 타고 따로 한적한 곳에 갈새

8.2 주해

8.2.1 진정한 왕을 대적하는 적들은 그분의 제자들을 필사적으로 방해한다.

헤롯 안티파스(Herod Antipas, 기원전 20년–기원후 39년, 통치 기간 기원전 4년–기원후 39년)를 "왕"이라 칭하는 것은 엄밀히 말하면 부정확한 표현이다. 마태와 누가(마 14:1; 눅 3:19; 9:7)는 헤롯이 아버지가 다스렸던 영역의 4분의 1만 통치하고 있었던 것을 나타내기 위해 "분봉 왕"이라고 소개한다. 로마 황제 아우구스투스(Augustus)는 헤롯에게 "왕"이라는 칭호를 사용하지 못하게 하였다.[15] 프란스는 "그런 관료주의적인 정확성은

스, "헤로디아의 딸이 친히")를 번역한 것이지만, 몇몇 사본은 τῆς θυγατρὸς αὐτοῦ Ἡρῳδιάδος(테스 쑤가트로스 아우투 헤로디아도스, "그의 딸 헤로디아")라고 기록한다. 이는 딸의 이름을 '헤로디아'라고 소개하는 것이다. 안티파스에게 헤로디아라는 딸이 있었을 수도 있다. 헤로디아는 왕조의 이름으로 헤롯의 여성형이다. 어느 사본을 선택하든지 간에 본문의 중점에는 큰 영향을 미치지 않는다. France, *Gospel of Mark*, 258(『NIGTC 마가복음』 새물결플러스, 426) 참조.

15 헤롯은 왕이 되고자 하는 마음 때문에 결국 몰락했던 것으로 보인다. Josephus에 따르면 헤롯은 무기를 비축하여 갈리아로 추방당했다(*Ant.* 18.240–56).

갈릴리에서는 거의 의미가 없었던 것 같다. 거기서 그는 '왕'으로서 모든 함의와 목적에 어울리게 행동했고, 또 그렇게 여겨졌다"라고 말한다.[16] 이러한 설명은 마가가 어느 정도의 정확한 명칭을 사용했다고 뒷받침해줄 수 있지만, 한 왕을 다른 왕과 대조하기 위해 마가가 의도적으로 "왕"이라는 명칭을 사용했다는 점도 간과해서는 안 된다. 이러한 마가의 의도와 더불어 헤롯이 자신의 왕권을 주장하였기 때문에 "왕"이라는 칭호가 사용되었다.[17]

헤롯은 갈릴리와 베뢰아를 다스리는 책임자로서 대중의 움직임에 관심을 가졌다. 이 중에서도 '왕국'(막 1:15)을 서슴없이 논하는 움직임은 그의 관심을 끌 수밖에 없었다. 헤롯이 무성한 소문(1:28, 37, 45; 3:7-12)을 듣고 있었다는 사실도 여러 번 등장한다[ἀκούω, 아쿠오, '듣다', 6:14, 16, 20(2회)]. 그러나 이는 분명히 온전한 들음이 아니기에 6:11에서 예수님이 제자들의 말을 듣지 않는 자들에 대해 경고한 바가 헤롯에게 적용된다. 어찌되었건 이 왕은 하나님의 새로운 왕국을 선포하는 것을 적대하는 사람이다. 마가복음에서 헤롯이나 헤롯당이 네 번 등장하는데, 네 번 모두 예수님과 그분의 사역에 적대적이다(3:6; 6:14-29; 8:15; 12:13). 그리고 놀랍게도 마가복음에서 βασιλεύς(바시류스, "왕")가 총 열두 번 등장하는데 이 가운데 여섯 번은 15장(예수님의 수난)에서 나타나고 6장에 다섯 번이나 등장한다(나머지 한 번은 13:9에 나타난다). 마가복음에서 '왕'이라는 호칭이 대부분 예수님이나 헤롯에게 사용되면서 진정한 왕이신 예수님과 스스로 '왕'이라 주장하며 진정한 왕을 적대하는 자가 대조된다.

세례(침례) 요한이 처형당하는 이야기는 엘리야(요한의 도플갱어)가 피해자로 등장하는 아합과 이세벨의 이야기와 닮았다. 헤롯을 향한 요한의 비난은 아합과 이세벨을 향한 엘리야의 비난과 같이 받아들여지지 않는다. 레위기 18:16과 20:21(그리고 *b. Yebam.* 55a)에 따르면 헤롯은 분명 하나님이 용납하실 수 없는 결혼을 한 것이다. 헤로디아의 남편이 아직 살아 있었기 때문에 이는 여지없는 추문이었다. 요세푸스(Josephus)는 세례(침례) 요한의 죽음 배후에 자리잡은 정치적인 동기를 기록한다(*Ant.* 18.116). 이는 마가복음의 내용과 크게 다르지 않다. "통치자들에게 근친결혼은 왕조를 세우고 지탱하는 정치적인 행위였다. 팔레스타인에서 정치 권력과 유대법 간의 관계는 정치

16 France, *Gospel of Mark*, 252.(『NIGTC 마가복음』 새물결플러스, 417)

17 가능성은 낮지만 마가가 헤롯을 "왕"이라고 묘사한 또 다른 '신학적' 이유가 있을 수 있다. 세례(침례) 요한이 '왕'을 책망하는 것을 유대인 선지자들이 통치자를 대수롭지 않게 책망하는 전통과 연관시키려는 의도일 수 있다(삼상 15:17-29, 삼하 12:1-15, 왕하 20:16-18, 렘 38:14-23). Dowd, *Reading Mark*, 66 참조.

적이었으며 불안정했다. 부분적으로만 유대인이었던 헤롯 왕가는 유리할 때만 유대법을 따랐다."[18]

야이로의 '딸'이 소생되는 본문 직후에 이 단락에서 부도덕한 '딸'이 등장하며 이전 딸에 비해 '사악한 반전'을 보여준다. 마가복음에서 κοράσιον(코라시온, "소녀")이 두 본문에서만 나타난다는 점[5:41, 42 그리고 6:22, 28(2회)]을 볼 때 다음과 같은 대조에 주목할 수 있다.[19]

야이로의 딸(막 5장)	헤로디아의 딸(막 6장)
κοράσιον(코라시온, 5:41, 42)	κοράσιον[6:22, 28(2회)]
익명이지만 부모의 이름은 등장한다.	익명이지만 부모의 이름은 등장한다.
아버지가 예수님을 신뢰한다.	아버지가 세례(침례) 요한을 어느 정도 존중한다.
딸이 즉시 반응한다(εὐθύς, 유쑤스, 5:42)	딸이 즉시 반응한다(εὐθύς, 6:25).
일어나 걷는다(5:42).	들어와서 춤을 춘다(6:22).
먹을 것이 주어진다(5:43).	소반에 얹은 머리를 원한다(6:25).
생명이 다시 주어진다.	끔찍한 살인을 주선한다.

'딸'이 등장하는 두 이야기를 통해 생명을 주는 왕과 생명을 빼앗는 왕이 대조된다. 요컨대 예수님과 그분의 왕국을 향한 적개심으로 제자들은 위험에 처할 것이다.

카미노우키(Kaminouchi)는 헤롯의 딜레마에 대해 다음과 같이 설명한다. 헤롯은 자신의 권력을 지탱해주는 가장 중요한 고객인 군사 지휘관과 관리자들과의 관계를 강화하고 자신의 명성을 알리기 위한 중요한 행사를 치르는 중에 있다. 그는 자신의 어리석은 맹세를 어기면서 면목과 신뢰를 잃고, 이미 쇠약해진 권력마저 저버릴 수 없

18 Myers, *Binding the Strong Man*, 215. 마가가 기록한 족보와 Josephus가 기록한 족보에는 차이가 조금 있다. 그러나 역사학자들도 헤롯 대왕의 뒤를 누가 이었는지를 확실하게 알지 못하기 때문에 이러한 차이가 놀랍지는 않다(헤롯 대왕은 열 명의 아내에게서 낳은 자녀들이 있었으며, 이 가운데 두 명은 마리암네라는 같은 이름을 가졌다. 또한 헤롯 대왕의 수많은 아들과 손자들이 헤롯으로 불렸다). 이에 더해 거대한 가족 구성원 간의 근친 관계는 사람을 식별하는 데 더 큰 어려움을 주었다. 예를 들어 헤로디아의 딸은 헤롯 안티파스의 조카딸이면서 동시에 외종손녀도 되며 의붓딸이기도 하다!(Stein, *Mark*, 303 참조) Donahue and Harrington, *Gospel of Mark*, 197도 참조.

19 van Iersel, *Mark*, 222. 마태도 9:24, 25 그리고 14:11에서 κοράσιον, 코라시온을 한정하여 사용한다. 이 단어는 누가복음과 요한복음에서는 찾아볼 수 없다.

다. "헤롯 왕이 세례(침례) 요한을 죽인 이유는 그의 사악함이나 욕망 때문이 아니다. 오히려 통치자로서의 덕, 그의 권력을 유지해주는 가치관의 체계에 대한 그의 책무 때문에 처형을 결정한다. 마가는 자신을 통치자로 만들어주는 권력의 거미줄에 갇힌 왕을 보여준다."[20] 그리고 바로 거기에 또 다른 왕의 역설적인 희생이 있다. 가장 강력한 힘을 가진 왕이 사랑하는 이들을 위해 죽을 각오가 되어 있다.

8.2.2 제자들은 지속해서 사명을 완수할 것을 권면받는다.

6:30–32에서 외부 이야기가 이어진다. 제자들은 단순히 다시 모이기 위해 돌아온 것이 아니다. 그들은 예수님께 아주 가까이 있는데, 이때 πρὸς τὸν Ἰησοῦν(프로스 톤 예순, "예수께", 6:30)은 제자들이 "그분과 함께"(μετ' αὐτοῦ, 메트 아우투, 3:14)한 것을 떠오르게 한다. 제자들은 이전에 예수님께 받은 명(παραγγέλλω, 파랑겔로, 6:8)을 따라 행한 것을 이제 "고한다"(ἀπαγγέλλω, 아팡겔로, 6:30).[21] 앞서 보냄(ἀποστέλλω, 아포스텔로, 6:7)을 받은 자들이 이제는 '보냄받은 자'인 사도(ἀπόστολος, 아포스톨로스, 6:30)로 돌아왔다. 그들이 전파하고 가르친 결과와 반응에 대해서는 밝혀지지 않는다(6:30). 그러나 마가는 세례(침례) 요한의 참혹한 죽음을 묘사하며 제자들이 예수님의 사명을 감당할 때 직면할 수 있는 반응을 예견한다. 따라서 '샌드위치' 구조는 수사학적 기능을 감당하며 제자들이 맞닥뜨릴 수 있는 일(죽음도 초래할 수 있는 결과)을 시사한다.

파송했던 제자들이 돌아왔을 때, 예수님이 그들에게 한적한 곳에 가서 잠깐 쉬라고 말씀하시는 부분에서 다정함을 느낄 수 있다. 놀랍게도 두 외부 이야기는 제자들이 파송될 때 하나님이 공급해주실 것이라는 내용을 담고 있다(하나님의 임재 또한 간적접으로 암시한다). 예수님은 수도 없이 거절당한 제자들에게 매우 벅찬 사역에서 은퇴하라고 명하시지 않는다. 열두 제자도 그러했듯이 지금의 제자들도 예수님의 격려를 받으며 계속해서 사역을 감당해야 한다. 요한은 전파했고, 거절을 당했으며, 이제는 목숨도 빼앗겼다. 예수님도 전파하셨고, 거절을 당하셨으며(2:1–3:6의 논쟁), 목숨

20 Kaminouchi, *"But It Is Not So,"* 186.

21 Moloney는 제자들이 행한 것과 가르친 것을 보고한 일이 다소 교만하다고 생각한다("Mark 6:6b–30," 660). 그에 따르면, 제자들은 예수님의 사역을 감당하기 위해 보냄받았다는 점을 이해하지 못했다. "마가는 이미 4:35–41(4:41 참조)에서 제자들이 예수님이 누구신지 인식하지 못한다는 것을 묘사했고, 6:7–30에서는 그들 자신이 누구인지 인식하는 데 어려움을 겪고 있는 모습을 보여준다"("Mark 6:6b–30," 661). 이 해석은 다음 본문에서 예수님이 오천 명을 먹이신 후 파송하신 제자들에게 기대하시는 바와 적절하게 연관된다(해당 주해 참조).

도 곧 빼앗기실 것이다. '엘리야'가 당한 일을 인자도 당하게 된다(9:12–13). 제자들도 전파하였고 그들이 당할 일도 간접적으로 묘사되었다. 그러나 하나님의 공급하심은 넉넉하며 제자들은 그 속에서 얻는 힘으로 제자도 여정을 지속해나가야 한다. 이들의 뒤를 따라 여정을 떠날 제자들도 마찬가지다. 제자들은 예수님이 재림하시고 하나님 나라가 온전히 임할 때까지 저항을 이겨내며 자신의 사명을 이루어내야 한다.

설교의 초점 및 개요

설교를 위한 본문 8의 신학적 초점

8 예수님께 받은 사명은 세상의 저항을 받지만, 하나님의 공급하심으로 그것을 완수한다(6:7–32).

마가복음의 첫 본문(1:16–20)은 제자도 여정에서 직면하게 될 위험을 전체적으로 다루었고, 제자들의 운명을 전반적으로 묘사했다. 이번 본문(6:7–32)은 제자가 사명을 감당할 때 부닥칠 위험을 구체적으로 다룬다. 첫 번째 본문은 마가복음의 서론으로 기능하며 예수님의 제자들이 하나님 나라를 확장하는 사명을 감당하며 치르게 될 대가를 묘사한다. 그리고 이번 본문은 제자가 직면할 수 있는 다양한 저항과 이에 대응하는 방법(담대함과 인내)을 설명하는 2:1–3:6의 본문과는 달리, 위험과 적의 공격을 수반하는 제자들의 사명 가운데 하나님의 공급하심에 초점을 둔다. 어떤 맹렬한 저항에 직면하게 될지라도 하나님이 모든 필요를 채워주시기 때문에 제자는 예수님을 따르는 평생의 여정에서 돌보시는 하나님을 신뢰해야 한다.

6:1–6은 예수님에 대한 저항이 있음을 보여주었고, 6:11에서는 예수님이 제자들에게 저항에 대해 경고하신다. 마가의 '샌드위치' 구조는 예수님을 따르는 모든 자가 미래에 동일한 저항과 위험에 직면하게 될 것을 암시한다. "하나님 나라와 인간 사회의 기준 사이에는 관심사와 이념의 근본적인 충돌이 있다. 하나님 나라의 사신들은 회복과 구속의 사역을 위해서만 부름받는 것이 아니라, 요한의 운명이 그 극단적 예를 보여주듯이 다툼을 위해서도 부름을 받는다."[22] 제자들은 거절을 당하더라도 발아래의 먼지를 떨어버리며 하나님의 공급하심으로 죽을 때까지 계속해서 나아가야 한다.

설교를 염두에 두었을 때, 제자들이 직면하는 저항은 사역의 모든 면에 대한 저

22 France, *Gospel of Mark*, 246.(『NIGTC 마가복음』 새물결플러스, 408)

항이라고 생각해도 된다. 그러나 이번 본문에서 강조되는 것은 전파하는 사역에 대한 저항이다.[23] 따라서 단순히 전파 사역뿐만 아니라 하나님의 사명을 감당하며 다양한 저항에 맞닥뜨리게 될 때 그분의 공급하심을 신뢰하는 것에 초점을 두는 것이 용이할 것이다(2:1-3:6에서도 예수님의 사역이 직면한 다양한 저항을 묘사했다).[24]

본문 8의 설교 개요

I. 사명

- 제자들을 보내심: 6:7, 10-13
- 연관성: 우리를 부르시고 보내시는 예수님

II. 저항

- 세례(침례) 요한이 직면한 저항: 6:14-29
- 연관성: 우리가 사명을 감당하며 부딪힐 수 있는 위험

III. 공급*

- 사명을 위해 공급해주심: 6:8-9, 30-32
- 연관성: 우리가 사명을 감당할 수 있도록 공급해주시는 하나님

IV. 적용: *하나님의 공급하심으로 하나님의 사명을 감당하라!*

- 구체적인 적용: 우리 삶의 일부분이 되도록 지금부터 할 수 있는 것은 무엇인가?

* 설교자는 하나님이 오늘날의 청중에게 구체적으로 어떻게 공급하시는지 찾아봐야 한다.

첫 번째와 두 번째 대지를 합친다면 다음과 같이 문제-해결-적용 형식의 설교 개요도 가능하다.

---

23 이번 본문에서 마가가 전파 사역을 강조하는 이유는 요한의 사역과 열두 제자의 사역을 서로 연관 지으려는 것일 수 있다. 요한과 열두 제자 모두 공통적으로 전파 사역을 감당했다(반면에 요한은 열두 제자와 같이 축귀나 치유 사역은 감당하지 않았을 가능성이 크다).

24 2:1-3:6에서는 다양한 저항(그리고 예수님이 보여주신 적합한 반응)이 강조된 반면에 이번 본문에서는 이러한 저항에 부딪혔을 때 하나님이 공급해주신 것을 강조한다.

Ⅰ. 문제: 사명에 대한 저항

- 제자들을 보내심: 6:7, 10-13
- 연관성: 우리를 부르시고 보내시는 예수님
- 세례(침례) 요한이 직면한 저항: 6:14-29
- 연관성: 우리가 사명을 감당하며 부딪힐 수 있는 위험

Ⅱ. 해결: 공급하심

- 사명을 위해 공급해주심: 6:8-9, 30-32
- 연관성: 우리가 사명을 감당할 수 있도록 공급해주시는 하나님

Ⅲ. 적용: *하나님의 공급하심으로 하나님의 사명을 감당하라!*

- 구체적인 적용: 우리 삶의 일부분이 되도록 지금부터 할 수 있는 것은 무엇인가?

본문 9

섬기기 위해 권능을 부여받음

마가복음 6:32-56

[오천 명을 먹이심, 물 위를 걸으심, 치유하심]

복습, 요약, 예습

본문 8 복습: 마가복음 6:7-32은 하나님 나라를 확장하기 위해 파송된 제자들이 위험한 저항 앞에서 하나님의 공급하심을 신뢰하라고 말한다.

본문 9 요약: 마가복음 6:32-56은 오천 명을 먹이는 단락과 바다 위에서 행해지는 이적의 단락으로 이루어져 있다. 마가는 두 단락을 통해 예수님은 제자들이 그분의 놀라운 권능을 인식할 것이라고 기대하고 계심을 보여준다. 그러나 더 중요한 것은 제자들이 예수님의 놀라운 권능을 부여받았다는 사실이다. 제자들은 이 능력을 부여받았기 때문에 하나님 나라를 확장하는 예수님의 사명을 감당하며 어떠한 상황도 극복할 수 있다.

본문 10 예습: 다음 본문(7:1-30)은 순종을 낳는 믿음의 중요성을 강조한다. 순종은 하나님이 용인하시는 도덕성의 근본적인 기준이다.

본문 9. 마가복음 6:32-56

본문 9의 신학적 초점

9 예수님의 사명을 확장하기 위해 절대적 권능을 소유하신 분으로부터 파송된 제자들은 하나님의 권능을 부여받았기 때문에 어떠한 상황도 극복할 수 있다(6:32-56).

9.1 예수님의 사명을 확장하기 위해 파송된 제자들은 다른 이들의 필요를 채우기 위해 하나님의 충만한 공급을 받는다(6:32-44).

9.1.1 하나님의 공급은 모든 필요를 채울 만큼 충분하다.

9.1.2 예수님의 사명을 확장하기 위해 파송된 제자들은 다른 이들의 필요를 채울 수 있는 권능을 부여받는다.

9.2 제자들이 예수님의 권능을 인식하고 그 권능을 부여받을 때, 예수님을 따르는 동안 만나는 어떠한 위기도 극복할 수 있다(6:45-56).

9.2.1 제자들은 어떠한 위기도 극복할 수 있는 하나님의 권능을 보장받는다.

9.2.2 제자들이 따르는 예수님이 절대적 권능을 소유하고 계시기 때문에 제자들이 하나님의 권능을 부여받는다는 사실을 알 수 있다.

개관

6:32-44에 등장하는 오병이어의 이적은 모든 사복음서에 기록된 유일한 이적이다. 이 잔치는 직전에 기록된 헤롯의 섬뜩한 잔치와는 전혀 다르다. 이 잔치의 음식이 단출하고 그 배경은 소박하지만, 이 잔치는 이적과 구약을 암시하고 있기에 가장 중요한 잔치 가운데 하나로 손꼽힌다. 이 잔치는 메시아의 연회와 유사하다(예를 들어 사 25:6-9). 이 본문에서 중대한 주제는 "목자 없는 양"(막 6:34)과 같은 모습이 지휘관 없는 군대를 뜻한다(왕상 22:17 참조)는 것이다. 간단히 말해서 마가는 오병이어 이적에서 제자들이 양식을 제공하는 역할(리더십)을 부여받았다는 점을 강조한다. 이 본문의 두 번째 단락(막 6:45-56)은 이 강조점을 기반으로 예수님의 놀라운 권한에 초점을 둔다. 이 권한은 예수님을 따르는 제자들에게 양도되어 사역을 감당케 한다.

광야는 종종 하나님의 나라가 시작되는 중대한 장소로 등장한다(본문 1을 참조하라). 바로 이곳에서 하나님은 백성을 구하시고(사 40:3; 41:18; 42:11; 43:19; 44:26; 51:3), 출애굽 세대를 먹이셨다(출 16:1-35; 민 11:1-10; 시 78:24; 105:40). 또한 이곳은 열심당이 하나님의 사역을 감당하겠다고 모인 곳이고(Josephus, *J.W.* 2.258-63), 의로운 전사들이 모인 곳이며(1QM 1.2), 하나님을 위한 대로가 놓일 곳이기도 하다(1QS 8.13-14; 9.18-21).[1] 이 황폐한 곳은 이미 마가복음의 시작부터 나타났다(1:3, 4, 12, 13, 35, 45 그리고 6:31, 32, 35도 참조). 이 본문에서 언급된 광야(개역개정에는 "한적한 곳", "빈들"-역주)는 유대인 지역일 가능성이 높다.[2]

9.1 마가복음 6:32-44

9.1 신학적 초점

9.1 예수님의 사명을 확장하기 위해 파송된 제자들은 다른 이들의 필요를 채우기 위해 하나님의 충만한 공급을 받는다(6:32-44).

- **9.1.1** 하나님의 공급은 모든 필요를 채울 만큼 충분하다.
- **9.1.2** 예수님의 사명을 확장하기 위해 파송된 제자들은 다른 이들의 필요를 채울 수 있는 권능을 부여받는다.

9.1 단락 요약: 양식을 공급하시는 예수님의 첫 이적은 "목자 없는 양"과 같은 무리에 초점을 둔다. 그리고 예수님이 제자들에게 굶주린 무리의 필요를 채워주는 역할을 기대하고 계신다는 사실도 놀랍다. 제자들은 하나님의 능력과 공급하심으로 이들의 필요를 채울 수 있다. 제자들은 예수님의 사명을 확장하며 하나님이 공급해주시는 것으로 다른 이들의 필요를 채울 수 있다.

9.1 성경 본문

6:32 이에 배를 타고 따로 한적한 곳에 갈새

6:33 그들이 가는 것을 보고 많은 사람이 그들인 줄 안지라 모든 고을로부터 도보로 그 곳에 달려와 그들보다 먼저 갔더라

6:34 예수께서 나오사 큰 무리를 보시고 그 목자 없는 양 같음으로 인하여 불쌍히 여기사 이에 여러 가지로 가르치시더라

---

1 Henderson, *Christology*, 183-84 참조.

2 Boring, *Mark*, 180. 이 주석에서 마가복음 8:1-9 주해를 참조하면 왜 8장에 나오는 이적(양식을 공급하는 두 번째 이적) 장소가 이방인 지역일 가능성이 높은지 알 수 있다. 신학적 강조점은 특정한 장소에 따라 달라지지 않는다.

6:35 때가 저물어가매 제자들이 예수께 나아와 여짜오되 이 곳은 빈 들이요 날도 저물어가니
6:36 무리를 보내어 두루 촌과 마을로 가서 무엇을 사 먹게 하옵소서
6:37 대답하여 이르시되 너희가 먹을 것을 주라 하시니 여짜오되 우리가 가서 이백 데나리온의 떡을 사다 먹이리이까
6:38 이르시되 너희에게 떡 몇 개나 있는지 가서 보라 하시니 알아보고 이르되 떡 다섯 개와 물고기 두 마리가 있더이다 하거늘
6:39 제자들에게 명하사 그 모든 사람으로 떼를 지어 푸른 잔디 위에 앉게 하시니
6:40 떼로 백 명씩 또는 오십 명씩 앉은지라
6:41 예수께서 떡 다섯 개와 물고기 두 마리를 가지사 하늘을 우러러 축사하시고 떡을 떼어 제자들에게 주어 사람들에게 나누어 주게 하시고 또 물고기 두 마리도 모든 사람에게 나누시매
6:42 다 배불리 먹고
6:43 남은 떡 조각과 물고기를 열두 바구니에 차게 거두었으며
6:44 떡을 먹은 남자는 오천 명이었더라

9.1 주해

9.1.1 하나님의 공급은 모든 필요를 채울 만큼 충분하다.

공급하시는 예수님의 놀라운 능력이 이 단락에서 강조된다는 점은 의심의 여지가 없다. 그러나 앞으로 살펴볼 내용과 같이 제자들의 손을 통해 공급된다는 점도 강조된다. 이 단락은 이전 본문에 나타난 하나님의 공급하심이라는 주제를 이어가며, 광야에서 공급받은 만나를 연상하게 한다. 요한복음 6:31에는 실제로 출애굽기 16:3-4이 인용되었다. 사복음서 저자 가운데 마가만이 오병이어 이적을 광야와 연결 지어 언급한다(막 6:31, 32, 35, 개역개정에는 "한적한 곳", "빈들"로 표기-역주). 출애굽과 관련해서 마가는 목자/양의 비유(6:34)를 통해 지도자가 없는 출애굽 세대를 묘사한 민수기 27:17을 간접적으로 언급한다. 그리고 무리를 백 명씩, 오십 명씩 나누는 모습(6:39-40)은 출애굽기 18:21과 민수기 31:14을 상기시킨다.[3] χορτάζω(코르타조, '만족하

3 하나님은 성경에서 목자로 여러 번 묘사되신다(창 48:15; 49:24; 시 23:1; 28:9; 80:1; 사 40:11; 49:9-10; 렘 31:10; 겔 34:8, 15; 미 5:4; 마 2:6). 그리고 구약에서는 이스라엘에 목자가 없다는 사실을 자주 한탄한다(민 27:17; 왕상 22:17; 대하 18:16; 겔 34:5, 8; 슥 10:2). 마가는 14:27에서 예수님을 목자로 묘사한다. 그리고 이사야 40:11; 예레미야 23:1-8; 에스겔 34:11-31에서는 여호와가 백성을 위해 앞으로 나타날 목

다', 막 6:42)라는 동사를 사용한다는 것은 이 양식이 결코 평범한 식사가 아님을 가리킨다. 이 잔치는 마지막 날의 잔치를 암시할 뿐만 아니라(이전에 사 25:6-8에 대해 언급했음), 과거에 만나가 가져다준 만족감도 떠오르게 한다(신 8:10; 시 132:15의 칠십인역도 χορτάζω를 사용한다). 물론 아낌없이 베푸시는 메시아의 공급은(마지막 날의 풍성함) 여분 없이 일용할 양식만 허락된 만나보다 훨씬 뛰어나다. 그리고 무리를 먹이라는 예수님의 명령에 제자들이 회의적으로 반응한 후, 굶주림이 해결되고도 음식이 남아 있던 모습은 엘리사의 이적을 생각나게 한다(왕하 4:42-44). 그러나 선지자의 이적 역시 예수님의 이적에 범접할 수 없다. 엘리사가 먹인 사람의 수는 백 명에 불과했고, 사용된 떡은 오병이어의 수보다 네 배나 많았다.[4] 예수님의 이적은 과거의 유사한 이적보다 뛰어나며, 그분은 모든 제자의 필요를 채우실 수 있는 능력을 지니신 분이다.

마가가 마지막 만찬과 연관된 용어를 6:41에서 의도적으로 사용했는지는 확실히 알 수 없다. 그러나 분명 서로 연관된 표현들이 나타난다. 이 단락과 마지막 만찬 단락 모두 '때가 저문다'(6:35; 14:17)는 표현과 '앉는다'(6:39; 14:18)는 표현을 사용한다. 또한 마지막 만찬과 연관된 수많은 동사가 6:41에 나올 뿐만 아니라, 14:22(고전 11:23-24과의 유사성도 주목하라)에 나오는 순서와 동일하게 등장한다[λαμβάνω(람바노, '갖다'), εὐλογέω(율로게오, '축복하다'), κατακλάω(카타클라오, '쪼개다'), δίδωμι(디도미, '주다')]. 마가복음 6:41을 보면 예수님이 축사하신 대상에는 물고기가 빠져 있다는 것을 알 수 있다. ("And taking the five [loaves of] bread and the two fish, looking up to heaven, He blessed and broke the bread and gave to the disciples that they may set before them; and the two fish He divided among all." 이것은 저자 사역으로 개역개정과 차이가 있음-역주) 예수님은 물고기가 아닌 떡을 축사하시고 떼어주셨다. 어쩌면 이 이적을 마지막 만찬 때 떡을 떼어주신 예수님과 연관되도록 의도적으로 물고기를 생략했을 수도 있다.[5] 두 단락의 공통점에 담긴 중대한 의미는 예수님이 제자들의 육신적인 필요를 채우실 수 있는 분일 뿐만 아니라, 나중에 알 수 있듯이 구원도 베푸시는 분임을 나타낸다. 예수님은 가장 탁월한 공급자이시다.

자(들)를 약속하신다.

4 떡을 먹은 "남자"(ἄνδρες, 안드레스, 6:44)가 오천 명이었다는 말은 오천 명 외에도 다른 여자와 아이들이 있었다는 뜻이다(예를 들어, 출 12:37).

5 마지막 만찬 때는 물고기가 등장하지 않는 반면에 이 단락에서는 포도주가 등장하지 않는다. 떡을 몸에 비유하는 해석 또한 등장하지 않는다.

9.1.2 예수님의 사명을 확장하기 위해 파송된 제자들은 다른 이들의 필요를 채울 수 있는 권능을 부여받는다.

'광야 모티브'가 다시 등장하며(ἔρημος, 에레모스, 6:32, 35) 제자들이 시험대에 오를 것이라는 신호를 보낸다. "목자 없는 양"(6:34)은 구약에서 자주 사용하는 비유다. 이 표현은 모세 이후 광야에 있는 이스라엘 백성을 비유할 뿐만 아니라(민 27:17), 아합이 죽은 뒤 그의 군대(미가야의 예언 중 일부분인 왕상 22:17; 대하 18:16)나 신뢰할 만한 지도자가 부재한 이스라엘(겔 34:5–6)을 비유하기도 한다. 지도자가 부재한 상황이 부각되면서 예수님이 제자들에게 바라시는 역할이 무엇인지 드러난다. 그러나 제자들은 무리에게 먹을 것을 줄 생각조차 하지 못했다(막 6:36에서 제자들이 예수님께 제안한 바를 통해 이를 알 수 있다). 제자들을 향한 예수님의 이러한 대답 속에 두 번의 반의 표현(δε, "그러나", 6:37, 38)이 담겨 있다는 것은, 예수님이 제자들의 상황 판단에 동의하시지 않음을 보여준다. 또한 무리가 '무언가를 스스로 사 먹기'(ἑαυτοῖς, 헤아우토이스, 6:36)를 바라는 제자들의 마음과 극명하게 대조된다. 예수님은 오히려 강조를 위해 삽입된 ὑμεῖς(휘메이스, '너희 스스로', 6:37)를 통해 먹을 것을 주라고 제자들에게 명령하신다. 하지만 제자들은 이러한 책임을 회피하며 비꼬아 대답한다. 이백 데나리온은 반년치 임금보다 많은 금액이다(마 20:1–16 참조).[6] "앞서서 무리는 제자들의 쉼을 빼앗아갔다(막 6:31). 그리고 이제 제자들의 자금도 빼앗으려고 한다."[7] "무리를 보내"(ἀπολύω, 아폴루오)라는 제자들의 말은 오히려 예수님께 명령하는 듯하고 예수님의 긍휼하심과는 대조적이다(6:34).[8] 그런데도 예수님은 제자들의 말에 응하시며 무리를 보내신다(6:45, ἀπολύω). 그러나 그들의 필요를 채우신 후에 보내신다.

이 단락 직전에 예수님이 제자들을 파송하시며 최소한의 소지품만 허락하신 것을 고려해볼 때(6:7–9), 제자들의 부정적인 반응이 6:8에서 제자들에게 돈을 소지하지 말라고 하신 예수님의 명령에서 비롯된 것은 아닌지 생각해볼 수 있다. 그러나 돈을 소지하지 말라는 명령과 굶주린 무리를 먹이라는 예수님의 말씀은 공통적으로 하

---

6 Tacitus, *Ann.* 1.17에서도 데나리온이 군인의 하루 임금에 합당하는 금액임을 설명한다.

7 Fowler, *Loaves and Fishes*, 81.

8 마가복음에서 σπλαγχνίζομαι(스플란크니조마이, "불쌍히 여기다")라는 동사는 예수님에게만 적용된다(1:41; 6:34; 8:2; 9:22). 그리고 수천 명의 무리를 먹이는 두 이적과 관련한 본문에서 나타난다. 그러나 이 본문에서 예수님이 무리를 불쌍히 여기시는 이유는 그들의 굶주림 때문이 아니라 지도자의 부재 때문이다(두 번째로 무리를 먹이시는 8:2에서는 먹을 것이 없어 불쌍히 여기신다는 것이 명시되어 있다). 이러한 상황 속에서 예수님이 자비를 보이시는 모습은 제자들을 가르치시기 위함이다(6:34).

나님의 공급하심을 신뢰하라는 말씀에 기반을 둔다.[9] 예수님은 이전에 제자들에게 명령하셨던 바를 당연히 인지하고 계신다. 그분은 제자들이 수천 명의 사람을 먹일 수 있는 떡이나 돈을 소지하고 있을 거라고 생각하지 않으신다. 6:37–38에서 예수님이 제자들에게 무리를 먹이라고 명령하신 것에는 분명한 의도가 담겨 있다. 예수님은 다른 사람들의 필요나 자신의 필요를 채울 때 돈(또는 떡)을 의지하지 말고 하나님의 능력을 의지하라고 제자들에게 가르치고 계신 것이다. 성공적인 사역(6:30에서 제자들이 표면상 예수님께 보고한 내용)은 하나님의 능력으로 다른 이의 필요를 채우는 것을 수반한다. 따라서 이 단락의 초점은 제자들에게 있다. 제자들이 과연 예수님의 공급하심을 신뢰하여 다른 이들에게 먹을 것을 줄 수 있는가? 이 단락의 구조는 이 점을 강조하기 위해 의도적으로 다음과 같이 짜여 있다.[10]

A 예수께서 나오사 무리(ὄχλος, 오클로스)를 보시고 불쌍히 여기심(6:34)

B 먹을 것이 필요하다고 제자들이 말함(6:35–36)

C 제자들이 "먹을 것을 주라"[δίδωμι/ἐσθίω, 디도미/에스디오(2회)]고 명령받음(6:37)

D 떡 다섯 개와 물고기 두 마리를 찾음(6:38)

E 푸른 잔디 위에서 무리가 떼로 앉음(6:39–40)

D′ 떡 다섯 개와 물고기 두 마리를 가지사 축사하시고 떡을 떼어주심(6:41a)

C′ 예수님이 제자들에게 주어(δίδωμι) 나누어주도록 하심, 무리는 배불리 먹음(ἐσθίω)(6:41b–42)

B′ 제자들이 남은 떡과 물고기를 거둠(6:43–44)

A′ 무리(ὄχλος)를 보내는 동안 배를 타고 건너편으로 감(6:45)

키에즘 구조의 중심점(E)은 목자 없는 양들이 푸른 잔디 위에 앉아 있는 모습을 부각한다(시편 23편을 가리킨다).[11] 그리고 이 중심점을 둘러싸고 있는 것은 제자들이

---

9 이전 본문(막 6:7–32)의 초점은 저항에 직면했을 때 하나님의 공급하심이었다. 이 단락의 초점은 다른 이들의 필요를 채울 수 있도록 제자들에게 주어진 하나님의 능력이다.

10 Reid, *Preaching Mark*, 69–70.

11 시편 23편 기자는 목자를 양들에게 '쉼'을 주는 사람으로 묘사한다(시 23:2에서는 ἀνάπαυσις, 아나파우시스를 사용하며 이 단어의 동사형인 ἀναπαύω, 아나파우오가 막 6:31에서 나타난다). 비록 시편 23편 칠

예수님이 공급해주신 양식을 나누어주는 모습이다. 이 단락은 무리를 공급하시는 메시아에 당연히 초점을 두고 있지만, 제자들이 공급하시는 예수님의 사역에 동참하는 모습이 상세히 나타난다는 점이 놀랍다. 이 단락은 제자들의 놀라운 변화를 보여주는 이야기다. 처음에 제자들은 문제를 알아차리지만, 무력하고 회의감에 빠져서 적합한 해결책을 제시하지 못한다. 그러나 이후에 백성의 필요를 채우기 위해 하나님의 공급하심을 전달하는 책임자로 세워진다. 예수님과 '함께'한다는 의미는 바로 이처럼 하나님의 권능을 부여받아 다른 사람들의 필요를 채우는 주님의 사역에 동참하는 것이다.[12] "여기서의 초점은 예수님의 이적에 있는 것이 아니라…예수님이 제자들을 향해 '너희가 먹을 것을 주라'고 도전하시는 것에 있다."[13] παρατιθήμι(파라티쎄미, '내놓다')는 집 주인이 손님에게 음식을 대접할 때 자주 사용되는 단어다(창 18:8; 24:33; 삼하 12:20 칠십인역; 눅 11:6; 행 16:34). 제자들은 무리를 즉시 해산시키기를 원했지만, 예수님은 '손님'을 자기 집으로 초대하여 그들 앞에 풍성한 식탁을 '대접하길' 원하셨다.[14] 제자들은 이러한 예수님의 마음을 가져야 마땅했다. 그리고 제자들은 (부여받은) 예수님의 권능을 행사했어야 했다.

무리를 먹이는 이적 속에서 "예수님은 최전선에 머무시며 제자들의 필요를 채우기 위해 그들과 함께 사역하신다. 제자도의 그림에서는 참여가 매우 중요하다. 예수님은 열두 제자가 자신을 대신하여 이적을 행하도록(그들을 '보내심') 하기 위함이 아니라, 그들이 영원하신 목자와 동역하도록('그와 함께'함) 권능을 부여하신다."[15] 제자들의 먹을 것으로 이적이 행해진다. 제자들이 먼저 내어놓고 하나님의 권능으로 먹을 것을 무리("목자 없는 양" 같은 사람들)에게 주어야만 한다. 예수님이 무리에게 먹을 것을 공급해주실 때, 제자들이 주님의 이름으로 그분을 대신하여 무리에게 먹을 것을 나누어준다(6:41). 이 단락은 6:7-32에서 제자들이 '견습 기간'을 가진 후에 알맞게 등장한다. 제자들의 훈련은 계속된다. 예수님은 제자들에게 '불가능한 것이 어떻게 가능해

십인역과 용어는 다르지만, 이 본문에서 목자(6:34)나 푸른 잔디(6:39) 그리고 식사를 대접하는 용어들(6:41-42)은 시편 23편과 관련성이 있다. 이 본문과 시편 23편의 연관성에 대해서는 Gundry, *Mark*, 328을 참조하라.

12 Henderson, *Christology*, 175.

13 Boring, *Mark*, 184n133. Fowler도 "먹을 것을 베푸는 두 이적(막 6장과 8장)의 핵심은 예수님과 제자들 간의 상호작용에 있다"라고 말한다(*Loaves and Fishes*, 93).

14 Donahue and Harrington, *Gospel of Mark*, 207.

15 Henderson, *Christology*, 199.

지는가'를 보여주셨을 뿐만 아니라, 그들이 불가능한 것을 가능하게 만드는 과정을 밟게 하셨다![16] 예수님은 제자들의 작은 헌신을 크게 사용하신다. 앞서서 예수님은 제자들에게 권위를 주셨고(ἐδίδου, 에디두, 6:7) 이제는 제자들이 다른 이의 필요를 채우도록 충분히 공급해주시고 놀라운 능력을 주신다(ἐδίδου, 6:41). 제자들의 역할은 "예수님의 거룩한 사역을 조금씩 확장시키는 것이다."[17] 제자들은 예수님을 보며 인도하는 법을 배운다. 그러므로 예수님을 따르는 제자는 주님이 양들의 필요를 채우기 위한 능력을 주실 것을 신뢰한다.

9.2 마가복음 6:45-56

9.2 신학적 초점

9.2 제자들이 예수님의 권능을 인식하고 그 권능을 부여받을 때, 예수님을 따르는 동안 어떠한 위기도 극복할 수 있다(6:45-56).

9.2.1 제자들은 어떠한 위기도 극복할 수 있는 하나님의 권능을 보장받는다.

9.2.2 제자들이 따르는 예수님이 절대적 권능을 소유하고 계시기 때문에 제자들이 하나님의 권능을 부여받는다는 사실을 알 수 있다.

9.2 단락 요약: 두 번째 항해 이야기는 예수님이 열두 제자를 시험 가운데로 모는 듯한 인상을 준다. 제자들은 주님의 능력을 부여받고 예수님에게서 수많은 교훈을 듣고 보았지만, 그들에게 주어진 힘을 온전히 이해하지 못한다. 제자들이 예수님을 따를 때 찾아오는 위기를 극복할 수 있는 방법은 그들에게 위임된 하나님의 권능을 인식하는 길밖에 없다.

9.2 성경 본문

6:45 예수께서 즉시 제자들을 재촉하사 자기가 무리를 보내는 동안에 배 타고 앞서 건너편 벳새다로 가게 하시고

6:46 무리를 작별하신 후에 기도하러 산으로 가시니라

16 van Iersel, *Mark*, 230.

17 Henderson, *Christology*, 200.

6:47 저물매 배는 바다 가운데 있고 예수께서는 홀로 뭍에 계시다가

6:48 바람이 거스르므로 제자들이 힘겹게 노 젓는 것을 보시고 밤 사경쯤에 바다 위로 걸어서 그들에게 오사 지나가려고 하시매

6:49 제자들이 그가 바다 위로 걸어 오심을 보고 유령인가 하여 소리 지르니

6:50 그들이 다 예수를 보고 놀람이라 이에 예수께서 곧 그들에게 말씀하여 이르시되 안심하라 내니 두려워하지 말라 하시고

6:51 배에 올라 그들에게 가시니 바람이 그치는지라 제자들이 마음에 심히 놀라니

6:52 이는 그들이 그 떡 떼시던 일을 깨닫지 못하고 도리어 그 마음이 둔하여졌음이러라

6:53 건너가 게네사렛 땅에 이르러 대고

6:54 배에서 내리니 사람들이 곧 예수신 줄을 알고

6:55 그 온 지방으로 달려 돌아 다니며 예수께서 어디 계시다는 말을 듣는 대로 병든 자를 침상째로 메고 나아오니

6:56 아무 데나 예수께서 들어가시는 지방이나 도시나 마을에서 병자를 시장에 두고 예수께 그의 옷 가에라도 손을 대게 하시기를 간구하니 손을 대는 자는 다 성함을 얻으니라

9.2 주해

9.2.1 제자들은 어떠한 위기도 극복할 수 있는 하나님의 권능을 보장받는다.

마가복음 6:45-52과 유사한 본문은 놀랍게도 출애굽기 14장이다. 여호와가 애굽 군대를 전복시키시는 이야기와 이 단락은 공통적으로 바다 한가운데서 극적으로 구하시는 하나님의 임재를 분명하게 보여준다. 두 본문의 유사성은 확연하게 눈에 띈다. "[이 단락에서] 등장하는 헬라어 단어 가운데 출애굽기 14장(칠십인역)에서 나타나지 않는 단어는 '이는'(for), '즉시'(immediately), '못하고'(not)밖에 없다." 그리고 반대로 출애굽기 14장(칠십인역)은 마가복음 6:45-52에 등장하는 139개의 단어 중 32개의 단어를 공유한다!"[18] 마가복음에 드러난 예수님의 장엄한 권능은 출애굽기에 드러난 여호와

18 마가복음에서 갈릴리 바다를 가리킬 때 일반적으로 사용되는 λίμνη(림네, "호수") 대신에 θάλασσα(쌀라싸, "바다", 출 14장 칠십인역에서 15회, 막 6:45-52에서 3회 등장)를 사용한다는 사실은 중요하다. 이 단어를 사용함으로써 출애굽기를 회상하려는 의도가 분명히 있다. 출애굽기 14장(칠십인역)에 등장하는 단어나 어구 가운데 마가복음 6:45-52에서 공통적으로 등장하는 단어는 다음과 같다. ἐπὶ τὴν θάλασσαν(에피 텐 쌀라싼, "바다 위로", 출 14:16, 21, 26, 27), μέσος τῆς θαλάσσης(메소스 테스 쌀라쎄스, "바다 가운데", 14:16, 29), ὁράω(호라오, '보다', 14:13, 30, 31), '말하다+이르다'(현재형, 14:1, 12), φοβέω(포베

의 행위를 독자에게 상기시켜준다.[19]

동사 παρέρχομαι(파르에르코마이, '지나가다', 막 6:48)는 출애굽기 33:22, 34:6 그리고 열왕기상 19:11(칠십인역)에도 등장한다. 출애굽기와 열왕기상에서 여호와는 각각 위기에 처한 모세와 엘리야에게 나타나셔서 '지나가는' 행위를 보여주신다.[20] 그리고 구약의 두 인물 모두 앞을 가로막는 물을 건넜다(모세는 홍해를 그리고 엘리야는 요단강을 건넜다, 왕하 2:8). 그러므로 이 동사는 표면적인 의미로는 예수님이 어려움에 처한 배를 회피하시려는 것처럼 보이지만, 실은 위안하시려고 하나님이 출현하신다는 뜻을 가진 전문 용어에 가깝다.[21] 하나님이 출현하신다는 것을 보여주는 다음과 같은 다른 단서가 있다.

- 예수님이 초자연적으로 나타나시는 다른 본문(막 16:2; 마 28:1; 눅 1:8, 26; 2:8 등)과 유사하게 마가복음 6:47–48에서 예수님이 출현하신 시간이 기록되어 있다.
- 예수님이 출현하시는 다른 본문(막 6:49–50; 16:5, 6, 8; 마 28:4, 5, 10; 눅 1:12–13, 29, 30; 2:9, 10 등)과 마찬가지로 두려워하는 이들에게 두려워하지 말라고 말씀하신다.
- 자신을 증명하시려고 예수님이 "내니!"라고 말씀하시는 모습은 하나님이 자신을 드러내 보이실 때 자주 사용하시는 것이다.[22]

오, '두려워하다', 14:10), ἐγώ εἰμι(에고 에이미, '나는 나다', 14:4, 18), θαρσέω(싸르세오, '두려워 말라', 14:13), (συν)θαράσσω[(순)타라쏘, '놀라다', 14:24], νύξ(눅스, "밤", 14:20, 21), καρδία(카르디아, "마음", 14:4, 5, 8, 17), γῆ(게, "땅", 14:3, 11), ἐναντίος(에난티오스, "맞은편", 14:2, 9), ἄνεμος(아네모스, "바람", 14:21), φυλακή(풀라케, '시간대', 14:24). Stegner, "Jesus' Walking on the Water," 217–20 참조.

19 여호와가 물 위를 '걷는' 표현은 욥기 9:8; 38:16; 시편 77:19; 이사야 43:16; 하박국 3:15 그리고 Sir 24.5–6 등에 나타난다. 출애굽기 15:2에 대한 *Mek.*("바다에서 자신을 드러낸" 거룩한 자)와 시편 77:19에 대한 *Pirqe R. El.*("그들 앞에서 걷는…거룩한 자")도 참조하라. Collins는 "물 위를 걷는 모티브는 (인간에게) 불가능한 것을 나타내는 속담과 제국을 세우고자 하는 통치자의 교만을 나타내는 속담이 되었다"라고 말한다. 이는 그리스, 로마, 기독교, 유대교 전통에서 잘 알려진 사실이었으며, 2 Macc 5.21에서는 자신을 신이라 주장했던 안티오코스 4세의 교만을 묘사한다(*Mark*, 331–32).

20 이 동사는 아모스 7:8과 8:2에서 "구원하다"라는 의미로도 사용된다.

21 예수님이 "지나가려고" 하시는 모습은 제자들을 홀로 두시려는 것이 아님이 분명하다. 예수님이 제자들을 그냥 지나치시는 행동은 가난하고 고통당하는 자들을 향한 그분의 긍휼하심과 일치하지 않는다. 예수님은 제자들의 어려움을 보시고 그들에게 다가가기 위해 물 위를 걸으신다(6:48–49에서 두 번이나 언급됨).

22 Stein, *Mark*, 325 참조. ἐγώ εἰμι(에고 에이미)가 통상적인 헬라어 구어체이지만(마 26:22, 25; 요 9:9 등), 앞서 살펴본 것처럼 출애굽기 14장에도 이 어구가 등장하고 이 단락이 하나님의 출현에 초점을 두고 있다

따라서 '지나가다'라는 말은 하나님이 자기 백성이 가장 절박할 때, 그분의 임재를 확인해주셔서 도우시는 행위를 뜻한다.[23] "예수님이 '그들에게 오사 지나가려고' 하시는 목적은 그분의 임재를 확인해주어 그들이 부름받은 리더십 그리고 훈련받은 리더십을 강화하시려는 것이다."[24] 그러나 안타깝게도 6:45-52에서 제자들은 이러한 목적에서 완전히 벗어나 오히려 두려움에 사로잡힌다(6:50). 출애굽기에서 하나님이 출현하시는 모습이 연상되는 요소와 여태껏 예수님께 보고 들은 수많은 교훈에도 불구하고, 제자들은 예수님이 진정 누구신지 인식하지 못한다. 그들은 예수님을 권능을 지니신 하나님이 아니라 오히려 유령이라고 생각한다(6:49).[25]

헨더슨(Henderson)은 마가복음 3:14과 6:7에서 제자들이 받은 능력을 생각해볼 때 "이 항해의 목적은 제자들이 바다의 악한 영을 상대로 이 능력을 행사하는 데 있다"라고 말한다.[26] 바다 위의 폭풍은 실로 악하다. 이 본문에서 βασανίζω(바사니조, '시달리게 하다', 6:48)라는 표현은 악한 영이 제자들을 거스르는 바람을 일으킨다는 것을 암시한다. 이 단어는 본래 "고문하다/괴롭히다"라는 뜻을 담고 있다. 제자들은 말 그대로 '노를 저으며 괴로움을 당하고 있다.'[27]

그리고 뜻밖에도 강한 표현을 담고 있는 동사 ἠνάγκασεν(에낭카센, "재촉하사", 6:45)은 예수님이 제자들에게 이 여정을 홀로(예수님은 일부러 제자들과 멀어지신다) 떠나도록 사실상 강요하셨다는 것을 가리킨다. 어쩌면 제자들은 홀로 떠나기를 원치 않았지만, 예수님은 이들이 홀로 가야 할 필요성을 강하게 느끼셨을 수도 있다. 만약 이것이 사실이라면 이 장면은 "단순히 우연이 아니라", 6:7-13에서 예수님이 제자들을 세우고 보내신 것처럼 이들을 의도적으로 보내시는 것이다. 여기서 제자들은 물 위에서 발생하는 혼란을 하나님의 권능으로 잠재우도록 권능을 부여받았다.[28] 이것이 이 단락의 중점이라는 사실은 이전 단락의 내용으로 더욱 부각된다. 직전 단락에서 제자

는 점에서 이 말은 자신이 하나님임을 가리킨다(창 17:1; 26:24; 31:13; 출 3:6, 14; 14:4, 18; 신 32:39; 사 41:4; 43:11 칠십인역; 요 8:58; 18:5-8 등).

23 다니엘 12:1 칠십인역에서도(비록 MT에는 등장하지 않지만) παρέρχομαί(파르에르코마이)가 등장한다.

24 Henderson, *Christology*, 228-29(227도 참조).

25 다시 말하지만, 여기서도 예수님의 정체성을 인식하지 못한다. 이는 마가복음 제1막의 큰 주제다.

26 Henderson, "'Concerning the Loaves,'" 18.

27 2 Macc 7.13, 17; 4 Macc 6.5, 10, 11; Wis 11.9; Sir 4.17, 마태복음 8:6, 29; 마가복음 5:7; 베드로후서 2:8; 요한계시록 9:5; Josephus, *Ant.* 2.105; 16.232 등에서 βασανίζω(바사니조)가 이와 연관된 의미로 등장한다.

28 Henderson, *Christology*, 213, 219.

들은 '광야'라는 시험대에서 자신들의 선생만이 할 수 있는 공급에 의지하여 무리의 필요를 채우는 임무를 받았다. "특히 마가복음의 전체 맥락에서 볼 때, 4:40에서 제자들이 스스로 광풍을 잠잠케 하고 6:37에서 제자들에게 무리를 먹일 수 있는 능력이 있음을 함축하고 있다면, 6:45–46에서는 예수님이 제자들에게 믿음의 능력을 행사하고 나타낼 기회를 또 한 번 주시려는 숨겨진 의도가 있을 가능성이 높다."[29] 이 모든 단서는 두 번째 항해가 곧 제자들이 예수님의 사명을 감당하기 위해 예수님 없이 떠나는 두 번째 '선교 여행'임을 보여준다. "첫 번째 선교 여행에서는(막 6:7–13, 30–32) 하나님의 통치가 제자들이 선포하고 치유하고 귀신을 내쫓은 곳에 임했다고 주장했고, 이제는 바다와 관련한 영적 방해를 제압함으로써 하나님의 통치를 주장한다."[30] 제자들은 악한 영들을 대적하기 위해 권능을 두 번이나 받았다(3:13–15; 6:7–9). 즉, 이 항해는 제자들이 예수님께 받은 권능을 행사할 수 있는 또 다른 기회이자 시험이다. 그리고 모든 제자는 그들이 따르는 신성한 분의 놀라운 권능을 받았기 때문에 이 시험을 거뜬히 통과할 수 있다.

9.2.2 제자들이 따르는 예수님이 절대적 권능을 소유하고 계시기 때문에 제자들이 하나님의 권능을 부여받는다는 사실을 알 수 있다.[31]

제자들의 반응(6:51)은 그들과 대비되는 인물인 '무리'가 거듭 놀라워하는 반응과 비슷하다(1:22, 27; 2:12; 5:20, 42). 제자들이 무리와 동일하게 반응했다는 것은 제자들이 예수님의 정체성/능력을 올바로 인식하고 있지 못함을 보여준다.[32] 앞뒤로 연결되는 오병이어의 이적과 물 위를 걷는 이적은 만나를 공급하고 홍해를 건너는 출애굽기 시대의 이적과 연관이 있다. 만나를 공급하시는 분은 물 위를 충분히 걸으실 수 있다! 예수님이 만나를 공급하는 장면을 재현하셨고, 조금 전에 그 모습을 목격한 제자들은 물 위를 걸으시는 예수님도 예상했어야만 했다. 그러나 그들의 눈과 귀는 아직도 닫혀 있는 것만 같다. 더 심각한 문제는 제자들의 마음이 둔해졌다고 마가가 전하고 있다는 것이다(6:52). 마가는 이를 기록함으로써 분별하지 못하는 제자들의 모습을 더욱 강조한다. 6:52에서 사용하는 표현들은 다른 곳에서도 나타난다. συνίημι(수니에미,

29 Collins, *Mark*, 336.

30 Henderson, *Christology*, 219–20.

31 이 단락의 신학적 초점은 열두 제자의 실패를 통해 부정적으로 묘사된다.

32 Hooker, *Commentary on Mark*, 169.

"이해하다"는 4:12; 6:52; 8:17, 21에 나타난다) 그리고 καρδία πεπωρωμένη(카르디아 페포로메네, "둔해진 마음", 6:52과 8:17에 등장한다)는 모두 '외부인'과 예수님의 적대자들이 지닌 특징이다.[33] 안타깝게도 제자들은 예수님의 능력을 전혀 인식하지 못할 뿐만 아니라, 자신들이 받은 권능도 인식하지 못한다.

저자가 물고기 없이 떡만 언급함으로써(6:52) 제자들을 책망한다는 사실에 주목할 필요가 있다. 이전 단락에서 물고기를 방관하기는 하지만(이는 마지막 만찬과 비교하기 위함이라고 앞서 설명했다), 제자들은 떡과 물고기를 모두 예수님께 드리고 또한 무리에게 나누어주었다(6:41). 그러나 이 구절을 자세히 살펴보면 제자들은 오병이어 이적이 일어날 때 물고기가 아닌 떡을 나누어주었다고 기록한다(6:41). 아마도 저자는 6:52을 통해 제자들이 공급자 되시며 초자연적 능력을 주시는 예수님은 물론 앞서 행해진 이적 가운데 자신들의 역할까지도 잊었다는 사실을 전하고 있다. 헨더슨(Henderson)은 다음과 같이 결론을 맺는다. "이 본문에서 제자들은 다양한 면에서 시험에 낙제한다. 적어도 이때만큼은 그들이 부여받은 권능도 유용했지만, 제자들은 예수님이 등장하실 때 그분을 알아차리지 못했다. 그뿐만 아니라 예수님이 그들에게 부여하신 권능을 다시 깨닫게 하려고 찾아오실 때도 제자들은 두려움에 얼어붙고 말았다."[34] 마가복음 6장은 제자도 훈련으로 가득하다. 지침(6:7–32), 예시(6:32–45), 시험(6:45–52) 그리고 실패와 예수님의 긴급 구조 대책까지 모든 훈련이 포함되어 있다. 제자들은 예수님의 능력을 인식하지 못하고 예수님의 제자로서 받게 되는 권능을 행사하지 못했다는 점에서 실패했다. 가혹한 판결이 제자들에게 내려졌고, 이 여정은 결과적으로 좌절되었다. 제자들은 목적지인 벳새다에 도착하는 대신 게네사렛 땅에 이르렀다(6:45, 53). 그러므로 제자들이 예수님의 사명을 인식하지 못하는 모습이 이 본문에서 더욱 부각된다.

마가복음 6:53–56은 신랄한 비난이 쇄도하며 6장을 역설적으로 요약한다. 제자들은 예수님의 정체성/능력을 인식하지 못하며 오히려 그분을 유령으로 생각했던 반면(6:49), 사람들은 "곧"(6:54) 예수님이 누구신지 알아차린다. 예수님의 "옷 가에라도" 손을 대려는 모습을 통해 사람들이 이미 예수님에 대한 소문을 들었다는 것을 알 수 있다. 그들은 아마도 혈루증을 앓은 여인이 치유된 소식을 전해 들었을 것이다

33 '둔한 마음'은 출애굽기에서 바로의 마음도 생각나게 한다(출 14:4, 8, 17 참조).

34 Henderson, *Christology*, 233.

(6:56; 5:27-28 참조). 사람들은 예수님의 능력에 대해 모두 알기에 활발하고 열정적으로 반응한다. 그들은 달려 돌아다니며 병든 자를 메고 예수님이 계신 곳곳으로 찾아간다. 또한 병자를 공공장소에 일부러 두어 권능자의 옷 가라도 만지기를 간구한다. 제자들은 이들이 이토록 만지고 싶어 하는 권능자와 오랫동안 함께 지냈지만, 그분의 권능을 이들처럼 인식하지 못했다!

"이 본문은 마가복음에 기록된 제자들, 마가복음의 원독자 그리고 오늘날 이를 읽고 있는 제자들에게 제자도에 담긴 숭고한 부르심과 권능을 상기시킨다."[35] 예수님은 제자들이 그분의 신성한 권한을 행사하길 원하신다. 그분은 제자들이 그분이 행하신 일들을 행하고 그분이 그들에게 부여하신 권능으로 마땅히 해야 할 일을 하길 바라신다. 따라서 제자들이 성공적으로 사명을 감당하고 하나님의 사역에 동참하기 위해서는 예수님의 놀라운 권능과 그들이 부여받은 권능을 인식해야만 한다.

설교의 초점 및 개요

설교를 위한 본문 9의 신학적 초점

9 절대적 권능을 소유하신 예수님으로부터 파송된 제자들은 필요를 채우기 위해 예수님의 권능을 부여받는다(6:32-56).

이전 본문(6:7-32)은 제자들이 제자도의 여정을 걸으며 저항에 직면했을 때 하나님의 공급하심을 기억해야 할 필요성에 대해 말해주었다. 이번 본문은 이 주제를 바탕으로 하지만, 예수님이 주신 능력으로 그분의 사역을 확장하는 제자들에게 초점을 둔다. 제자들은 필요를 채우기 위해 하나님께 받은 권능을 인식하고 이에 대해 올바로 반응

35 Henderson, "'Concerning the Loaves,'" 25. 흥미롭게도 Henderson은 '메시아 비밀'(예수님이 귀신에게 그리고 치유된 자들에게 잠잠할 것을 명령하신 것)의 원인이 예수님이 "자신을 하나님의 통치가 임하는 유일한 대상이 아니라 통로로 보았기 때문은 아닌지"에 대해 의문을 제기한다. 예수님은 이 사명이 자신에게만 주어진 것이 아니라 제자들과 공유된 사명으로 인식되기를 바라는 마음으로 침묵을 명하셨을 것이다.

> 마가복음 전반부에서 기독론과 제자도가 만나는 모습이, 예수님이 메시아 되심을 본질적으로 다루는 마가복음 후반부에서 예수님이 제자들의 부르심을 고난의 종이 걷는 길(막 8:34; 9:35; 10:44)과 일치시키시는 모습과 일관되지 않는가? 끝으로 이러한 관점에서 볼 때 마가복음의 '본래' 결말인 16:8이 난처하게 끝나는 이유가 원독자들이 빈 무덤을 보게 하기 위함이 아닐까? 마가복음 이야기의 초점을 예수님에게서 그분의 사명을 감당할 자들에게로 옮기기 위함은 아닐까?(같은 책)

할 때에만 예수님의 사역을 확장할 수 있다. 무리를 먹이는 첫 번째 단락은 다른 이들의 필요를 채울 수 있는 제자들의 능력에 초점을 두는 반면에, 바다를 건너는 두 번째 단락은 제자들이 어떠한 위기도 극복할 수 있다는 것을 알려주면서 더 광범위한 주제를 다룬다. 그럼에도 설교의 목적상 광범위한 신학적 초점을 좁히는 것이 적절하다. 설교에서는 제자들이 다른 이들의 필요를 채우도록 부여받은 능력을 구체적으로 다루는 것이 좋을 것이다.

제자도의 중요한 요소 가운데 하나는 타인을 섬기는 것이다(1:21-45에서 이 주제를 이미 다루었다). 이번 본문은 타인을 섬기기 위해 하나님이 제자들에게 공급하셨음을 강조한다. 제자가 자신이 가진 것으로 헌신할 때, 하나님은 많은 사람을 다양한 방법으로 돕고 섬길 수 있도록 제자들에게 능력을 주신다. 따라서 제자는 제자도의 사역을 감당할 때(특히, 타인을 섬기는 사역을 감당할 때) 자신의 부족함을 인식해야 할 뿐만 아니라 온전하신 하나님과 그분의 능력을 인식해야 한다.

본문 9의 설교 개요

I. 시험: 무리를 먹이고 바다를 건넘

- 이 본문의 두 시험: 6:33-37과 45-48
- 연관성: 오늘날 제자들이 타인의 삶에서 마주하는 해결이 '불가능'한 필요/상황

II. 실패: 예수님이 부여하시는 능력을 인식하지 못함

- 두 시험에서 실패하는 제자들: 6:38-44과 49-52
- 제자들과 다른 무리: 무리가 예수님을 올바로 인식함, 6:53-56
- 연관성: 우리의 부족함과 우리가 섬기지 못하는 이유

III. 교훈: *하나님께 부여받은 능력으로 사명을 감당하라!*

- 하나님께 부여받은 능력으로 어떻게 다른 이들의 필요를 채울 것인가?

또 다른 설교 개요

I. 문제: 굶주린 무리와 성난 바다

- 이 본문의 두 위기: 6:33-37과 45-48

- 연관성: 오늘날 제자들이 타인의 삶에서 마주하는 해결이 '불가능'한 필요/상황

II. 해결: 위기를 극복하기 위해 하나님이 주시는 능력

- 두 시험에서 실패하는 제자들: 6:38-44과 49-52
- 제자들과 다른 무리: 무리가 예수님을 올바로 인식함, 6:53-56
- 제자들이 스스로 필요를 채우기 바라시는 예수님: 6:37, 41-43
- 연관성: 우리의 부족함과 우리가 섬기지 못하는 이유

III. 적용: *하나님께 부여받은 능력으로 사명을 감당하라!*

- 구체적인 적용: 우리 삶의 일부분이 되도록 지금부터 할 수 있는 것은 무엇인가?

본문 10

경건함인가, 정결함인가

마가복음 7:1-30

[정결함에 대한 질문에 대답하심, 수로보니게 여인의 딸에게서 귀신을 쫓아내심]

복습, 요약, 예습

본문 9 복습: 마가복음 6:32-56에서 예수님은 제자들이 그분의 놀라운 능력을 인식할 뿐만 아니라, 그들도 타인의 필요를 채우도록 권능을 부여받았음을 인식하기를 바라신다.

본문 10 요약: 마가복음 7:1-30은 두 개의 대조적인 단락으로 이루어져 있다. 바리새인들은 하나님의 도덕성을 지키지 않으면서 사람이 만든 종교 의식과 경건함에 집착하는 위선을 책망받는다. 반면에 수로보니게 여인은 이방인이며 귀신 들린 딸을 둔 어머니이지만, 예수님께 순종하는 믿음을 보인다. 하나님은 전자의 위선을 용납하실 수 없으며, 후자의 믿음을 기쁘게 받으신다.

본문 11 예습: 다음 본문(7:31-8:26)은 제자들에게 일용할 양식을 공급해주시는 예수님을 신뢰할 것을 요구한다.

본문 10. 마가복음 7:1-30

본문 10의 신학적 초점

10 하나님의 마음에 합한 제자는 사람이 만든 종교 의식과 경건함의 기준을 위선적으로 따르는 자가 아니라, 하나님의 말씀에 순종하는 믿음을 가진 자다(7:1-30).

10.1 제자들에게 정결함의 기준은 종교 의식이나 경건함의 기준을 따르는 위선에 있지 않고, 하나님의 말씀에 순종하는 데 있다(7:1-23).

10.1.1 정결함의 기준은 사람이 만든 경건함의 기준을 따르는 데 있지 않고, 하나님의 말씀에 순종하는 데 있다.

10.1.2 사람을 부정하게 만드는 것은 종교 의식을 위반하는 것이 아니라, 죄를 범하는 행동과 생각이다.

10.2 하나님의 마음에 합한 자는 하나님의 말씀에 순종하는 믿음을 가진 자다(7:24-30).

개관

이 본문 직전에 예수님은 유대 땅 서안에서 많은 사람들의 열렬한 환호를 받으셨다(6:53-56). 예수님은 이제 바리새인들과 대립한 이후(7:1-23) 이방 지역에서 광범위한 여정을 떠나신다. 이 여정 중에 그는 이방인 여인의 딸에게서 귀신을 내쫓으시고(7:24-30), 이방인 남자를 치유하시며(7:31-37), 우회하여 이방 땅을 두루 다니시고(7:31), 이방 영토에서 사천 명을 먹이신다(8:1-10).[1]

이 본문의 주제는 하나님의 마음에 합한 정결함이다. 이에 대한 논쟁은 "예수님의 유대인 사역과 이방인 사역이라는 두 기간 사이의 경첩 같은 이야기로 적절히 기능"한다.[2] 이 본문의 첫 번째 단락은 논점을 소개한 후에 하나님의 마음에 합하지 못한 마음에서 나오는 죄를 열거하며 끝난다. 반대로 두 번째 단락은 하나님의 마음에 합한 것이 무언인지 그리고 예수님께 칭찬받을 만한 것이 무엇인지 일러준다.

---

1 Boring, *Mark*, 196.

2 France, *Gospel of Mark*, 277.(『NIGTC 마가복음』 새물결플러스, 454)

10.1 마가복음 7:1-23

10.1 신학적 초점

10.1 제자들에게 정결함의 기준은 종교 의식이나 경건함의 기준을 따르는 위선에 있지 않고, 하나님의 말씀에 순종하는 데 있다(7:1-23).

10.1.1 정결함의 기준은 사람이 만든 경건함의 기준을 따르는 데 있지 않고, 하나님의 말씀에 순종하는 데 있다.

10.1.2 사람을 부정하게 만드는 것은 종교 의식을 위반하는 것이 아니라, 죄를 범하는 행동과 생각이다.

10.1 단락 요약: 바리새인들은 손을 씻지 않고 먹는 제자들에게 분개한다. 그러나 예수님은 이 행위에 대한 올바른 관점을 제시하신다. 정결함에 있어서 중요한 것은 사람이 만든 경건함의 기준을 따르는 것이 아니라, 하나님의 명령에 순종하는 것이다. 그리고 부정함은 종교 의식에 따른 부정한 외부 접촉이나 음식에서 비롯된 것이 아니라, 하나님의 명령에 불순종하는 것에서 비롯된다. 그러므로 사람을 부정하게 만드는 것은 하나님의 명령에 따르지 않으면서 위선적으로 종교 의식이나 경건함의 기준을 따르는 것이다. 단락 말미에 등장하는 죄의 목록은 순종으로 대체되어야 할 죄의 성향을 열거한다.

10.1 성경 본문

7:1 바리새인들과 또 서기관 중 몇이 예루살렘에서 와서 예수께 모여들었다가

7:2 그의 제자 중 몇 사람이 부정한 손 곧 씻지 아니한 손으로 떡 먹는 것을 보았더라

7:3 (바리새인들과 모든 유대인들은 장로들의 전통을 지키어 손을 잘[3] 씻지 않고서는 음식을 먹지 아니하며

7:4 또 시장에서 돌아와서도 물을 뿌리지 않고서는 먹지 아니하며 그 외에도 여러 가지를 지키어 오는 것이 있으니 잔과 주발과 놋그릇을 씻음이러라)

7:5 이에 바리새인들과 서기관들이 예수께 묻되 어찌하여 당신의 제자들은 장로들의 전통을

---

3 이 구절에서 "잘"[저자는 이 단어를 "의례히"(ceremonially)로 번역함-편집자주]은 πυγμῇ(푸그메)를 번역한 것이다. 이 단어를 직역하면 '주먹으로'라는 뜻이지만, 정확히 어떤 의미로 사용되었는지 알 수 없다.

준행하지 아니하고 부정한 손으로 떡을 먹나이까
7:6 이르시되 이사야가 너희 외식하는 자에 대하여 잘 예언하였도다 기록하였으되 이 백성이
입술로는 나를 공경하되 마음은 내게서 멀도다
7:7 사람의 계명으로 교훈을 삼아 가르치니 나를 헛되이 경배하는도다 하였느니라
7:8 너희가 하나님의 계명은 버리고 사람의 전통을 지키느니라
7:9 또 이르시되 너희가 너희 전통을 지키려고 하나님의 계명을 잘[4] 저버리는도다
7:10 모세는 네 부모를 공경하라 하고 또 아버지나 어머니를 모욕하는 자는 죽임을 당하리라
하였거늘
7:11 너희는 이르되 사람이 아버지에게나 어머니에게나 말하기를 내가 드려 유익하게 할 것이
고르반 곧 하나님께 드림이 되었다고 하기만 하면 그만이라 하고
7:12 자기 아버지나 어머니에게 다시 아무 것도 하여 드리기를 허락하지 아니하여
7:13 너희가 전한 전통으로 하나님의 말씀을 폐하며 또 이같은 일을 많이 행하느니라 하시고
7:14 무리를 다시 불러 이르시되 너희는 다 내 말을 듣고 깨달으라
7:15 무엇이든지 밖에서 사람에게로 들어가는 것은 능히 사람을 더럽게 하지 못하되
7:16 [사람 안에서 나오는 것이 사람을 더럽게 하는 것이니라 하시고][5]
7:17 무리를 떠나 집으로 들어가시니 제자들이 그 비유를 묻자온대
7:18 예수께서 이르시되 너희도 이렇게 깨달음이 없느냐 무엇이든지 밖에서 들어가는 것이 능히
사람을 더럽게 하지 못함을 알지 못하느냐
7:19 이는 마음으로 들어가지 아니하고 배로 들어가 뒤로 나감이라 이러므로 모든 음식물을
깨끗하다 하시니라
7:20 또 이르시되 사람에게서 나오는 그것이 사람을 더럽게 하느니라
7:21 속에서 곧 사람의 마음에서 나오는 것은 악한 생각 곧 음란과 도둑질과 살인과
7:22 간음과 탐욕과 악독과 속임과 음탕과 질투와 비방과 교만과 우매함이니
7:23 이 모든 악한 것이 다 속에서 나와서 사람을 더럽게 하느니라

---

4 καλῶς(칼로스)라는 단어는 이사야를 인용한 7:6에도 등장한다. 7:9에서는 명백히 반어적으로 사용되고 있다.

5 헬라어 성경 7:16은 초기 사본에는 나타나지 않는다(개역개정 7:16은 헬라어 성경의 7:15에 포함되어 있음–역주).

10.1 주해

10.1.1 정결함의 기준은 사람이 만든 경건함의 기준을 따르는 데 있지 않고, 하나님의 말씀에 순종하는 데 있다.

이 단락은 "마음"(7:6, 19, 21)의 문제를 주로 다룬다. 정결함과 부정함은 "밖에서"(7:15, 18) 시작되지 않고 "속에서"(7:21; 23) 시작된다. 예수님은 도덕적 정결함, 즉 하나님의 명령에 순종하는 것에 관심을 두고 계신다. 반대로 바리새인들은 사람이 만든 법을 지키는 것에만 관심을 두며 오히려 "마음에서", "속에서"(7:21, 23)부터 죄를 범한다. 이는 거짓된 경건함이다. 예수님은 세 가지 대조를 들어 설명하시며 논점을 전면에 내세우신다.

	행동	대상	근거
대조 1(7:8)	버리다 지키다	계명 전통	하나님의 사람의
대조 2(7:9)	저버리다 지키다	계명 전통	하나님의 너희의
대조 3(7:13)	헛되게 하다 물려주다	말씀 전통	하나님의 너희의

이 본문 서두에서만큼은, 제자들이 구약의 율법을 지키는지 그렇지 않은지에 논점이 있지 않다. 오히려 이 규정이 유대교 바리새파 안에서 정결함에 도움을 주기 위해 생겨났다는 데에 있다. 이처럼 정결함을 지키기 위해 사람이 만든 규정이 바로 바리새인들이 말한 "장로들의 전통"(7:5)이다. 예수님은 사람이 만든 규정을 "사람의 계명", "사람의 전통", "너희[의] 전통"이라고 조금 다르게 부르신다(7:7, 8, 9, 13). 예수님은 이러한 명칭을 통해 이 전통이 지닌 권위를 다시금 생각해보게 하신다. 근원이 사람에게 있는 전통과 근원이 하나님께 있는 "계명"/"말씀" 사이에는 명백한 대조가 보인다. 이 본문 서두에서 구체적으로 논쟁이 되는 손 씻는 문제는 구약에서 제사장에게 요구되는 것이다(출 30:17-21; 40:30-32). 미슈나 파라(*m. Parah*) 11:5에서는 손 씻는 것이 거룩한 음식을 먹기 전에만 요구되었지만, 일반 음식을 먹을 때는 요구되지

않았다고 기록한다(*m. Ḥag* 2:5–6도 참조하라).[6]

따라서 이 단락에서 가장 중요한 대조는 이전 표에서 마지막 세로 행에 나타난 명령의 근거다("하나님의" vs. "사람의"/"너희[의]"). 사람의 전통을 따른 결과로 처음에는 하나님의 계명을 버리게 되었고(막 7:8), 이후에는 더 나아가 하나님의 계명을 저버리고 폐하였다(7:9과 7:13). 갈수록 하나님의 말씀과 더 멀어진 것이다. ἀθετέω(아쎄테오, '저버리다', 7:9)라는 동사도 이미 강한 표현이지만, 이 동사는 더 강한 법의학적 용어인 ἀκυρόω(아쿠로오, '무효화하다', 7:13)로 대체된다. "실제로 그들은 감히 (하나님의 말씀을) 불법으로 규정한 것이다!"[7] 종교 지도자들은 이러한 책망을 받아들이지 못하고 자신들이 만든 전통은 단순히 "토라를 둘러싸는 울타리"에 불과하다고 주장한다(*m. 'Abot* 1.1; 3.13). 이론이 어떻든 간에 예수님은 실제적으로 하나님의 계명이 전통에 밀려 부차적인 것으로 취급당하고 있음을 지적하시는 것이다.

마가복음 7:10–11에서 예수님은 "모세는…하였거늘"(하나님의 말씀)과, "너희는 이르되"(사람의 말)를 대조하며 예를 드신다. 십계명에 나타난 율법과 그 율법을 지키지 않으면 죽임을 당한다는 말이 구체적으로 언급되면서 논쟁은 더 무거운 방향으로 흐른다(출 20:12; 21:17; 레 20:9; 신 5:16). 아들은 그가 소유한 재산으로 부모를 당연히 부양해야 하지만, 바리새인들은 "고르반"(하나님의 소유로 바치는 헌금)을 허락하며 부모를 부양하는 목적으로 재산이 사용되지 못하게 만든다. "그러므로 이러한 맹세를 통해 아들은 영리하게 부모가 자신의 재산을 사용하지 못하게 막는다." 그리고 "고르반"은 맹세를 어기면 안 된다는 성경의 원리로 정당화되었을 것이다(민 30:2; 신 23:21–23). 이러한 방식으로 부모를 공경하라는 십계명의 명령을 계획적으로(그리고 냉담하게) 회피했다.[8] 이것은 자신의 이득을 위해 하나님의 명령을 부인하며 도리어 사람이 만든

6 France, *Gospel of Mark*, 278n9, 280n7, 280–81.(『NIGTC 마가복음』 새물결플러스, 455, 459–60) 기도와 관련한 손 씻는 의식은 Jdt 12.7; *m. Yad.* 1.1–2.4 등에 나타난다. *Let. Aris.* 305에서는 칠십인역을 번역한 사람들은 기도할 때 바다에서 손을 씻었다고 기록한다. 이는 "악을 행하지 않았다는 표시"였다. 이와 관련해서 Josephus는 이들이 손 씻는 것은 "자신들을 정결하게" 하는 것과 같다고 말했다(*Ant.* 12.106). Collins, *Mark*, 346 참조. "장로들의 전통"은 원래 하나님이 시내산에서 모세에게 주신 것이며(*m. 'Abot* 1.1–12) 이후 2세기 후반에 Mishnah에 기록되었다. Mishnah는 아람어 주석인 Gemara와 더불어 Jerusalem and Babylonian Talmud(5세기 추정)를 구성한다(Stein, *Mark*, 339). 마가가 기록한 "그 외에도 여러 가지"(7:4 그리고 "또 이같은 일", 7:13)는 "전통의 권위와 관련된 큰 문제를 나타내는 제유법(提喩法)이다." 이러한 전통은 하나님의 말씀과는 벗어났기 때문에 정결함과 관련한 하나님의 기준을 반영하지 않았다(Salyer, "Rhetoric, Purity, and Play," 147). van Iersel, *Mark*, 239도 참조.

7 France, *Gospel of Mark*, 285, 288.(『NIGTC 마가복음』 새물결플러스, 467, 470)

8 Collins, *Mark*, 352; France, *Gospel of Mark*, 286.(『NIGTC 마가복음』 새물결플러스, 467)

규정을 따르는 행위다.

바리새인들은 하나님의 계명을 버리는(ἀφίημι, 아피에미) 것에 거리낌이 없으면서도(막 7:8), 아들이 어떠한 방법으로든 부모를 공경하는 것은 허락하지(ἀφίημι) 않았다(7:12). 바리새인들에게는 하나님의 말씀을 버리는 것은 허락되지만, 부모를 공경하는 것은 허락되지 않는 것이다! 동일한 동사를 사용함으로써 바리새인의 위선이 더 선명하게 드러난다. "그러므로 바리새인들의 전통은 사형 죄에 해당하는 법(7:10)을 어기는 것을 허락했을 뿐만 아니라, 더 나아가 법을 어기라고 요구한다!"[9] 이는 잘못된 우선순위를 보여주는 사례임에 틀림없다.

이 모든 것은 위선의 한 형태가 된다(7:6-7, 사 29:13을 인용한 것이다). 바리새인들은 자신들이 만들어낸[manufactured는 라틴어 *manus*(=손)+*facere*(=만들다)에서 파생했다] 경건이, 곧 도덕적 정결함이라고 믿으며 자신을 하나님의 마음에 합한 자로 여겼다. 이들은 입술로만 하나님을 경외했을 뿐이지 진정으로 하나님의 마음에 합한 자들은 아니었다. 바리새인들은 '도덕적 정결함이란 하나님의 말씀에 순종함으로써 마음으로 하나님을 경외하는 것'이라는 사실을 깨달았어야만 했다.

이 본문에서 '마음'은 사람의 본질을 말한다. 도덕적 부정함은 사람 '안에서'(하나님의 말씀에 불순종함으로) 나오는 것이지, 바리새인들이 생각했듯이 '밖에서' 들어오는 것이 아니다. 씻지 않은 손으로 먹는 행위나 이방인이라는 신분(이 본문에서 다음 단락을 참조하라) 등이 사람을 부정하게 만드는 것은 아니다. 위더링턴(Witherington)은 다음과 같이 말한다. "혹자는 예수님의 운동(movement)이나 바리새인들의 운동이 모두 거룩함을 추구한다고 말할 수 있다. 그러나 예수님과 바리새인들은 하나님의 거룩한 백성을 세우는 접근 방식이 서로 달랐다."[10] 한쪽은 하나님의 계명을 우선으로 여겼고, 다른 한쪽은 사람의 전통을 우선으로 여겼다. 한쪽은 하나님의 말씀에 순종하였고('안에서' 나오는 정결함), 다른 한쪽은 사람이 세운 규정을 지키려고 했다('밖에서' 나오는 경건함). 사람이 세운 규정을 아무리 철저하게 지킨다고 해도 하나님의 마음에 합한 자가 될 수 없다. 왜냐하면 하나님은 자신의 계명에 순종하기를 바라시기 때문이다. 의(하나님의 계명을 지키는 것)가 없는 의식주의(사람이 세운 규칙을 지키는 것)가 하나님의 마음에 합한 도덕적 정결함이라고 생각하는 것이 위선의 본질이다. 같은 맥락에서 도

9 Stein, *Mark*, 342.

10 Witherington, *Gospel of Mark*, 227.

덕적 부정함은 외부에서 무엇이 사람을 부정하게 만드느냐에 관한 문제가 아니라, 내부에서 무엇이 삶을 부정하게 만드느냐(사람의 사악한 생각과 행동)에 관한 문제다(다음 단락 참조). 바리새인들에게는 사람의 전통을 지키는 경건의 열심은 있었지만, 하나님의 말씀을 지키는 정결함은 찾아볼 수 없었다.

10.1.2 사람을 부정하게 만드는 것은 종교 의식을 위반하는 것이 아니라, 죄를 범하는 행동과 생각이다.

이 단락에서는 단순히 음식과 관련한 정결법을 논하는 것이 아님을 7:4, 13("그 외에도 여러 가지를" 그리고 "또 이 같은 일을 많이 행하느니라")에서 강조한다. 여기서 중요한 논점은 바로 하나님께 합당한 기준이다. 7:14-15에서 예수님은 도덕적 정결함의 근본적인 문제와 관련하여 공적인 입장을 취하신다. 예수님이 말씀하시는 주제는 손을 씻는 것과 관련한 사람의 전통보다 훨씬 광범위하다. 손 씻는 전통은 사람의 몸을 부정하게 만드는 전체적인 개념(레 11장에서 정한 음식과 부정한 음식을 구체적으로 열거한다) 가운데 극히 일부분일 뿐이다. 그러므로 예수님은 도덕적 정결함의 근본을 설명하시며, 논쟁을 더 광범위한 주제로 바꾸신다. 부정함은 외부의 접촉("밖에서", 7:15, 18)으로 인해 생기는 것이 아니라 내부적인 근원("속에서", 7:21, 23)으로 말미암는 것이다. 밖에서 무언가가 사람 속으로 들어가서 하나님의 마음에 합하지 못한 사람이 되는 것이 아니라, 사람 속에서("마음"에서, 7:6, 19, 21) 나오는 죄로 인해 하나님의 마음에 합하지 못한 사람이 되는 것이다.

7:15(Nothing is outside of man which is able to defile him coming into him, but the things which come out from the man are the things that defile the man. 개역개정은 7:15-16로 저자의 사역과는 차이가 있음-역주)에 등장하는 절대적인 부정-대조 구조(οὐδέν…ἀλλά, 우덴…알라, "무엇이든지…못하되")는 셈어 문맥에서 종종 절대적인 '[어떤 것이든] 아니고…그러나 [오직](nothing [at all]…but [only])'의 의미보다는 오히려 '…라기보다는…(not so much…as)'과 같은 상대적인 의미로 이해할 수 있다.[11] 따라서 이 구절은 다음과 같이 바꿀 수 있

11 France, *Gospel of Mark*, 289.(『NIGTC 마가복음』 새물결플러스, 472) 그리고 Stein, *Mark*, 344. Holmén은 "셈어 관용구에서 'A가 아니라 B'(οὐ…ἀλλα, 우…알라)라는 표현은 'A이기보다는 B'로 이해될 수 있다"라고 말한다. 그러므로 7:15은 구약에서 제사를 부정적으로 보는 것(사 1:11-17; 렘 7:22-23; 호 6:6; 암 5:21-27 등) 이상으로 음식이나 종교와 관련한 법을 폐지하려는 의도가 아니다. 이 모든 구절은 의식적인 면을 상대적으로 다루며 도덕적인 면을 강조한다. 종교 의식을 "폐지하기보다 오히려 그 우선순위를 낮추는 것"이다(Holmén, *Jesus and Jewish Covenant*, 240-41; 더 자세한 내용을 위해서는 Holmén이 참고하는

다. '사람은 밖에서 그에게로 들어가는 것보다 그 안에서 나오는 것으로 부정하게 된다.' 따라서 예수님이 의식적 정결함의 기준을 내세우는 음식 또는 종교와 관련한 법을 폐지하시는 것은 아니다. 다만, 그 중요성을 도덕적 정결함을 지키는 중요성과 비교하시는 것이다.[12] 이는 율법에서 '의식적 부정함'과 '도덕적 부정함'을 구별하는 태도를 긍정하는 것이다. '의식적 부정함'은 반드시 죄가 되거나(고의적인 위반을 제외한다면), 피할 수 없는 것은 아니다. 그러나 적어도 어느 정도는 죄로 인한 사람의 상태(피의 유출, 유출병, 출산, 장례 시 시체와 접촉하는 것, 피부병 등, 레 12:1-15:33; 민 19:11-22)를 보여준다. 그러므로 의식적 정결함은 신성한 것(특히 장막과 성전)과 관련한 사람의 상태/자격을 구분할 뿐, 사람이 하나님 앞에서 도덕적으로 합당한지 아닌지의 기준을 제시하지는 않는다. 마가복음 7:14-23에서 예수님은 의식적 정결함을 인정하시면서도 '하나님의 마음에 합한가?'에 대해서는 도덕적 정결함이 우선시됨을 말씀하신다.[13] 7:19('성경 본문'을 참조하라)에서 마지막 부분에 등장하는 "모든 음식물을 깨끗하다 하시니라"는 헬라어 문장에서의 쉼표를 볼 때 예수님이 질문하시는 것으로 볼 수 있다.[14] 여기서 예수님이 모든 음식물이 도덕적으로 깨끗함을 선포(재확인)하신다는 것으로 이해할 수 있다. 밖에서 사람의 안으로 들어가는 것은 사람을 도덕적으로 부정하게 만들 수 없다(7:18, 의식적으로 부정하게 만들 수는 있다). 음식이 사람 마음 안으로 들어가지 않기에 의식적으로 부정하게 만드는 음식이라 할지라도 사실상 모든 음식은 도덕적으로 "깨끗"하다고 볼 수 있다(7:19b).[15] 반면에 "속"에서 나오는 것(혹은 "마음", 즉 외부의 출처가 아닌 사람 자신에게서 나오는 것)은 사람을 도덕적으로 부정하게 만들 수 있다(7:20).[16] 그러므로 도덕적 정결함(하나님의 기준을 지키려는 것)은 단순한 경건함(사

히브리어 문법을 참조하라). 마가복음 12:28-34에서 예수님이 서기관과 대화를 나누시며 가장 중요한 계명을 지키는 것(모세 율법의 도덕적인 면)이 모든 번제물과 제물(모세 율법의 의식적인 면)보다 낫다고 말한 서기관의 말에 동의하신다. 하나를 위해 다른 하나를 등한히 여겨서는 안 되지만 중요성의 차이는 분명 존재한다. 그러나 예수님이 제사가 필요하다는 사실에도 동의하신다는 것도 강조해야 한다(1:44에서 예수님은 치유된 나병 환자에게 모세의 율법에 따라 제사를 드리라고 말씀하신다).

12 Marcus, *Mark*, 453; Rudolph, "Jesus and the Food Laws," 298.

13 Rudolph, "Jesus and the Food Laws," 295-97.

14 이 주석에서 사용된 헬라어 본문은 Aland 외, *Greek New Testament*이다.

15 생리학적으로 그리고 해부학적으로 볼 때 위장관은 엄밀히 말해 몸 '밖에' 있기 때문에 이렇게 말할 수 있다. 그리고 이러한 이유로 위장은 비멸균 상태다. 외상으로 인해 장에 구멍이 생기면 밖에서 침투한 박테리아로 인해 치명적인 복막염으로 이어질 수 있다(즉, 위장관의 내강에서 복강으로).

16 "이제야 비로소 [본문에서] 사람 안에 음식이 들어가는 배 그리고 생각과 행위가 나오는 마음이 서로 구분되어 있음이 분명해진다. 밖에서 사람 안으로 들어가는 것(15절)은 그들이 먹는 음식을 말하며, 사람

람의 전통을 지키려는 것)보다 앞선다.

이후 7:21–22에서 죄(즉, 하나님의 마음에 합하지 못한 도덕적 부정함)를 범하는 태도와 행동을 나열한다.[17] 이처럼 사람 속에서 나오는 것들이 사람을 도덕적으로 부정하게 만드는 것이지, "마음"에 전혀 영향을 주지 않는 음식이나 다른 것으로 인해 사람이 부정하게 되지는 않는다. 여기서 나열된 생각과 행위는 하나님의 말씀에 순종하지 못하는 모습을 보여준다. 따라서 예수님은 바리새인들이 주장한 의식적 정결함이나 사람의 전통보다 더 강화된 도덕적 정결함의 기준을 제시하신다. 즉, 부정함은 "밖"(음식이나 접촉 등)이 아닌 사람 "속"에서 비롯된 죄(하나님의 말씀에 불순종)로 인해 생겨난다. 반대로 생각해보면 하나님 말씀에 순종하는 사람의 "속"에서 나오는 것이 곧 도덕적 정결함의 기준이 된다.[18] 요약하자면, 이번 단락의 초점은 하나님의 말씀을 따르지 않은 채 사람의 전통을 지키려는 실수에 있다. 불행하게도 예수님의 제자들도 이 중요한 원리를 이해하지 못한 것 같다. 제자들은 깨달음이 없어 인식하지 못했고 7:18–19에서 예수님의 책망을 듣는다.

7:21–23에서 '속에서 나오는'('밖에서 들어오는' 더러움과 다른) 죄의 요소가 나열되지만, 다음 단락에서는 이 단락의 원리를 인식하는 진정한 제자가 등장한다. 다음 단락은 이방인 여인이 어떻게 하나님의 마음에 합한 자가 되며 예수님의 칭찬을 듣게 되는지 보여준다.

10.2 마가복음 7:24–30

10.2 신학적 초점

10.2 하나님의 마음에 합한 자는 하나님의 말씀에 순종하는 믿음을 가진 자다(7:24–30).

안에서 나오는 것은 그들의 행위를 말한다. 따라서 여기서 말하고자 하는 논제는 사람이 음식이 아니라 악한 행위로 말미암아 부정하게 된다는 것이다"(van Iersel, *Mark*, 244). 즉, 부정함의 근원은 그 사람의 밖에 있지 않으며 마찬가지로 정결함의 근원 또한 사람의 밖에 있지 않다. 도덕적 정결함이나 부정함은 밖에서 '걸릴' 수 없다. 이는 사람에게 내재되어 있는 것이다.

17 처음과 끝에 등장하는 "악한 생각"(7:21) 그리고 "악한 것"(7:23) 사이에 열두 가지 악이 나열되어 있다. 열두 가지 악은 여섯 개의 복수 형태(반복될 수 있는 행위)와 여섯 개의 단수 형태(기질)로 나눌 수 있다(Boring, *Mark*, 204–5).

18 이 단락에서 태도와 행위(현 문화에서 통용하는 '내부'와 '외부')가 아니라, 사람 안에서 나오는 것(도덕적 정결함을 결정하는 '속'/'마음'에서 나오는 생각과 행위)과 사람 밖에서 나오는 것(의식적 정결함/경건함과 관련되어 '밖'에서 들어오는 음식이나 다른 외부 요소)을 구분하고 있다는 것이 이제는 분명해졌을 것이다.

10.2 단락 요약: 이방인이며 귀신 들린 딸을 둔 수로보니게 여인은 바리새인들의 관점에서 하나님의 마음에 합한 자와는 거리가 멀다. 그녀에게 정결함을 충족하는 외적인 요소는 아무것도 없다. 그러나 그녀가 예수님께 순종하는 믿음을 가졌기 때문에 하나님의 마음에 합한 자가 되며 제자로 묘사된다.

10.2 성경 본문

7:24 예수께서 일어나사 거기를 떠나 두로 지방으로 가서 한 집에 들어가 아무도 모르게 하시려 하나 숨길 수 없더라
7:25 이에 더러운 귀신 들린 어린 딸을 둔 한 여자가 예수의 소문을 듣고 곧 와서 그 발 아래에 엎드리니
7:26 그 여자는 헬라인이요 수로보니게 족속이라 자기 딸에게서 귀신 쫓아내 주시기를 간구하거늘
7:27 예수께서 이르시되 자녀로 먼저 배불리 먹게 할지니 자녀의 떡을 취하여 개들에게 던짐이 마땅치 아니하니라
7:28 여자가 대답하여 이르되 주여 옳소이다마는 상 아래 개들도 아이들이 먹던 부스러기를 먹나이다
7:29 예수께서 이르시되 이 말을 하였으니 돌아가라 귀신이 네 딸에게서 나갔느니라 하시매
7:30 여자가 집에 돌아가 본즉 아이가 침상에 누웠고 귀신이 나갔더라

10.2 주해

10.2 하나님의 마음에 합한 자는 하나님의 말씀에 순종하는 믿음을 가진 자다.

이전 단락에서 나타난 정결함에 대한 질문은 이후 마가복음 7장의 나머지 부분과 밀접한 관련이 있다. 도덕적 정결함(morally pure)에 대한 하나님의 기준은 의식적 정결함(ritual purity)에 대한 바리새인의 기준과 일치하지 않는다. 의식적 정결함을 지키려는 바리새인의 기준에서는 이방인 또한 부정하다. 따라서 종교 의식이 아니라 오직 도덕적 정결함으로 하나님의 마음에 합한 자가 된다는 것을 보여주기 위해 예수님은 부정한 이방인을 하나님 나라의 새로운 공동체(제자들의 연합된 교제)로 초대하신다. 수로보니게 여인이 제자들의 무리로 은연중에 포함된다. 그녀는 의식적으로는 부정한 자임에도 불구하고 하나님의 마음에 합한 자요, 도덕적으로 정결한 자다(뒤의 표 참조).

유대 땅을 벗어나서 이방 여인을 주인공으로 한 이 단락의 이야기는 적합한 순서로 배치되었다.[19] 이 이야기 속에서 '의식적 부정함'(ritual impurity)을 쉽게 찾아볼 수 있다. 7:1-23에서 예수님은 하나님의 명령을 따르지 않고 종교 의식과 경건만 지키려는 모습을 반대하는 급진적 주장을 펴시고 그들을 책망하신다. 그 단락 직후에 이방 여인의 귀신 들린 딸이 치유되는 이야기가 등장함으로써 도덕적 정결함과 하나님의 마음에 합한 자의 기준이 무엇인지 온전하게 보여준다. 이 단락의 주인공이 진정한 제자라는 것이 이야기의 결말에 드러나기는 하지만, 이 주인공은 여러 측면에서 제자와는 거리가 먼 사람이다. 이 사람은 여인이며 이방인일 뿐만 아니라 "더러운" 귀신이 들린 딸을 둔 어머니다.[20] 그러나 이 이방인 여인과 또 다른 '제자'인 혈루증을 앓은 여인(7:24-30)과의 유사성을 볼 때 마가는 이 단락의 주인공도 '제자'임을 나타내고 있다.

마가복음 7:24-30	마가복음 5:21-43
"더러운" 여자(7:25)	더러운 여자(그녀의 상태로 인해)
ἀκούσασα γυνὴ περὶ αὐτοῦ…(7:25) (아쿠사사 구네 페리 아우투) ("한 여자가 예수의 소문을 듣고…")	γυνὴ…ἀκούσασα περὶ τοῦ Ἰησου(5:25, 27) (구네…아쿠사사 페리 투 예수) ("한 여자가…예수의 소문을 듣고")
예수님 발 아래에 엎드림 (προσπίπτω, 프로스핍토)(7:25)	예수님 앞에 엎드림 (προσπίπτω)(5:33)
딸을 둠(7:26, 29)	"딸"이라고 불림(5:34)
직접적으로 드러나진 않지만 믿음이 있으며 칭찬을 받음(7:29)	믿음을 보이며 칭찬을 받음(5:34)
"돌아가라"(ὕπαγε, 휘파게)라는 명령을 받음(7:29)	"가라"(ὕπαγε)라는 명령을 받음(5:34)

19 몇 가지 요소를 통해 이후의 단락들이 이방 지역을 배경으로 두고 있다는 것을 알 수 있다. 지리적으로 볼 때 7:24에서 예수님이 베니게 북쪽으로 이동하셨고 그다음 시돈과 데가볼리 지방을 통과하셨다(7:31). 그다음 8:10에 보면 어딘지 알 수 없는 달마누다 지방(8:11에서 바리새인들이 등장하는 것을 볼 때 유대 지역일 가능성이 높다)으로 가신 후 벳새다에 이르시며(8:22), 마가복음의 갈릴리(제1막) 부분이 끝난다. 또한 7:26에서 이방인 여인이 등장하고 이방인을 "개"(7:27-28)에 비유한다. 그리고 8:8에서 "광주리"는 유대인 용어인 κόφινοι(코피노이, 6:43, 해당 주해 참조) 대신에 σπυρίδες(스푸리다스)로 등장한다[France, *Gospel of Mark*, 294-95(『NIGTC 마가복음』 새물결플러스, 480-81)].

20 Josephus는 두로 사람들이 유대인들을 가장 나쁘게 바라보았다고 전한다(*Ag. Ap.* 1.13; *Ant.* 14.313-22; *J.W.* 2.478). 두로는 영향력 있는 도심지로서 갈릴리 북부 지역의 경제를 지배하고 있었다. Boring은 부유한 두로 사람들의 상에 놓인 떡은 갈릴리의 가난한 농부들의 노동으로 맺은 결과였다고 말한다. "따라서 '떡'은 경제적인 부를 상징했으며 깊은 신학적 의미도 담고 있었다"(*Mark*, 209).

예수님이 이 여인에게 도전적으로 말씀하시는 이유는 시험하시려는 것인 듯하다(7:27). 이는 예수님이 제자들에게 무리를 위해 먹을 것을 주라고 말씀하신 것(6:37)이나, 바다 위에서 바람을 거슬러야 하는 여정으로 제자들을 보내시는 것(6:45–52)과 유사하다.[21] 제자들은 두 번의 시험 모두에서 낙제한 반면, 이 여인은 당당하게 시험을 통과한다. 제자들은 '떡'을 온전히 이해하지 못한 반면(6:52), 이 여인은 '떡'에 대해 예수님과 대화하며 자신에게 유리한 방향으로 대화를 돌리는 통찰력을 보인다. 그녀가 처음으로 내뱉는 말은 "주여"이다(7:28). 이 첫 마디만으로도 매우 놀랍다! 마가복음 전체를 통틀어서 성경을 인용하거나, 예수님이 직접 말씀하신 것 외에는 사람이 예수님께 "주여"라고 칭하는 장면은 이곳뿐이다. 저자는 ἡ δὲ ἀπεκρίθη καὶ λέγει αὐτῷ(헤 데 아페크리쎄 카이 레게이 아우토, "[그러나] 여자가 대답하여 이르되", 7:28)를 통해 이 칭호를 돋보이게 한다. '대답하다'와 '이르다'라는 두 동사를 함께 사용하여 사람의 말을 소개하는 경우가 마가복음에서 총 일곱 번 등장한다. 이 가운데 이 구절에서만 두 동사가 직설법으로 등장한다. 다른 여섯 곳에서는 두 동사 중 하나는 항상 분사의 형태로 등장한다. 이를 볼 때, 이 여인은 매우 뛰어난 통찰력으로 중대한 발언을 하는 것이다. 그녀는 제자임에 틀림없다! 이 여인은 예수님의 사역에서 유대인이 순서상 우선이 된다는 주장("먼저", 7:27)에 상 아래 개들도 아이들이 먹는 동안에 부스러기를 먹는다고 제대로 반박한다. 그녀는 아이들을 먹이는 와중에도 부스러기를 당장 먹을 수 있는 자격이 있다고 주장한다.[22] 그리고 떡과 '넘쳐나는' 부스러기 사이의 연관성은 이전 오병이어 이적의 떡과 남은 광주리를 연상하게 하며 다음 본문에서 나타날 이적을 암시한다.[23] 이 발언이 더러운 귀신이 들린 딸을 둔 이방 여인의 입에서 나왔다는

---

21 이방 여인을 향한 예수님의 말씀을 풍자적으로 볼 수 있다. 예수님의 말씀을 "약간의 농담조로 이해할 필요가 있다…이는 시험하는 풍자로…다른 이의 반응을 시험하려고 할 때 구두로 도전하는 형태다. 발언자의 실제 의도와는 전혀 반대되는 말을 할 수 있다"(Camery–Hoggatt, *Irony in Mark's Gospel*, 150–51).

22 고대 근동에서 개는 애완견으로 여겨지지 않고 부정한 음식을 먹는 동물로 천대를 받았다. 랍비 문헌에서는 말씀을 배우지 않은 사람, 신앙이 없는 사람 그리고 이방인을 '개'로 표현하였다(아마도 *m. Ned.* 4.3 그리고 *m. Bek.* 5.6에서 이렇게 표현한다). 사무엘상 17:43, 사무엘하 9:8, 16:9, 열왕기상 14:11, 16:4, 21:24, 열왕기하 9:36, 시편 22:16도 참조하라. 그러나 예수님이 말씀한 κυνάριον(쿠나리온)은 헬라와 로마 사람들이 일반적으로 집에서 키웠던 작은 개를 가리킬 수도 있다. 따라서 이 용어는 완전히 경멸하는 표현이 아닐 수 있다. Collins, *Mark*, 367; Dowd, *Reading Mark*, 77 참조.

23 오병이어 이적에서 예수님이 "떡[을]…가지사"(6:41) 무리는 "배불리" "먹었다"(6:42). 수로보니게 여인이 등장하는 이 단락에서도 동일한 단어가 등장한다. "배불리"(7:27), "떡을 취하여"(7:27), "개들도…먹나이다"(7:28). 이후에 사천 명을 먹이는 이적에서도 예수님이 "떡"을 "가지사"(8:6) 무리는 "배불리" "먹는다"(8:4, 8). 무리를 먹이는 두 이적에서는 유대인 남자 제자들이 떡을 제공하실 수 있는 예수님의 공급하심에 대해 전혀 이해하지 못한다. 반면에 더러운 귀신이 들린 딸을 둔 이 이방 여인은 떡을 주실 수 있는

사실에 주목해야 한다. 겉으로 볼 때(바리새인의 관점에서) 이 여인은 철저히 비난받아야 하지만, 속을 들여다보면 그녀의 마음이 믿음으로 가득하며, 이 사람이야말로 하나님의 마음에 합한 자라는 사실이 이후에 드러난다.

예수님이 "이 말(λόγος, 로고스)을 하였으니…"(7:29)라고 말씀하시며 이 여인의 믿음을 칭찬하신다는 사실에 주목해야 한다. 예수님은 이 여인에게 "너희 믿음으로 말미암아…"(살전 3:7)라고 충분히 말씀하셨을 수도 있다. 그러나 그는 이방 여인의 마음에서 나오는 믿음의 로고스(λόγος)를 보시고 본질적으로 동일한 말을 다르게 말씀하신다. 이전 단락에서는 바리새인들이 τὸν λόγον τοῦ θεου(톤 로곤 투 데우, "하나님의 말씀", 7:13 그리고 유사한 "하나님의 계명", 7:8, 9)를 폐했기 때문에 심하게 비난을 받았다. 그러나 이 단락에서는 한 여자가 합당한 로고스(λόγος)를 발언한다. 그녀는 믿음으로 반응할 뿐만 아니라 "돌아가라"라는 예수님의 명령에 순종하는 반응도 보인다. 예수님이 유일하게 직접적으로 치유의 대상에게 말씀하시지도 않고, 축귀와 관련된 구체적인 행위 없이 멀찍이 떨어져 치유하시는 상황(원격 치료)임에도 불구하고 여인은 집으로 바로 돌아간다. 그리고 이 이적은 증인도 없이 치유가 일어나는 몇 안 되는 사례 가운데 하나에 속하기 때문에 여인은 딸이 치유되었다는 확인도 하지 못하지만, "돌아가라!"(7:29)라는 예수님의 명령에 믿음으로 순종하며 집으로 돌아간다. 이 여인의 순종은 혈루증을 앓아온 여인의 순종보다 더 뛰어나다. 왜냐하면 혈루증을 앓아온 여인은 치유를 받은 이후에 순종하며 떠났기 때문이다(5:29, 34). 반면 이 단락에 등장하는 여인은 딸이 치유되었다는 아무런 증거도 없이 예수님의 말씀을 따라 떠난다. 그녀는 마가복음에 나타난 대부분의 사람들(특히나 열두 제자)과 다르게 단지 예수님의 말씀이라는 이유로 그분의 말씀을 믿고 순종하는 것을 어려워하지 않는다. 그녀는 믿음으로 순종한다. 따라서 이 여인은 '밖에서' 볼 때는 의식적으로 부정하지만, 그녀가 했던 적합한 '말'은 그 마음'속'에 무엇이 있는지 보여준다. 믿음과 순종으로 반응한 이 여인이 바로 하나님의 마음에 합한 자다. 하나님의 마음에 합한 자는 어떠한 외부적인 조건이나 기준으로 정해지지 않는다. 이 여인은 본이 되는 제자다!

예수님을 온전히 이해한다(Rhoads, "Jesus and the Syrophoenician Woman," 363).

설교의 초점 및 개요

설교를 위한 본문 10의 신학적 초점

10 하나님의 마음에 합한 제자는 사람이 만든 기준을 위선적으로 따르는 자가 아니라 순종을 낳는 믿음을 가진 자다(7:1-30).

마가복음 6:32-56에서 소개된 "떡"이라는 모티브는 이번 본문과 다음 본문에서도 나타난다. 떡이라는 논점을 통해서 바리새인들이 정결 예식, 곧 사람이 만든 규정을 지키는 것에 얼마나 많은 관심을 두는지가 드러난다. 반면에 예수님은 외부적인 요소(정결 예식과 관련된 음식과 다른 물건)가 아닌, 사람 안에 있는 도덕적 정결함에 관심을 가지신다. 예수님이 요구하시는 도덕적 정결함은 하나님 말씀에 순종하는 믿음이다. 의식적 정결함과는 거리가 먼 수로보니게 여인은 믿음과 순종으로 반응하기 때문에 예수님께 칭찬을 받으며 하나님께 합한 자(도덕적으로 정결한 자)로 여겨진다.[24]

그러므로 제자도의 특징 가운데 하나는, 하나님의 마음에 합한 사람은 의식에 집착하는 자가 아니라 정결함을 추구하는 자임을 명확히 아는 것이다. 이 본문은 율법주의를 분명하게 거부한다. 그리고 사람이 세운 규정이나 금기 사항을 지키는가에 따라 다른 사람을 겉으로 드러나는 모습으로 거만하게 판단하는 것도 거부한다. 하나님의 백성으로 이루어진 새로운 공동체에서 하나님이 인정하시는 사람은, 하나님을 믿으며 하나님의 말씀을 지키려는 자다. 하나님의 말씀에 없는 금기 사항이나 명령으로 겉으로만 경건함을 지키고 타인에게는 부담을 주려는 자가 아니다.[25]

3:7-35(본문 4)에서는 하나님의 뜻에 순종하는 것이 '내부인'이 되는 조건임을 설교하였다. 이번 설교는 율법주의에 맞서는 것에 초점을 두기 때문에 본문 4의 설교와

24 마가복음에서의 믿음은 구원받는 믿음이 아니라, 제자도에서 지속되는 믿음을 가리킨다는 사실을 잊지 말아야 한다.

25 이 본문에서 말하는 '믿음'이 구원에 이르는 믿음을 가리키는 것은 아니지만('하나님의 마음에 합한 것' 또한 구원을 논하는 것은 아니다), 이 본문을 설교할 때 비신자에게 그리스도를 믿으라고 초청하며 복음을 전할 수 있다(설교자로서 해야 할 일이기도 하다). 저자는 설교의 대상이 본질적으로 하나님의 공동체를 이루는 신자, 즉 이미 예수 그리스도를 자신의 구원자로 영접한 자들이라고 굳게 믿는다. 따라서 설교는 신자가 그리스도를 닮아가며 성장하도록 하나님이 주신 하나의 방편이다. 그렇다고 해서 교회에서 회중이 모일 때 복음을 전하는 일을 배제하면 안 된다. 해석학 관점에서 볼 때 이 본문으로 복음을 전하는 것이 적절하다. 그러나 복음을 전할 때 마가복음에서 종합적으로 다루고 있는 제자도의 다양한 면을 고려해야만 한다. 다시 말해 어느 본문을 통해서든 복음을 전할 수 있지만, 그 본문이 이미 그리스도와 동행하고 있는 자에게는 어떤 의미인지도 전해야 한다.

는 다르다. 본문 자체가 율법주의의 원인(자존심, 자부심, 하나님의 높은 기준을 낮추는 행위, 타락에 대한 잘못된 이해 등)에 대해서 직접적으로 설명하지는 않지만, 설교에서 다루어도 좋다.[26]

본문 10의 설교 개요

Ⅰ. 바리새인: 하나님의 마음에 합한 자는 종교 의식을 지키는 자라고 오해함

- 위선을 행하는 바리새인: 7:1-15, 정결함이 없는 종교 의식
- 이해하지 못하는 제자들: 7:17-23, 예수님이 하나님의 마음에 합한 정결함을 설명하심
- 연관성: 오늘날 우리가 행하는 율법주의적 위선, 하나님의 마음에 합한 것이 무엇인지 오해함

Ⅱ. 여인: 예수님을 믿고 순종함으로 하나님의 마음에 합한 자가 됨

- 하나님의 마음에 합한 수로보니게 여인: 7:24-30, 바리새인과 대비되는 인물

Ⅲ. 제자: *'율법주의자'가 아니라 '충성된 자'가 돼라!**

- 율법주의의 위험에서 어떻게 벗어날 수 있는가?

* '충성된 자'는 '율법주의자'와 정반대의 사람을 가리킨다. 후자는 사람이 세운 종교 의식과 규정을 지키며 이것으로 하나님의 마음에 합한 자가 될 수 있다고 생각한다. 그러나 전자는 하나님께 충성하는 자로 하나님을 믿으며 하나님의 말씀에 순종한다.

또 다른 설교 개요

Ⅰ. 종교 의식: 의식-손 씻음, 사람의 전통을 지킴, 유대 종교 등

- 바리새인과 그들의 기준: 7:1-15
- 더러운 귀신 들린 딸을 둔 '더러운' 수로보니게 여인: 7:24-25

26 성령님의 도움 없이는 설교에서 적용으로 제시된 바를 순종할 수 없다는 사실을 강조하고 싶다. 성령님의 도움 없이 말씀에 순종할 수 있다는 생각을 갖는다면 율법주의(규칙을 지키는 일)에 다시 빠지기가 쉽다. 설교에서 제시하는 적용은 자신의 힘과 노력으로 자신의 영광을 위해 자기 계발을 이루는 데(=율법주의) 목적을 두고 있지 않다. 적용은 오히려 성화의 과정에서 하나님의 주권적인 역할과 성장을 위해 하나님의 능력에 의지할 필요성을 부인하지 않은 채 그리스도인의 삶에서 인간에게 주어진 책임이라는 영역을 가리킨다. 우리는 우리의 연약함을 온전히 인식하고, 성령님의 능력에 온전히 의지하고, 궁극적인 목표인 하나님의 영광을 온전히 의식하면서 하나님께 순종해야 한다.

- 연관성: 오늘날 우리가 하나님의 마음에 합한 자라고 오해하는 율법주의자

II. 정결함: 순종하는 믿음

- 예수님이 하나님의 마음에 합한 정결함을 설명하심: 7:17-23
- 본보기가 되는 수로보니게 여인: 7:24-30

III. 종교 의식이 아닌 정결함을 추구하라!

- 율법주의에서 벗어난 환경을 어떻게 만들어갈 수 있는가?

이 설교는 무감각한 제자들에게 경보를 울린다. 어떠한 문화 속에 있더라도 우리는 모두 무감각한 제자가 될 수 있다. 특히, 오랜 시간 기독교인으로서 지역 교회라는 공동체 속에서 지내며 '합당한 기독교 관행'이 자연스럽게 형성된다. 그리고 이러한 '합당한 기독교 관행'은 '하나님께 합당한 관행'으로 이해되는 경향이 있다. 이는 종교 의식이 곧 정결함이라고 이해한 바리새인과 같다. 그러나 '합당한 기독교 관행'이 결코 '하나님께 합당한 관행'은 아니다. 율법주의적 종교 의식은 다양한 문제와 연관될 수 있다. 홈스쿨링을 할 것인지 말 것인지, 어떤 옷을 입을 것인지 말 것인지, 『해리 포터』(Harry Potter)를 읽도록(혹은 영화를 보도록) 권장할 것인지 말 것인지, 술을 마셔도 되는지, 공화당/민주당을 지지해도 되는지, 사형 제도에 찬성하는지, 전쟁을 어떤 관점으로 바라보는지 등 수없이 많은 논쟁거리(나만의 율법주의 성향에 따른)가 있다. 이러한 논쟁 속에서 무엇이 하나님께 합당한 것인지를 구분할 때, 우리는 사람의 판단이 하나님의 말씀보다 더 중요한 기준이라고 여기는 위험한 덫에 걸릴 수 있다. 바리새인들이 바로 이 덫에 걸린 것이다. 그러므로 이 본문을 가지고 설교하는 것은 교회의 관습과 관례를 (재)평가할 좋은 기회가 될 수도 있다. 우리의 규정과 기준으로 다른 이가 제자도 여정을 어떻게 걷고 있는지를 판단하고 있지 않은가? 어떻게 하면 하나님께 합한 믿음, 즉 순종을 낳는 믿음을 회복할 수 있을까? 그리스도의 몸이 율법주의라는 병에 걸린 것은 아닌지 정기적으로 '건강 진단'을 하는 것이(그리고 만약 걸렸다면 율법주의를 잘라내는 것이) 영적 건강을 유지하기 위한 좋은 예방법이 될 것이다.

본문 11

일용할 양식

마가복음 7:31-8:26

[귀먹고 말 더듬는 자를 고치심, 사천 명을 먹이심, 맹인을 고치심]

복습, 요약, 예습

본문 10 복습: 마가복음 7:1-30은 하나님의 마음에 합한 제자는 순종을 낳는 믿음을 가진 자임을 보여준다.

본문 11 요약: 마가복음 7:31-8:26은 사천 명을 먹이는 이적 전후로 인지력과 관련한 두 개의 이적(귀먹고 말 더듬는 자를 치유하는 이적과 맹인을 두 단계에 걸쳐 치유하는 이적)이 배치되어 있다. 사천 명을 먹이는 이적은 제자들에게 일용할 양식을 제공하시는 예수님을 신뢰할 것을 강조한다. 그리고 인지력과 관련한 두 개의 이적은 제자들이 제자도 여정 가운데 예수님의 정체성(그리고 정체성에 수반되는 모든 것)을 인식할 것을 강조하며, 제자들이 예수님의 사명을 수용해야 함을 예시한다(제2막의 초점).

본문 12 예습: 다음 본문(8:27-9:13)은 미래의 영광을 잠시나마 보여주며 제자들이 수난당하시는 예수님을 지속적으로 따를 것을 장려한다.

본문 11. 마가복음 7:31-8:26

본문 11의 신학적 초점

11 제자도에서 가장 중요한 요소 가운데 하나는 예수님의 정체성을 인식함으로 일용할 양식을 공급해주시는 하나님을 신뢰하는 것이다(7:31-8:26).

11.1 하나님이 일용할 양식을 공급해주실 것을 신뢰할 수 있다(8:1-21).

11.1.1 예수님은 제자들의 일용할 양식을 공급하실 수 있는 능력이 있으시다.

11.1.2 제자들은 일용할 양식을 공급하실 수 있는 예수님의 능력을 신뢰한다.

11.2 제자도 여정에서는 예수님의 정체성을 반드시 인식해야만 한다(7:31-37, 8:22-26).

개관

마가복음에서 갈릴리 지역을 다루는 제1막(1:1-8:21)의 마지막 본문은 이방 땅에서 귀먹고 말 더듬는 자를 치유하는 이적으로 시작하여 수천 명을 먹인 후 배를 타고 이동한 뒤 일어나는 또 다른 이적으로 끝맺는다. 제1막의 마지막 부분(혹은 제2막을 감싸는 도입부라고도 할 수 있음, '서론'을 참조하라)은 벳새다에서 맹인을 치유하시는 이적을 묘사한다(8:22-26). 예수님과 제자들은 바로 이 시점에서 갈릴리를 떠나기 시작한다.

이 본문에 있는 세 개의 단락은 계속해서 예수님의 정체성을 인식하지 못하는 제자들을 묘사한다. 이는 제1막에서 지속적으로 나타나는 주제이기도 하다. 1:21-45에서 제자들은 무리와 동일하게 예수님을 인식하지 못하며, 4:1-34에서는 예수님의 비유를 이해하지 못하여 비난받는다. 또한 4:35-41에서는 두렵고 믿음 없는 모습을 보이며, 5:31과 6:32-44에서는 의심이 가득하다. 6:45-56에서 제자들은 또 한 번 두렵고 믿음 없는 모습을 보이며, 7:1-23에서 지속적으로 인식하지 못하는 모습을 보인다. 그리고 이곳 8:1-21에서 제자들은 "아직도"(8:17, 21) 깨닫지 못한다. 마지막으로 인지력과 관련한 두 이적(7:31-37에서 귀먹고 말 더듬는 자가 치유되고, 8:22-26에서 맹인이 시력을 되찾는다)을 통해 제자들의 둔감한 모습이 묘사된다. 본문의 구조는 제자들이 '귀가 먹었고' '눈이 멀었음'을 더욱 강조하며 그들이 예수님의 정체성(그리고 예수님의 능력과 같이 그분의 정체성과 관련한 모든 부분)을 인식해야 함을 보여준다.

A 예수님이 귀먹은 자를 침으로 고치심(7:31-37)

B 예수님이 두 번째로 수천 명을 먹이시고 설명하심(8:1-21)

A′ 예수님이 맹인을 침으로 고치심(8:22-26)

그러나 제자들에게 소망이 전혀 없는 것은 아니다. 마가복음 중간 부분(8:27-10:45)에 해당되는 제2막("길에서")에서 예수님은 지속적으로 제자들에게 관심을 가지시며 그들을 가르치신다. 특히 제2막에서는 예수님의 수난이 예고된다. 제1막의 마지막 본문은 종교 지도자들과는 달리 제자들의 무지가 치유될 수 있음을 보여준다.[1]

이 주석의 목적에 부합하기 위해 7:31-37과 8:22-26은 이 본문의 두 번째 단락(본문 11.2)으로 간주된다. 문학적인 측면에서 8:22-26은 제2막을 감싸는 도입부로 기능하지만, 수사학과 설교학적인 측면에서는 인지력과 관련된 이적(7:31-37)과 함께 다루는 것이 더 알맞다.

11.1 마가복음 8:1-21

11.1 신학적 초점

11.1 하나님이 일용할 양식을 공급해주실 것을 신뢰할 수 있다(8:1-21).

11.1.1 예수님은 제자들의 일용할 양식을 공급하실 수 있는 능력이 있으시다.

11.1.2 제자들은 일용할 양식을 공급하실 수 있는 예수님의 능력을 신뢰한다.

11.1 단락 요약: 제1막의 결말에 다다르며 제자들이 예수님의 정체성을 인식하지 못하는 문제가 특히 8:13-21에서 대두된다. 제자들은 수천 명을 먹이시는 이적을 두 번이나 목격하고도 또 한 번 깨닫지 못하는 모습을 보인다. 제자들은 비꼬는 말과 순진한 대화를 통해 무지한 모습을 드러내며 점점 '외부인'과 닮아가고 심지어 강퍅한 마음을 갖는다.

11.1 성경 본문

8:1 그 무렵에 또 큰 무리가 있어 먹을 것이 없는지라 예수께서 제자들을 불러 이르시되

1 France, *Gospel of Mark*, 310.(『NIGTC 마가복음』 새물결플러스, 504)

8:2 내가 무리를 불쌍히 여기노라 그들이 나와 함께 있은 지 이미 사흘이 지났으나 먹을 것이 없도다

8:3 만일 내가 그들을 굶겨 집으로 보내면 길에서 기진하리라 그 중에는 멀리서 온 사람들도 있느니라

8:4 제자들이 대답하되 이 광야 어디서 떡을 얻어 이 사람들로 배부르게 할 수 있으리이까

8:5 예수께서 물으시되 너희에게 떡 몇 개나 있느냐 이르되 일곱이로소이다 하거늘

8:6 예수께서 무리를 명하여 땅에 앉게 하시고 떡 일곱 개를 가지사 축사하시고 떼어 제자들에게 주어 나누어 주게 하시니 제자들이 무리에게 나누어 주더라

8:7 또 작은 생선 두어 마리가 있는지라 이에 축복하시고 명하사 이것도 나누어 주게 하시니

8:8 배불리 먹고 남은 조각 일곱 광주리를 거두었으며

8:9 사람은 약 사천 명이었더라 예수께서 그들을 흩어 보내시고

8:10 곧 제자들과 함께 배에 오르사 달마누다 지방으로 가시니라

8:11 바리새인들이 나와서 예수를 힐난하며 그를 시험하여 하늘로부터 오는 표적을 구하거늘

8:12 예수께서 마음속으로 깊이 탄식하시며 이르시되 어찌하여 이 세대가 표적을 구하느냐 내가 진실로 너희에게 이르노니 이 세대에 표적을 주지 아니하리라 하시고

8:13 그들을 떠나 다시 배에 올라 건너편으로 가시니라

8:14 제자들이 떡 가져오기를 잊었으매 배에 떡 한 개밖에 그들에게 없더라

8:15 예수께서 경고하여 이르시되 삼가 바리새인들의 누룩과 헤롯의 누룩을 주의하라 하시니

8:16 제자들이 서로 수군거리기를 이는 우리에게 떡이 없음이로다 하거늘

8:17 예수께서 아시고 이르시되 너희가 어찌 떡이 없음으로 수군거리느냐 아직도 알지 못하며 깨닫지 못하느냐 너희 마음이 둔하냐

8:18 너희가 눈이 있어도 보지 못하며 귀가 있어도 듣지 못하느냐 또 기억하지 못하느냐

8:19 내가 떡 다섯 개를 오천 명에게 떼어 줄 때에 조각 몇 바구니를 거두었더냐 이르되 열둘이니이다

8:20 또 일곱 개를 사천 명에게 떼어 줄 때에 조각 몇 광주리를 거두었더냐 이르되 일곱이니이다

8:21 이르시되 아직도 깨닫지 못하느냐 하시니라

11.1 주해

11.1.1 예수님은 제자들의 일용할 양식을 공급하실 수 있는 능력이 있으시다.

오병이어 이적이 유대 땅에서 일어났던 것과는 달리(6:32-44), 수천 명을 먹이는 두 번

째 이적은 이방 땅에서 일어났을 가능성이 크다. 그 이유는 다음과 같다. 이야기가 전개되는 흐름을 보면 이 단락 직전에 이방인을 치유하는 이적이 두 번이나 나타난다(7:24, 31). 그리고 메시아의 축복이 이방인을 향해서도 확장된다("부스러기"가 "개"들에게도 주어진다, 7:28). 8:8에서 바구니를 나타내는 단어(σπυρίς, 스프리스)가 6:43에서 사용된 단어(κόφινος, 코피노스, 구체적으로 유대인이 사용하는 단어)와 다르다.[2] 일곱 개의 떡과 무리를 먹이고 남은 일곱 광주리는 '이방'을 뜻하는 숫자일 가능성이 있다(행 6장에서는 일곱 명의 헬라인 집사가 등장한다).[3] 또한 마가복음 8장에서는 출애굽기와 시편이 덜 언급된다(막 6장에서는 "목자 없는 양"이 나타난다). 8:6에서 εὐχαριστήσας(유카리스테사스, "축사하시고")가 사용되는 방식도 이유가 된다.[4] 무리가 ἀπὸ μακρόθεν(아포 마크로쎈, "멀리서", 8:3)에서 왔다. 이 표현은 보통 이방인이나 이방 땅을 가리킨다.[5]

마가복음 6장과 8장에 등장하는 두 이적 사이에는 유사점도 있지만,[6] 유대인–

---

2 8:19, 20을 보면 바구니를 가리키는 두 용어가 구별되어 등장한다. Donahue and Harrington, *Gospel of Mark*, 245를 참조하라. Juvenal(*Sat.* 3.14; 6.542)도 두 용어의 특수성을 인지했다.

3 이방인과 관련된 일곱이라는 숫자는 다른 곳에서도 찾아볼 수 있다. 노아에게 주신 총 일곱 개의 계명은 모든 사람에게 적용되는 계명이다(창 9:4–7과 행 15:19–20; *Jub.* 7.20; *b. 'Abod. Zar.* 2b). 가나안에 일곱 족속이 있었다(신 7:1, 행 13:19). 칠십인역이 "칠십인역(LXX)"(=70)으로 불린 이유 가운데 하나는 그것이 모든 민족을 위한 것이었기 때문이다. 그 당시에는 세계가 칠십 개의 나라로 이루어졌다고 간주되었다(창 10; *1 En.* 89:59; 90:22–25; 신 32:8에 대한 *Tg. Ps.-J.*). 그리고 누가복음에서는 칠십 명의 사도가 이방인을 위해 파송된다(눅 10:1, 17). 또한 '넷'(사천 명의 무리)이라는 숫자는 만유의 네 모퉁이나 이방인을 위한 네 개의 율법을 뜻할 수 있다(레 17:8, 10–13; 18:26). 반면에 이스라엘을 위해 파송된 열두 사도(눅 9:1–6), 오병이어 이적(막 6:43)에서 다섯 개의 떡(모세오경?)과 남은 열두 광주리는 모두 유대인과 관련된 숫자를 의미할 수도 있다.

4 6:41에 등장하는 εὐλογέω(율로게오, "축사하다")는 유대인이 공석에서 축사하는 방식에 더 가깝다. 물론 마가복음 8:7에서 예수님이 생선을 축복하실 때 εὐλογέω라는 단어가 사용되지만, 이는 생선 자체를 축복한 것이지 유대인처럼 생선으로 인해 감사한 것은 아니다. 반면에 6:41에서 축사하실 때에는 예수님이 하늘을 우러러 보신 후에 축사하신다. 이는 유대인의 방식으로 음식을 축복하는 것이 아니라 하나님께 찬양을 드리는 것이다.

5 신명기 28:49; 역대하 6:32; 이사야 60:4; 예레미야 4:16; 46:27; 에스겔 23:40; 하박국 1:8 칠십인역; 사도행전 2:39; 22:21; 에베소서 2:13, 17 등을 참조하라. 갈릴리 호수를 기점으로 이방 땅에서 오는 것이 말 그대로 "멀리서" 왔다는 표현을 사용할 만큼의 거리는 아니다. 이 표현은 오히려 이방인을 '거리를 두어야 하는 자'라고 표현하는 관용어법이다. 그리고 8:1–10에 등장하는 단어 중에는 마가복음에서 단 한 번만 등장하는 단어가 몇 개 있다(προσμένω, 프로스메노, '함께하다', 8:2; νῆστις, 네스티스, '금식', 8:3; ἐκλυω, 에클루오, '기진하다', 8:3; ἐρημία, 에레미아, "광야", 8:4; περισσεύμα, 페리스세우마, '남은 것', 8:8; σπυρίς, 스프리스, "광주리", 8:8). 이는 지금 일어나고 있는 일 가운데 새로운 요소가 있음을 보여준다. Iverson, *Gentiles in the Gospel*, 67–69도 참조하라.

6 마가복음 6장과 8장에 등장하는 이적 간의 유사점은 다음과 같이 상당하다. 두 이적 모두 광야와 같은 장소에서 행해진다(ἔρημος, 에레모스, 6:35 그리고 ἐρημία, 에레미아, 8:4). 두 이적에서 제자들은 회의적이며(6:37, 8:4) 예수님은 동일한 질문을 그들에게 던지신다(πόσους ἔχετε ἄρτους, 포수스 에케테 아르투스?, "너희에게 떡 몇 개나 있느냐?", 6:38; 8:5). 예수님이 무리를 앉게 하시고(6:39; 8:6) 축사하신 후, 제

이방인이라는 구분 외에도 큰 차이점이 있다. 무리가 광야에서 보낸 기간을 보면 8:2(사흘)이 6:35(늦은 시각에 대한 우려만 있다)보다 훨씬 길 것으로 추정된다. 마가복음 8장에서는 제자들의 역할이 더 수동적이다(8:1에서 예수님이 제자들을 부르시지만, 6:35에서는 제자들이 예수님께 나아가며 앞장선다). 마가복음 8장에서는 제자들에게 먹을 것을 주라는(6:37) 예수님의 직접적인 명령을 찾아볼 수 없다. 또한 마가복음 6장에서는 예수님이 '목자 없는 양과 같음'으로 인하여 무리를 불쌍히 여기셔서 그들을 가르치시지만(6:34), 8장에서는 무리가 굶주리고 먹을 것이 없어 예수님이 그들을 불쌍히 여기신다(8:2). 따라서 첫 번째 이적에서는 제자들이 '양'에게 공급해줄 수 있는 능력을 부여받는 것에 초점을 맞추는 반면에, 두 번째 이적에서는 예수님이 자기 백성에게 일용할 양식을 공급해주시는 것에 중점을 둔다. 이 단락은 이후에 열두 제자가 배 안에서 떡이 한 개밖에 없음을 걱정하는 모습(8:14-16)과 연관되어 삶 속에서 지속적인 필요를 공급해주시는 예수님을 강조한다. 그러나 과연 제자들이 보고 들을 수 있는가? 그들의 귀(그리고 입)와 눈이 열려 있는가? 제자들이 과연 과거의 교훈을 통해 예수님이 실로 공급해주실 수 있는 분임을 믿고 있는가? 안타깝게도 이 질문에 대하여 부정적으로 대답할 수밖에 없다.

제자들은 비꼬는 말투로 8:4에서 다음과 같이 질문한다. 누가 "이 광야 어디서 떡을 얻어 이 사람들로 배부르게 할 수 있으리이까?" 제자들은 이 질문에 대한 답을 알고 있어야만 했다. 이 질문의 답은 당연히 예수님이다. 이미 예수님이 공급해주시지 않았는가? 이제 그분이 한 번 더 이적을 행하신다. 예수님은 이전에 오천 명을 배불리 먹이셨을 때처럼(6:42), 사천 명의 무리를 배불리 먹이신다(8:8). 제자들은 앞서 일어난 이적을 통해 자기 백성의 필요를 공급해주시는 예수님의 능력을 전혀 깨닫지 못했다. 제자들은 듣지 못하는 귀를 가졌으며 입을 열어도 제대로 된 말을 하지 못한다. 제자들은 오직 엉뚱한 말만 하며 순진한 대화만 주고받는다. 그들은 무리를 배불리 먹이는 것이 불가능하며 몇 명 안 되는 자신들조차 떡으로 배불리 먹을 수 없음을 걱정한다(해당 주해 참조). 그리고 제자들의 눈을 따지자면 지금까지 맹인과 다를 바 없었다! 더 심각한 것은 제자들이 예수님이 누구신지 인식하지 못했다는 것이다. 예수님은

자들이(6:41; 8:6) 떡과 생선을(6:38, 41, 8:7) 나누어준다. 무리가 배불리 먹고도(6:42; 8:8) 음식이 남는다(6:43; 8:9). 두 이적 모두 양식을 먹은 무리의 숫자를 명시하고[6:44; 8:9(개역개정에서는 8:8-역주)] 무리를 흩어 보낸 이후 제자들은 배에 오른다(6:45; 8:9-10).

8:5에서 앞서 6:38에서 했던 질문을 정확히 그대로 다시 하신다("너희에게 떡 몇 개나 있느냐?"). 이는 마치 실망과 체념의 어조로 "또 시작이군!"이라고 말씀하시는 것 같다.[7] 예수님이 귀, 입, 눈이 모두 닫힌 제자들에게 지친 목소리로 말씀하셨을 것만 같다.

실제로 다음 장면을 통해 제자들이 바리새인과 다름없다는 것이 드러난다. 8:11에서 바리새인들이 "표적"을 구하기 위해 예수님께 나올 때 마가는 그들이 예수님께 배우기 위해서가 아니라 그분을 시험하기 위해 표적을 구했다고 기록한다(πειράζω, 페이라조, "시험하다"의 주어는 마가복음에서 항상 사탄 또는 유대 종교 지도자들이다. 1:13; 8:11; 10:2; 12:15). 예수님은 표적을 구하는 바리새인들의 요청을 딱 잘라 거절하시며 종교 지도자들과의 대화를 끝내신다. 이 "세대"는 예수님께 받을 만큼 받았지만, 여전히 인식하지 못했다.[8] 안타깝게도 인식하지 못하는 자들 중에는 제자들도 포함되었다. 수천 명을 먹이는 놀라운 이적을 두 번이나 경험하고 예수님을 긍정적으로 바라보는 제자들조차 깨닫지 못했다면, 어떻게 부정적인 시선을 갖고 있는 바리새인들이 표적으로 도움을 받을 수 있겠는가? 바리새인들도 이미 충분한 표적을 목격했다(2:1-12; 3:1-6 등). 예수님은 더 이상의 표적은 없다고 선언하신다. 제자들과 바리새인 모두 이미 예수님의 정체성을 인식하고 그분의 능력을 확신했어야만 했다.

11.1.2 제자들은 일용할 양식을 공급하실 수 있는 예수님의 능력을 신뢰한다.[9]

바리새인들과 예수님의 대화 그리고 제자들과 예수님의 대화가 나란히 등장함으로써(7:1-20에도 바리새인들과 제자들이 예수님과 대화를 나누는 장면이 나란히 등장한다), 제자들이 종교 지도자보다 나을 게 없다는 것을 보여준다(어쩌면 종교 지도자들보다 못하다는 것을 보여준다). 지금까지 마가복음에서 제자들이 배를 타서 건너편으로 가는 두 번의 장면은 제자들의 나약함을 보여주었다. 첫 번째 장면에서(4:35-41, "저편으로 건너가자")는 제자들이 예수님의 정체성(특히, 자연을 다스리시는 예수님의 능력)을 인식하지 못하고 신뢰하지 못하는 부끄러운 모습을 보였다. 두 번째 항해에서(6:45-52, 여기서도

---

7 France, *Gospel of Mark*, 308.(『NIGTC 마가복음』 새물결플러스, 501)

8 하나님을 시험하는 것(8:11)과 "이 세대"(8:12)는 시편 95:8-11에도 함께 등장한다. 마가복음에서 "세대"는 대체로 부정적으로 등장하며(막 8:38; 9:19) 랍비들은 '세대'를 노아 시대에 악한 자(창 7:1; *Gen. Rab.* 31.1)나 애굽에서 나와 광야 생활을 직접 경험한 자들로 이해했다(신 32:5). 두 무리는 모두 이다음 펼쳐질 세상을 경험하지 못했다(*m. Sanh.* 11.2-3). van Iersel, *Mark*, 262와 Stein, *Mark*, 376-77을 참조하라.

9 이 신학적 초점은 본문에서 열두 제자에 대해 부정적으로 묘사하는 바를 긍정적으로 명시한 것이다.

"건너편"으로 항해한다)는 제자들이 깨닫지 못하고 그들의 마음이 둔해졌다고 직접적으로 비난받는다. 그리고 이 단락에 나타나는 세 번째 여정에서(8:14–21, 회항) 제자들은 동일한 비난을 받는다.

제자들이 배에 떡이 하나밖에 없어 걱정하는 모습은 너무나 모순적이다(8:13–16). 수학적 비율로 계산해보더라도, 떡 하나로 열두 명을 먹이는 것이 떡 다섯 개로 오천 명을 먹이거나 떡 일곱 개로 사천 명을 먹이는 것보다 훨씬 더 수월하게 공급이 가능했기 때문이다. 제자들에게 떡이 한 개밖에 없었다는 것(8:14)은 어쩌면 그들과 함께하는 '떡'이신 예수님을 암시하는 것일 수도 있다. 마가복음에서 이 단락 이후에 ἄρτος(아르토스)가 다시 한번 등장하는 장면은 예수님이 자신의 몸이 떡이라고 선언하실 때다(14:22).[10] "그들은 진정한 떡이 배에서 함께하고 있는데도 양식을 가지고 걱정한다."[11]

예수님은 이후에 바리새인들과 헤롯의 누룩에 대해 경고하신다. '누룩'은 대체로 부정적인 의미로 사용된다. 모세오경에 보면 유월절에는 이스라엘 백성에게 누룩을 금했다(출 12:15; 13:3–7; 신 16:3–4). 성경을 전체적으로 봐도 누룩은 인간의 악한 성향을 비유할 때 자주 사용된다(예를 들어 레 2:11; 눅 12:1; 고전 5:6–8; 갈 5:9). 이 단락에서 바리새인들과 헤롯의 "누룩"은 진리를 완고하게 부정하는 것과 예수님을 믿지 않는 굳은 불신을 뜻한다. 이러한 부정과 불신은 제1막에서 그들의 반응을 통해 자주 드러났으며 이 단락에서 표적을 구하는 것도 이에 해당된다. 불행하지만 제자들도 예수님의 정체성(여기서는 특히 공급하실 수 있는 그분의 능력)을 인식하지 못하며 이 "누룩"을 섭취하고 있다.

바리새인들에게는 아무런 표적이 주어지지 않을 것이다(8:12). 그러나 제자들은 적어도 두 개의 표적을 이미 최근에 목격했으며(수로보니게 여인의 딸에게서 귀신이 떠난 것과 귀먹고 말 더듬는 자가 치유된 것, 7:24–30과 31–37), 더 많은 표적을 목격했을 가능성이 크다. 그럼에도 제자들은 믿지 않는 "세대"인 '외부인'과 비슷하다. 마가복음 4:12에서 그랬듯이 이사야 6:9–10이 마가복음 8:18에서 인용된다(시 115:5–6; 렘 5:21;

10 Donahue and Harrington, *Gospel of Mark*, 251. "떡"이 6:18–8:19에서 열여덟 번이나 등장한 이후에 이곳에서 나타난다.

11 Boring, *Mark*, 227. 14:22에서 예수님이 떼어주신 떡을 ὑπὲρ πολλῶν(휘페르 폴론, "많은 사람을 위하여", 14:24)이라고 한 것은 10:45의 ἀντὶ πολλῶν(안티 폴론, "많은 사람")을 연상시킨다(van Iersel, *Mark*, 266n140). 이 떡은 모두를 만족시킨다!

겔 12:2 참조). 제자들은 마가복음 4장에서 예수님이 보기는 보아도 알지 못하며 듣기는 들어도 깨닫지 못한다고 비난하신 '외부인'과 다를 것이 없다.

제자들을 향한 비난은 날카로운 질문 안에 담겨 있다(8:17-21). 8:17에서 '둔하다'라는 단어는 강조를 위해 배치되었다(직역하면 "둔하냐, 너희 마음이"). 이는 이전에 바리새인들을 향한 비난(3:5 그리고 6:52에서는 제자들을 향한 비난)과 같다. "마음"이 단수로 사용되었다는 것은 이 비난이 단순히 깨닫지 못하는 제자들에게만 국한된 것이 아니라 예수님을 '보지' 않고 '듣지' 않는 모든 이에게도 적용된다는 것을 나타낸다.[12] 눈이 있어도 보지 못하며 귀가 있어도 듣지 못한다고 구체적으로 명시함으로써 이 단락이 7:31-37에 나타난 이적(귀먹고 말 더듬는 자를 치유하는 이적)과, 8:22-26에 등장할 이적(맹인을 치유하는 이적)과 연결된다. 바리새인들과 외인을 묘사할 때(4:11-12) 사용한 표현으로 제자들을 묘사했다는 것은 제자들이 바리새인들의 누룩을 섭취했고 매우 둔해졌다고 비난하는 것이다. 그러므로 이 단락은 제1막 내내 인식하지 못하는 제자들의 모습을 요약(그리고 강조)해주며 적절하게 이번 막을 내린다.

제자들이 단순히 이전 일을 잊은 것은 아니다. 그들은 질문을 받자 남은 떡 조각과 바구니를 정확히 기억해낸다. 그런데 문제는 이것이다. 그들은 "구체적인 사항을 정확히 기억해도 그 중대성을 전혀 파악하지 못한다."[13] 제자들은 데이터를 갖고 있지만 그 데이터의 의미를 모른다. 예수님이 질책["아직도(οὔπω, 우포) 깨닫지(보지) 못하느냐"]하시는 모습이 예수님의 능력이 여러 번 입증된 제1막의 결말에 등장한다는 사실이 아이러니하다.[14] 무리는 예수님의 이적을 격찬하며 긍정적으로 반응한다. 그리고 무리 가운데 몇몇은 바른 태도를 보이고 바른 행동을 하며, 예수님의 정체성을 올바로 인식하고 있음을 나타낸다(야이로, 혈루증을 앓은 여인, 수로보니게 여인 등). 열두 제자가 이 모든 것을 '보지' 못하고 '듣지' 못할 수 있는가? 열두 제자도 진정한 제자가 충분히 될 수 있지 않았나?[15] 그런데 오히려 이들은 바리새인들과 한 배(!)를 탄 사람들처럼 반응한다. 제자들이 예수님과 "함께" 있고(3:14), 하나님 나라의 비밀을 받았으

---

12 둔한 마음은 구약에서 하나님의 역사하심을 지속적으로 거절할 때 자주 사용되는 표현이다. 특히, 출애굽 시대 때 바로의 마음(출 10:1, 20, 27; 11:10; 14:8)과 이스라엘의 마음(겔 3:7; 11:19)을 나타낸다. Donahue and Harrington, *Gospel of Mark*, 252를 참조하라.

13 Boring, *Mark*, 227.

14 예수님이 던지시는 질문 가운데 οὔπω(우포, "아직도," 4:40)가 포함된 경우는 한 군데가 더 있다. 이때에도 예수님은 배에 탄 제자들의 부족함을 지적하신다. 그리고 이곳에서도 예수님의 능력이 강조된다.

15 Donahue and Harrington, *Gospel of Mark*, 252-53.

며(4:11), 사석에서 예수님께 교훈을 얻고(4:10-20; 7:17-23), 귀신을 쫓고 치유하고 전파할 수 있는 권한을 받았음에도(6:7, 12, 13) 불구하고 올바로 반응하지 못한다.[16] 제자들은 현재는 보지 못하지만, 다음 단락이 보여주듯이 아직은 희망이 있다. "제자들은 보지 못하는 눈과 듣지 못하는 귀를 갖고 있지만, 그들이 따르는 스승이 귀먹은 자와 말 더듬는 자(7:31-37)와 맹인(8:22-26)을 치유할 수 있는 분이라는 기쁜 소식이 있다!"[17] 제2막에 들어서면 예수님의 수난이 예고되며 제자들도 이러한 예수님의 수난 사명을 자신의 사명으로 수용할 것을 요구받는다. 그러나 제2막(막 8-10장)에서 제자들을 다시 한번 훈련시키는 일도 성공적으로 끝나지 않는다. 오히려 제자들은 예수님의 사명을 수용하지 못하고 제3막에서 끝내 예수님을 버리고 떠난다.

11.2 마가복음 7:31-37, 8:22-26

11.2 신학적 초점

11.2 제자도 여정에서는 예수님의 정체성을 반드시 인식해야만 한다(7:31-37, 8:22-26).

11.2 단락 요약: 인지력(듣고 보는 것)과 관련된 두 이적은 제자도 여정에서 예수님의 정체성을 인식하는 것이 얼마나 중요한가를 강조한다. 이 단락의 '지엽적'인 초점은 제자가 일상적인 필요를 공급해주시는 예수님의 능력을 인식하는 것에 있다. 그런데 맹인을 치유하는 이적이 제1막 마지막 부분이라는 것을 고려할 때, 이 단락의 '광범위한' 초점은 제자가 예수님의 사명을 따르기 위해 반드시 예수님의 정체성(그리고 그분의 정체성과 관련된 모든 것)을 인식해야 한다는 것에 있다.

11.2 성경 본문

7:31 예수께서 다시 두로 지방에서 나와 시돈을 지나고 데가볼리 지방을 통과하여 갈릴리 호수에 이르시매

---

16 Collins, *Mark*, 388.

17 Geddert, *Watchwords*, 70. 예수님이 치유해주신 자가 귀만 먹었을 뿐만 아니라 말도 더듬는 자였듯이(7:35) 제자들도 귀만 먹었을 뿐만 아니라 올바로 말하지 못한다(4:38, 41; 6:36-37; 8:32; 9:6, 33-34; 10:35-41). 말을 바로 하지 못하는 제자들의 부족함은 이 본문에서 생각과 믿음 없이 말하는 그들의 모습에서 드러난다(8:4, 16).

7:32 사람들이 귀먹고 말 더듬는 자를 데리고 예수께 나아와 안수하여 주시기를 간구하거늘

7:33 예수께서 그 사람을 따로 데리고 무리를 떠나사 손가락을 그의 양 귀에 넣고 침을 뱉어 그의 혀에 손을 대시며

7:34 하늘을 우러러 탄식하시며 그에게 이르시되 에바다 하시니 이는 열리라는 뜻이라

7:35 그의 귀가 열리고 혀가 맺힌 것이 곧 풀려 말이 분명하여졌더라

7:36 예수께서 그들에게 경고하사 아무에게도 이르지 말라 하시되 경고하실수록 그들이 더욱 널리 전파하니

7:37 사람들이 심히 놀라 이르되 그가 모든 것을 잘하였도다 못 듣는 사람도 듣게 하고 말 못하는 사람도 말하게 한다 하니라

[8:1-21][18]

8:22 벳새다에 이르매 사람들이 맹인 한 사람을 데리고 예수께 나아와 손 대시기를 구하거늘

8:23 예수께서 맹인의 손을 붙잡으시고 마을 밖으로 데리고 나가사 눈에 침을 뱉으시며 그에게 안수하시고 무엇이 보이느냐 물으시니

8:24 쳐다보며 이르되 사람들이 보이나이다 나무 같은 것들이 걸어 가는 것을 보나이다 하거늘

8:25 이에 그 눈에 다시 안수하시매 그가 주목하여 보더니 나아서 모든 것을 밝히 보는지라

8:26 예수께서 그 사람을 집으로 보내시며 이르시되 마을에는 들어가지 말라 하시니라

11.2 주해

11.2 제자도 여정에서는 예수님의 정체성을 반드시 인식해야만 한다.

7:31-37의 치유 장면은 8:22-26의 치유 장면과 유사하며, 이 두 이적이 사천 명을 먹이는 이적과 설명(8:1-21)을 앞뒤로 감싸고 있기 때문에 이 본문의 단락을 이처럼 나누었다. 이 단락에 나타난 두 이적은 신체적 인지('인식')를 다루고 있으며, 이 단락이 제1막의 마지막에 배치됨으로써 제자들이 인식하지 못하고 있다는 사실을 강조하는 동시에 눈과 귀가 열릴 수 있다는 희망을 준다!

---

18 마가복음 8:1-21은 본문 11.1에서 다루었다(이전 주해 참조).

마가복음 7:31-37-청력(그리고 말하기)	마가복음 8:22-26-시력
갈릴리 밖에서(7:31)	갈릴리 밖에서(8:22)
병자가 이방인일 가능성이 큼	병자가 이방인일 가능성이 큼
무리가 예수님께 도움을 간구함 (παρακαλέω, 파라칼레오, 7:32)	무리가 예수님께 도움을 간구함 (παρακαλέω, 8:22)
그에게 안수하여 주기(ἐπιθῇ αὐτῷ τὴν χεῖρα, 에피쎄 아우토 텐 케이라)를 간구함(7:32)	그에게 안수하여 주기(ἐπιθεὶς τὰς χεῖρας αὐτῷ, 에피쎄이스 타스 케이라스 아우토)를 간구함(8:23)
병자를 만지심(ἅπτω, 합토, 7:33)	병자를 만지심(ἅπτω, 8:22)
그 사람을 따로 데려가심 (ἀπολαμβάνω, 아폴람바노, 7:33)	그 사람을 따로 데려가심 (ἐπιλαμβάνομαί, 에필람바노마이, 8:23)
침을 사용하심(7:33)	침을 사용하심(8:23)
침묵을 요구하심(직접적으로 명령, 7:36)	침묵을 요구하심(간접적으로 명령, 8:26)*

* 앞선 본문에서 이미 언급되었듯이 침묵을 요구하시는 이유는 예수님의 수난 사명을 밝히지 않고 그분을 오직 이적을 행하는 자로 알리지 않기 위해서다. Placher, *Mark*, 108 참조.

귀먹고 말 더듬는 자와 맹인을 치유하는 두 이적은 제1막의 결론으로 기능할 뿐만 아니라 제1막과 제2막의 전환점으로서의 기능도 감당한다. 제1막의 포괄적 주제는 예수님의 정체성(그리고 그분의 정체성과 관련된 모든 것)을 인식하는 것이다. 결론적으로 열두 제자는 예수님의 정체성을 인식하는 데 실패하며 이를 통해 저자는 제자도 여정에서 예수님의 정체성을 인식하는 것의 중요성을 강조한다. 또한 이 본문을 통해 예수님의 사명을 수용하는 제2막의 주제로 전환한다. 마지막 단락에서 맹인이 두 번의 과정을 거쳐 치유되면서 제자도 여정 가운데 예수님의 정체성(그리고 그분의 능력)을 인식해야 할 필요성 외에도 그분의 수난 사명 또한 수용되어야 함을 보여준다.[19]

귀먹고 말 더듬는 자는 예수님의 소문을 듣고(7:25), 올바른 말을 내뱉은(7:29) 수로보니게 여인과 대조된다. 앞서 언급했듯이 이 여인은 진정한 제자도의 본을 보인다. 반면에 귀먹고 말 더듬는 자는 열두 제자가 예수님이 누구신지 인식하지 못하고 있음을 보여준다.

19 이렇게 해석한다고 이 사건의 역사성을 경시하는 것은 아니다. 마가처럼 예술성을 지닌 내레이터가 역사적 내러티브 안에서/통해서/(를)사용해서 상징적인 방식으로 신학적 진리를 전달하지 못할 이유가 없다.

A 귀먹고 말 더듬는 자(7:32)

B 사적인 장소를 찾음(7:33a)

C 귀와 혀를 만지심(7:33b)

D "열리라"라고 명하심(7:34)

C′ 귀가 열리고 혀가 풀림(7:35)

B′ 비밀을 명하심(7:36)

A′ 못 듣는 사람이 듣고 말 못하는 사람이 말하게 됨(7:37)*

* Reid, *Preaching Mark*, 81에서 인용함.

이 이야기의 초점은 아람어와 헬라어로 모두 기록된 "열리라"라는 명령에 있다(위의 구조 참조). 흥미롭게도 이 명령은 귀가 멀어 들을 수 없는 자에게 주어진다.[20] 그러므로 마가복음의 내러티브 신학 관점에서 볼 때 예수님의 이 명령은 그분의 음성에 귀 기울일 모든 자를 향한 명령이다. 또한 이 단락이 제1막 마지막 부분에 배치되었다는 것은 마가가 실제적이고 역사적인 사건을 자신의 내러티브에서 상징적으로 사용하고 있다는 것을 암시한다. 마가복음 첫 번째 막의 마지막 본문에서 예수님이 깊은 한숨을 내쉬며(7:34) 감정을 드러내시는 이유는, 자신을 따르면서도 듣지 않는 제자들에게 실망하셨기 때문이다. 동사 στενάζω(스테나조, "한숨")는 마가복음에서 유일하게 이 구절에서 나타난다.[21] 마가는 듣지 못하는 제자들의 도덕적 실패(ἀκούω, 아쿠오, 8:18 그리고 4:9, 10, 23; 7:25)를 그 동사의 명사형인 ἀκοαί(아코아이, "귀")를 7:35에서 사용하여 이 단락과 연결한다. 일반적으로는 7:33에 등장하는 ὦτα(오타, "귀")를 사용하며 실제로 ὦτα(귀)를 가리킨다.[22]

---

20 이 사람의 귀와 혀 자체를 향한 명령일 수도 있지만, 헬라어 동사를 보면 2인칭 단수로 사용되었다.

21 8:12에서 이와 비슷한 동사인 ἀναστενάζω(아나스테나조, '탄식하다')가 등장한다. 두 경우 모두 비슷한 상황이다. 예수님은 자신의 정체성을 인식하지 못하는 것에 실망하고 낙담하며 한숨을 내쉬고 계신다.

22 예수님이 이적을 행하실 때 사람들이 놀라워하는 것은 일반적인 현상이지만, 7:37에서 ὑπερπερισσῶς(휘페르페리스소스, "심히")라는 독특한 표현으로 군중의 반응이 묘사된다. 이에 대해 France는 "귀먹음과 말 못함을 치유하는 것이 특별히 놀랄 일이었다는 것을 의미하는데, 왜냐하면 이것들은 하나님이 종말에 오실 때 그 결과로 일어날 축복에 대한 이사야서의 환상에 들어 있는 두 요소이기 때문이다"(사 35:5-6)라고 말한다[France, *Gospel of Mark*, 304(『NIGTC 마가복음』 새물결플러스, 495)]. μογιλάλος(모길랄로스, "말 더듬는 자", 7:32)라는 단어는 신약에서는 이 구절 외에는 나타나지 않으며 칠십인역에서는 이사야 35:6에만 나타난다. 마가복음 7:37에 나타난 못 듣는 사람과 말 못하는 사람이 본문을 암시한다면, 이 단어는 의도적으로 '재사용'되고 있을 가능성이 크다. 이는 이 담화가 얼마나 중대한 상징을 담고 있는가를 보여주는 또 다른 지표다. 말을 못하는 것은 엄밀히 따지면 인지와 상관없지만, 말 더듬는 자를 치유하

이 본문에 나오는 인지력과 관련된 두 번째 이적, 곧 맹인을 치유하는 이적(8:22-26) 장면에는 8:15에서 예수님이 제자들에게 경고하실 때 사용된 두 동사[ὁρᾶτε(호라테, '삼가하다')와 βλέπετε(블레페테, '주의하다' 혹은 '보다')]가 다시 한번 나타난다. 두 동사 모두 시력과 관련된 단어다. 그리고 놀랍게도 8:24-25에서 맹인의 시력이 회복되었다는 것을 표현할 때 다섯 개의 다른 동사가 사용된다[ἀναβλέπω(아나블레포, '쳐다보다'), βλέπω(블레포, '보다'), ὁράω(호라오, '보다'), διαβλέπω(디아블레포, '주목하다'), ἐμβλέπω(엠블레포, '보다')].

이 담화가 실제 사건을 다루는 것은 맞지만, 이 사람이 맹인이었다는 사실을 두 번이나 강조한다는 것(8:22, 23)을 감안할 때 이 이야기를 신학적으로 이해할 필요가 있다. 7:31-37과 8:22-26의 두 치유 이적은 귀가 있어도 듣지 못하고 눈이 있어도 보지 못하는 제자들(8:17-18, 21)과 대조를 이루기 위해 의도적으로 배치되었다. 이는 예수님의 정체성을 인식하지 못하는 제자들을 더욱 부각하기 위함이다.

8:22-26에서 맹인을 치유하는 이적의 가장 큰 특징은 유일하게 즉시 그리고 온전히 치유되지 않는 이적이라는 점이다. 이 담화는 키에즘 구조를 볼 때 점진적인 치유에 초점을 맞춘다.[23]

A 벳새다에 이름(ἔρχομαι, 에르코마이, 8:22)

B 맹인을 마을(κώμη, 코메) 밖으로 데리고 나감(8:23a)

C 눈에 침을 뱉음, 그 사람에게 안수함(ἐπιθεὶς τὰς χεῖρας, 에피쎄이스 타스 케이라스, 8:23b)

D "무엇이 보이느냐"(βλέπω, 블레포, 8:23c)

D′ "보이나이다"(βλέπω, 8:24)

C′ 그 사람에게 안수함(ἐπέθηκεν τὰς χεῖρας, 에페쎄켄 타스 케이라스, 8:25)

B′ 치유된 자를 집으로 보내며 마을(κώμη)에는 들어가지 말라고 명함(8:26)

A′ 빌립보 가이사랴로 나감(ἐξέρχομαι, 에크에르코마이, 8:27a)

는 장면이 포함된 이유는 이사야서의 종말론적 본문을 암시하기 위해서다. 그리고 이미 언급했듯이 말 더듬는 것은 마가복음에서 올바로 말을 하지 못하는 제자들을 상징한다.

23 Reid, *Preaching Mark*, 82. 역사적인 관점에서 맹인이 왜 두 단계에 걸쳐 치유되었는가는 절대 알아내지 못할 수 있다.

시력이 회복되는 것은 예수님을 인식하는 것과 동등하기 때문에 이 이적은 예수님의 정체성을 인식하지 못하는 제자들을 나타내고 있다(제1막의 중점). 그러나 이외에도 이 이적은 예수님의 정체성을 인식하는 것 이상으로 무언가가 필요하다는 것을 암시한다(흐린 시야). 예수님의 수난을 세 번이나 예고하는 제2막은 제자들이 예수님의 수난 사명 또한 수용해야 한다고 강조한다(선명한 시야).[24]

제2막의 결말에서도 맹인을 치유하는 장면이 또 한 번 등장한다(10:46–52, 마가복음에서 맹인을 치유하는 장면은 두 번 나타난다). 이때는 시력이 즉시 회복되며 치유된 자는 즉시 모든 것을 버리고 예수님을 '길에서'(제자도의 표시) 따른다(반면에 8:22–26에서는 치유된 자를 집으로 돌려보낸다).

맹인(두 단계로 치유됨)(8:22–26)

제2막: 길에서(8:27–10:45)

맹인(즉시 치유됨)(10:46–52)

맹인을 치유하는 두 이적은 제2막의 도입부와 결말의 기능을 각각 감당하며, 예수님의 수난 사명을 수용해야 하는 제자들의 심각한 무지를 치유하려는 마가복음의 제2막을 전후로 감싼다. 마가복음 8장에서 맹인이 두 단계에 걸쳐 치유되는 이적은 제1막에서 점차적으로 예수님의 정체성을 인식하는 과정과, 제2막에서 예수님의 사명을 온전히 수용하는 과정을 적절히 나타낸다.[25]

---

24 그리스 전통(소크라테스 이전과 플라톤)과 성경 전통(마가복음에서 인용하는 사 6:9과 렘 5:21)에서 맹인을 비유로 사용한다는 것은 이 본문을 상징적으로 해석하는 것을 뒷받침해준다(Collins, *Mark*, 395). Witherington도 "이 이적이 이곳에 배치된 것은 결코 우연이 아니다. 오히려 제자들의 생각 가운데 무엇이 있었으며 무엇이 자리 잡아야 하는가를 보여주는 비유다"라고 말한다(*Gospel of Mark*, 238). Collins, *Mark*, 397–98도 참조하라. R. Benjamin b. Levi와 R. Jonathan b. Amram은 "거룩하고 찬양받을 자가 사람의 눈을 밝혀주기 전까지는 모든 사람이 맹인이라고 볼 수 있다"라고 기록한다(*Gen. Rab.* 53.14).

25 이러한 이상적인 상황은 일어나지 않는다. 제자들은 모든 면에서 실패한다. 마가복음이 모든 시대의 제자들을 위한 기록이기 때문에 미래의 독자들은 제자들의 실패를 교훈 삼아 최대한 빨리 수정해나가야 한다. Best는 다음과 같이 말한다(*Following Jesus*, 136–37).

> 이론적으로는 마가복음에서 제자들이 예수님의 가르침에 반응하면서 서서히 눈을 뜨고 예수님의 사명을 인식하는 모습이 나타나야 한다. 그러나 만약 이러한 모습이 묘사되었다면 실제로 일어난 일들과 크게 상반되었을 것이다. 열두 제자와 관련한 대략적인 전승은 모두 익히 알고 있었다. 유다는 예수님을 배반하였고, 베드로는 예수님을 부인하였으며, 다른 제자들은 예수님이 붙잡히실 때 도망갔다. 따라서 마가는 예수님의 부활 전에 제자들이 예수님의 사명을 인식하는 모습을 보여줄 수 없다.

설교의 초점 및 개요

설교를 위한 본문 11의 신학적 초점

11 하나님이 일용할 양식을 공급해주실 것을 신뢰할 수 있다(7:31-8:26).

사천 명을 먹이는 이적 전후로 인지력과 관련된 이적이 배치된 이번 본문은, 제1막을 끝맺으며 예수님의 정체성(그리고 그분의 정체성과 관련된 모든 것)을 인식하는 것이 제자도 여정에서 얼마나 중요한가를 강조한다. 특히 이번 본문에서 중앙에 위치한 이적(8:1-21)은 예수님/하나님이 삶의 필요를 공급해주시는 분임을 인식하는 것을 강조한다. 그리고 귀먹고 말 더듬는 자를 치유하는 이적과 맹인을 치유하는 이적(7:31-37과 8:22-26)은 예수님의 정체성(그리고 능력)을 인식하지 못하는 제자들을 상징하며, 동시에 예수님의 사명을 수용해야 하는 제자들의 다음 훈련을 예시한다. 후자의 주제를 간략히 소개할 수는 있지만, 설교할 때에는 사천 명을 먹이는 이적(사람의 필요를 공급해주시는 예수님을 인식하는 것)에 초점을 맞추는 것이 적절할 것이다.

본문 6(4:35-5:20)에서는 자연재해와 초자연적인 적을 다스리시는 예수님의 능력을 다루었고, 본문 7(5:21-6:6)에서는 삶의 '중대한' 문제인 질병과 죽음을 다스리시는 예수님의 능력을 다루었다. 본문 8(6:7-32)에서는 제자들이 사명을 감당하며 매서운 저항을 직면할 때 공급하시는 예수님께 초점을 맞추었다. 그리고 이번 본문(본문 11, 7:31-8:26)에서는 삶의 '소소한' 문제를 위해 공급하시고 다스리시는 예수님께 초점을 맞추었다. 구체적으로 양식과 관련된 어려움을 다룰 수도 있고, 일상에서 필요한 모든 부분도 포함될 수 있다. 그러므로 네 개의 본문(본문 6-8, 11)을 통해 예수님을 제자의 모든 필요를 공급하시는 분으로 묘사할 수 있다. 예수님은 자연과 초자연, 삶의 재앙, 적의 저항, 일용할 양식 모두를 다스리는 능력과 권한이 있으시다. 제자도 여정에서 예수님을 따르는 자는 이러한 문제로 염려할 필요가 없다. 이는 앞서서 가시는 이가 따르는 자를 충분히 지켜주실 수 있는 분이기 때문이다. 예수님을 이러한 분으로(특히 그분의 무한한 능력을) 인식하는 것은 제자도에서 너무나 중요하다.

그러나 제자들이 실패하는 모습을 통해 마가복음의 일차 독자들이 올바로 볼 수 있도록 분명 도울 수 있다. 이 독자들은 열두 제자와는 달리 이미 예수님의 부활을 인지하고 있다. 마가는 실제로 예수님을 인식하지 못한 제자들과 관련한 전승을 정확히 보존하면서도 동시에 예수님이 겪으신 수난의 본질과 독자들이 치러야 할 고난에 대해 가르친다. 마가는 유일하게 상징적인 방법으로 이러한 교훈을 전할 수 있다. 따라서 8:22-26에 나타난 두 단계에 걸친 치유는 모든 시대의 제자들에게 일어나야 할 모습을 그리고 있다.

본문 11의 설교 개요

I. 문제: 일상생활을 위한 끝없는 필요

- 양식의 필요: 8:1-4, 14-16
- 연관성: 양식의 필요는 우리가 삶에서 직면하는 다양한 필요를 상징함

II. 해결책: 공급자 되신 예수님

- 수천 명을 먹이는 이적: 8:5-10, 17-21, 우리의 모든 필요를 공급해주실 수 있는 유일한 예수님
- 인지력과 관련된 이적: 7:31-37, 8:22-26, 예수님을 공급자로 올바로 인식하는 것의 중요성

III. 적용: *일용할 양식을 공급해주시는 하나님을 인식하라!**

- 하나님을 공급자로 올바로 인식할 수 있는 구체적인 적용점

* 이 적용점은 이 주석에 나오는 다른 것과 마찬가지로 구체적이지 않다. 설교자는 이러한 추상적인 적용점에 대해 "내가(우리 청중이) 어떻게 이것을 할 수 있을까?"라는 질문을 계속 던지며 구체적인 적용점에 도달해야 한다. 설교의 적용점은 실제적이어야만 한다(창의적이고 설득력도 있어야 한다). 적용의 목표는 제자들에게 (성령님의 능력으로 말미암아!) 습관이 되고, 성향이 되며, 그리스도의 인격을 닮아가는 적용점을 제시하는 것이다. 이러한 변화는 적용점을 구체적으로 제시할 때 시작된다.

또 다른 설교 개요

I. 제자들이 당황함: 양식을 걱정하는 열두 제자

- 양식의 필요: 8:1-4, 14-16
- 연관성: 양식의 필요는 우리가 삶에서 직면하는 다양한 필요를 상징함

II. 예수님이 공급해주심: 공급자 되신 예수님

- 수천 명을 먹이는 이적: 8:5-10, 17-21, 우리의 모든 필요를 공급해주실 수 있는 유일한 예수님

III. 인식해야 하는 우리: *일용할 양식을 공급해주시는 하나님을 인식하라!*

- 인지력과 관련된 이적: 7:31-37, 8:22-26, 예수님을 공급자로 올바로 인식하는 것의 중요성
- 하나님을 공급자로 올바로 인식할 수 있는 구체적인 적용점

제2막
“길에서”

예수님의 사명 수용하기

본문 12

다가오는 영광!

마가복음 8:27–9:13

[첫 번째 수난 예고, 변화산]

복습, 요약, 예습

본문 11 복습: 마가복음 7:31–8:26은 제자들에게 일용할 양식을 공급해주시는 예수님을 신뢰하라고 말씀한다.

본문 12 요약: 마가복음 8:27–9:13에 등장하는 예수님의 첫 번째 수난 예고와 변형은 그분의 수난 사명을 나타낸다. 예수님의 수난 사명은 제자들이 예수님을 따르는 제자도의 여정에서 무엇을 기대해야 하는지 알려준다. 이 본문에서 잠시 나타나는 미래의 영광은 제자들이 지속적으로 "길에서" 걷도록 크게 격려한다.

본문 13 예습: 다음 본문(9:14–50)은 제자들이 겉보기에 하찮고 중요하지 않은 자들을 섬기며, 기도와 믿음으로 하나님의 능력에 의지하는 겸손을 보일 것을 말씀한다.

본문 12. 마가복음 8:27–9:13

본문 12의 신학적 초점

12 제자들은 예수님의 사명을 수용할 때 현재에 고난을 받겠지만, 미래에 받을 영광에서 큰 소망과 격려를 얻는다(8:27–9:13).

12.1 예수님의 제자들이 따라야 할 제자도는 예수님의 사명, 즉 자기를 부인하는 고난 이후에 찾아오는 영광의 길이다(8:27-9:1).

12.1.1 예수님의 제자들은 그분의 수난 사명을 인식한다.

12.1.2 예수님의 제자들은 자기를 부인하는 예수님의 수난 사명을 자신의 사명으로 수용한다.

12.1.3 예수님의 사명은 고난이 먼저 찾아온 이후에 영광이 뒤따르는 것이 바람직하다.

12.2 엘리야/세례(침례) 요한의 고난이 예시한 예수님의 사명을 수용할 때, 현재에 고난이 찾아오지만 미래에 받을 영광에서 큰 소망과 격려를 얻는다(9:2-13).

12.2.1 예수님의 변형은 그분이 예고하신 미래의 영광을 보여주며 제자들을 격려한다.

12.2.2 제자들은 미래의 영광을 약속하시지만 현재의 고난을 예고하시는 변형되신 예수님께 귀 기울이며 그분의 사명을 수용해야 한다.

12.2.3 엘리야/세례(침례) 요한의 고난은 예수님의 수난 사명의 전조가 되며, 예수님의 수난 예고를 강조한다.

개관

마가복음의 제2막(8:27-10:52)은 예수님과 제자들이 갈릴리에서 예루살렘으로 가는 길에 집중한다. 이 길은 북에서 남쪽으로 가는 길이며, 고국에서 '타국'으로 향하는 길이다. 제2막에서는 ἐν τῇ ὁδῷ(엔 테 호도, "길에서") 혹은 이와 비슷한 표현이 자주 등장하며 제자도의 모티브를 강화한다(8:27; 9:33-34; 10:17, 32, 52, 마가복음의 '여정' 주제를 보려면 '서론'을 참조하라).[1] 또한 제2막에서 예수님은 자신의 메시아적 사명에 수반된 고난을 세 번의 수난 예고(8:31; 9:31; 10:32-34)를 통해 숨김없이 말씀하신다. 모든 수난 예고가 제2막, 즉 예수님과 제자들이 갈릴리에서 예루살렘으로 가는 "길에서" 등장한다는 점은 매우 중요하다. "이는 마가복음이 기독론과 제자도를 나타내는 십자가의 길에 대한 복음서임을 다시 한번 증명한다."[2] 세 번의 수난 예고는 다음과 같다.

1 마가복음에서 전체에서 ὁδός(호도스)는 총 열여섯 번 등장하는데 이 중 일곱 번이 제2막의 마가복음 8-10장에서 등장한다.

2 Witherington, *Gospel of Mark*, 286.

수난 예고 1: 마가복음 8:31	수난 예고 2: 마가복음 9:31	수난 예고 3: 마가복음 10:33-34
		예루살렘
인자는 고난을 받고	인자	인자
장로/대제사장/서기관들에게 버림받음	사람들의 손에 넘겨짐	대제사장/서기관들에게 넘겨짐 그들이 죽이기로 결의하고, 이방인들에게 넘겨줌 능욕하고 침 뱉으며 채찍질함
죽임당하심	사람들이 인자를 죽임	인자를 죽임
사흘 만에 살아나실 것임	삼 일 만에 살아나실 것임	삼 일 만에 살아나실 것임
간접적으로 말씀하심 "따라오려거든"(8:34)	직접적으로 말씀하심 '따르다'(9:38)	직접적으로 상세히 말씀하심 '따르다'(10:32)
"누구든지"(8:34) 목숨을 얻음/잃음	"누구든지…되고자 하면"(9:35) 첫째/끝	"누구든지…하는 자는"(10:43) 큰 자/섬기는 자
베드로가 항변함(8:32)	제자들이 쟁론함(9:33-34)	야고보와 요한의 간청(10:35-39)

세 번의 수난 예고를 차례대로 보면 간접적인 말씀으로 시작해서 직접적인 말씀으로 이어지고, 마지막에는 직접적인 말씀과 함께 상세한 내용이 담기고 발전되면서 예고의 강도가 점점 세진다. 세 번 모두 ἐί τις θέλει(에이 티스 쎌레이, '누구든지 원하면') 또는 이와 유사한 표현이 담겨 있다. 그리고 예수님이 말씀하시는 이 모든 '조건'은 예수님을 '길에서' '따르는' 의미가 무엇인지 보여주는 주제와 연관성이 있다. 제자도에서 예수님을 따를 때 자기를 희생하는 것이라는 그분의 사명을 반드시 수용하고 받아들여야 한다.

제2막은 두 맹인이 치유되는 이적과 예수님이 그리스도라는 고백으로 적절하게 구성되어 있다. 이적이 자주 나타난 제1막과 달리 제2막에서는 두 맹인이 치유되는 이적 외에 축귀가 나타나는 9:14-29만 이적으로 등장한다.[3]

3 이 축귀 이적은 제자들은 할 수 없는 것이어서 예수님이 행하신 이적이다!

A 맹인을 치유하심(8:22–26)

B 예수님을 그리스도로 고백함(8:27–30)

C "길에서" 제자도를 가르치심(8:31–10:45)

B′ 예수님을 그리스도로 고백함(10:46–48)

A′ 맹인을 치유하심(10:49–52)*

* Geddert, *Mark*, 199.

상징적으로 볼 때(본문 11, 7:31–8:26 참조) 맹인을 치유하는 두 이적은 제자들이 예수님을 점진적으로 인식하는 과정(혹은 인식해야만 하는 과정)을 나타낸다. 제1막은 예수님의 정체성(그리고 그분의 정체성과 관련된 모든 것, 특히 그분의 능력)을 주로 다루었고, 제2막은 예수님의 수난 사명을 다룬다. 그러나 이 모든 담화 속에서 제자들은 그리 긍정적으로 보이지 않는다. 안타깝게도 제자들은 맹인이 치유된 것처럼 예수님을 올바로 인식하지 못한다. 그리고 세 번의 수난 예고 직후에도 제자들은 계속해서 예수님의 사명을 수용하지 못하며 실패한 모습을 보인다. 예수님을 온전히 인식하려면 그분의 사명 또한 수용해야 한다. "수난과 참혹한 죽음이라는 예수님의 운명을 수용하는 것이 십자가의 길을 걸으신 예수님을 따르는 것이다."[4] 다음 세대의 제자들은 과연 예수님의 사명을 수용하고 그분을 따를 것인가?

제2막에서 열두 제자가 무대 중앙을 차지하지만 제1막에서 중요한 역할을 했던 무리는 무대 배경으로 빠진다(8:34; 9:14; 10:1, 13, 46). 예수님은 비유로 말씀하시는 대신 조금 더 직접적이고 명확하게 계시하시며(예를 들어, 수난 예고), 제자도의 주제가 보다 눈에 띄어 기독론 모티브와 더 밀접하게 연관되어 나타난다. 제2막 내내 예수님과 제자들은 항상 함께 등장한다. 그러나 제3막(14:50 참조)에서 제자들은 예수님을 버린다.[5] 그렇다. 제자들은 예수님을 끝까지 따르지 않는다.

4 Stock, *Method and Message*, 230. "예수님의 수난과 부활 없이 예수님을 인식할 수 없다…제자도 또한 예수님의 수난과 부활 없이 인식할 수 없다"(Best, *Disciples and Discipleship*, 6).

5 Boring, *Mark*, 231–32.

12.1 마가복음 8:27-9:1

12.1 신학적 초점

12.1 예수님의 제자들이 따라야 할 제자도는 예수님의 사명, 즉, 자기를 부인하는 고난 이후에 찾아오는 영광의 길이다(8:27-9:1).

12.1.1 예수님의 제자들은 그분의 수난 사명을 인식한다.

12.1.2 예수님의 제자들은 자기를 부인하는 예수님의 수난 사명을 자신의 사명으로 수용한다.

12.1.3 예수님의 사명에서 고난이 먼저 찾아온 이후에 영광이 뒤따르는 것이 바람직하다.

12.1 단락 요약: 베드로가 불충분한 고백을 한 뒤에 예수님께 항변하는 것에서 예수님의 수난 사명을 수용하지 못하는 제자들의 모습을 볼 수 있다. 그러나 예수님은 이러한 제자들을 엄하게 꾸짖으시며, 자기를 따르는 자들이 걸어야 할 제자도의 길에 고난이 필히 먼저 찾아오고 이후에 영광이 뒤따른다는 것을 제시하신다.

12.1 성경 본문

8:27 예수와 제자들이 빌립보 가이사랴 여러 마을로 나가실새 길에서 제자들에게 물어 이르시되 사람들이 나를 누구라고 하느냐

8:28 제자들이 여짜와 이르되 세례 요한이라 하고 더러는 엘리야, 더러는 선지자 중의 하나라 하나이다

8:29 또 물으시되 너희는 나를 누구라 하느냐 베드로가 대답하여 이르되 주는 그리스도시니이다 하매

8:30 이에 자기의 일을 아무에게도 말하지 말라 경고하시고

8:31 인자가 많은 고난을 받고 장로들과 대제사장들과 서기관들에게 버린 바 되어 죽임을 당하고 사흘 만에 살아나야 할 것을 비로소 그들에게 가르치시되

8:32 드러내 놓고 이 말씀을 하시니 베드로가 예수를 붙들고 항변하매

8:33 예수께서 돌이키사 제자들을 보시며 베드로를 꾸짖어 이르시되 사탄아 내 뒤로 물러가라 네가 하나님의 일을 생각하지 아니하고 도리어 사람의 일을 생각하는도다 하시고

8:34 무리와 제자들을 불러 이르시되 누구든지 나를 따라오려거든 자기를 부인하고 자기 십자가를 지고 나를 따를 것이니라

8:35 누구든지 자기 목숨을 구원하고자 하면 잃을 것이요 누구든지 나와 복음을 위하여 자기 목숨을

잃으면 구원하리라

8:36 사람이 만일 온 천하를 얻고도 자기 목숨을 잃으면 무엇이 유익하리요

8:37 사람이 무엇을 주고 자기 목숨과 바꾸겠느냐

8:38 누구든지 이 음란하고 죄 많은 세대에서 나와 내 말을 부끄러워하면 인자도 아버지의 영광으로 거룩한 천사들과 함께 올 때에 그 사람을 부끄러워하리라

9:1 또 그들에게 이르시되 내가 진실로 너희에게 이르노니 여기 서 있는 사람 중에는 죽기 전에 하나님의 나라가 권능으로 임하는 것을 볼 자들도 있느니라 하시니라

12.1 주해

12.1.1 예수님의 제자들은 그분의 수난 사명을 인식한다.[6]

마가복음은 지금까지 예수님이 누구신지 지속적으로 암시했다(1:1, 24, 34; 4:41; 6:3, 14–16). 무리는 예수님의 말씀과 이적에 놀라움을 감추지 못했고(1:22, 27; 2:12; 5:20, 42; 6:14–16; 7:37) 많은 사람이 예수님께 모여들었다(1:45; 2:2, 13; 3:7–8; 4:1; 6:54–56). 그러나 무리와 제자들 모두는 예수님의 정체성과 그에 수반되는 모든 것을 (온전히) 파악하는 데 실패했다. 예수님은 이제 첫 번째 수난 예고를 전하며 자신의 정체성을 묘사하시는 것을 넘어 수난 사명을 분명하게 말씀하신다. 예수님이 빌립보 가이사랴에서 처음으로 수난을 예고하신다는 점은 중요한 의미를 갖는다. 헤롯은 바로 이 근교에 아우구스투스 카이사르를 위한 신전을 지었다.[7] 황제를 숭배하는 장소에서 하나님의 아들이시며 진정한 왕이신 예수님의 정체성에 대해 질문을 갖는 것은 너무나 적절하다. "이는 예수님을 향한 그리스도인의 경외심을 이교도의 신앙 및 관습과 경쟁하게 하고 그 장소가 갖는 신성함을 빼앗기 위해서다."[8]

여태껏 제자들은 예수님께 "선생님"(4:38)이라는 호칭만 사용했고 이때 "그가 누구이기에…?"(4:41)라고 서로에게 질문했다. 반면에 귀신들은 예수님을 하나님의 거룩한 자 혹은 하나님의 아들(1:24; 3:11; 5:7)이라고 정확히 묘사했다. 또한 이방 여인이 예수님을 "주"(7:28)라고 불렀고, 예수님도 자신이 인자라고 암시하셨다(2:10, 28). 제

6 이 신학적 초점도 마가복음에서 제자들이 실패하는 모습을 긍정문으로 바꾼 것이다.

7 Pan 신을 기념하는 장소인 Paneas라는 곳에 신전이 있었다. 이 신전에서 바알도 숭배한 것으로 추측된다.

8 Collins, *Mark*, 401; Witherington, *Gospel of Mark*, 240과 Guttenberger, "Why Caesarea Philippi," 120도 참조하라.

1막에서 예수님의 정체성을 온전히 인식하지 못한 모습을 볼 때, 베드로가 예수님을 "그리스도"(8:29)라고 고백한 것은 정확하면서도 동시에 불충분한 고백이다. 예수님의 수난 본문에서 마가는 '그리스도'를 왕을 지칭하는 표현으로 사용한다. 예를 들어, 예수님을 유대인의 왕(15:32, "이스라엘의 왕 그리스도")이라고 조롱할 때 '그리스도'가 왕을 지칭한다. 그러므로 "적어도 마가에게 있어서 예수님을 그리스도/기름 부음 받은 자라고 부르는 것은 그를 하나님의 왕이라고 부르는 것과 동등하다." 그리고 예수님의 정체성을 한 측면으로만 인식하기 때문에 제자들은 당연히 예수님의 수난 사명에 대해 냉담하게 반응한다.[9] "왕들은 본래 권력을 휘두르지 권력에 휘둘러 희생되지 않는다."[10]

따라서 예수님의 수난을 고려하지 않으면서 예수님을 왕으로만 바라보는 것은 불충분하다.[11] 뒤이어 등장하는 베드로의 항변과 예수님이 변형되신 이후의 이야기를 통해(그리고 본문 11에서 8:22–26 단락의 '맹인'이라는 상징적인 의미와 더불어), 베드로의 고백이 사실이었지만 적어도 설명이 필요한 대답이었다는 것을 알 수 있다.[12]

차후에 더 명확히 드러나겠지만 베드로의 고백에서 결여된 요소는 바로 예수님의 수난 사명이다. 베드로(그리고 짐작건대 다른 제자들도)는 메시아의 길에 고난과 죽음이 있다는 것을 수용하지 않는다. "어쨌든 베드로는 예수님이 메시아(그리스도)라는 사실을 알게 된다. 그러나 이는 부분적인 깨달음에 불과하다. 왜냐하면 그가 31절에서 예수님이 제자들에게 가르치시는 메시아의 역할에 대해 올바로 이해하지 못하기 때문이다."[13] 맹인을 치유하신(8:25–26) 뒤 그리고 베드로가 고백한(8:29–30) 이후에 예

9 "아무리 정통한 대답이라 할지라도 베드로는 마가복음 3:11과 5:7에 등장하는 귀신들보다 더 나은 대답이나 이해를 보여주지 못한다"(Schweizer, *Good News*, 174). Winn은 베드로의 고백이 불충분하다는 입장을 반대하며 베드로의 고백이 1:1과 동일하다고 주장한다(*Purpose of Mark's Gospel*, 116–18; Stein, *Mark*, 399–400도 참조하라). 그러나 베드로의 고백은 1:1과는 다르다. 1:1에 등장하는 "하나님의 아들"은 15:39에서 로마 백부장이 고백할 때까지는 사람의 입을 통해 전해지지 않는다.

10 Driggers, *Following God*, 65. 제2 성전 메시아니즘 분파들 가운데 일부는 메시아가 미래의 다윗 왕으로서 하나님의 백성을 회복할 것이라는 소망을 갖고 있었다(Evans, *Mark*, 15 참조). 이러한 군국주의적 사상으로 예수님의 사명을 이해하기가 어려웠을 수도 있다. 그리고 이러한 사상 때문에 예수님을 정치적 지도자로 바라보는 관점을 아신 예수님은 침묵을 명하셨을 가능성이 크다.

11 "이 호칭("그리스도"/"메시아")의 의미가 십자가에 달린 자와 연관되어 수정될 필요가 있었다. 메시아를 정치적인 지도자로서의 왕이 아니라 고난당하는 메시아로 볼 필요가 있었다"(Pannenberg, *Systematic Theology*, 2:312).

12 Collins, *Mark*, 402.

13 같은 책, 394.

수님이 침묵을 명하시는 것을 볼 때 맹인(시력을 회복했어도)이나 베드로(정확한 고백을 했어도)가 예수님의 수난 사명을 온전히 파악하지 못했다는 것을 알 수 있다. 이 사명을 온전히 이해하는 자만이 예수님을 선포할 수 있다. 이외의 것으로 예수님의 정체성과 사명을 이해한다면 제자도의 목적에 불충분하고 부적합하다.

12.1.2 예수님의 제자들은 자기를 부인하는 예수님의 수난 사명을 자신의 사명으로 수용한다.

8:31에서 예수님의 죽음이 어둡게 예고될 때 정말 놀라운 것은 전혀 숙명론적이지 않다는 것이다. 예수님의 죽음은 하나님 나라를 확립하고자 하는 더 큰 대의를 위해 '필요한' 경로(δεῖ, 데이, 8:31)이고, 대속을 위한 수단이며, 그분이 부활을 예고하는 전조다.[14] 그러므로 베드로가 이처럼 반드시 필요한 예수님의 사명을 방해하려고 할 때 예수님이 그를 가장 엄격하게 책망하시는 것은 놀랍지 않다.

예수님의 죽음은 이미 마가복음에 예고된 바 있다(2:20; 3:6). 그러나 이 첫 번째 수난 예고는 예수님의 죽음에 대해 다음과 같은 확신을 준다. "죽음이 반대 세력의 승리가 아니라 하나님의 목적의 성취로 다가올 것이며 슬퍼하기보다는 환영받을 것이라는 확신이다…죽음은 영광에 이르는 수단이며, 그 결과는 하나님 나라의 강력한 도래일 것이다." 그리고 예수님의 제자들은 예루살렘으로 가는 "길에서" 이러한 "하나님 나라에 대한 근본적으로 새로운 사상"을 배울 것이다.[15] 제자도는 고난의 길을 통한 영광으로의 부르심이다.

베드로가 예수님을 "그리스도"(8:29)라고 고백하지만 예수님은 자신을 "인자"(8:31)라고 다르게 말씀하시는 부분은 어쩌면 베드로의 고백이 불충분하다는 것을 가리킬 수 있다. 베드로와 당시 유대인들은 인자가 고난을 당한다는 개념(인자라는 호칭은 단 7:13-14에서 나왔으며 하늘의 권세를 가지고 다스리는 자를 묘사한다)을 받아들일 수 없었다. 물론 인자에게는 영광이 주어질 것이다(막 8:38). 그러나 영광 이전에 그분은 고난을 받고 버려질 것이다.[16] 베드로가 이것을 이해하지 못한 것은 아니다. 예수님은 분명 "드러

---

14 France, *Gospel of Mark*, 332.(『NIGTC 마가복음』 새물결플러스, 539) 부활도 이 신성한 '필연'에 속한다.

15 같은 책, 333.(『NIGTC 마가복음』 새물결플러스, 540)

16 시편 22, 69편; 이사야 53장; 스가랴 11:4-14; 12:10-14; 13:7-9을 참조하라. 예수님의 수난 예고를 듣고 있는 자들은 예수님의 고난과 죽음에 대한 비통한 소식에 매몰된 나머지 부활에 대한 이야기(다른 두 수난 예고에서도 반복된다)를 완전히 놓친다. 이들은 예수님의 죽음과 고난을 받아들이지 못한다. 마가복음에서 "인자"가 암시하는 바는 조금씩 다르다. 2:10, 28은 인자의 권위와 주권을 나타내며, 8:31; 9:12, 31; 10:33-34, 45; 14:21, 41은 인자의 고난과 죽음을 가리킨다. 8:31; 9:9, 31은 인자의 부활을 나

내놓고”(8:32) 이것을 말씀하셨다. 베드로는 자신의 마음에 들지 않는 수난 사명을 받아들이지 못했고 예수님은 바로 이 점을 꾸짖으신 것이다(8:33). 이 단락은 베드로를 하나님의 일을 생각하지 않고 오히려 사람의 일(그리고 따라서 사탄의 일)을 생각한 ‘외부인’으로 묘사한다. 그는 3:31–35에서 하나님의 뜻을 수용하는 ‘내부인’과는 달리 피할 수 없는 하나님의 뜻에 오히려 대항한다.[17]

귀신을 잠잠하게 하는 행동을 가리키는 동사 ἐπιτιμάω(에피티마오, ‘꾸짖다’, 1:25; 3:12; 4:39; 8:33; 9:25)는 이 본문에서 여러 번 등장한다. 가장 먼저 베드로가 예수님을 붙들고 항변할 때 이 동사가 사용된다는 것이 놀랍다(8:32). 베드로는 과연 예수님이 고난당하셔야 한다는 말씀을 귀신 들린 말로 생각한 것인가? 그렇다면 이제 예수님이 베드로에게 이 동사를 사용하실 차례다(8:33). 이 구절은 베드로의 생각이 사탄의 영향을 받았다는 것을 뚜렷하게 말한다. “양립할 수 없는 사상”이 서로 대립하고 있는 것이다.[18] 8:30–31에서 예수님이 제자 모두를 향해 말씀하신다는 점(‘그들’에게 경고하신다, 8:30, 이 단어 역시 ἐπιτιμάω다)에 주목하라. 모든 제자가 예수님과 그분의 사명을 수용하지 못하고 예수님께 항변하는 잘못을 베드로와 함께 범하는 것이다. 베드로가 어떠한 말로 항변했는지 명시되어 있지는 않다. 그러나 8:32(베드로는 몰래 이야기하려고 예수님을 한쪽으로 데려간다–저자 사역)과 8:38은 베드로가 예수님을 부끄러워했다고 암시한다.[19] 8:38에서 예수님은 “나와 내 말(λόγους, 로구스)을 부끄러워”하는 자들을 책망하신다. 8:32에서 예수님이 드러내놓고 “말씀”(λόγος, 로고스)하신 직후에 베드로를 책망하신 것을 볼 때, 이 해석은 타당하다고 볼 수 있다. 베드로는 바로 선생님의 말, 즉 예수님의 수난 사명을 부끄러워하는 자다. 이 단락의 중점은 바로 제자들이 예수

타내며, 14:62은 인자의 영광을, 8:38; 13:24–27; 14:62은 인자의 재림을 가리킨다. 장로, 대제사장, 서기관들이 예수님을 거절한다. 이스라엘을 대표하는 상위 계층이 전체적으로 예수님을 배격함으로써 메시아로서 고난받는 인자를 인식하지 못하는 역설을 강화한다(장로, 대제사장, 서기관들이 다시금 언급되는 11:27; 14:43, 53; 15:1도 참조하라). 칠십인역 시편 118:22을 인용하는 12:10에서 ἀποδοκιμάζω(아포도키마조, ‘배격하다’, 8:31)는 한번 더 등장한다.

17 Donahue and Harrington, *Gospel of Mark*, 146.

18 France, *Gospel of Mark*, 338.(『NIGTC 마가복음』 새물결플러스, 547) 이 본문에서 예수님은 자신의 정체를 공개하지 말 것을 이야기하시며 이미 ἐπιτιμάω를 사용하셨다(8:30에서 “경고”로 번역된다). 침묵을 명하시는 목적이 예수님의 정체성을 오해하는 귀신을 쫓아내시기 위함인가?

19 베드로의 행동을 묘사하는 동사 προσλαμβάνω(프로스람바노, ‘한쪽으로 데려가다’, 8:32)에서 접두사 προσ–(프로스–)는 베드로가 예수님 앞에서 혹은 ‘면전에서’ 맞서는 모습을 가리킨다(Boring, *Mark*, 242). 이 때문에 예수님이 “내 뒤로 물러가라”(8:33)라고 마땅히 꾸짖으신다. 베드로는 스승을 따르는 제자로서 하나님의 필연적인 뜻을 결정하거나 거역하는 위치가 아니기에 예수님 ‘뒤로’ 물러갈 필요가 있다.

님의 영광이 아닌 수난 사명을 수용하지 않는다는 것이다. 그리고 더 나아가 이들은 불명예스러운 결말을 듣기조차 창피해한다.

예수님이 무리를 향해서도 비관적인 말씀(8:34)을 하고 계시다는 것은 제자도에 대한 요구가 열두 제자에게만 국한되지 않음을 보여준다. 예수님을 따르고자 하는 모든 자는 예수님이 명하신 것처럼 자기를 부인하고 자기 십자가를 져야만 한다. "이것은 특권층에 대한 특별한 문구가 아니라 제자도에서 필수 요소다."[20] ὀπίσω μου(오피소 무, "내 뒤로", 8:33, 34)와 ἀκολουθέω(아코루쎄오, '따르다', 8:34)가 반복되는 이유는 예수님을 기준으로 제자가 어디에 있어야 하는지(제자의 바람직한 위치, 1:17–18, 20; 2:14) 강조하기 위해서다. "베드로에게는 선택권이 있다. 그는 사탄을 섬기며 방해하는 장애물이 되거나…예수님 뒤에 서서 자기 십자가를 지고 예수님처럼 고난을 준비함으로써 그분을 따르는 자가 될 수 있다."[21] 예수님의 사명은 제자의 사명이 되어야 한다. 제자는 예수님의 사명을 자신의 사명으로 수용하도록 부름받았다.

예수님은 다른 무언가를 부인하라고 명하시는 것이 아니라 자기 자신을 부인하라고 명하신다. 베스트는 다음과 같이 가장 적절하게 설명한다.[22]

> **이(자기 부인)는 자신의 존재와 생명에 가치를 부여하고, 타인이나 하나님 앞에서 자신의 위치를 내세우며, 삶에서 특수한 자리에 대한 권리와 특권을 주장하고, 인간에게 마땅히 주어져야 한다고 믿는 것들(예를 들어, 정의나 자유)을 요구하는 자기 확증과는 정반대다. 따라서 자기 부인은 박해자 앞에서 생명에 대한 권리를 기꺼이 포기하는 것을 수반한다…자기 부인은 내면의 태도이며 십자가를 지는 것은 내면의 태도를 동반하는 외적인 행동이다.**

그러므로 자기 십자가를 지는 비유적인 표현을 절대 가볍게 여겨서는 안 된다. 이는 단순히 인내를 가지고 고난을 견디라는 부르심이 아니라 죽음까지도 각오해야

20 France, *Gospel of Mark*, 339.(『NIGTC 마가복음』 새물결플러스, 549)

21 Witherington, *Gospel of Mark*, 244. 두 개의 부정 과거형 동사(8:34에서 '부인하다'와 '지다') 이후에 나타나는 현재형 동사('따르다')는 삶에서 지속되어야 하는 과정을 가리킨다. 부인하고, 지고, 계속해서 따라야 한다. 길에서 예수님을 따르는 것이 마가복음의 주제다.

22 Best, *Following Jesus*, 37, 39. 동일한 저자의 *Disciples and Discipleship*, 8도 참조하라. "자신의 목표, 소망, 뜻을 정하는 자로서 자신을 부인하거나 거부하는 것이 요구된다"(Stein, *Mark*, 407).

하는 부르심이다. 그런데 아이러니하게도 이 단락의 중심 인물인 베드로는 마가복음에서 자기 자신을 부인하기보다는 자기 스승을 부인한다. ἀπαρνέομαι(아파르네오마이, '부인하다')는 마가복음에서 이 구절과 베드로가 예수님을 부인하는 장면에서만 등장한다(14:30, 31, 72, 관련 동사 αρνέομαι, 아르네오마이, '부인하다'도 이 장면에서 등장한다, 14:68, 70). 이 동사는 8:34에서 재귀 용법의 중간태로 사용되면서 자기 이익을 도모하기를 거부하는 뜻을 내포한다. "따라서 예수님이 여기서 요청하시는 것은 자신의 정체성과 자기 결정권을 근본적으로 포기하는 것이며, 처형 장소로 나아가는 행진에 참여하라는 요청이 적절하게 이어진다."[23]

마가복음의 원 독자(부활 사건 이후 로마 교회에 있던)는 이를 바로 이해했을 것이다. 타키투스(Tacitus)는 네로 황제가 기독교인을 얼마나 심하게 박해했는지 설명한다. 네로 황제는 기독교인을 십자가에 처형할 뿐만 아니라 화형에 처하기까지 했다(*Ann.* 15.44.4). 또한 팔레스타인 전쟁 때 베스파시아누스 황제가 수많은 기독교인을 처형했을 가능성이 크다(혹은 마가복음 기록 시점에 따라 곧 처형당했을 것이다). 마가복음의 원 독자는 틀림없이 예수님의 십자가 처형을 인지하고(행 2:34–36; 4:10; 고전 15:1–3; 고후 13:4 등에 나타난 고백을 보라), 제자도의 부르심에 따르는 비관적인 요소도 이해했을 것이다.[24] "예수님이 말씀하시는 십자가를 지는 제자도는 대부분의 마가복음 원 독자에게는 비유적인 표현이 아니었고, 단순히 내적이며 사적인 헌신도 아니었다. 십자가 처형은 더디고 고통스러운 죽음이었을 뿐만 아니라 공개적이고 부끄러운 죽음이었다."[25] 예수님은 이러한 처형을 기꺼이 겪으시며 수난 사명의 본이 되신다.[26] 목숨과 관련한 역설이 다음과 같이 나타난다. 자기 목숨을 잃음으로써(제자도의 핵심인 자기 부인과 십자가를 지는 행위를 통해) 자기 목숨을 구하고, 자기 목숨을 구원하고자 함으로써(자기 부인과 십자가를 지는 행위를 회피하여) 자기 목숨을 잃는다. 여기서 목숨을 '구원'하

---

23 France, *Gospel of Mark*, 340.(『NIGTC 마가복음』 새물결플러스, 551) Plutarch는 "모든 악인은 자신의 몸에 가해지는 고통으로 말미암아 처벌을 받음으로써 자신의 십자가를 진다"라고 기록한다(*Sera 9*). Bonhoeffer는 "그리스도께서 한 사람을 부르실 때 와서 죽으라고 명하신다"라고 말한다(*Cost of Discipleship*, 89). 8:34에서 처음으로 '십자가'가 마가복음에 등장한다. 랍비들은 제자들에게 토라 또는 계명의 멍에를 지라고 요구는 했어도(예를 들어, *m. 'Abot* 3.5; *m. Ber.* 2.2), 그 어느 누구도 처형 도구였던 십자가를 지라고 말한 적은 없다. 십자가를 지라는 말은 분명 소름 끼치지 않더라도 이상하게 들렸을 것이다.

24 van Iersel, *Mark*, 287–88; Boring, *Mark*, 244.

25 Boring, *Mark*, 244–45.

26 예수님이 본이 되신다고 해서 예수님의 죽음과 부활에 대한 구원의 의미가 사라지는 것은 절대 아니다. 그러나 이 본문과 마가복음의 중점은 예수님의 본을 따르는 것이다.

고 '잃는 것'은 영생을 얻거나 잃는 것을 말하지 않는다. 이 단락에서 마가의 관심사는 영생에 있지 않다. 그는 오히려 제자가 제자도의 요구에 따라 삶을 진실하고 풍성하게 산다는 의미를 다룬다(상급을 받아 영원하고 온전하게 사는 삶도 포함된다). 반면에 예수님의 사명을 거절하고 제자도의 요구를 거부하는 자는 훗날 그리스도의 영광스러운 임재 앞에서 부끄러움을 당할 것이다(막 8:38; 요일 2:28). 이는 영생을 잃는다는 뜻이 아니라 영원한 상급을 잃는다는 뜻이다.

12.1.3 예수님의 사명에서 고난이 먼저 찾아온 이후에 영광이 뒤따르는 것이 바람직하다.

이 단락에서는 예수님이 명하시는 자기 부인과 십자가를 지는 행위를 수용해야 하는 두 가지 이유가 독자에게 제시된다. 첫 번째 이유는 자기 부인과 십자가를 지는 행위 없이 예수님을 따를 수 없기 때문이며(막 8:34), 두 번째 이유는 이러한 희생 없이는 예수님이 영광 가운데 재림하실 때 제자에게 부끄러움만 남을 것이기 때문이다(8:38). 인자가 '오는 것'(8:38)은 다니엘 7:13–14에서 인자가 '오는 것'을 가리킬 가능성이 높다. 다니엘 7:9–10에서도 하나님의 왕좌, 영광, 천사와 같은 존재들이 등장한다. 이 모든 것은 인자의 신적 권세와 세상을 통치하는 것을 강조한다.[27] 예수님은 이 땅에서는 거절당하시지만(막 8:31에서 "인자") 결국 하늘의 영광을 얻으실 것이다(8:38에서 "인자"). 이러한 인자를 따르는 자는 동일한 결말을(혹은 인자를 따르지 않을 자는 반대의 결말을) 기대해야 한다. 고난이 먼저 찾아온 이후에 영광이 뒤따를 것이다!

9:1에 등장하는 예언은 하나님 나라가 임한다는 사실에 초점을 두지 않고 하나님 나라가 보인다는 사실에 초점을 둔다. 시각과 권능에 대한 모티브(ἴδωσιν…ἐν δυνάμει, 이도신…엔 두나메이, "권능으로…볼", 9:1)는 다니엘 7:13–14에서 도출된 것이며, 마가복음 13:26(ὄψονται…μετὰ δυνάμεως πολλῆς, 오프손타이…메타 두나메오스 폴레스, "큰 권능으로…보리라")과 14:62(ὄψεσθε…τῆς δυνάμεως, 오프세스쎄…테스 두나메오스, "권능자의…보리라")에서 다시 나타난다.[28] 세 구절(9:1; 13:26; 14:62, ὁράω '호라오'라는 동일한 어원을 둔 동사를 사용한다)은 모두 예수님과 동시대에 산 사람들이 볼 것을 다룬다. 이 단락에서 예수님과 동시대에 산 사람들이 하나님 나라가 임하는 것을 어떻게 보는지는 직후의 내용(9:2–13)과 연관시켜 가장 적절하게 설명될 수 있다. 예수님의 변형은 정확한

27 France, *Gospel of Mark*, 342.(『NIGTC 마가복음』 새물결플러스, 554) 스가랴 14:5도 참조하라.

28 같은 책, 344.(『NIGTC 마가복음』 새물결플러스, 558)

시기(엿새) 이후에 일어나며, 제자들은 그 사건을 목격하고, 그 속에서 하늘의 영광(권능)이 명백히 드러난다.[29] 산 위에서 일시적으로 경험한 것이 하나님 나라가 권능으로 임하는 실제적인 사건이라고 정확히 말할 수 없지만, 예수님의 변형은 '앞으로 완수될 하늘의 예고편'이자 8:38에서 약속된 영광이다. 위더링턴(Witherington)은 변형 사건이 "왕을 밝힘으로써 하나님 나라를 드러낸다"라고 말한다.[30] 미래의 영광을 예고편처럼 아무리 짧고 일시적으로 보여준다고 해도 이는 "8:34–38에서 제자들에게 닥칠 법한 운명을 비관적으로 언급한 후에, 제자들에게 필요한 확신"으로 기능한다.[31] 고난이 있을지라도 훗날 영광은 반드시 찾아온다!

마가복음 8:38과 9:1은 첫 번째 수난 예고의 결말로 매우 적절하다. 8:38은 예수님의 사명을 수용하고 그분을 따르는 대신 "음란하고 죄 많은 세대"를 따르는 자의 부끄러운 결말을 보여준다. 그리고 9:1은 예수님의 사명을 수용하고 그분을 따르는 자의 영광스러운 결말을 묘사한다. "이 예언적이며 종말론적인 결론은 신실한 제자도를 위해 강하게 동기를 부여한다."[32]

29 8:38에서 "영광"이 언급되고 9:1에서 "권능"이 언급되지만, 13:26에서는 인자가 권능과 영광으로 온다고 기록한다. "인자가 아버지의 영광을 부여받아 승리를 거두는 모습으로 나타날 때 하나님의 주권이 전적으로 드러나는 모습을 보여준다"(Nardoni, "Redactional Interpretation," 373). 그러므로 9:1에서 예수님이 예언하신 사건은 변형되신 사건을 가리키는 것으로 보인다.

30 Witherington, *Gospel of Mark*, 262. France, *Gospel of Mark*, 345.(『NIGTC 마가복음』 새물결플러스, 559)도 참조하라. "우리는 마가가 산 위에서 일어난 사건을 예수님의 말씀에 대한 최소한 부분적이며 예기(豫期)적인 성취로 이해했다고 결론 내릴 수도 있다. 비록 역사적 실재가 위에서 제시된 방식으로 드러나려면 여전히 멀었다 하더라도 말이다."(같은 책)

31 France, *Gospel of Mark*, 346.(『NIGTC 마가복음』 새물결플러스, 560)

32 Collins, *Mark*, 413.

12.2 마가복음 9:2-13

12.2 신학적 초점

12.2 엘리야/세례(침례) 요한의 고난이 예시한 예수님의 사명을 수용할 때, 현재에 고난이 찾아오지만 미래에 받을 영광에서 큰 소망과 격려를 얻는다(9:2-13).

- **12.2.1** 예수님의 변형은 그분이 예고하신 미래의 영광을 보여주며 제자들을 격려한다.
- **12.2.2** 제자들은 미래의 영광을 약속하시지만 현재의 고난을 예고하시는 변형되신 예수님께 귀 기울이며 그분의 사명을 수용해야 한다.
- **12.2.3** 엘리야/세례(침례) 요한의 고난은 예수님의 수난 사명의 전조가 되며, 예수님의 수난 예고를 강조한다.

12.2 단락 요약: 예수님의 변형은 제자들에게 약속된 미래의 영광을 보여주는 예고편이다. 시내산에서 모세가 본 영광보다 더 웅장한 예고편은 제자들이 계속해서 고난이 약속된 예수님의 사명을 받아들이고 제자도의 길을 가도록 돕는다. 세례(침례) 요한의 죽음은 예수님의 수난 사명을 보여주는 전조가 된다.

12.2 성경 본문

9:2 엿새 후에 예수께서 베드로와 야고보와 요한을 데리시고 따로 높은 산에 올라가셨더니 그들 앞에서 변형되사

9:3 그 옷이 광채가 나며 세상에서 빨래하는 자가 그렇게 희게 할 수 없을 만큼 매우 희어졌더라

9:4 이에 엘리야가 모세와 함께 그들에게 나타나 예수와 더불어 말하거늘

9:5 베드로가 예수께 고하되 랍비여 우리가 여기 있는 것이 좋사오니 우리가 초막 셋을 짓되 하나는 주를 위하여, 하나는 모세를 위하여, 하나는 엘리야를 위하여 하사이다 하니

9:6 이는 그들이 몹시 무서워하므로 그가 무슨 말을 할지 알지 못함이더라

9:7 마침 구름이 와서 그들을 덮으며 구름 속에서 소리가 나되 이는 내 사랑하는 아들이니 너희는 그의 말을 들으라 하는지라

9:8 문득 둘러보니 아무도 보이지 아니하고 오직 예수와 자기들뿐이었더라

9:9 그들이 산에서 내려올 때에 예수께서 경고하시되 인자가 죽은 자 가운데서 살아날 때까지는 본 것을 아무에게도 이르지 말라 하시니

9:10 그들이 이 말씀을 마음에 두며 서로 문의하되 죽은 자 가운데서 살아나는 것이 무엇일까 하고

9:11 이에 예수께 묻자와 이르되 어찌하여 서기관들이 엘리야가 먼저 와야 하리라 하나이까
9:12 이르시되 엘리야가 과연 먼저 와서 모든 것을 회복하거니와 어찌 인자에 대하여 기록하기를
많은 고난을 받고 멸시를 당하리라 하였느냐
9:13 그러나 내가 너희에게 이르노니 엘리야가 왔으되 기록된 바와 같이 사람들이 함부로
대우하였느니라 하시니라

12.2 주해

12.2.1 예수님의 변형은 그분이 예고하신 미래의 영광을 보여주며 제자들을 격려한다.

(9:1에서 약속된 것처럼) 제자들이 무언가를 '보게' 될 것이기 때문에 예수님의 변형을 다루는 단락은 제자들의 관점에서 서술된다. 예수님은 "그들 앞에서"(9:2) 변형되셨고 엘리야가 "그들에게" 나타난다(9:4). 베드로는 순진하게 반응하고(9:5), 제자들은 무서워하며(9:6), 구름이 제자들을 덮는다(9:7). 구름 속에서 나는 소리가 예수님(삼인칭)에 대해 이야기하면서 그분의 말을 들을 것을 제자들에게 명하신다(9:7). 그리고 제자들이 둘러보니 예수님과 "자기들" 외에는 아무도 없다(9:8). 제자들은 과거의 모세와 엘리야처럼(출 24-34장; 왕상 19장) 힘든 시기에 산에 올라 미래의 영광을 본다. 이는 현재로서는 그들이 자기 부인과 십자가를 지는 일만 있는 제자도의 사명을 지속적으로 감당하기 위함이다.[33] 모세의 시내산 경험과 이 단락이 유사한 점이 매우 많다는 것(다음 표 참조)은 마가복음에 나타난 이 이적이 제자들에게 활력소가 된다는 것을 암시한다. 예수님의 변형은 과거 이스라엘 역사에서 가장 위대한 사건으로 손꼽히는 여호와 하나님의 출현과 거의 동등하다. 제자들에게 주어진 예수님의 메시지는 명확하다. 고난이 예고되어 있지만, 미래의 영광이 약속되어 있으니 용기를 가지라.[34]

---

33 Myers, *Binding the Strong Man*, 250.

34 예수님의 수난을 연속적으로 기록하는 본문(막 14-16장)과 마가복음 11장에 있는 '샌드위치' 구조 본문 외에는 9:2이 가장 구체적인 시간의 변화를 명시한다("엿새 후에"). 이는 8:27-9:1과 9:2-13을 밀접하게 연결할 뿐만 아니라 상징적인 의미도 담고 있을 수 있다. Witherington은 "엿새 후"가 출애굽기 24:16에서 하나님의 영광이 시내산 위에 6일 동안 머문 시간이나 속죄일과 장막절 사이의 시간(이는 9:5에서 베드로가 왜 장막을 짓겠다고 이야기했는지 설명해줄 수 있다)을 가리킨다고 추측한다(*Gospel of Mark*, 262).

유사점	마가복음	출애굽기
엿새	9:2a	24:16
예수님/ 여호수아	9:2-13	24:13
세 제자의 이름	9:2a	24:1, 9
산에 올라감	9:2b	24:9, 12-13, 15-18; 34:3
변형	9:2b-3	34:29-30, 35
모세	9:4	24:1-18
συλλαλέω(술랄레오, '담화하다')	9:4	34:35
성막	9:5	25:8-9
구경꾼들이 무서워함	9:6	34:30
구름	9:7b	24:15-18; 34:5
구름 속에서 소리가 남	9:7b	24:16*

* Dowd, *Reading Mark*, 90 참조.

예수님의 변형이라는 이 초자연적인 사건은 하나님 나라의 약속된 영광을 잠시나마 보여준다. 9:11에서 제자들이 이 영광을 본 후에 예수님께 질문하는 내용을 볼 때 제자들은 자신들이 목격한 것이 종말적인 위대한 사건임을 분명히 알았다.[35] 이것이 바로 마가의 의도다. 이 영광스러운 장면은 미래에 반드시 일어날 일을 미리 보여준다. 제자들은 다가올 영광(제자들에게 약속된 것, 예수님을 따르지 않는 자에게 약속된 부끄러움과 상반됨)을 바라보며 고난(예수님을 따르는 모든 자에게 약속된 것)을 이겨내야 한다.[36] "그러므로 변형 장면은…예수님이 왕위를 지닌 인자로 높임을 받으시는 장면에

35 예수님의 변형은 "재림의 영광 가운데 왕좌에 앉으실 예수님의 모습을 기정사실로 보여준다." 그리고 예수님의 변형은 "그들에게 종말론적 삶이 어떠할지 보여주고 그들의 소망이 이루어질 것을 확신하게 한다."(Nardoni, "Redactional Interpretation," 384).

36 출애굽기 24:10-11에서는 하나님이 나타나시지만, 마가복음 9장에서는 하늘에 계신 예수님의 모습이 나타난다. μετεμορφώθη(메타모르포쎄, "변형되사," 9:2)는 신적 수동태를 시사한다(계 1:16도 참조하라). van Iersel, *Mark*, 294를 참조하라. 변형된다는 개념(μεταμορφόω, 메타모르포오)은 그리스-로마 세계에서 익숙한 개념이었다(예를 들어, Ovid의 *Metamorphoses*를 참조하라), Donahue와 Harrington은 빌립보서 2:6-11에 등장하는 그리스도 찬양이 더 적합한 비유라고 말한다(*Gospel of Mark*, 269). 마가복음 9장에서 예수님이 변형되실 때 제자들은 흔히 접할 수 없는 μορφή θεοῦ(모르페 쎄우, "하나님의 본체", 빌 2:6)를 잠시나마 보게 된다. 광채가 나고 하얗게 빛나는 모습은 천사들의 복장을 나타낸다(시 104:1-2; 마 28:3; 막 16:5; 눅 24:4; 요 20:12; 행 1:10; 그리고 묵시록에서 단 7:9, *1 En.* 14.20; *2 En.* 22.8-9; 3 *En.* 12.1). 또한 그것은 불길하게 순교자의 옷차림이기도 하다(계 3:5, 18; 4:4; 6:11; 7:9, 14). Myers, *Binding the Strong Man*, 250을 참조하라. 이 본문에서 '흰색'에 초점을 맞추는 것이 이후 예수님이 수난당하실 때 중요한 요소로 나타난다.

대한 예언적 환상이다. 이 환상은 제자들에게 종말론적 증인으로서 주어진다."[37]

엘리야가 함께 있다는 것은 예수님의 재림에 대한 소망을 갖게 한다(예수님을 엘리야로 지목하는 경향을 주목하라, 6:15; 8:28). 모세가 함께 등장하는 것도 '모세와 같은 선지자'(신 18:15-19, 이 구절도 막 9:7과 같이 이 선지자의 말을 들을 것을 명한다)가 올 것이라는 소망을 준다. 즉, "따라서 과거의 두 거장이 다시 등장한 사건은 오랫동안 대망했던 메시아 시대의 도래를 상징한다."[38] 모세와 엘리야만 산에서 하나님의 출현을 목격했다(엘리야는 모세와 같은 산에서 하나님을 만났다, 왕상 19:8-18). 두 사람은 하나님께 순종함으로 고난받은 충성된 종이었고, 죽음을 맛보지 않았다(왕하 1:1-12; Josephus, *Ant.* 4.326, 그러나 모세의 죽음과 관련하여 신 34:6을 보라, 그가 묻힌 곳은 아는 자가 없었다). 따라서 두 사람은 마땅히 변형되신 예수님과 함께할 수 있는 자들이다.[39] "이 이야기에는 유대교가 지닌 두 가지 기대가 모두 담겨 있다. 유대인들은 모세와 같은 선지자가 마지막 때에 오는 것과 마지막 때가 이를 때에 엘리야가 다시 나타날 것을 소망했다."[40] 예수님은 두 기대를 다 충족하셨다. 하나님 나라는 가까이 이르렀다! 남은 본문이 밝히듯 고난 이후의 영광이 가까이 이르렀다.

12.2.2 제자들은 미래의 영광을 약속하시지만 현재의 고난을 예고하시는 변형되신 예수님께 귀 기울이며 그분의 사명을 수용해야 한다.

예수님의 정체성에 대해 많은 이야기를 나눈 직후 마가복음 9:5에서 "랍비"(4:38에서 "선생"과 동일한 용어)라는 호칭이 등장하는 것은 매우 부적절하다. 또한 베드로가 이미 8:31에서 선포된 예수님의 사명을 완전히 무시했다는 것은 말할 것도 없다. 베드로는 하늘에서 나타난 존재들과 함께 산꼭대기에서 평화롭게 지내기 위해 수난 사명을 완전히 저버릴 의지가 있었다. 베드로는 하나님 나라가 이미 권능으로 임했다고 생각하며(9:1) 궁극적인 초막절을 보내기 위해 초막을 짓고자 한다.[41] 또한 그가 "단 하나의 왕좌가 아니라 세 개의 초막을 짓자고 제안"하는 것을 볼 때 그는 예수님을 단순히 많

---

37 Kee, "Transfiguration in Mark," 150.

38 France, *Gospel of Mark*, 351-52.(『NIGTC 마가복음』 새물결플러스, 568-9)

39 마가복음 6장의 오병이어 이적에서 이미 예수님을 새로운 모세로 암시했다.

40 Schweizer, *Good News*, 183.

41 Witherington, *Gospel of Mark*, 263-64. 초막이라는 개념 자체를 종말론적으로 이해했다. 에스겔 37:27과 스가랴 14:9-11은 여호와가 예루살렘에 거하시며 다스리실 것을 예언한다. 스가랴 14:16은 이러한 여호와의 다스리심을 초막절과 연관시킨다. Kee, "Transfiguration in Mark," 147을 참조하라.

은 선지자 중 한 사람이라고 생각한 것이다.[42] 베드로(그의 동포들도 마찬가지로)는 자신의 스승과 자신이 받은 사명의 본질을 수용하지 못했다. 9:5에서 베드로의 말이 부적절했다고 직접적으로 명시한 것을 볼 때(9:6), 이 구절에서 베드로가 한 순진한 말을 소개하는 표현(ἀποκριθεὶς ὁ Πέτρος λέγει τῷ Ἰησοῦ, 아포크리쎄이스 호 페트로스 레게이 토 예수, "베드로가 예수께 고하되")과 직전에 예수님이 그리스도라고 고백한 말을 소개하는 표현(ἀποκριθεὶς ὁ Πέτρος λέγει αὐτῷ, 아포크리쎄이스 호 페트로스 레게이 아우토, "베드로가 대답하여 이르되", 8:29)이 거의 서로 일치하는 것은 결국 베드로가 예수님의 정체성에 대해 고백한 말도 부적절했다고 볼 수 있다.[43] 아무튼 초막을 짓자는 베드로의 제안은 진지하게 받아들여지지 않는다. 왜냐하면 영광이 오기 전에 고난이 먼저 찾아오기 때문이다. 제자들은 예수님의 사명(그리고 자신들의 사명) 가운데 바로 이 측면을 수용하지 못한다. 베드로는 예수님을 그리스도라고 고백할 때 십자가를 피하려 했고, 이제 초막을 짓고자 제안할 때 고난을 건너뛰고 영광으로 가는 지름길을 택하려고 시도하는 것이다.

앞서 얘기했듯이 하나님의 명령(ἀκούετε αὐτοῦ, 아쿠에테 아우투, "그의 말을 들으라")은 '모세와 같은 선지자'를 보낼 것이라고 예언하는 신명기 18:15(αὐτοῦ ἀκούσεσθε, 아우투 아쿠세스쎄, "그의 말을 들을지니라")을 연상케 한다. "예수님이 바로 새로운 이스라엘을 최종적인 출애굽으로 인도하러 오신 두 번째 모세다."[44] 예수님은 제자들에게 "사람들이 나를 누구라고 하느냐"(막 8:27)고 물으신 이후에 "너희는 나를 누구라 하느냐"(8:29)라고 물으셨다. 이제 제자들은 하나님이 예수님을 누구라고 하시는지 듣게 된다(9:7). 이분은 하나님이 사랑하시는 하나님의 아들이며 이분의 말은 반드시 들어야 한다.[45] 8:38에서 예수님이 드러내놓고 말씀하신 내용과 제자들이(베드로가 주도하여) 예수님의 사명을 수용하지 않은 점을 미루어볼 때 이 명령은 매우 적절하다. 제자

42 Myers, *Binding the Strong Man*, 250. "주님과 그의 종들을 위한 초막을 동등하게 세우지 말라. '이는 내 사랑하는 아들이니 그의 말을 들으라', 모세나 엘리야가 아니라 내 아들의 말을 들으라…그들 또한 나에게 귀하지만 이는 내 사랑하는 자이기에 그의 말을 들으라. 모세와 엘리야는 그에 대하여 선포하고 가르치지만 너희는 그의 말을 들으라. 그는 주님이요 주인인 반면에 그들은 섬기는 자들이다. 모세와 엘리야는 그리스도에 대해 말하는 너희와 같은 종들이지만 그는 주님이시다. 그의 말을 들으라"(Jerome, *Homily* 80).

43 Collins, *Mark*, 424.

44 Stock, *Method and Meaning*, 246.

45 마가복음에서 "하나님의 아들"은 세 번(1:1; 9:7; 15:39) 등장하는데 모두 앞으로 도래할 하나님 나라를 언급할 때 나타난다(1:15; 9:1; 14:25). "마가복음 기자는 앞으로 도래할 하나님 나라와 하나님의 아들이라는 예수님의 정체성을 밀접하게 연관시킨다"(Hooker, "Mark's Parables," 82).

들은(그리고 앞으로 예수님을 따를 모든 자는) 반드시 예수님께 귀 기울여야만 한다. 특히 8:34–38에서 예수님이 설명하시는 제자도의 고난을 주의 깊게 들어야 한다.[46] 신기하게도 예수님은 이 단락에서는 전혀 말씀이 없으시다. 아마도 예수님이 이미 충분히 '드러내놓고' 말씀하셨기 때문일 것이다!

이미 언급했지만, 이 단락은 시각적인 측면을 강조한다. 예수님은 자신의 광채(9:3), 엘리야와 모세(9:4), 구름(9:7) 등을 볼 자들도 있을 것이라고 약속하셨다(9:1). 그러므로 하늘에서 소리가 날 때 "그를 보라" 혹은 "그를 주목하라!"라고 이야기하는 것이 더 타당했겠지만, 오히려 "그의 말을 들으라!"라는 소리가 들렸다. 말은 하지 않지만 광채가 나는 자의 말을 들으라고 하시는 하나님의 명령에 대해 톨버트(Tolbert)는 "그것은 이 단락을 근본적으로 뒤엎는다"라고 말한다.[47] 미래의 영광을 보았기 때문에 제자들은 소망을 품고 어두운 나날을 견딜 수 있지만, 현재에 주어진 명령은 명확하다. 제자들은 예수님의 말을 들어야 한다! 예수님이 자신과 제자들의 사명에 대해 하신 말씀, 즉 제자도에 따르는 고난(8:31–38)을 듣고 수용해야 한다. 영광(시각적인 측면)은 나중에 찾아올 것이다. 지금은 그분의 말을 들어야 할 때다. 즉, 예수님의 사명을 수용하고 자기를 부인하며 자기 십자가를 지고, 앞서 나아가시는 예수님을 따라야 한다.[48]

12.2.3 엘리야/세례(침례) 요한의 고난은 예수님의 수난 사명의 전조가 되며, 예수님의 수난 예고를 강조한다.

예수님이 이적을 행하시고 능력을 발휘하신 여러 사례와 마찬가지로, 예수님이 변형되신 사건 역시 예수님이 죽으시고 부활하신(수난 사명이 완수되는) 시점에서 돌이켜보지 않으면 그 의미를 온전히 이해할 수 없다. 수난 예고(8:30)를 이미 들은 제자들조차 산 위에서 예수님이 변형되신 의미를 이해하지 못했다. 베드로의 모습을 통해 제자들이 얼마나 어리둥절한지 알 수 있다(9:5–6). 제자들이 이처럼 이해하지 못했다면 아무런 예고를 듣지 못한 무리는 어떻게 이해할 수 있겠는가? 그래서 예수님은 자신의 사명을 완수하시기 전까지는 산 위에서 본 것을 아무에게도 말하지 말라고 명하신다.

---

46 제자들은 지금껏 잘 듣지 못했다(4:3, 9, 23, 24; 7:14,16; 8:18).

47 Tolbert, *Sowing the Gospel*, 206.

48 '들으라'는 명령은 분명히 마가복음의 모든 독자를 향한 것이다. 그때의 독자나 지금의 독자는 모두 변형되신 예수님을 직접 보지 못했기 때문이다.

제자들은 '죽은 자 가운데서 살아난다'는 예수님의 말씀(9:9)을 전혀 이해하지 못한다(9:10). 그도 그럴 것이 그 당시 유대교 문헌에서 마지막 때에 하나님의 백성이 부활하는 연대적 소망 외에는 개인이 부활하는 특별한 사건을 언급한 선례가 전혀 없기 때문이다.[49] 그러나 예수님은 제자들에게 인자의 부활에 대해 말씀하시며 경고하셨다(8:30-31). 열두 제자 가운데 예수님과 함께 산에 올라 변형을 목격한 베드로, 야고보, 요한이 '죽은 자가 살아난다'는 말씀을 그나마 이해할 수 있는 자들이었다. 이 세 사람은 죽은 자가 살아나는 이적을 이미 직접 목격했다(5:37). 그리고 만약 예수님이 '불멸'의 모세와 엘리야와 함께 계셨다면 예수님 자신도 죽은 자 가운데서 살아나실 수 있지 않겠는가?

여하튼 이 시점에서 베드로, 야고보, 요한은 자신들이 알고 있는 종말론으로 이 상황을 이해하려고 한다. 이들은 심판(8:38-9:1)과 부활(8:31)에 대해(다가올 하나님 나라와 모두 밀접하게 연관된 것들이다) 방금 들었고 엘리야를 방금 보았다. 이러한 불길한 전조를 보며 한 가지 질문을 던지게 된다. 선지자들이 말한 것처럼("여호와의 크고 두려운 날", 말 4:5-6; Sir 48.1-10; *m. B. Meṣi'a* 1.8; 2.8; 3.3; *m. 'Ed.* 8.7) 이 일들이 일어나기 전에 엘리야가 먼저 와야 하는데 그는 과연 어디에 있는가(막 9:11)?

예수님은 두 부분으로 나누어 대답하신다. 그분은 엘리야가 먼저 와야 한다는 것에 동의하신다. 그리고 두 번째로 엘리야가 이미 왔다고 말씀하신다. 후커(Hooker)가 말하듯이 논리적으로 보면 9:12b이 9:13 다음에 등장하면 예수님의 대답을 더 쉽게 이해할 수 있다.[50]

> 엘리야가 먼저 와야 한다(9:12a).
>
> 그러나 엘리야가 왔으되 고난을 당했다(9:13).
>
> 그러므로 인자(엘리야의 뒤를 이어오신)는 예언되었듯이 고난받을 것이다(9:12b).

---

49 France, *Gospel of Mark*, 357.(『NIGTC 마가복음』 새물결플러스, 577)

50 Hooker, *Son of Man*, 129-31. 여기서 예수님은 8:31에서 사용하신 표현인 πολλὰ παθεῖν(폴라 파쎄인, "많은 고난")을 다시 말씀하신다. 시편 118:22 칠십인역을 인용하는 8:31에서는 ἀποδοκιμάζω(아포도키마조, '버리다')를 사용하는 반면에 9:12에서는 ἐξουδενέω(에크수데네오, '멸시하다')를 사용한다. 동일한 구절인 시편 118:22을 인용하는 사도행전 4:11에서도 이 동사를 사용한다는 점에 주목하라. (베드로는 이 시편의 다른 헬라어 버전을 사용하고 있는 것인가?) 예수님의 수난과 관련하여 ἐξουδενέω는 시편 22:6, 24에도 사용된다.

즉, 엘리야의 경험은 인자의 수난을 가리키는 전조가 된다.[51] "엘리야가 왔으며 그는 예언을 성취하기 위해 고난당했다. 메시아가 오셨으며 예언을 성취하시기 위해 그분도 고난받으실 것이다. 여기서 예수님의 말씀 가운데 인자가 고난받을 것이라는 말씀이 중앙에 배치된 것을 볼 때 이는 또 다른 수난 예고다."[52]

대전제: 메시아보다 앞서 온 자는 메시아의 사명을 예시해야 한다(9:11–12a)

소전제: 메시아의 사명은 고난과 죽음을 수반한다(8:29–33; 9:12b)

결론: 메시아보다 앞서 와서 그분의 사명을 예시하는 자도 고난과 죽음을 당해야 한다. 세례(침례) 요한이 이러했다(9:13)*

* Dowd, *Reading Mark*, 93.

이 대화의 중점은 바로 예수님이 엘리야/세례(침례) 요한을 가리키시며 제자들의 생각과 달리 이들이 먼저 고난을 당했다고 말씀하시는 것이다. 제자들은 메시아보다 앞서 온 자의 운명을 떠올리며 예수님의 수난 예고를 다시 생각해야 한다. 그리고 제자들이 수난 예고를 받아들이는 것은 자신들의 제자도 여정과 예수님의 수난 사명을 연장하는 역할에 중대한 영향을 미칠 수밖에 없다. 예수님은 엘리야/세례(침례) 요한이 고난을 받았듯이 그리고 자신도 곧 고난을 받으실 것처럼 제자들도 고난을 받을 것이라고 경고하시는 것이다. 이 본문의 핵심은 영광을 받기 전에 고난이 먼저 찾아온다는 것이다. 제자들은 역시나 이 메시지를 주의 깊게 듣지 않지만, 영광을 받는 지름길은 있을 수 없다. 승리를 향한 길은 고난의 길이다. 예수님의 변형을 통해 제자들은 약속된 영광을 확신할 수 있고 소망을 갖게 되었다. 그리고 이 소망을 품고 "길에서" 계속 나아가야 한다.

---

51 마가가 엘리야를 세례(침례) 요한과 직접 연관시키지 않지만, 독자가 두 인물을 연관시킬 수 있는 단서가 마가복음에 충분히 나온다(1:4; 6:7–32; 8:28 참조). France는 성경에 예언된 엘리야의 고난(γέγραπται, 게그랍타이, "기록된 바", 9:13)을 마치 그를 순교자처럼 묘사하는 열왕기상 17–19, 21장에서 찾아볼 수 있다고 설명한다[France, *Gospel of Mark*, 359.(『NIGTC 마가복음』 새물결플러스, 581)]

52 Collins, *Mark*, 432.

설교의 초점 및 개요

설교를 위한 본문 12의 신학적 초점

12 제자들은 예수님을 따르며 현재 고난을 당하지만, 미래에 받을 영광에 대한 소망으로 격려받는다(8:27-9:13).

예수님의 첫 수난 예고를 담고 있는 이 본문은 예수님의 수난 사명을 극명하게 보여준다. 그리고 바로 뒤이어 제자들도 동일한 사명을 감당해야 한다고 말한다. 제자들은 자기를 부인하고 자기 십자가를 지고 예수님을 따라야 한다. 이 길이 아무리 어둡고 매력적으로 보이지 않아도 약속된 미래의 영광이 기다리고 있다. 예수님의 첫 수난 예고와 함께 이 영광도 처음부터 약속된다. 여기서 강조되는 주제는 '현재는 고난, 이후에는 영광'이다. 그리고 이 수난 사명을 거부하는 자에게는 '현재는 안위, 이후에는 부끄러움'이 주제가 될 것이다. 이것은 받아들이기 어렵지만 매우 중요한 교훈이다. 우리는 이 세상과 세상의 가치관에 깊이 빠져 있어서 이 주제를 쉽게 수용하지 못한다. 영광은 너무 멀리 있는 것처럼 보이고 너무나 막연한 개념이다. 바로 이 이유 때문에 예수님의 변형과 하나님의 백성을 대표하는 두 사람의 영광스러운 모습이 본문의 마지막 부분에 등장하는 것이다. 현재의 여정이 아무리 어둡고 비참해 보일지라도 제자들은 바로 이 영광의 모습을 기대할 수 있다. 마가의 의도는 분명하다. 시선을 미래의 영광에 두면 현재의 고난을 이겨낼 수 있다. 이 본문으로 설교할 때 '현재'의 고난(예를 들어, '자기를 부인하시고 십자가를 지는' 구체적인 모습. 이후에 14:53-72에서 이 개념을 더 자세히 설명할 수 있는 기회가 있을 것이다. 그 본문에서는 자기를 부인하지 않는 것이 자기를 부인하시는 예수님의 모습과 연관되어 나타난다) 그리고 미래의 영광과 상급에 대해 설명할 필요가 있다. 이 본문에서는 하나님의 백성이 현재의 고난을 감내할 수 있도록, 어떻게 영광스러운 축복에 대한 영원한 관점을 예방적인 차원에서 계발할 수 있는지에 초점을 두는 것이 가장 적절하다.

본문 12의 설교 개요

I. 현재: 예수님과 제자들의 수난 사명

- 예수님과 제자들의 사명이 명확히 드러남: 8:27-38

- 연관성: 예수님을 따른다는 것은 그분과 함께 고난의 길을 걷는 것임

II. 미래: 영광스러운 하나님 나라의 완성

- 변형되심: 9:1-13, 미래의 영광에 대한 '예고편'
- 연관성: 제자들이 미래에 대해 기대할 수 있는 것

III. *미래를 바라보며 현재를 헤쳐나가라!*

- 어떻게 하면 이러한 영원한 관점을 계발할 수 있는가?

또 다른 설교 개요

I. 예수님의 본: 고난이 먼저, 영광은 나중

- 예수님의 사명에는 고난이 따름: 8:27-33; 9:9-13
- 고난 이후에 영광이 찾아옴: 8:38; 9:1-8

II. 제자들의 경험: 고난이 먼저, 영광은 나중

- 예수님을 따라 사명을 감당할 때 고난이 따름: 8:34-37; 9:11-13
- 고난 이후에 영광이 찾아옴: 8:35-38
- 연관성: 제자들이 오늘 당하는 고통과 내일 받을 영광에 대한 세부 사항

III. 우리가 할 일: *미래를 바라보며 현재를 헤쳐나가라!*

- 어떻게 하면 이러한 영원한 관점을 계발할 수 있는가?

본문 13

겸손한 마음으로 섬기다!

마가복음 9:14-50

[축귀에 실패한 제자들, 두 번째 수난 예고, 타인을 섬기기]

복습, 요약, 예습

본문 12 복습: 마가복음 8:27–9:13에서 잠시 나타나는 미래의 영광은 제자들이 지속적으로 예수님을 따라 수난 사명을 감당하도록 격려한다.

본문 13 요약: 마가복음 9:14–50은 제자들에게 겸손을 요구한다. 제자는 믿음을 가지고 겸손한 마음과 기도로 하나님의 능력에 의지해야 한다는 것을 축귀에 실패한 제자들의 모습을 통해 보여준다. 두 번째 수난 예고와 그 뒤에 따르는 예수님의 가르침은 제자들이 겸손한 마음으로 겉보기에 보잘것없고 대수롭지 않은 사람을 섬길 것을 요구한다. 이를 이행하지 못할 때 심각한 결과가 따르며, 이로 인해 제자는 겸손한 마음과 종과 같은 태도로 섬기는 데 방해되는 모든 요소를 부지런히 제거할 것을 도전받는다.

본문 14 예습: 다음 본문(10:1–12)은 제자도 여정을 배우자와 함께 걷는 것이 얼마나 중요한지를 보여준다. 제자는 배우자와 지속적으로 연합을 이루어감으로써 배우자를 향한 사랑과 말씀을 따라 사는 삶을 보여주어야 한다.

본문 13. 마가복음 9:14-50

본문 13의 신학적 초점

13 예수님의 사명을 수용하는 제자는 믿음과 기도로 하나님의 능력을 의지하고, 낮고 작은 자를 섬기려는 겸손한 마음을 유지하기 위해 방해 요소를 부지런히 제거한다(9:14-50).

13.1 제자는 하나님께 부여받은 능력을 겸손한 마음으로 사용한다. 제자는 자신에게 능력이 있다고 생각하지 않고 믿음과 기도로 하나님을 의지한다(9:14-29).

13.2 예수님의 수난 사명을 수용하는 제자는 낮고 작은 자와 보잘것없는 사람을 섬기고, 겸손한 마음을 유지하는 데 방해되는 모든 요소를 부지런히 제거하여, 마지막 때에 부정적인 결과를 피한다(9:30-50).

13.2.1 예수님의 수난 사명을 수용하는 사람은 낮고 작은 자를 섬긴다.

13.2.2 제자는 예수님을 따르며 작은 자를 받아들이는 겸손한 마음을 유지한다.

13.2.3 제자는 겸손한 마음과 종과 같은 태도로 섬기는 데 방해되는 모든 요소를 제거함으로써 마지막 때에 부정적인 결과를 피할 수 있다.

개관

이 본문에는 마가복음의 마지막이자 제2막의 유일한 축귀 기사가 나타난다. 이 본문은 세 명의 제자가 산 위에서 실패하고, 아홉 명의 제자가 산 밑에서 실패하는 이야기다. 다른 이적이 나오는 단락은 그것을 목격한 이들의 놀라움이나 두려움으로 끝난다. 그러나 이 본문에서는 예수님이 귀신을 내쫓는 올바른 방법을 설명하신 후 두 번째 수난 예고를 하시고, 마지막으로 낮은 자를 섬기는 주제와 관련하여 여러 말씀을 하신다.

이 본문은 마가복음의 마지막 축귀 기사답게 "뱃세다 이전에 나타난 모든 치유/축귀 단락 안에 등장한 요소를 적어도 하나 이상 담고 있는 총람이다."[1]

---

1 Myers, *Binding the Strong Man*, 254.

축귀의 요소	이전 단락	마가복음 9장
부모-자녀	5:35-43; 7:24-30	9:14-27
무리가 놀람	1:27(θαμβέω, 쌈베오)	9:15(ἐκθαμβέω, 에크쌈베오)
귀신 들린 구체적인 상황	5:3-6	9:18, 20, 22
믿음	5:34, 36	9:19, 23, 25
경련	1:26(σπαράσσω, 스파라쏘)	9:20, 26(σπαράσσω)
긍휼	1:41(σπλαγχνίζομαι, 스플란크니조마이)	9:22(σπλαγχνίζομαι)
더러운 귀신	1:26; 5:2; 7:25	9:25
말 못하고 못 듣는 자를 치유함	7:31-37	9:25
무리가 죽었다고 주장함	5:35-43	9:26-27(죽은 것처럼 보임)
손을 잡음	1:31; 5:41	9:27
일으킴	5:41-42	9:27

이 본문에서 제자들이 귀신을 쫓아내지 못하는 모습은 3:15과 6:7에서 그들이 권능을 위임받아 일찍이 성공한 사례(6:13)와는 매우 대조적이다. 도대체 무슨 일이 일어난 것일까?

이 본문의 두 번째 단락(9:30-50)은 신약에서 가장 설명하기 어려운 단락 중 하나다.[2] 그럼에도 불구하고 예수님이 두 번째로 수난을 예고하신 다음에 제자들이 누가 큰지 쟁론하는 모습을 볼 때(9:31-37), 설명하기 난해한 이 단락은 제자들이 겸손한 마음을 유지하고 겉보기에 낮고 작은 자를 받아들이는 것이 얼마나 중요한지 선명하게 보여준다. 제자들이 힘을 다해 겸손한 마음을 유지하지 못하면 심각한 죄를 짓게 된다(9:43-50).

2 Boring은 "이 본문은 신약에서 해석이 불가한 본문 중 하나다"라고 적절히 말했다(*Mark*, 284).

13.1 마가복음 9:14-29

13.1 신학적 초점

13.1 제자는 하나님께 부여받은 능력을 겸손한 마음으로 사용한다. 제자는 자신에게 능력이 있다고 생각하지 않고 믿음과 기도로 하나님을 의지한다(9:14-29).

13.1 단락 요약: '믿음이 없는' 세대 또는 제자들이 귀신을 내쫓지 못하는 실패를 경험한다. 이들이 실패한 이유는 주제넘은 자신감으로 자신들을 통해 일하시는 하나님의 능력을 의지하지 못해서다. 예수님의 제자는 오히려 이 단락에 등장하는 아버지와 같이 겸손하게 기도와 믿음으로 하나님의 능력을 의지해야 한다.

13.1 성경 본문

9:14 이에 그들이 제자들에게 와서 보니 큰 무리가 그들을 둘러싸고 서기관들이 그들과 더불어 변론하고 있더라

9:15 온 무리가 곧 예수를 보고 매우 놀라며 달려와 문안하거늘

9:16 예수께서 물으시되 너희가 무엇을 그들과 변론하느냐

9:17 무리 중의 하나가 대답하되 선생님 말 못하게 귀신 들린 내 아들을 선생님께 데려왔나이다

9:18 귀신이 어디서든지 그를 잡으면 거꾸러져 거품을 흘리며 이를 갈며 그리고 파리해지는지라 내가 선생님의 제자들에게 내쫓아 달라 하였으나 그들이 능히 하지 못하더이다

9:19 대답하여 이르시되 믿음이 없는 세대여 내가 얼마나 너희와 함께 있으며 얼마나 너희에게 참으리요 그를 내게로 데려오라 하시매

9:20 이에 데리고 오니 귀신이 예수를 보고 곧 그 아이로 심히 경련을 일으키게 하는지라 그가 땅에 엎드러져 구르며 거품을 흘리더라

9:21 예수께서 그 아버지에게 물으시되 언제부터 이렇게 되었느냐 하시니 이르되 어릴 때부터니이다

9:22 귀신이 그를 죽이려고 불과 물에 자주 던졌나이다 그러나 무엇을 하실 수 있거든 우리를 불쌍히 여기사 도와 주옵소서

9:23 예수께서 이르시되 할 수 있거든이 무슨 말이냐 믿는 자에게는 능히 하지 못할 일이 없느니라 하시니

9:24 곧 그 아이의 아버지가 소리를 질러 이르되 내가 믿나이다 나의 믿음 없는 것을 도와 주소서 하더라

9:25 예수께서 무리가 달려와 모이는 것을 보시고 그 더러운 귀신을 꾸짖어 이르시되 말 못하고 못 듣는 귀신아 내가 네게 명하노니 그 아이에게서 나오고 다시 들어가지 말라 하시매

9:26 귀신이 소리 지르며 아이로 심히 경련을 일으키게 하고 나가니 그 아이가 죽은 것 같이 되어 많은 사람이 말하기를 죽었다 하나

9:27 예수께서 그 손을 잡아 일으키시니 이에 일어서니라

9:28 집에 들어가시매 제자들이 조용히 묻자오되 우리는 어찌하여 능히 그 귀신을 쫓아내지 못하였나이까

9:29 이르시되 기도 외에 다른 것으로는 이런 종류가 나갈 수 없느니라 하시니라

13.1 주해

13.1 제자는 하나님께 부여받은 능력을 겸손한 마음으로 사용한다. 제자는 자신에게 능력이 있다고 생각하지 않고 믿음과 기도로 하나님을 의지한다.[3]

이 본문의 가장 큰 주제 중 하나는 바로 믿음이다. 예수님은 이 세대가 믿음이 없음을 한탄하신다(γενεὰ ἄπιστος, 게네아 아피스토스, "믿음이 없는 세대", 9:19). 또한 예수님은 귀신 들린 아이의 아버지에게 믿는 자에게는 모든 것이 가능하다고 말씀하신다(τὸν πιστεύων, 톤 피스튜온, "믿는 자", 9:23). 그리고 이 아버지는 자신에게 믿음이 없음을 고백하며 도움을 요청한다(ἀπιστία, 아피스티아, "믿음 없는", 9:24). 그러므로 예수님과 아버지가 믿음이라는 주제를 가지고 나누는 대화는 이 단락에서 구조상 중심을 이룬다.[4]

A 제자들의 실패를 보고함(9:14–18)

  B 예수님과 아이(귀신, 경련) (9:19–20)

    C 예수님과 아버지: 믿음(9:21–24)

  B′ 예수님과 아이(더러운 귀신, 경련) (9:25–27)

A′ 제자들이 실패한 이유를 설명함(9:28–29)

아버지가 제자들에 대해 οὐκ ἐδύναντο(우크 에두난토, '하지 못하다') 대신에 οὐκ

---

3 이는 믿음 없는 열두 제자를 반면교사로 삼아 긍정적으로 표현한 것이다.

4 Iverson은 이 이야기가 이방 땅에서 일어난 사건이라고 생각한다(*Gentiles in the Gospel*, 104–8).

οὐκ ἴσχυσαν[우크 이스쿠산, '(충분히) 능하지 못하다', 9:18]이라고 말한 것은 그들의 무능력과 실패를 강조한다. "제자들은 너무나 연약하다는 것이 드러났고 능력 대결에서 패배했다."[5] 동사 ἰσχύω(이스쿠오)와 그 파생어는 이미 마가복음에서 귀신과의 힘겨루기를 나타내는 단어로 여러 번 등장했다[3:27, 5:4 그리고 1:7에서 세례(침례) 요한이 예수님을 자신보다 "능력 많으신"(ἰσχυρότερός, 이스쿠로테로스) 이로 묘사하기도 했다]. 이 단락은 귀신과의 싸움이 얼마나 격렬하고, 아이가 얼마나 심하게 경련하는지 강조하기 위해 병과 그 증상에 관련된 표현을 많이 담고 있다(9:17-18, 20, 22, 26). '믿음 없는 세대'는 믿음이 없어 귀신을 내쫓지 못하는 제자들을 가리킬 가능성이 높다. 제자들은 믿음이 없기 때문에 이미 예수님께 비난받은 "세대"(8:12)이자 하나님 나라를 거부하는 '외부인'과 다를 것이 없다. 9:19에서 알 수 있듯이 예수님은 제자들이 심히 귀신 들린 아이를 치유할 것을 기대하신다. 그러나 제자들은 믿음이 없어 이 기대에 부응하지 못한다(9:19). 하지만 아이의 아버지는 제자들과는 다르다(9:24). 자신이 믿음이 없다고 고백하는 그는 적어도 자신의 문제를 인식하고 있다.

아이가 죽은 것같이 되었다고 묘사하고(9:26), 죽음을 시사하는 두 가지 동사(각각 ἐγείρω, 에게이로, '일으키다' 그리고 ἀνίστημι, 아니스테미, '일어나다', 9:27)를 사용함으로써 기자는 죽었다가 일으킴을 받아 일어난 야이로의 딸을 암시한다(5:41, 42에 ἐγείρω와 ἀνίστημι가 등장하고 이 단락과 마찬가지로 예수님이 아이의 손을 잡으신다). 앞서 언급했듯이 이 이적은 이전 이적들의 요소를 담아내며 지금까지 나타난 모든 이적을 요약한 것에 가깝다.[6] 마가는 이와 같이 '요약된' 이적을 사용함으로써 제자들이 예수님의 제자로서 받은 권능을 사용했어야 함을 보여준다. 제자들이 왜 귀신을 쫓아내지 못했냐고 물었을 때 예수님은 놀랍게도 기도가 필요하다고 대답하신다(9:28-29). 즉, 예수님의 제자는 하나님의 도움을 의지하며 하나님의 권능이 자신을 통해 역사하기를 구해야 한다.

제자들은 자신의 권위와 능력에 너무 심취한 나머지 기도로 하나님의 도우심을 구하지 않고 귀신을 쫓아내려고 했던 것 같다(11:23-24도 참조). 제자들은 예수님의 능력이 아닌 자신들의 능력을 의지했을 것이다. 그들은 자신들의 능력이 위임받은 권한임을 인식했어야 했다. 본래의 권능은 오직 예수님께 있기 때문에 제자들은 위임받은

5 France, *Gospel of Mark*, 364.(『NIGTC 마가복음』 새물결플러스, 588)

6 이는 본 사건의 역사성이나 정확도를 손상시키지 않는다.

능력을 사용할 때에도 예수님을 의지해야 했다. “하나님의 권능은 조종할 수 있는 비인격적인 힘이 아니라 기도로 구하는 은사다.”[7] 어떤 면에서 이 이적과 그에 담긴 교훈은 예수님이 임명하신 제자들이 복음을 위해 어떻게 능력을 사용해야 하는지 일목요연하게 보여준다. “9:27 이후에 놀라워하는 무리가 없다는 것을 볼 때, 이 단락의 초점은 아이를 치유하는 이적에 있지 않고 오히려 ‘우리는 어찌하여 능히 그 귀신을 쫓아내지 못하였나이까’(9:28)에 있다.”[8] 어쩌면 이곳에서 이전에 귀신을 성공적으로 쫓아낸 경험(6:13)이 있었기 때문에 제자들은 이적에 너무 익숙해져서 “스스로를 이제 이런 사례를 다룰 수 있는 타고난 전문가로, 예수님처럼 능력이 있다고 생각했다. 그들은 영적 갈등에서 자신들에게 내재된 자동적인 힘이 없다고 배워야만 한다.”[9] 이들이 이전에 행한 능력은 자신들의 권능에서 비롯된 것이 아니라 하나님이 부여하신 것이었다. 이들이 지닌 능력은 위임된 것으로 믿음과 기도로 하나님을 의지하며 각 사람에게 사용해야 하는 것이다. 예수님의 뒤를 따르는 제자에게는 자만과 교만이 있을 수 없다. 제자들은 굴욕적인 실패를 통해 겸손을 배워야 한다. 그리고 이 겸손에서 하나님을 의지하는 기도가 나와야 한다. 지나친 자신감을 버리고 하나님을 신뢰해야 한다. 그리고 제자는 어떠한 주문이나 조종의 방법으로 기도하는 것이 아니라 자신의 사명을 완수하기 위해 믿음으로 겸손히 하나님을 의지하는 기도를 드려야 한다. 지나친 자신감으로 자신에게 믿음이 있다고 스스로 속일 수 있으며, 잘못된 낙천주의로 인해 하나님의 권능에 대해 위험한 월권행위를 할 수 있다. “이것이야말로 믿음이 없는 것이다. 왜냐하면 인간의 무력함과 하나님을 의지하는 기도를 무시하기 때문이다.”[10]

이 본문에서 유일하게 귀신을 쫓아내는 기도를 드리는 사람은 아버지다. “내가 믿나이다 나의 믿음 없는 것을 도와 주소서!”(9:24) 이 기도에 나타난 겸손한 마음과 전적인 신뢰가 바로 제자들이 지녀야 할 태도다. 아버지가 선포하는 ‘기도’는 예수님 안에 있는 하나님의 능력을 신뢰하는 고백인 동시에 자신의 능력을 의지하지 않는 믿음의 고백이기도 하다. “제자들은 이러한 태도를 가질 것을 요구받고 있으며 동시에 ‘믿는 자에게는(진정으로 믿는 자에게만) 능히 하지 못할 일이 없다’는 것을 다시 기억하

---

7 Dowd, *Reading Mark*, 93–94.

8 Myers, *Binding the Strong Man*, 255.

9 France, *Gospel of Mark*, 370.(『NIGTC 마가복음』 새물결플러스, 598)

10 Marshall, *Faith as a Theme*, 222–23.

게 된다." 믿는 자는 심지어 막강한 귀신(아이의 심각한 증상에서 이것을 알 수 있으며, 이전에 일어난 이적의 요소를 포괄적으로 담고 있다는 점도 이를 입증한다)도 내쫓을 수 있다. 이전에 일어난 치유 이적의 요약인 이 단락은 예수님이 행하신 일을 제자들도 할 수 있었을 뿐만 아니라 마땅히 했어야 함을 강조한다. 그러나 그렇게 하려면 겸손한 태도와 하나님을 의지하는 믿음이 필요했다. 제자들이 보인 '믿음 없음'은 절박한 상황으로 말미암은 절망이 아니라(4:35-41이나 이 단락에서 아버지가 처한 상황), "지나친 자기 확신으로 예수님이 주신 능력을 기도로 의지하지 않고 마치 습득한 기술을 다루듯이 사용하려는 잘못이다." 제자들은 자신들이 받은 능력을 그저 공식으로 표현될 수 있는 방식을 따르면 행할 수 있는 것으로 생각했다. 이러한 자신감은 '믿음 없음'의 한 부류다. 제자는 오히려 겸손히 능력을 주시는 하나님을 신뢰해야 한다.[11]

그러므로 이 본문은 제2막의 중점을 다루지만, 매우 중요한 방향으로 이끈다. 제2막의 주제는 영광 전에 반드시 찾아오는 수난이라는 예수님의 사명을 수용하는 것이다. 수난을 짊어지는 제자도의 한 측면은 바로 여기서 교훈하고 있는 겸손이다. 이 단락은 하나님을 의지하는 겸손을 요구하고 있으며, 이 태도는 하나님이 주신 사명을 감당해나갈 때 믿음의 기도로 나타난다고 가르친다. 다음 단락(9:30-50)은 제자들이 하나님의 백성을 섬길 때 필요한 겸손을 다룬다.

13.2 마가복음 9:30-50

13.2 신학적 초점

13.2 예수님의 수난 사명을 수용하는 제자는 낮고 작은 자와 보잘것없는 사람을 섬기고, 겸손한 마음을 유지하는 데 방해되는 모든 요소를 부지런히 제거하여, 마지막 때에 부정적인 결과를 피한다(9:30-50).

- **13.2.1** 예수님의 수난 사명을 수용하는 사람은 낮고 작은 자를 섬긴다.
- **13.2.2** 제자는 예수님을 따르며 작은 자를 받아들이는 겸손한 마음을 유지한다.
- **13.2.3** 제자는 겸손한 마음과 종과 같은 태도로 섬기는 데 방해되는 모든 요소를 제거함으로써 마지막 때에 부정적인 결과를 피할 수 있다.

13.2 단락 요약: 제자들이 예수님의 수난 예고를 완전히 무시하는 모습이 놀랍다. 이들

---

11 같은 책, 223.

은 누가 가장 큰지에 관심을 가질 뿐이다. 예수님은 이러한 제자들에게 겸손한 마음으로 낮고 작은 자를 섬기는 것이 제자들의 역할이라고 일러주신다. 이 역할을 감당하지 않을 때 초래되는 결과가 너무나 충격적이기에 겸손하게 섬기는 데 방해되는 모든 요소를 부지런히 없애야 한다.

13.2 성경 본문

9:30 그 곳을 떠나 갈릴리 가운데로 지날새 예수께서 아무에게도 알리고자 아니하시니

9:31 이는 제자들을 가르치시며 또 인자가 사람들의 손에 넘겨져 죽임을 당하고 죽은 지 삼 일만에
살아나리라는 것을 말씀하셨기 때문이더라

9:32 그러나 제자들은 이 말씀을 깨닫지 못하고 묻기도 두려워하더라

9:33 가버나움에 이르러 집에 계실새 제자들에게 물으시되 너희가 길에서 서로 토론한 것이
무엇이냐 하시되

9:34 그들이 잠잠하니 이는 길에서 서로 누가 크냐 하고 쟁론하였음이라

9:35 예수께서 앉으사 열두 제자를 불러서 이르시되 누구든지 첫째가 되고자 하면 뭇 사람의 끝이
되며 뭇 사람을 섬기는 자가 되어야 하리라 하시고

9:36 어린 아이 하나를 데려다가 그들 가운데 세우시고 안으시며 제자들에게 이르시되

9:37 누구든지 내 이름으로 이런 어린 아이 하나를 영접하면 곧 나를 영접함이요 누구든지 나를
영접하면 나를 영접함이 아니요 나를 보내신 이를 영접함이니라

9:38 요한이 예수께 여짜오되 선생님 우리를 따르지 않는 어떤 자가 주의 이름으로 귀신을 내쫓는
것을 우리가 보고 우리를 따르지 아니하므로 금하였나이다

9:39 예수께서 이르시되 금하지 말라 내 이름을 의탁하여 능한 일을 행하고 즉시로 나를 비방할 자가
없느니라

9:40 우리를 반대하지 않는 자는 우리를 위하는 자니라

9:41 누구든지 너희가 그리스도에게 속한 자라 하여 물 한 그릇이라도 주면 내가 진실로 너희에게
이르노니 그가 결코 상을 잃지 않으리라

9:42 또 누구든지 나를 믿는 이 작은 자들 중 하나라도 실족하게 하면 차라리 연자맷돌이 그 목에
매여 바다에 던져지는 것이 나으리라

9:43 만일 네 손이 너를 범죄하게 하거든 찍어버리라 장애인으로 영생에 들어가는 것이 두 손을
가지고 지옥 곧 꺼지지 않는 불에 들어가는 것보다 나으니라

9:44 (없음)[12]

9:45 만일 네 발이 너를 범죄하게 하거든 찍어버리라 다리 저는 자로 영생에 들어가는 것이 두 발을 가지고 지옥에 던져지는 것보다 나으니라

9:46 (없음)[13]

9:47 만일 네 눈이 너를 범죄하게 하거든 빼버리라 한 눈으로 하나님의 나라에 들어가는 것이 두 눈을 가지고 지옥에 던져지는 것보다 나으니라

9:48 거기에서는 구더기도 죽지 않고 불도 꺼지지 아니하느니라

9:49 사람마다 불로써 소금 치듯 함을 받으리라

9:50 소금은 좋은 것이로되 만일 소금이 그 맛을 잃으면 무엇으로 이를 짜게 하리요 너희 속에 소금을 두고 서로 화목하라 하시니라

13.2 주해

13.2.1 예수님의 수난 사명을 수용하는 사람은 낮고 작은 자를 섬긴다.[14]

이 단락에서 두 번째 수난 예고가 나타난다(9:31). 첫 번째 수난 예고 때처럼(8:31) 예수님은 하나님 나라의 가치관을 깨닫지 못하는 제자들에게(9:33-34) 올바른 가치관을 심어주시려고 하신다(9:35-37). 귀신을 쫓아내지 못한 이전 단락에 이어 이번 단락에서도 자만이 문제가 된다. 예수님이 경고하셨음에도 불구하고, 적어도 한 명의 제자(요한)는 아직까지 하나님 나라의 가치관을 깨닫지 못한다(9:38). 그래서 예수님은 캐치프레이즈로 연결된 짧지만 강렬한 격언들을 통해 제자들을 계속 가르치신다(9:39-50).[15] 이 단락 전체는 예수님을 따르는 제자에게 반드시 필요한 제자도의 한 측면을 보여준다. 즉, 이 단락은 타인을 섬기는 겸손이 무엇인지 말해준다.[16]

인자가 사람의 손에 넘겨진다는 예고(9:31) 안에 담긴 역설을 놓쳐서는 안 된다. 모든 권세를 받은 자(단 7:13-14)가 이제 사람의 권세에 넘겨지는 것이다. 그리고 미

12 9:44은 초기 사본에 기록되지 않았다.

13 9:46은 초기 사본에 기록되지 않았다.

14 이 신학적 초점 역시 본문에서 부정적으로 묘사된 것을 긍정적으로 명시한 것이다.

15 여기에 등장하는 캐치프레이즈는 "이런 어린아이"/"이 작은 자들 중에"(9:37, 42), "이름"(9:37, 38, 39, 41), "실족하게 하면"과 "차라리"(9:42, 43, 45, 47 그리고 9:50), "지옥"(9:43, 47), "불"(9:43, 48, 49) 그리고 "소금"(9:49, 50)이다.

16 Myers, *Binding the Strong Man*, 259.

래적 현재형인 παραδίδοται(파라디도타이, 직역하면 현재형인 '넘겨지다', 막 9:31)는 이 일이 반드시 일어날 것임을 보여준다. 이 동사 역시 신적 수동태로서 이 모든 과정에 스며 있는 하나님의 뜻을 강조한다. 세례(침례) 요한이 맞게 될 운명 역시 동일한 동사(παραδίδωμι, 파라디도미)로 표현되었으며(1:14), 유다가 예수님을 배반할 것이라고 예고할 때에도 이 동사가 사용되었다(3:19). 그리고 세 번째 수난 예고에서도 똑같은 동사가 다시 사용되며[10:33(2회)], 예수님이 고난당하시는 담화에도 자주 등장한다(14:10, 11, 18, 21, 41, 42, 44; 15:1, 10, 15).[17] 그러나 제자들은 아직까지도 예수님의 수난 사명을 수용하지 못할 뿐만 아니라 수난을 생각조차 하지 않는다(6:52; 7:18; 8:17 참조). 제자들이 두 번째 수난 예고를 듣고 질문하기를 두려워하는(9:32) 이유는 아마도 첫 번째 수난 예고 이후에 예수님이 베드로에게 보이신 반응(8:33) 때문일 것이다. 제자들은 자신들이 질문했을 때 오히려 그들이 거부하는 대답을 듣게 될 것이기 때문에 더 이상 질문하지 않는다. 예수님이 넘겨져 죽임을 당하신다면 그들 또한 동일한 운명을 맞게 될 것이다(8:34). "그들은 질문하며 더 알아가는 것을 두려워한다. 적어도 이만큼은 이해하고 있는 셈이다."[18] 제자들이 인식을 못한다는 것은 결국 예수님의 사명을 수용하지 못하는 것이다. 제자들은 힘겨운 고난의 길로 나아가는 것을 원치 않는다.

이들은 오히려 자기 자신만 생각하며 누가 큰지 쟁론한다(9:33-34). 제자들은 누구나 그렇듯이 고난보다는 영광을 선호한다. 프란스는 예수님이 베드로와 야고보와 요한만 데리고 변화산에 데려가셨기 때문에 제자들이 서로 누가 큰지 쟁론하게 된 것은 아닌지 의문을 제기한다. 어쩌면 변화산에 가지 못한 제자들이 귀신을 쫓아내지 못하고, 원망하는 무리에게 비난받았기 때문에 이 쟁론이 더 불붙은 것일 수도 있다. 아니면 제자들이 예수님이 곧 죽으실 것을 이해하고 이후에 누가 지도자가 될 것인지 고심했을 수도 있다. 어찌 되었든 예수님이 자신의 수난을 예고하시는 중에 제자들의 생각이 높은 지위에 사로잡혔다는 사실은 믿기지 않는다.[19] 열두 제자는 틀림없이 예수님의 수난 사명을 수용하기를 거부하는 것이다.

자기 자신과 야망에만 몰입되어 있는 제자들에게 예수님은 심오한 말씀을 하신

17 France, *Gospel of Mark*, 371-72.(『NIGTC 마가복음』 새물결플러스, 599-601) 로마에 있는 마가복음의 원 독자는 이 동사를 이미 잘 알고 있었을 것이다(롬 4:25; 8:32, παραδίδωμι, 그리고 사 53:12 칠십인역에도 두 번 등장한다).

18 Best, *Following Jesus*, 73.

19 France, *Gospel of Mark*, 373.(『NIGTC 마가복음』 새물결플러스, 602)

다(9:35–37). 하나님 나라에서 가장 높은 지위를 차지하는 사람은 모든 사람의 끝이 되고 모든 사람을 섬기는 자다. 어거스틴은 다음과 같이 예리한 관찰을 했다. "나무를 보라. 나무는 먼저 밑으로 뿌리를 내린 다음에 위로 싹이 난다. 나무는 하늘을 향해 뻗기 위해 땅 밑으로 뿌리를 내린다. 겸손에서 시작해야 위로 올라갈 수 있다. 겸손이 없이는 더 높이 올라가지 못한다. 당신은 뿌리 없이 하늘을 향해 성장하려고 한다. 그러나 이것은 성장이 아니라 무너지는 것이다"(*The Gospel of John*, Sermon 38).[20]

사회적 신분이 가장 낮은 자는 다른 사람의 권위와 보살핌이 필요하고 자기에게 결정 권한이 없는 어린아이들이다. 이들이야말로 가장 낮고 작은 자다. 제자는 한걸음 더 나아가 이 어린아이들과 같이 가장 낮고 작은 자를 섬겨야 한다(9:35). 그러므로 제자는 가장 낮은 자가 될 뿐만 아니라 모두를 섬기는 종이 되어야 한다. 제자는 아이들처럼 가장 작고 '보잘것없는' 자를 섬겨야 한다(9:35, 37).[21] 제자는 낮은 자 중에서도 가장 낮은 자가 되어야 하고, 낮고 작은 자를 섬겨야 한다. 이는 교만함 가운데 높은 지위를 차지하려는 제자들의 생각이나 이 세상의 보편적인 가치관과는 완전히 다른 사고방식이다.

제자는 "내 이름"으로 작은 자를 섬기고 영접해야 한다(9:37). 즉, 그 어린아이/작은 자를 예수님처럼 생각하고 섬기며 영접해야 한다. 그러므로 어린아이를 영접한다는 것은 곧 예수님을 영접하는 것이다. 10:45에서 예수님은 작은 자를 섬기는 모습을 몸소 보이신다. 그리고 하나님이 예수님을 보내셨기 때문에 예수님을 영접하는 것은 곧 하나님을 영접하는 것이다(9:37).[22] 즉, 제자가 지녀야 할 가장 중요한 마음은 자만하여 명성과 명예를 사모하는 것이 아니라 가장 작은 자를 섬기는 마음이다. "예수님은…제자들이 겸손을 배우기를 원하신다. 높은 지위를 차지하려는 교만과 권력 투쟁을 버리고 섬김의 자리로 나아가길 원하신다. 그것도 고대의 사람들이 모욕적으로 여기는 어린아이를 섬기는 자리로 나아가길 원하신다."[23]

---

20 Oden and Hall, *Mark*, 126–27에서 이를 인용한다.

21 Fleddermann, "Discipleship Discourse," 63–64. 아람어로 טַלְיָא(틀리)는 '종'과 '어린아이'를 둘 다 뜻한다. 이 단어를 사용하여 의도적으로 언어유희를 하는 것일 수도 있다.

22 France, *Gospel of Mark*, 374–75.(『NIGTC 마가복음』 새물결플러스, 604–5)

23 Witherington, *Gospel of Mark*, 270.

13.2.2 제자는 예수님을 따르며 작은 자를 받아들이는 겸손한 마음을 유지한다.

제자들에게 뭇 사람의 끝이 되어 작은 자를 섬기라는 명령이 주어진 후, 9:36-41에서는 다른 이들에게 거절당할 수 있는 자들(가장 낮고, 작고, 보잘것없으며, 귀히 여김을 받지 못하는 자)을 품으라는 명령이 주어진다. 이 명령을 따를 때 제자는 겸손히 섬기는 자가 되는 것이다. 9:36-41이 예수님이 작은 자를 영접하고 섬기는 것과 관련하여 가르치신 내용의 예시라는 것은 캐치프레이즈로 알 수 있다. 9:37, 38, 39, 41은 "내 이름/주의 이름"으로 서로 연결되어 있다.

요한이 9:38에서 한 말을 통해 그가 예수님이 상세히 말씀하신 내용(그것도 어린아이를 데려다가!)을 아직 이해하지 못했다는 것을 알 수 있다. 귀신을 쫓아내는 것은 제자들에게 위임된 특별한 권위 중 하나인데(3:14-15; 6:7, 13) 다른 이들이 귀신을 내쫓는다는 소식은 그들의 자존심을 상하게 했다. 특히나 제자들이 직전 단락에서 귀신을 쫓아내지 못했기 때문에 이러한 소식은 더 기분 나빴을 것이다. 요한은 자신이 가진 '특별한' 신분을 포기하고 싶지 않은 것이다. 그가 일인칭 복수를 사용한다는 것은 다른 제자들도 그에게 동의한다는 것을 암시한다(9:38). 그리고 더 놀라운 사실은 요한이 귀신을 쫓아내는 자들을 "우리를 따르지 않는" 자라고 소개한다는 것이다. 요한은 분명 다른 제자들이 열두 제자가 아니라 예수님을 따르는 자라는 사실을 인지하고 있었을 것이다. ἀκολουθέω(아콜루쎄오, '따르다')는 마가복음에서 항상 예수님을 따를 때 사용되는 동사다.[24] "'우리'라는 말이 이토록 부적절하게 사용된 적은 없다!"[25]

예수님은 바로 요한처럼 자기가 '엘리트' 제자 무리에 속해 있다고 자부하는 생각을 그동안 바로잡아주고 싶으셨다(요한이 이 구절에서도 예수님을 "선생님"이라고 부른다는 것도 매우 의미심장하다). 요한은 어린아이를 품고 받아들이는 대신(9:37) 그 반대를 주장한다. 열두 제자는 이미 이전부터 계급, 지위 그리고 신분(9:33-37에서 언급된 것)에 깊은 관심을 가졌던 것으로 보인다. 그리고 아마도 그들 이후에 세워진 제자들도 동일한 관심을 가졌을 것이다. 제자들이 예수님의 수난 사명을 수용하지 못하고 자신들이 걸어야 할 고난의 길 또한 받아들이지 못하는 모습은 그들 안에 잠재된 이기심과 사리사욕이 드러난 증상이다. 이 본문에서 제자들이 보여준 모습이 이를 증명한다. 그들은 하나님을 의지하지 않고 높은 자리를 추구하며 낮고 작은 자를 영접하

24 이 구절과 마가복음 14:13만 제외하면 그렇다.

25 Myers, *Binding the Strong Man*, 261

지 않는다. 요한이 "우리가…금하였나이다"(9:38)라고 말했을 때 예수님은 반대로 "금하지 말라"(9:39)라고 말씀하신다. 첫 번째 단락에서 드러났듯이 하나님이 주시는 능력은 특정한 자에게만 주어지는 것이 아니다. 오히려 예수님이 그 능력의 원천이 되시기에 예수님을 따르는 자 중에 자신의 능력 때문에 우월한 자는 있을 수 없다. 어떠한 제자도 자신이 지닌 능력으로 인해 높은 신분을 얻지 않는다. 예수님은 단순히 "순진한 마음으로 용인하시고자 하는 것이 아니라 귀신을 쫓아내는 자들이 진정으로 의지해야 하고 능력을 공급받아야 할 분이 하나님이라는 사실을 알기" 때문에 이렇게 주장하시는 것이다. 이런 이유 때문에 요한은 자신도 예수님을 위하는 자로서 귀신을 쫓아내는 자를 마땅히 용인해야 했다(9:40).[26] 만약 예수님의 이름으로 물 한 그릇을 주는 가장 작은 섬김도 상을 받는다면(9:41) 그분의 이름으로 귀신을 쫓아내는 것은 얼마나 더 큰 상을 받을까(9:38–40)! 그러므로 겸손하고 섬김의 마음을 지닌 제자는 물을 건네는 자나 귀신을 쫓아내는 자 모두를 받아들인다.

13.2.3 제자는 겸손한 마음과 종과 같은 태도로 섬기는 데 방해되는 모든 요소를 제거함으로써 마지막 때에 부정적인 결과를 피할 수 있다.

겸손하지 못하고 섬김의 마음을 지니지 못하면 심각한 결과를 초래한다. 마가복음 9:42–50은 제자들에게 "작은 자들"(μικροι, 미크로이, 9:42)을 주도적으로 보살필 것을 엄명하는 단호한 말씀이다. 제자들이 누가 "크냐"(μείζων, 메이존, 9:34)라고 쟁론한 것을 볼 때 겸손하고 섬기는 마음을 지닌 제자들에게 μείζων의 반의어인 μικροι를 사용하는 것은 너무나 적절하다. 9:30–50을 보면 예수님은 말씀하실 때 계속해서 μικροι에 초점을 두신다. 예수님이 모든 제자가 자신을 가장 작은 자로 생각하길 원하신다고 짐작하는 것은 절대 지나친 생각이 아니다(9:35–37).

어린아이들을 영접하는 대신 "작은 자들"을 잘못 인도하여 "실족하게 하면"(9:42)[27] 상당한 형벌을 받게 된다. 다른 이를 실족하게 하는 자는 결국 다른 이가 제자도의 길을 못 걷게 하는 것이다. 정확히 어떻게 다른 이를 실족하게 하는지는 명시되어 있지 않

---

26 Fleddermann, "Discipleship Discourse," 56. *Lig.* 11.33에 보면 Cicero도 로마 황제에게 비슷하게 말했다. "우리는 사람들을 적으로 바라보며 내 편에 속한 자만 살려주었지만, 황제께서는 당신을 반대하지 않는 자라면 모두를 추종자로 보았다고 들었습니다."

27 σκανδαλίζω(스칸달리조, '실족하다')는 4:17에 이미 등장했고, 14:27, 29에도 나오는데 모두 제자들이 실족하는 것을 가리킨다.

지만, "다른 사람이 영적으로 파선하는 원인이 된다는 것은 너무 심각한 죄여서 빨리 익사하는 게 마땅히 받아들일 운명보다 더 나을 것이다."[28] 제자는 낮고 작은 자를 실족하게 하는 걸림돌이 되어서는 안 된다. 그리고 이러한 μικροι를 영접하기를 거부하는 것은 교만이나 자만과 다를 바가 없으며, 이에 대한 마땅한 벌도 받을 것이다.

남은 단락(9:43–50)은 다소 모호하지만, 마가는 단순히 제자들이 "기독교 공동체 안에서 그들이 가진 역할과 권한을 남용하게 하는 모든 유혹을 뿌리치고 그들이 받은 부르심에 합당하게 그 공동체를 섬길" 것을 권면하는 것일 수도 있다.[29] 예수님은 섬기는 마음을 갖는 데 방해가 되는 몸의 지체로 손, 발 그리고 눈을 언급하신다. 그리고 예수님은 낮고 작은 자를 영접하는 방편으로 이 세 가지를 간접적으로 권하시기도 한다. 예수님은 어린아이 하나를 손으로 안으셨다(9:36). 그러나 이와는 반대로 제자들은 손으로 낮고 작은 자를 거부했다고 볼 수 있다. 요한은 귀신을 내쫓는 자가 예수님을 따르지 않는다고 판단했다(9:38–40). 누군가를 따른다는 것은 발을 간접적으로 가리키며, 요한은 이 발을 가리켜 귀신을 내쫓는 자를 제외시켜야 한다고 했다. 그리고 요한은 이 자가 예수님의 이름으로 귀신을 내쫓는 것을 '보았기' 때문에 이렇게 주장하고 있기도 하다(9:38). 요한은 눈으로 본 것 때문에 이 자를 영접하지 않는다.[30] 그러므로 예수님은 그야말로 무엇이든지(무엇이 되었든!) 작은 자를 경시하고 거부하게 만드는 것(제자가 겸손하고 섬기는 마음을 품는 데 방해되는 모든 것)을 모두 제거하지 않으면 마지막 때에 부정적인 결과를 맞게 될 것을 경고하신다.[31] 징벌이 그만큼 엄격하다

---

28 France, *Gospel of Mark*, 380.(『NIGTC 마가복음』 새물결플러스, 614) "자신에게만 몰두한 사람은 더 나약하고 취약한 사람을 돌아보지 못한다"(Evans, *Mark*, 70).

29 von Wahlde, "Mark 9:33–50," 59.

30 욥기 31:1, 5, 7에서도 섬기는 마음을 갖는 데 방해가 되는 손, 발, 눈의 정결함을 다룬다. Marcus는 예수님이 이 세 가지를 언급하시는 것을 또 다르게 해석한다. 그는 성경에 등장하는 '손'은 죄를 짓는 방편으로 보고, '발'은 죄를 짓는 장소로 가기 위한 수단으로 보며, '눈'은 죄를 짓게 하는 유혹을 받는 통로로 해석한다. 그리고 다음과 같이 "점차 내적인 요소로 향한다." "만일 네 손이 너를 범죄하게 하거든…"(9:43) 죄를 짓지 말라! "만일 네 발이 너를 범죄하게 하거든…"(9:45) 죄를 짓는 장소로 가지 말라! "만일 네 눈이 너를 범죄하게 하거든…"(9:47) 죄를 지을 생각조차 하지 말라! Marcus, *Mark*, 697을 참조하라. 이러한 해석도 가능하지만 이전 문맥과는 자연스럽게 연결되지 않는다. 손과 발과 눈으로 제자들은 낮고 작은 자를 영접하기를 거부했고 이에 대해 훈계받았다.

31 마가가 언급하는 지옥('게헤나')은 벌레와 불을 논하는 이사야 66:24에서 파생된 것이다(Jdt 16.17; Sir 7.17도 참조). 만약 예수님이 죄인을 다루고 있는 이사야 66:24 전체를 염두에 두고 계시다면, 이 단락에서 언급하는 범죄는 하나님을 거역하는 것과 동일하며 영원한 형벌에 갇히는 결과를 초래한다. 그러나 마가복음은 영원한 생명을 어떻게 얻고 잃을 수 있는지를 다루는 조직적인 개요가 아니다. 예수님은 사실적인 과장법을 사용하고 계시며 마가복음 독자는 이를 인식했을 것이다. 부활을 통해 이전에 잃은 몸의 지체도 온전히 회복된다(창 46:28에 대해 *Gen. Rab.* 95.1). 그러므로 예수님은 단순히 우월 의식과 작은 자

는 것은 그 행위가 얼마나 잘못된 것인지 보여준다. 예수님은 제자들을 급진적인 삶으로 부르시는 것이다. 제자는 낮고 작은 자를 섬기는 데 있어 어떠한 방해도 받아서는 안 된다. 특히나 교만한 마음을 차단해야 한다.

9:49-50에 등장하는 소금은 성전에서 드리는 제사를 연상시킨다(막 9:49; 레 2:13처럼 πᾶς, 파스, '사람마다' 그리고 ἁλισθήσεται, 할리스쎄세타이, '소금 치듯 함을 받는다'가 등장한다). 에스겔 43:24은 미래에 세워질 성전에서 번제를 드릴 때 번제에 소금을 칠 것을 명한다(Josephus, *Ant.* 12.140; *m. Mid.* 5.3도 참조). 이 구절에서는 제자가 소금이 쳐진 '제물'이다. 제자는 영원한 불에 던져지는 것보다 차라리 지금 불에서 소금이 쳐진 제물이 되어야 한다. 제자가 섬기는 자가 되고 겸손한 마음을 갖는다면 하나님이 받으시는 '소금이 쳐진' 적합한 제물이 된다. 소금은 하나님의 언약(레 2:13; 민 18:19; 대하 13:5) 그리고 성결함(출 30:35)과도 연관되어 있다. 따라서 불로써 소금을 치는 것은 "하나님을 섬기는 데 온전히 헌신하여 예수님을 따르는 자에 대해 말하며, 이런 헌신은 불가피하게 개인의 고난이라는 면에서 대가를 치르게 될 것이라고 경고한다"(롬 12:1도 이에 동의한다).[32]

제자는 누가 더 큰지 경쟁하기보다(9:33-37) 서로 화목하게 지내야 한다(9:50). 요컨대 이 본문의 중점인 겸손과 섬기는 마음으로 살아가려고 할 때 고난은 반드시 따라올 것이다. 제자는 희생적인('소금이 쳐진') 삶을 살아갈 각오를 해야 한다. "우리가 문맥에서 합리적으로 추정해보건대, 이 난해한 단어들은 예수를 따르려고 십자가를 지는 대가와 관련이 있다."[33] 이는 나중에 영광을 맞이하기 위해 먼저 고난을 당하는 전체적인 주제에 해당한다. 이 모든 내용은 곧 마주하게 될 10:45을 향해 나아갈 방향을 확립해준다.

를 거부하는(섬기지 않고 자만한 태도) 죄가 얼마나 무거운 죄인지 보여주기 위해 이러한 과장법을 사용하시는 것이지, 이 죄의 결과로 영원한 형벌을 당할 것이라고 주장하시는 것은 아니다.

32 France, *Gospel of Mark*, 373.(『NIGTC 마가복음』 새물결플러스, 620)

33 같은 책, 383.(『NIGTC 마가복음』 새물결플러스, 619)

설교의 초점 및 개요

설교를 위한 본문 13의 신학적 초점

13 겸손한 제자는 믿음과 기도로 하나님의 능력을 의지하고 낮고 작은 자를 부지런히 섬긴다(9:14-50).

이 본문의 첫 번째 단락(9:14-29)과 수난 예고와 관련된 단락(9:30-37)은 분명한 신학적 의도를 띠고 있다. 그러나 남은 단락(9:38-50)은 주해하기가 난해하고 예수님이 하시는 말씀이 특수하기 때문에 설교자가 다루기 힘든 점이 있다. 따라서 9:14-37을 주된 본문으로 삼으면서 9:38-50을 보조로 사용하며, 하나님을 의지하는 믿음의 기도로 입증되는 제자의 겸손함과 섬기는 마음을 전하는 것이 가장 적절할 것이다. 마가복음 9:38-50은 제자가 이러한 마음을 갖지 못할 때 마지막 때에 초래되는 부정적 결과를 묘사하는 단락으로 이해할 수 있다. 과장법까지 사용해가며 권면하는 것을 볼 때 오늘날의 제자는 이 말씀을 진지하게 받아들일 필요가 있다.

그러므로 이번 본문은 겸손(10:45에서 보게 되듯이 예수님이 본을 보이신다)을 가르치고 있다. 두 가지 유사한 중심 주제가 뚜렷하게 나타난다. 겸손한 제자는 자만하지 않고 하나님의 능력을 의지한다는 것과, 본인 스스로 높은 자리에 있다고 교만하게 생각하지 않고 가장 작은 자를 섬긴는 것이다. 설교자는 이 두 가지 중심 주제를 하나의 초점으로 다룰 수 있다. 수직적인 중심 주제는 하나님을 향한 태도를 묘사하고, 수평적인 중심 주제는 타인을 향한 태도를 묘사한다. 두 가지 중심 주제는 두 개의 설교 명제('겸손하라: 하나님을 의지하라!' 그리고 '겸손하라: 작은 자를 섬기라!')를 통해 반영된다. 이 둘은 모두 서로 다른 측면에서 겸손함을 유지하는 데 초점을 맞춘 것이다.

겸손한 마음으로 섬기는 자세를 유지하는 것은 결코 쉬운 일이 아니지만, 제자는 이 태도를 잃지 않도록 모든 방해물을 제거하며 최선을 다해 노력해야 한다.

본문 13의 설교 개요

I. 겸손: 하나님을 의지함

- 축귀에 실패함: 9:14-29, 제자들이 기도로 하나님의 능력을 의지하지 못함
- *겸손하라: 하나님을 의지하라!*

- 자만하고 교만한 대신 기도로 하나님을 의지할 수 있는 구체적인 방법 찾기

II. 겸손: 작은 자를 섬김

- 수난 예고와 교훈: 9:30-50, 제자들이 겸손하고 섬기는 것에 계속해서 실패함
- *겸손하라: 작은 자를 섬기라!*
- 겉으로 보잘것없고 작은 자를 겸손히 섬길 수 있는 구체적인 방법 찾기

또 다른 설교 개요

I. 무능함: 제자들에게는 능력이 없음

- 축귀에 실패함: 9:14-27

II. 능력을 얻는 방법: *겸손하라. 하나님을 의지하라!*

- 능력을 얻는 방법: 기도로 하나님을 의지함, 9:28-29
- 자만하고 교만한 대신 기도로 하나님을 의지할 수 있는 구체적인 방법 찾기

III. 지위가 없음: 제자들에게는 지위가 없음

- 작은 자가 되지 못함: 9:33-34, 38

IV. 지위를 얻는 방법: *겸손하라. 작은 자를 섬기라!*

- 지위를 얻는 방법: 예수님과 같이 고난당함, 작은 자가 되어 작은 자를 섬김, 9:30-32, 35-37, 39-50
- 겉으로 보잘것없고 작은 자를 겸손히 섬길 수 있는 구체적인 방법 찾기

본문 14

'한 몸'으로 걷는 제자도

마가복음 10:1-12

[결혼과 이혼]

복습, 요약, 예습

본문 13 복습: 마가복음 9:14–50은 제자가 믿음과 기도로 하나님의 능력을 의지하며 낮고 작은 자를 섬기는 겸손한 마음을 지닐 것을 권면한다.

본문 14 요약: 마가복음 10:1–12에서 예수님은 결혼이 태초부터 하나님이 규정하신 제도이며 영속적이고 '한 몸'을 이루는 특징을 지녔다고 가르치신다. 제자도를 다루는 마가복음의 맥락에서 볼 때 제자도 여정을 자신의 배우자와 함께 걷는 것은 그 사람의 부드러운 마음과 성경에 순종하는 자세를 보여준다.

본문 15 예습: 다음 본문(10:13–31)은 제자가 지녀야 할 겸손과 의존의 또 다른 측면을 보여준다. 제자는 현재 주어지는 상급(고난이 있음에도)과 영원한 상을 바라보며 소유한 물질을 포기할 의지도 있어야 한다.

본문 14. 마가복음 10:1-12

본문 14의 신학적 초점

14 제자는 예수님이 명하시는 급진적인 삶의 방식을 따라 말씀에 순종하여 평생 배우자와 연합하며 제자도의 길을 함께 걷는다(10:1-12).

14.1 제자도는 한 몸으로 이루어진 결혼 관계를 분열시키지 않는다.

14.2 완악한 마음과 성경에 불순종하는 태도를 보여주는 이혼은 제자도와 상반된다.

개관

이전 본문의 후반 단락은 제자가 보잘것없어 보이는 낮고 작은 자를 섬기는 중요성을 이야기하며 "서로 화목하라"(9:50)라는 권면으로 결론을 맺는다. 이 본문(10:1-12)에서는 화목의 관계를 지키는 것이 매우 중요한 배우자와의 관계를 다룬다. 이 본문 안에 담긴 여러 세부 사항은 '한 몸'으로 걷는 제자도(배우자와 함께 예수님을 따르는 여정)라는 단 하나의 주제를 강조한다.

3:31-35에서 예수님은 자신을 따르고 자신을 대표하는 새로운 가족이 형성되고 있음을 선포하셨다. 예수님이 이 말씀을 하셨을 때 과연 새로운 가족은 기존의 전통적인 가족 관계에 어떤 영향을 주게 될지 여러 질문이 제기되었을 것이다. 제자의 삶에서 결혼과 가족은 어떤 역할을 하는가? 과연 제자들은 예수님처럼 자기 어머니와 형제를 '부인'해야 하는가? 만약 마가복음의 원 독자들이 유대인 반란(서기 66-70) 시기를 거치며 고난과 어려움을 당했다면 이 질문은 더욱 중대한 문제로 인식되었을 것이다.

예수님은 세 번째 수난 예고(10:33-34)를 하시기 전에 '나를 위해' 모든 것을 희생해야 하는 제자도의 부르심과 관련해서 몇 가지 주제를 다루신다(10:28-31). 그런데 예수님은 이러한 주제에 대해 말씀하시기 전에 결혼을 먼저 적절히 언급하신다. 결혼 관계는 신성불가침한 것인가? 아니면 제자도를 위해 치러야 하는 대가 중 하나인가? '모든 것'을 희생하는 것(10:28) 중에 배우자도 포함되어 있다고 생각하는 사람이 아무도 없도록 예수님은 어떤 이유이든 이혼은 반대한다고 권위 있게 선언하신다(10:1-12).

이렇게 함으로써 예수님은 그 당시에 결혼을 바라보는 사회적 가치관을 뒤엎으신다. 예수님은 하나님 나라에서는(적어도 이 땅에서 살아갈 때만큼은) 하나님이 공포하신 결혼의 가치관으로 돌아가야 한다고 주장하신다.[1] 마가복음에서 묘사하는 제자도의 여정에서 이러한 반문화적인 관점은 전혀 새로운 것이 아니다. 프란스는 다음과 같이 말한다.[2]

> **이 혁명적인 관점은 8:31부터 이미 드러났는데, 예수는 제자들이 메시아의 사명이 배척과 고난을 통해 이루어질 것이라는 역설적인 개념을 받아들이고, 그것을 찾기 위해 목숨을 잃으며, 다른 사람들이 인정하는 것과 인자의 주장 사이에서 선택하고, 먼저 된 자가 되기 위해 가장 낮은 자와 종이 되며, 그들이 본성적으로 배척했을 만한 사람들을 환영하고, '생명'을 얻기 위해 이 세상에서 철저하게 거부될 가능성에 직면하도록 그들을 부르셨다.**

마가복음 10장에 있는 본문에서 이러한 역설은 다양한 일상에 적용된다. 이 본문에서는 결혼에 적용되고, 다음 본문에서는 세속적인 가치와 소유에 적용되며, 세 번째이자 마지막 수난 예고에서는 그 정점을 찍는다. 제자도에서 치러야 하는 대가는 크며 하나님 나라의 가치관으로 사는 것은 급진적인 일이다. 모든 사람이 대가를 치르며 급진적으로 살지는 않는다.

14.1 마가복음 10:1-12

14 신학적 초점

14 제자는 예수님이 명하시는 급진적인 삶의 방식을 따라 말씀에 순종하여 평생 배우자와 연합하며 제자도의 길을 함께 걷는다(10:1-12).

- **14.1** 제자도는 한 몸으로 이루어진 결혼 관계를 분열시키지 않는다.
- **14.2** 완악한 마음과 성경에 불순종하는 태도를 보여주는 이혼은 제자도와 상반된다.

14 단락 요약: 바리새인들이 이혼을 허락할 것을 요구하는 모습은 그들이 완악한 마음을 가지고 있으며 성경을 온전히 지키지 않는다는 점을 보여준다. 예수님은 이러한 마

1 마가복음 10장에는 하나님 나라가 눈에 띄게 자주 등장한다. 특히, 10:14, 15, 23, 24, 25에서 분명히 나타난다.

2 France, *Gospel of Mark*, 386.(『NIGTC 마가복음』 새물결플러스, 623)

음이나 행위를 제자들에게는 허락하지 않으신다. 제자는 주님이 요구하시는 급진적인 삶을 살아가면서 자신의 배우자와 평생 신실하게 연합하여 제자도의 길을 함께 걷는다.

14 성경 본문

10:1 예수께서 거기서 떠나 유대 지경과 요단 강 건너편으로 가시니 무리가 다시 모여들거늘 예수께서 다시 전례대로 가르치시더니

10:2 바리새인들이 예수께 나아와 그를 시험하여 묻되 사람이 아내를 버리는 것이 옳으니이까

10:3 대답하여 이르시되 모세가 어떻게 너희에게 명하였느냐

10:4 이르되 모세는 이혼 증서를 써주어 버리기를 허락하였나이다

10:5 예수께서 그들에게 이르시되 너희 마음이 완악함으로 말미암아 이 명령을 기록하였거니와

10:6 창조 때로부터 사람을 남자와 여자로 지으셨으니

10:7 이러므로 사람이 그 부모를 떠나서

10:8 그 둘이 한 몸이 될지니라 이러한즉 이제 둘이 아니요 한 몸이니

10:9 그러므로 하나님이 짝지어 주신 것을 사람이 나누지 못할지니라 하시더라

10:10 집에서 제자들이 다시 이 일을 물으니

10:11 이르시되 누구든지 그 아내를 버리고 다른 데에 장가 드는 자는 본처에게 간음을 행함이요

10:12 또 아내가 남편을 버리고 다른 데로 시집 가면 간음을 행함이니라

14 주해

14.1 제자도는 한 몸으로 이루어진 결혼 관계를 분열시키지 않는다.

이 본문에 등장하는 결혼과 관련된 논쟁은 7:1-23에 등장하는 손 씻는 할락힉(*halakhic*) 논쟁과 유사하다. 두 논쟁 모두 바리새인의 질문으로 시작되며(ἐπερωτάω, 에페로타오, '질문하다', 7:5과 10:2), 예수님이 모세가 기록한 내용을 언급하신다(7:6-13; 10:5-9). 이후에 예수님은 집에서 사적으로 제자들의 질문에 대답하신다(여기서도 ἐπερωτάω, 7:8-23; 10:10-12). 또한 두 단락에서 예수님은 질문의 논점에 대해 하나님이 세우신 근본적인 지침을 가르치려고 하신다. 그리고 그분은 바리새인과 구경꾼이 관심을 갖는 율법적인 조항을 핵심적인 도덕적 원리로 바꾸어가신다. 예수님은 "하나님의 본질

적인 목적에 더욱 근본적으로 순종할 것을" 요구하신다.[3] 이것이 당연한 이유는 급진적인 여정은 급진적인 행동을 요구하며, 새로운 나라는 새로운 규약을 요구하기 때문이다. "장래의 제자는 현재의 성 윤리를 버리고 새롭고도 엄격한 태도, 즉 십자가를 지고 자기를 부인하는 태도를 취해야 한다고 경고받는다."[4] 결혼한 부부에게는 8:34의 원리를 다음과 같이 다시 써줄 필요가 있다. '그+그녀'는 제자도 여정에서 예수님을 따르며 (한 몸을 이루어) '그+그녀'의 십자가를 지고, '그+그녀' 자신을 부인해야 한다. 마가는 '한 몸'이라는 개념이 결혼의 기반이며 제자도의 기반이라고 가르친다.

이와 관련하여 3:33-35이나 10:28-30(두 본문 모두 아버지, 어머니, 형제, 자매, 자식을 버리는 행위를 언급한다)에서 예수님을 위해 남편이 아내를 버리거나 아내가 남편을 버리는 행위를 전혀 언급하지 않는다. 이 본문에서 확고히 말하듯이 부부 관계는 하나님이 정하신 것이며 어길 수 없다. 제자도로 부름받았다고 해서 이 특수한 관계가 깨지지 않는다. 어찌 그럴 수 있겠는가? 남편과 아내는 서로 분리될 수 없는 '한 몸'이 되었다(10:8-9). 그리고 결혼한 부부에게 제자도의 여정은 '한 몸'을 이루며 나아가는 동반 여정이다. 성경 어디에도 이와 다르게 기록하지 않는다. 그리고 이 본문에서 예수님은 그 원리를 명확하게 가르치신다.

14.2 완악한 마음과 성경에 불순종하는 태도를 보여주는 이혼은 제자도와 상반된다.

바리새인이 예수님께 던지는 질문(10:2)은 순전한 질문이 아니라 예수님을 함정에 빠트리기 위한 술책이었다. 바리새인들은 세례(침례) 요한이 어떤 최후를 맞게 되었는지 알고 있었기 때문에(6:17-29) 예수님의 입에서 경솔한 말이 나오게 하여 헤롯과 대치시키고자 했다. 특히, 예수님이 헤롯이 통치하는 지역이자 세례(침례) 요한이 사역하고 처형당한 곳인 베레아에 계셨기 때문에 이러한 바람은 더 컸을 것이다(10:1).[5] 헤롯은 나바테아 왕 아레타스의 딸과 이혼한 후 정치적 위기를 맞게 되었고 결국 갈릴리와 나바테아 사이에는 전쟁까지 일어났다. 헤롯은 로마 제국의 도움으로 이 위기를 극복했지만, 자신이 다스리던 지역만 겨우 유지할 수 있었다. 그는 이렇게 어려운 시기에

---

3 같은 책, 387.(『NIGTC 마가복음』 새물결플러스, 625)

4 Best, *Following Jesus*, 101.

5 πέραν τοῦ Ἰορδάνου(페란 투 요르다누, "요단 강 건너편," 10:1)는 요단강과 사해의 동쪽이자 데가볼리의 남쪽인 베레아를 가리킨다. 헤롯 안티파스가 이 지역을 다스리고 있었다. France, *Gospel of Mark*, 389-90(『NIGTC 마가복음』 새물결플러스, 629-29)을 참조하라.

자신의 결혼 생활이 비난받는 것을 기분 좋게 받아들일 수 없었다.[6]

이혼이 가능한지 불가능한지는 그 당시에 의문으로 제기되지 않았다. 신명기 24:1-4은 이혼을 '허용하는' 권위적인 선언으로 해석되었다.[7] 그러나 이혼의 정당한 근거가 정확히 무엇인지 그리고 신명기 24:1에 나오는 "수치되는 일"[עֶרְוַת דָּבָר(에르밭 다바르), ἀσχήμων πρᾶγμα(아스케몬 프라그마, 칠십인역), "수치되는 일"]이 정확히 무엇인지에 대해서는 적잖은 논쟁이 있었다. 샴마이(Shammai) 학파는 성적으로 부도덕한 근거에 따른 이혼만 가능하다고 주장했고, 다수의 견해였던 힐렐(Hillel) 학파는 남편이 기뻐하지 않는 어떤 일이든지 이혼의 합당한 근거가 될 수 있다고 주장했다. 아내가 상한 음식을 내놓은 경우나, 더 훌륭한 배우자를 찾아야 하는 경우(*m. Giṭ.* 9.10; *b. Giṭ.* 90a–b; *Sipra Deut.* 269; *Num. Rab.* 9.30)나, 아내가 남편의 통제를 거부하는 경우(Sir 25.26)나, 남편이 "아내의 태도를 싫어하는" 경우(요세푸스가 아내와 이혼할 때 한 말이다, *Life* 426–27)나, 혹은 "어떤 이유이든"(Josephus, *Ant.* 4.253; Philo, *Spec. Laws* 3.30–31도 참조하라) 이혼의 합당한 근거가 될 수 있었다.[8] 대략적으로 종합해보면 이혼의 근거에 대해 두 가지 입장이 있었다. 한쪽은 간음한 경우에만 이혼이 가능했고(샴마이 학파), 다른 한쪽은 '어떤 이유이든' 이혼이 가능했다(힐렐 학파). 대체로 이혼 가능 여부에 대해서는 의문을 제기하지는 않았다. 이처럼 이혼에 관대한 문화적 상황에서 예수님이 이혼에 대해 말씀하신 것이다.

마태복음 19:3-9에서는 '어떤 이유이든' 이혼이 가능하다는 입장(힐렐 학파의 주장)을 두고 논하며 예수님은 분명히 이에 반대하셨다. 단, 예수님은 간음이 이혼의 근거가 될 수 있다고 말씀하셨다(샴마이 학파의 주장과 동일하다). 하지만 마가복음 10장에서 예수님은 간음이 되었든 '아무 이유'가 되었든 이혼의 근거에 대해서는 전혀 말씀하시지 않는다. 이 본문에서는 이혼 자체의 합법성 혹은 적법성을 다루고 있고, 예수님은 분명하게 이혼을 반대하신다. 예수님이 이혼을 강하게 반대하신다고 해서 이혼의 합당한 근거가 전혀 없다고 말하시는 것은 아니다. 하지만 마가복음 10장에서 예수님이 하시는 말씀은 아무 이유로나 이혼해도 된다는 입장에 반대한다. 마가는 하나님의 계획 가운데 제자도를 위해 '한 몸'을 이루는 것의 중요성을 확고히 내세우고자 하는

6 Evans, *Mark*, 82.

7 Collins, *Mark*, 459–65.

8 보수적이든 진보적이든, 샴마이 학파나 힐렐 학파 중 어디에 동의하든 간에 남편만 아내와 이혼할 수 있었다. 아내가 남편과 이혼할 수는 없었다. Instone-Brewer, *Divorce and Remarriage*, 110–14를 참조하라.

것이다. 마가복음이 본래 로마 교회와 초대 교회를 위해 기록된 것임을 감안할 때, 마가가 왜 이혼의 근거에 대한 다양한 유대교의 입장(샴마이 학파의 '간음' 혹은 힐렐 학파의 '아무 이유')을 논하는 예수님의 말씀을 포함시키지 않았는지 알 수 있다. 이러한 논점은 팔레스타인 바리새파의 맥락에 더 적합했을 것이다.[9] 예수님은 이혼에 대한 랍비들의 견해가 논의되지 않도록 단호히 말씀하시며 오히려 일생 한 배우자에게 신실할 것을 요구하신다. 인간의 깨어짐과 자기 중심적인 생각과 완악한 마음(10:5)으로 인해 하나님이 세우신 가장 숭고한 부부 관계조차 깨어진다. 이에 대해 예수님은 이 단락에서 분명한 명령을 주시는 것이다. 또한 이 단락은 제자도에서 성경 말씀에 온전히 순종해야 함을 강조한다.

예수님이 모세는 어떻게 명했는지 물어보실 때(10:3) 바리새인들은 모세가 이혼

---

9 Instone–Brewer는 사복음서에 등장하는 이혼과 관련한 논쟁에 대해 색다른 해석을 제시한다. 그는 마태복음과 마가복음에서 예수님이 의도적으로 샴마이–힐렐의 이혼 논쟁에 관여하신다고 생각한다. 마태복음에 나오는 본문은 마가복음에 나오는 본문과는 달리 "어떤 이유가 있으면"(마 19:3) 그리고 "음행한 이유 외에"(19:9; 5:32도 참조)라는 표현이 등장한다. 이 두 표현은 힐렐 학파와 샴마이 학파가 각각 신명기 24:1에 나오는 ערות דבר('에르밭 다바르', "수치되는 일")를 어떻게 해석하는지 핵심적으로 보여준다. Instone–Brewer는 마태복음에서 이 표현을 '삽입'한 이유가 실제 논쟁에서 이런 표현이 사용되었기 때문이라고 주장한다. 그리고 그는 마가복음에서는 이 표현들이 제외된 이유를 다음과 같이 설명한다. "원 독자에게 이 표현들은 너무나 뻔하고 잘 알려졌기에 불필요했다. 유대인 독자는 이 표현들이 포함되었든 안 되었든 자동적으로 이를 인식하고 읽었을 것이다." 따라서 Instone–Brewer는 아내와 이혼하는 것은 당연히 합당한 것이기에 이에 대해 의문을 제기하는 것 자체가 '무의미'하다고 생각한다. 힐렐 학파가 주장하듯이 아내와 '어떤 이유로든' 이혼하는 것이 합당한지 아니면 샴마이 학파가 주장하듯이 '음행한 이유'로만 이혼하는 것이 합당한지가 유일한 사안이다. 따라서 마태복음에 등장하는 표현들이 마가복음에는 없어도 이 사안으로 예수님을 시험하기 위해 질문을 던진 것이다. 그러므로 Instone–Brewer의 주장에 따르면 마태복음과 마가복음은 동일한 논쟁을 담고 있으며, 마가복음 10:6–9에서 예수님이 바리새인들에게 해준 대답은 '일부일처제에 대한 여담'에 불과하다. Instone–Brewer, "Jesus' Old Testament Basis," 89–91(그리고 전체 글도)을 참조하라. 또한 이 주제를 자세히 다룬 그의 논문, *Divorce and Remarriage*도 참조하라. 이러한 주장이 있지만 마가복음(그리고 누가복음)의 원 독자는 바리새인들의 율법적인 논쟁을 자세히 알지 못했을 이방인이었는데 왜 마가(그리고 누가)가 이러한 내용을 생략한 채 이야기를 전개했을지 의문이 든다. 만약 마태복음과 마가복음이 동일한 논쟁을 담고 있다면 마태복음보다 마가복음이 더 자세한 이야기를 담고 있는 것이 마땅하다. 왜냐하면 마태복음은 이러한 신학적 논쟁에 더 익숙한 유대인들을 향해 기록된 책이기 때문이다. 그리고 만약 예수님이 단순히 힐렐 학파와 샴마이 학파 간의 주장을 중재하신 것이었다면 19:10에서 예수님이 하신 말씀에 대한 제자들의 대답("장가 들지 않는 것이 좋겠나이다")은 이상하게 들린다. 또한 마가복음 10:5–12에서 예수님이 단호하게 선포하시는 모습과 이 단락의 지리적•역사적 배경[헤롯의 이혼과 이것으로 인한 세례(침례) 요한의 처형]을 볼 때 단순히 이혼의 타당한 근거를 다루는 논쟁이라고 보기 힘들다. 오히려 예수님이 이혼 자체를 금하신다고 보는 것이 더 적합하다. 이혼을 금하는 것은 기본적인 윤리이지만 마태복음에 나오듯이 타당한 근거로 이혼이 가능하다. 따라서 내가 볼 때 마태복음의 본문과 마가복음의 본문이 다른 이유는, 마가가 가장 중요한 개념인 '한 몸'을 제자들에게 강조하고 싶었기 때문이다. 이런 이유로 마가복음 본문에서는 예수님이 이혼 자체를 단호하게 금하시는 것이 이야기의 중점이 되지만('한 몸'을 이루는 것의 중요성을 강조하기 위함이다) 타당한 이유로 이혼할 수 없다는 뜻은 아니며, 오히려 제자도의 맥락 속에서 결혼의 연합이 매우 중대한 사안임을 강조한다.

을 허용했다고 대답한다(10:4). 그러나 이들이 참조한 신명기 24:1-4은 이혼을 명령하거나 이혼을 직접적으로 허용조차 하지 않는다. 오히려 이혼 이후에 배우자가 학대당하는 것을 방지하기 위해 기록된 말씀이다. 신명기 24:1-3은 조건절에만 해당되며 [כִּי(키), ἐὰν δέ(에안 데, 칠십인역), '만약'으로 시작한다], 24:4에 나오는 명령(이미 이혼한 아내와 재혼할 수 없다)이 필요한 상황을 설명한다.[10] 신명기에서 주어진 명령은 이혼을 어떤 근거로 했는지 이야기하지 않는다. 이혼을 허용하거나 금하지도 않으며 단순히 이혼이라는 상황을 전제로 하고 있다. "이것을 이혼에 대한 허용이라고 번역하는 것은 이혼이 명백한 불승인 없이 묘사된다는 사실에서 추론하는 문제다."[11] 예수님이 모세가 기록한 말을 "명령"(막 10:5)이라고 표현하셨다고 해서 바리새인들에게 동의하시는 것은 아니다. 바리새인들은 이혼을 '명령'이라고 주장하지만, 예수님은 이에 동의하지 않으신다. 신명기 24:1-4을 전체적으로 보면 이혼한 부부가 재혼하는 상황을 다루는 명령이다. 예수님은 이 전체적인 '명령'(즉, 신 21:1-4을 한 단위로 볼 때)이 이스라엘의 마음이 완악(σκληροκαρδία, 스클레로카르디아는 신약에서 막 10:5과 마 19:8에만 나타난다)하여 주어진 것이라고 말씀하신다. 신명기 10:16, 시편 95:7-8 그리고 예레미야 4:3-4은 이 완악한 마음('곧은 목')의 뿌리는 하나님을 반역하는 마음에 있다고 말한다. 특히, 예레미야 말씀이 더 관련이 있는 이유는 예레미야 3장 서두에서 신명기 24:1-4을 명백히 암시하며 이스라엘이 간음을 행하고 완악(회개하기를 거부하며 외도하는 완고한 배우자)하여 하나님과 이혼하는 내용을 묘사하고 있기 때문이다(렘 3:3, 13, 17, 20). 예수님은 바로 이 내용을 바탕으로 이혼은 강요된 것이 아니라 다만 완악한 마음 때문에 허락된 것임을 가르치신다. 즉, 신명기 24:1-2은 제자도의 여정을 걷는 부부에게 이혼을 타당한 선택으로 제시하지 않는다.[12]

이것을 말씀하신 이후 예수님은 창세기 1:27과 2:24을 가지고 모세가 실제로 명령한 바가 무엇인지 가르치신다. 연합된 한 몸이라는 표현은 "결혼을 단순한 상호 편익의 계약에서 '존재론적인' 지위까지 높인다. 이것은 단순히 '한 몸'이 분리되지 않아야 한다는 것이 아니라, 분리될 수 없다는 것이다."[13]

---

10 신명기 24:1-3 칠십인역에서 미래형 동사 '쓰다', '주다', '보내다'는 명령형보다는 가정법에 더 가깝게 기능한다. 칠십인역에서는 왜 명령형으로 기능하지 않는지 살펴보려면 Gundry, *Mark*, 539을 참조하라.

11 France, *Gospel of Mark*, 390-91.(『NIGTC 마가복음』 새물결플러스, 629-30)

12 Instone-Brewer, *Divorce and Remarriage*, 145-46.

13 France, *Gospel of Mark*, 392(『NIGTC 마가복음』 새물결플러스, 632) 이는 사람의 힘으로 분리될 수 없다

그 당시 유대인들은 이혼 이후에 재혼을 허락했다. 예를 들어, 이혼한 여성에게 주는 결혼 증서에는 "당신은 어느 남자와도 자유롭게 결혼해도 된다"라고 적혀 있었다(*m. Giṭ.* 9.3).[14] 그러나 예수님은 이 오해를 바로잡아주시며 남편이 이전에 이혼한 아내와 재혼하는 것을 금지한 모세의 명령을 확장하신다. 재혼에 대해 예수님은 어떠한 이유로 이혼했든지 아내나 남편을 버리고 장가나 시집가는 것을 금하신다(막 10:11-12). 이는 결혼이 본래 하나님의 관점에서 갈라놓을 수 없는 '한 몸'을 이룬 연합이기 때문이다. 또한 '둘'이 '한 몸'이 되는 것은 일부일처제를 전제로 한다.

아내가 이혼할 수 있는 권리는 유대인 사회에서는 용납되지 않았지만, 마가복음의 원 독자들이 살고 있는 로마 사회에서는 인정됐다.[15] 유대교 성경이나 그리스-로마 세계에서 간음은 남자가 기혼 여성이나 다른 남자와 약혼한 여성과 관계를 맺음으로써 다른 남자의 결혼을 침범하는 것을 의미했다(신 22:22-24; 레 20:10). "따라서 마가복음에서 예수님이 아내를 버리고 다른 데 장가드는 남자는 본처에게 간음을 행하는 것이라고 가르치시는 것은 매우 혁명적이다. 남자는 다른 남자의 배우자나 약혼자에 대한 권리를 존중해야 할 책임만 있는 것이 아니다. 11절(막 10:11)에 따르면 남자는 자신의 아내에 대해서도 책임을 져야 한다."[16] 예수님은 이혼을 간음과 밀접하게 연결하여 다시 정의해주심으로써 이혼이 성경에 계시된 하나님의 뜻을 거역하는 행위라고 지적하신다.[17]

예수님을 따른다는 것은 급진적인 삶을 사는 것이고, 급진적인 삶을 살려면 급진적인 방법과 급진적인 세계관으로의 변화가 필요하다. 이 본문은 하나님이 세우신 결혼 제도와 이에 상응하는 혁명적인 제자도의 부르심에 합당한 급진적인 삶을 살라고 명령한다.

는 말이 아니다. Instone-Brewer, *Divorce and Remarriage*, 141도 참조하라.

14 France, *Gospel of Mark*, 29.(『NIGTC 마가복음』 새물결플러스, 634)

15 Catchpole, "Synoptic Divorce Material," 110-12. Josephus, *Ant.* 15.259-60; 18.360-62; *m. Yebam.* 14.1 등을 참조해보면 아내에게는 이혼할 권리가 없음을 알 수 있다. 그러나 특정한 경우에는 아내가 고소해 이혼할 수도 있었다(*m. Yebam.* 14.1; *m. Ketub.* 7.9-10).

16 Collins, *Mark*, 469.

17 Boring, *Mark*, 287. 마태복음 5장과 19장에서는 재혼하는 것이 본처에게 간음을 행하는 것이라는 말씀이 등장하지 않는다.

설교의 초점 및 개요

설교를 위한 본문 14의 신학적 초점

14 예수님을 따르는 제자는 말씀에 순종하여 평생 배우자와 연합하고 제자도의 길을 함께 걷는다(10:1-12).

이 본문은 인간에게 가장 친밀한 연합인 결혼 제도에 대해 제자들에게 중요한 가르침을 주고 있다. 제자도와 그 안에 담긴 자기 부인과 십자가를 지는 행위에서 이 연합도 희생해야 한다고 생각하는 사람이 없도록 예수님은 이 오해를 즉시 바로잡아주신다. 마가는 이 가르침을 이혼에 대한 바리새인과의 논쟁에 포함하며 예수님이 선포하신 결혼의 영속성을 강조한다. 결혼의 영속성은 이미 창조 기사에서 하나님이 명하신 것이기도 하다.

이 본문은 마태복음에 등장하는 본문과는 달리 이혼의 근거에 대해 전혀 언급하지 않는다. 이러한 유사 본문과 그 본문에 기록된 이혼 근거를 고려하여 결혼과 이혼에 대한 포괄적인 관점을 가져야 한다. 그러나 설교자는 이 본문을 선포할 때 이혼의 근거에 초점을 맞추면 안 된다. 이 본문에서 마가(그리고 예수님)의 신학적 중점은 이혼의 근거가 아니라 결혼의 원칙에 있다. 이미 언급했듯이 마태복음과 마가복음의 본문이 서로 차이가 나는 가장 주된 이유는 수사학적 의도 때문이다. 마가는 결혼 언약의 중요성과 이미 결혼한 제자들에게 결혼의 신성한 본질을 강조하기 원했다. 그래서 그는 마태복음에 나와 있는 것처럼 이혼의 근거에 대한 문제를 장황하게 다루지 않는다.

설교자는 회중 가운데 이미 (어떤 이유이든) 이혼이라는 아픔을 경험한 자들이 있을 것을 고려하여 재치와 은혜를 적절히 사용할 줄 알아야 한다. 그러나 성령님이 마가를 통해 기록하신 이 본문의 신학적 초점(하나님이 근본적으로 계획하신 제자도에서 이혼은 없다)을 약화시켜서도 안 된다.[18] 이 설교의 핵심은 결혼한 제자들에게 배우자와 함께 제자도의 길을 걷는 중요성을 전달하는 것이다.

---

18 결혼, 재혼, 이혼 등에 대해 성경 전체가 말씀하는 바를 적어도 한 번 이상 설교(즉, 한두 번의 주제 설교)하여 이 주제를 전체적으로 다루는 방법도 있다. 마가복음 강해를 하다가 잠시 쉴 수 있는 좋은 기회이기도 하다. 그러나 이런 주제를 설교한다고 해서 제자가 예수님을 따를 때 결혼(그리고 결혼과 관련된 여러 부수적인 것)이 가장 중요한 문제라는 인식을 심어주어서는 안 된다. 결혼은 당연히 하나님의 관점에서 매우 중요하다. 그러나 결혼이 그리스도인의 삶에서 최고의 선은 아니라는 것을 잊어서는 안 된다.

본문 14의 설교 개요

I. 세상: 세상이 바라보는(오해하는) 결혼

- 편의와 즐거움이 중심인 결혼, 쉽게 이혼하고 쉽게 재혼함
- 연관성: 세상이 바라보는 결혼에 대한 예화

II. 하나님: 하나님이 바라보시는 결혼

- 제자도에서 너무나 중요한 결혼: 10:1-12, 부드러운 마음과 말씀에 대한 신실함을 보여줌

III. 제자: *'한 몸'을 이루며 예수님을 따르라!*

- 배우자와 함께 예수님을 따른다는 구체적인 의미는 무엇인가?*

* 나는 결혼 경험이 없는 독신주의자다. 따라서 이 본문을 어떻게 설교해야 할지 전혀 모른다고 고백할 수밖에 없다. 만약 내가 마가복음을 강해한다면 나는 10:1-12을 건너뛰고, 결혼을 한 다른 설교자에게 이 어려운 설교를 맡길 것이다!

또 다른 설교 개요

I. 하나님의 명령: 결혼은 영속적이다

- 결혼에 대한 하나님의 명령: 10:6-12
- 말씀을 신실하게 지킬 것을 명하심

II. 세상의 위반: 결혼은 대수롭지 않다

- 결혼을 왜곡하는 세상: 10:1-5
- 연관성: 결혼에 대한 세상의 오해를 보여주는 예화

III. 제자들의 바른 모습: *'한 몸'을 이루며 예수님을 따르라!*

- 배우자와 함께 예수님을 따른다는 구체적인 의미는 무엇인가?

본문 15

재물을 의지함

마가복음 10:13-31

[재물이 많은 자가 떠나가다, 예수님이 영원한 관점을 가르치시다]

복습, 요약, 예습

본문 14 복습: 마가복음 10:1-12은 제자도의 여정을 배우자와 함께 걷는 중요성을 가르친다. 배우자와 영속적으로 연합된 제자는 그의 부드러운 마음과 그가 성경에 얼마나 순종하는지를 보여준다.

본문 15 요약: 마가복음 10:13-31에서는 겸손하고 의지하는 어린아이의 모습을 보여주며, 제자도에서 급진적으로 요구하는 바를 수용하려면 이러한 태도가 반드시 필요함을 가르친다. 두 번째 단락에서는 이 논점을 강화하며 제자들에게 소유물을 의지하고자 하는 마음을 버릴 것을 요구한다. 제자는 현재 주어지는 상급(고난이 있음에도)과 영원한 상을 바라보며 소유한 물질을 포기할 수 있는 의지도 있어야 한다.

본문 16 예습: 다음 본문(10:32-52)에서는 예수님이 세 번째로 수난을 예고하시며, 진정 위대한 것은 예수님 자신의 사명을 수용하여 자신처럼 고난당하고 섬기는 것임을 가르치신다.

본문 15. 마가복음 10:13-31

본문 15의 신학적 초점

15 예수님을 따르는 제자는 겸손히 하나님을 의지하여 제자도에서 급진적으로 요구하는 바를 수용한다. 제자는 소유물에 대한 올바른 관점을 유지하면서 그것을 기꺼이 포기할 의지도 가지고 있다. 이는 제자가 고난 속에서도 현재와 미래에 주어질 충분한 상급을 바라보기 때문이다(10:13-31).

15.1 예수님을 따르는 제자는 겸손히 하나님을 의지하여 제자도에서 요구하는 바를 수용한다(10:13-16).

15.2 제자도에서 급진적으로 요구하는 바 중 하나는 자신의 소유물을 포기할 수 있는 마음이다. 제자가 이렇게 헌신할 수 있는 이유는 고난이 있는 현재의 삶과 영원한 삶에서 충분히 상급을 받을 것을 믿기 때문이다(10:17-31).

15.2.1 제자도에서 급진적으로 요구하는 바 중 하나는 자신의 소유물을 포기할 수 있는 마음이다.

15.2.2 제자도에서 요구하는 바에 헌신적으로 순종하면 하나님 나라에서 충분히 상급을 받을 것이다.

15.2.3 제자도에서 요구하는 바에 헌신적으로 순종하면 이후 영원한 생명으로 상급을 받을 뿐만 아니라 고난이 있는 현재의 삶에서도 충분히 상급을 받을 것이다.

개관

제2막에서 예수님은 자신의 수난을 예고하시고 가르침을 주시면서 사회의 관습적인 가치관을 획기적으로 바꾸어놓으셨다. 그리고 이러한 파격적인 가르침은 다음과 같이 마가복음 10장에서 지속된다.

10:13-16 하나님 나라에 들어가기 위해서는 어린아이와 같아야 함

10:17-31 겸손과 자만, 섬김과 권력, 이 땅의 방법과 하나님 나라의 방법 간의 대조

10:32-34 스스로 낮추시는 예수님: 영광받으시기 전에 고난당하심

10:38-39 예수님의 제자들은 그분의 고난에 동참해야 함

10:42-43 관습적인 권력의 구조는 하나님 나라의 가치관과 대립됨

10:43–45 예수님의 희생은 섬김의 본보기가 됨*

* Minear, "Needle's Eye," 159에서 인용.

제자들은 예수님의 수난 사명을 수용하고, 그분이 가르치신 가치관을 품고 예수님을 따라 제자도의 길을 걸을 것인가?

10:15에서 하나님 나라를 받아들이는 태도와 관련된 말씀은 이 본문의 첫 번째 단락이 어린아이나 그들을 대우하는 태도에 초점을 맞춘 것이 아니라, 오히려 제자도에 초점을 두고 있음을 보여준다. "하나님의 나라"(10:14, 15)가 두 번이나 반복되어 등장함으로써 제자도를 강조한다. 9:36–37에서는 예수님의 이름으로 어린아이를 받아들이는 것이 강조되었지만(작은 자를 섬기는 제자–어린아이를 받아들임), 여기서는 제자들이 어린아이들을 꾸짖는 모습을 통해 어린아이가 하나님 나라를 받아들이는 태도를 강조한다(어린아이처럼 받아들임). 이 주제는 이 본문의 두 번째 단락과 대조되어 나타난다. 두 번째 단락에서는 한 부자가 예수님의 사명과 가치관을 수용하기를 거부하면서 하나님 나라에 들어가지 못하는 위험에 처한다. "그러나 어린아이는 실질적으로 아무런 소유나 책임이 없기 때문에 하나님 나라에 들어갈 수 있는 기회에 긍정적으로 반응할 가능성이 훨씬 더 높다(15절)."[1] 어린아이들은 다른 사람에게 전적으로 의지하는 태도로 하나님 나라 또한 아무런 조건 없이 아주 순수하게 받아들인다. 반면에 이 부자와 같이 세상의 근심과 걱정으로 가득한 자는 다른 사람을 쉽게 신뢰하지 못하며 자기 자신을 내어주지 못한다. 이러한 사람은 오히려 이 본문이 보여주듯이 자신의 소유물에 의존한다. 어린아이가 등장하는 첫 번째 단락은 예수님과 부자가 만나는 두 번째 단락의 기반을 마련한다. 그리고 두 단락은 하나님 나라에 들어가는 주제로 묶여 있다.

15.1 마가복음 10:13–16

15.1 신학적 초점

15.1 예수님을 따르는 제자는 겸손히 하나님을 의지하여 제자도에서 요구하는 바를 수용한다(10:13–16).

1 Collins, *Mark*, 471. Evans, *Mark*, 91도 참조하라.

15.1 단락 요약: 예수님은 하나님 나라를 어린아이와 같이 받들라고 말씀하신다. 이 말씀은 제자가 어린아이와 같이 겸손하고 의지하는 마음으로 제자도에서 요구하는 바를 수용할 것을 강조한다.

15.1 성경 본문

10:13 사람들이 예수께서 만져 주심을 바라고 어린 아이들을 데리고 오매 제자들이 꾸짖거늘
10:14 예수께서 보시고 노하시어 이르시되 어린 아이들이 내게 오는 것을 용납하고 금하지 말라 하나님의 나라가 이런 자의 것이니라
10:15 내가 진실로 너희에게 이르노니 누구든지 하나님의 나라를 어린 아이와 같이 받들지 않는 자는 결단코 그 곳에 들어가지 못하리라 하시고
10:16 그 어린 아이들을 안고 그들 위에 안수하시고 축복하시니라

15.1 주해

15.1 예수님을 따르는 제자는 겸손히 하나님을 의지하여 제자도에서 요구하는 바를 수용한다. 마가복음 9:36-37(어린아이와 관련된 직전 단락)과 10:13-17은 다음과 같은 표현들을 공유한다.

παιδίον(파이디온, "어린아이")과 μὴ κωλύετε(메 콜루에테, "금하지 말라")(9:36, 37; 10:13, 14, 15)
τῶν τοιούτων(톤 토이우톤, "이런 자")(9:37; 10:14)
ὃς ἂν…δέξηται(호스 안…덱세타이, '누구든지…받아들이다')(9:37; 10:15)
ἐναγκαλισάμενος[엔앙칼리사메노스, "(그들을) 안고"](9:36; 10:16)

10:15은 9:37의 내용을 더 확장한다. 제자는 가장 작은 자를 받아들일 뿐만 아니라 가장 작은 자처럼 되어야 한다. 왜냐하면 가장 작은 자가 하나님 나라에 들어갈 수 있기 때문이다. 즉, 제자는 어린아이와 같이 하나님 나라를 받아들여야 한다.

마가복음에서 ἀμήν(아멘, "진실로")으로 시작하는 구절들은 중요한 말씀을 담고 있다. 이 가운데 10:15은 어떤 자가 하나님 나라에 들어가지 못하는지 강력히 경고한다. 가장 작은 자가 하나님 나라를 마땅히 기업으로 물려받는다. 가장 작은 자는 가

장 작은 어린아이 그리고 '보잘것없는' 자와 신분을 같이한다. "자기에게 오도록 허락하라고 예수님이 제자들에게 말씀하신 이들은 문자 그대로 아이들이지만, 그렇게 말씀하신 이유는 아이들이 하나님께 중요한 자들인 οἱ τοιοῦτοι(호이 토이우토이, "이런 자")의 더 넓은 범주에 속하고, 또 이들을 대표하기 때문이다."[2] 하나님 나라에 들어갈 자는 모든 것을 선물로 받아들이는 어린아이의 특징을 닮아야 한다. 하나님 나라를 당연하게 받아들이지 않고, 자신이 자격이 있어 들어갈 수 있다고 생각하지 않으며, 오히려 겸손하게 그 나라를 허락하신 하나님을 전적으로 신뢰하며 받아들여야 한다.[3]

베스트가 말하듯이 하나님 나라를 받아들이는 것은 단회적인 사건에 불과한 것이 아니다. 평생 그 나라의 가치관을 수용하고 예수님의 사명에 동참하는 대가를 받아들여다. "한 사람이 제자가 되었을 때 이 모든 것을 단번에 성취하는 것이 아니라 점진적인 과정이 필요하다. 따라서 이 본문은 제자도의 본질에 관한 논의에 잘 들어맞는다."[4] 마가복음에서 "하나님 나라"를 소유하고, 받아들이고, 들어가는(10:14, 15) 것은 모두 하나님의 자녀가 되고, 그리스도를 믿는 신자가 되는 첫걸음과 관련되기보다 제자도의 과정과 관련된다.[5] 이 중 하나님 나라에 '들어가는 것'(혹은 '들어오는 것')은 향후 맞게 될 운명을 가리키는 것으로 보인다. 특히, 하나님 나라의 유익을 누리고 상을 받는 것을 의미하는 듯하다. 하나님 나라를 '소유하는 것'도 비슷한 의미를 함축한다. 그러나 "'받음'은 금생에서 하나님의 요구에 대한 사람의 태도 및 반응과 더 관계가 있다." 이것이 바로 제자도가 현재 우리에게 요구하는 바다. "'하나님 나라를 받는 것'은 예수님이 심어주려고 하신 근본적 가치를 기꺼이 받아들이면서, 하나님의 자발적인 백성이 되는 것을 의미한다." 즉, 하나님 나라를 받아들인다는 것은 그리스도의 수난 사명도 수용한다는 것이다. "장래에 '들어가는 것'의 핵심은 지금 이렇게 '받아들임'에 있다."[6] 지금 받아들이면 나중에 들어가고 소유할 수(즉, 사후에 받는 상급) 있

2 France, *Gospel of Mark*, 396–97.(『NIGTC 마가복음』 새물결플러스, 640)

3 Stein, *Mark*, 463–64.

4 Best, *Following Jesus*, 108.

5 마가는 구원을 가져다주는 믿음이나 칭의에 큰 관심을 갖지 않는다. 물론 그렇다고 해서 마가복음에서 대속적인 요소를 찾아볼 수 없다는 말은 아니다(특히, 마가복음 10:45 참고). 대속적인 요소가 있음에도 불구하고 마가는 구체적으로 회심하는 방법보다 회심한 이후의 제자도에 대해 더 관심을 갖는다. 적어도 설교가 목적이라면 사도 바울이나 다른 복음서가 강조하는 신학을 여기에 주입하지 않는 것이 좋다. 신학을 이처럼 융합하는 것은 마가복음의 특수한 신학적 초점이나 중점을 가리는 행위다.

6 France, *Gospel of Mark*, 397.(『NIGTC 마가복음』 새물결플러스, 640–41)

다. 그러므로 하나님 나라를 현재의 고난(받아들임) 그리고 미래의 영광스러운 상급(들어감/소유)이라는 두 가지 측면 또는 특징으로 볼 수 있다. 지금까지 보았듯이 영광을 보기 전에 고난이 먼저 찾아온다는 것이 마가복음의 주제다.[7]

따라서 어린아이가 등장하는 이 단락은 제자가 (나중에) 복된 하나님 나라에 들어가기 위해 (현재) 제자도에서 요구하는 바를 어린아이와 같이 겸손하고 의지하는 마음으로 받아들이는 중요성을 이야기하는 것이다.[8] 이 원리가 본문의 두 번째 단락에서 부자 이야기를 통해 묘사된다. 그러므로 전체적으로 볼 때 이 본문은 영생을 얻는 방법(오직 그리스도를 믿음으로써)을 논하고 있는 것이 아니다. 마가복음 속의 제자도라는 광범위한 맥락 가운데, 이 본문은 그리스도를 따르고 하나님 나라를 확장하는 사명을 감당하는 제자에게 하나님 나라에 더 복되게 들어가기 위해 무엇이 요구되는지를 논하고 있다.

15.2 마가복음 10:17-31

15.2 신학적 초점

15.2 제자도에서 급진적으로 요구하는 바 중 하나는 자신의 소유물을 포기할 수 있는 마음이다. 제자가 이렇게 헌신할 수 있는 이유는 고난이 있는 현재 삶과 영원한 삶에서 충분히 상급을 받을 것을 믿기 때문이다(10:17-31).

- **15.2.1** 제자도에서 급진적으로 요구하는 바 중 하나는 자신의 소유물을 포기할 수 있는 마음이다.
- **15.2.2** 제자도에서 요구하는 바에 헌신적으로 순종하면 하나님 나라에서 충분히 상급을 받을 것이다.

7 Witherington, *Gospel of Mark*, 278–79. 다음 단락에서 보겠지만, 재물이 많았던 이 사람은 '어른 같은' 가치관으로 인해 "하나님의 가치 체계와 조화를 이루지 못한다." 그는 예수님의 사명의 가치관과 제자도에서 요구하는 바를 '수용'하지 못하기 때문에 하나님 나라에 '들어가거나', 그 나라의 '보물'(10:17, 21, 23–25)을 소유하지 못할 것이다. 하나님 나라에 '들어가고' 그 나라를 소유하기 위해서는 (어린아이와 같이, 즉 겸손하고 의지하는 마음으로) 반드시 '받아들여야' 한다[France, *Gospel of Mark*, 397–98(『NIGTC 마가복음』 새물결플러스, 641–42)]. 처음에 예수 그리스도를 자신의 구원자로 영접할 때에도 이 겸손과 의지하는 마음(=믿음/신뢰)이 필요하다.

8 제자도에서 예수님이 요구하시는 바에 응하지 않으면 의롭게 되지(구원받지) 못한다는 말은 아니다. 그러나 현재 삶에서 예수님의 명령에 순종한 만큼 하나님 나라의 복과 상급을 차후에 받을 것이다.

15.2.3 제자도에서 요구하는 바에 헌신적으로 순종하면 이후 영원한 생명으로 상급을 받을 뿐만 아니라 고난이 있는 현재의 삶에서도 충분히 상급을 받을 것이다.

15.2 단락 요약: 부자가 등장하는 단락은 제자가 소유물에 대해 가져야 할 관점을 부정적인 예시를 통해 보여준다. 제자는 현재의 고난을 직면하더라도 지금 그리고 나중에 받게 될 분에 넘치는 상을 바라보고 확신함으로 제자도 여정을 위해 소유물을 기꺼이 포기할 마음이 있어야 한다.

15.2 성경 본문

10:17 예수께서 길에 나가실새 한 사람이 달려와서 꿇어 앉아 묻자오되 선한 선생님이여 내가 무엇을 하여야 영생을 얻으리이까

10:18 예수께서 이르시되 네가 어찌하여 나를 선하다 일컫느냐 하나님 한 분 외에는 선한 이가 없느니라

10:19 네가 계명을 아나니 살인하지 말라, 간음하지 말라, 도둑질하지 말라, 거짓 증언 하지 말라, 속여 빼앗지 말라, 네 부모를 공경하라 하였느니라

10:20 그가 여짜오되 선생님이여 이것은 내가 어려서부터 다 지켰나이다

10:21 예수께서 그를 보시고 사랑하사 이르시되 네게 아직도 한 가지 부족한 것이 있으니 가서 네게 있는 것을 다 팔아 가난한 자들에게 주라 그리하면 하늘에서 보화가 네게 있으리라 그리고 와서 나를 따르라 하시니

10:22 그 사람은 재물이 많은 고로 이 말씀으로 인하여 슬픈 기색을 띠고 근심하며 가니라

10:23 예수께서 둘러 보시고 제자들에게 이르시되 재물이 있는 자는 하나님의 나라에 들어가기가 심히 어렵도다 하시니

10:24 제자들이 그 말씀에 놀라는지라 예수께서 다시 대답하여 이르시되 얘들아 하나님의 나라에 들어가기가 얼마나 어려운지

10:25 낙타가 바늘귀로 나가는 것이 부자가 하나님의 나라에 들어가는 것보다 쉬우니라 하시니

10:26 제자들이 매우 놀라 서로 말하되 그런즉 누가 구원을 얻을 수 있는가 하니

10:27 예수께서 그들을 보시며 이르시되 사람으로는 할 수 없으되 하나님으로는 그렇지 아니하니 하나님으로서는 다 하실 수 있느니라

10:28 베드로가 여짜와 이르되 보소서 우리가 모든 것을 버리고 주를 따랐나이다

10:29 예수께서 이르시되 내가 진실로 너희에게 이르노니 나와 복음을 위하여 집이나 형제나 자매나 어머니나 아버지나 자식이나 전토를 버린 자는

10:30 현세에 있어 집과 형제와 자매와 어머니와 자식과 전토를 백 배나 받되 박해를 겸하여 받고 내세에 영생을 받지 못할 자가 없느니라

10:31 그러나 먼저 된 자로서 나중 되고 나중 된 자로서 먼저 될 자가 많으니라

15.2 주해

15.2.1 제자도에서 급진적으로 요구하는 바 중 하나는 자신의 소유물을 포기할 수 있는 마음이다.

예수님이 부자와 대화를 나누신 후에 제자들과도 대화를 나누시는 장면을 묘사하는 10:17-31은 다음과 같이 짜임새 있는 구조를 띤다. 이 구조의 중앙에서 예수님은 재물이 야기하는 문제에 대해 말씀하신다.

A 영생에 관한 질문(ζωὴν αἰώνιον, 조엔 아이오니온)(10:17)

  B 예수님의 명령: 가라, 팔아라, 주라, 그리하면…(10:18-21a)

    C "나를 따르라"(ἀκολούθει μοι, 아콜루쎄이 모이): 소유물을 포기하지 못함(10:21b-22)

      D 예수님의 설명, 제자들의 반응(10:23-27)

    C′ "우리가…주를 따랐나이다"(ἠκολουθήκαμέν σοι, 에콜루쎄카멘 소이): 모든 것을 버림(10:28)

  B′ 예수님의 약속: 버린 자는…받을 것이다(10:29-30a)

A′ 영생에 관한 답변(ζωὴν αἰώνιον)(10:30b-31) .

예수님이 부자와 "길에서"(εἰς ὁδὸν, 에이스 호돈, 10:17) 대화를 나누신다는 사실에 주목해야 한다. 예수님이 부자에게 오셔서 나를 "따르라"(핵심 동사, 10:21)라고 명령하신 것은 그를 제자도의 여정으로 부르신 것이다. 이 부자는 매우 진지하게 받아들였고, 예수님께 달려와 무릎을 꿇고 그를 "선한" 선생이라고 부른다(10:17). 마가복음에서 '선하다'라는 형용사가 사람을 수식하는 구절은 이 구절 외에는 없다. 부자가 '선하다'라고 표현하는 것은 일반적으로 '완전하다'는 의미로 사용되었다. 예수님 또한 이런 의미로 받아들이시며 왜 "선생"으로만 인식하는지 자기에게 이런 수식어를 사용했

는지 물어보신다(10:17, 20). 예수님이 되물으시는 질문을 헬라어로 보면 "어찌하여 나를 선하다 일컫느냐"(10:18)에서 '나'가 강조된다. 예수님은 하나님 한 분 외에는 선한 이가 없다고 말씀하시면서도 '선한'(즉, 완전한) 하나님의 완전한 기준은 단순히 인간의 노력으로 충족할 수 없다는 사실도 지적해주신다. 이것은 예수님과 부자가 나누는 대화를 통해 알 수 있다.

부자는 τί ποιήσω(티 포이에소, "내가 무엇을 하여야", 10:17)라고 질문하지만, 마가는 믿음과 행위 사이의 갈등에 관심을 갖지 않는다. 예수님 역시 무엇을 행해야 하는지 답변해주신다(10:19). 심지어 "아직도 한 가지 부족한 것"(10:21)도 일련의 행동(가라, 팔아라, 주라, 와라, 따르라)을 가리킨다. '영생을 얻는 것'(10:17)은 '하나님 나라에 들어가는 것'과 동일하다고 볼 수 있다. 이것은 결국 사후에 받는 상급 그리고 하나님 나라의 복을 소유하는 것을 의미한다(10:23, 24, 25). 구약에서 "נַחֲלָה(나크할라흐, '기업')는 거의 유일하게 본래 땅을 소유하는 것을 의미한다고 확신할 수 있다."[9] '얻는다'가 이런 의미라는 것을 감안할 때 마가복음 10장에 등장하는 이러한 표현은 모두 제자도에서 예수님이 급진적으로 요구하신 바를 수용한('받아들인') 신자가 미래에 받게 될 상급을 가리킨다고 볼 수 있다. 이 본문에서는 예수님이 개인의 재산과 관련하여 명령을 주신다.[10] 제자도 여정에서 지금의 고난을 기꺼이 수용하면('받아들이면') 나중에 영광이 기다릴 것이다('들어감' 그리고 기업/재산).

예수님은 십계명의 두 번째 돌판에 있는 계명들을 부자에게 명하시는데(10:19) 이 중에 빠진 것은 바로 "탐내지 말라"(출 20:17)다. 그 대신에 예수님은 "속여 빼앗지 말라"라고 명하신다. 그때 당시에 예수님의 말씀을 듣고 있던 사람들은 이 차이를 금방 알아차렸을 것이다. 예수님은 어떤 의도를 가지고 이 명령으로 대체하신 것이다. 예수님은 대체된 명령을 통해 이 부자가 경제적으로 누군가를 착취한 중죄를 지적하시려는 가능성이 높다(ἀποστερέω, 아포스테레오, '속여 빼앗다', 이 단어는 이러한 의미로 다음 성경 본문에 등장한다. 말 3:5; Sir 4.1; 29:6-7; 34:21-22; 고전 6:7-8; 약 5:4). 그 당시 토

9 Foerster and Herrmann, "κλῆρος"(클레로스), 774. 창세기 47:27, 출애굽기 23:30, 레위기 20:24, 민수기 14:24, 신명기 1:8, 여호수아 1:15, 사사기 1:19, 열왕기상 21:15, 열왕기하 17:24, 역대상 28:8, 에스라 9:11, 느헤미야 9:15, 시편 25:13, 이사야 14:21, 오바댜 1:20 등을 참조하라.

10 이 본문에서 사실상 동의어라고 볼 수 있는 "영생"(10:17, 30, 마가복음에서 유일하게 여기서만 등장한다), "하늘에서 보화"(10:21), "하나님의 나라"(10:23, 24, 25), "구원"(10:26)에 주목하라.

지 귀족들은 이러한 중죄를 많이 범했다.[11] 따라서 예수님은 답변을 통해 당시 일반적으로 부를 하나님의 은총으로 받아들인 개념(신 28:1-14; 욥 1:10; 42:10; 잠 10:22 등)을 노골적으로 반대하신 것이다. 예수님은 적어도 이 부자에 대해서는 재물을 부정한 방법으로 얻었다고 전제하신다.[12]

예수님이 부자를 미묘하게 지적하심에도 불구하고 부자는 떳떳한 양심을 갖고 있다고 주장한다(막 10:20). 이 대화를 보면 먼저 부자가 질문한 후(10:17) 예수님이 거꾸로 질문하신다(10:18-19, ὁ δϵ, 호 데로 시작한다, '그러나 예수께서 이르시되'). 그런 다음 부자가 반론한 후에(10:20, 이 답변 또한 ὁ δϵ로 시작한다) 예수님이 반론에 답변하신다(10:21, 이 역시 ὁ δϵ로 시작한다). 이 사람이 결국 근심하며 떠났다는 사실을 묘사할 때도 ὁ δϵ로 시작한다. 마가가 반복되는 반의 접속사로 묘사하고 있듯이 예수님과 이 부자는 전혀 다른 길로 가고 있다. 그러나…그러나…그러나…그러나…. 대화를 나누는 두 사람의 가치관은 극명하게 대조되며 결국 충돌한다. 예수님은 이 사람이 온전히 순종했다는 주장에 동의하지 않으신다. 부자가 말한 "다"("내가 어려서부터 다 지켰나이다", 10:20)는 예수님이 지적하신 "한 가지" 부족한 점과 대조된다. 동사 ὑστερέω(후스테레오, '부족하다', 10:21)는 ἀποστερέω(아포스테레오, '속여 빼앗다', 10:19)와 연관된 단어다. 예수님은 이 부자의 부족한 점을 그의 잘못과 연관시키시는 듯하다. 그는 속여 빼앗고 있기 때문에 온전하지 못하다. 그리고 사실상 '탐내지 말라'는 계명(예수님이 미묘하게 바꾸어 말씀하신 계명)을 어기고 있다. 그러므로 부자가 고백하지 않는 죄를 교정해주시기 위해 예수님은 그가 가진 것을 다 팔아 나누어줄 것을 명하신다. 예수님이 명령하신 말씀의 구조를 보면 '가난한 자들에게 주라'는 명령이 중앙에 위치해 있다(10:21, 다음 구조 참조). 이 명령을 행한 결과로 '하늘에서 보화'(하나님의 풍성한 상급, 즉 하나님 나라의 상급)를 받게 된다. 현재 소유하고 있는 것을 나중에 소유할 수 있는 것을 위해 내주는 교환이 필요하다(10:21, 동사 ἔχω, 에코는 이 대조를 명확히 보여준다).

11 Marcus, *Mark*, 721-22.

12 로마 제국이 다스리는 팔레스타인 지역에서는 소작농을 착취해야만 부를 축적할 수 있었다. 보통 세금이나 십일조로 그들을 사취했고, 빌려준 돈을 돌려받을 때도 속여 빼앗았다. Hellerman, "Wealth and Sacrifice," 155n27을 참조하라. 예수님은 "로마 제국이 다스리는 팔레스타인 지역의 불공정한 토지 소유에 대해 귀족들이 적어도 부분적으로는 책임이 있음을 말씀하시며 제도화된 탐욕을 비난하신다"(같은 책, 155-56).

A 가서

B 네 소유(ἔχω)를 팔아

C 가난한 자들에게 주라

B′ 하늘에서 보화가 네게 있으리라(ἔχω)

A′ 와서 나를 따르라

"예수님은 소유에 대한 포기뿐 아니라, 이 부자의 삶이 완전히 변화될 것을 요구하신다. 그는 제자들의 공동 재원과 다른 사람들의 물질적 후원에 의존하면서, 예수님의 가장 측근 제자들의 순례 집단에 참여해야 한다." 놀랍게도 예수님은 부자가 착취한 액수나 부자가 소유한 일부분을 요구하시지 않고 '그에게 있는 것을 다' 요구하신다. 예수님은 모든 것을 요구하신다. 그리고 제자도의 부르심 또한 철저하다. 제자도에서 급진적으로 요구하는 이 포기로 인해 더 나은 결과를 맞게 된다. 하늘에서 얻는 보화는 본래 인간이 원했던 기업, 즉 죽은 뒤 받을 상급 그리고 하나님 나라에 풍성하게 들어가는 것이다. 현재 무엇을 포기하든지 간에 나중에 몇 배로 상급을 받게 될 것이다.[13]

15.2.2 제자도에서 요구하는 바에 헌신적으로 순종하면 하나님 나라에서 충분히 상급을 받을 것이다.

그러나 이 부자는 예수님의 제안을 거절한다. κτῆμα(크테마, '소유', 10:22)는 보통 소유하고 있는 토지를 가리키는 단어였다(잠 23:10; 31:16; 호 2:17; 욥 1:11; Sir 28.24; 36.25; 행 5:1). 부정한 방법으로 부(토지)를 축적한 이 사람은 죽음 이후의 삶에서도 기업(토지)을 원하고 있다. 그러나 예수님은 영생에서의 상급(즉, 소유/기업을 가지고 하나님 나라에 들어가는 것)을 얻기 위해 금생에서 희생이 필요하다는 것을 말씀하시며 이 부자의 치밀한 계획을 방해하신다.

이 부자는 예수님의 말씀을 받아들이지 못한다. 설령 부를 정당한 방법으로 축적한 어떤 제자라도 이 말씀을 받아들이는 것은 어렵다. 소유물이 쌓일수록 그것을

---

13 France, *Gospel of Mark*, 403.(『NIGTC 마가복음』 새물결플러스, 650) 놀랍게도 마가복음에서 예수님이 누군가를 사랑하셨다는 표현은 이 구절뿐이다(10:21). 그런데 이 사랑의 대상이 마가복음에서 유일하게 제자도의 부르심을 거절한다(유다도 예수님을 잠시나마 따랐다).

신뢰하고 의지하게 마련이며, 안전한 저장소로 보이는 축적된 부를 포기하는 것은 더욱 어려워진다. 이 부자 역시 그가 축적한 부를 신뢰했다. 그가 소유한 재산 외에 다른 것을 의지하는 것은 이제 거의 불가능하다. 현세에 고난을 보장하는 제자도의 길(10:30, 마가복음에서 계속해서 이야기한다)을 걷기는커녕 내세에 약속되었지만 보이지 않는 '보화'를 의지하는 것은 더욱 불가능하다. 이 계산법은 이 부자에게는 너무나 위험천만한 거래다. 볼 수 없는 것을 위해 볼 수 있는 것을 어떻게 포기할 수 있겠는가? 이것은 전혀 좋은 투자처럼 보이지 않는다.

이전 단락에서 하나님 나라에 들어가는 개념(10:15)과 이번 단락에서 하나님 나라에 들어가는 개념(10:23–25)은 서로 연결되어 있다. 두 단락을 통해 자기 이름으로 소유한 재물이 전혀 없는 어린아이와 재물이 너무나 많은 이 부자 사이에 뚜렷한 대조를 엿볼 수 있다. 예수님이 제자들을 향해 "얘들아"(τέκνα, 테크나, 10:24)라고 부르신 말 자체는 특별히 중요하지는 않지만, 이 호칭이 이전 단락에서 겸손과 의지하는 마음을 지닌 어린아이(παιδία, 파이디아)들을 간접적으로 가리킬 가능성은 높다. 이전 단락에서 등장했던 경고("결단코 그곳에 들어가지 못하리라", 10:15)는 10:25에서도 찾아볼 수 있다. 두 경고 모두 하나님 나라에 들어가는 어려움 혹은 불가능함을 다룬다. 하나님 나라를 어린아이와 같이 받아들인다는 것은 자신이 소유한 재산이나 재물에 의지하지 않고, 현세와 내세에 좋은 것을 주시는 하나님의 은혜를 의지하여 하나님 나라와 그에 수반되는 모든 것을 받아들이는 것이다. 재물이나 재산을 소유하는 것이 반드시 문제가 되는 것은 아니다. 오히려 "재산을 향한 **애착** 때문에 하나님 나라가 요구하는 바에 적절히 응하지 못한다."[14] 돈을 벌고, 돈을 관리하고, 돈을 지키고, 더 많은 돈을 모을 때 만약 돈을 의지하는 마음으로 이 모든 일을 한다면 예수님이 요구하시는 것처럼 제자도에 온전히 초점을 두지 못할 것이다. 소유물을 집요하게 지키려는 마음은 마가복음에서 내내 희생과 고난으로 묘사한 제자도에 분명 방해가 될 것이다.

반면 현세에 제자도라는 예수님의 사명을 수용한다면 내세에 상급을 받으며 하나님 나라에 반드시 들어갈 것이다. 예수님이 제자들과 나누시는 대화(10:24–27)를 살펴보면 해석자는 이 부자가 이 원리에서 예외라는 결론을 내릴 수 없다. 예수님은 보편적이고 포괄적으로 원리를 설명하시며 매우 직설적으로 말씀하신다. 이 대화의 구조를 보면 부자는 하나님 나라의 상급을 받기가 사실상 불가능하다.

---

14 Collins, *Mark*, 480(강조체 저자).

제자들이 놀라다(ἐθαμβοῦντο, 에쌈분토)(10:24a)

하나님 나라에 들어가기가 어렵다(δύσκολόν ἐστιν, 두스콜론 에스틴)(10:24b)

…하나님 나라에 들어가는 것보다 쉽다(εὐκοπώτερόν ἐστιν, 유코포테론 에스틴)(10:25)

제자들이 매우 놀라다(περισσῶς ἐξεπλήσσοντο, 페리쏘스 에크세플레쏜토)(10:26)

요약하자면, 이 부자는 예수님이 엄격한 요구(간접적으로 고난을 약속함, 10:30에서는 박해라고 명시함)를 하셔서 하나님 나라(이 단락에서는 제자도에서 급진적으로 요구하는 바와 동일하다)를 '받아들이는 것'을 포기한다.[15] 부가 하나님께 받은 은총의 표시라고 믿는 시대에 살았던 제자들이 하나님 나라에서 무엇이 중요한지 설명하시는 예수님의 말씀에 혼란을 겪는 것은 당연하다. 그들은 그 말씀에 '놀라고' 또 '매우 놀랐다'(10:24, 26). "βασιλεία(바실레이아, '나라')를 공유하고 받아들이며 들어가는 것에 대한 14-15절의 동일한 말씀들을 확고히 따르면서, εἰς τὴν βασιλείαν τοῦ θεοῦ εἰσελθεῖν(에이스 텐 바실레이안 투 쎄우 에이스엘쎄인, '하나님 나라에 들어가기가')이라는 구절을 세 번 반복함으로 마가는 자신의 독자들이 부자 이야기와의 관련성을 발견하도록 분명하게 인도한다."[16]

제자들 또한 부자와 동일한 질문을 갖고 있다(그리고 제자들의 질문은 이 단락에서 반복되는 모든 유사어 속에서 해석되어야 한다). 어떻게 구원을 얻을 수 있는가/하나님 나라에 들어갈 수 있는가(즉, 어떻게 하나님 나라의 상급을 소유할/얻을 수 있는가)?[17] 인간의 관점(그 당시 문화 속에서 살던 독자들의 통념)에서 볼 때 부유한 사람이 하나님의 은총을 받지 못하고 화려한 영생을 보장받지 못한다면 누가 받을 수 있겠는가? 예수님은 답변을 통해 하나님 나라의 가치관은 인간의 그릇된 기대에서 나오는 가치관과는 다르

15 이 부자가 예수님의 "말씀"(λόγος, 로고스, 10:22)을 듣고 슬퍼한다는 사실이 놀랍다. 이 단어는 단순히 중성적인 '물질'이나 '일'을 뜻할 수도 있지만, 마가복음에서는 λόγος가 특별한 의미로 사용된다. 많은 경우 그리스도의 말씀('급진적인 요구')이 거절되고 수용되지 않는다. 1:45, 2:2, 7:13, 29, 8:32, 38, 9:10, 10:22, 24, 13:31을 참조하라. 그리고 마가복음 4장에서도 물론 자주 등장한다(4:14, 15, 16, 17, 18, 19, 20, 33). 부자는 마가복음 4장에 나오는 가시떨기에 떨어진 씨와 동일한 반응을 보인다. "이들은 말씀을 듣기는 하되 세상의 염려와 재물의 유혹과 기타 욕심이 들어와 말씀을 막아 결실하지 못하게 되는 자요"(4:18-19).

16 France, *Gospel of Mark*, 399.(『NIGTC 마가복음』 새물결플러스, 644)

17 이미 언급했듯이 마가는 다른 서신서들처럼 구원을 가져다주는 믿음과 믿는 행위 자체를 구체적으로 설명하는 데 관심을 갖지 않는다. 따라서 '구원'은 내세에서 누리는 풍요로운 삶, 곧 하나님 나라에서 받는 상급을 누리는 삶을 가리키는 유사어일 가능성이 높다.

다는 것을 또 한 번 보여주신다. 예수님은 부자가 예수님을 따르는 데 분명 더 어려움을 겪는다고 말씀하시지만, 결국에는 불가능한 것이 없으신 하나님의 은혜로 이 또한 가능하다고 설명해주신다. 분명 '어렵지만'(10:24)[18] 불가능하지는 않다. 왜냐하면 하나님의 은혜에는 능력과 효력이 있기 때문이다. 하나님의 은혜가 모든 것을 가능케 하신다고 해서 자신의 소유를 희생하라는 예수님의 요구를 무시할 수는 없다.[19] 마가는 소유물과 관련하여 제자도에서 급진적으로 요구하는 바를 강조한다(10:28). 그리고 뒤이어 예수님은 이 부자와 그가 소유한 부를 그분의 제자들과 그들이 감내한 희생과 연관시키신다. 시대를 막론하고 예수님을 따르는 모든 자의 삶은 복음으로 인해 분명 경제적인 영향을 받는다(열두 제자가 예수님을 따르면서 이미 감내한 희생을 보라. 1:16-20; 2:14; 또한 10:28에서는 베드로도 희생을 치렀다고 말한다).[20] 마가복음 10:28-31은 제자들과 부자를 대조하며 단락을 끝맺는다. 한 사람은 자신의 재산을 고수하며 예수님을 떠나고, 다른 이들은 모든 것을 버리고 예수님을 따른다. 그리고 모든 것을 버린 후자는 현세(박해도 받을 것임)와 내세에서 상급을 얻을 것이다. 하나님의 가치관은 인간의 가치관과는 다르다. 먼저 된 자가 나중 되고 나중 된 자가 먼저 될 것이다. 제자도의 요구는 실로 급진적이다.

---

18 Frederick Buechner는 낙타가 바늘귀로 나가는 것(10:25)을 Nelson Rockefeller가 퍼스트 내셔널 시티 뱅크(First National City Bank)에 있는 야간 예금 투입구를 통과하는 것에 비유했다! Buechner, *Telling the Truth*, 63을 참조하라.

19 Hellerman은 다음과 같이 적절히 경고한다. "그들(이 본문에 대한 현재의 해석)이 개신교 신학 전통(행위가 아닌 믿음으로 받는 구원)과 서방의 호화로운 삶(예수님은 젊은 부자 귀족에게만 명령하시는 것이지 일반 사람에게는 적용되지 않는다는 전제)을 유지하려고 하는 것을 볼 때, 이 본문에 대한 해석들은 고대 팔레스타인(그리고 초기 기독교)의 경제적 관점이 아니라 보편적인 개혁주의의 구원론, 근본적인 개인주의, 과시적 소비에 영향을 받은 세계관을 따라 사회적으로 해석되었다고 의심하게 한다"("Wealth and Sacrifice," 145). 이 단락의 중점은 어떻게 하면 구원받는지에 있지 않다는 것을 다시 한번 더 강조할 필요가 있다. 제자들이 던진 질문은("그런즉 누가 구원을 얻을 수 있는가", 10:26) 어떻게 하면 현세에 하나님의 은총을 받고 내세에 하나님의 복을 받을 수 있는지 물어보는 것으로 이해할 수 있다(예수님의 답변을 보라, 10:29-30).

20 그런데 "누가 구원을 얻을 수 있는가"라는(τίς δύναται σωθῆναι, 티스 두나타이 소쎄나이, 10:26) 질문에 대해 나중에 10:52에서 간접적으로 답변해준다. "네 믿음이 너를 구원하였느니라(σέσωκέν σε, 세노켄 세, '너를 구원하였다')." 따라서 (이번 본문이 다루는) 하나님의 은혜와 주권은 사람의 믿음을 통해 역사하신다(다음 본문에서 다룰 것이다).

15.2.3 제자도에서 요구하는 바에 헌신적으로 순종하면 이후 영원한 생명으로 상급을 받을 뿐만 아니라 고난이 있는 현재 삶에서도 충분히 상급을 받을 것이다.

부/소유물을 포기하는 대화에 이어 이제 10:29–30에서는 가족을 떠나는 내용이 압도적으로 나타난다("집"과 "전토"가 10:29, 30에서 등장한다). 10:29에서 포기할 것을 나열할 때는 '또는'이 사용되지만, 10:30에서 얻게 되는 것을 나열할 때는 '그리고'가 사용된다. 따라서 "나열된 항목 중에 하나만 포기해도 나열된 모든 것을 얻게 된다는 결론을 내리는 것은 지나친 해석"이지만, 포기하는 것보다 얻는 것이 훨씬 많다는 것(백 배나 받는다!)은 확실하다. 이 상급은 '현세에' 받게 되는데 이는 믿음의 공동체를 얻게 된다는 것을 암시한다(3:34–35에서도 암시된다). 사모사타의 성 루치아노(Lucian of Samosata)는 기독교인들은 "율법을 본래 그들에게 준 자가 그들이 회심한 순간부터 모두 형제라는 사실을 명심하게 했고, 그리스 신을 부인하며, 십자가에 달린 현인을 예배하고, 그 현인의 율법을 따라 살기" 때문에 "세속적 소유물을 모두 경멸하고 또 소유물을 공동 재산으로 여겼다"라고 주장한다(*Peregr.* 13).[21] 상급을 나열하는 항목 중에 전혀 어울리지 않는 박해가 포함되었다는 사실을 놓쳐서는 안 된다(10:30). 박해는 예수님의 사명을 수용하고 제자도의 여정을 걸을 때 따라오는 결과다("나와 복음을 위하여", 10:29, 다음 구조 참조). 그리고 박해를 받고 믿음의 가족에 합류할 때 백 배나 되는 상급을 바라보는 마음도 접게 된다. 박해가 있음에도 불구하고 상급은 분명히 현재(그리고 미래에도)에 주어질 것이다. 예수님은 현재에 주어지는 상급이 무엇인지 구체적으로 말씀하시지 않지만, 3:35에서 제자가 자기의 "형제요 자매요 어머니"라고 말씀하신 것과 연관시켜보면 새로운 하나님의 공동체, 함께하는 예수님의 제자들이 현재 받는 상급이라고 볼 수 있다. 10:30을 보면 가족 구성원이 눈에 띄게 자주 등장한다. 10:29과 10:30에 나열된 항목을 비교해보면 "아버지"가 10:30에서 생략되었다(3:35도 마찬가지다). "이것은 제자에게는 오직 하늘 아버지 한 분만 계신다는 신학적인 망설임을 반영한 것일 수도 있다."[22]

---

21 Hellerman은 10:21에 나오는 명령(가라, 팔아라, 주라)을 10:29–30과 연결하면서 예수님이 부자에게 "자기 재물을 예수님이 형성하신 공동체, 즉 자기에게 새로운 가족이 될 신자들에게 나누어줄 것"을 명령하신다고 생각한다. 그는 "예루살렘에 있는 초기 그리스도인들은 예수님의 가르침을 이처럼 이해했다"("Wealth and Sacrifice," 159)고 설명한다. 사도행전 2:44–45, 4:32–37을 참조하라. 특히, 4:34은 "그 중에 가난한 사람이 없으니"라고 기록한다.

22 France, *Gospel of Mark*, 407.(『NIGTC 마가복음』 새물결플러스, 657) 이미 언급했듯이 이 구절이나 3:35에서 배우자에 대한 언급은 전혀 없다. 기혼자는 남편과 아내 사이의 영원한 연합, 곧 '한 몸'으로 제자도

10:29	집	형제	자매	어머니	**아버지**	자식	전토	나와 복음을 위하여
10:30	집	형제	자매	어머니		자식	전토	박해를 겸하여

여기서 '가족'이 강조되었다는 것은 예수님이 모두에게 모든 소유물을 포기하라고 명령하신 것은 아니라는 주장을 뒷받침해준다. 만약 "나와 복음을 위하여" 포기한 가족을 제자들의 공동체로 보상받는다면, 한 제자가 포기한 집과 전토(부와 소유물) 또한 현재 공동체의 다른 제자를 통해 보상받을 수 있다. 만약 모든 제자가 모든 소유물을 포기한다면 새롭게 생긴 '형제', '자매', '어머니' 그리고 '자식'과 나눌 수 있는 것이 아무것도 없고, 이러한 보상은 이루어질 수 없다.[23] 알렉산드리아의 클레멘트(Clement of Alexandria)의 설교 '*Quis dives salvetur?*'('어떤 부자가 구원을 받는가?')도 이러한 해석을 지지한다. 클레멘트는 문자적 해석에 반대하며 기독교인들이 "만약 (모든 소유물을 포기하여) 이 모든 것을 필요로 하고 있다면" 어떻게 명령대로 굶주린 자를 먹이고, 벌거벗은 자를 입히며, 노숙자를 재울 수 있는지 의문을 제기한다(*Quis div.* 13). 클레멘트는 믿음의 공동체가 가족이라는 특성을 지니고 있다는 것을 제시하면서 연대감으로 개인주의를, 나눔으로 욕심을 이겨낼 것을 요구한다. 이러한 하나님의 관점을 가진 부자라면 "소유물과 금과 은과 집을 하나님의 선물로 받아들이고…자기 자신보다 자기 형제를 위해 이 모든 것을 소유하고 있다는 것을 안다…(그는) 이미 하나님 나라의 상속자다"(*Quis div.* 16).[24] 만약 모든 그리스도인이 모든 것을 포기하여 궁핍에 처해 있다면 이와 같이 서로 돌보는 공동체를 형성할 수 없다. 따라서 클레멘트는 재물 자체는 악한 것이 아니라고 주장한다. 그러나 마가복음 10장에 나오는 부자처럼 재물을 고수하는 것은 예수님이 제자도에서 급진적으로 요구하시는 바와 상반된다.

제자들이 포기하고 버려야 할 것을 과장해서는 안 된다. 베드로와 안드레도 예수님을 따르기로 결정한 후에도 집을 소유하고 있었다(막 1:29). 그리고 3:9, 4:1, 36 등

여정을 걷는다(10:1-12, 본문 14 참조).

23 적어도 이 땅에서 결혼의 연합은 깨질 수 없다고 강조하는 10:1-12에 비추어볼 때, 10:29-30에 나열된 사람 중에 배우자는 없다는 것을 알 수 있다. 따라서 이 구절에 명시된 "자식"은 성인(아마도 고대 근동 집안에서 흔히 살던 먼 친척 중 한 명)이 된 사람을 가리킨다. 예수님이 보호와 돌봄이 필요하다고 말씀하신 어린아이(누군가를 의지해야 하는 무방비 상태의 아이)를 가리키는 것은 아니다.

24 Clement의 기록을 번역한 자료는 Hellerman, "Wealth and Sacrifice," 161-63에서 인용했다. "이 명령을 문자적으로 해석하여 모든 신자에게 적용한다면 예수님이 29-30절에서 베드로 및 열한 제자와 나누신 사회적 비전을 배제할 수밖에 없다"(같은 책, 163).

에서 사역을 위해 사용된 배도 열두 제자 중 한 사람의 소유였을 것이다. "이것은 금욕적인 가난이라기보다는 '복음을 위하여' 실용적으로 소유물과 가족에 집착하지 않는 것이다."[25] 오히려 이 본문에서 급진적으로 요구하는 바는 개인의 소유물은 그리스도의 몸 된 지역 교회에 속해 있다는 것이다. 그러므로 예수님이 소개하시는 하나님 나라는 "모두의 물질적인 필요가 채워지고 재물이 공동체 전체의 유익을 위해 사용되는" 공동체다. 하나님 나라는 이 세상과는 전혀 다른 공동체 생활을 제시한다.[26] 베드로와 제자들은 이 지침대로 배와 그물과 집을 사용했다. 따라서 예수님이 책망하시는 것은 욕심과 탐심(그리고 부정한 방법으로 부를 축적하는 행위)이다. 욕심과 탐심은 모든 것을 후히 주시고 불가능한 것이 없으신 하나님보다 소유물과 재물을 의지하는 질병의 증상이다. 10:31에 등장하는 경구는 "예수가 제시하시는 하나님 나라의 혁명적인 가치를 위한 표어 역할을 한다."[27] 먼저 된 자가 나중 되고 나중 된 자가 먼저 된다는 것은 관습적인 지혜나 태도를 뒤엎는다.

요컨대 마가복음 10장이 재물이 일으키는 문제와 예수님을 따를 때 방해가 되는 면을 묘사하지만, 세속적 물질을 부유하게 소유하는 것 자체를 비난하지는 않는다. 오히려 이전 단락에서 어린아이와 같이 자기가 소유한 것을 의지하지 않고 공급해 주시는 하나님을 의지하는 것과는 달리, 자기의 재물을 의지하는 부자(그리고 아마 부정한 방법으로 부를 축적한 행위)를 비난한다. 크리소스톰(Chrysostom)은 다음과 같이 말한다.

> **물질을 탓하지 말고 타락한 생각을 탓하자. 왜냐하면 부자가 되어도 속지 않을 수 있고 이 세상에 살면서 세상의 근심에 눌리지 않을 수 있기 때문이다…건강한 자는 사치가 가시보다 날카롭게 찌르고, 사치가 근심보다 영혼을 파괴한다는 것을 안다…사치는 사람을 빨리 늙게 하고, 감각을 무디게 하며, 우리의 생각을 어둡게 하고, 예리한**

---

25 France, *Gospel of Mark*, 407–08.(『NIGTC 마가복음』 새물결플러스, 657) 또 다른 예시로 마가복음 2:15에 나오는 레위의 잔치를 들 수 있다. 그리고 예수님과 그분의 제자들은 베다니에 사는 마리아, 마르다, 나사로(눅 10:38–42; 요 11장; 12:2)와 누가복음 8:2–3에 등장하는 여인 같은 사람들의 후원에 의지했다. 이 모든 예시는 개인의 자원을 공동체를 위해 사용하는 모습을 보여준다.

26 Hellerman, "Wealth and Sacrifice," 163–64.

27 France, *Gospel of Mark*, 408.(『NIGTC 마가복음』 새물결플러스, 659) 예수님은 "로마 제국이 다스리는 팔레스타인 지역 전체의 사회적 구조를 개혁하여" 정의가 세워질 것을 요구하시지 않고 "오히려 모든 사람의 필요가 적절히 채워지도록 물질을 나누는 새로운 공동체를 형성하여" 정의를 세울 것을 명하신다(Hellerman, "Wealth and Sacrifice," 156).

생각을 둔하게 하고, 몸을 비대하게 만든다…사치 때문에 우리는 계속해서 넘어지고 자주 조난당한다.[28]

끝으로 균형이 필요하다. 풍요로운 문화와 삶을 누리는 자들은 다음 경고에 유의해야 한다. "복음이 요구하는 바 부를 포기하는 것의 특성과 정도는 시대와 상황에 따라 다르게 작용할지는 모르지만, 부가 하나님 나라에 장벽이 된다는 원리를 우리가 놓친다면…예수의 가르침에 근본적인 것으로 보이는 지점에서 우리는 예수와 결별하게 된다."[29] 소유와 재물에는 본질적인 위험이 있기 때문에 그 위험을 두려워해야 한다. 세속적 부('풍요'는 정도의 문제이기는 하다)를 항상 조심하지 않으면 크리소스톰의 경고는 현실이 될 수 있다. 이 본문에 등장하는 부자는 단순히 재물을 의지하고 고수했기 때문에 제자도의 급진적 요구와 예수님을 따르라는 부르심을 거절한다. 그 결과로 그는 내세에서 받는 상급을 잃을 것이다.

설교의 초점 및 개요

설교를 위한 본문 15의 신학적 초점

15 제자는 현재 삶에 주어진 상급과 영원한 상급을 확신하기에 겸손히 하나님을 의지하여 자신의 소유물을 기꺼이 내줄 수 있다(10:13-31).

마가는 이 본문을 통해 재물과 소유를 비판하려는 것은 아니다. 그러나 반대로 "굶주리는 시대에 살고 있는 부자 그리스도인"들처럼 계속 사치하며 호화롭게 살도록 허락하는 것도 아니다.[30] 알렉산드리아의 클레멘트가 이야기한 균형을 다시 한번 묵상하는 것이 너무나 중요하다(*Quis div.* 26).

구세주는 재물과 소유한 재산 때문에 부자를 절대로 배제하시지 않으며 그들이 하나님의 계명에 순종하고자 하고 일시적인 것보다 그것을 더 추구한다면 그들이 구원에

---

28 *Homily* 44.7 in *Comm. Matt.*

29 France, *Gospel of Mark*, 400-01.(『NIGTC 마가복음』 새물결플러스, 646)

30 Sider, *Rich Christians*를 참조하라.

이를 수 없도록 울타리를 치시지 않는다.…만약 부함 가운데서도 재물의 유혹을 뿌리치고, 온건한 욕망을 품으며, 절제하고, 하나님만 추구하며, 하나님을 호흡하고, 하나님과 동행할 수 있다면 이런 자야말로 재물에서 자유롭고, 억압받지 않으며, 상처받지 않으면서 하나님의 계명에 복종하는 자다.

그러므로 이 본문의 두 단락은 제자도의 급진적인 요구에 응하는 자에게 하나님을 겸손히 의지하는 한 측면, 곧 재물에 대한 올바른 태도와 자세를 가르쳐준다. 이 태도와 자세는 넘치는 풍요 속에 살고 있는 서방 그리스도인에게 대단히 중요한 문제다. 그러나 성경이 본래 동방에서 기록되었다는 사실도 잊어서는 안 된다. 재물과 소유는 서방 사람들에게만 국한된 문제는 아니다. 이 본문은 '풍요'와 '부'가 정확히 무엇인지는 이야기하지 않는다. 풍부함의 기준이 서로 다를지라도 그리고 동방, 서방, 북방 혹은 남방 중 어디에 살든 간에 이 명령에 해당되지 않는 사람은 아무도 없다. 예수님을 따르는 모든 자는 복음을 위하여 모든 것을 포기할 수 있는 마음을 삶에서 나타낼 수 있어야 한다. 어떤 의미에서 이 본문은 이 땅만 바라보는 우리의 시선을 지적한다. 이 말씀은 우리의 시선을 이 땅의 일시적인(그리고 순간적인) 풍요로움 대신에 영원과 그 풍요로움으로 돌리라고 초대한다.

본문 15의 설교 개요

I. 잘못된 생각: 소유물을 의지함

- 부자의 관점: 10:13-22
- 연관성: 소유물을 의지하고 신뢰하는 우리의 모습

II. 올바른 생각: 하나님을 의지함

- 어린아이의 관점: 10:13-16, 자신이 아닌 다른 사람을 의지함
- 예수님의 교훈: 10:22-27, 영원한 관점

III. 모든 것을 드려 더 많은 것을 얻으라!*

- 영원한 관점을 지니고 우리의 자원(특히, 물질)을 드릴 수 있는 구체적인 방법

* 이 설교의 적용이 너무 실리적으로 보일 수 있지만, 적용의 목적은 당연히 이익에 있지 않다. 현재의 삶과 영원한 삶에서 공급해주시는 하나님을 의지하는 것이 이 본문의 강조점이며 이 적용의 목적이다.

설교자는 어린아이가 등장하는 본문을 통해 회중(그리고 세상)에게 삶의 안정을 위해 무엇을 의지하는지 질문해보며 본문 순서를 따라 다음과 같이 설교를 구성할 수 있다.

I. 어린아이: 의지하는 태도

- 어린아이의 의지하는 태도: 10:13-16
- 연관성: 우리는 무엇을 의지하는가?

II. 어른: 소유물을 의지함

- 소유물을 의지하는 부자의 태도: 10:13-22
- 연관성: 소유물을 의지하고 신뢰하는 우리의 모습

III 예수님: 하나님을 의지함

- 예수님의 교훈: 영원한 관점을 지니고 하나님을 의지함, 10:22-27

IV. 나: *모든 것을 드려 더 많은 것을 얻으라!*

- 영원한 관점을 지니고 하나님을 의지하여 우리의 자원을 드릴 수 있는 구체적인 방법

본문 16

고난당하는 섬김

마가복음 10:32-52

[세 번째 수난 예고, 맹인 바디매오가 치유됨]

복습, 요약, 예습

본문 15 복습: 마가복음 10:13-31은 겸손히 의지해야 할 것을 가르치며, 제자는 현재 주어지는 상급(고난이 있음에도)과 영원한 상을 바라보며 소유한 물질을 포기할 의지도 있어야 함을 보여준다.

본문 16 요약: 마가복음 10:32-52은 세 번째 수난 예고를 통해 진정으로 큰 자는 예수님의 사명을 수용하여 그분처럼 고난당하고 섬기는 자임을 보여준다. 제2막은 예수님께 분별력을 부여받아 그분의 사명을 수용하고 그분을 따라 예루살렘으로 들어가는 바디매오의 이야기로 끝맺는다.

본문 17 예습: 다음 본문(11:1-25)은 제자들이 왕이신 예수님을 올바로 영접하고, 믿음과 용서를 바탕으로 한 기도드리는 공동체를 이룰 것을 권면한다.

본문 16. 마가복음 10:32-52

본문 16의 신학적 초점

16 예수님께 분별력을 부여받은 제자는 예수님의 수난 사명을 받아들여, 그분의 본을 따라 고난당하고 섬기는 모습을 통해 자신이 진정 큰 자임을 드러낸다(10:32-52).

16.1 예수님의 수난 사명을 받아들인 제자는 그분의 본을 따라 고난당하고 섬기려는 의지를 통해 자신이 진정 큰 자임을 드러낸다(10:32-45).

16.1.1 제자는 예수님의 수난 사명을 받아들인다.

16.1.2 예수님의 수난 사명은 크고자 하는 제자가 지녀야 할 섬기는 자세의 본이다.

16.2 제자는 예수님께 분별력을 부여받아 그분의 수난 사명을 받아들이고 그분을 따른다(10:46-52).

개관

각각의 수난 예고(8:31; 9:31; 10:33-34)는 마가복음 본문 중 "길에서"(ἐν τῇ ὁδῷ, 엔 테 호도)라는 부분을 차지하고 있는 제2막(8:27-10:52, '서론' 참조)에 등장한다. 예수님을 따르는 자는 이 본문에 등장하는 맹인처럼 '길 가에'(παρὰ τὴν ὁδόν, 파라 텐 호돈) 있다가 이제 '길에서'(ἐν τῇ ὁδῷ, 10:46, 52)로 옮긴 자다. 마가복음의 독자는 열매 맺지 못한 씨 중에 '길 가에'(παρὰ τὴν ὁδόν, 4:4, 15) 떨어진 씨가 있었다는 사실도 기억할 것이다.[1] 제자도의 "길에서" 걷는다는 것은 예수님의 정체성을 인식하고(제1막), 그분의 사명을 수용하여(제2막) 그분을 따르는 것이다.

예수님의 사명은 다른 어떤 본문보다 이곳에서 가장 명확하게 나타난다. 세 번의 수난 예고 중 이 본문의 첫 번째 단락에 등장하는 마지막 수난 예고에서 가장 극적이고 자세하게 드러난다(10:33-34). 예수님의 수난은 두 가지 단계로 묘사된다. 첫 번째 단계에서 예수님은 대제사장들과 서기관들에게 넘겨지시고, 그들이 예수님의 죽음을 결의한다(10:33). 두 번째 단계에서는 예수님이 이방인들에게 넘겨지면서 능욕을 당하신다(10:34). 첫 번째 수난 예고에서는 예수님의 죽음을 수동적으로 표현했고, 두 번째 수난 예고에서는 예수님이 '사람들'에게 넘겨져 죽임을 당하신다고 표현했다. 그리고 마지막 예고에 이르러서는 대제사장과 서기관이 예수님을 죽이기로 구체적으로

1 Boring, "Mark 1:1-15," 69.

결의하고 이방인의 손에 예수님이 죽임을 당하신다고 설명한다.[2]

마지막 수난 예고 이후 "섬김을 받기보다 섬기라는 부름 속에 드러난, 전통적 가치관을 뒤엎는 예수님의 말씀 중에서 가장 강조되는 가르침"이 10:45에 나타난다. 이 구절은 예수님이 죽으신 목적을 분명히 선포하며 대속의 목적을 드러낸다. 예수님의 수난 예고와 사명의 목적이 설명되는 구절 사이에는 세베대의 아들들이 품은 잘못된 야심이 드러난다. 자신을 높이고자 하는 제자들은 예수님과 너무나 대조된다. 왜냐하면 예수님은 "하나님의 구속 계획이 성취된다는 것은 성취에 대한 세상의 기준을 뒤로하고, 먼저 되고자 하는 자는 나중 되고 나중 된 자는 먼저 된다는 질서를 수용하는 것과 연관된다"고 말씀하셨기 때문이다.[3] 따라서 예수님을 따르고자 하는 자라면 야고보와 요한과는 달리 이 질서를 받아들여야 한다.

16.1 마가복음 10:32-45

16.1 신학적 초점

16.1 예수님의 수난 사명을 받아들인 제자는 그분의 본을 따라 고난당하고 섬기려는 의지를 통해 자신이 진정 큰 자임을 드러낸다(10:32-45).

16.1.1 제자는 예수님의 수난 사명을 받아들인다.

16.1.2 예수님의 수난 사명은 크고자 하는 제자가 지녀야 할 섬기는 자세의 본이다.

---

2 France, *Gospel of Mark*, 413.(『NIGTC 마가복음』 새물결플러스, 666.) 마가복음 10:33은 14:43-44, 64; 15:1에서 성취되며, 10:34은 15:20, 31(능욕); 14:65(침 뱉음); 15:15, 19(채찍질); 15:15, 24(죽음); 16:6(부활)에서 정확히 성취된다.

3 France, *Gospel of Mark*, 409.(『NIGTC 마가복음』 새물결플러스, 660) 세 번째 수난 예고는 다음과 같이 독특한 요소를 포함하고 있다. 예루살렘이 최종 목적지임을 처음으로 드러낸다(강조를 위해 ἰδού, 이두, "보라"로 시작한다, 10:33). 예수님의 제자들과 그분을 따르는 자들은 놀라고 두려워한다(10:32). παραδίδωμι(파라디도미, '넘기다', 10:33)가 두 번 반복된다. 예수님이 열두 제자를 따로 데리시고 말씀하시고(10:32) 수난에 대해 구체적으로 설명하신다. (본문 12에서 8:31 주해를 보면 세 번의 수난 예고가 비교되어 있다.) 10:33-34에서 -sin으로 끝나는 단어가 9개 이상(ἀρχιερεῦσιν, γραμματεῦσιν, κατακρινοῦσιν, παραδώσουσιν, ἔθνεσιν, ἐμπαίξουσιν, ἐμπτύσουσιν, μαστιγώσουσιν, ἀποκτενοῦσιν, 아르키에레우신, 그라마테우신, 카타크리누신, 파라도수신, 에쓰네신, 엠파익수신 엠프투수신, 마스티고수신, 아포크테누신, "대제사장들", "서기관들에게", "결의하고", "이방인들에게", "넘겨 주겠고", "능욕하며", "침 뱉으며", 채찍질하고", "죽일 것이나", 10:33-34) 등장하며, 마지막 예고에서 '분명하게 수난이 절정에 이르렀다'는 사실을 알 수 있다. Kaminouchi, *"But It Is Not So"*, 68을 참조하라. παραδίδωμι를 두 번이나 반복하며 예수님이 대제사장들/서기관들과 이방인들에게 넘겨지실 것을 강조하며 끝을 향해 가고 있음을 알리고 있다. 또한 곧 등장할 δίδωμι(디도미, '주다'-예수님이 자신의 생명을 주시다)를 가리키기도 한다(10:45). 동일한 개념을 담고 있는 παραδίδωμι는 마가복음 9:31; 10:33; 14:41, 42에도 등장한다. 또한 마태복음 10:4; 26:2; 누가복음 24:7; 사도행전 3:13; 로마서 4:25;

16.1 단락 요약: 세 번째 수난 예고는 고난당하시는 예수님을 보여주며, 10:45의 위대한 선언에서 섬김의 본을 보이시는 예수님을 드러낸다. 제자는 예수님의 사명을 받아들이고 그분의 본을 따라 고난을 당하고 섬긴다. 제자는 세상의 방식대로 권력을 행사함으로써 큰 자가 되는 것이 아니라 하나님의 방법대로 고난과 섬김을 통해 으뜸이 된다.

16.1 성경 본문

10:32 예루살렘으로 올라가는 길에 예수께서 그들 앞에 서서 가시는데 그들이 놀라고 따르는 자들은 두려워하더라 이에 다시 열두 제자를 데리시고 자기가 당할 일을 말씀하여 이르시되

10:33 보라 우리가 예루살렘에 올라가노니 인자가 대제사장들과 서기관들에게 넘겨지매 그들이 죽이기로 결의하고 이방인들에게 넘겨 주겠고

10:34 그들은 능욕하며 침 뱉으며 채찍질하고 죽일 것이나 그는 삼 일 만에 살아나리라 하시니라

10:35 세베대의 아들 야고보와 요한이 주께 나아와 여짜오되 선생님이여 무엇이든지 우리가 구하는 바를 우리에게 하여 주시기를 원하옵나이다

10:36 이르시되 너희에게 무엇을 하여 주기를 원하느냐

10:37 여짜오되 주의 영광중에서 우리를 하나는 주의 우편에, 하나는 좌편에 앉게 하여 주옵소서

10:38 예수께서 이르시되 너희는 너희가 구하는 것을 알지 못하는도다 내가 마시는 잔을 너희가 마실 수 있으며 내가 받는 세례를 너희가 받을 수 있느냐

10:39 그들이 말하되 할 수 있나이다 예수께서 이르시되 너희는 내가 마시는 잔을 마시며 내가 받는 세례를 받으려니와

10:40 내 좌우편에 앉는 것은 내가 줄 것이 아니라 누구를 위하여 준비되었든지 그들이 얻을 것이니라

10:41 열 제자가 듣고 야고보와 요한에 대하여 화를 내거늘

10:42 예수께서 불러다가 이르시되 이방인의 집권자들이 그들을 임의로 주관하고 그 고관들이 그들에게 권세를 부리는 줄을 너희가 알거니와

10:43 너희 중에는 그렇지 않을지니 너희 중에 누구든지 크고자 하는 자는 너희를 섬기는 자가 되고

10:44 너희 중에 누구든지 으뜸이 되고자 하는 자는 모든 사람의 종이 되어야 하리라

8:32; 고린도전서 11:23; 갈라디아서 2:20; 에베소서 5:2, 25도 참조하라.

10:45 인자가 온 것은 섬김을 받으려 함이 아니라 도리어 섬기려 하고 자기 목숨을 많은 사람의 대속물로 주려 함이니라

16.1 주해

16.1.1 제자는 예수님의 수난 사명을 받아들인다.[4]

예수님과 제자들은 "길에서" 가는 중이다. 예수님이 제자들 앞에 서서 가신다는 표현(10:32)은 예루살렘으로 가는 실제 여정이 예수님이 앞서가시는 제자도를 상징한다는 것을 나타낸다.[5] 예수님의 추종자들이 놀란 이유(10:32)는 아마도 그분이 언급한 목적지 때문일 것이다. "따르는 자들" 또한 목적지에서 어떤 일이 일어날 것인지 이미 알아차렸기 때문에 두려워했다. 이 여정은 죽음의 행진이다. 어떤 사람이 자발적으로 위험이 도사리고 있는 곳으로 가겠는가? 예수님을 지지하는 자들("따르는 자들", 10:32)은 이를 이해하지 못할 뿐만 아니라 놀랍게 여긴다. 예수님이 맞이하게 될 운명과 이 여정을 대하는 그분의 대담함 때문에 그들도 위험에 처해 있다.

예수님이 넘겨져 죽임을 당하실 것이라는 냉혹한 소식이 담긴 이 단락에서 하나님 나라의 급진적인 면이 가장 명확하게 드러난다. 예수님이 조금 전에 세 번째 수난 예고를 가장 구체적으로 말씀하셨다는 것을 볼 때, 그분이 지금 영광을 향해 가고 계신다고 생각하는 제자들(10:37)의 모습이 너무 놀랍다.

제자들은 예수님과 대화를 나누며 또 한 번 그를 "선생님"이라고 부른다(10:35). 물질을 사모하고 의지하여 제자도에 들어서지 못한 부자도 예수님을 동일하게 "선생님"이라고 부른 것을 감안하면 열두 제자도 그와 크게 다를 바 없음을 알 수 있다. 베드로가 비록 예수님을 위해 모든 것을 버렸다고 주장했지만(10:28), 이 본문에서 그들이 나누는 대화를 보면 이전 본문의 부자와 이들이 크게 다르지 않다는 것이 드러난다.

야고보와 요한은 이미 다른 제자들에 비해 예수님과 가까웠다. 이들은 별도로 부름을 받았고(1:19), 예수님과 함께 시몬과 안드레의 집으로 갔으며(1:29), 특별한 별명도 주어졌고(3:17), 베드로와 더불어 어린 소녀가 죽음에서 일어나는 이적(5:37)과

4 이 신학적 초점은 본문에서 부정적으로 묘사된 열두 제자의 모습을 모든 제자를 위해 긍정적인 교훈으로 표현한 것이다.

5 Collins, *Mark*, 398. 또한 마가복음에 등장하는 "길에서"(ἐν τῇ ὁδῷ, 엔 테 호도)라는 표현에 대한 보충 설명을 보려면 '서론'을 참조하라.

예수님이 변형되시는 모습(9:2)을 유일하게 목격했다. 야고보와 요한은 아마도 변형되신 예수님(δόξα, 독사, "영광"은 8:38과 10:37에서 동일하게 등장한다)을 떠올리며, 왕이 거했던 예루살렘으로 간다는 사실 때문에 영광이 기다리고 있을 것이라고 오해하며 사모했을 것이다.[6] 이 형제는 수난 예고에서 '부활'만 들었을 것이고, 이제 그들도 이 영광을 함께 누리고자 한다. (반면 8:31에서 베드로는 '십자가'만 듣고 그 치욕을 회피하고 싶었다.) 야고보와 요한은 영광의 자리에 있는 예수님과 가까운 지위로 올라가고자 한다. 이들이 이토록 이상한 태도를 취하는 이유는 예수님을 "따르는 자들"(10:32)은 위험이 도사리고 있는 곳으로 간다는 것을 인식했지만, 열두 제자는 예수님이 따로 데리고 말씀해주셨음에도 불구하고(10:32) 예루살렘에서 어떤 일이 일어날지 전혀 깨닫지 못했기 때문이다.[7] 세베대의 아들들(그리고 이들을 향해 화를 낸 다른 열 제자, 10:41)이 하나님 나라에서 '크고자' 하는 열망은 그들이 아직까지도 깨닫지 못했다는 것을 증명한다. 9:35에서 제자들은 뭇 사람을 섬기고 "뭇 사람의 끝"이 되라는 교훈을 분명하게 받았지만, 이들은 안타깝게도 죽음이라는 예수님의 사명을 수용하지 못했을 뿐만 아니라 예수님의 수난을 자신들이 걸어가야 할 제자도의 본으로 삼는 것을 거부했다.[8] 마가가 대화를 기록해놓은 방식과 구조를 보면 예수님이 생각하시는 사명과 제자들이 생각하는 사명이 대조된다. 10:17-22에서 예수님이 부자와 나누신 대화처럼 이 대화에서도 서로 주고받는 말은 ὁ δὲ[호 데, '그러나 그는/그들은', 10:36, 37, 38, 39(2회), 40]로 시작한다. 그러나…그러나…그러나…그러나…그러나…예수님과 세베대의 아들들은 서로 대립된 길에 서 있으며, 야고보와 요한은 예수님의 수난 사명을 받아들이지 못했다.

6 다니엘 7:14에서 인용된 "인자"(10:33)는 예수님의 왕권을 암시한다. 그리고 직전 본문(10:13-31)에 "하나님 나라"가 수없이 반복되었다는 점도 이를 암시한다. Collins는 야고보와 요한이 높은 자리를 차지하려는 이유는 사실상 열두 제자의 리더였던 베드로보다 더 높은 서열에 오르려는 시도라고 설명한다(같은 책, 495). Kaminouchi는 야고보와 요한이 변화산에서 예수님 좌우에 있었던 엘리야와 모세를 대체하려는 시도일 수도 있다고 본다(*"But It Is Not So"*, 100). 어쨌든 세베대의 아들들이 자신들을 높이려는 동기를 갖고 있다는 사실은 틀림없다.

7 10:32에서 마가는 "따르는 자들"과 "열두 제자"를 분명하게 구분하고 있다. 전자는 "두려워"했고, 후자는 좋게 말하면 단순히 긍정적으로 생각했거나, 나쁘게 말하면 매우 우둔했다.

8 "그(예수님)는 높아지기 전에 겸손할 것을 요구하시며 겸손을 통해 높아질 것을 말씀하신다. 제자들은 당연히 영광을 좇고 있었다…그들은 단순히 목표만 바라보고 어떤 방식으로 그 목표를 달성해야 하는지 생각하지 못했다. 주님은 제자들에게 그 방식에 대해 말씀하심으로써 그들이 차례대로 본향으로 들어오길 바라셨다. 본향은 높은 곳에 있지만, 본향으로 가는 길은 낮은 곳에 있다…본향으로 가는 길은 그리스도의 죽음이며…그리스도의 고난이다. 이 길을 거부하는 자가 어찌하여 본향으로 가고자 하는가?"(Augustine, *Tract. Ev. Jo.* 28.5.2).

예수님이나 그분을 따르는 모든 자는 영광에 이르기 위해서 "잔"(10:38–39)으로 상징되는 고난을 통과해야 한다.[9] 제자들은 예수님의 고난에 동참할 수 있다고 경솔히 선언하지만(10:39), 예수님의 수난을 구체적으로 기억하는 독자는 예수님 좌우에는 영광을 좇는 두 제자가 아니라 두 도둑이 있었음을 알 것이다. 그리고 "그 배경은 보좌가 아니라 교수대"(15:27)였다.[10] 즉, 피할 수 없고 아주 구체적인 τὸ βάπτισμα ὃ ἐγὼ βαπτίζομαι(토 밥티스마 호 에고 밥티조마이, "내가 받는 세례", 10:38)의 조건과 속박이 곧 고난의 길이다. 예수님은 이 길로 가시는 것이며, 제자들이 예수님을 "길에서" 따른다는 것은 이 길을 걷는다는 의미다."[11]

카미누키(Kaminouchi)는 야고보와 요한이 함께 언급될 때 그 아버지의 이름과 함께 일컬어지는(1:19에서 부름받을 때, 3:18에서 제자로 세워질 때 그리고 10:35) 유일한 제자들이라고 예리하게 설명한다. 1:19에서 야고보와 요한이 처음 등장할 때 이들을 세베대("품꾼들"을 둔 사람)의 아들이라고 소개하는데 이것은 그들의 사회적 신분이 높다는 것을 간접적으로 가리킨다. (이미 언급했듯이) 야고보와 요한은 이미 열두 제자 중에서도 수제자에 속한다. 이들이 "가부장적인 구조 속에서 지닌 특별한 지위"를 감안할 때, 이들이 예수님께 요청한 내용에 대해 다른 제자들이 위협을 느끼는 것은 당연하다.[12] 다른 열 명의 제자가 화를 냈다는 것은 이들도 세배대의 아들과 동일하게 깨닫지 못했다는 것을 보여준다(10:41). 다른 제자들도 아마 더 높은 자리에 앉게 해달라고 부탁할 기회를 얻지 못해 화가 났을 것이다.

16.1.2 예수님의 수난 사명은 크고자 하는 제자가 지녀야 할 섬기는 자세의 본이다.

예수님은 집권자들이 주관(κατακυριεύω, 카타쿠리에우오)하고 고관들이 권세를 부리는(κατεξουσιάζω, 카텍수시아조) 당시의 문화를 개탄하신다. 흥미롭게도 마가복음에 등장하는 모든 명사형 κύριος(큐리오스, "주님")는 예수님이나 하나님을 가리킨다(1:3; 2:28;

---

9 14:23, 36에서 예수님의 수난을 잔으로 묘사한다. 이 잔은 죄를 향한 하나님의 진노를 담고 있는 잔을 가리킨다. 시편 75:8; 이사야 51:17, 22; 예레미야 25:15–29; 49:12; 하박국 2:16; *Pss. Sol.* 8.14–15; *Mart. Ascen. Isa.* 5.13; 마가복음 14:36; 요한복음 18:11; 요한계시록 14:10; 16:19을 참조하라. Josephus, *J. W.* 4.137; 욥기 9:31(Aquila); 시편 68:3(Aquila와 Symmachus)에서 세례(침례)를 고난의 상징으로 표현한다.

10 France, *Gospel of Mark*, 418.(『NIGTC 마가복음』 새물결플러스, 673) 본문 24에서 마가복음 15장 주해를 살펴보면 이 관찰이 중요한 이유를 알 수 있다.

11 Gibson, "Jesus' Wilderness Temptation," 29.

12 Kaminouchi, *"But It Is Not So"*, 94.

5:19; 7:28; 11:3, 9; 12:11, 29, 30, 36, 37; 13:20, 35). "의도적으로 κύριος는 이와 같이 독점적으로 사용됨으로써 신성한 능력이라는 의미를 함축한다." 따라서 어원이 같은 동사형 κατακυριεύω('주관하다', 10:42)는 권력을 추구하는 제자들을 비난하는 예수님과는 더욱더 불일치하는 개념이다.[13] 이 세상의 방식은 하나님 나라의 혁명적인 관행과는 다르다. 예수님은 리더십이 곧 섬김, 그것도 희생적인 섬김이라고 단언하신다.

A 이방인의 집권자들이 그들을 임의로 주관하다(10:42a)	[집권하다=주관하다]
B 고관들(μεγάλοι, 메갈로이)이 그들에게 권세를 부리다(10:42b)	[크게 되다=권세를 부리다]
C 그러나 너희 중에는 그렇지 않을지라(10:43a)	[**다른 방식**: 도리어…]
B′ 누구든지 크고자(μέγας, 메가스) 하는 자는 너희를 섬기는 자가 되라(10:43b)	[크게 되다=타인을 섬기다]
A′ 누구든지 으뜸이 되고자 하는 자는 모든 사람의 종이 되라(10:44)	[으뜸이 되다=종이 되다]

θέλω(쎌로, '원하다', 10:43)가 반복되는 것은 야고보와 요한이 10:35에서 요청한 바("원하옵나이다")를 간접적으로 가리킨다(θέλω는 10:35, 36, 43, 44, 51에 등장하며 자주 반복된다. 또한 비슷한 주제를 논할 때 9:35에도 이미 등장했다). 그리고 이 단락에서 사용하는 단어들은 이미 본문 13에도 사용된 바 있다. μέγας(메가스, '크다', 10:43)는 9:34에 등장한 μείζων(메이존, '가장 큰')을 생각나게 하며, πρῶτος(프로토스, '첫째', 10:44)는 9:35과 10:31에서 이미 나타났다. 9:35에 사용된 πάντων διάκονος(판톤 디아코노스, "뭇 사람을 섬기는 자")는 더 강화된 표현인 πάντων δοῦλος(판톤 둘로스, "모든 사람의 종", 10:44)로 나타나는데, 이것은 이 구절을 "하나님 나라의 대안적인 가치 척도 중 가장 강력한 진술이 되게 한다. 45절의 결말은 이것을 잊을 수 없게 만든다."[14]

신약에서 λύτρον(루트론, '대속물')은 총 세 번 등장하는데 마태복음 20:28과 디모

13 같은 책, 125. 만약 세베대의 아들들이 마가복음 10:37(σου ἐκ δεξιῶν…καθίσωμεν, 수 에크 덱시온…카씨소멘, "주의 우편에…앉게 하여 주옵소서")에서 예수님께 요구할 때 시편 110:1(κάθου ἐκ δεξιῶν μου, 카쑤 에크 덱시온 모우, "내 오른쪽에 앉아 있으라")을 간접적으로 언급하는 것이라면, 예수님도 대답하실 때 시편 110:2(κατακυριεύω, 카타쿠리에우오, '주관하다'는 이 구절과 막 10:42에 등장한다)을 간접적으로 언급하시는 것일 것이다. Donahue and Harrington, *Gospel of Mark*, 312를 참조하라.

14 France, *Gospel of Mark*, 419.(『NIGTC 마가복음』 새물결플러스, 676)

데전서 2:6 외에 마가복음 10:45에 등장한다. 어원이 동일한 ἀπολύτρωσις(아폴루트로시스, '속량')는 특히 더 자주 등장한다. 로마 제국의 노예 제도 맥락에서 볼 때 이 단어는 노예를 해방시키기 위해 지불한 몸값을 떠오르게 한다(사도 바울의 서신에 익숙한 로마의 기독교인들은 롬 6:16-23과 8:14-24을 떠올렸을 것이다). "동사 λυτρόω는 칠십인역에서 이집트에서의 노예 생활뿐만 아니라, 하나님이 자기 백성을 영적인 압제에서 '구속'하심을 가리키는 데도 종종 나온다. λυτρόω(보통은 복수로 사용된다)는 법적으로 상실한 생명(장자를 포함)이나 하나님의 징벌에 놓인 생명을 보존하고자 지불하는 데 사용된다…본질적인 의미는 '동등한 가치'를 지불함으로써 구원한다는 의미다."[15] 여하튼, 이 단어가 속량이라는 강하고 특별한 의미를 함축하고 있음에도 불구하고, 이 구절(막 10:45)은 예수님의 제자에게 본보기가 된다. 이 구절은 예수님의 제자가 자기 목숨을 대속물로 주라는 뜻이 아니라 예수님의 사명과 복음을 위해 기꺼이 자신을 희생하는 본보기가 되어야 함을 말한다. 이 단락의 중점은 제자가 예수님처럼 섬김을 받으려 하지 않고 도리어 섬겨야 한다는 것이다. 제자들도 자기 목숨을 내어줄 준비를 해야 한다(요일 3:16처럼). 예수님은 지금 누가 더 크게 될 것인가를 논쟁할 때가 아니며 이 논쟁은 하나님의 방식과 그 나라의 원리와는 전혀 상반된 것임을 알려주신다.

16.2 마가복음 10:46-52

16.2 신학적 초점

16.2 제자는 예수님께 분별력을 부여받아 그분의 수난 사명을 받아들이고 그분을 따른다 (10:46-52).

16.2 단락 요약: 바디매오는 진정한 제자가 누구인지 보여주는 인물이다. 그는 자신의 약함을 자각하고 예수님의 정체성을 인식하며 예루살렘으로 가시는 예수님을 따른다. 제2막의 결론과 예수님이 예루살렘에 입성하시는 제3막 직전에 위치한 이 이야기는 예수님의 사명을 받아들이고 고난의 길에서 그분을 따르는 제자를 나타낸다.

---

15 France, *Gospel of Mark*, 420.(『NIGTC 마가복음』 새물결플러스, 677) 마가복음 10:45이 이사야 53장과 밀접하게 연관되었다는 주장을 살펴보기 위해 같은 저자의 *Jesus and the Old Testament*, 110-32와 Witherington, *Gospel of Mark*, 288-90을 참조하라. 용어는 서로 다르지만, 이사야의 종이 넘겨져 멸시와 모욕과 침 뱉음과 채찍질과 죽임을 당한다(사 50:6; 53:3-6, 8-9, 12). 또한 이 종도 자신의 목숨을 내어준다는 개념도 찾아볼 수 있다(53:10, 12). "많은 사람"(막 10:45; 14:24)은 이사야 53:11, 12 등에도 나타난다.

16.2 성경 본문

10:46 그들이 여리고에 이르렀더니 예수께서 제자들과 허다한 무리와 함께 여리고에서 나가실 때에 디매오의 아들인 맹인 거지 바디매오가 길 가에 앉았다가
10:47 나사렛 예수시란 말을 듣고 소리 질러 이르되 다윗의 자손 예수여 나를 불쌍히 여기소서 하거늘
10:48 많은 사람이 꾸짖어 잠잠하라 하되 그가 더욱 크게 소리 질러 이르되 다윗의 자손이여 나를 불쌍히 여기소서 하는지라
10:49 예수께서 머물러 서서 그를 부르라 하시니 그들이 그 맹인을 부르며 이르되 안심하고 일어나라 그가 너를 부르신다 하매
10:50 맹인이 겉옷을 내버리고 뛰어 일어나 예수께 나아오거늘
10:51 예수께서 말씀하여 이르시되 네게 무엇을 하여 주기를 원하느냐 맹인이 이르되 선생님이여 보기를 원하나이다
10:52 예수께서 이르시되 가라 네 믿음이 너를 구원하였느니라 하시니 그가 곧 보게 되어 예수를 길에서 따르니라

16.2 주해

16.2 제자는 예수님께 분별력을 부여받아 그분의 수난 사명을 받아들이고 그분을 따른다.

이 단락은 마가복음의 마지막 치유 사건을 담고 있을 뿐만 아니라 유일하게 치유된 자의 이름을 밝힌다. 치유받은 맹인의 이름을 밝히는 이유는 명확하다. 이 장면이 단순한 치유가 아니라 제자도로 부르시는 장면이기 때문이다. 마가복음에는 부름받은 모든 인물의 이름이 소개된다(1:16, 19; 2:14; 3:13-19). 그러나 10:17-22에서 부르심에 응하지 않은 자의 이름은 밝혀지지 않는다. 이 사람은 사회의 상위 계층에 속한 자로 자신의 소유를 포기하지 못한 부자였다. 이 본문(10:46-52)에서 부름받은 자는 사회적으로 정반대 편에 속한 맹인 거지 바디매오다.[16] 두 인물 모두 예수님을 '길'에서 만난다(εἰς ὁδὸν, 에이스 호돈, "길에", 10:17 그리고 παρὰ τὴν ὁδόν, 파라 텐 호돈, "길 가에", 10:46). 한 사람은 예수님의 직접적인 부르심을 거절했고, 다른 한 사람은 치유를 받아 온

16 바디매오(그리고 그의 아버지)의 이름이 기록되었다는 것은 그가 마가복음 독자에게 익숙한 인물이었다는 사실을 암시할 수 있다(마태복음이나 누가복음에 있는 병행 구절에서는 그의 이름을 밝히지 않는다).

전해진 다음에 예수님의 부르심을 기다리지도 않고 모든 것을 버리고 "길에서"(ἐν τῇ ὁδῷ, 엔 테 호도, 10:52, 이는 마가복음에서 제자도 여정을 상징하는 표현이다) 예수님을 따라 나선다. 그러므로 이 본문에서 치유된 자는 하나님 나라에 올바로 반응하고 그 나라의 획기적인 가치관을 받아들인 사람이 누구인지 보여주는 적절한 실례다.

제2막(8:22-10:52)이 맹인이 치유되는 기사로 시작하고 결론을 맺는 의미의 중요성을 앞서 살펴보았다. 두 치유 이적 간에 유사한 표현도 이 의미를 더욱 부각시킨다.

마가복음 8:22-26 - 두 단계에 걸친 치유	마가복음 10:46-52 - 즉각적인 치유
예수님과 제자들이 오다 [καὶ ἔρχονται εἰς, 카이 에르콘타이 에이스, "(그들이) 이르매", 8:22]	예수님과 제자들이 오다 (καὶ ἔρχονται εἰς, 카이 에르콘타이 에이스, "그들이…이르렀더니", 10:46)
맹인이 치유되다 (ἀναβλέπω, 아나블레포, "보이나이다", 8:24)	맹인이 치유되다 (ἀναβλέπω, "보게 되어", 10:51, 52)

제2막이 맹인이 치유되는 기사(한 사람은 두 단계에 걸쳐 치유되고, 다른 한 사람은 즉각 치유된다)로 시작하고 끝나는 것이 중대한 의미를 갖는 이유는 두 이적이 그 사이에 "길에서" 일어난 일(혹은 일어났어야 할 일)을 상징하기 때문이다. 제자들은 예수님의 사명이 무엇인지 이미 명확하게 배웠고("드러내 놓고", 8:32), 이제 예수님을 따르는 자는 그분의 사명을 수용할 수 있는 가능성이 생겼다. 물론 그렇다고 제자들이 제2막의 결론부에서 예수님의 사명을 수용했다고 말하는 것은 아니다. 안타깝지만, 열두 제자는 그 사명을 받아들이지 못했고, 제3막에서조차 예수님을 신실히 따르지 못한다(14:29, 37, 50, 66-72을 보라). 마가는 이야기를 풀어내기 위해 냉정한 사실을 임의로 바꾸지 않는다. 그는 제자들을 통해 예수님을 따르는 본보기를 제시하는 것이 아니다. 만약 제자들이 본이 될 수 있었다면 매우 이상적이었겠지만, 현실은 이상과 거리가 멀었다. 만약 마가가 열두 제자가 본보기인 것처럼 보이도록 이야기를 꾸몄다면 당시 독자들이 이미 익히 알고 있던 제자들의 비겁함, 유다의 배반, 베드로의 부인 등과는 모순되는 일이었을 것이다. 그래서 마가는 오히려 "제자들이 실제로 인식하지 못한 부분과 관련된 사실을 정확히 보존함과 동시에 예수님이 당하신 고난과 제자들이 겪어야만 하는 고난을 당시 사람들에게 가르쳤다. 그리고 이렇게 하기 위해서는 상징적으로 가르칠 수밖에 없었다. 따라서 8:22-26에서 맹인이 두 단계로 치유되는 기사는 일

어나야 할 일을 상징적으로 보여준다."[17] 비록 허점이 많은 열두 제자의 이야기지만, 하나님의 영감과 화술을 통해 고난에 대한 교훈을 제시해준다.

디매오의 아들인 바디매오는 다윗의 자손 예수님을 부른다(10:47에서 헬라어 어순을 보면 치유받은 자의 이름과 치유한 자의 이름이 유사한 표현으로 소개된다).[18] 맹인이 소리 질러 외친 "다윗의 자손 예수"는 기능적으로 보면 "메시아"와 동일한 말이다(10:47, 48). 그러나 이 표현은 이스라엘 왕권과 민족주의 이념도 포함하기 때문에 이방인이 이러한 '고백'을 했다는 사실이 매우 놀랍다. "이 복음서에서 다른 어떤 구경꾼도 예수를 메시아적인 용어(단순히 예언적인 것과는 대조된다)로 해석하지 않았다." 사람이 예수님을 향해 다윗의 자손이라고 부르는 장면은 여기서만 등장한다. 왕에게 걸맞은 이 표현은 예수님이 왕으로서 자신의 성읍과 궁전에 들어가실 때 아주 적절히 등장한다(11:9을 보라).[19] 이 사람은 예수님의 사명을 받아들였으며 예수님의 제자가 되었다. 이 사실은 '부르다'(φωνέω, 포네오)라는 단어가 예수님, 마가, 무리를 통해 세 번이나 반복되는 것에서 알 수 있다(10:49). 이미 언급했듯이 이 단락은 사실상 누군가가 예수님께 제자도 여정으로 부름받는 장면이다. 그리고 이 맹인은 망설임 없이 자기의 소유물(유일한 소유물)을 내버리고 부르심에 응하면서 앞서 부자가 하지 못했던 것을 행한다.[20] 겉옷을 버렸다는 사실 자체가 매우 중요한 모티브를 상징할 수 있다. 이 복음을 따르라고 부름받은 모든 자는 그것이 그물이든 배든 아버지든 생계든 간에 무언가는 버려야 한다(1:18, 20; 2:14; 10:28). 10:17-22에서 부르심에 응하지 못한 장면은 예수님을

---

17 Best, *Following Jesus*, 136-37. 이 주장은 마가복음의 진실성을 뒷받침해준다. 마가가 신학적 의도를 가지고 사건을 상징적으로 재구성하여 마가복음을 기록하지만, 역사에 대한 진실성을 정확히 유지한다.

18 무리가 바디매오에게 한 행동을 묘사하는 동사(ἐπιτιμάω, 에피티마오, '꾸짖다', 10:48)는 예수님이 하신 행동을 묘사할 때 이미 두 번이나 사용되었다. 예수님은 아무에게도 말하지 말라고 경고하실 때 그들을 꾸짖으셨다(3:12; 8:30). 이 단락에서는 예수님은 메시아를 고백하는 자를 꾸짖는 사람들을 오히려 막으신다. 예수님의 수난 사명이 점진적으로 드러나면서 '침묵 모티브'는 점점 사라지고 예수님의 정체성이 공개적으로 선포된다.

19 France, *Gospel of Mark*, 423-24.(『NIGTC 마가복음』 새물결플러스, 682-83) "마가가 예수님을 다윗의 자손으로 인식한 첫 사람을 맹인으로 묘사하는 것은 절대 우연이 아니다. 맹인이 예수님을 (두 번이나) 거듭 이렇게 부를 때(10:47, 48) 이 칭호가 마가복음에서 처음으로 나타난다. 그리고 이 칭호가 다음에 등장할 때 그 뜻이 드러난다(11.9-10)"(Painter, *Mark's Gospel*, 153). 예루살렘으로 가는 여정이라는 맥락과 그의 이름을 볼 때 디매오의 아들은 이방인이었을 것이다. 이 사건 역시 "멀리서 온 사람들"(8:3)을 치유하고 돕는 마가의 강조점을 강화한다. 이 맹인 외에도 거라사인 지방에서 귀신 들린 자, 수로보니게 여인의 딸, 8:1-9에서 4,000명의 이방인 무리도 이 강조점에 속한다.

20 Williams, *Other Followers*, 157.

따라 제자도 여정을 밟기 위해 자신의 소유를 버리지 못한 사례다(10:21–22).[21]

예수님이 야고보와 요한에게 하셨던 동일한 질문으로 이 사람에게 질문하셨다는 사실은 매우 중요하다. "네게 무엇을 하여 주기를 원하느냐"(τί θέλετέ ποιήσω ὑμῖν, 티 쎌레테 포이에소 후민, 10:36 그리고 τί σοι θέλεις ποιήσω, 티 소이 쎌레이스 포이에소, 10:51). 야고보와 요한은 정당하지 않은 요청을 한 반면에 이 맹인은 정당한 요청을 했다. 두 제자는 예수님의 수난에 동참할 수 있다고 자신만만해하지만("할 수 있나이다", 10:39), 이 맹인은 자신의 나약함을 자각하며 그저 불쌍히 여겨달라고 말한다(10:47). 세베대의 아들들은 예수님의 사명을 올바로 분별하거나 수용하지 못한다. 오히려 그 사명을 세속적인 권력을 잡을 수 있는 기회로 바라본다. 반대로 디매오의 아들은 예수님의 정체성을 인식하고 예수님의 사명을 수용한다. 그가 예수님을 다윗의 자손이라고 부르고, 치유를 받고, 예수님을 따랐다는 사실은 이를 상징적으로 나타낸다. 눈이 멀쩡한 자들은 오히려 분별하지 못하고 정반대로 맹인이 분별한다. 아직까지 예수님의 사명을 분별하거나 수용하지 못한 제자들은 그분이 예루살렘으로 가시는 것을 두려워한다(10:32에서 '따르다'라는 단어가 등장한 이후에 맹인이 예수님을 따르는 장면에 이르러서야 이 단어가 나온다). 반면에 바디매오는 예루살렘으로 향하시는 예수님을 열정을 품고 따른다.[22] 이 이야기의 서두에서 바디매오는 παρὰ τὴν ὁδόν(파라 텐 호돈, "길 가에", 10:46) 앉아 있었지만 이제 예수님을 ἐν τῇ ὁδῷ(엔 테 호도, "길에서", 10:52) 따른다. "그가…예수를 길에서 따르니라"는 단순히 이야기를 전환하는 구절이 아니라 이 본문 그리고 제2막 결론에서 상징적인 역할을 한다. '따르다'와 '길'은 제자도 사전에서 매우 중요한 용어다. 바디매오는 예수님의 정체성을 인식하고 그분의 사명을 수용하여 제자도 여정에서 따르는 자들을 대표한다.[23] 맹인은 부름을 받아 그 부르심에 반응하여

---

21 Collins, *Mark*, 511. Boring은 겉옷의 상징을 더 깊이 해석한다. "마가복음에서 옷은 보통 그 사람의 중요성을 상징하고, 이름과 마찬가지로 그 사람의 실재를 표현한다(1:6; 5:27; 6:9; 9:3; 11:7; 14:51과 비교하라). 이미 사도 바울 시대에 기독교인이 된다는 것은 새로운 정체성을 갖는 것을 의미했고, 새로운 옷을 걸치는 것이 상징이 되었다"(롬 13:12; 갈 3:27–28; 엡 4:22–24; 6:11–17; 골 3:12–14; 살전 5:8). 이 본문에서 세례(침례)의 초기 형태를 볼 수 있으며, 이는 간접적으로 세례(침례) 의식을 가리키는 것일 수도 있다(막 10:14, 38–39). 2세기에 들어서서 세례(침례)를 받기 위해 옛 옷을 벗어버리고 새로운 삶을 상징하는 새 옷을 입는 것이 세례(침례) 의식으로 자리 잡았다. Boring, *Mark*, 306을 참조하라. 마태복음과 누가복음에 나오는 병행 구절에서는 겉옷을 버리는 장면이 없다(마 20:29–34; 눅 18:35–43).

22 Marshall, *Faith as a Theme*, 140. 세베대의 아들과 디매오의 아들이 대조되는 두 단락에서 모두 동사 κάθημαι(카쎄마이, '앉다', 10:37, 46)가 등장한다.

23 France, *Gospel of Mark*, 423–24.(『NIGTC 마가복음』 새물결플러스, 685)

예수님을 '길에서' 따른다. 그는 제자가 된 것이다![24]

설교의 초점 및 개요

설교를 위한 본문 16의 신학적 초점

16 진정으로 크고자 하는 제자는 예수님의 사명을 받아들이고 그분의 본을 따라 고난을 당하고 섬긴다(10:32-52).

이 본문은 마가복음 제2막을 끝맺는다. 제2막은 한 맹인이 치유되는 이야기(8:22-26)로 시작했으며, 또 다른 맹인인 바디매오가 치유되는 이야기(10:46-52)로 결말을 맺는다. 이 본문의 신학적 중점은 첫 번째 단락에 담겨 있다. 예수님이 세 번째로 수난을 예고하실 때 제자들은 그분의 수난 사명에 전혀 관심을 갖지 않고 냉담하게 반응한다. 그들이 관심을 기울인 것은 오직 자신들의 권력과 지위였다.[25] 이러한 제자들의 반응 이후에 예수님의 사명이 무엇인지 정확히 알려주는 10:45이 뒤따른다. 이 구절을 통해 제자들은 예수님을 따라 고난과 섬김의 사명을 감당하라는 부르심을 받는데, 이 것이야말로 진정한 큰 자를 입증하는 표지다. 자기 자신과 삶을 안락하게 하는 데만 몰두하는 문화 속에 살고 있는 청중에게 이 설교는 자신을 희생하심으로 진정 큰 자가 되신 예수님의 본을 묘사하기에 가장 적절하다.[26] (본문 23의 14:53-72에서 자기 부인에 대해 그리고 자기를 부인하지 못하는 것은 곧 예수님을 부인하는 것임을 더 자세히 살펴볼 수 있다.)

24 흥미롭게도 예수님이 누군가를 부르실 때 "길에서"라는 표현이 등장하는 이야기는 이곳뿐이다. 그렇다면 다른 이들(특히, 열두 제자)은 부름받았을 때 예수님을 "길에서" 따르는 삶을 시작하지 않았다는 뜻인가?

25 그러므로 바디매오가 치유받아 예수님을 따르게 되는 이야기는 이 본문을 설교할 때 큰 비중을 둘 필요가 없다. 이 단락은 다만 제2막을 끝맺으며 제3막으로 넘어가기 전에 예수님을 올바로 인식하여 그분의 사명을 수용해야 하는 제자의 모습을 보여준다.

26 자기 자신에게만 몰두하는 현대 문화에 대해 더 자세히 살펴보고자 한다면(그리고 이와 관련된 예화나 통계를 보고자 한다면) Twenge and Campbell, *Narcissism Epidemic*을 참조하라. 설교 중에 이러한 문화를 흥미롭게 지적하는 것도 필요할 것이다. 창의적인 설교자는 예배 인도자나 드라마 팀과 상의하여 설교 속에 이런 내용을 녹여낼 수 있다. Kuruvilla, review of *Narcissism Epidemic*, 877-80도 참조하라.

본문 16의 설교 개요

I. 착각: 권력을 갈망하는 제자들

- 예수님의 수난 예고에 대한 반응: 10:32-41
- 연관성: 우리 문화가 말하는 '큰 자'에 귀 기울이는 모습

II. 사명: 섬기기 위해 고난당하시는 예수님

- 진정으로 큰 자의 모습: 10:33-34, 고난; 10:42-45, 섬김

III. 순종: *큰 자가 되기 위해 고난을 당하고 섬기라!*

- 하나님의 방법으로 큰 자가 될 수 있는 구체적인 방법

또 다른 설교 개요

I. 고난: 예수님의 사명

- 세 번째 수난 예고: 10:32-34

II. 영광: 예수님의 현재 사명과는 정반대 됨

- 고난보다 영광을 갈망하는 제자들: 10:35-41
- 연관성: 우리의 문화가 말하는 '큰 자'에 귀 기울이는 모습

III. 고난을 통한 섬김: 성경적 본보기

- 진정으로 큰 자의 모습: 고난을 통한 섬김, 10:42-45

IV. *큰 자가 되기 위해 고난당하고 섬기라!*

- 하나님의 방법으로 큰 자가 될 수 있는 구체적인 방법

제3막

예루살렘

예수님께
신실하기

본문 17

용서의 기도를 드리는 믿음의 공동체

마가복음 11:1-25

[예루살렘에 들어가심, 성전을 정화하심, 무화과나무를 저주하심]

복습, 요약, 예습

본문 16 복습: 마가복음 10:32-52은 세 번째 수난 예고를 통해 진정으로 큰 자는 예수님의 사명을 수용하여 예수님처럼 고난당하고 섬기는 자임을 보여준다.

본문 17 요약: 마가복음 11:1-25은 제자들이 왕이신 예수님을 올바로 영접하고, 믿음과 용서를 기반으로 하는 기도 공동체로서 그 역할을 감당해야 한다고 가르친다. 제 역할을 하지 못하는 성전이 무너지리라는 예언은 제자가 역할을 감당하지 못할 때 어떤 결과를 초래하는지 경고한다.

본문 18 예습: 다음 본문(11:27-12:12)은 예수님의 권위와 하나님의 주권을 논하며 제자는 청지기로서 열매를 맺는 중대한 책임이 있음을 보여준다.

본문 17. 마가복음 11:1-25

본문 17의 신학적 초점

17 왕이신 예수님을 올바로 영접하는 제자들은 성전을 대신하여 믿음과 용서를 기반으로 하는 기도 공동체로서 그 역할을 감당한다. 제 역할을 하지 못하는 성전이 무너지리라는 예언은 제자들이 역할을 감당하지 못할 때 어떠한 결과를 초래하는지 경고한다(11:1-25).

17.1 예수님께 신실한 제자는 왕이신 예수님을 올바로 영접한다(11:1-11).

17.2 제자들은 제 역할을 하지 못하는 성전을 대신하여 새로운 공동체를 형성하고 믿음과 용서를 기반으로 기도드리는 역할을 감당한다. 성전이 무너지리라는 예언은 제자들이 역할을 감당하지 못할 때 어떠한 결과를 초래하는지 경고한다(11:12-25).

17.2.1 공동체로서 역할을 감당하지 못하는 제자들은 제 기능을 하지 못한 성전처럼 하나님께 엄중한 심판을 받을 수 있다.

17.2.2 제자들은 믿음과 용서를 기반으로 하는 기도 공동체로서 그 역할을 감당한다.

개관

마가복음 제1막과 제2막에서는 예루살렘이 드물게 언급되었다. 예루살렘은 종교 지도자들이 어디서 왔는지 밝히거나(3:22; 7:1) 예수님이 그곳에서 당할 수난을 예고하실 때(10:32, 33) 등장했다. 이제 마가복음의 최종 막에서 예수님은 죽으시기 위해 예루살렘에 들어가신다. 어떤 면에서 보면 제3막(11:1-16:8)은 앞선 공생애 사역에서처럼 이적이 등장하지 않아 화려하지 않다.[1] 또한 제2막에서는 제자들을 향한 사적인 가르침이 많았지만, 제3막에서는 공개적인 충돌이 자주 등장한다. 특히, 감람산(11:1과 13:3)과 예수님이 성전에 도착하시고 떠나시는 언급(11:11과 13:1)으로 둘러싸인 마가복음 11-12장에서 공개적인 대립을 찾아볼 수 있다.[2] 이러한 공개적인 대립 이후 마가복음 14-16장에는 예수님의 수난이 나온다(예수님의 수난은 여자가 등장하는 단락으로 시작하고 끝난다. 14:1-9과 15:40-16:8). 마가복음 11-12장과 14-16장 사이에는 장황한 종말

1 물론 11:12-13, 20-21에서 무화과나무를 저주하시는 이적(공개적으로 드러난 이적은 아니다)과 차원이 다른 부활의 이적이 있다. 그러나 그것마저도 묘사된 면보다 함축된 면이 더 많다.

2 11:12-12:40에 등장하는 대립도 갈릴리에서 발생한 대립(2:1-3:6)처럼 다음과 같이 나누어볼 수 있다. 11:12-25(성전 정화 사건); 11:27-12:12(대제사장들과 서기관들과 장로들과의 대립); 12:13-17(바리새인과 헤롯 당원과의 대립); 12:18-27(사두개인들과의 대립); 12:28-40(서기관과의 대립). 이렇게 다섯 개의 이야기로 나눌 수 있다.

론적 담화(막 13장)가 나온다. 이 담화는 제1막 중간에 등장하는 마가복음 4장의 종말론적 담화와 유사하다('서론' 참조). 마가복음 4장에 나오는 담화를 통해 우리는 예수님의 사명 그리고 사람과 하나님의 역할로 인해 맺게 되는 열매를 전체적으로 볼 수 있었다. 마찬가지로 마가복음 13장에서도 예수님의 사명과 하나님 나라의 장기적인 전략을 되돌아볼 수 있다. 또한 이 담화는 제3막에서 매우 중요한 주제인 제자들의 신실함을 부연한다(예수님께 신실하지 못한 열두 제자의 부정적인 모습을 통해 이 주제가 묘사된다).

다음 구조에서 볼 수 있듯이 예수님이 예루살렘과 성전 경내에 들어가시는 장면은 11:1–13:1에서 중요한 부분을 차지한다. 이 장면은 총 세 번 등장하며, 예수님이 무화과나무를 저주하시고 그 나무가 마르는 장면이 사이사이에 있다. 이 구조의 중앙(B, A′, B′)에는 성전 정화 사건이 있으며, 무화과나무와 관련된 단락이 전후에 배치되면서(11:12–14과 11:20–25) 또 다른 마가복음의 '샌드위치' 구조를 형성한다.

A 예루살렘 입성 ① ("이르러", "예루살렘", "성전", 11:11; "나가시니라", 11:11) (11:1–11)
　B 무화과나무를 저주함 (11:12–14)
A′ 예루살렘 입성 ② ("들어가니라", "예루살렘", "성전", 11:15; "나가더라", 11:19) (11:15–19)
　B′ 무화과나무가 마름 (11:20–25)
A″ 예루살렘 입성 ③ ("들어가니라", "예루살렘", "성전", 11:27; "나가실 때에", 13:1) (11:27–13:1)

예수님은 마지막으로 성전에서 나오신 이후에(13:1) 마가복음 13장의 담화를 통해 제자도에서 신실함이 무엇인지 명확히 말씀해주신다. 이 신실함은 이전 장들에 등장하는 성전 관리인들에게서 찾아볼 수 없는 것이다.

17.1 마가복음 11:1–11

17.1 신학적 초점
17.1 예수님께 신실한 제자는 왕이신 예수님을 올바로 영접한다(11:1–11).

17.1 단락 요약: 예수님이 예루살렘과 성전에 들어가시는 장면은 아이러니로 가득하다. 예수님은 분명 왕으로 입성하시지만, 예루살렘과 성전에 있는 사람들은 이를 알아차리지 못한다. 예수님을 따르고자 하는 사람은 그분을 왕으로 올바로 영접함으로써 예

수님께 신실해야 한다.

17.1 성경 본문

11:1 그들이 예루살렘에 가까이 와서 감람 산 벳바게와 베다니에 이르렀을 때에 예수께서 제자 중 둘을 보내시며

11:2 이르시되 너희는 맞은편 마을로 가라 그리로 들어가면 곧 아직 아무도 타 보지 않은 나귀 새끼가 매여 있는 것을 보리니 풀어 끌고 오라

11:3 만일 누가 너희에게 왜 이렇게 하느냐 묻거든 주가 쓰시겠다 하라 그리하면 즉시 이리로 보내리라 하시니

11:4 제자들이 가서 본즉 나귀 새끼가 문 앞 거리에 매여 있는지라 그것을 푸니

11:5 거기 서 있는 사람 중 어떤 이들이 이르되 나귀 새끼를 풀어 무엇 하려느냐 하매

11:6 제자들이 예수께서 이르신 대로 말한대 이에 허락하는지라

11:7 나귀 새끼를 예수께로 끌고 와서 자기들의 겉옷을 그 위에 얹어 놓으매 예수께서 타시니

11:8 많은 사람들은 자기들의 겉옷을, 또 다른 이들은 들에서 벤 나뭇가지를 길에 펴며

11:9 앞에서 가고 뒤에서 따르는 자들이 소리 지르되 호산나 찬송하리로다 주의 이름으로 오시는 이여

11:10 찬송하리로다 오는 우리 조상 다윗의 나라여 가장 높은 곳에서 호산나 하더라

11:11 예수께서 예루살렘에 이르러 성전에 들어가사 모든 것을 둘러 보시고 때가 이미 저물매 열두 제자를 데리시고 베다니에 나가시니라

17.1 주해

17.1 예수님께 신실한 제자는 왕이신 예수님을 올바로 영접한다.[3]

유월절 절기 때 예루살렘에 모이는 인파 때문에 예수님은 원하시면 눈에 띄지 않게 입성하셨을 수도 있다. 그러나 예수님이 예루살렘에 들어가실 때 그분을 따른 행렬과 계획적인 출현 그리고 이후 성전에서 행하신 일로 예수님은 주목을 받으실 수밖에 없

3 이 신학적 초점도 실제로 일어난 모습이 아니라 일어나야 하는 모습을 묘사하는 것이다.

었다.[4] 캐치폴(Catchpole)은 예수님의 예루살렘 입성이 로마 제국의 장군이나 황제의 개선식과 관련된 요소를 다음과 같이 설명한다. 괄호 안의 내용은 마가복음 11장에서 찾아볼 수 있는 유사점이다.[5]

- 이미 성취한 승리와 이미 인정된 주인공의 신분(막 8–10장에 나오는 세 번의 수난 예고, 나귀 새끼 위에 얹고 길에 편 겉옷이 상징하는 권위, 11:7–8)
- 공식적인 입성식(벤 나뭇가지는 민족주의와 초막절을 가리킨다, 고대 이스라엘의 입성식, 11:1–11)
- 하나님의 축복 속에 펼쳐지는 환영과 환호(무리의 찬송, 11:9–10)
- 입성식의 절정은 성전으로 들어가는 것(예수님도 성전에 들어가심, 11:11)
- 긍정적이거나(예를 들어, 희생 제사) 부정적인(예를 들어, 잘못한 사람을 추방하고 부정한 것을 제거하는 일) 종교 의식(성전 정화, 11:15–18)

그리스–로마 배경이나 스가랴 14장의 관점에서 보면, 예수님이 예루살렘에 들어가셔서 그곳을 거처로 삼으시고(예루살렘과 성전은 왕의 수도와 궁전에 상응한다) 새로운 평화의 시대를 열었을 것이라고 예상할 수 있다. 그러나 예수님의 입성은 예상과는 전혀 다른 결말을 맺는다. 이 결말은 단 한 구절(11:11)로 묘사된다. 예수님은 성전에 들어가신 후 성전과 예루살렘에서 나가신다. 예루살렘 입성 ②(11:15)와 예루살렘 입성 ③(11:27, 이전 구조 참조) 역시 동일하게 단순하다. 예수님의 '수도'나 '궁전'에 있는 어떠한 사람도 그를 주목하지 않는다. 11:27–33에 등장하는 대립은 예수님이 성전에 이미 들어가신 이후에 발생한 것으로 보인다. 즉, 예수님의 입성은 역설의 본질을 보여준다! 사람들이 예수님을 이미 부인하기 시작한 것이다. 그들은 왕이신 예수님을 올바로 영접하기보다 그분을 완전히 무시해버린다.

예수님은 나귀 새끼를 끌고 오라고 말씀하시며(11:2–4) 왕이 자신을 위해 사용할

---

4 *m. Ḥag.* 1.1은 구약에서 요구하는 절기 순례에서 "(예루살렘을) 걸어서 올라갈 수 없는 자"를 면제해준다. 예수님은 나귀 새끼를 타고 들어가실 때 그 수단이 주목받을 것을 아셨다. Collins는 바디매오가 예수님을 "다윗의 자손"이라고 부른 이후 예수님이 걷지 않으시고 나귀 새끼를 타고 입성하는 것이 "비언어적인 방법으로 자신이 메시아라고 선언하시는 것"이라고 설명한다(*Mark,* 518–19).

5 Catchpole, "The 'Triumphal' Entry," 321. 그는 Alexander, Apollonius, Simon Maccabeus, Marcus Agrippa, Archelaus 등과 같은 황제나 장군이 예루살렘에 입성하는 장면을 예로 든다(같은 책, 319–21). Duff, "March of the Divine Warrior," 59–64도 참조하라.

동물을 요구할 수 있는 특권을 행사하신다(이 특권은 중세 라틴어로 *angaria/angariare*라고 불렸고, 왕의 요청에 따라 의무적으로 동원되었다).[6] 아직 아무도 타보지 않은 나귀 새끼였기 때문에 제자들도 그 나귀를 타지 않고 예수님께 "끌고" 왔다. 이는 왕이 동물에 올라타는 특수한 경우를 반영한다(*m. Sanh.* 2.5; *b. Ber.* 56b; 또한 민 19:2; 신 21:3; 삼상 6:7 참조. 스가랴 9:9 칠십인역에서는 *νέος*, 네오스, '새로운'이라는 단어가 등장하지만, 마소라 사본에는 없다). 이 단락에서 왕과 관련된 요소가 곳곳에 등장하며 '왕이 오셨다!'라고 알린다.

예루살렘에 가까이 온 "그들"(막 11:1) 안에는 10:46에 기록된 "허다한 무리"도 포함된다. 아마도 갈릴리 사람들이었을 이 무리는 예수님과 그분의 제자들을 따라 예루살렘으로 향했다. 바디매오가 치유받은 이후 이들은 예수님에 대해 호의적으로 변한 듯하다. 그리고 치유받은 바디매오가 예수님을 향해 소리를 지른 것처럼(κράζω, 크라조, 10:47, 48) 이들도 예수님을 향해 소리를 지른다(κράζω, 11:9). 이 무리도 예수님과 다윗의 관계를 이해하고 있다.

11:9-10("호산나/찬송하리로다…//찬송하리로다…/호산나")에서 균형 잡힌(응답 가창) 구조로 된 무리의 찬사는 주요 절기 때 부르는 할렐 시편 중 가장 마지막 시편인 118:25-26에 근거한 것이다.[7] 프란스는 시편 118:26이 전쟁의 승리를 기념하는 왕을 가리켰을 것이라고 말하며 왕으로 입성하시는 예수님을 향해 적절히 인용되었다고 말한다. 또한 이 시편 구절은 "유대인의 왕"이라는 칭호를 위해 싸우는 갈릴리에서 온 설교자를 가리킨다(막 15:2, 9, 12, 18, 26, 32).[8] 그러나 예수님을 왕으로 영접하는 사람은 예루살렘에 있는 무리가 아니라 갈릴리에서 온 무리다. 예루살렘에 있는 사람들은 입성하는 왕에게 전혀 관심이 없었다.[9]

---

6 Derrett, "Law in the New Testament," 243을 참조하라. 또한 사무엘상 8:16-18도 참조하라. 아마도 왕을 묘사하기 위해 마가복음 11:7에서는 스가랴 9:9(민 22:30; 삼상 25:20도 마찬가지)에서 사용하는 ἐπιβαίνω, 에피바이노, '타다' 대신 καθίζω, 카씨조, '앉다'를 사용했을 것이다.

7 'Ωσαννά(호산나, "호산나")는 יְהוֹשֻׁעַ(예호슈아, '여호수아' 혹은 '예수')와 연관된 הוֹשִׁיעָה נָּא(호시아 나, "이제 구원하소서" 혹은 "우리가 구하옵나니 우리를 구원하소서", 시 118:25)에서 나온 단어다.

8 France, *Gospel of Mark*, 434-35.(『NIGTC 마가복음』 새물결플러스, 698-9)

9 또한 "호산나"라고 외쳤던 갈릴리에서 온 무리는 며칠 뒤에 "십자가에 못 박게 하소서"라고 외친 예루살렘에서 온 무리와 동일하지 않다. 예수님이 종교 지도자들과 대립하신 가장 큰 이유는 메시아가 함축된 하나님 나라의 사상 때문인데, 이 무리가 이를 받아들이며 고난 주간에 긴장감을 더해준다. 특히, 어떤 유대 전통은 다윗의 자손인 메시아가 예루살렘을 정화할 것을 기대했다(*Pss. Sol.* 17.22). Hatina, *In Search*, 308-9, 317-19에서 유대교가 메시아에 대해 기대하는 점들을 찾아볼 수 있다.

요약하자면, 예수님이 예루살렘과 성전에 들어가실 때 가장 놀라운 점은 아무 일도 일어나지 않았다는 것이다! 이는 자신의 '수도'와 '궁전'에 들어간 왕을 궁극적으로 모욕하는 것이다! 당시 성읍이 고관이나 개선장군을 관습에 따라 환영하지 않으면 끔찍한 결과가 발생했다.[10] "마가복음 기자는 이 '길거리 공연'의 안무를 신중하게 구성하여 개선식 같지 않은 '개선식'을 통해 독자가 메시아, 제자도, 하나님 나라의 역할과 같은 주제에 대해 재고하게 하려는 것으로 보인다."[11] 제자들은 왕을 어떻게 영접할 것인가? 예수님을 올바로 영접할 것인가? 다음 단락은 예수님을 따르는 제자가 왕을 올바로 영접하면 어떤 결과가 일어나는지 보여준다. 올바로 영접했다면 역할을 올바로 감당해야 한다(혹은 이어져야만 한다).

17.2 마가복음 11:12-25

17.2 신학적 초점

17.2 제자들은 제 역할을 하지 못하는 성전을 대신하여 새로운 공동체를 형성하고 믿음과 용서를 기반으로 기도드리는 역할을 감당한다. 성전이 무너지리라는 예언은 제자들이 역할을 감당하지 못할 때 어떠한 결과를 초래하는지 경고한다(11:12-25).

- **17.2.1** 공동체로서 역할을 감당하지 못하는 제자들은 제 기능을 하지 못한 성전처럼 하나님께 엄중한 심판을 받을 수 있다.
- **17.2.2** 제자들은 믿음과 용서를 기반으로 하는 기도 공동체로서 그 역할을 감당한다.

17.2 단락 요약: 무화과나무의 '샌드위치' 이야기는 하나님의 사람들로 이루어진 공동체가 제 역할을 감당하지 못할 때 어떠한 심판을 받을 수 있는지 보여준다. 예수님의 제자들은 열매 맺지 못하는 성전을 대체하는 새로운 공동체이기 때문에 믿음과 용서를 기반으로 하여 기도를 감당해야 한다.

17.2 성경 본문

11:11 그들이 예루살렘에 가까이 와서 감람 산 벳바게와 베다니에 이르렀을 때에 예수께서 제자 중

---

10 Kinman, "Parousia," 283–84.

11 Duff, "March of the Divine Warrior," 55–56.

둘을 보내시며

11:12 이튿날 그들이 베다니에서 나왔을 때에 예수께서 시장하신지라

11:13 멀리서 잎사귀 있는 한 무화과나무를 보시고 혹 그 나무에 무엇이 있을까 하여 가셨더니 가서
보신즉 잎사귀 외에 아무 것도 없더라 이는 무화과의 때가 아님이라

11:14 예수께서 나무에게 말씀하여 이르시되 이제부터 영원토록 사람이 네게서 열매를 따 먹지
못하리라 하시니 제자들이 이를 듣더라

11:15 그들이 예루살렘에 들어가니라 예수께서 성전에 들어가사 성전 안에서 매매하는 자들을
내쫓으시며 돈 바꾸는 자들의 상과 비둘기 파는 자들의 의자를 둘러 엎으시며

11:16 아무나 물건을 가지고 성전 안으로 지나다님을 허락하지 아니하시고

11:17 이에 가르쳐 이르시되 기록된 바 내 집은 만민이 기도하는 집이라 칭함을 받으리라고 하지
아니하였느냐 너희는 강도의 소굴을 만들었도다 하시매

11:18 대제사장들과 서기관들이 듣고 예수를 어떻게 죽일까 하고 꾀하니 이는 무리가 다 그의 교훈을
놀랍게 여기므로 그를 두려워함일러라

11:19 그리고 날이 저물매 그들이 성 밖으로 나가더라

11:20 그들이 아침에 지나갈 때에 무화과나무가 뿌리째 마른 것을 보고

11:21 베드로가 생각이 나서 여짜오되 랍비여 보소서 저주하신 무화과나무가 말랐나이다

11:22 예수께서 그들에게 대답하여 이르시되 하나님을 믿으라

11:23 내가 진실로 너희에게 이르노니 누구든지 이 산더러 들리어 바다에 던져지라 하며 그 말하는
것이 이루어질 줄 믿고 마음에 의심하지 아니하면 그대로 되리라

11:24 그러므로 내가 너희에게 말하노니 무엇이든지 기도하고 구하는 것은 받은 줄로 믿으라
그리하면 너희에게 그대로 되리라

11:25 서서 기도할 때에 아무에게나 혐의가 있거든 용서하라 그리하여야 하늘에 계신 너희
아버지께서도 너희 허물을 사하여 주시리라 하시니라

11:26 (없음)[12]

12 초기 사본에서는 11:26을 발견할 수 없다.

17.2 주해

17.2.1 공동체로서 역할을 감당하지 못하는 제자들은 제 기능을 하지 못한 성전처럼 하나님께 엄중한 심판을 받을 수 있다.

이 단락은 마가복음의 네 번째 '샌드위치' 이야기를 담고 있다(외부 이야기: 11:12–14; 11:20–25, 내부 이야기: 11:15–19).[13] 이 단락에서도 외부와 내부 이야기에서 모두 활발하게 등장하는 인물은 예수님뿐이다. 예수님은 외부와 내부 이야기에서 모두 역할을 올바로 감당하지 못하고 기대에 미치지 못하는 것을 책망하신다.[14] 예수님의 행동에 종말론적 의미가 명확히 있지만, 이 '샌드위치' 이야기의 중점은 하나님의 백성으로 이루어진 기관이 하나님의 경륜 안에서 제 역할을 감당하지 못하여 책망받는 것이다. 성전 정화 사건(11:15–19)은 성전의 자격이 박탈되어 곧 대체될 것이라는 경고를 전한다. 산을 움직이는 것(11:23)은 성전 산이 무너지는 것을 상징하며, 모퉁이의 머릿돌(12:10–11)은 새로운 성전의 기초를 상징한다.[15] 제 역할을 감당하지 못한 기관은 새로운 공동체로 대체될 것이다. 그렇다면 새로운 공동체는 예수님이 기대하신 대로 역할을 감당할 것인가? 만약 그러지 못한다면 이 공동체 또한 동일한 심판을 받을 수 있다.[16]

예수님이 '둘러보셨다'(11:11)는 표현은 성전을 보신 것을 무화과를 찾기 위해 무화과나무를 보신 것과 연관시킨다(11:13). 성전과 무화과나무 모두 제 역할을 감당하고 있지 못하다. 수천 년의 교회 역사 동안 많은 사람이 무화과나무 이야기를 해석하는 데 어려움을 겪었다. 어거스틴은 이 어려운 본문의 요점을 다음과 같이 일목요연하게 설명한다(*Sermons on New Testament Lessons* 48.3).

13 Shepherd, *Markan Sandwich Stories*, 209–41에서 마가복음 '샌드위치' 기법에 대한 자세한 설명을 담고 있다.

14 성전 정화 사건이 '샌드위치' 구조에서 무화과나무가 저주를 받고 마르는 두 이야기 중간에 등장하는 것을 볼 때 성전 '정화'는 곧 성전 '종결'의 시작이라고 볼 수 있다. 마가는 이러한 내러티브 기법을 통해 성전 정화 사건을 '종결'의 시작으로 보게 한다. 고대 문서를 간접적으로 가리키고 있는 예수님의 행동도 이러한 관점을 지지한다. 메시아가 입성한 다음 성전을 정화하신다(슥 14:21; 말 3:1–4; *Pss. Sol.* 17.30–"그(메시아)는 예루살렘을 정화하여 태초부터 그러했듯이 거룩하게 만들 것이다"). 그리고 성전을 대체한 공동체도 심지어 정화하신다(슥 6:12–13; Tob 14.5).

15 Geddert, *Watchwords*, 123.

16 마가는 어떠한 심판을 받게 될 것인가에 대해서는 침묵하지만, 새로운 공동체로 대체되는 심판이라고 예상해볼 수 있다. 어쩌면 요한계시록 1:20; 2:5에서 그리스도가 촛대(=교회)를 옮기시는 것이 새로운 공동체로 대체되는 것을 의미할 수 있다.

농부가 알고 있는 것을 그리스도도 아시지 않았겠는가? 나무를 재배하는 사람이 알고 있는 것을 나무의 창조주도 아시지 않았겠는가? 그래서 그는 굶주렸을 때 나무의 열매를 찾았다…그리고 그가 발견한 것은 열매는 없고 잎사귀만 무성한 나무였다. 그는 그 나무를 저주했고 그 나무는 말라버렸다. 열매를 맺지 못한 것에 대해 나무가 한 것은 무엇인가? 열매가 없는 것이 나무의 잘못이었는가? 아니다. 자기 의지로 열매를 맺지 못하는 자들이 있다. 그러나 자기 의지로 열매를 맺을 수 있는 자들에게는 열매를 맺지 못하는 것이 '그들의' 잘못이다. 우리 주 예수 그리스도도 이러한 관점에서 이 이적을 행하셨다. 그는 이적을 통해 더 중요한 교훈을 가르치기 원하셨다. 이적 자체가 놀랍고 위대하며 하나님의 능력이 드러나 있지만, 예수님은 이적을 통해 우리가 무언가를 배우기 원하셨다.

반면에 버트런드 러셀(Bertrand Russell)은 이 사건은 자신이 그리스도인이 아닌 이유 중 하나라고 주장했다. "이 이야기는 매우 흥미롭다. 무화과가 열리는 때가 아니었기 때문에 나무를 탓할 수는 없다. 나는 지혜나 미덕이라는 측면에서 그리스도가 다른 역사적인 인물만큼 높이 평가받을 수 없다고 생각한다. 이러한 측면에서 석가모니나 소크라테스가 그보다 훌륭하다."[17]

예수님과 동시대에 살았던 로마 제국의 자연주의자이자 철학자이며 군 장교였던 대 플리니우스(Pliny the Elder, 서기 23-79년)가 이 수수께끼를 가장 잘 풀었다고 볼 수 있다. 그의 저명한 저서인 『자연사』(*Historia naturalis*, 서기 77-79년 추정)에서 다음과 같이 설명한다. "무화과나무는 열매를 맺은 이후에 잎사귀가 나는 유일한 나무다"(16.49; *EncJud* 6.1273도 참조). 즉, 잎사귀가 보였다면 열매가 조금이라도 맺혔을 가능성이 있었다는 뜻이다. 그래서 예수님은 열매를 기대하셨지만, 그분의 기대는 실망에 그쳤다.[18] 마가복음 11:14에서 예수님은 아무런 말을 하지 않은 나무에게 '대답'을 하신다! 예수님은 아마도 잎사귀를 통해 열매를 기대하게 했지만, 실망을 안겨준 나무에게 '대답'을 하시는 듯하다. 그 나무는 열매를 약속했지만, 약속을 지키지 못했다. 그리고 성전('샌드위치'의 내부 이야기)도 이 무화과나무처럼 겉으로는 화려했지만, 그 속

17 Russell, *Why I Am Not a Christian*, 19. 1927년 3월 6일에National Secular Society, South London Branch에서 발표한 강연 내용이다.

18 France, *Gospel of Mark*, 443.(『NIGTC 마가복음』 새물결플러스, 711)

에는 아무런 열매가 없었다. 무화과나무는 나무라는 신분으로 잎사귀를 통해 열매를 기대하게 했지만, 아무런 열매를 맺지 않았다. 이와 같이 성전도 기도하는 집이라는 신분을 가지고 있었고 장엄한 건물을 통해 기대감을 주었지만, 강도의 소굴에 불과했다.[19] 유감스럽게도 나무와 성전은 둘 다 제 역할을 감당하지 못하여 무서운 심판을 받게 되는 것이다. 마가복음 독자는 "뿌리째"(11:20) 말랐다는 관용구를 효력과 생명력을 상실했다는 뜻으로 이해했을 것이다(욥 18:16; 28:9; 31:12; 겔 17:9 칠십인역). 마가복음 4:6에서는 뿌리를 내리지 못하는 것에 대해 이미 경고했다(이 구절에서도 ξηραίνω, 쎄라이노, '마르다' 그리고 ῥίζα, 리자, '뿌리'가 등장한다). 누구나 이러한 최후를 맞을 수 있다. 따라서 이 말씀은 단순히 종교 지도자에게 경고하는 것이 아니다. 제자들로 이루어진 공동체도 역할을 올바로 감당하기 위해 애쓰지 않는다면 뿌리를 내리지 못하고 제 역할을 감당하지 못하여 징계받을 수 있다.[20]

성전 정화 사건 전후로 나오는 무화과나무를 저주하시는 이야기는 제 역할을 감당하지 못하는 전체적인 종교 체계를 향한 하나님의 심판을 보여주는 실제적인 비유다. 특히, 쇠약해져 열매를 맺지 못하여 예수님의 기대에 미치지 못하는 하나님의 백성을 향한 심판을 보여준다. 무화과나무와 그 열매는 성경에서 하나님의 백성과 그들의 순종을 상징한다(렘 8:13; 24:1-10; 호 9:10-17; 미 7:1; 막 13:28에도 무화과나무가 등장한다).[21] 이 단락과 호세아 9:10-17에 나오는 계시의 말씀은 서로 매우 유사하다. 두 본문에서 무화과나무, 둘러보며 찾으시는 예수님/여호와, 열매, 내쫓음, "내 집", 마른 뿌리가 공통적으로 등장한다. 또한 호세아 말씀의 문맥도 매우 중요하다. 호세아 9장에서 이스라엘이 가나안의 풍요신을 숭배하며 처음으로 배교한 사건(민 25장)을 가리키는 "바알브올"(9:10)과 또 다른 이교도 숭배 중심지(수 4:19-20; 삿 3:19 등)였던 "길갈"(호 9:15)을 언급한다. 즉, "이스라엘이 다른 신을 숭배한 행위에 대해 하나님

19 Shepherd, *Markan Sandwich Stories*, 219. 마가복음 11:15과 16에서 εἰς τὸ ἱερὸν, ἐν τῷ ἱερῷ, διὰ τοῦ ἱεροῦ(에이스 토 히에론, 엔 토 히에로, 디아 투 히에루, "성전에/성전 안에서/성전 안으로")가 등장한다. 이야기의 초점은 이스라엘 종교의 중심 기관이며, 성전 안에서 어떠한 일들이 벌어지고 있었는지를 간접적으로 비난하는 표현이다.

20 제자들이 드디어 뭔가를 깨우치기 시작한다고 암시한다! 제자들은 듣고(11:14), 보고(11:20), 기억한다(11:21). 이전에는 이 세 가지 행동을 전혀 하지 못했다(8:17, 18).

21 Telford, *Barren Temple*, 161에서 나무가 등장하는 다섯 개의 본문을 살펴본 후(사 28:3-4; 렘 8:13; 호 9:10, 16; 욜 1:7, 12; 미 7:1) 구약은 "전체적으로 상징성이 없는 나무는 거의 사용하지 않는다"라고 결론을 내린다.

은 선지자를 통해 거침없는 심판을 말씀하신다."[22] 호세아에서는 신전 숭배에 대한 심판이 구체적으로 명시되어 있지만, 이 단락은 하나님의 백성으로 이루어진 공동체가 제 역할을 감당하지 않을 때 하나님이 심판하실 것이라는 교훈을 준다. 이 교훈은 모든 시대에 하나님의 백성에게 유효하다. 예수님이 성전에서 행하신 행위를 표현하는 ἐκβάλλω(에크발로, '내쫓다', 막 11:15)는 실제로 귀신을 내쫓을 때도 사용된 단어다(1:12, 34, 39; 3:15, 22, 23; 6:13; 7:26; 9:18, 28, 38).[23] 제 역할을 감당하지 못하는 하나님의 백성을 향한 심판도 엄중할 것이다.

에반스(Evans)는 예레미야 7장과 이사야 56장(예수님이 막 11:17에서 인용하시는 구절) 그리고 열왕기상 8:41-43(성전 봉헌식 때 솔로몬이 드린 기도의 일부분) 사이의 유사성이 다음과 같다고 말한다.[24]

예레미야 7장	이사야 56장	열왕기상 8장
이방인(7:6)	이방인(56:6)	이방인(8:41)
이 집(7:11)	내 집(56:7)	이 성전(8:43)
내 이름으로 일컬음을 받는(7:11)	일컬음이 될 것임이라(56:7)	주의 이름으로 일컫는(8:43)
	기도하는 집(56:7)	이 성전을 향하여 기도함(8:42)
	만민이(56:7)	땅의 만민(8:43)
	제물을 받게 됨(56:7)	기도를 들으심(8:43)

이 본문들 간에 유사성을 볼 때 마가복음 11:17에서 예수님이 예레미야 7장과 이사야 56장을 인용하시며 말씀하시는 것은 단순히 예언서로 고발하시는 것이 아니라, 자신을 다윗의 자손으로 바라보며 솔로몬이 이해한 성전의 본래 목적에 이끌려 고발하시는 것이다. 성전에 부여된 목적이 이루어지고 있지 않으며 성전이 제 기능을 하지 못하는 것이다. 성전은 호화로운 외관을 갖고 있지만, 아무런 결실을 맺고 있지

22 Krause, "Narrated Prophecy," 241(241-45도 참조).

23 이 중에서 1:34에서 등장하는 ἐκβάλλω, 에크발로에 주목할 필요가 있다. 이 구절에서 이 단어는 ἀφίημι(아피에미, '허락하다')와 함께 등장하는데 11:16("허락"으로 번역)과 11:25("용서"로 번역)에서도 ἀφίημι가 등장한다.

24 Evans, *Mark*, 178.

못하다. 하나님의 백성으로 이루어진 공동체(심지어 제자들로 이루어진 공동체) 역시 제 구실을 하지 못하면 냉혹한 심판을 받을 것이다.[25]

17.2.2 제자들은 믿음과 용서를 기반으로 한 기도 공동체로서 그 역할을 감당한다.

예수님이 제사가 아니라 기도(11:17)를 말씀하고 있다는 사실은 예수님의 부활 이후 시대를 사는 독자에게 매우 중대한 내용이다. 성전 제사는 대체되었으며 이 세대에서는 더 이상 반복될 필요가 없다. 마가복음 11:17에서 인용한 이사야 56:6-7이 하나님의 공동체에 이방인도 포함되었음을 중점적으로 다루고 있다는 점도 주목해야 한다. "마가복음의 독자는 예루살렘 성전이 만민이 기도하는 집이 되지 못했기 때문에 파괴되었다고 생각한다. 이 성전이 파괴됨으로써 '만민'(마가복음 시대에 유대인과 이방인으로 이루어진 교회)이 하나님께 진정으로 기도를 드리는 종말 때의 진정한 성전이 생길 수 있었다." 11:20-25에서 예수님은 새로운 성전/제자들의 공동체가 취해야 할 올바른 역할(특히, 기도)에 대해 계속해서 지침을 주신다.[26] 이 구절은 예수님이 말씀하신 "기도하는 집"(11:17)이 무엇을 의미하는지 보여준다. 이 집은 기존 성전의 물리적인 한계를 뛰어넘으며 신자들로 이루어진 새로운 기관을 예시한다.

예루살렘 성전은 곧 파괴될 것이다. 그 끝이 다가왔다. 그러므로 예수님은 신의 존재와 성전을 아주 밀접하게 생각했던 당시의 관점에도 불구하고, 성전이 파괴된다고 해서 여호와의 임재와 역사가 이 땅에서 방해받지 않는다고 제자들을 설득하는 책무를 맡으신다. 즉, 성전을 향한 믿음을 저버린다고 해서 하나님을 향한 믿음을 저버리는 것은 아니다(11:22).[27] 그리고 성전이 파괴된다고 해서 기도의 전통이 사라지는 것도 아니다. "예수님은 제자들에게 하나님의 무한한 능력을 믿음으로 기도(προσεύχεσθε, 프로슈케스쎄)하여 구하는 모든 것을 받으라고 명하신다(11:24). 이 명령을 통해 제자들

---

25 예수님이 성전을 책망하시면서 예수님을 죽이고자 했던 세력은 단합한다(11:18-19). 이들이 계획한 결과로 예수님은 죽으시지만, 오히려 그분의 죽음을 통해 성전은 완전히 심판받고(15:38) "손으로 짓지 아니한"(11:22-25; 14:58; 15:29) 새로운 성전이 대체하기 시작한다. Marshall, *Faith as a Theme*, 163을 참조하라.

26 Boring, *Mark*, 323. 이들은 성전이 재건되고 만민이 모여 예배하는 종말을 기다렸다. 이사야 2:2-4; 66:18-23; 에스겔 40-48; 스가랴 14:14-21; 말라기 3:1-4; *T. Levi* 18.9; *1 En.* 90.28-29(*Shepherd, Markan Sandwich Stories*, 211-12, 각주 2번 참조)를 보라.

27 Myers, *Binding the Strong Man*, 304-5. 유대인들은 기도와 성전을 묶여 있는 개념으로 보았다. 사무엘상 1:1-29; 열왕기상 8:14-61; 열왕기하 19:14-37; 요나 2:8; Jdt 4.9-15; 2 Macc 3.15; 10.25-26; 3 Macc 1.20-24도 참조하라. 성전을 하늘의 문으로 여겼기 때문에 성전을 향해 기도하라고 장려했다(*b. Ber.* 30a, 32b).

은 진실하고 응답받는 기도의 공동체이자 집이 되어 기도하는 집(οἶκος προσευχῆς, 오이코스 프로슈케스)을 약속하신 하나님의 말씀을 이룰 수 있다. 성전은 제사를 상업화하여 기도하는 집이 되지 못했다(11:17)."[28] 마가복음에서 기도는 예수님과 제자들이 연관되어 자주 등장한다(1:35; 6:46; 9:29; 11:24–26; 14:38). "집"(οἶκος, 오이코스)도 마가복음에서 중요한 모티브로 기능한다(1:29–31; 2:1–12; 3:20–35; 7:17; 9:28, 33; 10:10). 예수님과 그분을 따르는 사람들은 회당(συναγωγή, 시나고게)에 모이는 대신 οἶκος(예를 들어, 2:1–2; 1:33; 3:20)에 끊임없이 모인다(συνάγω, 시나고). 이는 기도가 올바로 드려지는 장소는 다름 아닌 예수님의 진정한 οἶκος인 그리스도인으로 이루어진 공동체라고 암시한다.[29] 하나님의 백성으로 이루어진 새로운 '집'의 역할 중 하나는 바로 믿음이 충만한 기도를 드리는 것이다.

이미 언급되었듯이 11:23에서 "이 산"은 성전이 있는 산을 가리킨다(사 2:2; 미 4:1; 슥 4:6–10; *b. Pesaḥ.* 87b; *b. Giṭ.* 56b).[30] 산이 들리고 던져지는 동사는 모두 신적 수동태다. 하나님이 이 일을 행하신다. 믿음으로 성전을 향해 바다에 던져지라고 말씀하시는 것은 마가복음 5장에서 돼지들이 물에 빠지는 장면을 연상케 한다. 귀신 군대와 성전 산은 동일한 운명을 맞이한다.[31] 예수님이 성전이 곧 파괴될 상황에서도 제자들에게 믿음을 가질 것을 말씀하시는 것은, 예루살렘과 성전이 바벨론에게 파괴되는 상황 속에서 하박국이 "의인은 그의 믿음으로 말미암아 살리라"(합 2:4)라고 말한 것과 같다. 제자들은 믿음으로 기도드리는 하나님의 백성이자 공동체가 되어야 한다.[32] 이것은 예수님이 제자들에게 기대하시는 역할 중 하나다.

마가복음 11:22–23과 11:24의 유사성은 기도와 믿음의 밀접한 관계를 나타낸다. 믿음으로 드리는 기도는 그리스도인으로 이루어진 새로운 공동체의 핵심 역할이다.

---

28 Heil, "Narrative Strategy," 80.

29 Marshall, *Faith as a Theme*, 163, Gray, *Temple*, 32–33.

30 같은 책, 50–53.

31 Myers, *Binding the Strong Man*, 305. 9:42에서 다른 사람을 실족케 하는 사람이 어떤 심판을 받는지 기억해야 한다. 이 구절에 등장하는 καὶ βέβληται εἰς τὴν θάλασσαν(카이 베블레타이 에이스 텐 쌀라싼, "바다에 던져지는 것이 나으리라")는 11:23에 등장하는 καὶ βλήθητι εἰς τὴν θάλασσαν(카이 블레쎄티 에이스 텐 쌀라싼, "바다에 던져지라")과 거의 같다.

32 11:22–25에 등장하는 동사들이 복수라는 것은 공동체가 성전을 대체할 것임을 말해준다. France는 11:23의 동사가 단수형인 이유는 단수를 반드시 가리키고 있기 때문이 아니라, 그 문장이 ὃς ἄν(호스 안, "누구든지")으로 시작하기 때문에 그렇다고 설명한다. 실제로 ὃς ἄν은 제자들로 이루어진 새로운 공동체가 활동하는 모습을 묘사한다. 11:23에 나온 단수형은 얼마 지나지 않아 11:24, 25에서 복수형으로 바뀐다[France, *Gospel of Mark*, 448(『NIGTC 마가복음』 새물결플러스, 719)].

마가복음 11:22-23	마가복음 11:24
"너희에게 이르노니"	"너희에게 말하노니"
"이 산더러"	"기도하고 구하는 것은"
"믿으라…믿고"(πίστις πιστεύω, 피스티스, 피스튜오)	"믿으라"(πιστεύω)
"그대로 되리라"	"그대로 되리라"

구약은 산을 옮기는 일은 하나님만 하시는 일이라는 것을 명확하게 보여준다(출 19:18; 욥 9:5; 시 68:8; 97:5; 114:4-7; 144:5; 렘 4:24; 나 1:5). "여호와께만 있는 특권인 믿음을 이야기한다는 것은 하나님을 믿으라는 명령이 얼마나 장엄한 것인지 보여준다(막 11:22). 이 명령은 덤덤하게 하나님을 의지하라는 초대가 아니라 하나님이 다스리시는 나라에 적극적으로 참여하라는 초대다. 누구든지 산을 옮기는 자는 사실상 창조하시고 심판하시는 하나님의 말씀을 행사하는 것이다."[33] 믿음으로 기도드리는 새로운 공동체는 제 역할을 하지 못한 성전을 적절히 대체할 것이다.

예수님은 계속해서 파괴될 성전이 대체될 것이라고 말씀하신다. 제자들은 또한 용서도 해야 한다(11:25). 용서는 믿음과 더불어 응답받는 기도의 조건이다. "제자들은 다른 사람을 용서하기보다 이용하는 '강도의 소굴'이 된 성전(11:15-17)에서 제사를 드려 하나님께 용서를 구하기보다 아무에게나 혐의가 있으면 용서해야 한다. 이렇게 해야만 하나님도 제자들의 허물을 사하여주신다." 이러한 공동체는 만민으로 이루어져 있다(11:17). 믿음으로 드리는 기도는 만민을 향해 있고, 용서를 행하는 것은 평안이 자리 잡은 포용적인 공동체를 깨닫게 한다. 성전은 사제가 된 신자들로 대체되었다.[34]

제 역할을 감당하지 못하여 옮겨진 성전은 예수님의 제자들로 이루어진 새로운 공동체로 대체될 것이다. 새로운 '성전'은 믿음과 상호 용서에 기반한 기도가 특징이 되어야 한다.

33 Marshall, *Faith as a Theme*, 166-76.

34 Heil, "Narrative Strategy," 80. 기도를 명령하는 것이 아니라 이미 기도하고 있다는 전제 아래 기도를 응답받기 위해서는 믿음과 용서라는 두 가지 조건이 있음을 설명하는 것이다(Marshall, *Faith as a Theme*, 170). 공동체가 하나님께 용서받기 위해서는 서로를 용서해야 한다. 그리고 기도를 응답받기 위해서는 하나님께 용서와 자비를 받아야 한다(Sir 28.1-5; b. *Šabb.* 151b). Dowd, *Prayer*, 126도 참조하라. 기도를 막는 죄에 대해 살펴보려면 시편 66:18; 잠언 15:8, 29; 이사야 1:15; 예레미야 7:16-17; 11:14-15; 14:11-12; 미가 3:4; 스가랴 7:13; 요한복음 9:31을 참조하라.

설교의 초점 및 개요

설교를 위한 본문 17의 신학적 초점

17 제자들은 믿음과 용서를 기반으로 한 기도 공동체다(11:1-25).

제3막을 여는 이 본문은 예수님이 뜻밖에도 잠잠히 예루살렘과 성전에 들어가시는 장면으로 시작한다. 이것은 왕이신 예수님이 자신의 '수도'와 '궁전'에 들어가실 때 그분을 올바로 영접하지 못하는 것이다. 그리고 왕을 올바로 영접하지 못하기 때문에 성전도 자연스레 제 역할을 감당하지 못한다. 두 번째 단락에 나오는 무화과나무 '샌드위치' 이야기를 통해 예수님의 기대만큼 역할을 감당하지 못하는 성전은 비판받는다. 이러한 성전은 곧 무너질 것이고, 하나님의 백성(예수님의 제자)으로 이루어진 새로운 공동체가 탄생하여 성전이 감당하지 못한 기도의 역할을 감당할 것이다. 이 새로운 '성전'은 응답받는 기도의 조건인 믿음과 용서에 기반한다는 특징을 띤다. 그러므로 이 본문을 설교할 때 개인의 조건(믿음과 용서)이 충족된 상태에서 공동으로 기도하는 것에 초점을 맞출 수 있다. 대부분의 회중은 믿음과 용서라는 올바른 태도로 공동 기도에 더 힘쓸 필요가 있다. 이 말씀을 공동체가 구체적으로 적용하는 차원에서, 교회는 회중 기도를 전체적으로나 소그룹 또는 다른 모임으로(아직 어떤 것도 없다면) 시작할 수 있을 것이다.

본문 17의 설교 개요

I. 왕이신 예수님을 영접하지 않음

- 뜻밖의 잠잠한 예수님의 입성: 11:1-11
- 연관성: 위험한 표류-하나님/왕이신 예수님의 권위에 반응하지 않음

II. 기도하는 집으로서 역할을 하지 않음

- 무화과나무 '샌드위치' 이야기: 11:12-21, 역할을 감당하지 않는 것에 대한 하나님의 징벌
- 연관성: 오늘날 역할을 감당하지 못하여 벌을 받거나 대체되는 예시(계 1:20; 2:5)

III. 믿음과 용서의 기도를 드리라!

- 하나님의 백성으로 구성된 새로운 공동체의 역할: 11:22-25
- 제자들이 믿음과 용서를 기반으로 한 기도 공동체가 될 수 있는 구체적인 방법

또 다른 설교 개요

I. 역할: 예수님의 제자들은 역할을 올바로 감당하는 공동체가 되어야 함

- 하나님의 백성으로 구성된 새로운 공동체의 역할: 11:22-25

II. 실패: 역할을 감당하지 않을 때 하나님의 징벌을 받을 수 있음

- 예수님을 영접하지 않음: 11:1-11
- 하나님의 집으로서 역할을 감당하지 않음: 11:15-19
- 징벌의 결과-제거, 대체: 11:12-13, 20-21
- 연관성: 역할을 감당하지 못하여 벌을 받거나 대체되는 예시(계 1:20; 2:5)

III. 믿음과 용서: *믿음과 용서의 기도를 드리라!*

- 제자들이 믿음과 용서를 기반으로 한 기도 공동체가 될 수 있는 구체적인 방법

본문 18

청지기의 책임감

마가복음 11:27-12:12

[예수님의 권위에 대한 질문, 포도원 비유]

복습, 요약, 예습

본문 17 복습: 마가복음 11:1-25은 제자들은 왕이신 예수님을 올바로 영접하고, 믿음과 용서를 기반으로 한 기도 공동체로서 그 역할을 감당해야 한다고 가르친다.

본문 18 요약: 마가복음 11:27-12:12은 예수님의 권위에 관한 본문이다. 그분의 권위는 하늘로부터 왔는데, 그것은 하나님의 청지기들에게서 열매를 거두려고 오신 '사랑하는 아들'의 권위다. 하나님이 맡기신 것으로 열매를 맺는 것이 제자들의 중대한 책임이며, 이 책임을 지지 못할 때 엄중한 결과가 기다린다.

본문 19 예습: 다음 본문(12:13-44)은 하나님 절대적인 권위와 주인 되심으로 인해 제자들에게 요구되는 바에 초점을 둔다. 제자들은 하나님의 형상을 입은 자로서 하나님과 이웃을 사랑하는 마음으로 자신을 희생해야 한다.

본문 18. 마가복음 11:27-12:12

본문 18의 신학적 초점

18 왕이신 예수님을 올바로 영접하는 제자들은 성전을 대신하여 믿음과 용서를 기반으로 한 기도 공동체로서 그 역할을 감당한다. 제 역할을 하지 못하는 성전이 무너지리라는 예언은 제자들이 역할을 감당하지 못할 때 어떠한 결과를 초래하는지 경고한다(11:27–12:12).

18.1 제자는 제자도 여정에서 그들이 따르는 예수님의 신성한 권위를 받아들인다.

18.2 제자도 여정에서 예수님을 따르는 자는 하나님을 위해 열매를 맺어야 할 책임이 있다.

18.3 제자가 열매를 맺지 못하면 그 결과는 엄중할 것이다.

개관

이전 본문에서 언급했듯이 11:1–13:1에서 일어나는 일들은 대부분 성전 주변에서 벌어진다. 예수님이 조금 전 심판과 책망 가운데 있다고 선포하신 지역에서(11:12–25) 예수님의 권위(그리고 그 권위에 대해 어떻게 반응해야 하는가?)에 대한 일련의 논쟁이 계속해서 벌어진다.[1] 이 모든 논쟁은 예수님의 사명을 받아들이라는 제3막의 주제와 연관되어 있다. 13:1–2에서 예수님이 마지막으로 성전을 떠나시며(다시 돌아오시지 않는다) 성전이 무너질 것이라고 직접 예언하실 때 갈등은 최고조에 이른다. 이야기의 흐름은 여기서 잠시 멈추며 예수님이 예언하신 말씀에 대한 긴 담화가 등장한다(13:3–37).[2]

이 본문(11:27–12:12)이 속해 있는 더 넓은 범위의 이야기인 11:1–12:44은 하나님께 신실하라는 주제를 다룬다. 예수님의 권위에 대한 논쟁(11:27–33)은 이 주제와 이전 본문(11:1–25)을 연결해준다. 이 논쟁은 왜 하나님이 신실함을 요구하실 수 있는 분이며, 신실함이 제자의 삶에서 어떻게 나타나야 하는지를 보여준다. 예수님의 사명을 받아들이는 것은 하나님께 충성하는 것도 수반한다.

1 이미 언급했듯이 11:12–12:40에서 다섯 번의 대립을 찾아볼 수 있다. 11:12–25(성전 안에서 매매하고, 돈을 바꾸고, 물품을 파는 자들과의 대립), 11:27–12:12(대제사장과 서기관과 장로와의 대립), 12:13–17(바리새인과 헤롯당원과의 대립), 12:18–27(사두개인과의 대립), 12:28–40(서기관과의 대립)에서다.

2 France, *Gospel of Mark*, 451–52.(『NIGTC 마가복음』 새물결플러스, 724–25)

마가복음 11:27–12:44의 구조는 다음과 같다.

전환점: 권위에 대한 논쟁(11:27–33)

A 예화: 농부들의 배신과 종교 지도자들을 향한 비유적인 심판(12:1–9, 12:12 참조)

B 시편 인용(시 118:22): 기독론과 최후의 변호, 청중의 반응(막 12:10–12)

C 바리새인/헤롯당의 질문/대답: "선생님이여", "진리로써", 청중의 반응(12:13–17)

D 사두개인들의 질문, "선생님이여"(12:18–27)

C′ 서기관의 질문/대답: "선생님이여", "참이니이다", 청중의 반응(12:28–34)

B′ 시편 인용(시 110:1): 기독론과 최후의 변호, 청중의 반응(막 12:35–37)

A′ 예화: 종교 지도자들을 향한 심판과 과부의 충성심(12:38–44)

중앙에 있는 단락(C, D, C′)에서 가이사에게 세금을 내는 문제(12:13–17), 부활과 관련한 문제(12:18–27), 가장 중요한 계명(12:28–34)은 각각 완전한 신실함을 요구하시는 하나님에 관한 진리를 세운다. 이 진리는 포도원 비유에서 농부들을 통해(A, 12:1–9) 부정적으로 표현되며, 성전에 있는 과부를 통해(A′, 12:38–44) 긍정적으로 표현된다. 하나님께 신실하지 못한 결과는 심판이며 두 단락 모두 종교 지도자들에 대한 심판을 언급한다(12:1–9 그리고 38–44, 다음 구조 참조). 시편 말씀을 인용하고 기독론을 다루는 두 단락은 지금은 고난당하지만, 마침내 메시아로 밝혀질 예수 그리스도를 통해 하나님의 주인 되심이 드러난다는 것을 보여준다(12:10–12 그리고 35–37). 예수님이 메시아라고 직접 밝히시는 장면은 이후에 14:62(공식적인 재판 자리)에서 예수님이 대제사장에게 자신이 누구인지 말씀하실 때 나타난다. 그러나 11:27–12:44에 담긴 사건과 대화 속에서 예수님은 메시아라고 직접 주장하시지는 않지만, 비유를 통해 그분의 권위를 나타내며 이 신성한 권위 앞에 어떻게 반응해야 하는지를 보여준다.

따라서 마가복음 12장을 다음과 같이 나누어볼 수 있다.[3]

3 여기서 말하는 '주인 되심'은 '권위'와 동일하지만, 전자가 더 강한 이미지를 준다.

12:1-9 **부정적 예화:** 하나님이 주인 되시기에 제자들은 열매를 맺어야 함

12:10-12 기독론: 예수 그리스도를 통해 하나님의 주인 되심이 회복됨

12:13-17 하나님은 제자의 모든 삶의 주인이 되심

12:18-27 하나님의 주인 되심은 영원까지 이름

12:28-34 하나님이 주인 되시기에 제자들은 사랑해야 함

12:35-37 기독론: 하나님의 아들, 예수 그리스도를 통해 하나님의 주인 되심이 나타남

12:38-44 **긍정적 예화:** 주인 되신 하나님은 제자의 모든 것을 요구하심

이 본문(11:27-12:12)에서는 종교 지도자들이 백성/무리를 "두려워"한다고 두 번 설명한다(11:32; 12:12). 이 표현은 예수님과 종교 지도자들 간의 대화(11:27-33)와 포도원 농부의 비유(12:1-9) 그리고 시편을 인용한 기독론 진술(12:10-12)을 연결해준다. 11:27(12:12도 참조)에서 예수님께 말을 건 종교 지도자들은 바로 12:1에서 예수님이 비유로 말씀하신 대상이다. 또한 11:18에서 종교 지도자들이 예수님을 어떻게 "죽일까"(ἀπόλλυμι, 아폴루미) 의논할 때 사용된 단어는 12:9에서 순종하지 않고 열매를 거두지 않은 농부들을 하나님이 "진멸"하신다고 할 때 또 한 번 등장한다.[4] 이런 이유에서 11:27-12:12을 한 본문으로 묶었다. 마가복음 12:1-12은 11:27-33에서 종교 지도자들이 했던 예수님의 권위에 관한 질문에 답해준다. 마가복음 12장은 계속해서 하나님의 권위/주인 되심의 범위가 어디까지인지를 설명하며 모든 것을 다스리시는 하나님께 어떻게 반응해야 하는지 알려준다. 제자는 하나님께 전적으로 신실해야 한다!

18 마가복음 11:27-12:12

18 신학적 초점

18 왕이신 예수님을 올바로 영접하는 제자들은 성전을 대신하여 믿음과 용서를 기반으로 한 기도 공동체로서 그 역할을 감당한다. 제 역할을 하지 못하는 성전이 무너지리라는 예언은 제자들이 역할을 감당하지 못할 때 어떠한 결과를 초래하는지 경고한다(11:27-12:12).

4 마가복음 12:10-12에서 인용한 시편 118:22-23은 마가복음 11:9-10에서 예수님이 예루살렘에 들어가실 때 받은 찬송을 인용한 동일한 시편(118:25-26)을 떠오르게 한다.

18.1 제자는 제자도 여정에서 그들이 따르는 예수님의 신성한 권위를 받아들인다.
18.2 제자도 여정에서 예수님을 따르는 자는 하나님을 위해 열매를 맺어야 할 책임이 있다.
18.3 제자가 열매를 맺지 못하면 그 결과는 엄중할 것이다.

18 단락 요약: 이 본문에서 예수님과 종교 지도자들 사이의 논쟁은 그 권위에 관한 것이다. 예수님은 종교 지도자들의 질문에 세례(침례) 요한과 비유를 언급하시며 간접적으로 대답하신다. 예수님은 비유를 통해 하나님이 주인 되시며 제자는 청지기임을 말씀하신다. 제자는 하나님이 맡기신 것으로 열매를 맺을 중대한 책임이 있다. 이 책임을 지지 못할 때 엄중한 결과가 기다린다.

18 성경 본문

11:27 그들이 다시 예루살렘에 들어가니라 예수께서 성전에서 거니실 때에 대제사장들과 서기관들과 장로들이 나아와
11:28 이르되 무슨 권위로 이런 일을 하느냐 누가 이런 일 할 권위를 주었느냐
11:29 예수께서 이르시되 나도 한 말을 너희에게 물으리니 대답하라 그리하면 나도 무슨 권위로 이런 일을 하는지 이르리라
11:30 요한의 세례(침례)가 하늘로부터냐 사람으로부터냐 내게 대답하라
11:31 그들이 서로 의논하여 이르되 만일 하늘로부터라 하면 어찌하여 그를 믿지 아니하였느냐 할 것이니
11:32 그러면 사람으로부터라 할까 하였으나 모든 사람이 요한을 참 선지자로 여기므로 그들이 백성을 두려워하는지라
11:33 이에 예수께 대답하여 이르되 우리가 알지 못하노라 하니 예수께서 이르시되 나도 무슨 권위로 이런 일을 하는지 너희에게 이르지 아니하리라 하시니라
12:1 예수께서 비유로 그들에게 말씀하시되 한 사람이 포도원을 만들어 산울타리로 두르고 즙 짜는 틀을 만들고 망대를 지어서 농부들에게 세로 주고 타국에 갔더니
12:2 때가 이르매 농부들에게 포도원 소출 얼마를 받으려고 한 종을 보내니
12:3 그들이 종을 잡아 심히 때리고 거저 보내었거늘
12:4 다시 다른 종을 보내니 그의 머리에 상처를 내고 능욕하였거늘
12:5 또 다른 종을 보내니 그들이 그를 죽이고 또 그 외 많은 종들도 더러는 때리고 더러는 죽인지라

12:6 이제 한 사람이 남았으니 곧 그가 사랑하는 아들이라 최후로 이를 보내며 이르되 내 아들은 존대하리라 하였더니
12:7 그 농부들이 서로 말하되 이는 상속자니 자 죽이자 그러면 그 유산이 우리 것이 되리라 하고
12:8 이에 잡아 죽여 포도원 밖에 내던졌느니라
12:9 포도원 주인이 어떻게 하겠느냐 와서 그 농부들을 진멸하고 포도원을 다른 사람들에게 주리라
12:10 너희가 성경에 건축자들이 버린 돌이 모퉁이의 머릿돌이 되었나니
12:11 이것은 주로 말미암아 된 것이요 우리 눈에 놀랍도다 함을 읽어 보지도 못하였느냐 하시니라
12:12 그들이 예수의 이 비유가 자기들을 가리켜 말씀하심인 줄 알고 잡고자 하되 무리를 두려워하여 예수를 두고 가니라

18 주해

18.1 제자는 제자도 여정에서 그들이 따르는 예수님의 신성한 권위를 받아들인다.[5]

마가복음에는 처음으로 산헤드린 분파인 대제사장, 서기관, 장로(11:27)가 모두 함께 등장한다. 이는 예수님의 사역이 중대한 국면을 맞았다는 것을 나타낸다. 이들은 추후에 예수님을 기소한다(8:31; 11:18; 14:43, 55; 15:1). 이들이 예수님께 던지는 두 가지 질문은 정보를 얻으려는 것이 아니라 오히려 죄를 씌우기 위해서다. 이들은 결국 '우리가 당신에게 이런 권위를 주지 않았다!'는 말을 하고 싶은 것이다. 성전 경내에서 활동을 허락하는 권한은 종교 지도자들에게만 있다. 그래서 종교 지도자들은 자신들의 허락을 받지 않고 성전을 정화하신 예수님을 공개적으로 망신을 주기 위해 심문하는 것이다. 반면에 만약 예수님이 하나님의 권위를 주장한다면 자신을 메시아라고 자처한다는 이유로 로마 제국과 정치적 문제에 휘말릴 수 있다(14:61-64; 15:2-5).[6] 이 종교 지도자들의 태도는 반항적인 불신이라고도 할 수 있다. 이들은 자신들이 분명히 보고 있는 예수님의 정체성과 예수님의 사명(제1막과 제2막의 주제: 예수님과 그분의 사명을 인식하고 수용하는 것)을 완고하게 거절하고 있는 것이다.

이 본문은 "이런 일"(11:28)을 하실 수 있는 예수님의 권위를 비난하는 종교 지도자들의 말로 시작된다. "이런 일"은 예수님이 지금까지 성전에서 행하신 일들을 가리

5 이 신학적 초점은 11:27-33의 이야기를 긍정적으로 표현한 것이다.
6 Evans, *Mark*, 209.

키지만, 더 넓게 보면 예수님이 지금까지 하신 사역을 가리킬 수도 있다. 특히, 예수님의 가르침(1:21-22, 27), 축귀, 치유, 죄를 사하는 사역(1:23-27; 2:1-12; 3:22-30), 제자들을 세워 보내는 사역(3:13; 6:7) 가운데 나타난 권위를 가리킬 수 있다. 인자와 관련한 중심 구절인 다니엘 7:13-14도 메시아가 하늘로부터 영원한 권위를 받으시는 모습을 묘사한다. 예수님은 "'인자'로서 **하늘로부터** 권위를 받으셨기 때문에 **이 땅에서**" 이 모든 일("이런 일")을 행하실 수 있다.[7] 예수님은 종교 지도자들의 질문에 대답하실 때 세례(침례) 요한의 권위와 연결하시면서 자신의 권위가 하늘로부터 온 것임을 암시하신다(막 11:30). 예수님과 세례(침례) 요한의 연관성은 우연이 아니다. 예수님은 이 연관성을 통해 간접적으로 하늘로부터 온 권위를 주장하시면서 자신이 세례(침례) 요한보다 더 크다는 것을 말씀해주신다. 마가복음의 서두(1:2)에 인용된 말라기 3:1-2이 연상된다. 말라기에도 주님이 돌연 자기 성전에 임하시는 구절이 있다. 마가복음 11:11, 15, 27에서 예수님은 자기 성전을 찾아오셨고, 하늘의 권세를 가지고 모든 일을 행하셨다.

엄밀히 따지면 예수님이 11:28에서 종교 지도자들이 던진 질문에 정확히 대답해주신 것은 아니다. 오히려 대답하기를 거절하신다. 그러나 11:30에서 예수님은 베일에 가려진 답을 주신다. 이 대답은 예수님이 세례(침례)를 받으시고 성령이 그분께 내려오시며 하늘로부터 소리가 난 일을 암시한다(1:9-11). "도도하게 성전 주변을 걷는 이, 성전을 '정화'할 수 있는 권위가 있다고 주장하는 이, 새로운 믿음의 공동체의 토대를 선포하신 이 그리고 기존 세력이 없애고자 하는 이는 다름 아닌 바로 하나님의 아들이시다."[8] 예수님은 11:1-25에서 자신의 권위와 권위의 출처를 이미 나타내 보이셨고, 이어지는 비유(12:1-9)와 비유의 결론을 맺는 기독론적 확언(12:10-12)을 통해 또 한 번 밝히신다. 그분의 권위는 참으로 하나님께로부터 온 것이다. 11:27-33에 등장하는 대립 직후에 예수님은 포도원 농부의 비유로 사실상 '내 권위가 어디서 왔는지 말해주지 않겠다. 그러나 이 이야기를 듣고 너희가 판단해보라'고 말씀하신다. 마가복음 12장은 이 권위가 예수님을 따르는 모든 자에게 미치는 영향에 관해 말해준다.

7 같은 책, 202-3(강조체 원저자).
8 Marshall, *Faith as a Theme*, 200.

18.2 제자도 여정에서 예수님을 따르는 자는 하나님을 위해 열매를 맺어야 할 책임이 있다.

12:1–9에 등장하는 비유가 종교 지도자들을 향한 말씀이라고 명시되어 있지만,[9] 마가복음 12장에 나타난 다양한 사건을 보았을 때 "성전 '정화' 사건이나 포도원 비유는 성전 안에서 일어나는 일만 가리키는 것이 아님을 분명히 알 수 있다…하나님의 것을 빼앗는 일은 길거리, 시장, 잔치, 금전 거래, 기도 시간 등…어디서든 일어날 수 있다."[10] 따라서 종교 지도자들뿐만 아니라 모든 제자는 하나님의 권위와 주인 되심에 대해 어떻게 올바로 반응할 것인지 고민해야 한다. 특히, 이 본문은 제자들이 과연 하나님께 마땅히 드려야 할 열매를 드리고 있는지 묻고 있다. 즉, 청지기의 직무를 다하고 있는지 질문을 던지는 것이다.

포도나무나 포도원은 구약에서 이스라엘을 자주 상징했다(시 80:8–19; 사 5:1–7; 27:2–6; 렘 2:21; 12:10; 겔 19:10–14; 호 10:1 등). 보링(Boring)은 마가복음이 기록되었을 당시 유대교에서는 이미 포도원을 노래하는 이사야 5장을 알레고리적으로 해석하기 시작했다고 말한다. 이사야 5장에 나타나는 망대는 성전으로 그리고 즙 짜는 틀은 제단으로 해석했다.[11] 마가복음 12:1–9에 등장하는 비유는 이사야 5장과 매우 유사하다.[12]

	마가복음 12:1–12	이사야 5:1–7(칠십인역)
"포도원"	ἀμπελῶμα[암펠로마, 12:1, 2, 8, 9(2회)]	ἀμπελῶμα(5:1, 3, 5, 7)
"만들어"	ἐφυτευσεν(에푸튜센, 12:1)	ἐφύτευσεν(에푸튜사, 5:2)
"산울타리로 두르고"	καὶ περιέθημεν φραγμόν (카이 페리쎄멘 프라그몬, 12:1)	καὶ φραγμὸν περιέθηκα (카이 프라그몬 페리에쎄카, 5:2)
"즙 짜는 틀을 만들고"	καὶ ὤρυξεν ὑπολήνιον (카이 오룩센 후폴레니온, 12:1)	καὶ προλήνιον ὤρυξα (카이 프롤레니온 오룩사, 5:2)
"망대를 지어서"	καὶ ᾠκοδόμησεν πύργον (카이 오코도메센 푸르곤, 12:1)	καὶ ᾠκοδόμησα πύργον (카이 오코도메사 푸르곤, 5:2)
폭력	폭력(12:3, 4, 5, 8)	포학(5:7)

9 12:1과 12:12에 나오는 "그들"은 11:27–28에서 나열한 종교 지도자들이다.

10 Geddert, *Watchwords*, 122.

11 Boring, *Mark*, 329. *1 En*. 89.56, 66–67, 73과 *Barn*. 16.1–2, 4–5도 참조하라.

12 Evans, *Mark*, 225에서 수정되었다.

	마가복음 12:1-12	이사야 5:1-7(칠십인역)
"주인이 어떻게 하겠느냐"	τί ποιήσει ὁ κύριος (티 포이에세이 호 큐리오스, 12:9)	τί ποιήσω(티 포이에소, 5:4), κύριος(큐리오스, 5:7)
진멸	12:9	5:5-6

이사야 5장에서는 포도원이 제 역할을 하지 못하여 모든 소망이 사라진 것처럼 보인다. 마가복음 12장에서는 농부들이 제 역할을 하지 못하여 주인이 포도원을 다른 사람에게 주면서 새로운 시작을 알린다. 결말은 달라도 두 본문은 동일하게 제 역할을 하지 못한 것(즉, 열매를 맺지 못한 것)에 대한 심판을 이야기한다. 식물도 사람도 모두 하나님께 마땅히 드려야 할 열매를 드리길 거부했다. 하나님의 백성을 이끄는 지도자들을 상징하는 포도원은 청지기로서 열매를 맺지 못하여(열매를 맺지 못한 것에 대해 막 4:7; 11:14도 참조하라) 청지기 직분을 잃고 벌을 받는다.[13] 이사야 5:3-4과 비슷하게 예수님은 독자/청중에게 소송을 중재하라고 말씀하신다(12:9). 이사야와 마가복음의 비유는 모두 수사적인 질문을 청중에게 던지고 있다. 마치 포도원 농부들의 잘못이 명백하기 때문에 예수님이 그들 또한 벌을 받게 될 것이라고 말씀하시는 것처럼 보인다.

12:1-9의 비유에서 서로 유사한 점도 주목해야 한다. 포도원 주인은 소출을 '받으려고'(λαμβάνω, 람바노) 한 종을 '보낸다'(ἀποστέλλω, 아포스텔로). 그리고 포도원 농부들은 그 종을 '받지만'(λαμβάνω) 빈손(열매가 없다, 12:2-3)으로 돌려 '보낸다'(ἀποστέλλω). 주인이 보낸 종들이 선지자를 상징한다는 사실은 하나님이 "내 종 선지자들을" 보냈다고(ἀποστέλλω) 말씀하신 예레미야 7:25을 통해 명백히 알 수 있다(δοῦλος, 둘로스는 이 구절과 막 12:2, 4에 모두 등장한다. ἀποστέλλω와 δοῦλος가 등장하는 렘 25:4도 참조하라). 예수님의 비유를 보면 포도원 농부들이 종들에게 가한 학대는 점점 심해진다. 농부들은 종들을 처음에는 "심히 때리고"(막 12:3), 그다음에는 "머리에 상처를 내고"(12:4), 결국 죽이기까지 한다(12:5).[14] 또한 농부들이 종들을 대한 행동을 묘사한 동사의 표현이 점차 단순해지고 있다. 첫 번째 종은 잡아서 심히 때린 후 보낸다(세 가지 동사). 두 번째 종은 머리에 상처를 내고 능욕한다(두 가지 동사). 세 번째 종은 그저 죽인다(한 가지 동

13 France, *Gospel of Mark*, 456, 458.(『NIGTC 마가복음』 새물결플러스, 731, 734)

14 신약에서 예외적으로 이 구절에서만 등장하는 동사 κεφαλιόω(케팔리오, '머리를 때리다')는 세례(침례) 요한의 참수(ἀποκεφαλίζω, 아포케팔리조, 6:16)를 간접적으로 가리키는 것일 수도 있다.

사). 점점 단순해지지만 난폭해지는 표현을 통해 농부들이 얼마나 치명적인 의도를 가지고 행동하는지 알 수 있다.[15] 이는 주인과 주인이 원하는 것과 주인이 보낸 사람을 완전히 무시하는 행동이다. 주인이신 하나님께 마땅한 소출을 드리지 않는 것은 반란과 다름이 없다. 열매를 맺는 것은 단순히 생산성의 문제가 아니라 하나님에 대한 책임과 직무의 문제다. 열매는 모든 것의 주인 되신 하나님의 것이다! 그리고 이 직무는 이스라엘을 이끄는 지도자에게만 있는 것이 아니다. 하나님의 모든 백성(특히, 마가복음에서는 예수님을 따르는 제자)도 하나님의 청지기로서 그분이 맡기신 것에 대해 열매를 맺어야 할 책임과 직무가 있다.

18.3 제자가 열매를 맺지 못하면 그 결과는 엄중할 것이다.

이 비유에 등장하는 "사랑하는 아들"(12:6)은 이미 마가복음 1:11과 9:7에서 하나님의 목소리를 통해 이미 등장한 적이 있다. 그러므로 마가복음 12장에서 소개하는 이 아들이 누군지는 분명하게 알 수 있다. "사랑하는 아들"이라는 표현은 주인이 최종적으로 열매를 얻으려는 시도를 더욱 강조한다. 또한 이전에 보낸 종들과는 달리 특별한 아들이라는 사실도 강조한다.[16] 그러나 포도원 농부들은 이 아들을 전혀 특별하게 생각하지 않는다. 오히려 농부들은 아들이 온 것을 보고 주인이 이미 죽었다고 생각했을 수도 있다. 이들은 만약 하나 남은 상속자를 죽이면 공유지 점유권에 따라 자신들이 포도원을 가질 수 있을 것이라고 생각한다.[17] 어찌 됐든 그들의 동기가 무엇이었든 간에 그들은 아들을 죽인다. 예수님은 앞서 성전에 있는 사람들을 내쫓으셨다(ἐκβάλλω, 에크발로, 11:15). 이제는 사랑하는 아들인 그가 내던져진다(ἐκβάλλω, 12:8). 적절한 장례 절차를 거치지도 않고 시체를 내던지는 것은 가장 심한 모욕이다. 이들은 권위, 즉 아들이 지닌 주인의 권위를 단호히 거절한 것이다. 이것이야말로 반란이다!

포도원 주인이 농부들을 '죽이지' 않고 "진멸"(ἀπόλλυμι, 아폴루미)한다는 표현은 3:6, 11:18과 유사하다. 이 구절에서 종교 지도자들은 예수님을 "진멸"하고자 한다(동일하게 ἀπόλλυμι를 사용한다). 그러나 예수님이 최종 발언을 하시며[18] 권위와 관련된 질문에 대해 이렇게 대답하신다. 예수님의 권위는 하나님께로부터 온 것이며 자신을 거

15 Gundry, *Mark*, 660.

16 France, *Gospel of Mark*, 456, 458.(『NIGTC 마가복음』 새물결플러스, 738–39)

17 Boring, *Mark*, 330.

18 France, *Gospel of Mark*, 461.(『NIGTC 마가복음』 새물결플러스, 740)

부한다면(하나님께 마땅히 드려야 할 열매를 드리지 않는다면) 형벌을 받게 될 것을 말씀하신 것이다. 이 말씀은 모든 제자를 향한 것이기도 하다. 하나님께 열매를 드리지 않는 것은 매우 심각한 문제다.[19]

시편 118:22-23을 인용하는 다음 구절에서 예수님은 자신의 권위가 어디로부터 온 것인지 분명하게 말씀하시며 종교 지도자들의 질문에 대답해주신다. 건축자들(행 4:11에서 종교 지도자들을 시 118편에 등장하는 "건축자"로 명시한다)이 버린 돌은 농부들이 잡아 죽인 하나님의 사랑하는 아들이다. 바로 이 아들에게 하나님의 권위/주인 되심이 주어진 것이다. 버린 바 된 아들은 손으로 짓지 않은 새로운 '성전'인 하나님의 새로운 공동체에서 모퉁이의 머릿돌이 되었다.[20] 예수님은 모퉁이의 머릿돌로서(막 12:10-11; 14:58) 새로운 성전을 '재건하는 자'다. 이 성전은 11:23-25에서 묘사하는 기도의 공동체다.[21] 이 구절에서 시편 118편을 인용하는 아이러니를 놓쳐서는 안 된다. "시편 118편의 의도가 정반대로 인용된다. 이 시편은 이스라엘을 경멸하고 거부한 이방인 적들이 파멸되는 것을 기뻐한다. 그러나 마가는 이 시편을 인용하며 하나님이 이스라엘의 지도자들로부터 버린 바 된 자를 옹호하시고, 성전은 이사야의 종말론적 비전에 나오는 다민족 공동체로 대체될 것이라고 말한다."[22] 포도원 비유에서는 하나님의 역사 가운데 이 측면이 다루어지지 않는다. 즉, 이 비유에서는 버린 바 된 아들이 입증되는 모습은 나타나지 않는다. 그러므로 비유 직후에 시편 말씀이 인용됨으로써 아들의 최후 승리로 이 본문은 막을 내린다.

---

19 12:12에서 예수님이 종교 지도자들을 향해 비유로 말씀하셨다는 것을 알 수 있다. 예수님은 비유를 통해 종교 지도자들에게 교훈을 주시는 것은 맞지만, 마가/성령님도 이 이야기를 통해 무언가를 수행하고 있다. 그러므로 이 비유는 단순히 이전 세대가 열매 맺지 못한 것을 비난하는 것이 아니라 오늘날의 제자들에게도 경고를 주고 있다.

20 "모퉁이의 머릿돌로 묘사된 이 돌은 건축물의 초석을 의미하지는 않을 것이다('머리'라는 말은 땅에 묻히는 돌에게는 어울리지 않는다). 아마 건축물이 완성되었다는 표시로 건물 꼭대기 세워진 머릿돌이나 기둥 위에 세워진 주두를 의미할 것이다"(Stein, *Mark*, 538).

21 포도원을 다른 사람에게 넘겨줌으로써(12:9) 성전 '정화'가 성취되었다. 제 역할을 하지 못하는 성전은 믿음과 용서의 기도를 드리는 제자들이 모인 새로운 공동체로 대체되었다(11:22-25, 본문 17 참조).

22 Dowd, *Reading Mark*, 129.

12:1-9	**부정적 예화:** 하나님이 주인 되시기에 제자들은 열매를 맺어야 함*
12:10-12	기독론: 예수 그리스도를 통해 하나님의 주인 되심이 회복됨
12:13-17	하나님은 제자의 모든 삶의 주인이 되심
12:18-27	하나님의 주인 되심은 영원까지 이름
12:28-34	하나님이 주인 되시기에 제자들은 사랑해야 함
12:35-37	기독론: 하나님의 아들, 예수 그리스도를 통해 하나님의 주인 되심이 나타남
12:38-44	**긍정적 예화:** 주인 되신 하나님은 제자의 모든 것을 요구하심

* 음영으로 표시된 부분이 이 단락에 해당한다.

요컨대 하나님의 아들 예수님을 따르는 자들은 그분의 권위를 받아들이고 청지기로서 하나님께 마땅한 열매를 드린다. 이렇게 하지 않는다면 그 결과는 참혹할 것이다. 이 본문은 어떤 참혹한 결과를 맞게 될지는 구체적으로 설명하지 않는다. 포도원 농부들의 최후를 지나치게 해석해서는 안 되지만, 주인이 포도원을 다른 사람에게 넘겨주었다는 사실은 제자들이 주인 되신 하나님 앞에서 청지기 직분을 성실히 감당해야 한다는 경종을 울린다.

설교의 초점 및 개요

설교를 위한 본문 18의 신학적 초점

18 제자는 하나님의 청지기로서 열매를 맺어야 할 중대한 책임이 있다(11:27-12:12).

이 본문은 하나님이 모든 것의 주인 되시며 제자들이 이 권위 앞에 어떻게 반응해야 하는지를 설명하는 마가복음 12장에 담긴 일련의 이야기로 시작한다. 열매를 맺는 부분이 다시금 강조된다. 마가복음 4:1-34(본문 5)도 열매 맺는 것을 다루긴 했지만 다른 측면에서다. 그 본문에서는 하나님의 말씀을 수용한 결과로(사람의 역할) 맺히는 열매 그리고 이해할 수 없지만 효과적인 하나님의 역사하심을(하나님의 역할) 통해 맺히는 열매를 강조했다. 마가복음 12장에서는 열매 맺는 것이 하나님 앞에서 매우 중요한 책무임을 강조한다. 하나님께 청지기 직분을 받은 제자들은 마땅히 하나님께 열매를 드려야 한다. 그리고 열매를 드리지 않는 것(의도적으로 열매를 맺지 않는 것)은 명백한 반역이다. 이 반역이 얼마나 심각한 문제인지는 열매 맺지 않는 포도원 농부들의 참혹한 형벌로 알 수 있다.[23] 이 비유에서 열매의 양은 전혀 언급되지 않는다. 앞서 보았듯이 결실은 삼십 배나 육십 배나 백배(4:8, 20)로 다양하게 맺을 수 있다. 여기서 특정한 양의 열매를 요구하지 않는다. 오직 열매를 맺는 것 자체가 중요하다. 따라서 이 설교에서는 신자에게 맡겨진 영적 은사에 초점을 맞출 수 있다.[24]

이후에 등장하는 마가복음 12장(본문 19 참조)은 하나님이 주인 되신 구체적인 영역(즉, 모든 것!)을 설명하지만, 이 본문을 설교할 때는 열매 맺는 것이 절대 선택 사항이 아님을 강조하면 효과적일 것이다. 예수님을 따르는 제자는 하나님의 주인 되심을 계속해서 인정하고 권위를 지니신 아들과 함께 제자도 여정을 걸어가며, 맡겨진 것으로 열매를 맺어야 한다. 예수님의 사명을 받아들이고 그분의 권위를 인정한다는 것은 하나님께 열매를 드리는 삶을 살아가는 것이다.

마가복음 강해 설교에서 이 본문으로 열매 맺는 회중을 축복할 수 있는 절호의 기회를 가질 수 있다. 설교자는 회중을 비난하며 머리에 상처를 내거나(12:4처럼) 부담을 안겨주어서 죄책감에 시달리게 하는 대신, 주기적으로 교회 안에서 일어나는 선행(찾아보면 분명 많을 것이다)을 칭찬할 수 있어야 한다. 회중은 목회자의 긍정적인 말로 전달되는 격려가 항상 필요하다. 강대상에서 공개적으로 칭찬하며 하나님이 성도들의 섬김을 기뻐하신다는 것을 상기시켜주는 것은 특히 더 효과적이다.[25]

본문 18의 설교 개요

I. 권위: 하나님이 주인 되심을 인식함

- 종교 지도자들의 질문에 대한 예수님의 답변: 11:27–33; 비유 도입부: 12:1
- 연관성: 하나님이 주인 되시는 것

23 이는 이전 본문(11:1–25)의 신학적 초점과도 연관된다. 이전 본문에서는 믿음과 용서의 기도라는 적절한 기능이 강조되었고, 이 본문에서는 하나님께 청지기 직분을 받은 제자들이 열매 맺는 것을 강조한다.

24 만약 마가복음 강해 시리즈를 잠시 중단해야 한다면(교회 절기나 다른 특별한 날을 위한 교회 행사나 외부 강사 때문이 아니라) 영적 은사와 관련된 짧은 시리즈를 설교하는 것도 좋다(롬 12장; 고전 12장; 엡 4장; 벧전 4장 등을 활용할 수 있다). 마가복음에서 성령론이 많이 다루어지지 않기 때문에 성령님의 사역에 초점을 맞추는 것도 적절한 방법이 될 수 있다. '청지기 직분'에서 재산과 재정에 대해 다룰 수 있지만, 부자가 등장하는 본문(10:17–31, 본문 15)에서 이러한 주제가 이미 나왔기 때문에 이 설교에서는 다른 측면을 다루는 것이 적절하다. 영적 은사뿐만 아니라 시간, 자녀, 건강 등을 다룰 수도 있다.

25 이를 위해 설교 중간에 간증을 넣는 것도 효과적인 방법이 될 수 있다.

II. 책임: 열매를 맺는 것은 의무임

- 포도원 농부의 반역과 형벌-그릇된 하나님의 청지기: 12:2-12
- 연관성: 주인 되신 하나님은 청지기인 우리에게 맡기신다(예를 들어, 영적 은사).

III. 열매 맺음: *계속해서 (영적 은사를 사용하여) 열매를 맺으라!*

- 회중이 영적 은사가 맡겨진 청지기로서 책임을 질 수 있는 구체적인 방법

또 다른 설교 개요: '주제' 중심의 개요

I. 하나님이 맡기신 것: (영적 은사/재능/자원/시간)

- 연관성: 하나님이 제자에게 맡기신 것

II. 하나님이 기대하시는 것: 하나님 나라를 위해 맡겨진 것을 사용하여 열매를 맺는 것

- 하나님의 권위/주인 되심: 11:27-12:1
- 청지기에게 열매를 요구하시는 하나님의 마땅한 권리: 12:2-8
- 그릇된 청지기의 결과: 12:9-12

III. 제자의 책임: *(영적 은사/재능/자원/시간을 사용하여) 열매를 맺으라!*

- 회중이 영적 은사를 맡은 청지기로서 책임감 있게 살아가는 구체적인 방법

본문 19

청지기의 책임감

마가복음 12:13-44

[가이사의 동전, 부활, 첫째 계명, 가난한 과부]

복습, 요약, 예습

본문 18 복습: 마가복음 11:27-12:12은 예수님의 권위와 하나님의 주인 되심에 중점을 두고 있으며, 제자는 청지기로서 열매를 맺어야 할 책임이 있음을 말해준다.

본문 19 요약: 마가복음 12:13-44은 하나님의 절대적인 주인 되심과 권위로 인해 제자들에게 요구되는 바가 무엇인지에 초점을 맞춘다. 이 본문 안에 있는 다양한 단락은 하나님의 형상을 입은 제자가 하나님께 속해 있으며 최선의 사랑에 빚지고 있음을 보여준다. 제자는 모든 것을 드린 과부처럼 하나님과 이웃을 사랑할 수 있어야 한다. 마가복음 12장에서 중심에 자리 잡은 예수님과 사두개인의 논쟁은 하나님이 생사를 주관하시고 언약을 지키신다는 것을 보여준다. 제자는 삶을 다스리시고 자기 백성을 돌보시는 하나님을 신뢰함으로, 그분께 자신을 내어드리며 희생적으로 사랑할 수 있다.

본문 20 예습: 다음 본문(마가복음 13:1-37)은 제자들이 하나님의 섭리, 성령님의 능력 그리고 예수님이 재림하셔서 신자를 불러 모으실 것이라는 약속을 굳게 붙들고 재앙을 이겨낼 것을 요구한다.

본문 19. 마가복음 12:13-44

본문 19의 신학적 초점

19 신실하신 하나님의 절대적이고 무한한 권위와 주인 되심은 제자의 모든 삶을 포함하며 영원까지 이르고 예수 그리스도를 통해 드러난다. 그분의 절대적인 권위와 주인 되심으로 인하여 제자는 하나님과 이웃을 향한 사랑으로 모든 것을 희생할 수 있어야 한다(12:13-44).

19.1 하나님의 권위와 주인 되심의 영역은 하나님의 형상으로 지어진 제자의 모든 삶도 포함한다(12:13-17).

19.2 하나님의 권위와 주인 되심은 영원까지 이르기 때문에 제자는 이러한 하나님께 신실해야 한다(12:18-27).

19.3 예수 그리스도를 통해 드러나는 하나님의 절대적인 권위와 주인 되심으로 인하여 제자는 하나님과 이웃을 최선을 다해 사랑해야 한다(12:28-37).

19.3.1 하나님의 절대적인 권위와 주인 되심으로 인하여 제자는 하나님과 이웃을 최선을 다해 사랑해야 한다.

19.3.2 하나님의 절대적인 권위와 주인 되심은 예수 그리스도를 통해 드러난다.

19.4 하나님의 절대적인 권위와 주인 되심으로 인하여 제자는 하나님과 이웃을 향한 사랑으로 모든 것을 희생할 수 있어야 한다(12:38-44).

개관

이전 본문에서 언급했듯이 마가복음 12:1-44은 하나님께 신실하라는 주제에 초점이 맞춰져 있으며 다음과 같은 구조를 지닌다.

전환점: 권위에 대한 논쟁(11:27-33)

A 예화: 농부들의 배신과 종교 지도자들을 향한 비유적인 심판(12:1-9; 12:12 참조)

B 시편 인용(시 118:22): 기독론과 최후의 변호, 청중의 반응(막 12:10-12)

C 바리새인/헤롯당의 질문/대답: "선생님이여", "진리로써", 청중의 반응(12:13-17)

D 사두개인들의 질문: "선생님이여"(12:18-27)

C′ 서기관의 질문/대답: "선생님이여", "참이니이다", 청중의 반응(12:28-34)

B′ 시편 인용(시 110:1): 기독론과 최후의 변호, 청중의 반응(막 12:35-37)

A′ 예화: 종교 지도자들을 향한 심판과 과부의 충성심(12:38-44)

이 구조의 중앙에 자리 잡은 단락들(C, 세금을 내는 동전, 12:13-17; D, 부활의 가능성, 12:18-27; C′, 가장 중요한 계명, 12:28-34)은 왜 하나님께 전적으로 신실해야 하는지를 설명한다. 그리고 부정적인 예화(A, 포도원 농부들의 비유, 12:1-12)와 긍정적인 예화(A′, 성전 안에 있는 과부, 12:38-44)가 이 중심 주제를 둘러싸고 있다. 양끝에 있는 단락들은 신실하지 못한 결과로 인하여 심판받는 종교 지도자들을 명확하게 보여준다(12:1-9, 38-44). 또한 나머지 두 단락(B, 12:10-12 그리고 B′, 12:35-37)은 그리스도를 소개하는 시편을 인용하며 하나님의 권위가 예수님을 통해 드러난다는 것을 보여준다.

이 단락들의 주제를 다음과 같이 요약할 수 있다.

12:1-9 **부정적 예화:** 하나님이 주인 되시기에 제자들은 열매를 맺어야 함

12:10-12 기독론: 예수 그리스도를 통해 하나님의 주인 되심이 회복됨

12:13-17 하나님은 제자의 모든 삶의 주인이 되심

12:18-27 하나님의 주인 되심은 영원까지 이름

12:28-34 하나님이 주인 되시기에 제자들은 사랑해야 함

12:35-37 기독론: 하나님의 아들, 예수 그리스도를 통해 하나님의 주인 되심이 나타남

12:38-44 **긍정적 예화:** 주인 되신 하나님은 제자의 모든 것을 요구하심

이 본문(12:13-44)은 하나님의 권위가 어떤 근거에서 나오며, 모든 것을 포함하고 다스리시는 그분의 권위에 대해 제자가 어떻게 반응해야 하는지를 다룬다.

19.1 마가복음 12:13-17

19.1 신학적 초점

19.1 하나님의 권위와 주인 되심의 영역은 하나님의 형상으로 지어진 제자의 모든 삶도 포함한다(12:13-17).

19.1 단락 요약: 동전에 관한 논쟁에서 예수님은 소유권에 관하여 놀라운 논증을 펼치시며 어떤 것이든 누군가의 형상을 입었으면 그 형상이 나타내는 사람의 것이라고 주장하신다. 따라서 하나님의 형상을 입은 사람은 마땅히 하나님의 것이다. 하나님의

권위와 주인 되심은 예수님을 따르는 자(물론 그 밖의 모든 사람)의 삶도 포함한다.[1]

19.1 성경 본문

12:13 그들이 예수의 말씀을 책잡으려 하여 바리새인과 헤롯당 중에서 사람을 보내매
12:14 와서 이르되 선생님이여 우리가 아노니 당신은 참되시고 아무도 꺼리는 일이 없으시니 이는
사람을 외모로 보지 않고[2] 오직 진리로써 하나님의 도를 가르치심이니이다 가이사에게 세금을
바치는 것이 옳으니이까 옳지 아니하니이까
12:15 우리가 바치리이까 말리이까 한대 예수께서 그 외식함을 아시고 이르시되 어찌하여 나를
시험하느냐 데나리온 하나를 가져다가 내게 보이라 하시니
12:16 가져왔거늘 예수께서 이르시되 이 형상과 이 글이 누구의 것이냐 이르되 가이사의 것이니이다
12:17 이에 예수께서 이르시되 가이사의 것은 가이사에게, 하나님의 것은 하나님께 바치라 하시니
그들이 예수께 대하여 매우 놀랍게 여기더라

19.1 주해

19.1 하나님의 권위와 주인 되심의 영역은 하나님의 형상으로 지어진 제자의 모든 삶도 포함한다.
팔레스타인에 있는 유대인들은 로마 제국의 세금 중에 인두세와 인구 조사를 특히 싫어했다. 이 세금은 유대인들을 계속해서 자극하고 낙담시켰다(Josephus, *Ant.* 17.308). 인두세가 서기 6년에 처음으로 부과된 직후에 갈릴리의 유다가 이끄는 (실패한) 반란이 일어났으며(Josephus, *J.W.* 2.118, *Ant.* 18.1–10, 23–25), 이후 열심당이 활동하기 시작하면서 서기 66년에 또 한 번 반란이 일어났고, 4년 후에 예루살렘이 비참하게 파괴되었다. 혁명을 일으키고자 하는 이들에게 인두세는 하나님을 향한 충성의 시금석이었다. 예수님은 갈릴리 사람이었기 때문에 인두세를 내실 필요가 없었지만, 종교 지도자들은 예수님이 어떤 대답을 하시든지 유대인 애국자나 로마 당국과 마찰을 일으키

1 그러나 마가복음의 초점은 제자에게 있다. 따라서 하나님은 자신의 형상을 지닌 모든 인간에 대해 소유권을 갖고 계시지만, 여기서는 제자에게 초점이 맞추어져 있다.

2 이를 직역하면 "당신은 사람의 얼굴을 보지 않는다"이다. 이것은 관용적 표현을 감안한 것이다. 그러나 이 직역은 매우 놀랍다. 12:16에 나오는 동전에는 실제 얼굴이 있지만, 예수님은 이를 인식하지 못하시거나 전혀 관심을 갖지 않으신 것처럼 묘사된다. 예수님은 오히려 사람들에게 누구의 얼굴인지 확인하신다(12:16).

도록 질문했다.[3] 이는 "그들"(12:13. 11:27에 나오는 대제사장, 서기관, 장로들 및 12:1, 12의 "그들"과도 같은 무리일 것이다)이 보낸 사람을 통해 예수님의 말씀을 책잡기 위해 '함정'을 놓은 것이다. 이때 사용된 단어 ἀγρεύω(아그루오, 12:13, 식용 동물을 사냥하고 잡는 것을 뜻함)는 호전적인 의도를 분명히 담고 있다. 이 논쟁에서도 저자는 각 사람의 말을 ὁ δὲ(호 데, 10:18–22과 10:36–39에서도 그러했지만, 12:16a, 16c, 17a에서 '그리고'로 자연스럽게 번역했다)로 시작하며 서로 대립하고 있음을 나타낸다.

예수님은 의도적으로 εἰκών(에이콘, "형상", 12:16)이라는 단어를 사용하신다. 예수님의 말씀을 듣고 있던 사람들은 하나님의 "형상"으로 지어진 사람(창 1:26–27; 5:1; 9:6; 칠십인역에서 모두 εἰκών을 사용한다)과 이스라엘이 숭배하지 말았어야 할 거짓 신의 "형상"(신 4:16, 왕하 11:18, 사 40:19 칠십인역, 이 구절에서도 εἰκών을 사용한다)을 떠올렸을 것이다.[4] 데나리온과 같이 로마 제국의 동전에 새겨진 형상은 거의 신성 모독과 같았다. 전형적인 동전을 보면 티베리우스의 화환이 씌워진 머리 주변에 TI[BERIUS] CAESAR DIVI AUG[USTI] F[ILIUS] AUGUSTUS(신 아우구스투스의 아들 티베리우스 카이사르 아우구스투스)라고 새겨져 있었다. 이 문구만으로도 유대인들에게 불쾌감을 주었지만, 동전 뒷면에 있는 PONTIF[EX] MAXIM[US](대제사장)라는 칭호는 유대인들을 더 화나게 했다.[5]

종교 지도자들은 가이사에게 세금을 "바치는"(δίδωμι, 디도미, 막 12:14) 것에 대해 물었지만, 예수님은 새겨진 형상이 가리키는 주인에게 물건을 돌려주는 단어를 사용하시며 "바치라"(ἀποδίδωμι, 아포디도미, 12:17)라고 말씀하신다. 즉, 예수님은 가이사의 것은 가이사에게 돌려주고 동시에 하나님의 것은 하나님께 돌려드리라고 촉구하시는 것이다. 하나님의 것이 무엇인지에 대해 어거스틴은 다음과 같이 말한다. "황제의 형상은 그의 아들과 동전에서 다르게 나타난다. 동전은 황제의 형상을 지니고 있다는 것을 자각하지 못한다. 그러나 당신은 이 동전과는 비교할 수 없는 생각과 생명을 지닌 하나님의 동전이기 때문에 누구의 형상을 지니고 있는지 알아야만

---

3 France, *Gospel of Mark*, 464–65(『NIGTC 마가복음』 새물결플러스, 744–45); Boring, *Mark*, 334.

4 Boring, *Mark*, 333.

5 France, *Gospel of Mark*, 468.(『NIGTC 마가복음』 새물결플러스, 751) 괄호 안에 있는 철자는 동전에 새겨지지 않고 이름이 축약되었지만 충분히 식별할 수 있었다. 마가복음에서 ἐπιγραφή(에피그라페, "글", 12:16)는 이 구절 외에 15:26에만 등장한다. 15:26에는 진정한 왕을 위한 '글'이 적혀 있다.

한다."(Augustine, *Sermons on the New Testament Lessons* 43).[6] 그리고 또 다른 책(*Tract. Ev. Jo.* 40.9)에서는 다음과 같이 기록한다.

> 우리는 하나님의 돈이다. 그러나 우리는 마치 금고에서 나와 헤매는 동전과 같다. 우리에게 새겨졌던 형상은 방황하며 마모되었다. 우리에게 다시 한번 형상을 새기는 자는 우리를 처음에 만든 사람이다. 가이사가 자기 동전을 찾듯이 그도 자신의 동전을 찾는다. 이런 측면에서 그가 '가이사의 것은 가이사에게, 하나님의 것은 하나님께 바치라' 고 말했다. 가이사에게는 그의 동전을 돌려주고 하나님께는 자기 자신을 돌려드리라.

그러므로 12:17에 나오는 예수님의 논증을 다음과 같이 분석해볼 수 있다(강조체는 본문에서 명시된 내용이다).

명시되지 않은 대전제 1: 모든 물건의 소유권은 새겨진 형상과 문구를 통해 알 수 있다.

소전제 1: 데나리온에는 가이사의 형상과 문구가 새겨져 있다.

명시되지 않은 결론 1: 데나리온은 가이사의 것이다.

명시되지 않은 대전제 2: 모든 물건의 소유권은 새겨진 형상과 문구를 통해 알 수 있다.

명시되지 않은 소전제 2: 사람은 하나님의 형상을 지니고 있다(창 1:26-27).

명시되지 않은 결론 2: 사람은 하나님의 것이다.

생략 3단 논법: 가이사의 것은 가이사에게 돌려주고, 하나님의 것(하나님의 형상을 입은 것)은 하나님께 돌려드리라.*

* Dowd, *Reading Mark*, 130. 일반적으로 생략 3단 논법은 명시되지 않은 전제나 가정을 청중/독자가 보완하는 3단 논법을 말한다.

앞서 등장했던 포도원 비유(12:1-9)는 포도원 주인이신 하나님께 마땅히 돌려드려야 할 열매를 드리지 않은 자들을 묘사했다. 이 단락에서는 예수님이 하나님의 권위와 주인 되심이라는 주제를 제자에게 적용하신다. 제자는 하나님의 형상으로 지어졌기 때문에 하나님은 그 제자의 주인이 되신다. "가이사의 형상이 있는 동전은 가이

6 Oden and Hall, *Mark*, 167, 168을 인용했다.

사에게 그리고 하나님의 형상이 있는 사람은 하나님께 돌려드려야 한다. 따라서 가이사에게는 돈만 돌려주면 되지만, 하나님께는 자신을 드려야 한다"(Tertullian, *Idol.* 15). 한마디로 하나님의 주인 되심은 제자의 모든 삶을 포함한다!

12:1-9	**부정적 예화:** 하나님이 주인 되시기에 제자들은 열매를 맺어야 함
12:10-12	기독론: 예수 그리스도를 통해 하나님의 주인 되심이 회복됨
12:13-17	하나님은 제자의 모든 삶의 주인이 되심*
12:18-27	하나님의 주인 되심은 영원까지 이름
12:28-34	하나님이 주인 되시기에 제자들은 사랑해야 함
12:35-37	기독론: 하나님의 아들, 예수 그리스도를 통해 하나님의 주인 되심이 나타남
12:38-44	**긍정적 예화:** 주인 되신 하나님은 제자의 모든 것을 요구하심

* 음영으로 표시된 부분이 이 단락에 해당된다.

19.2 마가복음 12:18-27

19.2 신학적 초점

19.2 하나님의 권위와 주인 되심은 영원까지 이르기 때문에 제자는 이러한 하나님께 신실해야 한다(12:18-27).

19.2 단락 요약: 예수님은 부활을 비웃는 사두개인과 또 다른 논쟁을 펼치신다. 예수님은 출애굽기 3:6을 인용하시며 하나님의 말씀을 통해 믿음의 조상들이 계속해서 살고 있음을 알 수 있다고 확언하신다. 또한 하나님이 약속하신 땅이 영원한 소유라는 사실도 부활이 실제로 있음을 증명한다. 그러므로 하나님의 다스리심도 영원까지 이르며 제자는 이 영원한 다스리심에 복종해야 한다. 그리고 제자는 언약을 지키시는 신실하신 하나님의 다스리심 속에서 위안을 얻을 수 있다.

19.2 성경 본문

12:18 부활이 없다 하는 사두개인들이 예수께 와서 물어 이르되

12:19 선생님이여 모세가 우리에게 써 주기를 어떤 사람의 형이 자식이 없이 아내를 두고 죽으면 그 동생이 그 아내를 취하여 형을 위하여 상속자를 세울지니라 하였나이다

12:20 칠 형제가 있었는데 맏이가 아내를 취하였다가 상속자가 없이 죽고
12:21 둘째도 그 여자를 취하였다가 상속자가 없이 죽고 셋째도 그렇게 하여
12:22 일곱이 다 상속자가 없었고 최후에 여자도 죽었나이다
12:23 일곱 사람이 다 그를 아내로 취하였으니 부활 때 곧 그들이 살아날 때에 그 중의 누구의 아내가 되리이까
12:24 예수께서 이르시되 너희가 성경도 하나님의 능력도 알지 못하므로 오해함이 아니냐
12:25 사람이 죽은 자 가운데서 살아날 때에는 장가도 아니 가고 시집도 아니 가고 하늘에 있는 천사들과 같으니라
12:26 죽은 자가 살아난다는 것을 말할진대 너희가 모세의 책 중 가시나무 떨기에 관한 글에 하나님께서 모세에게 이르시되 나는 아브라함의 하나님이요 이삭의 하나님이요 야곱의 하나님이로라 하신 말씀을 읽어보지 못하였느냐
12:27 하나님은 죽은 자의 하나님이 아니요 산 자의 하나님이시라 너희가 크게 오해하였도다 하시니라

19.2 주해

19.2 하나님의 권위와 주인 되심은 영원까지 이르기 때문에 제자는 이러한 하나님께 신실해야 한다.

마가복음에서 유일하게 '사두개인'이 등장하는 이야기가 이 단락에 있다. 성전 사제직 중에서 사두개인은 예루살렘이 서기 70년에 함락되기 전까지 산헤드린을 지배했다. 이들은 기록된 성경을 보수적으로 해석하며 모세 오경을 매우 중시했고, 바리새인들에게 인기 있는 구전을 받아들이지 않았다. 이는 이들이 "상대적으로 최근에 발전한 내세에 대한 신념을"(사 26:19; 단 12:2) 거부했다는 뜻이다. 사두개인에게 스올은 죽은 자들이 마지막으로 쉬는 장소였고, '삶의 연속성'은 죽음 이후의 실제적인 생존이 아니라 단순히 그 사람이 남긴 이름에 불과했다.[7] 마가복음 12장에 있는 이 단락에서 사두개인은 전략적으로 수혼법(levirate law, 신 25:5–6)[8]과 관련한 사례를 사용한다. 사두개

---

7 France, *Gospel of Mark*, 470–71.(『NIGTC 마가복음』 새물결플러스, 754) 사도행전 23:8; Josephus, *Ant.* 18.16도 참조하라.

8 *Levir*는 '남편의 형제'를 뜻하는 라틴어 단어다. 이 사람은 자식 없이 과부가 된 형수를 위해 상속자를 세울 책임이 있었다.

인은 후손을 남기고 자손을 '세우는'(ἐξανίστημι, 엑사니스테미, 막 12:19) '부활'만 믿었다(ἀνίστημι, 아니스테미, '일으키다' 그리고 명사형 ἀνάστασις, 아나스타시스, "부활"은 12:18, 23, 25에서 등장한다). 여기서 예수님은 분명하게 바리새인의 편에 서신다.

이 단락의 구조는 세심하게 구성되어 있다.[9]

A 사두개인의 질문(12:18)	["부활", 12:18]
B 모세의 가르침(12:19)	
C 가설의 관계(12:20-22)	
D 사두개인의 질문(12:23)	["부활", 12:23]
D′ 예수님의 질문(12:24)	["오해함", 12:24]
C′ 부활 이후의 관계(12:25)	
B′ 모세의 가르침(12:26)	
A′ 예수님의 가르침(12:27)	['오해함', 12:27]

사두개인이 던지는 난제는 "부활"(12:18, 23)로 표시되어 있고, 예수님의 반응은 "오해함"(12:24, 27)으로 표시되어 있다. 사두개인은 부활에 대한 문제에서 성경을 오해하고 하나님의 능력도 오해했다(12:24).

예수님은 결혼 관계가 부활 이후에도 그대로 유지될 것이라고 생각하는 사두개인들의 전제(엄밀히 말하면, 바리새인이 해석한 수혼법에 관한 사두개인의 전제)가 잘못되었음을 지적하신다. 결혼 서약은 다른 어느 서약처럼 죽음으로 파기된다(롬 7:1-3; 고전 7:39). 실제로 사두개인들이 인용한 수혼법 자체가 죽음으로 서약이 파기된다는 것을 전제로 한다. 만약 죽음으로 결혼 서약이 파기되지 않는다면 형수와 결혼한 동생은 간음죄를 범한 것이다. 따라서 예수님은 마가복음 12:25에서 천국에서도 결혼 관계를 유지하려면 천국에서 재혼해야만 한다고 주장하신다. 그러나 물론 천국에서 이런 일이 일어나지는 않는다. 즉, 사두개인은 성경이 말하는 결혼 서약의 본질(죽음 이후에 결혼 서약은 유효하지 않음)을 오해했다.[10] 그들은 첫째로 성경을 오해했다(12:24).

사두개인은 둘째로 하나님의 능력도 오해했다. 예수님은 동일한 원리(죽음은 서

9 Reid, *Preaching Mark*, 126에서 수정되었다.

10 Trick, "Death, Covenants," 242-44.

약에 대한 의무를 무효화함)로 이 오해를 지적하신다. 예수님은 "떨기에 관한"(즉, "가시나무 떨기에 관한 글", 12:26) 말씀을 하시면서 출애굽기에서 언약을 지키는 주제를 가리키신다. 마가복음 12:26에서 인용된 출애굽기 3:6 이전에 하나님은 자기 백성의 고통 소리를 들으시고 아브라함과 이삭과 야곱에게 세운 언약을 기억하신다(출 2:24). 세 명의 이름이 출애굽기 3:6에서 반복되는 것은, 이스라엘이 애굽에서 나올 수 있었던 이유가 바로 이 조상들과 맺은 언약을 지키시는 하나님의 신실하심 때문이라는 것을 보여준다. 그러나 이들은 이미 죽지 않았는가? 그리고 죽음으로 인해 이제 더 이상 이 언약을 지킬 필요가 없지 않은가? 그렇다. 죽음으로 인해 언약에 대한 의무는 사라진다. 그러나 하나님이 언약을 지키기로 작정하시고 이행하셨다면, 하나님과 언약을 맺은 아브라함과 이삭과 야곱은 어떤 의미에서 살아 있으며, 이 언약은 아직 유효하다는 뜻이다. 만약 그렇지 않다면 이스라엘 족장들의 죽음으로 말미암아 하나님과 맺은 언약은 무효화되었을 것이고, 하나님은 이 언약을 지키시기 위해 자기 백성을 구하실 필요가 없었을 것이다. 그러나 족장들이 죽음 이후에도 살아 있기 때문에 이 언약이 유지된다. 하나님의 관점에서 볼 때 인간은 육체의 죽음 이후에도 살아 있기 때문에 그분은 아브라함과 이삭과 야곱과의 언약을 기억하신다.[11] 언약을 지키시는 하나님은 신뢰할 수 있는 분이며, 신실하신 하나님의 권위와 주인 되심은 과거와 미래 그리고 영원까지 이른다.

그러므로 예수님은 성경과 하나님의 능력을 오해한 사두개인을 바로잡으시며 한 가지 진리를 말씀하신다. 하나님의 권위와 주인 되심의 영역은 눈에 보이고 귀에 들리며 손으로 만질 수 있는 범위를 넘어선다. 하나님은 능력이 무한하시기 때문에 그

11 같은 책, 250–51. 이 논증으로는 부활이 아닌 내세만 주장할 수 있다. 그러나 하나님이 자신을 아브라함과 이삭과 야곱의 하나님으로 계시하신 직후에 출애굽의 주된 목표 중 하나가 약속하신 땅을 쟁취하는 것이라고 밝히시는 것을 볼 때(출 3:8, 17; 창 15:13–16도 참조), 족장들이 육신적으로 부활하여 약속의 땅을 누리게 될 것을 전제한다(창 17:8; 출 6:4; 민 14:23; 신 11:21에도 약속이 등장한다. Trick, "Death, Covenants," 252 참조). *b. Sanh.* 90b에서 랍비가 부활을 증명하는 방식 또한 이 논리를 확증한다. 예를 들어, 랍비 Simai는 다음과 같이 말했다고 전해진다. "모세 오경에서 부활을 어떻게 아는가? 이 구절에서 알 수 있다. '가나안 땅 곧 그들이 거류하는 땅을 그들에게 주기로 그들(족장들)과 언약하였더니'(출 6:4). 이 구절에서 '너'가 아니라 '그들'이라고 말한다. 따라서 모세 오경에서 부활이 증명된다." 또한 1세기 말에 유대교 기도문으로 자리 잡은 '18 기도문' 중 첫 번째 기도문에서는 아브라함과 이삭과 야곱의 하나님께 기도를 드리고, 두 번째 기도문에서는 하나님을 "죽은 자를 부활시키는" 분으로 묘사했다(Marcus, *Mark*, 829). 현재형 동사 "am"(막 12:26, 영어 번역본)은 출애굽기 3:6 마소라 사본(칠십인역에도 등장한다)이나 이를 인용하는 마가복음 헬라어 원문에는 없다. 마태복음 22:32에서는 이 동사를 추가한다. 예수님이 이 단어 하나(빠져 있는 단어)로 논증을 펼치고 계실 가능성은 희박하다. 적어도 마가의 관점에서는 그렇다.

분의 권위는 영원에서 영원까지 이르고 죽음이 그분의 계획을 막을 수 없다. 그리고 하나님은 자기 백성을 신실하게 지키시는 분이기에 우리는 성경에 기록된 그분의 말씀을 믿을 수 있다. 그러므로 하나님은 권력을 장악하시려고 권위를 행사하시지 않는다. 오히려 하나님은 그분의 영광과 더불어 자기 백성의 유익과 성숙과 성취를 위해 주권을 행사하신다. 하나님은 두 목적을 동시에 이루신다. 그러므로 예수님의 제자는 지금과 나중뿐만 아니라 영원까지 이르는 권위가 있으신 신실하신 하나님께 전적으로 신실해야 한다. 하나님은 영원한 주인이시다.

12:1-9	**부정적 예화:** 하나님이 주인 되시기에 제자들은 열매를 맺어야 함
12:10-12	기독론: 예수 그리스도를 통해 하나님의 주인 되심이 회복됨
12:13-17	하나님은 제자의 모든 삶의 주인이 되심
12:18-27	하나님의 주인 되심은 영원까지 이름*
12:28-34	하나님이 주인 되시기에 제자들은 사랑해야 함
12:35-37	기독론: 하나님의 아들, 예수 그리스도를 통해 하나님의 주인 되심이 나타남
12:38-44	**긍정적 예화:** 주인 되신 하나님은 제자의 모든 것을 요구하심

* 음영으로 표시된 부분이 이 단락에 해당된다.

19.3 마가복음 12:28-37

19.3 신학적 초점

19.3 예수 그리스도를 통해 드러나는 하나님의 절대적인 권위와 주인 되심으로 인하여 제자는 하나님과 이웃을 최선을 다해 사랑해야 한다(12:28-37).

- **19.3.1** 하나님의 절대적인 권위와 주인 되심으로 인하여 제자는 하나님과 이웃을 최선을 다해 사랑해야 한다.
- **19.3.2** 하나님의 절대적인 권위와 주인 되심은 예수 그리스도를 통해 드러난다.

19.3 단락 요약: 이 단락에서 예수님은 놀랍게도 서기관과 원만한 대화를 나누신다. 이 대화는 모든 것의 주인 되시며 모든 것을 다스리시는 하나님께 전적으로 신실한 것이 얼마나 중요한지 보여준다. 제자는 최선을 다해 하나님을 사랑해야 하며, 그 사랑에는 이웃을 향한 사랑도 나타나야 한다. 이 단락은 예수님을 통해 하나님의 권위와 주인 되심이 나타난다는 이전 본문의 기독론 진술을 강화한다.

19.3 성경 본문

12:28 서기관 중 한 사람이 그들이 변론하는 것을 듣고 예수께서 잘 대답하신 줄을 알고 나아와 묻되 모든 계명 중에 첫째가 무엇이니이까

12:29 예수께서 대답하시되 첫째는 이것이니 이스라엘아 들으라 주 곧 우리 하나님은 유일한 주시라

12:30 네 마음을 다하고 목숨을 다하고 뜻을 다하고 힘을 다하여 주 너의 하나님을 사랑하라 하신 것이요

12:31 둘째는 이것이니 네 이웃을 네 자신과 같이 사랑하라 하신 것이라 이보다 더 큰 계명이 없느니라

12:32 서기관이 이르되 선생님이여 옳소이다 하나님은 한 분이시요 그 외에 다른 이가 없다 하신 말씀이 참이니이다

12:33 또 마음을 다하고 지혜를 다하고 힘을 다하여 하나님을 사랑하는 것과 또 이웃을 자기 자신과 같이 사랑하는 것이 전체로 드리는 모든 번제물과 기타 제물보다 나으니이다

12:34 예수께서 그가 지혜 있게 대답함을 보시고 이르시되 네가 하나님의 나라에서 멀지 않도다 하시니 그 후에 감히 묻는 자가 없더라

12:35 예수께서 성전에서 가르치실새 대답하여 이르시되 어찌하여 서기관들이 그리스도를 다윗의 자손이라 하느냐

12:36 다윗이 성령에 감동되어 친히 말하되 주께서 내 주께 이르시되 내가 네 원수를 네 발 아래에 둘 때까지 내 우편에 앉았으라 하셨도다 하였느니라

12:37 다윗이 그리스도를 주라 하였은즉 어찌 그의 자손이 되겠느냐 하시니 많은 사람들이 즐겁게 듣더라

19.3 주해

19.3.1 하나님의 절대적인 권위와 주인 되심으로 인하여 제자는 하나님과 이웃을 최선을 다해 사랑해야 한다.

서기관과 예수님이 주고받는 대화(12:28-34)의 구조를 보면 첫째 계명이 반복되면서 (B/B′) 강조되고 있다.

A 예수님을 향한 질문(서기관) (12:28)

B 하나님과 이웃을 사랑하라(예수님) (12:29-31)

B′ 하나님과 이웃을 사랑하라(서기관) (12:32-33)

A′ 서기관을 향한 칭찬(예수님) (12:34)

이 단락에서 핵심은 제자가 하나님의 광활하고 광범위하고 포괄적인 주인 되심에 반응을 보여야 한다는 것이다. 제자가 보여야 할 반응은 뚜렷하게 드러난다. 제자는 십계명의 첫 돌판에 새겨진 계명의 본질이라 할 수 있는 하나님 사랑과, 두 번째 돌판에 새겨진 계명의 본질이라 할 수 있는 이웃 사랑으로 반응해야 한다.[12]

서기관이 첫째 되는 계명이 무엇인지 물어볼 때 예수님은 놀랍게도 두 가지 계명으로 대답하신다. 첫째와 둘째(첫 번째와 두 번째로 중요한) 계명이 명백하게 구분되어 있다. 그러나 이 두 가지 계명은 "이보다 더 큰 계명"(12:31)이라는 표현에서 "이"로 묶여 있다. 그러므로 두 계명은 서로 밀접하게 연관되어 있다. "다른 사람들을 사랑하는 것은 오직 먼저 하나님을 사랑하는 것에 근거해야만 비로소 그 참된 자리를 찾는다." 어쩌면 두 번째 계명을 지키지 않고서는 첫 번째 계명을 온전히 지킬 수 없다는 뜻일 수도 있다(요일 4:8, 20-21).[13] "두 가지 계명으로 나누어져 있지만, 이 둘은 서로 분리될 수 없다. 다른 사람을 사랑하지 않으면서 하나님을 사랑할 수는 없다."[14] 이전 단락인 12:13-17에서 이미 간접적으로 언급한 하나님의 형상으로 지어진 인간을 생각해볼 때, 하나님을 사랑한다는 것은 그분의 형상을 지닌 이웃을 사랑하는 것과 크게 다르다고 말하기 어렵다.

마가복음에서 유일하게 종교 지도자가 예수님의 말씀에 동의하는 장면은 이 단

---

12 모세 오경에 있는 613개의 계명 중 첫째 계명을 찾으려는 시도는 이 단락 외에도 여러 번 있었다. 예수님의 '황금률'(마 7:12)의 부정문인 랍비 Hillel의 '은률'은 다음과 같다. "당신에게 불쾌한 일을 이웃에게 행하지 말라. 이것이 모든 계명의 핵심이며 모든 계명이 이와 관련된 해설이다"(*b. Šabb.* 31a; Tob 4.15 참조). *b. Mak.* 24a는 율법서를 시편 15편에 나타난 열한 가지 원리, 이사야 33:15-16에 나타난 여섯 가지 원리, 미가 6:8에 나타난 세 가지 원리, 이사야 56:1에 담긴 두 가지 원리 그리고 아모스 5:4(합 2:4)에 담긴 한 가지 원리로 축약했다. *b. Ber.* 63a는 모세 오경의 주요 원리는 잠언 3:6에 기반한다고 주장했다. Stein, *Mark*, 560을 참조하라.

13 France, *Gospel of Mark*, 480.(『NIGTC 마가복음』 새물결플러스, 769) van Iersel, *Mark*, 379도 참조하라. *T. Iss.* 5.2; 7.6; *T. Dan.* 5.3; *Jub.* 36.7-8; Philo, *Decalogue* 109-10에서 레위기 19:18이 신명기 6:4과 합쳐서 등장한다.

14 Boring, *Mark*, 345.

락에 나타난다(12:32).[15] 대부분의 서기관이 제사에 깊은 관심을 가졌다는 것을 고려하면 이 서기관이 예수님의 말씀에 동의하며 모든 번제물과 기타 제물을 부차적으로 여기는 모습은 매우 놀랍다. 그는 간접적으로 예수님의 성전 정화를 지지하는 것일까?[16] 그러나 위선적인 예배를 부정적으로 바라보는 태도는 구약에서 자주 찾아볼 수 있다. 사무엘상 15:22, 시편 40:6, 51:17–19, 잠언 21:3, 이사야 1:10–17, 예레미야 7:22–23, 호세아 6:6, 아모스 5:22을 참조하라. 이외에도 마가복음 7:1–23(본문 10)에서 논의되었던 내용도 잊어서는 안 된다. 이 본문에서 예수님은 의식적 정결보다 도덕적 정결을 더 중요하게 여기셨다. 새로운 공동체를 통해 새 성전이 세워지고(11:22–25) 새 모퉁이의 머릿돌에 세워지는 성전(12:10–11)을 생각해볼 때, 제사 의식에서 도덕적 의식으로 우선순위가 바뀌는 것은 너무나 당연하다.

그러나 제자들을 향한 메시지는 명확하다. 모든 것의 주인 되신 하나님은 제자들에게 하나님과 이웃을 향한 최선의 사랑을 요구하신다. 하나님의 주권이 신실하게 행사되기 때문에(12:18–27) 하나님을 향한 사랑은 강요되거나 마지못해 하는 것이 아니라 온전히 신뢰할 수 있는 하나님을 향해 자연스럽게 나오는 반응이다.

12:1–9	**부정적 예화:** 하나님이 주인 되시기에 제자들은 열매를 맺어야 함
12:10–12	기독론: 예수 그리스도를 통해 하나님의 주인 되심이 회복됨
12:13–17	하나님은 제자의 모든 삶의 주인이 되심
12:18–27	하나님의 주인 되심은 영원까지 이름
12:28–34	하나님이 주인 되시기에 제자들은 사랑해야 함*
12:35–37	기독론: 하나님의 아들, 예수 그리스도를 통해 하나님의 주인 되심이 나타남
12:38–44	**긍정적 예화:** 주인 되신 하나님은 제자의 모든 것을 요구하심

* 음영으로 표시된 부분이 이 단락에 해당한다.

15 이 서기관의 대답을 자세히 보면 그가 예수님의 말씀에 확실히 동의한다는 것을 알 수 있다! ἐξ ὅλης(엑스 홀레스, "다하여", 12:30, 33)와 하나님을 사랑하고 이웃을 사랑하는 것은, 모든 ὁλοκαυτώματα[홀로카우토마타, "(모든) 번제물", 12:33, 접두사 ὁλο–(홀로)는 ὅλος(홀로스, "다하여")와 연관성이 있음]보다 더 뛰어난 것이다.

16 "서기관이 '모든'이라는 표현을 사용하며 성전의 모든 제사를 예수님이 말씀하신 두 가지 사랑 계명보다 부차적으로 여김으로 예루살렘 성전에서 행해지는 제사의 타당성과 가치에 의문을 제기한다"(Heil, "Narrative Strategy," 85). 그것도 성전에서 예수님의 말씀을 들으며 이러한 의문을 제기하는 것이다(11:27)!

19.3.2 하나님의 절대적인 권위와 주인 되심은 예수 그리스도를 통해 드러난다.

12:35–37의 중점은 12:10–11의 중점과 연관이 있다. 두 단락 모두 시편을 인용하며 예수님의 권위가 하나님의 권위와 동등하다는 기독론적인 진술을 담고 있다. 이 단락에서는 메시아가 다윗의 '자손'이 아닌 '주'로 소개된다. 예수님은 시편 110:1에서 누가 누구에게 이야기를 하고 있는지에 관한 특정한 관점으로 논증을 펼치신다. 예수님은 이 구절에서 (다윗이 말하기를) 여호와가 메시아에게 내 우편에 앉으라고 초대하셨다고 말씀하신다. "예수님과 그분의 동시대 사람들이 시편 110편을 읽는 방식을 고려할 때, 그 논증은 충분히 설득력이 있다. 즉, 저자인 다윗은 말의 수신인인 메시아를 κύριος(큐리오스, '주님')로 보았고, 따라서 자신의 자손이 아니라 자신의 상급자로 언급했다."[17] 12:35–37에서 마가가 펼치는 논증은 다음과 같다.[18]

명시되지 않은 대전제: '주님'이라고 부르는 자가 '주님'이라고 불리는 자보다 낮은 자다.

소전제: 시편 110편에서 다윗이 메시아를 '주님'이라고 부른다.

결론: 다윗은 메시아보다 낮은 자다. 메시아는 '자손'이 아니라 '하나님의 아들'이다(막 12:35: 예수님은 서기관과 다르게 가르치심).

'주님'의 권위라는 모티브는 제3막이 열릴 때부터 지금까지 이어진다. 예수님이 자신을 "다윗의 자손"(10:47, 48)이라고 부른 바디매오의 믿음을 칭찬하신 것(10:52)은 '다윗의 자손'이 예수님의 올바른 칭호라는 사실을 말해준다. 이 장면 직후에 예수님은 "주"(11:3)로서 예루살렘에 입성하시고 무리는 이 칭호에 직접적으로 동의한다(11:9). 그러나 왕의 '수도'(예루살렘)와 그의 '궁전'(성전)에서 왕을 열렬히 환호하며 맞이하지 않았다는 점은 종교 지도자들이 예수님을 다윗의 자손으로 받아들이지 못했다는 사실을 보여준다.

바디매오가 예수님이 주님이심을 단언했고, 예수님 또한 주님으로서 성전을 비난하셨다(11:15–19). 종교 지도자들은 예수님의 권위에 대해 문제를 삼았고(11:27–12:12, "주"가 12:9, 11에 등장한다), 제자들은 최선을 다해 주를 사랑하라는 명령을 받았

17 France, *Gospel of Mark*, 483–84, 486–87(『NIGTC 마가복음』 새물결플러스, 773–4, 777–8); Collins, *Mark*, 579.

18 Dowd, *Reading Mark*, 132.

다(12:29–30). 그리고 이제 12:36–37에서 "주"가 메시아이자 하나님의 아들로 확인된다.[19] 예수님은 단순히 '다윗의 자손'이 자신에게 타당한 칭호라는 것에 머물지 않으시고 '하나님의 아들'(1:11; 1:24; 3:11; 5:7; 9:7; 14:61–62; 15:39)이라는 칭호가 더 적절하다고 주장하신다.[20] 그리고 마가는 권위 있는 하나님의 아들로서 하나님의 주인 되심이 그분의 아들이신 예수 그리스도를 통해 드러난다고 주장한다!

12:1–9 **부정적 예화:** 하나님이 주인 되시기에 제자들은 열매를 맺어야 함
12:10–12 기독론: 예수 그리스도를 통해 하나님의 주인 되심이 회복됨
12:13–17 하나님은 제자의 모든 삶의 주인이 되심
12:18–27 하나님의 주인 되심은 영원까지 이름
12:28–34 하나님이 주인 되시기에 제자들은 사랑해야 함
12:35–37 기독론: 하나님의 아들, 예수 그리스도를 통해 하나님의 주인 되심이 나타남*
12:38–44 **긍정적 예화:** 주인 되신 하나님은 제자의 모든 것을 요구하심

* 음영으로 표시된 부분이 이 단락에 해당한다.

19.4 마가복음 12:38–44

19.4 신학적 초점

19.4 하나님의 절대적인 권위와 주인 되심으로 인하여 제자는 하나님과 이웃을 향한 사랑으로 모든 것을 희생할 수 있어야 한다(12:38–44).

19.4 단락 요약: 이 본문의 마지막 단락은 강력한 긍정적 예화를 담고 있다. 이 단락에 등장하는 제자는 하나님을 사랑하는 대신 자신을 높이는 일에만 관심을 갖고, 이웃을 사랑하는 대신 이웃을 억압하는 자들과는 다르다. 그녀는 하나님과 이웃을 사랑하는 계명에 순종한다. 즉, 삶을 드림으로써 하나님께 헌신하며, 성전에 헌금을 바침으로써 이웃을 사랑한다.

---

19 Heil, "Narrative Strategy," 85.

20 France, *Gospel of Mark*, 484(『NIGTC 마가복음』 새물결플러스, 775); Stein, *Mark*, 569–70.

19.4 성경 본문

12:38 예수께서 가르치실 때에 이르시되 긴 옷을 입고 다니는 것과 시장에서 문안 받는 것과

12:39 회당의 높은 자리와 잔치의 윗자리를 원하는 서기관들을 삼가라

12:40 그들은 과부의 가산을 삼키며 외식으로 길게 기도하는 자니 그 받는 판결이 더욱 중하리라 하시니라

12:41 예수께서 헌금함을 대하여 앉으사 무리가 어떻게 헌금함에 돈 넣는가를 보실새 여러 부자는 많이 넣는데

12:42 한 가난한 과부는 와서 두 렙돈 곧 한 고드란트를 넣는지라

12:43 예수께서 제자들을 불러다가 이르시되 내가 진실로 너희에게 이르노니 이 가난한 과부는 헌금함에 넣는 모든 사람보다 많이 넣었도다

12:44 그들은 다 그 풍족한 중에서 넣었거니와 이 과부는 그 가난한 중에서 자기의 모든 소유 곧 생활비 전부를 넣었느니라 하시니라

19.4 주해

19.4 하나님의 절대적인 권위와 주인 되심으로 인하여 제자는 하나님과 이웃을 향한 사랑으로 모든 것을 희생할 수 있어야 한다.

마가복음 12장은 하나님께 충성하는 본을 보이는 과부의 이야기로 끝난다. 이 이야기는 12:38–40과 41–44절로 나누어져 있는데, 과부(12:40, 42)와 자신을 과시하는 사람들(12:38–39, 41)을 공통적으로 언급하며 서로 연결되어 있다. 첫 번째 단락에서는 과부가 피해자로 등장하지만, 두 번째 이야기에서는 한 과부가 하나님께 충성하는 본을 보인다. 12:41의 부자가 서기관(12:38–40에서 착취자로 소개됨)으로 소개되지는 않지만, 과부가 두 단락에서 모두 등장하는 것으로 볼 때 이 이야기는 서기관들을 결코 긍정적으로 묘사하고 있지는 않다.[21] 허풍 떠는 서기관들의 태도는 비난받아 마땅하다(12:38–39). 이들은 하나님만이 마땅히 받으셔야 하는 찬사를 자신들이 받기를 추구하며 하나님을 사랑하라는 가장 중요한 계명을 어긴다. 그리고 12:40은 이들이 이웃

---

21 France, *Gospel of Mark*, 488–89.(『NIGTC 마가복음』 새물결플러스, 781–82)

을 사랑하는 계명 역시 어기고 있음을 보여준다.[22] '불충한' 서기관들을 향한 판결은 너무나 명백하다. 서기관들은 중요한(περισσότερον, 페리쏘테론) 계명(12:33)을 어겼기에 더욱 중한(περισσότερον) 판결을 받는다(12:40).[23]

11:27에서 시작된 일련의 논쟁은 12장의 마지막 이야기(12:41–44)에서 끝난다. 이 장면은 여자가 성전에 가장 근접하게 다가갈 수 있는 '여인의 뜰'을 배경으로 한다. 여인의 뜰에는 반 세겔의 성전세와 낙헌제를 드릴 수 있는 13개의 '나팔/각적(shofar) 궤'(שופרות, 쇼파롯, *m. Šeqal.* 2.1; 6.1, 5 등)가 있었다.[24] 예수님과 제자들이 본 것처럼 궤에 드려지는 모든 헌금은 쉽게 볼 수 있다(12:41). 프란스는 이것이 "잘 알려진 구경거리"였을 것이라고 말한다.[25]

12:41에서 묘사하는 과시적인 부자와 12:38–40에서 묘사하는 자만하고 탐욕스러운 서기관들의 모습은 매우 유사하다. 부자와 서기관은 가난함이 두 번 언급된(12:42, 43) 가난한 과부(μία χήρα πτωχή, 미아 케라 프토케)와 대조된다. 과부는 사심이 없고 관대하며 하나님께 충성하는 본을 보인다. 그녀는 하나님께 헌신하며 성전에 드리는 헌금으로 가장 중요한 계명을 지킨다.[26] 다음과 같이 상반되게 나열된 단어는 대조를 두드러지게 한다.[27]

	형용사	주어	동사	목적어
마가복음 12:41	여러	부자	넣는데	많이
(접속사 = καί, 카이)				
마가복음 12:42	한	가난한 과부	넣는지라	두 렙돈

22 Stein, *Mark*, 574. '긴 옷' 혹은 스톨(stole)은 제사장(Josephus, *Ant.* 3.158; 출 28:2 칠십인역)이나 왕족(대하 18:9; 에 6:8 칠십인역)이 절기 때 입었던 예복이다.

23 과부에 대한 하나님의 관심은 구약에 자주 등장한다. 신명기 14:29; 시편 68:5; 146:9; 이사야 1:17, 23; 예레미야 7:6; 49:11; 에스겔 22:7; 스가랴 7:10; 말라기 3:5을 보라.

24 '헌금함'(γαζοφυλάκιον, 가조풀라키온)은 여인의 뜰에서 헌금을 보관하는 건물을 가리키기도 한다(느 12:44; 1 Macc 14.49; 2 Macc 3.6)(Stein, *Mark*, 579).

25 France, *Gospel of Mark*, 489.(『NIGTC 마가복음』 새물결플러스, 783)

26 구리로 만들어진 이 동전(λεπτόν, 렙돈)은 직경이 약 1cm이며 가장 작은 단위의 화폐였다. 두 렙돈은 한 고드란트와 같은 금액이었고, 데나리온의 64분의 1에 해당하는 금액이었다(데나리온은 당시 노동자의 하루 일당이었다)[France, *Gospel of Mark*, 493(『NIGTC 마가복음』 새물결플러스, 788)]. 이 과부의 전 재산은 하루 일당의 2퍼센트도 안 되는 금액이었는데 그녀는 그 모든 것을 드렸다!

27 Smith, "Closer Look," 30–31.

	주어	공급원	대명사	과거 동사
마가복음 12:44a	그들은	풍족한 중에서	그들의	넣었거니와
(접속사=δὲ, 데)				
마가복음 12:44b	이 과부는	가난한 중에서	자기의	넣었느니라

주요 단어인 προσκαλεσάμενος(프로스칼레사메노스, "불러다가")와 예수님이 말씀을 시작하시며 사용하는 표현인 ἀμὴν λέγω ὑμῖν(아멘 레고 휘민, "내가 진실로 너희에게 이르노니", 12:43)은 예수님이 하신 말씀의 중요성을 강조한다. "예수님은 여기서 과부의 자기희생적이고 아낌없는 마음씨를 하나님의 모든 백성을 위한 모범으로 칭찬하시고…사람에 대한 일반적인 평가를 뒤집으신다. 하나님이 보시기에 중요한 것은 사람이 가진 것(그러므로 고통 없이 줄 수 있는 것)이 아니라 개인적으로 큰 대가를 치르기까지 하는 헌신이다."[28] 과부의 헌신은 가장 중요한 두 계명에 순종하는 본이 된다. 그녀는 하나가 아닌 두 동전을 모두 헌금함에 넣음으로써 자기가 가진 모든 것을 드린다! 그리고 '그녀의 모든 생명'(ὅλος ὁ βίος αὐτῆς, 홀로스 호 비오스 아우테스)이 쨍그랑 울리며 헌금함에 들어간다. 과부는 하나님을 마음, 목숨, 뜻, 힘을 다해(ἐξ ὅλης, 엑스 홀레스, 12:30, 33) 사랑하라는 가장 중요한 계명에 순종한다. 그리고 그녀가 드린 헌금의 액수는 하찮지만, 하나님은 모든 사람보다 많이 넣은 것으로 보신다.[29] 서기관이 예수님의 말씀에 동의하며 말했듯이 가장 중요한 계명을 순종하는 것이 모든 번제물보다 낫다(12:33).[30] 서기관은 가장 중요한 계명을 알았을 뿐이고, 그 계명에 순종한 것은 과부다.[31] 과부야말로 예수님의 제자다!

28 France, *Gospel of Mark*, 493.(『NIGTC 마가복음』 새물결플러스, 788)

29 부자는 "많이"(12:41, πολύς에서 나온 단어) 넣은 반면에, 과부는 모든 사람보다 "많이"(12:43, πολύς, 이 단어도 πολύς에서 나왔음) 넣었다.

30 여기서 제자도 여정을 거부한 부자(10:17–31, 본문 15 참조)를 간접적으로 가리키는 것일 수도 있다. 12:44에서 과부는 πάντα ὅσα εἶχεν(판타 호사 에이켄, "자기의 모든 소유")을 드린 반면에, 부자는 예수님께 ὅσα ἔχεις(호사 에케이스, "네게 있는 것을 다")를 주라는 명령을 받았다. 이 과부는 가난한(ὑστερήσεως, 후스테레소오스, 12:44) 중에서 헌금을 드린 반면에, 부자는 한 가지(모든 것을 드리고 예수님을 따르는 일)가 부족했다(ὑστερει, 후스테레이, 10:21). 베드로도 제자들이 예수님을 따르기 위해 πάντα(판타), 즉 "모든" 것을 버렸다고 말한다(10:28). 이 과부는 하나님을 위해 자기의 "모든"(πάντα) 소유(12:44)를 드린다.

31 마가복음 12:30, 33에서 모든 "힘"을 다하여 하나님을 사랑하라고 명령한다. ἰσχύς(이스쿠스)는 신명기 6:5('마음'/'뜻'/'힘')에 있는 מְאֹד(므오드)를 번역한 단어다. Collins는 사해사본에서 מְאֹד가 '부'/'재산'(1QS 1.11–15; 3.2–3 등)으로 해석된다고 말한다. 신명기 6:5을 이처럼 해석하는 데 정통한 사람은 이 과부가 '자기의 전부'를 드린 것이 곧 하나님을 '힘'을 다하여(즉, 모든 '부'/'재산'으로) 사랑한 증거라는 사실을 알

12:1-9	**부정적 예화:** 하나님이 주인 되시기에 제자들은 열매를 맺어야 함
12:10-12	기독론: 예수 그리스도를 통해 하나님의 주인 되심이 회복됨
12:13-17	하나님은 제자의 모든 삶의 주인이 되심
12:18-27	하나님의 주인 되심은 영원까지 이름
12:28-34	하나님이 주인 되시기에 제자들은 사랑해야 함
12:35-37	기독론: 하나님의 아들, 예수 그리스도를 통해 하나님의 주인 되심이 나타남
12:38-44	**긍정적 예화:** 주인 되신 하나님은 제자의 모든 것을 요구하심*

* 음영으로 표시된 부분이 이 단락에 해당한다.

이 이야기는 부 또는 부자를 비난하는 것이 아니라 오히려 가난한 과부의 희생을 높이 산다. 이러한 헌신이 하나님을 위해 희생하는 척도의 기준이 된다. 또한 이러한 희생이 하나님 나라의 새로운 관점에 포함된다. 하나님께 마땅히 드려야 할 것을 드리지 않은 포도원 농부들과는 달리(종교 지도자에 대한 부정적 예화, 12:1-9) 이 여인은 예수님의 말씀과 가장 중요한 계명이 요구하는 것처럼 자신의 삶을 바친다(12:13-17, 28-34). 권위와 주인 되심이 영원까지 이르는 하나님(12:18-27)은 그분께 전적으로 헌신하라고 요구하신다. 주인 되신 하나님은 제자에게 첫째 계명에 순종하여 희생적으로 모든 것을 드리라고 요구하신다. 그리고 무명의 가난한 과부만이 이 계명을 온전히 지킨다.

예수님은 이 단락으로 공적인 가르침을 끝내시고 이후에는 제자들과 사적으로 말씀하시며 가르치신다. 지금까지 제3막에서 성전, 성전 안의 활동, 성전 안의 지도자들과 그들의 태도를 부정적으로 묘사한 모든 내용은, 마가복음 13장에서 성전이 파괴될 것을 예언하는 담론을 예견한다.

설교의 초점 및 개요

설교를 위한 본문 19의 신학적 초점

19 하나님의 절대적인 권위는 제자에게 하나님과 이웃을 향한 사랑으로 모든 것을 희생하는 삶을 요구한다(12:38-44).

수 있다. 왜냐하면 그녀는 자기의 모든 소유를 드렸기 때문이다(*Mark*, 590).

이 본문은 신학적 초점을 다양한 방법으로 강조한다. 동전에 관한 이야기는 하나님이 그분의 형상을 지닌 자를 다스리시고 계심을 보여준다(제자는 모든 것을 드려야 한다). 부활에 관한 논쟁은 하나님의 신실하신 권위가 영원까지 이른다는 것을 보여준다(제자는 하나님을 위해 담대하게 모든 것을 희생할 수 있다). 첫째 계명에 관한 논의를 통해서는 권위 있는 하나님이 무엇을 요구하시는지 알 수 있다(제자는 모든 것으로 하나님과 이웃을 사랑해야 한다). 마지막으로 과부를 통해 하나님께 모든 것을 드린 삶을 엿볼 수 있다(제자는 하나님께 모든 것을 드린다). 이 단락들 사이에는 두 개의 기독론 진술이 삽입되어 있다. 이 진술은 예수 그리스도가 하나님의 아들, 메시아, 다윗 왕보다 더 큰 자, 모퉁이의 머릿돌이 되심을 가리킴으로써, 누구나 확신을 가지고 예수님께 전적으로 신실하고 헌신할 수 있게 한다.

모든 것을 희생해야 한다는 것은 우리를 위험에 처하게도 하고 심지어 불편하게도 한다. 이는 우리가 우리 자신을 지키려고 하고 이기적으로 안락함을 추구하기 때문이다. 그러나 마가복음 12장은 모든 것을 희생해야 하는 우리에게 확고한 진리를 전한다. 우리는 생사를 주관하실 뿐만 아니라 죽음 이후의 삶도 주관하시는 하나님(12:18-27)을 담대히 그리고 온전히 신뢰할 수 있다. 왜냐하면 신실하게 주권을 행하시는 하나님이 모든 것을 희생하는 제자를 이 땅에서뿐만 아니라 죽음 이후에도 틀림없이 돌보실 것이기 때문이다. 바로 이 이유 때문에 다양한 단락으로 이루어진 마가복음 12장에서 예수님과 사두개인의 논쟁이 중심 단락에 배치된 것일 수도 있다.

A 포도원 농부 예화: 하나님께 드려야 하는 열매(12:1-9)

  B 기독론 진술(12:10-12)

    C 세금 논쟁: 모든 것을 하나님께 드림(12:13-17)

      D 부활 논쟁: 생명과 죽음의 주관자이신 신실하신 하나님(12:18-27)

    C′ 계명 논쟁: 모든 것으로 하나님을 사랑함(12:28-34)

  B′ 기독론 진술(12:35-37)

A′ 과부 예화: 하나님께 모든 것을 드림(12:38-44)

부자가 등장하는 이전 본문(10:13-31, 본문 15)에서는 자기의 소유를 드리는 중요성(그리고 내세에서 더 많은 상급을 받는 것)을 다루었다. 반면에 이 본문은 하나님과 이웃을 사랑하는 표현으로써 희생적인 내어드림을 강조한다. 또한 돌보시는 하나님으로 인해 제자가 담대히 희생할 수 있다는 것을 설명한다.

이 본문 결말에는 무력한 자를 약탈하는 사회악이 나타난다. 따라서 설교에서 하나님과 이웃을 희생적으로 사랑하는 한 방법으로, 경제적으로 어려운 자를 돌볼 필요성을 언급할 좋은 기회가 될 수 있다.

본문 19의 설교 개요

Ⅰ. 우리는 누구인가? 제자의 정체성-하나님의 형상을 지닌 자

- 세금 논쟁: 12:13-17, 우리가 가진 모든 것의 주인 되신 하나님
- 연관성: 우리의 잘못된 관점-우리가 주인이라고 인식

Ⅱ. 우리는 무엇을 해야 하는가? 하나님의 형상을 지닌 자의 의무-*최선을 다해 사랑하기 위해 모든 것을 희생하라!*

- 과부의 예시: 12:38-44
- 과부가 행한 근거, 첫째 되는 계명: 12:35-37, '모든'의 반복
- 하나님과 이웃을 향한 최선의 사랑으로 하나님께 어떻게 모든 것을 드릴 수 있는가?

Ⅲ. 우리는 왜 확신할 수 있는가? 하나님을 의지함-하나님을 신뢰할 수 있기에 사랑으로 희생할 수 있다.

- 부활 논쟁: 약속을 지키시는 생명과 죽음의 주관자이신 하나님, 12:18-27
- 연관성: 최선을 다해 사랑하는 것에 대한 우리의 두려움/망설임
- 하나님을 신뢰할 때 이 두려움/망설임을 극복할 수 있다.

하나님께 초점을 맞춘 또 다른 설교 개요

Ⅰ. 하나님의 주인 되심: 그분의 형상을 지닌 모든 자의 주인 되심

- 세금 논쟁: 12:13-17, 우리가 가진 모든 것의 주인 되신 하나님
- 연관성: 우리의 잘못된 관점-우리가 주인이라고 인식

Ⅱ. 하나님의 요구: *최선을 다해 사랑하기 위해 모든 것을 희생하라!*

- 과부의 예시: 12:38-44
- 과부가 행한 근거, 첫째가 되는 계명: 12:35-37, '모든'의 반복

• 하나님과 이웃을 향한 최선의 사랑으로 하나님께 어떻게 모든 것을 드릴 수 있는가?

III. 하나님의 성품: 하나님을 신뢰할 수 있기에 사랑으로 희생할 수 있다.

• 부활 논쟁: 약속을 지키시는 생명과 죽음의 주관자이신 하나님, 12:18-27

• 연관성: 최선을 다해 사랑하는 것에 대한 우리의 두려움/망설임

• 하나님을 신뢰할 때 이 두려움/망설임을 극복할 수 있다.

본문 20

재앙 중에 강인함

마가복음 13:1-37

[종말론 담화, 무화과나무와 문지기 비유]

복습, 요약, 예습

본문 19 복습: 마가복음 12:13-44은 하나님의 절대적인 주인 되심과 권위로 인하여 제자들에게 요구되는 바가 무엇인지에 초점을 맞춘다. 제자들은 하나님의 형상을 입은 자로서 신실하신 하나님께 속해 있으며, 하나님과 이웃을 최선을 다해 사랑함으로써 자신을 하나님께 내어드려야 한다.

본문 20 요약: 마가복음 13:1-37은 미래에 일어날 사건의 시기에 관한 제자들의 질문에 예수님이 답변하신 내용이다. 예수님은 정확한 답을 주시지 않고 오히려 제자들이 재앙, 고통, 혼란 속에서 무엇을 해야 하는지에 초점을 맞추신다. 예수님은 제자들에게 강인한 믿음을 가지라고 요구하신다. 제자들은 하나님의 섭리, 성령님의 능력 그리고 예수님이 반드시 재림하셔서 신자를 불러 모으실 것이라는 약속 때문에 어려운 상황에서도 인내할 수 있다.

본문 21 예습: 다음 본문(14:1-11)은 예수님의 수난 사명을 이해하고 받아들이며, 값비싼 희생으로 반응해야 할 필요성을 다룬다.

본문 20. 마가복음 13:1-37

본문 20의 신학적 초점

20 제자들은 하나님의 섭리, 성령님의 능력, 재림하시는 예수님이 택하신 자들을 모으시리라는 약속에 의지하여 시련 속에서도 성전이 아닌 예수님께 변함없이 신실할 수 있다. 예수님의 정확한 재림의 때는 아버지 외에는 아무도 모르지만, 제자는 그때까지 변함없이 예수님께 신실히 행한다(13:1-37).

20.1 제자들은 하나님의 섭리, 성령님의 능력, 재림하시는 예수님이 택하신 자들을 모으시리라는 약속에 의지하여 시련 속에서도 성전이 아닌 예수님께 변함없이 신실할 수 있다(13:1-27).

20.1.1 제자들은 하나님의 길에서 떠나지 않고 성전이 아닌 예수님께 변함없이 신실하다.

20.1.2 제자들은 가장 힘든 상황 속에서도 성령님의 능력으로 변함없이 사명에 신실하다.

20.1.3 예수님께 신실한 제자들은 가장 힘든 시간 속에서도 하나님의 섭리와 주권으로 보호받으며, 궁극적으로는 약속대로 예수님이 재림하실 때 그들을 모으실 것이다.

20.2 예수님을 따르는 제자는 아버지 외에는 아무도 알지 못하는 정확한 재림의 때를 주목하는 대신 깨어 있고 신실해야 한다(13:28-37).

개관

제3막에 있는 마가복음 13장은 제1막에 있는 마가복음 4장과 유사하다. 마가복음 4장과 13장은 모두 장황한 '종말론' 담화이며, 해당 막에서 중간에 위치해 있고, 예수님이 적대 세력과 부딪히신 이후에 등장한다.[1] 긴 담화가 담긴 두 본문을 통해 독자는 잠시 멈추어 지금까지 마가복음에 나타난 이야기의 중요성과 뜻을 돌아볼 기회를 얻을 수 있다. 그러나 대부분의 마가복음 학자는 "마가복음 13장은 마가복음 연구에서 가장 논쟁이 되는 분야로 남아 있다"라고 말한 프란스에게 동의할 것이다.[2]

예수님이 성전에 반대하시는 입장은, 마가복음 11장에서 예루살렘에 입성하실 때 시작해서 마가복음 12장과 13장에서도 지속된다. "이스라엘, 특히 이스라엘 지도

---

1 마가복음 4장과 13장에 담긴 교훈은 정확히 말하면 '종말론' 담화는 아니다. 두 본문에는 종말론이 담고 있는 종말과 관련된 말, 상징, 개념, 날짜에 대한 언급, 부활과 심판 혹은 형벌과 상에 대한 자세한 설명 등이 나타나지 않는다(Witherington, *Gospel of Mark*, 336과 Hooker, *Commentary*, 299 참조). 제자들을 향한 2인칭 명령이 열 번 넘게 등장한다(13:14-16에서 3인칭 명령이 조금 등장함)는 점도 이 본문을 '종말론' 담화로 보기 어렵게 한다.

2 France, *Gospel of Mark*, 497-98.(『NIGTC 마가복음』 새물결플러스, 795-96)

자들이 사명을 감당하지 못하고, 열매를 맺지 않으며(11:12–26; 12:38–40), 하나님께 기름 부음을 받은 자를 적대했기 때문에(11:1–11, 27–33; 12:13–17, 18–27) 예루살렘 성전이 파괴되는 필연적인 심판을 받는다."[3] 그러므로 마가복음 13장은 이전 성전이 파괴되어 모퉁이의 머릿돌이신 예수님을 기초로 하여 세워지고, 제자들의 공동체로 이루어진 새로운 '성전'으로 대체될 것이라는 예언이 성취되는 이야기다. 이 본문에서 마가는 제자들이 신실해야 한다고 경고한다. 흥미롭게도 마가복음 13장 전후에 무명의 두 여인에 대한 이야기가 등장한다. 두 여인은 신실함의 본보기가 되며, 하나님께 온전히 헌신하는 모습을 보여준다. 반면에 같은 이야기에 등장하는 남자들은 위선과 기만의 모습을 보인다(12:38–44; 14:1–11). 따라서 이 본문은 종말론에 관한 논문이 아니며 예수님이 예언하신 사건 속에서 예수님께 신실할 것을 요구하는 이야기다. '신실함'은 제3막의 중심 주제가 된다. 마가복음 13장의 개요를 다음과 같이 정리해볼 수 있다.[4]

- 예수님의 예언과 제자들의 질문(13:1–4)
- 예수님의 답변(13:5–37)이 세 부분으로 나누어짐:

→ 인자가 재림하시기 전(13:5–23)

A "주의하라"(13:5), 거짓 메시아가 미혹할(πλανάω, 플라나오, 13:5, 6) 것임 (13:5–6)

B 들을 때에: 전쟁과 재난의 소문, **두려워하지 말라**(13:7–8)

C "조심하라"(13:9), 너희를 끌어다가 넘겨줄 때, 박해, **염려하지 말라** (13:9–13)

B′ 보거든: 성스러운 곳에 가증한 것과 환난, **도망가라**(13:14–20)

A′ "삼가라"(13:23), 거짓 메시아가 미혹할(ἀποπλανάω, 아포플라나오, 13:22) 것임 (13:21–23)

→ 인자가 오실 때(13:24–27)

우주의 재앙 ("그때에", 13:24) (13:24–25)

인자의 재림("그때에", 13:26) (13:26)

3 Stein, *Mark*, 582. 예루살렘/성전이 파괴될 것이라는 예언은 열왕기상 9:6–8; 예레미야 7:12–15; 12:7; 22:5; 26:6,18; 미가 3:12 등에서 나타난다.

4 van Iersel, *Reading Mark*, 159–60과 Dowd, *Reading Mark*, 135에서 수정되었다.

택하신 자들을 모음("그때에", 13:27) (13:27)

→ 인자가 오실 날이 가까워질 때의 반응(13:28–37)

A 무화과나무 비유(13:28–29)

B 시기에 관한 말씀(13:30)

C 권위 있는 예수님의 말씀(13:31)

B′ 시기에 관한 말씀(13:32)

A′ 문지기 비유(13:33–37)

마가복음 13장(그리고 마가복음 전체)이 기록된 정확한 시점과 상황 때문에 학자들은 골머리를 앓는다('서론' 참조). 이 문제는 13장에서 특히 더 두드러진다. 학자들은 여러 해석을 제안하며 마가복음 13장의 다양한 요소가 예루살렘과 성전의 파괴(66–70년) 또는 파루시아(Parousia, 예수님의 재림), 아니면 둘 다를 의미한다고 주장한다.[5] 나는 13:5–23을 하나의 단락으로 간주하며, 이 단락 안에 있는 요소들이 예루살렘과 성전 파괴 사건과는 큰 연관성이 없다고 판단한다. 따라서 13장 전체가 장래의 일을 다루고 있다고 본다.[6] 이런 관점에서 볼 때 마가복음 13장은 예루살렘 함락(70년 이전) 이전에 기록되었다고 판단할 수 있다. 이는 본문에서 다음과 같은 요소를 찾아볼 수 없기 때문이다. 마가는 예루살렘 함락 당시의 화재(Josephus, *J.W.* 6.249–87), 함락 당시 유대인 집단 간의 교전, 로마 제국에 의해 십자가 처형을 당한 수많은(수천 명의) 유대인 그리고 이미 로마 제국에 의해 성전이 파괴되었다면 "멸망의 가증한 것"이 정확히 무엇인지 이야기하지 않는다. 또한 예루살렘과 성전의 파괴는 서기 70년 여름에 일어났지만, 13:18은 이 일이 겨울에 일어날 것을 예상한다.[7] 여하튼 어느 해석을 따르든지 이 본문의 신학적 초점을 설교하는 데 큰 상관이 없을 것이다.

제1막(1:1–8:21)에서 제자들은 예수님의 정체성('정체성'은 예수님의 능력도 포함한

5 Cashmore, "'In This Generation,'" 은 각각의 주장을 요약해주며 복음서 이야기를 일치시킨다. Stein, *Mark*, 583과 Gundry, *Mark*, 755도 참조하라.

6 어떤 해석을 지지하든지 명확하지 않은 중점에 대해 자신의 결론을 내릴 때 '강해적 겸손'이 어느 정도는 요구된다.

7 Stein, *Mark*, 583. Gundry, *Mark*, 755도 참조하라. 마가복음 13장이 70년 이후에 기록되었어도 타당한 설명이 가능하지 않다는 이야기는 아니다.

다)을 인식하지 못했다. 제2막(8:22–10:52)에서 그들은 예수님의 사명을 받아들이지 못했다. 예수님의 수난을 포함하는 제3막(11:1–16:8)에서는 더 이상 예수님의 정체성을 인식하거나 사명을 받아들이는 것이 아니라 예수님께 신실한 것에 관심을 갖는다. 즉, 제자들은 이미 인식하고 받아들인(혹은 받아들였어야 할) 예수님께 신실해야 한다. 그러므로 이 맥락 가운데 제3막(특히, 마가복음 13장부터)은 지금까지 예수님이 계시하신 것에 대한 제자들의 반응에 집중한다. 마가복음 13장 이전에는 제자들이 예수님의 정체성을 인식하고 그분의 사명을 받아들여야 한다는 의미에서 βλέπω(블레포, '주의하라')가 자주 등장했지만, 마가복음 13장 이후로는 더 이상 사용되지 않는다.[8] 이 시점부터 제자들이 예수님께 신실해야 한다는 의미에서 γρηγορέω(그레고레오, '깨어 있다')가 자주 등장한다. γρηγορέω는 마가복음 13장 이전에는 사용되지 않았다.[9] 예수님의 정체성을 인식하고 그분의 사명을 받아들인다는 주제는 예수님의 수난 전에 나타나지만, 예수님께 신실하라는 주제(γρηγορέω로 시사한다)는 마가복음의 정점이라 할 수 있는 예수님의 수난과 함께 등장한다. 게더트(Geddert)는 13장의 담화에서 마가가 의도적으로 βλέπω(13:5)로 시작하여 γρηγορέω(13:37)로 마무리하며 두 단어의 용법을 통제하고 의미를 대조한다는 논지를 자세히 설명한다.[10] 마가복음 13장은 모티브가 바뀌는 전환점이다. 마가의 이러한 의도는 수난을 묘사하는 본문(특히, 막 14–15장)에서 다루어질 것이다. 그 본문들과 13:33–37의 연관성은 해당 장(본문 22–24)에서 다룰 것이다. 마가복음 13장을 설교하고 적용하기 위해 βλέπω는 제자들이 예수님의 정체성을 인식하고 그분의 사명을 수용하는 것(제1, 2막의 주제)에 초점을 맞추고, γρηγορέω는 이 인식과 수용에 대한 제자들의 반응, 즉 예수님께 신실한 것(제3막의 주제)에 초점을 맞춘다는 것만 이해해도 충분하다.

---

8 βλέπω는 '주의하라'는 의미로 4:12, 24; 8:15, 18, 23, 24; 12:38; 13:5, 9, 23, 33에서 등장한다.

9 γρηγορέω는 13:34, 35, 37; 14:34, 37, 38에서 등장한다.

10 Geddert, *Watchwords*, 90, 104. βλέπω와 γρηγορέω는 13장에서 각각 세 번(13:5, 9, 23과 13:34, 35, 37) 등장한다.

20.1 마가복음 13:1-27

20.1 신학적 초점

20.1 제자들은 하나님의 섭리, 성령님의 능력, 재림하시는 예수님이 택하신 약속에 의지하여 시련 속에서도 성전이 아닌 예수님께 변함없이 신실할 수 있다(13:1-27).

20.1.1 제자들은 하나님의 길에서 떠나지 않고 성전이 아닌 예수님께 변함없이 신실하다.

20.1.2 제자들은 가장 힘든 상황 속에서도 성령님의 능력으로 변함없이 사명에 신실하다.

20.1.3 예수님께 신실한 제자들은 가장 힘든 시간 속에서도 하나님의 섭리와 주권으로 보호받으며, 궁극적으로는 약속대로 예수님이 재림하실 때 그들을 모으실 것이다.

20.1 단락 요약: 예수님은 제자들의 질문에 장황하면서도 모호하게 대답하신다. 그분은 연속적으로 일어날 무서운 재앙과 개인적인 결말을 묘사하신다. 제자들은 이러한 시련과 거짓 그리스도가 나타나는 가장 큰 환난에 대비해야 한다. 제자들은 가장 어려운 상황 속에서도 하나님의 섭리를 경험하며 성령님의 도움을 반드시 받는다. 제자들이 해야 할 일은 미래에 일어날 일을 인식하고 제자도 여정에서 변함없이 예수님께 신실히 행하는 것이다. 또한 제자들에게는 인자가 재림하실 때 제자들을 불러 모으실 것이라는 소망이 주어진다.

20.1 성경 본문

13:1 예수께서 성전에서 나가실 때에 제자 중 하나가 이르되 선생님이여 보소서 이 돌들이 어떠하며 이 건물들이 어떠하니이까

13:2 예수께서 이르시되 네가 이 큰 건물들을 보느냐 돌 하나도 돌 위에 남지 않고 다 무너뜨려지리라 하시니라

13:3 예수께서 감람 산에서 성전을 마주 대하여 앉으셨을 때에 베드로와 야고보와 요한과 안드레가 조용히 묻되

13:4 우리에게 이르소서 어느 때에 이런 일이 있겠사오며 이 모든 일이 이루어지려 할 때에 무슨 징조가 있사오리이까

13:5 예수께서 이르시되 너희가 사람의 미혹을 받지 않도록 주의하라

13:6 많은 사람이 내 이름으로 와서 이르되 내가 그라 하여 많은 사람을 미혹하리라

13:7 난리와 난리의 소문을 들을 때에 두려워하지 말라 이런 일이 있어야 하되 아직 끝은 아니니라

13:8 민족이 민족을, 나라가 나라를 대적하여 일어나겠고 곳곳에 지진이 있으며 기근이 있으리니
이는 재난의 시작이니라
13:9 너희는 스스로 조심하라 사람들이 너희를 공회에 넘겨 주겠고 너희를 회당에서 매질하겠으며
나로 말미암아 너희가 권력자들과 임금들 앞에 서리니 이는 그들에게 증거가 되려 함이라
13:10 또 복음이 먼저 만국에 전파되어야 할 것이니라
13:11 사람들이 너희를 끌어다가 넘겨 줄 때에 무슨 말을 할까 미리 염려하지 말고 무엇이든지 그 때에
너희에게 주시는 그 말을 하라 말하는 이는 너희가 아니요 성령이시니라
13:12 형제가 형제를, 아버지가 자식을 죽는 데에 내주며 자식들이 부모를 대적하여 죽게 하리라
13:13 또 너희가 내 이름으로 말미암아 모든 사람에게 미움을 받을 것이나 끝까지 견디는 자는 구원을
받으리라
13:14 멸망의 가증한 것이 서지 못할 곳에 선 것을 보거든 (읽는 자는 깨달을진저) 그 때에 유대에
있는 자들은 산으로 도망할지어다
13:15 지붕 위에 있는 자는 내려가지도 말고 집에 있는 무엇을 가지러 들어가지도 말며
13:16 밭에 있는 자는 겉옷을 가지러 뒤로 돌이키지 말지어다
13:17 그 날에는 아이 밴 자들과 젖먹이는 자들에게 화가 있으리로다
13:18 이 일이 겨울에 일어나지 않도록 기도하라
13:19 이는 그 날들이 환난의 날이 되겠음이라 하나님께서 창조하신 시초부터 지금까지 이런 환난이
없었고 후에도 없으리라
13:20 만일 주께서 그 날들을 감하지 아니하셨더라면 모든 육체가 구원을 얻지 못할 것이거늘 자기가
택하신 자들을 위하여 그 날들을 감하셨느니라
13:21 그 때에 어떤 사람이 너희에게 말하되 보라 그리스도가 여기 있다 보라 저기 있다 하여도 믿지
말라
13:22 거짓 그리스도들과 거짓 선지자들이 일어나서 이적과 기사를 행하여 할 수만 있으면 택하신
자들을 미혹하려 하리라
13:23 너희는 삼가라 내가 모든 일을 너희에게 미리 말하였노라
13:24 그 때에 그 환난 후 해가 어두워지며 달이 빛을 내지 아니하며
13:25 별들이 하늘에서 떨어지며 하늘에 있는 권능들이 흔들리리라
13:26 그 때에 인자가 구름을 타고 큰 권능과 영광으로 오는 것을 사람들이 보리라
13:27 또 그 때에 그가 천사들을 보내어 자기가 택하신 자들을 땅 끝으로부터 하늘 끝까지 사방에서
모으리라

20.1 주해

20.1.1 제자들은 하나님의 길에서 떠나지 않고 성전이 아닌 예수님께 변함없이 신실하다.

이전 본문에서 서기관은 성전 제사를 낮게 평가했고(12:33), 예수님도 사람들이 과시하며 성전 헌금함에 돈을 넣는 것을 비난하셨다(12:42). 또한 예수님은 앞서 성전이 파산할 것이라고 선언하셨다(11:12-12:12). 이런 상황 속에서 한 제자가 화려한 돌과 웅대한 건물에 놀라는 것(13:1)이 아이러니하다![11] 예수님을 따르는 제자들은 도래할 하나님 나라의 새롭고도 완전히 다른 가치, 지위, 우선순위의 기준을 아직까지도 파악하지 못했다. 제자들이 예수님께 "보소서"(ὁράω, 호라오에서 파생했다, 13:1)라고 말하며 이 단락은 시작된다. 그리고 예수님도 보는 것과 관련한 동사 βλέπω(블레포, '주의하다', 13:5, 9, 23, 33)와 ὁράω['보다', 13:14, 21(2회), 26, 29]를 13장에서 자주 사용하신다. 제대로 볼 수 있는 눈이 필요한 사람은 예수님이 아니라 제자들이다! 제자들은 예수님이 말씀하시는 바를 보고 이해해야 한다. 그리고 이 명령은 열두 제자에게만 주어진 것이 아니라 모든 세대의 제자들에게 주어진 것이다. 13:14의 괄호 안에 있는 독자를 향한 글과 담화 결론에서 예수님이 "모든 사람"(13:37)에게 하는 말이라고 말씀하신 사실에서 이를 알 수 있다. 마가가 성령님의 감동으로 기록한 것(이 구절이나 다른 모든 구절도 마찬가지로)은 제자도 여정에서 예수님을 따르기로 한 모든 사람을 향한 것이다.

예수님은 마지막으로 성전에서 나오시며(13:1) 성전이 맞이할 운명을 단호히 말씀하신다.[12] 예수님은 두 과거형 수동태 가정법 동사("남지 않고" 그리고 "무너뜨려지리라")와 이중 부정을 사용하시며 이 건물이 결코 오래가지 않을 것임을 강조하신다(13:2).[13] "돌 하나도 돌 위에"(13:2)는 학개 2:15-16을 반영하지만 정반대로 사용되고 있다. 학개에서는 성전이 '돌 위에 돌'로 지어져가고 있는 반면에, 여기서는 '돌 위에

---

11 Heil, "Narrative Strategy," 89. Josephus는 돌들의 엄청난 크기(12~19×2~4×3~6m)와 성전의 웅장함을 묘사한다(*J.W.* 5.189, 222-24; *Ant.* 15.392). *b. Sukkah* 51b에서도 동일하게 "우리 랍비들은…성전 건물의 온전한 모습을 보지 못한 사람은 평생에 장엄한 건물을 본 적이 없다고 가르쳤다"라고 기록한다.

12 13:1에서 예수님은 의도적으로 성전에서 나가시고, 13:3에서 성전을 마주 대하여 앉으신다. 성전을 마주 대한다고 표현할 때 사용된 전치사는 κατέναντι(카테난티, '맞은편')이며, 어원이 같은 명사형 ἐναντίος(에난티오스)는 '상대'를 뜻한다.

13 Josephus는 성전이 불타고 무너졌음을 기록한다(*J.W.* 6.249-66과 7.1-3). 현재 남아 있는 '통곡의 벽'은 헤롯 대왕이 주전 19년에 재건한 성전의 일부분에 불과하다.

돌'이 하나도 남지 않고 파괴된다! 예수님의 예언은 서기 70년에 티투스가 이끄는 로마군이 예루살렘을 함락할 때 이루어진 것 같지만, 예수님은 언제 이런 일이 일어날지 물어보는 제자들에게 구체적인 시기를 말씀해주시지 않는다(막 13:4). 모든 세대의 제자들은 정확한 시기를 알려고 하기보다는 항상 예수님께 신실해야 한다(13:33–37 주해 참조).

예수님이 성전의 최후를 말씀하실 때 그분이 새로운 성전의 머릿돌이 되신다는 마가복음 12:10 말씀도 떠오를 수밖에 없다. 그러므로 어떤 의미에서는 성전의 모든 돌이 "하나님이 새로운 성전의 머릿돌로 세우신 '예수님'이라는 더 뛰어난 돌로 대체될 것이다."[14] 새로운 성전은 믿음과 용서의 기도를 드리고(11:12–25), 하나님의 권위와 주인 되심을 인정하며 하나님의 것을 마땅히 돌려드리는 자들(12:1–44)로 이루어진 공동체다.

13:4에서 ταῦτα συντελεῖσθαι πάντα(타우타 순텔레이스싸이 판타, "이 모든 일이 이루어지려 할 때")는 다니엘 12:7(칠십인역: συντελεσθήσεται πάντα ταῦτα, 순텔레스쎄세타이 판타 타우타, "이 모든 일이 다 끝나리라")과 유사하다. 제자들은 위대한 건물이 파괴되는 것을 더 우려하겠지만, 화자의 시점에서 보면 13:4이 다니엘 12장의 "이 모든 일"을 암시한다는 것은 13:4의 "이 모든 일"이 다니엘 11:36–12:1에 기록된 일련의 사건(적그리스도의 출현과 대환난)을 가리킨다는 뜻이다. 예수님이 질문을 던지는 사람에게만 말씀하시지 않고 예언된 사건 이후에도 살아갈 미래의 모든 제자에게 말씀하신 이유가 여기에 있다. 어떤 종말론 해석을 수용하든지 간에 이 담화는 모든 세대의 제자가 예수님께 신실할 것을 요구한다.

13:5–37에서 예수님은 마지막 때에 일어날 극적인 사건들을 중심으로 대답하신다.[15] 앞서 이야기했듯이 13:5–23은 독특한 구조로 구분되어 있다. 또한 다가올 시련은 산고(13:5–8)[16]에서 고통과 박해(13:9–13) 그리고 환난(13:14–23; 13:19 참조)으로 점차

14 Heil, "Narrative Strategy," 90.

15 "이 모든 일"은 마가복음과 다니엘에서 모두 복수형이다. 질문을 한 제자들도 성전이 무너지는 일 외에 다른 것을 염두에 두었을 가능성이 있다(13:4).

16 '산고'는 이스라엘이 받는 심판과 고통을 묘사하는 단어로 사용된다. 특히, 메시아가 오기 전에 있을 심판으로 자주 언급된다. 이사야 13:8–9; 26:17–18; 66:7–9; 미가 4:9–10; 2 Esd 4.40–43; *1 En.* 99.1–100.6; *Jub.* 23.11–25; *2 Bar.* 27.1–15 그리고 신약에서 요한복음 16:20–22; 로마서 8:21–23; 데살로니가전서 5:3; 요한계시록 12:1–6을 보라. 마가복음 13:5–8에서 말하는 고통이 "시작"(13:8)에 불과한 것을 볼 때 이 산고는 기나긴 과정이다.

커진다. 또한 13:5–23은 미혹받지 않도록 경고하시는 말로 시작하고 끝난다(πλανάω, 플라나오, 13:5, 6, 22). 제자들은 다가올 환난 가운데서 하나님의 백성을 하나님의 길에서 벗어나게 하는 거짓 그리스도, 선지자, 선생에게 미혹받지 말고 예수님께 신실해야 한다.[17]

20.1.2 제자들은 가장 힘든 상황 속에서도 성령님의 능력으로 변함없이 사명에 신실하다.

13:5–8에 묘사된 재앙이 국제적인 범위를 논한다면, 13:9–13에서는 지극히 개인적인 시련으로 좁혀진다. 이 박해는 제자들이 예수님을 따르기 때문에 받는 것이다. 제자들은 그저 재앙의 구경꾼이 아니다. 그들 또한 박해와 압제를 당할 것이다. 예수님이 당하신 고난을 제자들도 받게 될 것이다(6:11; 8:34–38; 10:30).[18] 게더트는 제자들이 받게 될 고난을 '새로운 한 바퀴'로 묘사한다. 마지막 때에 제자들은 이미 떠나신 예수님께 바통을 받아 계주에 임하는 것이다. 제자들은 '넘겨질'(παραδίδωμι, 파라디도미가 13:9–13에서 세 번 등장한다) 것이지만, 복음이 만국에 전파되어야(δει, 데이, '…할 필요가 있다') 하기 때문에 다른 누군가가 또 바통을 받아 계주를 이어갈 것이다.[19]

제자들이 박해를 받고(13:9) 복음이 전파된다는 내용(13:10)이 나란히 기록되었다는 것은 이 두 가지가 매우 밀접하게 연관되어 있음을 보여준다. 적대 세력이 복음의 전파를 막을 수 없으며, 복음 전파가 원수와 적인 "그들에게 증거"가 될 것이다(13:9). 신실한 제자들이 대대로 예수님을 위해 살고 또한 고난받는 거룩한 책임을 이어갈 것이며, 언행으로 예수님을 전파할 것이다. "마가복음 신학에서 하나님 나라가 확장되는 것은 마치 복음을 위해 박해받는 바통이 한 주자에서 다른 주자로 건네지는 계주와도 같다…또는(마가가 사용하는 비유와 더 유사하기 위해서는) 갈릴리에서 예루

17 Boring, *Mark*, 362. 신명기 4:19; 13:5; 이사야 28:7; 호세아 4:12; 미가 3:5; 데살로니가후서 2:11; 디모데후서 3:13; 요한계시록 13:14–15(모든 구절이 πλανάω, '미혹하다'를 사용함)을 참조하라. 거짓 그리스도가 ἐγώ εἰμι(에고 에이미, "내가 그라", 막 13:6)라고 주장하는 아이러니를 놓쳐서는 안 된다. 진정한 메시아이신 예수님이 이 말을 동일하게 사용하시며 자신의 정체성을 드러내시지만(14:62), 그로 인해 거짓 선지자로 버림받으신다.

18 제자들도 예수님처럼 공회(13:9; 14:55; 15:1)에 '넘겨질'(παραδίδωμι, 파라디도미, 3:19; 13:9, 11, 12; 14:10, 11) 것이며, 매질을 당하고(12:3, 5; 13:9; 14:65; 15:15) 권력자들 앞에서 증언해야 할 것이다(13:9, 11; 14:53–65; 15:1–5). Driggers, *Following God*, 75–76을 참조하라.

19 이 구절과 13:27에서 예수님의 사역이 전 세계를 향한 것임을 명시한다. 예수님이 이미 이방 지역에서(5:1–20; 7:24–8:10; 11:17) 사역하시는 모습을 통해 이를 알 수 있다. 추후에 로마 백부장이 예수님이 하나님의 아들이라고 고백한다(15:39). 예수님을 정확하게 하나님의 아들이라고 고백하는 이방인에게 복음이 전파되는 이 시점에, 마가복음에서 전하고 있는 제자도 여정의 첫 한 바퀴가 결말을 맞는다.

살렘으로 가는 '여정'을 떠나는 새로운 제자가 생길 때마다 십자가가 한 어깨에서 다른 어깨로 건네지는 것과 같다."[20] 따라서 예수님이 재림하실 때까지 계주는 지속될 것이다. "중간기는 수동적인 기다림의 시간이 아니라 선포의 시간이고, 박해를 경험하는 시기며, 충성스럽게 '끝까지'(εἰς τέλος, 에이스 텔로스) 인내하는 시기다."[21] 박해를 받는 제자들은 아무리 어려운 상황에 있더라도 복음이 지속적으로 전파된다는 희망 때문에 하나님 나라의 확장이 결코 실패하지 않을 것을 장담할 수 있다.[22] 제자들은 제자도 여정에 신실하기만 하면 된다. 13:11에서 성령이 인도해주실 것이라는 강력한 약속이 제자들에게 주어진다. 위로하시고 도우시는 성령님이 제자들과 함께하시기 때문에 어떠한 재앙도 제자를 불안하게 할 수 없다. 그러므로 예수님은 "염려하지 말[라]"라고 말씀하신다(13:11).

20.1.3 예수님께 신실한 제자들은 가장 힘든 시간 속에서도 하나님의 섭리와 주권으로 보호받으며, 궁극적으로는 약속대로 예수님이 재림하실 때 그들을 모으실 것이다.

드디어 13:14-23에서 제자들이 물어본 징조에 대한 답이 주어진다. 거짓 선생, 전쟁, 지진, 기근, 박해 등 13:5-13에서 나열된 다양한 사건과는 달리 여기서는 단일 사건이 묘사된다. βδέλυγμα ἐρημώσεως(브델루그마 에레모세오스)를 직역하면 "멸망의 가증한 것"(즉, 가증한 것으로 인한 멸망)이다(13:14). "가증한 것" 자체는 중성 단어지만, 이를 묘사하는 "선 것"은 남성 완료 분사인 것을 볼 때 어떤 사물이 아니라 사람을 가리키는 듯하다. 어쩌면 멸망을 가져오는 사람을 가리킬 수 있다. 과거에 성전에서는 이러한 일이 실제로 일어나기도 했다.[23] 다니엘이 예언한 "멸망의 가증한 것"(이 또한 βδέλυγμα ἐρημώσεως)은 셀레우코스 왕조의 안티오코스 4세가 주전 157년에 성전을 더

---

20 Geddert, *Watchwords*, 150, 158, 175-76.

21 France, *Gospel of Mark*, 513.(『NIGTC 마가복음』 새물결플러스, 818) 여기서 말하는 '끝'은 13:7에서 재림을 가리키는 '끝'과는 달리 생명의 '끝'을 의미한다. 즉, 순교하기까지 인내한다는 것은 진정한 하나님의 자녀임을 나타낸다. 그리고 여기서 약속된 구원(13:13)은 욥기 13:16; 빌립보서 1:19, 28 등에서 말하는 구원과 같이 영생보다는 입증에 더 가깝다.

22 여기서 말하는 어려운 상황은 동족에게 배신을 당하는 것도 포함한다. 구체적으로 어떤 배신을 말하는지 명확히 알 수 없지만 스데반(행 6-7장)과 야고보(행 12:1-3; Josephus, *Ant.* 20.200)의 순교를 포함한다. 이들은 이방인 권력자가 아닌 유대인들에게 순교를 당했다('형제'가 다른 '형제'를 배신했다). 이러한 비극적인 사건은 교회 역사 내내 찾아볼 수 있다. 마가복음 13장이 묘사하는 억압의 정도는 1세기 때 일어난 박해와는 비교할 수 없다. 이 또한 13:5-37이 단순히 예루살렘과 성전 파괴만 가리키고 있지 않음을 보여준다[France, *Gospel of Mark*, 518(『NIGTC 마가복음』 새물결플러스, 825)].

23 Witherington, *Gospel of Mark*, 345.

럽힌 사건의 일부분이다(단 9:27; 11:31; 12:11 칠십인역, 또한 1 Macc 1.54도 참조). "마카비 시기의 특정 사건이 지금은 먼 과거의 일이기 때문에, 1세기에 이 표현을 사용한 것은 오직 안티오코스가 한 일에 상응하는 사건이나 대상과 관련해서 이해될 수 있다."[24] 마가가 말하는 멸망의 가증한 것은 성전에 세워진 신상이라고 타당하게 추측할 수 있다("가증한 것"은 우상 숭배를 가리킴, 신 7:25-26; 17:4; 18:12; 27:14-15; 29:16-17; 사 2:20; 44:19; 렘 2:7; 7:30; 겔 8:10; 20:30; 말 2:11; 1 Macc 6.7, Wis 14.11 등). 안티오코스가 범한 가증한 일에는 성전에 제우스 신상을 세우는 것도 포함되었다(2 Macc 6.2). 그러나 서기 66-70년 유대 전쟁 동안 성전에 신상이 세워졌는지 명확히 알 수는 없다.[25] 그러므로 이 구절은 ἄνθρωπος τῆς ἀνομίας(안쓰로포스 테스 아노미아스, '불법의 사람', 아마도 적그리스도)가 "하나님의 성전에 앉아 자기를 하나님이라고 내세우느니라"라는 데살로니가후서 2:3-4과 연관이 있을 가능성이 더 크다. 마가복음 13:5, 6, 22에 나오는 "미혹"[(ἀπο)πλανάω(아포)플라나오]이라는 모티브 또한 데살로니가후서 2:9-12과 연관되어 있을 가능성이 있다(2:11에서 πλάνη, 플라네, "미혹"이 등장). 어찌 되었건 전문 용어에 가까운 "멸망의 가증한 것"은 안티오코스가 성전에서 범한 가증한 일과 유사한 사건 때문에 제사가 중지되는 일을 암시한다. 그리고 이는 바로 달아나야 할 때를 알리는 징조다. 이 징조를 알아차리고 즉시 도망가지 않으면 피할 수 없다.[26] 예수님은 보통 폭행과 약탈을 피하기 위해 성벽 안으로 도피하는 방법과는 정반대되는 말씀을 하신다(막 13:14). 이것이 바로 그의 논점이며 이 단락의 신학적 중점이다. 하나님이 성전이 파괴되도록 두실 것이기 때문에 성전은 더 이상 신성하지 않으며 아무도 보호해 줄 수 없다.[27] 예수님은 오히려 멸망할 성과 성전에서 도망가라고 말씀하신다. 하나님의 백성은 대환난 속에서도 구원받을 것이다(13:20). 다니엘 12:1은 마지막 때에 일어날 환난을 언급할 때 마가복음 13:19-20과 비슷한 단어를 사용한다. 또한 "책에 기록

24 France, *Gospel of Mark*, 520.(『NIGTC 마가복음』 새물결플러스, 828)

25 서기 40년에 로마 황제 Caligula가 성전에 신상을 세우려고 했지만 실패했다(Josephus, *Ant.* 18.261 참조). 가능성은 희박하지만 이러한 시도로 볼 수 있는 경우는 다음과 같다. 빌라도가 예루살렘에서 로마 제국의 기준을 세우려고 한 일(Josephus, *J.W.* 2.169-74; *Ant.* 18.55-59), Phanni를 세우려고 한 일, 서기 67-68년에 열심당이 대제사장을 세운 일(*J.W.* 4.147-57), 서기 70년에 Titus 장군이 성전에 출입한 일(*J.W.* 6.260) 등(Evans, *Mark*, 318-19 참조)이다. 이 모든 사건은 마가복음에서 말하는 "멸망의 가증한 것"의 무게나 결과에 비교할 수 없다. 그러므로 마가복음 13:14은 아직까지 일어나지 않은 사건을 말하는 것으로 보인다.

26 Winn, Purpose of Mark's Gospel, 73-74.

27 Geddert, *Watchwords*, 218-19; Witherington, *Gospel of Mark*, 346.

된 모든 자가 구원을 받을 것이라"라고 약속한다[데오도션(Theodotion)은 이 구절에서 막 13:20과 마찬가지로 σῴζω(소조, '구원하다')를 사용한다. 반면에 단 12:1 칠십인역은 ὑψόω(훕소오, '칭찬하다')를 사용하고, 마소라 사본은 מלט(말라트, '구원하다')를 사용한다]. 다니엘 12장에서 말하는 '구원'은 마가복음 13:20-21에서 말하는 구원과 동일하게 하나님이 택하신 자들을 구원(σῴζω)하신다는 의미일 수 있다. 하나님이 주권과 섭리로 자기 백성을 보호하신다는 것이 여기서 분명히 드러난다.

인자가 오는 것을 묘사하면서도 예루살렘이나 성전은 아직까지 언급되지 않는다(13:24-27). 여기서 묘사되는 사건들은 마지막 때에 일어날 하늘의 격변을 가리키는 듯하다. 마태복음 24:3, 27, 37, 39은 마가복음에 동일하게 묘사된 사건을 재림 때 일어날 일로 언급한다. 이사야 13:9-11, 34:4-5, 에스겔 32:7-8, 요엘 2:10, 31, 3:15, 아모스 8:9, 미가 3:6, 학개 2:6, 21도 마지막 때를 알리는 하늘의 격변을 묘사한다. 유대교 위경도 이러한 현상이 마지막 때에 일어날 것이라고 기록한다(2 Esd 5.4-5; *As. Mos.* 10.1-10; *1 En* 80.4-7; 102.2; 또한 계 6:12-13도 참조). "1세기 때는 천체를 신과 연관시키거나 신으로 인식하며 이 땅에서 일어나는 일들을 통제하거나 영향을 주는 인격체로 바라보았다. 천체가 무너지는 것은 우주의 지배자가 바뀌는 것을 뜻했다."[28] 인자가 다스리기 위해 오시며 천체가 무너지는 것이다.

마가복음 13:24에 있는 반의 접속사(ἀλλα, 알라, '그러나')는 환난당하는 상황이 결정적으로 바뀌는 것을 보여준다. 마지막 때의 끝이 도래했으며, 인자가 오는 모습이 13:24-27에 묘사된다. 이 일들이 "그 환난 후"(13:24, 13:19에서 처음으로 언급한 환난을 뜻한다) 일어난다는 것은 환난이 영원하지 않고 결말이 있다는 것을 말한다. 마지막 때의 확증을 보여주는 이 구절들에서 제자들은 자신의 신실함에 대한 상급을 발견한다. 지금까지 언급된 환난 속에서(13:5-23) 제자들이 끝까지 신실했다면 상급은 그들의 것이 될 것이다. 인자가 올 때 선택받은 제자들은 사방에서 모이게 될 것이다.[29] 마가복음 13:24-27은 독자를 위로해준다. 예수님의 제자들은 이러한 환난을 경험하든

---

28 Boring, *Mark*, 372. 마가복음 13:25처럼 천체와 관련해서 '흔들다'라는 동사를 사용하며 하나님의 출현이나 재림을 가리키는 구절은 다음과 같다. 사사기 5:5; 사무엘하 22:8-20; 욥기 9:6; 시편 18:7; 97:2-5; Sir 16.18-19; *T. Levi* 4.1 등이다. 출애굽기 19:9; 34:5; 민수기 11:25; 12:5; 사무엘하 22:12; 시편 18:11-12; 97:2; 이사야 19:1; 나훔 1:3에서는 구름을 하나님의 도구로 표현한다. 스가랴 14:5에서는 하나님을 수행하는 천사들이 등장한다. 신명기 33:2; 시편 68:17; *1 En.* 1.9도 참조하라.

29 "끝까지 견디는 자"(13:13)가 '구원받은 자'라는 사실이 이해하기 힘들 수 있지만, 이들을 "택하신 자"라고 명시하며 이해를 돕는다. 하나님이 택하신 자들은 구원받은 자요, 끝까지 견디는 자들이다.

그렇지 않든 재림을 손꼽아 기다린다.

13:26–27에 '사람'이 나오며 앞서 사용되던 2인칭이 3인칭으로 바뀌는 것을 볼 때 이 사건이 먼 미래에 일어날 사건이라는 것을 알 수 있다. 이 구절에서도 예수님은 단순히 그때 당시 있었던 제자들이나 열두 제자에게만 말씀하시는 것이 아니다. 13:26은 재림 때의 심판을 묘사하고 있지만(사람 또는 적들이 하나님의 최후 승리를 '보는' 것과 관련해서는 14:62 그리고 사 64:1–2; 계 11:12; 1 *En.* 62.3–5 등 참조), 마가복음 13:27은 택함받은 자들이 모이는 장면을 묘사한다. 택함받은 자들은 구약에서 예언한 것처럼 추방된 유대인과 디아스포라뿐만 아니라 복음이 만국에 전파된(13:10) 결과로 사방에 있는 모든 열방을 포함한다.[30]

요약하자면, 제자들은 듣고(13:7), 보고, 깨달아야 한다(13:14). "마가는 화음을 완성하기 위해 마지막 음을 친다…듣고 보고 깨닫는 조화(사 6:9과 유사함)가 완성된다."[31] 이제 제자들은 견디기 어려운 상황 속에서 하나님의 섭리와 성령님의 도우심과 예수님의 약속(인자가 올 때 제자들을 모으실 것이라는 소망)을 의지하며 예수님과 복음에 신실해야 한다. 따라서 모든 세대의 제자들은 앞으로 어떠한 일이든 직면할 준비가 되어 있어야 한다(막 13:28–32, 33–37 주해 참조). 이 단락에서 시기와 때는 의도적으로 알려주지 않지만 신학적 초점은 분명하다. 어떤 상황에서도 끝까지 신실하라. 하나님이 모든 것을 주관하시니 용기를 가지라.

20.2 마가복음 13:28–37

20.2 신학적 초점

20.2 예수님을 따르는 제자는 아버지 외에는 아무도 알지 못하는 정확한 재림의 때를 주목하는 대신 깨어 있고 신실해야 한다(13:28–37).

20.2 단락 요약: 무화과나무와 문지기 비유는 제자가 예수님이 재림하시는 시기를 대략 알 수는 있어도, 정확한 날과 시간은 아무도(아들조차) 모른다는 것을 보여준다. 즉, 제자는 시간을 계산할 필요가 없다. 오히려 두 번째 비유가 강조하듯이 제자는 깨어

---

30 신명기 30:4; 시편 147:2; 이사야 11:11; 27:12; 43:5–6; 예레미야 23:3; 29:14; 31:8; 32:37; 에스겔 11:17; 34:13; 36:24; 39:27; 스가랴 10:6–11; 2 Macc 2.7; *Pss. Sol.* 17.26을 참조하라.

31 Gray, *Temple*, 132.

있어 제자도에 신실해야 한다.

20.2 성경 본문

13:28 무화과나무의 비유를 배우라 그 가지가 연하여지고 잎사귀를 내면 여름이 가까운 줄 아나니
13:29 이와 같이 너희가 이런 일이 일어나는 것을 보거든 인자가 가까이 곧 문 앞에 이른 줄 알라
13:30 내가 진실로 너희에게 말하노니 이 세대가 지나가기 전에 이 일이 다 일어나리라
13:31 천지는 없어지겠으나 내 말은 없어지지 아니하리라
13:32 그러나 그 날과 그 때는 아무도 모르나니 하늘에 있는 천사들도, 아들도 모르고 아버지만
아시느니라
13:33 주의하라 깨어 있으라 그 때가 언제인지 알지 못함이라
13:34 가령 사람이 집을 떠나 타국으로 갈 때에 그 종들에게 권한을 주어 각각 사무를 맡기며
문지기에게 깨어 있으라 명함과 같으니
13:35 그러므로 깨어 있으라 집 주인이 언제 올는지 혹 저물 때일는지, 밤중일는지, 닭 울 때일는지,
새벽일는지 너희가 알지 못함이라
13:36 그가 홀연히 와서 너희가 자는 것을 보지 않도록 하라
13:37 깨어 있으라 내가 너희에게 하는 이 말은 모든 사람에게 하는 말이니라 하시니라

20.2 주해

20.2 예수님을 따르는 제자는 아버지 외에는 아무도 알지 못하는 재림의 정확한 때를 주목하는 대신 깨어 있고 신실해야 한다.

13:28-32에 담긴 요소를 보면 이 비유는 13장 초반에 제자들이 던진 질문을 구체적으로 다루고 있음을 알 수 있다. "이런 일"(13:29)과 "이 일이 다"(13:30)는 13:4에 제자들이 던진 질문에서 "이런 일"과 "이 모든 일"과 동일한 단어이며, 동일한 순서로 나타난다. 제자들은 예루살렘과 성전이 파괴되는 일과 관련하여 질문했을 가능성이 높지만, 예수님은 이 역사적인 사건이 아니라 "가까이"(13:29) 이른 인자가 오시는 종말론적인 사건에 대해 대답하신다. 여름의 계절이 가까이 왔다는 것(13:28, γινώσκετε ὅτι ἐγγὺς τὸ θέρος ἐστίν, 기노스케테 호티 엥구스 토 쎄로스 에스틴, "여름이 가까운 줄 아나니")과 인자가 가까이 이르렀다는 것(13:29, γινὼσκετε ὅτι ἐγγύς ἐστιν ἐπι θύραις, 기노스케테 호

티 엥구스 에스틴 에티 쑤라이스, "인자가 가까이 곧 문 앞에 이른 줄 알라")이 비교된다. 여름(θέρος, 쎄로스)은 개념상으로나 언어학적으로 추수하는 시기(θερισμός, 쎄리스모스, '추수', 동사형은 θερίζω, 쎄리조)와 연관이 있다. 조금 전 13:27에서 하나님의 백성이 추수되는 장면이 나왔다. 제자는 계절을 알리는 징조를 '배우고' '알아야' 한다(13:28, 29). 그러나 13:32이 말해주듯이 재림의 날과 때는 아무도 모르고 아들조차 모른다.[32] 징조를 통해 인자가 오는 '계절'은 알 수 있어도 더 구체적인 시기는 알 수 없으며, 제자들이 알려고 해서도 안 된다. 여름과 인자가 가까이 이른다는 표현을 볼 때(13:28-29) "이 세대"(13:30)는 문자 그대로 세대를 가리킬 가능성이 높다. 여기서 "세대"는 '무화과나무의 징조와 이런 일을 보게 되는 세대'로 해석할 수 있다(13:26, 28-29).[33] 즉, 징조를 보게 되는 세대는 인자가 오는 것도 볼 것이다. 또한 13:29에서 "보거든"은 13:14의 "보거든"과 관련이 있으며, "멸망의 가증한 것"은 아마도 성전을 더럽히는 사건(종말론적?)을 가리킬 것이다. 이 사건은 곧 마지막 때가 이르렀다고 알려주는 징조다. 그러므로 이 모든 일들(멸망, 하늘의 격변 등)은 계절을 가리키는 징조이지 정확한 날과 때를 가리키는 것은 아니다. 그럼에도 불구하고 이 모든 일은 한 세대 동안 일어날 가능성이 있다.

Οὐκ οἴδατε γὰρ πότε ὁ καιρός(우크 오이다테 가르 포테 호 카이로스, "그때가 언제인지 알지 못함이라", 13:33)는 οὐκ οἴδατε γὰρ πότε ὁ κύριος(우크 오이다테 가르 포테 호 큐리오스, "주인이 언제 올는지…알지 못함이라", 13:35)와 매우 유사하다. 특히, καιρός와 κύριος는 발음이 서로 유사하다. "때"는 당연히 "주인"이 돌아올 때를 말한다. 돌아올 때는 명시되지 않았지만, 13:35에서 나열하고 있는 시간은 모두 야간에 파수를 보는 때를 말한다. 그러나 그 당시에는 긴 여정(ἀπόδημος, 아포데모스, "타국으로 갈 때에"에서 추정함, 13:34)에서 돌아올 때 밤중에 도착할 가능성은 매우 희박했다. 그러므로 밤사이

32 "날"은 13:17, 19, 20(2회), 24에서 복수로 사용되었지만, 13:32에서는 단수로 사용된다. 또한 이 구절에서는 더 구체적인 시간을 가리키는 "때"가 함께 사용된다. 기간을 나타내는 "날"과 "때"는 재림까지 이르는 기간(혹은 예루살렘의 환난 시기)을 말하지 않고 재림 사건 자체를 말한다. 아들이 재림의 날과 때를 모른다는 사실은 놀랍지 않다. "마가가 그리스도론에 관한 논지를 말하는 차원에서 보면 이 정보를 모른다는 것은 예수님이 죄인과 함께 있었듯이 칼케돈 신조에서 그의 '진정한 인성'을 보여주며, 반대로 예수님의 말이 하나님의 말씀과 동일하다고 주장하는 것(13:31, 사 40:8 참조)은 그의 '신성'을 보여준다"(Boring, *Mark*, 376-77). Stein도 "이 구절과 이와 비슷한 다른 구절들은 빌립보서 2:6-11에서 예수 그리스도가 자기를 비운 결과로 이해할 수 있다"(*Mark*, 623n4).

33 8:12, 38; 9:19에 등장하는 "세대"는 부정적 의미를 함축하지만, 13:30에 있는 "세대"는 악하다고 명시되어 있지 않다. '세대'는 1QpHab 2.7, 7.2에서 의미하는 것처럼 몇 세대에 걸친 시기를 뜻할 수도 있다.

라는 시간대는 상징적인 표현일 것이다. 특히, 마가복음 14–15장에서 밤사이의 시간대가 나타나는 것을 볼 때 더욱 그러하다. 이 구절에서 나열하고 있는 시각(13:35, 로마 제국은 밤사이의 시간대를 "저물 때", "밤중", "닭 울 때", "새벽"으로 나눔)은 직간접적으로 예수님의 수난 이야기에 사용된다.[34] "이는 그리스도인들이 현재 살고 있는 악한 세대를 상징한다. 이 세대는 그리스도인들이 십자가의 길에 주의하지 못하도록 유혹하며 위험에 빠트린다."[35] 세 번 반복되는 "깨어 있으라"(γρηγορέω, 그레고레오, 13:34, 35, 37)는 명령은 겟세마네 동산에서도 동일하게 세 번 반복된다(여기서도 γρηγορέω, 14:34, 37, 38). 여기서도 그렇고 겟세마네 동산에서도 잠을 자는 것(καθεύδω, 카쎄우도, '잠을 자다', 13:36; 14:37, 40, 41)의 위험이 강조된다.[36] 따라서 이 문지기 비유는 마가복음 14–15장에서 일어날 사건을 예시한다.

이 단락에서 놀라운 사실은 주님의 재림을 위해 깨어 있으라는 명령(눅 12:36과 달리)이 없다는 것이다. 게더트는 다음과 같이 말한다.[37]

> **마가복음에 있는 이 비유는 주인이 돌아올 것이기 때문에 그가 나타날 때를 위해 신실한 파수꾼이 되라는 것보다 오히려 주인이 떠나 있기 때문에 그를 대신하여 신실한 파수꾼이 되라는 메시지를 담고 있다…이 비유의 쟁점은 제자가 주인이 돌아오는 그 순간에 신실했는지 혹은 신실하지 못했는지가 아니라, 제자가 주인을 기다리며 기나긴 밤 동안 신실했는지 혹은 신실하지 못했는지다. 밤사이에 한순간이라도 잠이 들었다면 그는 신실하지 못한 종이며 적에게 당할 것이다. 잠깐이라도 잠이 들면 누군가가 침입할 수 있다.**

돌아오는 주인을 맞이할 준비를 하는 것이 쟁점이 아니다. 오히려 이 본문의 주안점은 13:13에서 말하는 "끝까지 견디는 자는 구원을 받으리라"이다.[38] 즉, 예수님

---

34 ὀψέ, 옵세, '저물 때'(14:17, 마지막 만찬, 15:42, 십자가 처형 이후), μεσονύκτιον, 메소뉵티온, '밤중'(14:30, 유다가 예수님을 배반하고 제자들이 예수님을 버림), ἀλεκτοροφωνία, 알렉토로포니아, '닭 울 때'(14:30, 72, 베드로가 예수님을 부인함), πρωΐ, 프뤼, '새벽'(15:1, 예수님이 로마에 넘겨지심). 마가복음 14장과 15장(본문 22–24)의 주해를 참조하라.

35 Best, *Following Jesus*, 153; France, *Gospel of Mark*, 545–46.(『NIGTC 마가복음』 새물결플러스, 867–68)

36 에베소서 5:14과 데살로니가전서 5:6–7에서 영적 둔감함을 '잠'으로 비유한다.

37 Geddert, *Watchwords*, 105.

38 van Iersel, *Mark*, 412.

의 핵심 명령은 항상 신실하라는 것이다. 13장에 있는 수많은 명령은 바로 이 점을 강조한다. “주의하라”(13:5), “두려워하지 말라”(13:7), “조심하라”(13:9), ‘염려하지 말라’(13:11), “기도하라”(13:18), “삼가라”(13:23), “주의하라”(13:33), “깨어 있으라”(13:33), “깨어 있으라”(13:35), “깨어 있으라”(13:37). 깨어 있으라는 명령은 마가복음 14-15장의 주제다. 앞서 언급했듯이, 마가복음 13장 이후에 제자에게 주어진 구체적인 명령은 바로 깨어 있으라는 것이다. 제자는 깨어 있기 위해 예수님의 본을 따라야 한다. 예수님은 밤사이의 네 시각 동안 제자들에게 명령한 바를 온전히 행하신다(막 14-15장에서 볼 수 있듯이). 수난 기사에서 예수님은 밤중에 파수하는 신실한 종이자 문지기시다. 예수님은 종으로서 본을 보이신다. “그분은 처음에 ‘종’으로 오셨지만, 이후에는 그들(제자들)이 예수님을 섬겨야 한다. 그분은 처음에 신실한 문지기가 되셨지만, 집주인으로 돌아오실 것이다.”[39] 마가복음에서 예수님이 전하시는 마지막 비유는 제자도 여정에서 신실하라는 분명한 메시지다. 남은 마가복음 본문의 신학적 초점을 통해 구체적으로 어떤 신실함이 요구되는지 알 수 있다.

마가복음

설교의 초점 및 개요

설교를 위한 본문 20의 신학적 초점

20 제자들은 하나님의 섭리, 성령님의 능력, 재림하시는 예수님이 택하신 자들을 모으시리라는 약속에 의지하여 시련 속에서도 성전이 아닌 예수님께 변함없이 신실할 수 있다(13:1-37).

이 본문에서 설교자가 떠안은 부담은 ‘예수님께 신실한 모습’을 구체적으로 설명하는 것이다. 본문에서 직접 찾아볼 수 있는 신실함을 예로 들어 다음과 같이 설교의 적용으로 제시할 수 있다. 세상의 혼돈(13:7-8)과 자연 재해(13:8) 속에서도 용기를 갖기, 박해 가운데 굳건히 서 있기(13:9), 복음을 지속적으로 전파하기(13:10), 가까운 이들에게 배반당해도 흔들리지 않기(13:12), 미혹되지 않기(13:6, 21-22) 등이 있다.[40] 만약 이 본문에서 말하는 “세대”(13:30)에 해당된다면 어쩌면 성전(재건된 새로운 성전)이 가증한

39 Geddert, *Watchwords*, 106.

40 앞으로 설교할 본문도 염두에 두고 있어야 한다. 마가복음 14-15장에서 예수님이 보이시는 신실함은 제자들이 따라야 할 본이 된다. 이 본문을 강해하며 앞으로 다룰 구체적인 신실함의 모습을 미리 설교하지 말고 해당 본문에서 구체적으로 다루는 것이 더 적절하다.

것으로 더럽혀지는 징조를 볼 수도 있다. 제자가 어떤 세대에 살고 있든지, 어떤 저항에 맞서고 있든지 그리고 어떤 혼란 가운데 있든지, 이 본문에서 제자가 받은 명령은 분명하다. 깨어 있어 예수님께 신실하라. 오직 하나님의 섭리, 성령님의 능력, 약속된 그리스도의 재림에 의지할 때 충성할 수 있다. 이는 제자가 반드시 배워야 할 교훈이다. 재앙이 찾아오면 제자의 흔들리는 마음을 알 수 있고, 그가 교리, 신앙, 실천을 과연 지속할 것인지 알게 된다. 따라서 첫 번째 설교 개요의 두 번째 부분은 재앙 앞에서 우리가 흔히 보이는 잘못된 반응을 다룬다("흔들리는 마음", '본문 20의 설교 개요' 참조). 이 본문에서 보여주듯이 재림의 정확한 시점을 추측하는 것은 신실함에 포함되지 않는다.

다른 본문에서 이미 삶과 죽음, 일상의 필요, 하나님의 사역에 동참하는 사안 등 여러 상황 가운데서 신실할 것을 이야기했지만, 이 본문은 더 광범위한 국가적/국제적 혼돈의 시기에 신실해야 할 이유를 다룬다(전 세계에 미치는 재앙을 다룸). 제자는 아버지의 섭리, 성령님의 능력 그리고 예수님의 재림에 대한 약속을 믿고 충성스럽게 살아가야 한다. 설교할 때 이러한 삼위일체 하나님의 도우심에 초점을 맞추는 것도 유익할 것이다.

본문 20의 설교 개요[41]

I. 재앙: 제자가 항상 직면하는 것

- 이 세상의 혼란: 13:5-13, 21-22
- 마지막 징조: 13:14-20
- 연관성: 우리가 직면할 수 있는 국가적 혹은 국제적 혼란

II. 흔들리는 마음(재앙에 대한 잘못된 반응): 거친 바람에 항상 흔들림

- 연관성: 혼란 속에서 우리가 흔히 보이는 반응

41 자주 언급했지만, 이 주석에서 제공하는 설교 개요는 제안에 불과하기 때문에 당연히 수정이 가능하다. 예를 들어, 첫 번째 설교 개요에서 첫 번째와 두 번째 개요는 하나의 개요로 합칠 수 있다. 혹은 개요 순서를 바꾸어 설교 적용을 다루는 '완강함' 전에 '안심'을 먼저 설교할 수도 있다. 설교 개요와 구성(그리고 형식과 첨부 자료와 같은 다른 수사학 전략)은 설교자가 성령님을 의지하고, 청중을 정확히 이해하며, 본문을 주의 깊게 다루면서 설교 상황에 따라 충분히 조율해야 한다.

III. 완강함(재앙에 대한 올바른 반응): *신실함으로 흔들리지 말라!*

- 오늘날 신실함으로 흔들리지 않을 수 있는 구체적인 방법

IV. 안심: 제자가 신실함으로 흔들리지 않을 수 있는 이유

- 하나님의 섭리: 13:19-20
- 성령님의 능력: 13:11
- 그리스도가 재림하셔서 제자를 모으시겠다는 약속: 13:27
- 연관성: 하나님의 섭리, 성령님의 능력, 약속된 그리스도의 재림

문제-해결-적용 방식으로 구성된 또 다른 설교 개요

I. 문제: 제자는 예수님을 따르며 항상 어려움과 위험에 직면함

- 이 세상의 혼란: 13:5-13, 21-22
- 마지막 징조: 13:14-20
- 연관성: 우리가 직면할 수 있는 국가적 혹은 국제적 혼란

II. 해결: 어려움에 처해 제자들은 하나님의 섭리, 능력, 약속의 도우심을 받음

- 하나님의 섭리: 13:19-20
- 성령님의 능력: 13:11
- 그리스도가 재림하셔서 제자를 모으시겠다는 약속: 13:27
- 연관성: 하나님의 섭리, 성령님의 능력, 약속된 그리스도의 재림

III. 적용: *신실함으로 흔들리지 말라!*

- 잘못된 적용: 흔들리고, 미혹되고, 깨어짐
- 하나님의 섭리, 능력, 약속에 의지할 수 있는 구체적인 방법

본문 21

값비싼 희생

마가복음 14:1-11

[예수님께 향유를 붓다]

복습, 요약, 예습

본문 20 복습: 마가복음 13:1-37은 제자가 하나님의 섭리, 성령님의 능력 그리고 예수님이 반드시 재림하셔서 신자를 불러 모으실 것이라는 약속을 믿고 어려운 상황에서도 신실하게 인내하라고 요구한다.

본문 21 요약: 마가복음 14:1-11은 이름도 없이 카메오로 등장하는 여인을 불평하는 남자 제자들 그리고 예수님을 배반하는 또 다른 남자 제자(이름이 밝혀진)와 대조한다. 예수님은 여인의 아낌없고, 순수하며, 값비싼 희생을 칭찬하시며, 그녀를 제자도의 본으로 삼으신다. 이 본문의 신학적 초점은 제자들이 이 여인처럼 예수님의 수난 사명을 이해하고 수용해야 하며, 값진 희생으로 반응해야 한다는 것이다.

본문 22 예습: 다음 본문(14:12-52)은 제자가 예수님의 신실함을 따르기 위해서는 하나님의 주권을 신뢰하고, 그분의 뜻에 복종하며, 기도함으로써 육신보다 성령님을 의지해야 한다고 가르친다.

본문 21. 마가복음 14:1-11

본문 21의 신학적 초점

21 예수님의 수난 사명을 수용한 제자는 아낌없고, 순수하며, 값어치 있고, 칭찬받을 만한 희생으로 모든 것을 예수님께 기꺼이 드릴 수 있다(14:1-11).

21.1 제자는 아낌없고 순수하며 값진 희생으로 예수님께 모든 것을 기꺼이 드릴 수 있다.

21.2 제자는 예수님의 수난 사명을 수용한다.

21.3 제자는 예수님을 위해 칭찬받을 만한 희생을 치른다.

개관

마가복음 12:41-44과 14:1-11은 마가복음 13장의 교훈적 담화를 둘러싸고 있다. 두 본문 모두 여성, 돈, '가난'을 다룬다. 그리고 두 이야기에서 주인공으로 등장하는 무명의 여인은 아무런 말도 하지 않은 채 아낌없이 자기 것을 바친다. 이들의 희생은 풍족함 가운데 헌금을 드린 자들이나 아무것도 드리지 않고 어리석게 불평만 하는 자들과는 너무나 대조된다. 12장에 등장하는 여인은 '자기의 전부'를 드렸고, 14장에 등장하는 여인은 예수님의 장례를 위해 기름을 붓는다. 두 본문 모두 ἀμὴν λέγω ὑμῖν(아멘 레고 후민, "내가 진실로 너희에게 이르노니", 12:43; 14:9)이라는 표현을 담고 있고, 두 여인 모두 '허비'하는 헌금을 통해 진정한 제자의 본보기가 된다. 마가는 두 이야기를 통해 무언가를 수행한다. 그는 독자들이 훌륭한 두 여인의 본을 따르기를 바란다.

21 마가복음 14:1-11

본문 21의 신학적 초점

21 예수님의 수난 사명을 수용한 제자는 아낌없고, 순수하며, 값어치 있고, 칭찬받을 만한 희생으로 모든 것을 예수님께 기꺼이 드릴 수 있다(14:1-11).

21.1 제자는 아낌없고 순수하며 값진 희생으로 예수님께 모든 것을 기꺼이 드릴 수 있다.

21.2 제자는 예수님의 수난 사명을 수용한다.

21.3 제자는 예수님을 위해 칭찬받을 만한 희생을 치른다.

21 단락 요약: 이 본문은 마가복음에서 다섯 번째로 등장하는 '샌드위치' 구조의 이야기다. 내부 이야기에서 이름도 없이 카메오로 등장하는 여인은 내부 이야기 속의 불평

하는 남자 제자들(내부 이야기)과 외부 이야기 속의 예수님을 배반하는 또 다른 남자 제자(이름이 밝혀진)와 대비된다. 예수님은 이 여인의 아낌없고 순수하며 값어치 있는 희생을 칭찬하시면서 그녀를 제자도의 본으로 삼으신다. 이 본문의 신학적 초점은 제자들이 이 여인처럼 예수님의 수난 사명을 이해하고 수용해야 하며 값비싼 희생으로 반응해야 한다는 데 있다.

21 성경 본문

14:1 이틀이 지나면 유월절과 무교절이라 대제사장들과 서기관들이 예수를 흉계로 잡아 죽일 방도를 구하며

14:2 이르되 민란이 날까 하노니 명절에는 하지 말자 하더라

14:3 예수께서 베다니 나병 환자 시몬의 집에서 식사하실 때에 한 여자가 매우 값진 향유 곧 순전한 나드 한 옥합을 가지고 와서 그 옥합을 깨뜨려 예수의 머리에 부으니

14:4 어떤 사람들이 화를 내어 서로 말하되 어찌하여 이 향유를 허비하는가

14:5 이 향유를 삼백 데나리온 이상에 팔아 가난한 자들에게 줄 수 있었겠도다 하며 그 여자를 책망하는지라

14:6 예수께서 이르시되 가만 두라 너희가 어찌하여 그를 괴롭게 하느냐 그가 내게 좋은 일을 하였느니라

14:7 가난한 자들은 항상 너희와 함께 있으니 아무 때라도 원하는 대로 도울 수 있거니와 나는 너희와 항상 함께 있지 아니하리라

14:8 그는 힘을 다하여 내 몸에 향유를 부어 내 장례를 미리 준비하였느니라

14:9 내가 진실로 너희에게 이르노니 온 천하에 어디서든지 복음이 전파되는 곳에는 이 여자가 행한 일도 말하여 그를 기억하리라 하시니라

14:10 열둘 중의 하나인 가룟 유다가 예수를 넘겨 주려고 대제사장들에게 가매

14:11 그들이 듣고 기뻐하여 돈을 주기로 약속하니 유다가 예수를 어떻게 넘겨 줄까 하고 그 기회를 찾더라

21 주해

14:1-11은 마가복음의 전형적인 '샌드위치' 구조 중 다섯 번째로 등장하는 본문이다

(외부 이야기: 14:1–2과 14:10–11, 내부 이야기: 14:3–9).[1] 대부분의 '샌드위치' 이야기처럼 여기서도 외부와 내부 이야기에서 모두 등장하는 인물은 예수님밖에 없다. 전체 본문은 14:1, 11에 등장하는 ζητέω(제테오, '찾다')로 둘러싸여 있다. 이 단어는 마가복음에서 부정적 의미를 함축할 때가 많다(3:21과 3:32 참조, 8:11, 12; 11:18; 12:12; 14:55 그리고 어쩌면 16:6도).

이 본문의 외부 이야기와 내부 이야기는 다음과 같이 서로 대조된다.

마가복음 14:1–2, 10–11	마가복음 14:3–9
열두 제자 중 한 명이며 이름이 밝혀진 유다	이름이 밝혀지지 않은 여인
예루살렘, 성전 경내	베다니, 나병 환자 시몬의 집
돈: 명시되지 않은 금액을 약속함	돈: 삼백 데나리온 이상의 금액
제사장들이 기뻐하고 유다에게 보상함	어떤 사람들이 화를 내고 비판함
유다는 돈을 위해 예수님을 넘겨줌	여인은 예수님을 위해 '돈'을 드림
배신자로 기억됨	복음과 함께 기억됨

21.1 제자는 아낌없고 순수하며 값진 희생으로 예수님께 모든 것을 기꺼이 드릴 수 있다.[2]

제3막이 수난 기사를 향해 달려가면서 예수님과 종교 지도자들 간의 대립은 절정에 이른다. 예수님이 예루살렘에 입성하실 때와 무리가 그를 극진히 환영하며 지지하는 모습을 고려할 때(11:18, 32; 12:12, 37), 종교 지도자들이 인기가 많은 이 랍비를 제지한다면 폭동이 충분히 일어날 수 있었다. 그래서 성전 경내에 있었을 종교 지도자들은 행동을 취하는 데 매우 신중했다(14:1–2).

반면에 예수님은 예루살렘과 곧 파괴될 성전에서 멀리 떨어진 베다니에 머무신다. 그는 일부러 성전 출입이 불가능한 나병 환자의 집으로 들어가신 듯하다(1:40–

1 마가복음의 '샌드위치' 구조 이야기에 대한 자세한 내용은 Shepherd, *Markan Sandwich Stories*, 241–66을 참조하라. 이 이야기는 사복음서에 모두 등장하지만, 각각의 복음서 저자가 전하고자 하는 신학적 초점이 다르기 때문에 이야기가 서로 조금씩 다르다.

2 이 이야기에서 '제자'는 바로 이 여인이다. 예수님을 "길에서" 따를 모든 자는 그녀처럼 행할 것을 권면받는다.

44).[3] 사람들에게 버림받은 '돌'이 동일하게 버림받은 또 다른 돌의 집으로 들어갔다. 어쩌면 이 모습은 새롭게 형성될 공동체의 모습을 보여주는 것일 수도 있다. 모퉁잇돌이 이제 제자리를 찾았고, 새로운 성전이 지어지고 있다.

화기애애한 식사 자리에 방해꾼이 갑자기 나타난다(14:3). 이 여인은 식사 중에 도착한 것으로 보아 초대받은 손님은 아닌 듯하다. 그리고 그녀는 자기 집도 아닌 곳에서 자기 손님도 아닌 사람에게 매우 돌발적이며 이례적인 행동을 취한다. 이는 결코 평범한 행동이 아니며 결코 평범한 희생도 아니다. 마가는 이 여인이 깨뜨린 옥합을 네 개의 속격으로 묘사하며(향유, 나드, 순전함, 값어치, 14:3), 그것이 얼마나 상당하고 큰 규모의 선물인지 강조한다. 이후에 이 향유가 삼백 데나리온 이상의 가치가 있다는 사실이 묘사된다(14:5). 마태복음 20:1-15에서는 한 데나리온이 노동자의 하루 평균 임금이라는 사실을 알려준다. 이 기준으로 보면 이 여인의 향유는 당시 노동자의 1년치 임금과 맞먹는다. 너무나 놀라운 희생이다. 마가복음 6:37을 보면 이백 데나리온은 오천 명을 먹일 수 있는 금액이다. 그래서 이를 지켜본 이들이 그녀가 향유를 붓는 모습을 보고 ἀπώλεια(아폴레이아, '파괴/붕괴/괴멸')라고 말한다. 이런 향유는 한 여인의 미래를 책임질 전 재산이었을 가능성이 매우 크므로 그녀의 희생은 더욱 놀랍다. 사복음서 중 마가복음에만 등장하는 옥합을 깨뜨리는 장면(14:3)은 이 여인이 되돌릴 수 없는 희생을 치렀음을 강조한다.[4] 이 또한 그녀의 희생과 헌신이 얼마나 큰 것인지 강조한다. 이는 아낌없고(모든 향유) 순수(순전한 나드)하며 값어치(1년 치 임금에 달하는 금액) 있는 희생이다.

21.2 제자는 예수님의 수난 사명을 수용한다.

그러나 "어떤 사람들"은 이 여인의 행위를 불쾌해하며 화를 낸다(14:4). 그들 중에는 예수님과 함께 예루살렘으로 가는 여정을 떠난 제자들도 포함되었을 것이다. 예수님이 화낸 이들을 책망하신(14:6-9) 후에 "열둘 중의 하나인" 유다가 대제사장들에게 간다고 언급하는 것을 볼 때 이를 추측해볼 수 있다(14:10).

예수님이 가난한 자들에 대해 하신 말씀(14:7)은 이들의 필요를 무시해도 된다

3 Heil, "Narrative Strategy," 93.

4 Gundry는 옥합을 깨뜨려 다시는 사용할 수 없도록 만드는 행위가 그녀의 전적인 희생을 보여준다고 생각한다(*Mark*, 802, 813). Hooker는 장례를 위해 사용된 향유 옥합은 보통 깨뜨려서 무덤에 두었다고 말하며 이 행위의 상징적 의미를 설명한다(*Commentary on the Gospel*, 329).

는 뜻이 아니라 오히려 우선순위에 관한 것이다. 예수님은 긍휼이 아니라 기회에 관해 말씀하신다. 곧 다가올 예수님의 죽음을 이해해야만 이 기회를 알아차릴 수 있다(다음 주해 참조). 예수님은 마가복음에서 이미 가난한 자들에게 충분히 관심을 보이셨다. 10:21에서 부자에게 모든 소유를 가난한 자들에게 나누어주라고 말씀하셨고, 12:44에서는 가난한 과부를 제자도의 본으로 삼으셨다. 예수님이 가난한 자들에게 관심을 갖고 계신다는 사실은 의심할 여지가 없다.

그러나 랍비 문헌은 이 여인이 보여주고 예수님이 칭찬하신 선행을 구호보다 더 훌륭한 일로 여겼다. 왜냐하면 전자는 즉각적인 행동과 개인의 관심을 요구했지만, 후자는 나중에 천천히 해도 될 일이었기 때문이다(*t. Pe'ah* 4.19; *b. Sukkah* 49b; 또한 신 15:11 참조).[5]

댄커(Danker)는 시편에서 πτωχός(프토코스, "가난한 자", 막 14:5, 7)는 의롭지만 무력하여 고통받는 자들을 주로 가리킨다고 말한다(시 22:24; 35:10; 41:1; 69:29, 32; 109:21 칠십인역). 흥미롭게도 마가복음 15:24, 34은 시편 22:1, 18을 인용하고, 마가복음 15:36은 시편 69:29을 인용하는 것 같다. "시편에서 가난하고 고통받는 자가 반복되는 계략의 피해자인 예수님과 연관되기 때문에, 마가나 그가 사용하는 전승에서 시편 41편의 πτωχός를 예수님과 연관하여 바라보는 것이 충분히 가능하다." 따라서 어떤 면에서 보면 이 여인은 '가난한 자', 즉 고통당하시는 예수님께 드리는 것이다. 시편 41:8-10은 ἀνίστημι(아니스테미, "일으키다", 41:10 칠십인역)를 사용하며, '가난'하고 고통받는 자의 최후 승리를 증언한다. 이 동사는 예수님의 '부활'을 시사하기도 한다(막 8:31; 9:9, 10, 31; 10:34). "이 여인을 향한 찬사는…가장 가난하고 고통받는 자에 대한 그녀의 반응을 칭찬하는 것이다."[6]

아무튼 예수님은 이 여인을 책망하는 구경꾼들에게 "나는 너희와 항상 함께 있지" 않기 때문에(14:7) 그녀가 좋은 일을 했다고 말씀하신다. 이 말씀은 제자들이 예수님의 수난 사명을 이해하고 곧 그 사명이 완수될 것을 알아야 한다고 시사한다. 14:8에서는 여인이 예수님의 장례를 미리 준비하기 위해 향유를 부었다고 기록하며 이 점을 강조한다(다음 주해 참조).

놀랍게도 예수님은 이 여인이 "힘을 다하여" 행동했다고 말씀하신다(14:8). 예수

5 Miller, "Woman Who Anoints," 226.
6 Danker, "Literary Unity," 468, 470.

님은 '그녀가 할 수 있는 것'으로 최선을 다했다고 칭찬하는 것이 아니라 '그녀가 가진 것'으로 행했다고 칭찬하신다. '그녀가 가진 것'이라는 말이 '그녀가 할 수 있는 것'이라는 뜻의 관용적인 표현이 될 수 있지만, '할 수 있는 것' 대신에 '가진 것'이 기록되었다는 것은 의미심장하다. 이 표현은 마가복음 12:41–44에서 등장한 여인을 암시한다. 12장에 등장하는 여인은 값비싼 향유 대신 그저 동전 두 개를 드렸고, 메시아의 머리에 화려하게 기름을 붓는 대신 탐욕으로 가득한 성전 헌금함에 동전을 던지기만 했지만, 14장의 여인과 동일한 선행을 행했다. 그런데 놀랍게도 두 여인이 동일하게 '가진 것으로' 드렸다고 기록한다(ὅσα εἶχεν, 호사 에이켄, 12:44 그리고 ὃ ἔσχεν, 호 에스켄, 14:8). 한 사람은 기름을 부었고 한 사람은 동전을 던졌지만 두 사람은 모두 자신의 삶, 곧 자기가 가진 것 모두를 붓고 던졌다. 두 여인은 전적으로 헌신하며 제자가 되었다! 마이어스(Myers)는 다음과 같이 수사적으로 묻는다.

> **이 이야기에서 '따르라'는 모티브가 전혀 없는데 왜 이 여인의 행동을 제자도의 본으로 삼아야 하는가? 그 이유는 메시아에게 기름 붓는 이 행위가 그의 통치가 아닌 장례를 준비하기 위함이기 때문이다(14:8). 이 여인은 제자들과는 달리 예수님의 죽음을 회피하는 대신에 '미리 준비'(προέλαβεν, 프로엘라벤, '예측하다')한다…이런 측면에서 그녀는 '힘을 다하여' 준비한 것이고 십자가의 길을 함께 걷는 것이다.**[7]

그곳에 모인 사람 중 이 여인만 예수님의 수난 사명을 이해했고 '가진 것을' 바쳤다.[8] 예수님이 보실 때 이 여인은 "나는 너희와 항상 함께 있지 아니하리라"라는 사실을 이해했다(14:7). 그리고 예수님은 장례를 위해 몸에 향유를 부은 여인을 직접적으로 칭찬하신다(14:8).[9] 예수님의 죽음에 집중한 이 여인은 그 누구보다도 예수님의 수난 사명을 이해하고 있었다. 외부 이야기에 등장하는 종교 지도자들은 예수님을 죽

---

7 Myers, *Binding the Strong Man*, 359.

8 Collins는 이 여인의 행동을 왕 혹은 메시아로서 예수님께 기름 붓는 제스처로 받아들여야 하는 또 다른 이유를 설명한다. 이 본문 직후에 예수님은 두 제자를 보내셔서 유월절 만찬을 위한 객실을 찾게 하신다(14:12–16). 이 단락은 사무엘상 10:1–8에서 사울이 기름 부음을 받고 도움을 준 두 사람을 만나는 장면을 연상시킨다(Collins, *Mark*, 642n202).

9 이 여인이 향유를 붓는 행동은 예수님이 기름 부음 받은 자, 곧 그리스도(14:8에서 그녀의 행동을 묘사하는 헬라어가 Χριστός, 크리스토스는 아니지만)라는 사실과 연관되어 있을 수 있다. 이 여인이 예수님의 장례를 미리 알아차렸다는 것(14:8)은 기름 부음 받은 자, 곧 그리스도의 사명을 이해했다는 표시다.

일 기회를 엿보고 있고, 예수님을 따르는 제자들은 그분의 죽음을 전혀 이해하지 못한다. 예수님이 세 번이나 수난을 예고하셨지만(8:31; 9:31; 10:33–34), 제자들은 자기 생각에만 잠겨 있었으며, 예수님이 칭찬하신 이 여인의 행동에 대해서는 도리어 화를 내고 책망했다. 이런 모습을 통해 제자들이 예수님의 죽음을 전혀 이해하지 못하고 있음을 알 수 있다. 남자 제자들은 오랜 시간 동안 예수님과 함께 있었고 예수님의 말씀을 직접 들었는데도 이 여인처럼 예수님의 수난 사명을 이해하고 예수님께 헌신하지 못했다. 반면에 이 여인은 예수님을 정확히 이해했다. "구경꾼(아마도 남성)의 독선적인 자선이 아니라 이름 없는 여인의 돌발적인 낭비를 기억해야 할 것이다. 예수님을 향한 이 여인의 헌신은 경건하게 보이려는 계산을 위한 여지를 두지 않는다."[10] 요한복음에서는 이 여인의 이름을 소개하지만, 마가복음에서는 의도적으로 그녀의 이름을 밝히지 않는다. 유명한 남자 제자는 예수님을 배반("넘겨줄까", 14:10–11)하는(죽이는) 대가로 돈을 받는다. 무명의 여자 '제자'는 '돈'을 드려 예수님의 죽음을 준비한다. 제자와 제자가 아닌 자의 대조가 이보다 더 강렬할 수는 없다. "이야기에서 단 한 문장에만 등장하는 이 여인은 열두 제자와는 너무나 대조된다. 이는 그녀가 단순히 여성이며 홀로 있어서가 아니라, 그녀가 예수님을 이해하고 그에 따라 행동하기 때문이다. 반면 열두 명의 남자 제자는 앞으로 예수님께 어떤 일이 일어날지 계속해서 알아차리지 못한다. 이 여인은 다른 사람들이 보지 못한 것을 볼 수 있었던 맹인 바디매오와 닮았다."[11]

21.3 제자는 예수님을 위해 칭찬받을 만한 희생을 치른다.

"내가 진실로 너희에게 이르노니"(14:9)라는 표현은 중요한 칭찬이 선언될 것을 예고한다. 예수님은 단 한 구절에서만 등장하며 단 한마디도 하지 않는 무명의 여인을 크게 칭찬하신다! 마가복음에서 그 어떠한 행동이나 말도 이러한 칭찬을 받지 못한다. 이에 대해 크리소스톰은 다음과 같이 말한다. "페르시아인과 인도인, 스키타이인과 트라키아인, 사르마티아인과 무어인 그리고 브리튼 제도에 사는 사람들은 모두 죄인이었던 여인이 남몰래 집에서 한 행동을 기념한다"(*Hom, Matt.* 80.2).[12] 이 이야기에서 그

---

10 France, *Gospel of Mark*, 549–50.(『NIGTC 마가복음』 새물결플러스, 873)

11 van Iersel, *Mark*, 417.

12 시라아의 에프렘(Ephrem the Syrian, 서기 306–373년)과 그레고리 대제(Gregory the Great, 서기 540–604년)는 14:1–11에 등장하는 여인이 막달라 마리아라고 처음으로 말한 교회 지도자들이었다. 그러나 마

녀는 단 한마디도 하지 않지만 그녀에 대해서는 많은 사람이 이야기할 것이다. 이 여인은 입 대신 마음을 열어 침묵 가운데 값비싼 희생을 치른다. 그녀의 이름이나 말이 아니라 행한 일이 만국에 전파되는 복음의 일부분이 된다. 이는 복음이 더 큰 의미에서 볼 때 예수님의 사명을 분별하고, 수용하며, 신실하게 따르고, 자신의 모든 것을 희생하는 것이기 때문이다. 그녀는 이것을 깨달은 이후 자신의 모든 것을 희생함으로 반응했다.

마가는 유다가 열두 제자 중 한 명임을 강조하며(14:10), 그의 배신이 얼마나 큰 일인지 강조하는 동시에 아무 말도 없이 단 한 구절에 등장하는 여인의 행동을 부각시킨다. 14:11에서 돈이 언급되면서 1년 치 삯을 쏟아부은 여인과 자기 스승의 목숨을 팔아 얼마 안 되는 돈을 챙기는 유다의 대조는 더욱 극명해진다. "길에서" 예수님을 따른 유명한 제자가 배신한다는 사실은 참으로 놀랍다. 3:13에서 열두 제자는 산 위에서 부름을 받고 ἀπῆλθον πρὸς αὐτόν[아펠쏜 프로스 아우톤, "(예수님께) 나아온지라"] 한다. 반면에 14:10에서는 열두 제자 중 한 명이 자신을 부른 분을 배반하기 위해 ἀπῆλθεν πρὸς τοὺς ἀρχιερεῖς(아펠쎈 프로스 투스 아르키에레이스, "대제사장들에게 가매") 한다.[13]

설교의 초점 및 개요

설교를 위한 본문 21의 신학적 초점

21 예수님의 수난 사명을 수용한 제자는 아낌없고, 순수하며, 값어치 있고, 칭찬받을 만한 희생을 치른다(14:1-11).

마가가 강조하는 것처럼 이 여인의 놀라운 희생을 묘사하는 네 가지 요소가 이 본문 설교의 중심을 이룬다. 이 여인이 왜 이렇게 값비싼 희생을 치렀는지 강조해야 한다. 바로 예수님의 수난 사명을 수용했기 때문이다. 이 본문에 등장하는 여인은 예수님의 사명을 이해하고 놀라운 헌신으로 반응한다. 예수님을 따르고자 하는 사람 역시 이

---

13 가복음에서는 그녀의 이름을 밝히지 않음으로써 그녀를 외부 이야기에 등장하는 사악한 인물들(그중 한 사람은 이름을 드러낸 유다)과 더 분명하게 대조시킨다.
유다는 예수님을 넘겨줄 기회를 찾았다(14:11). 반면에 여인은 선행을 할 수 있는 기회를 찾았다(14:7, πάντοτε, 판토테, "항상…있으니" 그리고 οὐ πάντοτε, 우 판토테, "항상…있지 아니하리라"에 주목하라. 즉, 예수님을 섬길 수 있는 적절한 때가 있다).

제자도의 본을 따라 행해야 한다. 어떠한 희생을 구체적으로 제시할지는 설교자가 정해야 한다. 과감한 삶의 변화, 상당한 금액의 금전적 헌신(이 여인 역시 놀랍게 '터무니없이 많은' 돈을 드렸다)[14]…아무튼 이 본문은 그야말로 값비싼 희생을 요구한다!

이 본문은 여인과 남자 제자들을 강력하게 대비시켜 보여준다. 따라서 설교 중에 열두 제자가 예수님의 수난 사명을 수용하지 못한 모습을 상기시켜주는 것도 좋다. 특히, 열두 제자가 세 번의 수난 예고(8:31; 9:31; 10:33-34)에 얼마나 어리석고 교만하게 반응했는지 초점을 두는 것도 좋다.

본문 21의 설교 개요

Ⅰ. 여인: 그녀가 행하고 이해한 바

- 여인의 희생: 아낌없고 순수하며 값어치 있는 희생(14:1-5)
- 여인은 예수님의 수난 사명을 이해함(14:6-8)

Ⅱ. 제자: 그들의 행동

- 수난 예고에 대한 제자들의 반응: 8:31-34; 9:31-34; 10:32-40
- 제자들은 예수님의 수난 사명을 이해하지 못함

Ⅲ. 우리: 우리가 행할 바-*아낌없고, 순수하며, 값어치 있고, 칭찬받을 만한 값비싼 희생을 치르라!*

- 예수님의 칭찬: 14:9
- 회중이 이를 실천할 수 있는 구체적인 방법

또 다른 설교 개요

Ⅰ. 무엇? 여인의 값비싼 희생

- 여인의 희생: 아낌없고 순수하며 값어치 있는 희생(14:1-5)
- 남자 제자의 배반과는 대조됨: 14:1-2, 10-11

---

14 독신주의자인 나는 댈러스신학교 채플 시간에 이 본문으로 설교할 기회가 있었는데, 당시 젊은 신학생들에게 남은 평생을 독신으로 살아가며 그리스도께 온전히 헌신하도록 하나님이 은사를 주신 것은 아닌지 숙고하라고 도전했다.

II. 왜? 여인이 값비싼 희생을 치른 이유

- 여인은 예수님의 수난 사명을 이해함(14:6-8)
- 대조: 제자들은 수난 예고를 듣고도 이해하지 못함: 8:31-34; 9:31-34; 10:32-40

III. 어떻게? 우리의 반응: *아낌없고, 순수하며, 값어치 있고, 칭찬받을 만한 값비싼 희생을 치르라!*

- 예수님의 칭찬: 14:9
- 회중이 이를 실천할 수 있는 구체적인 방법

본문 22

신실할 것인가, 육신을 따를 것인가

마가복음 14:12-52

[마지막 만찬, 겟세마네, 예수님이 잡히시다, 벌거벗은 청년]

복습, 요약, 예습

본문 21 복습: 마가복음 14:1-11은 예수님의 수난 사명을 이해하고 수용해야 하며 값비싼 희생을 치르는 것으로 반응해야 한다고 가르친다.

본문 22 요약: 마가복음 14:12-52은 '저녁'과 '밤중'에 신실해야 하는 제자에 대해 다룬다. 제자도에서 결정적인 시험/유혹을 이겨내기 위해서는 하나님의 주권과 뜻에 복종하고 (육신 대신에) 성령님을 기도로 의지하는 신실함이 필요하다. 예수님이 이와 같은 신실함을 직접 본으로 보여주신다. 또한 이 본문은 신실하지 못할 때 어떤 결과가 나타나는지 보여준다.

본문 23 예습: 다음 본문(14:53-72)은 각자의 재판을 받는 중에 자신을 부인하는 예수님과 예수님을 부인하는 베드로를 대조하며, 제자는 생명이 위협받는 상황에서도 자신을 지키기보다 오히려 부인하는 신실함을 지녀야 한다고 가르친다.

본문 22. 마가복음 14:12-52

본문 22의 신학적 초점

22 제자도에서 신실함은 성자 예수님의 본을 따라 하나님의 주권적인 뜻을 신뢰하고 (육신이 아닌) 성령님을 기도로 의지하는 것이다. 이와 같은 신실함이 없으면 하나님을 섬길 자격을 잃는 부끄러움을 당한다(14:12-52).

22.1 제자의 신실함은 자기 자신이 아닌 모든 것을 주관하시는 하나님을 신뢰하는 데 기반을 둔다(14:12-31).

22.2 제자도에서 신실함은 성자 예수님의 본을 따라 아버지의 뜻에 복종하고 기도로써 (육신이 아닌) 성령님을 의지하는 것이다(14:32-42).

22.3 제자도에서 신실하지 못하면 부끄러움을 당한다(14:43-52).

개관

이 본문에 기록된 예수님의 수난 기사를 이해하기 위해서는 마가복음 13장에 있는 마지막 비유(본문 20)를 반드시 알아야 한다. 13:33-37과 14:32-42은 의도적으로 서술되었다고 분명히 확신할 수 있을 정도로 눈에 띄게 유사하다.

- 두 단락 모두 '깨어 있으라-돌아오다-보다-잠을 자다'라는 주제다(13:33-37; 14:34, 37, 38, 39, 40, 41).
- 두 단락 모두 '때'를 언급한다(13:32; 14:34, 37, 41).
- 두 단락 모두 시각을 언급한다(다음 내용 참조).
- 깨어 있으라는 세 번의 명령(γρηγορέω, 그레고레오, 13:34, 35, 37)은 세 번이나 깨어 있지 못하는 제자들과 병행한다(14:37, 40, 41). 마가복음에서 깨어 있으라는 동사는 두 단락에만 등장한다.

그래서 게더트는 "두 단락이 서로 유사한 만큼 이 둘과 유사한 다른 단락은 마가복음에 없다"라고 주장한다.[1] 앞으로 설명하겠지만 마가복음의 저자는 수난 기사를 사용하여 '깨어 있음'(즉, 예수님의 사명에 신실한 것)에 대한 부정적인 예시와 긍정적

1 Geddert, *Watchwords*, 91.

인 예시를 모두 보여준다.

마가복음 제1막(1:1–8:21)은 예수님의 정체성을 인식하는 것을 다루었고, 제2막(8:22–10:52)은 예수님의 수난 사명을 수용하는 것(영광 이전의 고난)을 다루었다. 제1막과 제2막에서는 주요 단어가 βλέπω(블레포, '주의하라')였다. 안타깝게도 제자들은 예수님의 정체성을 인식하거나 그분의 수난 사명을 수용하기는커녕 오히려 둔감하고 냉담한 모습을 보인다. 그러나 제3막에서 수난 기사가 시작되면서 마가는 더 이상 인식과 수용에 관심을 두지 않고, 기꺼이 고난을 받으며 예수님을 따라 사명을 감당하는 신실함에 초점을 둔다. 이제 제3막에서 주요 단어는 γρηγορέω(그레고레오, '깨어 있다', 즉, 변함없이 신실하다)다. 예수님을 따르는 제자는 제자도에서 신실할 것을 요구받는다. 열두 제자가 제3막에서도 실패하면서 이 신실함을 본으로 보여줄 사람은 예수님밖에 없다. 이 본문은 제자들이 궁극적으로 실패한 이유를 육신의 연약함이라고 설명한다(14:38).

마가복음 13장에서 이미 설명했듯이 문지기 비유에서 문지기는 주인이 돌아올 때를 기다리며 그때를 주의해야 하는 것이 아니라, 떠나 있는 주인을 대신하여 깨어 있어야 한다. 이 비유는 신실함이 한 번의 헌신이 아니라 장기적인 순종임을 가르친다.[2] 13:35에서 예수님은 "그러므로 깨어 있으라 집주인이 언제 올는지 혹 저물 때일는지, 밤중일는지, 닭 울 때일는지, 새벽일는지 너희가 알지 못함이라"라고 말씀하신다. 이 구절에 있는 시각(저물 때, 밤중, 닭 울 때, 새벽)은 매우 중요하다. 왜냐하면 네 시각이 모두 수난 기사에 나타나기 때문이다.[3]

- 저물 때: 14:17(주의 만찬)
- 밤중: 14:37–41(겟세마네에서 예수님이 잡히심)[4]

---

2 같은 책, 104–5.

3 Shepherd, *Markan Sandwich Stories*, 270–71을 참조하라.

4 14:37에 '밤중'이라고 명시되어 있지 않지만, 예수님이 "한 시간"이 지났음을 말씀하신다. 예수님이 제자들을 세 번 찾아오신 것(14:37, 40, 41)을 볼 때 세 시간이 지났음을 알 수 있다. 이 시간들은 14:17에서 언급한 저물 때(오후 9시) 이후의 시간들이다. 따라서 예수님은 사실상 밤중(밤 12시)에 잡히셨다. [흥미롭게도 "때"라는 단어가 이 단락에서 세 번(14:35, 37, 41, 물론 동일한 의미를 함축하고 있지는 않다) 등장한다.] 세 시간 뒤에 명시되지 않은 밤중이 찾아오고 예수님이 이때 넘겨지신다(14:41, 때가 "왔도다" 그리고 14:45에서 유다가 "와서"). 마가는 독자가 겟세마네에서 일어난 일부터 시작해 제자들이 예수님을 버리고 도망간 것까지(14:32–52) 모두 이"때"에 일어난 것을 깨닫도록 의도적으로 '밤중'을 명시하지 않은 것일 수도 있다(Geddert, *Watchwords*, 133을 참조하라).

- 닭 울 때: 14:68, 72(예수님의 재판과 베드로의 부인)
- 새벽: 15:1(십자가 처형)[5]

마가는 지금까지 시간 순서에 큰 관심을 보이지 않았지만, 14:17 이후 갑자기 타이머를 누르고 예수님이 장사되실 때까지 켜놓는다. 마가는 각각의 시간마다 신실하지 못한 제자들의 부정적인 모습과 정반대인 예수님의 긍정적인 본을 묘사하고자 했다. 제자들은 실패한 반면에 예수님은 끝까지 신실함을 보여주신다. "여기서 드러나는 제자도에 관한 전반적인 교훈은 부활 사건 이후 신자들이 떠나 있는 주인을 기다리는 동안 직면하는 유혹과 박해 앞에서 어떻게 반응해야 하는지를 알려준다."[6] 그러나 열두 제자는 실패한다. 예수님은 유다가 자신을 배반하고(14:18-21), 제자들이 자신을 버리며(14:26-28), 베드로가 자신을 부인할 것(14:29-31)을 예언하셨는데, 그 후 14:43-49, 50-52, 66-72에서 각각의 예언이 정확히 성취된다. 예수님은 계속해서 실패하는 제자들과는 달리 긍정적 본을 보이시는 '대비되는 인물'로 등장하신다. 따라서 제자들의 실패와 예수님의 신실함이라는 두 가지 주제가 병행되어 강조된다.

22.1 마가복음 14:12-31

22.1 신학적 초점

22.1 제자의 신실함은 자기 자신이 아닌 모든 것을 주관하시는 하나님을 신뢰하는 데 기반을 둔다(14:12-31).

22.1 단락 요약: 마지막 만찬 단락은 "저물 때" 제자들에게 요구되는 신실함이 무엇인지 설명한다. 제자들은 모든 일이 일어나는 과정을 살피시는 하나님의 주권을 신뢰해야 한다. 하나님의 계획과 목적을 벗어나는 것은 아무것도 없다. 제자들은 위급한 상황 속에서도 자기 자신을 신뢰하기보다는 모든 것을 다스리시는 하나님을 전적으로 신뢰한다.

---

5 놀랍게도 '돌아오는'(ἔρχομαι, 에르코마이, 13:35, 36에서 차용) 모티브가 네 시각에 모두 등장한다. 저물 때(14:17), 밤중(14:37, 40, 41, 45), 닭 울 때(14:66), 새벽('돌아온다'는 단어를 찾아볼 수 없지만 14:62)에 이 동사가 또 한 번 등장한다. 이 구절에서 사용된 '돌아오다'는 예수님이 승리 가운데 오시는 더 영광스러운 '새벽'을 가리킨다고 볼 수 있다. ἔρχομαι 모티브가 소개되는 13:35-37에서 예수님의 재림을 예언하는 것을 볼 때 이를 더 잘 이해할 수 있다.

6 Geddert, *Watchwords*, 95.

22.1 성경 본문

14:12 무교절의 첫날 곧 유월절 양 잡는 날에 제자들이 예수께 여짜오되 우리가 어디로 가서
선생님께서 유월절 음식을 잡수시게 준비하기를 원하시나이까 하매
14:13 예수께서 제자 중의 둘을 보내시며 이르시되 성내로 들어가라 그리하면 물 한 동이를 가지고
가는 사람을 만나리니 그를 따라가서
14:14 어디든지 그가 들어가는 그 집 주인에게 이르되 선생님의 말씀이 내가 내 제자들과 함께 유월절
음식을 먹을 나의 객실이 어디 있느냐 하시더라 하라
14:15 그리하면 자리를 펴고 준비한 큰 다락방을 보이리니 거기서 우리를 위하여 준비하라 하시니
14:16 제자들이 나가 성내로 들어가서 예수께서 하시던 말씀대로 만나 유월절 음식을 준비하니라
14:17 저물매 그 열둘을 데리시고 가서
14:18 다 앉아 먹을 때에 예수께서 이르시되 내가 진실로 너희에게 이르노니 너희 중의 한 사람 곧
나와 함께 먹는 자가 나를 팔리라 하신대
14:19 그들이 근심하며 하나씩 하나씩 나는 아니지요 하고 말하기 시작하니
14:20 그들에게 이르시되 열둘 중의 하나 곧 나와 함께 그릇에 손을 넣는 자니라
14:21 인자는 자기에 대하여 기록된 대로 가거니와 인자를 파는 그 사람에게는 화가 있으리로다 그
사람은 차라리 나지 아니하였더라면 자기에게 좋을 뻔하였느니라 하시니라
14:22 그들이 먹을 때에 예수께서 떡을 가지사 축복하시고 떼어 제자들에게 주시며 이르시되 받으라
이것은 내 몸이니라 하시고
14:23 또 잔을 가지사 감사 기도 하시고 그들에게 주시니 다 이를 마시매
14:24 이르시되 이것은 많은 사람을 위하여 흘리는 나의 피 곧 언약의 피니라
14:25 진실로 너희에게 이르노니 내가 포도나무에서 난 것을 하나님 나라에서 새 것으로 마시는
날까지 다시 마시지 아니하리라 하시니라
14:26 이에 그들이 찬미하고 감람 산으로 가니라
14:27 예수께서 제자들에게 이르시되 너희가 다 나를 버리리라 이는 기록된 바 내가 목자를 치리니
양들이 흩어지리라 하였음이니라
14:28 그러나 내가 살아난 후에 너희보다 먼저 갈릴리로 가리라
14:29 베드로가 여짜오되 다 버릴지라도 나는 그리하지 않겠나이다
14:30 예수께서 이르시되 내가 진실로 네게 이르노니 오늘 이 밤 닭이 두 번 울기 전에 네가 세 번
나를 부인하리라

14:31 베드로가 힘있게 말하되 내가 주와 함께 죽을지언정 주를 부인하지 않겠나이다 하고 모든 제자도 이와 같이 말하니라

22.1 주해

22.1 제자의 신실함은 자기 자신이 아닌 모든 것을 주관하시는 하나님을 신뢰하는 데 기반을 둔다.

당시에는 일반적으로 여자가 물을 항아리나 단지에 담아서 다녔기 때문에(남자는 보통 가죽 부대를 사용함), 물 한 동이를 가지고 가는 남자를 만난 것은 진기한 일이다(14:13). 또한 이 남자가 희한하게 돌아가는 일에 전혀 불평하지 않는다는 사실도 놀랍다. 본문을 보면 제자들이 그 남자를 만나는 것이 아니라 그가 제자들을 만난다(14:13). 물 항아리를 든 남자가 제자들을 찾은 듯하다. 그리고 집주인도 제자들과 "선생님"의 어려운 요청에 불만을 제기하지 않는다. 집주인은 심지어 "선생님"이라는 호칭만 듣고서 "나의 객실"을 내어달라는 요청을 수락한다(14:14-16). 이 모든 일은 마치 대본에 따라 흘러가고 있는 것처럼 보인다!

마지막 만찬의 대화는 ἀμὴν(아멘, "진실로")으로 시작하고 끝난다(14:18, 25).[7] 두 '아멘' 말씀은 미래에 일어날 일을 확언한다. 어떤 일이 어떻게 일어날지 정확히 아시는 예수님을 통해 모든 상황을 다스리시는 하나님을 감지할 수 있다. 첫 번째 '아멘' 말씀은 예수님의 수난 사명이 정점에 이르게 할 배반을 예고한다. 두 번째 말씀은 완성된 하나님 나라에서 모든 것이 '새로워지는' 종말을 내다본다. "예수님이 포

---

7 유월절 만찬 시기와 관련한 정보는 다른 주석에서 찾아볼 수 있다[예를 들어, France, *Gospel of Mark*, 548-49, 559-64(『NIGTC 마가복음』 새물결플러스, 871-72, 888-896); Stein, *Mark*, 642-44 등]. 여하튼 마지막 만찬의 정확한 날짜가 이 본문을 설교하기 위한 신학적 초점에 큰 영향을 미치지는 않는다. 나는 다음과 같은 이유로 Stein의 관점처럼 이 만찬을 유월절 만찬으로 본다. 예루살렘에서 열린 만찬이고(베다니로 돌아가지 않는다), 유월절 만찬에서 그러하듯 옆으로 누워 식사를 한다는 점(*m. Pesaḥ.* 10.1), 만찬을 밤에 하고(막 14:17, 출 12:8; *Jub.* 49.1-2, 12) 유월절처럼 "포도나무에서 난 것"이 언급된다는 점, 만찬의 다양한 요소의 중요성을 관습적으로 해석한다는 점, 유월절 때처럼 포도주를 마신다는 점(*m. Pesaḥ.* 10.1) 그리고 할렐 시편(113-118편)으로 유월절 만찬을 끝낸 것처럼 이 만찬도 찬미로 끝난다는 점이 그 근거이다. 만찬 이후에 남은 밤을 '더 큰' 예루살렘(겟세마네)에서 보낸다. 마가복음 14장은 마치 은신처에서 비밀공작을 벌이는 것처럼 보인다. 마치 '전투 중에 있는 사람들'처럼 만찬의 시간을 보낸다(출 12:11)(Myers, *Binding the Strong Man*, 364). 그러나 놀랍게도 유월절 만찬의 전통적 요소인 출애굽에 대한 회상과 하나님이 주시는 어린양의 희생이 빠져 있고, 오히려 이 만찬의 중요성을 설명한다. 완전히 새로운 것이 나타나고 있다.

도주를 다시 마실 때는 그분의 죽음 전 유월절 식사에서 드러난 것보다 더욱 충만하게 하나님의 왕권이 실현된 상황일 것이다." 이는 '죽음의 잔'(14:24)과 '미래의 영광의 잔'(14:25)의 대조를 가리키며, 마가복음에서는 이 대조를 지속적으로 이야기한다. '죽음의 잔'이 먼저 찾아올 것이다. 마가복음에서 계속 강조하듯이 제자도는 고난을 통해 영광에 이르는 길이다.[8]

상황이 절박해지고 끝이 다가오고 있지만, 마가는 하나님의 다스리심을 곳곳에서 언급하며 제자가 누구를 신뢰하고 믿어야 하는지 가르쳐준다. 이 본문에서 예수님이 아버지를 명백하게 신뢰하시는 것처럼 제자들도 아버지를 의지해야 한다. 하나님의 주권에 따른 필연성은 차후에 더 뚜렷하게 나타난다. 인자는 "기록된 대로"(14:21) 갈(즉, 아버지께로 가다/죽다) 것이며, "기록된 바"에 따라(14:27, 49도 참조) 제자들이 예수님을 버릴 것이다. 유다의 배반에 관하여 전치사 ὑπο(후포, '…에 의해') 대신에 διά(디아, '…을 통해', 14:21)가 사용된 것은 유다를 통해 하나님의 계획이 실현되고 있음을 보여준다.[9] 그러므로 하나님이 다스리고 계신다는 확고한 신념이 이 본문 전체를 뒷받침한다. 모든 일이 기록된 대로 혹은 예언된 대로 일어난다. 모든 일이 대본(말씀)에 따라 일어나는 것이다(14:21, 27, 49). 저물 때의 침울한 분위기와 다가오는 불길한 먹구름 속에서도 제자는 하나님의 주권을 여전히 신뢰해야 한다. 이 신뢰가 없이는 "저물 때" 예수님께 신실할 수 없다.

14:18에서 예수님이 열두 제자 중 한 사람이 자기를 팔 것을 예언하실 때[10] 제자들은 대담하게 "나는 아니지요"라고 대답한다(14:19). 이 말에서 제자들이 얼마나 (지나치게) 자신만만한지 알 수 있다. 이 대답은 그야말로 허풍이며 겉치레다. 이들은 곧 예수님을 버릴 것이다. 제자들은 자기 자신을 신뢰하는 마음으로는 아무것도 할 수 없음을 깨닫지 못한다. 반면에 "저물 때" 신실한 제자는 신뢰하기에 합당한 유일한 분이요, 모든 것을 다스리시는 하나님을 신뢰한다. 예수님이 실패한 제자들을 회복시키

---

8 France, *Gospel of Mark*, 571–72(『NIGTC 마가복음』 새물결플러스, 907–08). 이사야 25:6–9; 누가복음 13:28–30; 요한계시록 19:9에서 메시아 연회를 볼 수 있다. *1 En.* 62.13–14; *2 Bar.* 29.5–8; 1QSa 2.11–22도 참조하라.

9 France, *Gospel of Mark*, 567.(『NIGTC 마가복음』 새물결플러스, 900)

10 예수님이 "진실로 너희에게 이르노니"(14:18)라는 말로 제자 중에 한 사람이 자신을 팔 것이라고 예언하시는 것은 이 배반이 얼마나 끔찍한 행위인가를 강조한다. 또한 ὁ ἐσθίων μετ' ἐμοῦ(호 에스씨온 메트 에무, "나와 함께 먹는 자")는 시편 41:9(ὁ ἐσθίων ἄρτους μου, 호 에스씨온 아르투스 무, "내 떡을 나눠 먹는 자")을 반영한다. 마가복음 14:18, 20에서 반복되는 μετ' ἐμου(메트 에무, "나와 함께")는 3:14에서 예수님이 제자들을 세우시고 μετ' ἐμου(메트 아우투, "그분과 함께") 있게 하신 장면을 연상케 한다.

실 것을 약속하실 때도(14:27–28) 하나님의 주권적인 역사를 엿볼 수 있다.

예수님이 제자들의 배신을 예언하신(14:27) 후에, 베드로는 다른 사람들이 모두 예수님을 버릴지라도 자신은 절대 그러지 않겠다고 외치며 허세를 부린다(14:29)![11] 예수님은 베드로가 자기 분수를 알게 하신다. 제자들은 예수님의 말씀처럼 자기 자신을 부인하는(8:34) 대신에 예수님을 부인할 것이다(14:30). 브래디(Brady)는 14:30을 다음과 같이 적절하게 의역한다. "이 밤에 닭이 여명을 기다리며 깨어 있다는 사실을 증명하기 위해 두 번 울 것이다. 그런데 베드로 너는 닭이 두 번 울기 전에 두 번이 아니라 세 번 울 것이다. 이는 네가 깨어 있다는 것을 증명하기 위함이 아니라, 나에 대한 너의 충성심이 잠들었다는 것을 증명하기 위함이다."[12] 베드로는 깨어 있지(γρηγορέω, '깨어 있다', 13:34, 35, 37 그리고 14:37, 40, 41에서 반복된다) 않기에 예수님께 신실하지 못하다. 그러나 베드로는 예수님의 말씀을 믿지 못하고 이를 완강하게 부정하고, 허세를 부리는 다른 제자들도 동일하게 그분의 말씀을 부정한다(14:31). 제자들은 하나님이 아니라, 자기 자신과 변함없이 신실할 수 있는 자신의 능력을 신뢰한다. 그 신뢰가 완전히 잘못되었다는 사실이 입증될 것이다. 다음 단락에서 예수님은 제자들에게 자기 자신을 신뢰하게 하는 육신을 부인하고, 성령님을 의지해야 한다고 가르치신다.

예수님이 마지막 만찬 때 하신 말씀(14:22–25)을 보면 곧 일어날 일이 필연적이라는 것이 계속해서 느껴진다. 어떤 면에서 보면 유월절 식사라는 맥락에서 예수님은 또 다른 수난 예고(더 상징적인 수난 예고일지라도)를 하시는 것처럼 보인다. 14:22에서 예수님은 떡이 자신의 몸이라고 말씀하시며 자신이 메시아시라는 사실을 명확하게 드러내신다.[13] 그리고 "언약의 피"(14:24)는 하나님의 백성을 정식으로 세운 시내산에

---

11 14:27에서 동사 σκανδαλίζω(스칸달리조, '넘어지다')가 적절히 사용되고 있다. 이전에 4:17에서 예수님은 환난이나 박해 속에서 넘어지는 것에 대해 경고하셨다. 안타깝게도 그때 당시에 제자들이 이 경고에 주의를 기울이지 못했고, 이 구절에서 그들은 이 말씀을 진지하게 받아들이지 못한다. 몇 시간 후면 모두가 예수님을 버리고 도망간다(14:50).

12 Brady, "Alarm to Peter," 55.

13 전통적인 유월절 만찬처럼 예수님은 무교병을 떼신다. 이 떼어진 무교병이 아피코만(אפיקומן; ἀφικόμενος, 아피코메노스, '오는 자')이다. 이 의식의 유래를 정확히 알 수 없으나 유대교 전통에서 아피코만은 아마도 메시아를 상징했을 것이다. 세파르디치(Sephardic)와 아슈케나지(Ashkenazi) 유월절 의식은 여전히 이를 따른다. Nybroten, "Possible Vestiges," 106, 126n6을 참조하라. 예수님은 메시아를 상징하는 떡을 나누어주시며 이를 자신의 "몸"이라고 소개하셨다. 그러므로 예수님은 곧 메시아시다. 초대 교회는 이러한 예수님을 이해했고 마지막 만찬 때 그분이 무엇을 하고 계셨는지 이해했다. 2세기에 사르디스 주교였던 Melito는 유월절 설교를 하며 예수님을 ἀφικόμενος라고 불렀다(*Peri Pascha* 66, 86). 떡을 나누어주는 것이 메시아를 상징하고 있다는 점 때문에 엠마오의 제자들은 예수님이 떡을 떼어주실 때 그분을 즉시 알아보았을 것이다(눅 24:30–31). 어쩌면 마지막 만찬 때와 동일하게 "이것은 내 몸이다"(="이것이 나다")라고 말씀하

서 모세가 하나님의 언약을 제정한 모습을 그리는 출애굽기 24:8을 암시한다.[14] 열두 제자는 떡과 잔을 들었고, 그들은 이제 예수님의 설명처럼 예수님의 죽음에 동참해야 한다. 메시아의 대속 사역과 예수님이 세우신 새 언약의 결과로 새로운 제자 공동체가 시작된다. 예수님은 이 모든 일이 일어나기도 전에 다 알고 계신다. 메시아가 세우신 새로운 언약으로 새로운 하나님의 백성이 완전히 형성될 것이라는 사실은 이미 기록되었다(렘 31:31-34). 유다가 배반하고 다른 제자들이 예수님을 버리고 부인하는 상황이 다가오고 있지만, 하나님은 이 순간에도 온전히 다스리고 계신다.

22.2 마가복음 14:32-42

22.2 신학적 초점

22.2 제자도에서 신실함은 성자 예수님의 본을 따라 아버지의 뜻에 복종하고 기도로써 (육신이 아닌) 성령님을 의지하는 것이다(14:32-42).

22.2 단락 요약: 겟세마네에서 벌어지는 일들은 '밤중'에 요구되는 신실함이 무엇인지 설명한다. 예수님은 제자들에게 아버지의 뜻에 복종하고 자기 자신(육신)이 아니라 성령님을 기도로 의지해야 한다고 가르치신다. 예수님의 신실함을 본받는 것이 너무나 중요하다.

22.2 성경 본문

14:32 그들이 겟세마네라 하는 곳에 이르매 예수께서 제자들에게 이르시되 내가 기도할 동안에 너희는 여기 앉아 있으라 하시고

14:33 베드로와 야고보와 요한을 데리고 가실새 심히 놀라시며 슬퍼하사

셨을 수도 있다. 아마도 이러한 이유로 초대 교회에서 주의 만찬을 "떡을 떼"는 것으로 묘사하고(행 2:42, 46; 20:7), 바울이 주의 만찬을 이야기하며 "그가 오실 때까지"라는 표현을 사용했을 것이다(고전 11:24, 26). Carmichael, "David Daube," 59-60 그리고 Evans, *Mark*, 390-91을 참조하라.

14 "많은 사람을 위하여"(ὑπὲρ πολλῶν, 후페르 폴로)는 이사야 53:11-12(칠십인역에서 πολλοῖς, πολλούς, πολλῶν이 등장한다)을 반영한다. 그리고 이사야 53:12 마소라 사본에서 "자기 영혼을 버려 사망에 이르게 하며"라는 표현에 주목하라. 또한 마가복음 10:45도 참조하라. 레위기 4:7, 18, 25, 30, 34 등에서 '흘린다'(ἐκχέω, 에크케오)가 피나 제사와 관련되어 사용된다. 하나님의 백성이 언약을 맺을 때 '피'가 사용되었다는 것은 뚜렷한 아이러니를 보여준다. 피는 "(유대교의 정결법에서) 가장 부정한 것이지만, 예수님을 따르는 자에게는 정결케 하는 도구로 사용된다"(Neyrey, "Idea of Purity," 115).

14:34 말씀하시되 내 마음이 심히 고민하여 죽게 되었으니 너희는 여기 머물러 깨어 있으라 하시고
14:35 조금 나아가사 땅에 엎드리어 될 수 있는 대로 이 때가 자기에게서 지나가기를 구하여
14:36 이르시되 아빠 아버지여 아버지께는 모든 것이 가능하오니 이 잔을 내게서 옮기시옵소서 그러나 나의 원대로 마시옵고 아버지의 원대로 하옵소서 하시고
14:37 돌아오사 제자들이 자는 것을 보시고 베드로에게 말씀하시되 시몬아 자느냐 네가 한 시간도 깨어 있을 수 없더냐
14:38 시험에 들지 않게 깨어 있어 기도하라 마음에는 원이로되 육신이 약하도다 하시고
14:39 다시 나아가 동일한 말씀으로 기도하시고
14:40 다시 오사 보신즉 그들이 자니 이는 그들의 눈이 심히 피곤함이라 그들이 예수께 무엇으로 대답할 줄을 알지 못하더라
14:41 세 번째 오사 그들에게 이르시되 이제는 자고 쉬라 그만 되었다 때가 왔도다 보라 인자가 죄인의 손에 팔리느니라
14:42 일어나라 함께 가자 보라 나를 파는 자가 가까이 왔느니라

22.2 주해

22.2 제자도에서 신실함은 성자 예수님의 본을 따라 아버지의 뜻에 복종하고 기도로써 (육신이 아닌) 성령님을 의지하는 것이다.

이 단락에서 예수님은 세 번 기도하시고 제자들은 세 번 잠이 든다. 예수님은 분명 깨어 있으라고 명령하셨지만, 제자들은 세 번 다 실패한다(γρηγορέω, 그레고레오, 14:37, 40, 41).[15] 예수님은 깨어 있지 못하는 제자들과는 달리 중대한 위기 속에서도 깨어서 기도하시며 신실함이 무엇인지 보여주신다. 예수님은 아버지께 변함없이 신실하시고, 아버지의 뜻과 목적에 절대적으로 복종하신다.

예수님이 데려가신 세 제자(베드로, 야고보, 요한)는 예수님과 하나님의 특별한 관계를 이미 목격했다(14:33). 이들은 죽음을 이기는 예수님의 능력(5:37)과 변형되신 모습을 보았다(9:2). 그리고 이들은 담대함보다는 허풍으로 예수님과 함께 고난을 받겠다고 말했다(10:38–39; 14:29, 31). 또한 안드레와 더불어 세 제자는 깨어 있으라는 명령으로 끝나는 예수님의 종말론적 교훈을 들었다(γρηγορέω, 13:34, 35, 37). 예수님이

15 이후에 한 제자가 세 번 부인한다.

또 한 번 깨어 있으라고 말씀하셨기 때문에(14:34) 지금이야말로 이들이 신실함을 보일 수 있는 절호의 기회였다. 예수님은 이들을 μετ᾽αὐτου(메트 아우투, '그분과 함께', 14:33, 제자들을 처음 세우시는 3:14에도 이 표현이 등장한다) 데리고 가시며 그분의 본을 따라 행할 것을 또 한 번 요구하신다.

예수님이 인간의 한계를 느끼며 몹시 괴로워하신다는 것은 분명하다. 예수님은 "고뇌와 죽음을 앞두고 몸서리치는 인간의 고통뿐만 아니라 앞으로 일어날 일의 종말론적, 초자연적 공포를 감당하고 계신다. 벌써 생명을 위협받을 정도로 이 슬픔과 고통이 극심하다."[16] 예수님께 육신적인 고통보다 더 괴로운 것은 죄에 대한 하나님의 심판을 직면하며 아버지께 버림받는 것이다. 하나님은 인간을 대신하여 예수님을 죄로 삼으시고(고후 5:21) 인간을 위하여 저주를 받게 하셔서(갈 3:13) 그들로 하여금 예수님이 갈보리에서 직면하실 하나님의 진노를 면하게 하신다.[17] 이 단락 역시 하나님의 주권을 생생하게 보여준다. 잔을 주시고 뜻에 따라 잔을 거두어 가시는 분은 하나님이시다. 그런데 눈에 띄는 것은 아버지의 뜻에 따르는 예수님의 순종이다(막 14:36). 하나님의 주권적인 뜻에 복종하는 모습은 제자들에게 긍정적인 본이 된다. 성경이 이루어진다는 예수님의 말씀 안에 하나님의 주권이 또다시 강조된다(14:49). 예수님은 "자기 뜻을 부인하신다. 8:34에서 말씀하셨듯이 '자기를 부인하고' 하나님의 뜻을 택하신다."[18] 예수님은 제자들이 마땅히 보여야 할 신실함을 몸소 보이신다.

베드로(그리고 독자)는 예수님께 책망받을 때(14:37) 조금 전에 그분의 말씀을 완강하게 부인하며 자신은 예수님을 버리지도 부인하지도 않을 것이라고 호언장담한 모습이 떠올랐을 것이다(14:29–31). 베드로(그리고 다른 두 제자)가 세 번이나 깨어 있지 못하고 자는 모습은 그가 곧 예수님을 세 번 부인할 것을 암시한다. 프란스는 πειρασμός(페이라스모스, '시험' 혹은 '유혹')의 이중적 의미를 관찰하며 다음과 같이 말

---

16 Boring, *Mark*, 397; Stein, *Mark*, 662–63.

17 Witherington, *Gospel of Mark*, 379. "잔"(14:36)은 하나님의 심판을 말한다(시 11:6; 75:8; 사 51:17, 22; 렘 25:15; 49:12; 애 4:21–22; 겔 23:31–34; 합 2:15–16; 슥 12:2; 계 14:10; 16:19; 17:4; 18:6; *Pss. Sol.* 8.13–14; 1QpHab 11.14–15). "때"(막 14:35)는 마지막 '날'처럼 하나님의 심판과 구원의 때를 말한다(13:32; 14:25, 30, 35; 계 9:15).

18 Dowd, *Prayer*, 157. 그러나 "복종의 기도는 하나님의 간섭을 구하는 기도를 대체하지 않고 함께 간다"(같은 책). "기도는 하나님의 마음을 바꾸는 데 있는 것이 아니라, 하나님의 뜻에 우리 자신을 맞추는 데 있다"[France, *Gospel of Mark*, 585(『NIGTC 마가복음』 새물결플러스, 927)]. "아빠"(14:36)는 친밀한 아버지를 공손하게 부르는 단어다. 아이들만 사용하는 단어가 아니라 어른도 사용하며 때로는 학생이 존경하는 랍비를 부를 때도 이 단어를 사용한다(또한 롬 8:15; 갈 4:16도 참조). Boring, *Mark*, 399를 참조하라.

한다. “이 지점에서 제자들이 직면하는 것은 그들이 감당할 수 없는 시련이라는 점에서 ‘시험’이며, 동시에 달아나려는 충동이 하나님과 그분의 아들에 대한 충성보다 그들 자신의 안전을 앞세운다는 점에서 ‘유혹’이다.”[19]

이 직후에 동사는 14:37의 (베드로를 언급하는) 단수에서 14:38의 복수(모든 제자)로 바뀐다. 밤중에 제자들이 신실할 수 있는 방법은 육신을 따르지 않고 기도로 성령님을 의지하는 것이다. “우리가 깨어 주의하지 않고 간절하게 기도하지 않으면 ‘유혹에 빠질 수 있다.’ 그리스도가 우리에게 은혜를 주시지 않으면 우리 안에 있는 유다가 배반한다. 만약 그리스도가 우리와 조금이라도 멀어지면 우리 안에 있는 베드로가 잠든다”(Jerome, *The Homilies of St. Jerome*, Homily 84).[20] 제자들은 실로 잠이 든다. 눈이 심히 피곤한 제자들에게(14:40) 다시 찾아가신 예수님이 “보라!”를 두 번 외치신다는 점은 매우 놀랍다(14:41, 42). 그럼에도 제자들은 여전히 보지 못한다. 여기서도 제자들은 ‘밤중’에 기도하시는 예수님의 신실함을 따라야 했다. 예수님은 이러한 신실함은 육신을 따르지 않고 성령님의 능력에 의지할 때만 가능하다고 말씀하신다.

“마가는 복음서를 통해 제자들이 만약 신실했다면, 예수님이 수난당하실 때에도 함께했을 것이라고 분명히 말하고 있다”(8:34-38; 14:27). 그러나 제자들은 신실하지 않았다. 이들은 한 시간도 깨어 있지 못하고 잠이 들었다(14:37, 40). 반면에 예수님은 제자들과는 달리 긴 시간 동안 깨어 기도하며 신실함을 보여주신다(14:34, 38). 예수님은 깨어 계시고 제자들은 잠이 든다. 예수님은 하나님을 신뢰하시고, 제자들은 육신을 신뢰한다. 예수님은 남아 계시고, 제자들은 도망간다. 예수님은 신실하시며, 제자들은 신실하지 못하다. 독자는 신실할 것인가, 그러지 않을 것인가? 깨어 있으라는 명령에 순종하기 위해서는 위기 속에서도 기도하며 자만심을 경계해야 한다(10:39; 14:19, 29, 31). 그리고 오히려 하나님과 그분의 주권을 신뢰하고, 육신적인 유혹을 거슬러서 하나님의 뜻에 따라 당할 고난을 준비해야 한다. 깨어 있다는 것 혹은 신실하다는 것은 “분별하는 과정이 **아니라 순종하는 것이다**.”[21] 하나님의 주권적인 뜻에 복종함으로 신실함의 본을 보여주신 예수님을 따라야 한다.

19 France, *Gospel of Mark*, 587.(『NIGTC 마가복음』 새물결플러스, 930)

20 Oden and Hall, *Mark*, 212-13을 인용했다.

21 Geddert, *Watchwords*, 99, 104(강조체 원저자).

22.3 마가복음 14:43-52

22.3 신학적 초점

22.3 제자도에 신실하지 못하면 부끄러움을 당한다(14:43-52).

22.3 단락 요약: 유다가 입을 맞추며 예수님을 배반한 뒤에 두 명의 카메오가 등장한다. 한 사람은 칼을 빼어 휘두르고, 다른 한 사람은 벗은 몸으로 도망친다. 두 사람 모두 하나님을 섬길 수 있는 자격을 박탈당하는 모습과, '밤중'에 예수님께 신실하지 않으면 제자가 당할 수 있는 부끄러움을 상징한다.

22.3 성경 본문

14:43 예수께서 말씀하실 때에 곧 열둘 중의 하나인 유다가 왔는데 대제사장들과 서기관들과 장로들에게서 파송된 무리가 검과 몽치를 가지고 그와 함께 하였더라

14:44 예수를 파는 자가 이미 그들과 군호를 짜 이르되 내가 입맞추는 자가 그이니 그를 잡아 단단히 끌어 가라 하였는지라

14:45 이에 와서 곧 예수께 나아와 랍비여 하고 입을 맞추니

14:46 그들이 예수께 손을 대어 잡거늘

14:47 곁에 서 있는 자 중의 한 사람이 칼을 빼어 대제사장의 종을 쳐 그 귀를 떨어뜨리니라

14:48 예수께서 무리에게 말씀하여 이르시되 너희가 강도를 잡는 것 같이 검과 몽치를 가지고 나를 잡으러 나왔느냐

14:49 내가 날마다 너희와 함께 성전에 있으면서 가르쳤으되 너희가 나를 잡지 아니하였도다 그러나 이는 성경을 이루려 함이니라 하시더라

14:50 제자들이 다 예수를 버리고 도망하니라

14:51 한 청년이 벗은 몸에 베 홑이불을 두르고 예수를 따라가다가 무리에게 잡히매

14:52 베 홑이불을 버리고 벗은 몸으로 도망하니라

22.3 주해

22.3 제자도에서 신실하지 못하면 부끄러움을 당한다.

지금까지 마가복음에서 예수님과 제자들은 함께 등장했다. 그러나 예수님이 잡히시

고 나서는 예수님이 "자기와 함께"(3:14) 있게 하려고 세우신 제자들은 더 이상 그분의 주변에 없다. 이들은 예수님을 버리고 도망간다. 이들 중에 한 사람은 예수님을 배반한다. 유다에게 "열둘 중의 하나"라는 표현이 불필요한 것처럼 보이지만, 그의 배반이 얼마나 충격적인지를 강조한다. 주목할 만한 점은 μετ' αὐτου(메트 아우투, 14:43)가 또 등장한다는 것이다. 그러나 이번에는 검과 몽치를 든 무리가 '유다와 함께' 있다. 이 단락에서도 아이러니를 찾을 수 있다. 동방에서는 인사할 때 보통 입을 맞추었는데(눅 7:45; 행 20:37; 롬 16:16 등) 사복음서에서 유일하게 예수님과 제자들이 나누는 인사가 바로 배반을 위한 유다의 입맞춤이다(14:45)!

이 제자뿐만 아니라 성전에서 파송된 무리도 동일하게 반역적인 행동을 보인다("대제사장들과 서기관들과 장로들에게서 파송된 무리가 검과 몽치를 그와 함께하였더라", 14:43). 마가는 14:47에서 귀를 자르는 카메오를 통해 무리 또한 반역적인 행동을 한다고 우회적으로 말한다. 가해자가 누군지 밝히지도 않고, 공격에 대한 처벌도 나타나지 않으며, 이 행동에 대해 예수님도 아무 말씀이 없다. 이 공격은 무익하고 부적절한 것처럼 보인다. 그런데 놀랍게도 피해자는 "대제사장의 종"이라고 분명하게 밝히고 있다(14:47). 비비아노(Viviano)는 이 피해자가 하찮은 종이 아니라 대제사장을 보좌하는 고위 직분의 사람이라고 말한다(*m. Yoma* 4.1; *m. Soṭah* 7:7–8). 즉, 그는 성전 관리를 상징하는 사람이다.[22] 그리고 귀 끝에 있는 귓불(작은 ὠτάριον, 오타리온, 14:47)이 잘린 것을 볼 때 마구잡이로 칼을 휘둘러 우연히 잘렸을 가능성은 낮다. 의도적으로 귓불을 노리고 칼을 휘두른 것이다. 비비아노는 그의 귓불이 절단됨으로써 성전에서 일할 수 있는 자격을 박탈당했다고 설명한다(레 21:18 참조). 요세푸스도 의도적으로 귀를 절단하여 신전 활동에 참여할 수 있는 자격을 박탈하는 행위에 대해 기록한다(*Ant.* 14.365). 대략 주전 37년에 힐카누스(Hyrcanus) 2세가 이와 같은 이유로 대제사장 후보에 오를 수 없었다. 이 사건은 수십 년 후에도 기억될 만큼 중대한 사건이었다. 그렇다면 마가복음 14:47에서 칼로 대제사장의 종의 귀를 떨어뜨린 장면은 다음과 같이 강력하게 진술하고 있는 셈이다. "당신과 당신이 대표하는 자는 하나님과 사람 사이의 중재자 역할을 감당하기에 전혀 합당하지 않다. 당신은 기름 부음 받은 하나님의 거룩한 자에게 폭력을 가하기 위해 찾아옴으로써 자격이 없음을 스스로 증명했다. 이에 나는 당신이 자격 없는 자임을 겉으로 드러나게 하여 더 이상 고위직을 감당하지 못하도록 자격을 박탈

22 Viviano, "High Priest's Servant's Ear," 71–80. Evans, *Mark*, 425도 참조하라.

한다."[23] 하나님의 아들이신 예수님을 마땅히 수용해야 할 성전 지도자들은 반역적인 행위로 인하여 하나님을 섬길 수 있는 자격을 박탈당한다.

다시 말해, 이번 단락(유다의 배반과 제자들이 도망가는 장면)에서 열두 제자와 종교 지도자 모두가 동일하게 자신들의 직분과 지위에 합당하지 못한 사람들로 묘사된다.[24] 이러한 묘사는 '밤중'에 예수님께 신실하지 못한 심각성을 독자에게 전해준다. 이처럼 신실하지 못할 때, 자격이 박탈당할 수도 있고 제자도 여정에서 떠나게 될 수도 있다. 열두 제자는 모두 도망가며 스스로 자격을 포기한다(14:50). 반 이어설은 예수님이 "이는 성경을 이루려 함이니라"(14:49)라고 말씀하신 직후에 제자들이 예수님을 버리고 도망갔다는 기록을 다음과 같이 비꼬며 이야기한다. "그들(제자)은 마치 성경이 언급하는 신호를 기다렸다가 도망간 것처럼 보인다."[25]

또 다른 카메오가 등장하는데, 이번에는 신실하지 못하여 부끄러움을 당하는 제자들을 상징한다(14:51–52).[26] "전형적인 제자 혹은 이제 막 그리스도인이 된 이 청년은 예수님을 대표하기보다는 체포되고, 옷이 벗겨지고, 십자가에 못 박히기까지 순종하신 예수님과는 너무나 대조적으로 베 홑이불을 버리고 도망간 사람으로 이해할 수 있다."[27] 여기서도 역시 아이러니가 발견된다. 이 청년은 예수님을 따르기 위함이 아니라 잡히지 않기 위해 그야말로 모든 것을 버린다. 그래서 그는 예수님과 함께 있다가 대가를 치르는 상황을 피하려고 예수님을 버리고 도망간 제자들을 상징한다. "처음에 부름받은 제자들은 그물과 가족을 버려두고(1:18, 20) 참으로 모든 것을 포기하고(10:28) 예수님을 따랐다. 그러나 이 마지막 제자는 처음에는 예수님을 따르기로 작정했지만 예수님에게서 도망가기 위해 모든 것을 버렸다."[28] 종교 지도자들의 행동은 자격 박탈로 이어질 수 있고, 도망간 제자들은 큰 부끄러움을 당할 수 있다.

---

23 Viviano, "High Priest's Servant's Ear," 78.

24 마가가 귀를 부분적으로 벤 자가 베드로라고 밝히지 않는 이유는(요 18:10은 이 사람이 베드로라고 알려준다) 예수님을 배반한 자와 하나님을 섬길 수 있는 종교 지도자들의 자격을 박탈하는 상징적인 행위를 가한 자를 일치시키고 싶지 않기 때문이다. 마가가 대제사장 종을 말고(요한이 이 이름도 밝힌다, 18:10)라고 밝히지 않는 이유는 한 사람이 아닌 모든 종교 지도자에게 초점을 맞추기 위함이다. 그러나 요한복음의 의도는 분명히 다르다. 요한은 예수님을 섬기는 데 폭력을 행사하는 것에 초점을 맞춘다. 예수님은 혈기로 가득한 베드로의 행위를 책망하신다(요 18:11).

25 van Iersel, *Mark*, 440.

26 Kuruvilla, "Naked Runaway"를 참조하라.

27 Collins, *Mark*, 695.

28 Brown, "Passion," 118. 또한 Heil, "Mark 14,1–52," 330과 van Iersel, *Mark*, 441n63을 참조하라.

γυμνός(굼노스, '벌거벗은', 14:51, 52)가 반복되면서 벌거벗음이 가져오는 수치심이 강조된다. 이 장면은 실제 있었던 일을 묘사하지만, 예수님의 수난을 상징하는 요소가 다음과 같이 많이 담겨 있다. 14:51과 14:1, 44, 46, 49에서 κρατέω(크라테오, '잡히다'), 14:51–52과 15:46에서 σινδών(신돈, "베 홑이불"), 14:51과 16:5에서 νεανίσκος(네아니스코스, "청년"), 14:51과 16:5에서 περιβάλλω(페리발로, '입다'), 14:52과 14:27, 16:8에서 φεύγω(퓨고, '도망가다')를 찾아볼 수 있다. 제자(14:12–50)와 정확히 누군지 알 수 없는 "청년"(14:51–52)에 대한 이야기는 둘 다 버리고 도망가는 동사(φεύγω)로 끝난다.[29] "익명으로 처리함으로써 이 인물을 '암호'로 만들어 제자도의 부르심에 신실하게 반응하지 못하고 도망가버린 열두 제자를 다시금 강조하는 문학적 장치로 사용한다."[30] 즉, 이는 "모든 제자가 도망가버린 모습을 각색한 것이다." 이 모습은 제자도 여정과는 정반대되며 아버지의 뜻에 복종하신 예수님과 철저히 대비된다.[31] "제자가 되기 위해 '모든 것을 버리는' 모티브가 이제는 제자가 되지 않기 위해 '모든 것을 버리는' 부끄러움이 되었다![32] 이 청년을 볼 때 제자들이 도망간 모습은 더욱더 부끄럽게 비친다. 또한 예수님이 이 땅에서 보내시는 마지막 시간에 홀로 남으시는 모습이 부각된다. 예수님은 신실하지 못하여 실패하는 제자들과는 달리 아버지께 받은 잔을 마실 준비가 되신 신실한 분이다.[33]

29 Fleddermann, "Flight," 413–14를 참조하라. 다시금 등장하는 이 요소들의 중요성이 마지막 본문인 15:40–16:8에서 다루어진다.

30 Hester, "Dramatic Inconclusion," 75.

31 Fleddermann, "Flight," 415. 저자는 여기서 최대한 생생하게 묘사하여 독자에게 깊은 인상을 주려고 한다. "(예수님이) 잡히실 때 갑작스럽게 공포에 떨며 본능적으로 도망가는 모습에서 극도의 감정으로 인한 고통을 느낄 수 있다"(Jackson, "Why the Youth," 285). 이 '각색'은 최후의 배반을 위한 유다의 입맞춤(14:44–45)과 "곁에 서 있는 자 중의 한 사람"이 귀를 절제하여 하나님을 섬길 수 있는 자격을 박탈하는 장면(14:47)과 들어맞는다.

32 Boring, *Mark*, 404.

33 설교자는 이러한 부정적 결과를 은혜와 균형을 맞추어 전해야 한다. 14:27–28은 '회복시키시는 하나님의 능력'이라는 긍정적인 그림을 시사하지만, 15:40–16:8(본문 25)에서 이 내용이 자세히 다루어진다.

설교의 초점 및 개요

설교를 위한 본문 22의 신학적 초점

22 제자도에서 신실함은 성자 예수님의 본을 따라 하나님의 주권을 신뢰하고 육신이 아닌 성령님을 기도로 의지하는 것이다(14:12-52).

이번 본문은 제자도 여정 중에 '저물 때'와 '밤중'의 시각을 다룬다. 이 이야기는 예수님의 신실함을 제외하면 부정적인 묘사로 가득하다. 신실한 자와 그렇지 못한 다수의 대조는 매우 강렬하다. 이 본문은 제자도에서 신실함이 무엇인지에 관해 몇 가지를 제시한다. 신실함은 하나님의 주권과 뜻을 전적으로 신뢰하는 것이다. 제자는 하나님의 능력으로 신실할 수 있다. 또한 (자신만만하여 육신을 의지하기보다) 기도를 통해 성령님께 의지할 때 신실할 수 있다.[34] 제자들은 결정적인 시험/유혹의 시기를 견디기 위해서 이러한 신실함을 지녀야 한다. 하나님은 떠나버린 자들을 회복시키시지만(마가복음 수난 기사에서 베드로가 적절한 예), 신실하지 못하면 하나님을 섬길 수 있는 자격이 박탈당하는 수모를 겪을 수 있다.

설교할 때 이 모든 내용을 담아낼 필요는 없다. 설교자는 목사로서 회중이 현재 어디에 있으며, 그들을 어떤 곳으로 혹은 어떤 방향으로 인도할 것인지 분별하여 지혜롭게 설교해야 한다. (마지막 만찬이 이 본문에 포함되기 때문에 설교 이후 주의 만찬/성찬식으로 예배를 마치면 신실함이라는 주제를 더 효과적으로 전달할 수 있을 것이다.)

마가복음의 모든 본문이 그러하듯, 이 본문의 교훈은 제자가 될 사람들의 마음에 깊이 새겨져야 한다. 예수님이 보여주셨듯이 하나님의 주권을 신뢰하는 것은 신실함의 기반이다. 제자가 신실함을 유지하는 것은 결코 쉽지 않다. 제자는 기도로 성령님을 의지하고, 육신의 악한 성향을 이겨내야만 신실할 수 있다.

34 마가복음 강해를 하다가 이 본문을 기점으로 (별도로 한두 번의 설교를 통해) 그리스도인의 영적 삶에서 중요한 측면인 육신과 영의 전투를 다루는 것도 좋다. 로마서 6-8장으로 이러한 설교를 할 수 있다. 회중이 이 개념을 이해하는 것이 매우 중요하다. 만약 이 개념을 올바로 이해하지 못하면 회중은 설교자가 전하는 각각의 말씀을 율법주의(자신의 육신과 힘으로 자신의 영광을 위해 명령을 순종하는 것)로 잘못 받아들일 수 있다. 신자는 오히려 내주하시는 성령님의 능력과 힘으로 순종할 수 있으며(롬 8:9; 갈 2:20 등), 오로지 하나님의 영광을 위해 순종한다.

본문 22의 설교 개요

I. 하나님의 주권: 하나님을 신뢰하시는 예수님, 자신을 신뢰하는 제자들

- 모든 상황을 다스리는 하나님의 주권(14:12-31, 49)
- 예수님의 본보기, 하나님의 주권을 신뢰하시고 그분의 뜻에 복종하심(14:36)
- 제자들의 잘못된 모습, 자신의 능력을 의지함(14:19, 29-31)

II. 사람의 책임: 예수님의 기도, 제자들의 졸음

- 제자들의 잘못된 모습, '깨어' 있지 못함(14:32-42)
- 실패의 결과-부끄러움(14:43-52)
- 예수님의 본보기, 지속적으로 기도하심(14:32-42)

III. 신실하라-기도를 통해 하나님의 주권을 신뢰하라!

- 하나님의 능력과 뜻을 신뢰할 수 있는 구체적인 방법
- 육신을 따르지 않고 성령님을 의지할 수 있는 구체적인 방법

또 다른 설교 개요

I. 예수님: 하나님을 신뢰함, 기도함, 신실함

- 예수님의 본보기, 하나님의 주권을 신뢰하심(14:12-31, 49)
- 예수님의 본보기, 지속적으로 기도하심(14:32-42)

II. 제자들: 자신을 신뢰함, 육신을 따름, 신실하지 못함

- 제자의 잘못된 모습, 자신의 능력을 의지함(14:19, 29-31)
- 제자들의 잘못된 모습, '깨어' 있지 못함(14:32-42)
- 제자들의 잘못된 모습, 실패의 결과-부끄러움(14:43-52)

III. 신실하라-기도를 통해 하나님의 주권을 신뢰하라!

- 하나님의 능력을 신뢰하고, 하나님의 뜻에 복종하며, 육신이 아닌 성령님을 기도로 의지하는 구체적인 방법

본문 23

자기를 방어할 것인가, 부인할 것인가?

마가복음 14:53-72

[예수님이 유대식 재판을 받으심, 베드로의 부인]

복습, 요약, 예습

본문 22 복습: 마가복음 14:12–52은 예수님의 본을 따라 하나님의 주권과 뜻에 복종하고, 육신이 아닌 성령님을 기도로 의지해야 하는 제자들의 신실함을 가르친다.

본문 23 요약: 마가복음 14:53–72은 신실함의 주제를 이어가며 '닭 울 때' 필요한 신실함을 가르친다. 이 본문은 예수님이 받으신 유대식 재판과 베드로의 '재판'을 나란히 보여주고, 예수님의 자기 부인과 베드로의 자기 방어를 대조한다. 예수님의 긍정적인 예시와 베드로의 부정적인 예시는, 위협받는 상황 속에서도 자신을 지키기보다 자기를 부인하는 신실함을 제자들에게 가르친다.

본문 24 예습: 다음 본문(15:1–39)은 예수님의 승리하신 왕권을 암시하며 제자들을 격려하면서도, 예수님의 다스리심에 복종하는 것은 이 세상에서 희생을 치르고 조롱당하는 것도 포함한다는 것을 일깨워준다. 예수님의 정체성을 인식하고 그분의 사명을 수용한 사람은 끝까지 예수님께 신실해야 한다.

본문 23. 마가복음 14:53-72

본문 23의 신학적 초점

23 제자가 부름받은 대로 예수님과 함께하기 위해서는 위협받는 상황 속에서도 예수님의 본을 따라 자기 자신을 지키기보다 자기를 부인하는 신실함이 필요하다(14:53-72).

23.1 제자들은 위협받는 상황 속에서도 예수님의 본을 따라 자기를 부인하며 끝까지 신실해야 한다.

23.2 제자들이 부름받은 대로 예수님과 함께하기 위해서는 자신을 지키기보다는 자기를 부인해야 한다.

개관

이 본문에서는 카메라가 장면을 따라 이리저리 많이 움직인다. 14:53에서는 대제사장, 14:54에서는 집 뜰 안, 14:55-65은 다시 대제사장 그리고 14:66-72에서는 다시 집 뜰 안으로 장면이 바뀐다.[1] 이 이야기를 '샌드위치' 구조로 전달함으로써 예수님과 베드로가 서로 극명하게 대조된다. 예수님은 거짓 증언 앞에서도 자신의 정체성을 드러내시고, 자신을 고발하는 자들에게 선고를 내릴 근거를 주신다. 반면에 베드로는 사람들이 밝히는 자신의 올바른 정체성(참된 증언)을 반박하며 예수님과의 관계를 완전히 부인함으로써 선고에서 벗어난다. 이 단락은 ἀπαρνέομαι(아파르네오마이, '부인하다', 8:34에 등장하며 이 본문 14:72에도 등장한다. 또한 14:30, 31에서 예수님이 베드로의 부인을 예언하시고 베드로가 그것을 부인할 때도 등장한다).[2] 이 동사를 사용함으로써 8:34과 매우 밀접하게 자기를 어떻게 부인해야 하는지를 보여준다. 예수님은 자기 부인을 긍정적으로 보여주시고 베드로는 부정적으로 보여준다. 이 본문은 자기 부인의 의미를 설명하고, 다음 본문(15:1-39)은 자기 십자가를 진다는 것의 의미를 설명한다. 즉, 두 본문은 8:33-34에서 예수님이 제자들에게 주신 핵심 말씀(예수님을 따르는 것은 자신을 부인하고 자기 십자가를 지는 것이라는 말씀)을 반영한다.

이 본문은 마가복음에서 여섯 번째이자 마지막으로 등장하는 전형적인 '샌드위

---

1 14:66은 베드로가 예수님이 계신 곳에 있지 않다는 사실을 알려준다. 14:54(13:27; 15:38에도 사용됨)에서 공간적 위치를 표시하는 ἕως(헤오스, "안까지")는 예수님이 베드로보다 더 안쪽으로 들어가셨음을 가리킨다(Shepherd, *Markan Sandwich Stories*, 269 참조).

2 이와 관련된 동사 ἀρνέομαι(아르네오마이, 이 역시 '부인하다')는 14:68, 70에 등장한다.

치' 이야기다(외부 이야기: 14:53-54, 66-72; 내부 이야기: 14:55-65).[3] 이 이야기에서도 예수님이 외부와 내부 이야기에서 둘 다 등장하시거나 언급된다. 외부와 내부 이야기는 다음과 같이 비교할 수 있다.[4]

	외부 이야기: 마가복음 14:53-54, 66-72	내부 이야기: 마가복음 14:55-65
주인공	베드로	예수님
신분	자유인	포로
장소	바깥(아랫뜰)	안(집 뜰 안)
고발자	여종, 곁에 선 자들	거짓 증인, 대제사장
세 번의 고발	정체성의 문제	정체성의 문제*
세 번의 반응	부인, 부인, 저주하며 맹세	침묵, 침묵, 긍정과 설명
결과	거짓말하고 자기를 지킴	진실을 말함, 사형을 선고받음
예수님의 칭호	나사렛 예수, "이 사람"(14:67, 71)	그리스도와 관련된 칭호(14:61-62)
역할	실패를 통해 예언을 성취	얼굴이 가려진 선지자의 예언이 성취됨

* 예수님을 향한 고발: 예수님은 성전을 헐고 다시 지으시는 분이다(14:58). 그런 분께 고발을 되풀이하며 침묵을 깰 것을 요구한다(14:60). 예수님이 그리스도인지 질문한다(14:61). "세 번의 고발은 고발당한 사람이 수상한 집단의 구성원임을 부인할 수 있는 세 번의 기회를 주는 법정 절차를 반영한 것일 수도 있다(Pliny, *Letters* 10.96.3; *Mart. Pol.* 9-10과 비교하라)"(Boring, *Mark*, 415).

프란스는 이 구조의 중요성에 대해 다음과 같이 말한다.[5]

이런 이야기 방식의 효과(예수님이 심문받으시기 전에 베드로가 부인하는 장면을 기록하는 누가복음과는 대조적이다)는 예수님과 베드로를 강력하게 대조하는 데 있다. 두 사람 모두 심한 압박 아래 있지만, 예수님은 자신의 침묵과 마지막 극적인 발언에서 확고함을 유지하시는 반면 베드로는 무너질 것이다. 예수님은 죽음으로 나아가시겠지만, 자신의 사명에 대한 증언은 손상되지 않을 것이다. 반면에 베드로는 달아나지만, 예수

3 마가복음에서 사용되는 '샌드위치' 이야기에 대한 자세한 내용은 Shepherd, *Markan Sandwich Stories*, 267-310에서 찾아볼 수 있다.

4 같은 책, 285에서 인용되었다. 더 자세한 내용을 위해서는 '주해'를 참조하라.

5 France, *Gospel of Mark*, 598.(『NIGTC 마가복음』 새물결플러스, 946) 마태복음 26:57-75도 이와 유사한 구조를 띤다.

님의 제자로서 자신의 진실성은 잃게 될 것이다…이처럼 이 장면은 마가의 독자들이 자신의 신실함을 평가하고, 적대적인 세계에서 증언하기 위한 힘을 키워가는 데 그들에게 생각할 기회를 제공할 것으로 예상된다.

앞으로 설명하겠지만, 이 '샌드위치'는 예수님의 재판(내부 이야기)과 베드로의 재판(외부 이야기)으로 이루어져 있다.[6] 이 본문의 내부 이야기는 마가복음의 그 어느 단락과도 다르게 그리스도와 관련된 예수님의 칭호(그리스도, 찬송받으실 이의 아들, 인자)를 집중적으로 다룬다. 반면에 외부 이야기에서도 예수님의 칭호가 등장하지만, 예수님은 그저 나사렛 예수와 "이 사람"으로 불린다.[7] 이는 내부 이야기에서 진실이 선포되고 외부 이야기에서는 진실이 감추어지는 모습을 다양하게 나타내고 있음을 암시한다. 진실과 거짓이라는 모티브는 본문 전체에서 강조된다. "거짓 증언"이 두 번 등장하며(14:56, 57), 서로 일치하지 않는 증언도 두 번 등장한다(14:56, 59). 그리고 진실하고 솔직한 예수님의 고백이 두드러지게 보인다.[8] 14:70에서 곁에 서 있는 자들이 전하는 진실(이들이 베드로를 고발할 때 "참으로"라고 말하며 베드로에 대해 올바르게 말함)에도 주목할 수밖에 없다. 베드로는 이들의 진실한 고발에 거짓, 저주, 맹세로 대응한다. 따라서 내부 이야기에 담긴 진실과 신실함(예수님은 자신을 부인함)은 외부 이야기에 담긴 거짓과 불충실함(베드로는 자신이 아닌 예수님을 부인함)과 극명하게 대조된다.

23 마가복음 14:53-72

23 신학적 초점

23 제자가 부름받은 대로 예수님과 함께하기 위해서는 위협받는 상황 속에서도 예수님의 본을 따라 자기 자신을 지키기보다 자기를 부인하는 신실함이 필요하다(14:53-72).

---

6 본 주석은 마가복음의 저자가 말한 것으로 무엇을 수행하고 있는지에 관심을 갖기 때문에, 이 재판의 합법성이나 1세기 유대교의 법학과 관련한 기타 사안들을 언급하지 않는다. 그리고 이런 사안을 논의하지 않는 또 다른 이유는 마가가 거짓 증언들에 대해 추가로 문제 삼지 않는 것을 볼 때, 재판이 겉으로나마 타당한 것처럼 보이게 하려고 하기 때문이다. 그러므로 마가복음의 신학적 의도에 관한 한 이 재판의 합법성 자체가 주요 사안은 아니다.

7 Shepherd, *Markan Sandwich Stories*, 281–82.

8 Borrell, *Good News*, 129.

23.1 제자들은 위협받는 상황 속에서도 예수님의 본을 따라 자기를 부인하며 끝까지 신실해야 한다.

23.2 제자들이 부름받은 대로 예수님과 함께하기 위해서는 자신을 지키기보다는 자기를 부인해야 한다.

23 단락 요약: 마가는 예수님과 베드로의 재판을 기교적으로 나란히 보여주며 한 사람의 신실함과 다른 한 사람의 불충실함을 대조한다. 한 사람은 자기를 부인하고 다른 한 사람은 자신을 지키기 위해 자기 주인을 부인한다. 예수님의 긍정적인 예시와 베드로의 부정적인 예시는, 제자가 부름받은 대로 '예수님과 함께'하려면 위협받는 상황에서 자기 자신을 지키기보다는 자기를 부인하는 신실함이 필요하다는 것을 알려준다.

23 성경 본문

14:53 그들이 예수를 끌고 대제사장에게로 가니 대제사장들과 장로들과 서기관들이 다 모이더라

14:54 베드로가 예수를 멀찍이 따라 대제사장의 집 뜰 안까지 들어가서 아랫사람들과 함께 앉아 불을 쬐더라

14:55 대제사장들과 온 공회가 예수를 죽이려고 그를 칠 증거를 찾되 얻지 못하니

14:56 이는 예수를 쳐서 거짓 증언 하는 자가 많으나 그 증언이 서로 일치하지 못함이라

14:57 어떤 사람들이 일어나 예수를 쳐서 거짓 증언 하여 이르되

14:58 우리가 그의 말을 들으니 손으로 지은 이 성전을 내가 헐고 손으로 짓지 아니한 다른 성전을 사흘 동안에 지으리라 하더라 하되

14:59 그 증언도 서로 일치하지 않더라

14:60 대제사장이 가운데 일어서서 예수에게 물어 이르되 너는 아무 대답도 없느냐 이 사람들이 너를 치는 증거가 어떠하냐 하되

14:61 침묵하고 아무 대답도 아니하시거늘 대제사장이 다시 물어 이르되 네가 찬송 받을 이의 아들 그리스도냐

14:62 예수께서 이르시되 내가 그니라 인자가 권능자의 우편에 앉은 것과 하늘 구름을 타고 오는 것을 너희가 보리라 하시니

14:63 대제사장이 자기 옷을 찢으며 이르되 우리가 어찌 더 증인을 요구하리요

14:64 그 신성 모독 하는 말을 너희가 들었도다 너희는 어떻게 생각하느냐 하니 그들이 다 예수를

사형에 해당한 자로 정죄하고

14:65 어떤 사람은 그에게 침을 뱉으며 그의 얼굴을 가리고 주먹으로 치며 이르되 선지자 노릇을 하라 하고 하인들은 손바닥으로 치더라

14:66 베드로는 아랫뜰에 있더니 대제사장의 여종 하나가 와서

14:67 베드로가 불 쬐고 있는 것을 보고 주목하여 이르되 너도 나사렛 예수와 함께 있었도다 하거늘

14:68 베드로가 부인하여 이르되 나는 네가 말하는 것이 무엇인지 알지도 못하고 깨닫지도 못하겠노라 하며 앞뜰로 나갈새[9]

14:69 여종이 그를 보고 곁에 서 있는 자들에게 다시 이르되 이 사람은 그 도당이라 하되

14:70 또 부인하더라 조금 후에 곁에 서 있는 사람들이 다시 베드로에게 말하되 너도 갈릴리 사람이니 참으로 그 도당이니라

14:71 그러나 베드로가 저주하며 맹세하되 나는 너희가 말하는 이 사람을 알지 못하노라 하니

14:72 닭이 곧 두 번째 울더라 이에 베드로가 예수께서 자기에게 하신 말씀 곧 닭이 두 번 울기 전에 네가 세 번 나를 부인하리라 하심이 기억되어 그 일을 생각하고 울었더라

23 주해

23.1 제자들은 위협받는 상황 속에서도 예수님의 본을 따라 자기를 부인하며 끝까지 신실해야 한다.[10]

지금까지 마가복음에서 예수님과 제자들은 늘 가까이 있었다. 그러나 십자가에서 돌아가시기 마지막 몇 시간 전부터 예수님은 그야말로 홀로 남으시게 된다. 제자들은 예수님께 신실하지 못하여 끝까지 따르지 못한다. 예수님은 신뢰할 수 없는 제자들과 함께 계시지 않고 오히려 적개심을 가진 적들에게 둘러싸여 계신다(14:50, 53). 예수님을 고발하는 자들을 묘사하는 표현에서 알 수 있듯이 이들은 공식적으로 엄숙하게 모여 있다("대제사장들과 장로들과 서기관들이 다 모이더라"). "다"라는 표현은 홀로 계신 예수님과 그분을 둘러싼 적의 큰 무리를 대조한다(이 무리는 베드로를 고발하는 소수의 사람과

---

9 몇몇 고대 사본은 68절 끝에 "닭이 울었다"는 표현을 생략한다. 그러나 내부적으로 볼 때 이 표현은 14:30과 14:72에서 닭이 두 번째 운다는 마가의 이야기와 일치한다[저자는 개역개정과 달리 68절 끝에 "닭이 울었다"(a cock crowed)는 구절을 넣어 번역한다-편집자 주].

10 이 신학적 초점 역시 이야기에서 부정적으로 드러난 모습을 통해 교훈하고자 하는 바를 긍정적으로 서술한 것이다.

도 차후에 대조된다).

베드로가 예수님을 "따라"(14:54)갔다는 표현은 그가 '따르라'는 부르심을 받은(1:18, 2:14) 제자임을 독자에게 상기시킨다. 그러나 베드로가 "멀찍이" 떨어져 따라가는 모습은 그가 온전히 예수님을 따르고 있지 않음을 보여준다.[11] 또한 베드로는 부름받은 대로 μετ' αὐτοῦ[메트 아우투, "그(예수님)와 함께", 3:14] 있지 않고 오히려 μετὰ τῶν ὑπηρετῶν(메타 톤 후페레톤, "아랫사람들과 함께", 14:54) 있다. 베드로는 예수님을 끝까지 따르지 않는다. 그는 집 뜰 안까지만 따를 뿐 그 이상 들어가지 않는다. 이 제자는 자기 주인의 고난에 동참할 의사가 없다. 베드로의 계획 속에서 자기 부인은 찾아볼 수 없다.

산헤드린 공회의 모든 법적 절차는 이미 정해진 목표(14:1에서 이미 예수님을 죽일 방도를 구하고 있었음)를 향해 움직이는 것처럼 보인다. 목격자들의 증언에 따르면 이 재판은 성전을 헐겠다고 협박한 예수님에 대한 고발로 시작된다. 차후에 예수님이 십자가에 달리신 모습을 보며 지나가는 자들이 이 내용을 다시 언급한다(15:29). 이 고발은 실로 중대한 사안이다. 성전 파괴를 예언한 예레미야는 죽음을 겨우 면했고, 그의 동료 선지자인 우리야는 죽임을 당했다(렘 26:7–24).[12] 구약(렘 7:12–15; 26:4–6, 9 등)과 *1 En.* 90.28–29에서는 이미 하나님이 성전을 파괴하실 것이라는 예언이 있었다. 그렇다면 이 고발은 단순히 예수님이 여호와만 하실 수 있는 특권을 침해한 것으로 볼 수 있다.[13] 또한 "손으로 지은"(χειροποίητος, 케이로포이에토스, 또한 막 14:58)이라는 표현은 구약(레 26:1, 사 2:18; 10:11; 16:12; 19:1; 31:7; 46:6 칠십인역, 시 115:4도 참조)에서 보통 우상을 나타냈기 때문에 성전에 이런 표현을 사용하는 것은 종교 지도자들에게 매우 불쾌했다(행 17:24).[14] 예수님이 실제로 자신이 성전을 헐 것이라고 주장하셨는

11 이 구절과 15:40에서 등장하는 ἀπὸ μακρόθεν(아포 마크로쎈, '멀찍이')은 비판적 목소리를 담고 있으며, 시편 38:11에서 시편 기자의 친구들이 그의 상처를 ἀπὸ μακρόθεν 하는 매정한 모습을 간접적으로 가리킨다. 이 시편 기자는 예수님처럼 침묵을 지킨다(38:13–14)(Marcus, *Mark*, 1013).

12 France, *Gospel of Mark*, 605.(『NIGTC 마가복음』 새물결플러스, 957)

13 성전을 위협한 아나니아의 아들 예수는 서기 62년도에 처형당했는데, 아마도 이와 유사하게 하나님의 권한을 유용했다는 이유로 처형당했을 것이다(Josephus, *J.W.* 6.300–309).

14 흥미롭게도 마가는 지금까지 예수님이 ἱερόν(히에론, 성전 경내)에 있는 모습을 묘사했다[11:1, 15(2회), 16, 27; 12:35; 13:1; 13:3; 그리고 14:49에서는 예수님이 성전에 계셨다고 직접 말씀하신다]. 그러나 이 시점에서부터는 이 단어가 ναός(나오스, 성소)로 대체된다(14:58, 15:29, 38). 이 단어는 다른 장소를 뜻하기보다는 마가가 중요한 기독교 주제를 다루고 있다는 것을 나타낸다. 손으로 짓지 않은 새로운 성소는 바로 부활하신 예수님의 몸이자 그리스도의 몸이며, 그리스도와의 교제로 연합된 신자들의 공동체다. France, *Gospel of Mark*, 606–07(『NIGTC 마가복음』 새물결플러스, 958–59) 그리고 Witherington,

지 여부는 불확실하다. 예수님은 마가복음 13:2에서 예언하실 때 '신적' 수동태를 두 번 사용하시며("돌 하나도 돌 위에 남지 않고 다 무너뜨려지리라") 하나님이 행하실 것이라고 암시하신다. 또한 예수님은 성전을 다시 지을 것이라고 직접적으로 말씀하시지 않는다. 물론 그때 당시 메시아가 직접 성전을 재건할 것이라는 생각은 널리 받아들여졌다.[15] 한마디로 말해 이 고발은 엉성하다. 마가는 두 번에 걸쳐 고발이 거짓 증언이라고 이야기하고(14:56, 57), 두 번에 걸쳐 증언이 서로 일치하지 않는다고 말한다(14:56, 59). 대제사장과 거짓 증인들이 결탁했다는 것을 알 수 있다. 둘 다 예수님께 맞서 "일어나"(ἀνίστημι, 아니스테미, 14:57, 60)는 반면에, 예수님은 하늘의 법정에 앉아 계신다(14:62). 대제사장은 하나님의 이름을 직접 부르는 대신 완곡한 표현을 사용하며 신학적으로 매우 조심스러워하는 것처럼 보이지만(14:61), 아이러니하게도 하나님의 아들에게 사형을 선고한다![16] 이 한밤중의 재판이 얼마나 합법적인지와 상관없이 한 가지 사실은 분명하다. 예수님을 향한 고발은 거짓이며 불공정하다. 그리고 재판관, 배심원 증인까지 모두 편파적으로 피고인을 몰아세운다.

두 번의 고발(14:56–59, 60–61, 거짓 증인과 대제사장이 각각 고발함)에 침묵을 지키신 예수님은 드디어 세 번째 고발에 대해 대제사장에게 답변하신다(14:62). 마가복음에서 예수님은 계속해서 침묵('비밀 모티브')을 요구하셨다(1:34; 3:11–12; 8:30; 9:9; 9:30–31). 그러나 수난을 예고하고 인자와 관련된 말씀을 전하신 이후에 이제는 침묵을 깨고 선포하실 때가 온 것이다.[17] 예수님은 ἐγώ εἰμι(에고 에이미, "내가 그니라", 14:62)라고 말씀하시며 자신이 하나님의 아들이라고 밝히신다. 예수님의 정체성과 사명이 완전히 드러난 이후에야(5:19; 10:47–49) 비로소 이러한 선언이 적절하게 이루어진다.

예수님이 대제사장이 사용한 "그리스도"와 "하나님("찬송받을 이")의 아들"이라는 칭호 대신에 "인자"라는 칭호를 사용하신 것과, 인자가 하나님 우편에 앉고 하늘

Gospel of Mark, 384를 참조하라.

15 *Tg. Neb.*은 스가랴 6:12에 대해 다음과 같이 이야기한다. "보라, 메시아라는 이름을 가진 사람이 나타날 것이며 부활하여 주님의 성전을 지을 것이다"(*1 En.* 90.28–29; *Jub.* 1.17; *11QTemple* 29.8–10; *4QFlor* 1.3, 6도 참조).

16 Stein, *Mark*, 683.

17 마가복음 제1막(2:10, 28)에 등장하는 '인자'는 죄 사함의 권위와 안식일에 대한 권위를 가진 자로 하나님의 능력을 드러낸다. 제2막과 제3막에서 '인자'는 고난을 겪는 자로 소개된다(8:31; 9:12, 31; 10:33, 45; 14:21, 41). 8:38에서는 인자를 분명히 영광 가운데 나타날 자로 묘사하지만, 그 단락의 신학적 초점은 영광(8:38) 전에 있는 고난(8:31)에 있다. 인자의 영광은 예견된 것이다(인자, 영광을 묘사하는 13:26과 14:62에서도 마찬가지다). 그러므로 마가복음 후반부에서는 인자의 지상 사역을 고난으로 특징짓는다.

구름을 타고 올 것이라고 말씀하신 것은 매우 중요한 의미를 담고 있다. 구약에서 여호와가 타시는 구름을 인자가 타고 오신다는 것은 하나님의 출현을 가리킨다. 예수님은 권위 있는 자리에 앉으시고 여호와가 사용하시는 구름을 타고 오시는 것을 말씀하시며 자신이 누구인지 분명하게 밝히신다. 예수님은 지금 대제사장이 예수님이 스스로 주장했다고 고발한 신분보다 더 높은 권위의 자리에 있다고 말씀하시는 것이다.[18] "예수님은 메시아시지만(ἐγώ εἰμι), 그분의 메시아적 환상은 대제사장이 의미하는 바와 완전히 다른 차원에 있다. 그것은 정치적 수준에서 국가의 구원자로서의 어떤 메시아 개념과도 거리가 멀다. 예수님의 '승리'는 하나님 우편에 계시는 것이다."[19] 하나님의 우편에 앉고 하나님의 운송 수단을 공유한다는 것은 자신이 하나님과 동등한 위치에 있다는 주장이다. 이러한 주장은 유대인들에게는 신성 모독과도 같다.[20] 대제사장의 반응을 보면 그가 예수님의 말씀을 이와 같이 이해했다는 것을 알 수 있다(14:62-63). 예수님의 운명은 진실되게 자신의 정체성을 시인하심으로써 결정된다. 예수님은 이렇게 시인하면 어떤 결과로 이어질지 분명히 아신다. 또한 스스로를 '그리스도'라고 주장하는 것은 로마 제국에서는 반역죄에 해당된다. 예수님은 자신이 하나님이요 메시아라고 밝히시면 유대교 지도자들이나 로마 당국으로부터 처벌을 면치 못할 것을 확실히 알고 계신다. 그럼에도 예수님은 흔들리거나 망설이시지 않고 진실을 숨김없이 모두 밝히신다. 예수님은 자신을 전혀 변호하시지 않는다. 거짓 증언에 대해 반박하시지도 않고, 성전에서 내뱉은 말이나 조금 전 자신이 말한 것에 대해 해명하시지도 않는다. 예수님은 어떠한 결과나 자신의 안위에 전혀 신경 쓰지 않으시고, 노골적이며 직접적인 심문 앞에서 어떤 결과를 맞이하든 상관없이 노골적이며 직접적으로 대답하신다(14:61-62). 예수님은 자기를 부인하시며 ('닭 울 때') 신실함이 무엇인지 보여주고 계신다. 다음 단락에서 살펴보겠지만 이 모습은 자기를 변호하고 다른 이를 부인하기에 바쁜 베드로와는 너무나 대조적이다!

18 Witherington, *Gospel of Mark*, 385.

19 France, *Gospel of Mark*, 613.(『NIGTC 마가복음』 새물결플러스, 969)

20 Gundry, *Mark*, 916-17. 랍비 Akiba가 다니엘 7:9에 나오는 왕좌 중에 다윗을 위한 왕좌도 포함된다고 해석한 것에 대해, 랍비 Jose는 이 땅의 왕을 하나님과 동등하게 여기는 이 무례한 해석은 신성 모독('쉐키나에 대한 모독')이라고 주장했다. *b. Sanh.* 38b를 참조하라.

23.2 제자들이 부름받은 대로 예수님과 함께하기 위해서는 자신을 지키기보다는 자기를 부인해야 한다.[21]

마태복음과 누가복음의 수난 기사는 사람들이 예수님의 눈을 가리고 주먹으로 때리는 이유가 그를 친 자가 누구냐고 물으며 희롱하기 위해서라고 독자에게 밝힌다(마 26:68; 눅 22:64). 반면에 마가는 예수님을 희롱하기 위한 목적을 언급하지 않는다(14:65). 예수님을 향한 희롱은 오히려 다음 본문인 15:1–39에 등장한다. 마가는 다른 공관 복음처럼 사람들이 예수님께 그분을 친 자가 누군지 예언해보라고 말했다는 사실을 생략한다. 그 대신 카메라 앵글을 돌려 예수님이 실제로 예언하신 일(닭이 두 번 울기 전에 베드로가 예수님을 부인할 것)이 이루어지는 데 초점을 맞춘다(14:66–72).[22] 마가가 '샌드위치' 구조로 두 이야기를 엮음으로써 베드로가 자기 주인을 부인할 때 14:30에 나왔던 예수님의 예언이 정확히 성취된다. 그리고 더 나아가 14:72은 주인을 배반한 제자가 이 예언을 기억하게 된다고 전해준다. 베드로가 거짓 증언을 하며 예수님을 부인함으로써 예수님의 예언은 성취되었고, 예언의 성취로 말미암아 예수님이 그리스도라는 주장은 진실로 증명된다.[23]

이 본문에 나타나는 '샌드위치' 구조는 예술적인 문학적 창작이다. 마가는 이 구조를 통해 서로 다른 재판을 받는 두 사람을 비교한다. 베드로도 '재판'을 받는 셈이다('개관' 부분에서 외부와 내부 이야기를 비교한 표 참조). 제자들이 모두 떠나버리고 홀

---

21 이는 베드로와 정반대되는 모습이다.

22 마태복음 기사(26:57–75)는 마가복음과 매우 유사하지만 예수님의 얼굴을 가렸다(예수님 뒤에서 때린 듯하다)는 표현이 없고, 사람들이 예수님을 희롱하며 "그리스도"라고 불렀다고 밝힌다. "그리스도"는 대제사장이 예수님께 그리스도인지 물어본 질문과 직접적으로 연결된다(26:63). 이는 예수님이 메시아라고 주장하고 여호와와 동등하다고 주장한 '신성 모독'을 조롱하는 것이다. 그러므로 마태복음에서 "선지자 노릇을 하라"(26:68)라는 말은 예수님의 재판을 돌아보게 한다. 마가복음에서 "선지자 노릇을 하라"(14:65)라는 구절은 성취될 예수님의 예언(베드로의 부인)을 내다보게 한다. 복음서 기사를 서로 조화시키면 마가가 신중하게 구성한 이야기를 담아내지 못할 것이며, 적어도 설교를 위한 측면에서 보면 마가복음의(본문의) 신학적 중점을 전달하지 못할 것이다. 마가는 이 본문에서 예수님이 당하신 비방과 경멸(막 15장에서 강조된다)보다는 예수님과 베드로를 대조하며 전자의 예언이 어떻게 후자의 부인으로 성취되었는지 보여주는 데 더 큰 관심을 두고 있다. 그러므로 설교자는 '실제로 일어난 사건'(본문 뒤의 사건)과 '저자가 이야기하는 사건'의 차이를 알고 있어야 한다. 이런 차이를 인정한다는 것은 기록된 말씀의 정확성을 전혀 폄하하는 것이 아니다. 그러나 말씀은 사건을 부분적으로 선택하여 기록한 것이고, 본문 뒤의 사건이 아니라 바로 이것이 영감으로 기록되었다는 사실을 잊어서는 안 된다. 영감으로 기록된 성경 본문은 신학을 담고 있으며 투영한다(달리 표현하자면 본문 앞에 놓인 것이다). 그리고 설교자는 이를 기반으로 권위적이며 연관성 있는 타당한 적용을 제시한다. 해석자는 사건이 아니라 본문을 중히 여겨야 한다. Kuruvilla, "Pericopal Theology" 그리고 Kuruvilla, *Text to Praxis*를 참조하라.

23 Shepherd, *Markan Sandwich Stories*, 291.

로 남으신 예수님은 다수의 사람들에게 고발당하신다. πάντες(판테스, "다", 14:53), ὅλον(홀론, "온", 14:55) 그리고 πολλοι(폴로이, "많으나", 14:56)가 다수의 사람을 강조한다. 반대로 베드로는 처음에 단 한 사람에게 고발당한다(μία, 미아, "하나"라고 명시되어 있음, 14:66). 그는 매우 연약한 고발자 앞에서조차 자기를 부인하지 못한다. 베드로는 여종 한 명 앞에서 움츠리는 반면, 예수님은 온 공회와 고발하는 무리와 거짓 증인들 앞에서 굳건히 버티신다(14:55). 그렇다고 해서 베드로가 처한 위험을 간과할 수는 없다. 마가는 14:64에서 예수님을 고발한 자들이 다 "예수를 사형에 해당한 자로 정죄" 했다고 설명한다. 만약 베드로가 공범으로 밝혀진다면 그도 예수님과 동일하게 정죄받을 수 있는 상황이다.

예수님은 유죄 선고를 받아 처형당할 수 있는 위험한 상황에서도 신실하시며 솔직하게 대답하시지만, 베드로는 위험에서 벗어나기 위해 불충실하며 거짓말까지 한다. 그는 자기를 부인할 마음이 없고 예수님으로부터 받은 μετ' αὐτου(메트 아우투, "그와 함께", 3:14) 하라는 부르심을 부정한다. 여종이 오히려 "너도 나사렛 예수와 함께 있었도다"(μετὰ του Ναζαρηνοῦ ἦσθα του Ἰησοῦ, 메타 투 나자레누 에스싸 투 예수, 14:67)라고 말하며 자신도 모르게 베드로가 지금 해야 할 일과 베드로의 부르심이 무엇인지 정확히 말한다. 여종이 우연히 정확한 말을 했음에도, 베드로는 이 말을 오히려 부인하며 "나는 네가 말하는 것이 무엇인지 알지도 못하고 깨닫지도 못하겠노라"(14:68)라고 말한다. 베드로는 당연히 거짓말을 하는 것이고, 마가복음에 기록된 그의 마지막 말 역시 거짓말이다. "나는 너희가 말하는 이 사람을 알지 못하노라"(14:71). 그는 부름받은 대로(8:33-34) 자기를 부인하지 않고 오히려 예수님을 부인한다. 다른 측면에서 보면, 마가복음에서 예수님과 제자들이 걸어온 제자도 여정을 살펴본 독자는 갈팡질팡하는 이 제자가 오히려 진실을 이야기하고 있음을 눈치챌 수 있다. 베드로는 정말 예수님이 누구신지 그리고 어떤 일을 하시는지 알지도 못하고 깨닫지도 못한다. 심지어 알거나 깨달은 적이 없다. 더 나아가 열두 제자 중에 단 한 사람도 예수님의 정체성과 수난 사명을 온전히 깨닫지 못했다.[24] 이 중에 한 사람은 예수님을 배반했고 나머지는 떠나버렸다.

사람들은 베드로가 예수님의 도당이라고 두 번이나 더 말하지만(14:69-70), 베드로는 한때 그리스도라고 고백했던 분을(8:29) "이 사람"('녀석'/'놈')이라고 표현하며

---

24 Myers, *Binding the Strong Man*, 377.

그분을 모른다고 받아친다. 그리고 자신이 예수님과 전혀 상관없다는 것을 확인해주기 위해 저주하고 맹세까지 한다. ἀναθεματίζω(아나쎄마티조, '저주하다', 14:71)는 타동사인데, 사도행전 23:12, 14, 21(신약에서 이 동사를 사용하는 유일한 구절)과는 다르게 재귀대명사 ἑαυτούς(헤아우투스, '자신')가 이 구절에는 없다. 베드로가 자신에게 맹세했다고 보기에는 의심스럽다("내가 이 사람을 안다면 나에게 저주가 있을 것이다"라고 말하는 셈이다). 이 동사가 재귀대명사 없이 사용되었다는 것을 볼 때 오히려 베드로가 예수님을 저주했을 가능성이 높다![25] 그렇다면 베드로는 지금 플리니 2세(Pliny the Younger, 서기 61–112년)가 훗날 "진정한 그리스도인이 할 수 없는 일"이라고 주장했던 예수님을 저주하는 일을 하고 있는 것이다(*Ep.* 10.96.5).[26] 마가가 베드로가 저주하는 대상이 예수님이라고 직접 밝히지 않는 이유는 너무나 명백하다. 이는 말로 담을 수 없는 너무나 충격적인 일이기 때문이다.

베드로가 비난받을수록 더 거세게 부인하는 패턴을 볼 때 이러한 해석이 가능하다.

- 여종에게는 과거 시제로써 일반적인 의미로 부정한다(ἠρνήσατο, 에르네사토, "부인하여", 14:68).
- 여종과 곁에 서 있는 사람들에게는 미완료 시제로 부인한다(ἠρνεῖτο, 에르네이토, "부인하더라", 14:70).
- 마지막으로 곁에 서 있는 사람들 앞에서 예수님을 저주하며 부인한다(14:71).

예수님이 세 번의 고발에 대해 하신 답변과 베드로의 답변을 다음과 같이 비교해볼 수 있다.

---

25 여러 영어 성경은 이해를 위해 14:71에 목적어 "himself"(자신)를 추가했다. 하지만 헬라어 원문에는 이 단어가 없고, 이야기가 전개되는 과정을 볼 때 베드로가 저주하는 대상은 예수님일 것이다. 마태복음 26:74에서는 καταθεματίζω(카타쎄마티조) 동사를 사용한다. 접두사 κατα–(카타)는 저주를 '내리다'라는 의미를 연상케 하며, 아마도 자기 자신에게 저주를 내리는 의미일 것이다(이 동사는 신약에서 단 한 번 등장하며 칠십인역에서는 전혀 등장하지 않는다).

26 Lampe, "St. Peter's Denial," 354. Merkel, "Peter's Curse," 67–68도 참조하라. "칠십인역, Aquila, Symmachus, Theodotion, 성서 외의 문학 모두 ἀναθεματίζειν(아나쎄마티제인)을 자기 자신에게 저주를 내리는 뜻으로 사용하지 않는다". Justin Martyr, *1 Apol.* 31.6을 보면 Bar Kokhba는 그리스도인에게 예수님을 저주하라고 최후통첩을 보낸다(서기 132–136년). 그리고*Mart. Pol.* 9–10을 보면 스미르나의 주교 Polycarp(대략 서기 70–156년)은 로마 제국의 압박에도 예수님을 저주하지 않았다.

	예수님의 반응	베드로의 반응
첫 번째 고발	침묵(14:56-59)	부인(14:68)
두 번째 고발	침묵(14:60-61a)	부인(14:70)
세 번째 고발	"내가 그니라!"(14:61b-62)	저주와 맹세(14:71)

두 사람의 답변을 나란히 놓고 보면 예수님이 자신이 누구인지 강력하고 진실되게 말씀하신 것과 베드로가 수치스럽고 비열하게 저주한 것은 매우 선명하게 대조된다. 이 대조는 신랄하고 참담하며 비극적이다.[27] 결국 베드로는 8:34에서 자기를 부인(ἀπαρνέομαι, 아파르네오마이)하라는 예수님의 명령을 어겼고, 오히려 예수님을 부인했다[14:72에서 동일한 동사가 사용되고 관련 동사 ἀρνέομαι(아르네오마이)가 14:68, 70에서 사용됨].[28] 진실을 말했어야 할 베드로는 예수님이 가장 먼저 부르신 제자(1:16-17), 열두 제자의 리더(3:16)이자 대변인(1:36; 8:29, 32; 9:5; 10:28; 11:21), 앞서 예수님을 그리스도라고 고백한 자(8:29)다. 그런데 이런 그가 입을 열어 거짓말하고 저주하며 맹세한다! 마가복음에서 마지막으로 등장하는 베드로 역시 실패했다. 그는 닭 울 때 신실하지 못했다. '반석'이 깨졌다![29]

이 단락의 신학적 초점은 제자가 예수님처럼 목숨이 위협받는 상황 속에서도 자신을 지키기보다 자기를 부인하며 항상 진실되고 신실해야 한다는 데 있다. 제자는 베드로처럼 자기 목숨을 구하기 위해 '예수님과 함께'하라는 부르심을 저버리고, 자기를 부인하라는 부르심을 어기며 주님께 불성실하거나 불충실해서는 안 된다. 마가는 이 '샌드위치' 구조를 통해 자기를 부인하지 않는 것은 본질적으로 예수님을 부인하는 것이라고 말한다.

---

27 두 '재판'을 비교해보면 마가가 '샌드위치' 구조를 통해 예수님과 베드로의 재판을 '화면 속 화면'으로 보여주려고 최선을 다한다는 느낌을 받는다. 마치 두 재판이 동시간에 일어나고 있는 것처럼 나타내려고 한다. 이는 실로 신학적 중점과 감정을 몰입하게 하는 역작이다. 동시간에 일어나는 두 재판을 설교 전 예배 시간에 '화면 속 화면' 형식의 연극으로 보여주는 것도 고려할 만하다. 마태복음(26:57-75)의 구조도 이와 유사하지만 신학적 초점은 마가복음과 조금 다를 수 있다. 마태복음은 예수님이 메시아 되심에 더 집중한다.

28 또한 예수님을 절대로 부인하지 않겠다는 자신의 말도 어겼다(14:31, 여기서도 ἀπαρνέομαι가 사용되었다).

29 베드로가 겟세마네에서 세 번이나 깨어 있지 못한 것(13:34, 35, 37)이 예수님을 세 번 부인한 것과 비교된다(14:68, 70, 71). 그가 앞뜰로 나가는 모습(14:68)조차 그가 얼마나 예수님과 멀어지는지 상징적으로 보여준다(14:54 참조). 베드로는 그의 이름에 걸맞게 '돌밭처럼' 행동한다(4:5-6, 16-17).

이 본문은 예수님을 부인한 베드로의 패배와 절망으로 끝나지만, 마가는 베드로가 닭이 두 번째 울 때 괴로워하며 참회하는 모습을 보여준다(14:72). 이 구절에서 베드로가 회개하는 모습은 그와 유다의 핵심적인 차이를 보여준다. 나중에 16:7에서 예수님이 부활하신 후 제자들이 다시 모일 때 베드로가 구체적으로 언급된다. "유다의 분명한 불충성과는 대조적으로, 베드로의 후회는 의도적인 변절이라기보다는 압박 아래서의 실패를 가리킨다. 이에 대해서는 마가의 독자들이 안도했을 것이다. 그들이 용서받고 삶을 재건할 가능성이 남아 있었기 때문이다."[30]

닭이 울면서 밤 시각이 하나 더 지나가고 예수님의 예언은 성취된다. 마가의 '샌드위치' 이야기는 예수님의 재판과 증언을 베드로의 재판과 극명하게 대조한다. 한 사람은 자기를 부인하고 다른 한 사람은 자기 주인을 부인한다. 한 사람은 신실하고 다른 한 사람은 불충실하다. 한 사람은 종교 지도자들 앞에서도 담대히 맞서지만, 다른 이는 곁에 서 있는 자들과 여종 앞에서 두려움에 떤다. 한 사람은 담대하게 진실을 말하고 다른 이는 예수님이 진실을 말씀하는 그 순간에 저주한다. 아이러니하게도 신성모독을 한 베드로가 아닌 예수님이 신성 모독 죄를 선고받는다.[31] "베드로는 정말 '졸다가 허를 찔렸다.' 그러나 하나님은 그를 깨우시고 회개와 회복으로 이끄시기 위해 닭을 보내셨다…베드로는 자기 목숨을 구하기 위해 너무 애썼기 때문에 목숨을 잃어야 마땅하지만, 자기 목숨을 기꺼이 내놓으신 구원자 덕분에 생명이 다시 주어질 것이다."[32] 닭 울 때 일어난 일은 제자에게 진실되고 충성하여 자기를 지키기보다 부인하라고 권면한다.

---

30 France, *Gospel of Mark*, 619.(『NIGTC 마가복음』 새물결플러스, 977–98)

31 Geddert, *Watchwords*, 100–01. 그도 그럴 것이 "그 몸으로 우리 죄를 담당하셨으니 이는 우리로 죄에 대하여 죽고 의에 대하여 살게 하려"(벧전 2:24) 하신 분이 예수님 아니신가? 예수님은 베드로의 신성 모독 죄도 담당하신다.

32 같은 책, 101.

설교의 초점 및 개요

설교를 위한 본문 23의 신학적 초점

23 제자도에서 신실함은 예수님의 대의를 위해 자기 자신을 지키기보다 자기를 부인하는 것이다(14:53-72).

마가복음의 마지막 '샌드위치' 이야기인 이 본문은 예수님과 베드로의 공동 '재판'을 다루며 두 재판을 나란히 보여주는 문학적 진주다. 자기 자신을 부인하는 한 사람과 자기 주인을 도리어 부인하는 다른 한 사람을 나란히 보여줌으로써 대조를 극명하게 드러낸다. 자기를 부인하기까지 신실하신 예수님은 거짓 고발, 불의, 비열한 취급을 당하시면서도 많은 종교 지도자 앞에서 담대하게 진실을 증언하신다. 예수님은 자신의 자백이 어떤 결과를 낳을지 정확히 아시면서도 망설이시거나 흔들리시지 않는다. 그분은 자신을 지키시려는 의향이 조금도 없다. 이것이 바로 자기 부인이다. 예수님은 십자가를 질 준비가 되셨다.

반면에 베드로는 여종 한 명 앞에서 두려워하며 뒷걸음질 친다. 그는 부인하고 또 부인하며 거짓말까지 한다. 그는 "이 사람을 알지 못하노라"라고 거짓말하면서도 무심코 진실을 말한다. 베드로가 만약 부인만 했다면 그나마 나았을 것이다. 그러나 베드로는 부인할 뿐만 아니라 예수님을 저주하고 (예수님이 "내가 그니라!"라고 자신의 정체성을 드러내시는 그 순간에) 맹세한다. 이 제자는 '닭 울 때' 신실하지 못하다. 베드로는 자기 목숨을 보전하는 데 급급하기 때문에 자기를 부인하는 대신 예수님을 부인한다. 그와 다른 제자들은 예수님의 정체성을 인식하거나 예수님의 사명을 수용하지 못했다. 그래서 이들은 모두 예수님께 신실하지 못했다.

이 본문에서 마가는 두 재판을 나란히 놓고 서로 비교함으로써 무언가를 수행하고 있다. 따라서 설교 대지를 최소화하고(다음 설교 개요처럼 두 개의 대지가 적절함) 두 재판의 요소를 번갈아 소개하며 신실하신 예수님과 불충실한 베드로를 대조하는 것이 더 좋을 것이다. 이 본문은 제자들에게 자기를 부인하지 못한다면 사실상 예수님을 부인하게 된다고 가르친다. 이는 지나치게 자신을 보호하는 오늘날의 많은 그리스도인에게 매우 중대한 가르침이다. 종교 탄압이 적은 서방 문화권에서는 이 명령을 어떻게 신실히 이행할지 심사숙고하고 기도하며 생각해보아야 할 것이다(진보적인 교육 기관, 해외 선교, 비우호적인 직장 환경 등에서의 적용이 그 예가 될 수 있다). 그러나 억압이나 박해가 없는 상황에서도 하나님은 분명하게 제자가 자기를 부인할 것을 요구하신다.

자기 방어를 포기하고 자신을 부인하라는 개념은, 적용은 고사하고 받아들이기조차 매우 어렵다. 이 말씀은 제자가 자신을 보호해서는 안 된다는 뜻은 아니다. 그러나 자기 방어가 자기를 부인하는 데 방해물이 되어서는 안 된다. 그 무엇이 되었든 자기 부인을 막는 것은 예수님을 부인하게 하는 일이다! 다시 말하지만, 자기를 부인하지 않는 것은 예수님을 부인하는 것이다.

자기 부인을 적용할 수 있는 방법 중 하나는 박해가 찾아오기 전에 자기 부인을 훈련하는 것이다. 이러한 훈련은 영성 훈련을 강조해온 기독교 역사의 흐름에서 크게 벗어나지 않는다. 이 본문을 설교할 때 이러한 영성 훈련이 생소한 회중에게 자신의 삶에 하나님의 질서를 세우는 효과적인 훈련을 소개할 수도 있다. 이것이 바로 유진 피터슨(Eugene Peterson)이 말하는 *Askesis*(ἀσκεω, 아스케오, '수고하다', '노동하다', '분투하다'에서 파생했고, 'asceticism'의 어근이며 부정적인 의미를 함축하지는 않는다)이다. "*Askesis*는 운동선수의 훈련 요법과도 같은 영성 훈련이다."[33] 시험이나 박해가 실제로 찾아오기 전에 *Askesis*를 훈련하는 것은 매우 유익하다. 만약 마가복음 강해가 부활절 즈음에 끝날 계획이라면 사순절에 이러한 영성 훈련을 다루는 설교를 하는 것도 매우 적절할 것이다.

본문 23의 설교 개요

I. 예수님 vs. 베드로: 자기 부인 vs. 자기 방어

- 대조: 고발자, 고발 내용, 반응(외부 vs. 내부 이야기 대조 참조)
- 자기 자신을 지키거나 보호하기보다 자기를 부인함

II. 제자: *시험 앞에서 신실하라—자기 방어 대신 자기 부인!*

- 자기를 부인하기 위해 회중은 구체적으로 무엇을 할 수 있는가?

33 Peterson, *Under the Unpredictable Plant*, 74. 영성 훈련과 관련해서 금욕과 참여의 방식으로 적절히 나누어 소개한 Willard, *Spirit of the Disciplines*도 매우 유익한 책이다.

베드로와 예수님에게 각각 초점을 맞추는 또 다른 설교 개요

Ⅰ. 베드로: 자기 방어

- 진실되지 못하고 불충실한 베드로의 반응, 14:54, 66-72
- 오로지 자기 자신을 지키기 위해 자기를 변호함
- 연관성: 시험 앞에서 우리 자신을 지키고 변호하는 모습

Ⅱ. 예수님: 자기 부인

- 시험 앞에서 진실되시고 신실하신 예수님의 반응, 14:53, 55-65
- 자기 자신을 지키거나 보호하기보다 자기를 부인함

Ⅲ. 제자: *시험 앞에서 신실하라–자기 방어 대신 자기 부인!*

- 자기를 부인하기 위해 회중은 구체적으로 무엇을 할 수 있는가?

본문 24

고난받는 종

마가복음 15:1-39

[예수님의 로마식 재판, 모욕, 십자가 처형]

복습, 요약, 예습

본문 23 복습: 마가복음 14:53-72은 자기를 부인하시는 예수님과 그분을 부인하는 베드로를 각각의 재판을 통해 대조하면서, 위협받는 상황에서도 자신을 지키기보다 부인하시는 예수님의 신실함을 제자들에게 가르친다.

본문 24 요약: 마가복음 15:1-39은 예수님이 홀로 끔찍한 고난을 당하시는 모습을 보여주며 예수님께 신실한 것에 대한 주제를 이어나간다. 이 본문은 예수님이 승리하신 왕이심을 암시하며, 제자들을 격려하면서도 예수님을 따르는 길에는 희생과 고난이 수반된다는 것을 상기시킨다. 예수님의 정체성을 인식하고 그분의 사명을 수용한 사람들은 예수님을 끝까지 따른다.

본문 25 예습: 다음 본문(15:40-16:8)은 신실함을 보여주지 못한 제자들을 통해 예수님께 신실한 것의 중요성에 또 한 번 초점을 맞춘다. 이 본문은 제자도 여정에서 실패한 사람을 회복시키시는 하나님의 은혜를 보여준다.

본문 24. 마가복음 15:1-39

본문 24의 신학적 초점

24 최후에 승리할 왕이신 예수님께 신실하다는 것은 예수님의 정체성을 인식하고 그분의 사명을 수용한 자로서 끝까지 그분과 함께하는 것이며, 여기에는 고난과 희생이 따른다(15:1-39).

24.1 제자도에 신실하다는 것은 최후에 승리하실 예수님의 왕권이 고난과 희생을 포함한다는 사실을 인정하는 것이다(15:1-20).

24.1.1 최후에 승리할 진정한 왕은 제자들이 신실히 따르는 하나님의 아들 예수님이시다.

24.1.2 예수님의 왕권은 고난과 희생을 수반한다.

24.2 제자도에 신실하다는 것은 예수님의 정체성을 인식하고, 그분의 사명을 수용한 자로서 그분의 수난 사명에 동참하며, 처음부터 끝까지 그분과 함께하는 것이다(15:21-39).

24.2.1 예수님의 사명에 신실하다는 것은 그분과 함께 기꺼이 박해를 당한다는 뜻이다.

24.2.2 예수님의 정체성을 인식하고 그분의 사명을 수용한 자는 제자도의 여정을 신실하게 걷는다.

24.2.3 예수님께 신실하다는 것은 그분의 수난 사명에 동참하며 처음부터 끝까지 그분과 함께하는 것이다.

개관

이 본문은 마가복음 13장에 있는 문지기 비유에서 언급된 시각을 다루는 마지막 본문이다. 이 본문은 '새벽'에 초점을 두지만, 예수님이 십자가 처형을 당하신 낮 시간을 모두 다룬다.

앞서 언급했듯이 이전 본문(14:53-72)과 이 본문(15:1-39)은 각각 자기를 부인한다는 의미와 십자가를 진다는 의미를 설명한다. 따라서 본문 23과 24는 8:33-34에서 예수님이 제자도와 관련하여 주신 핵심 명령을 부연한다. 본문 24의 구조는 다음과 같이 의도적으로 구성되어 있다.

A 로마 총독이 예수님을 심문함, 유대인의 왕(15:1-5)

B 무리가 유대인의 왕을 죽이고 바라바(대속)를 놓아달라고 함(15:6-15)

C 군인들이 유대인의 왕을 희롱함(ἐμπαίζω, 엠파이조)(15:16-20)

예수님과 함께 고난당함: 시몬, '유사 제자'(15:21)

D 예수님이 유대인의 왕으로 십자가에 못 박히심(15:21-26)

예수님과 함께 고난당함: 두 강도, '유사 제자'(15:27)

C′ 지나가는 행인, 종교 지도자, 강도가 이스라엘의 왕 그리스도를 희롱함(ἐμπαίζω, 엠파이조)(15:29-32)

B′ 예수님이 죽으심, 천체의 징조, 성소 휘장이 찢어짐, 하나님께 버림받음(대속을 함축)(15:33-38)

A′ 로마 백부장이 예수님을 하나님의 아들로 고백함(15:39)

이제 주해를 통해 구조에 있는 모든 요소의 중요성을 살펴보기로 하자.

24.1 마가복음 15:1-20

24.1 신학적 초점

24.1 제자도에 신실하다는 것은 최후에 승리하실 예수님의 왕권이 고난과 희생을 포함한다는 사실을 인정하는 것이다(15:1-20).

24.1.1 최후에 승리할 진정한 왕은 제자들이 신실히 따르는 하나님의 아들 예수님이시다.

24.1.2 예수님의 왕권은 고난과 희생을 수반한다.

24.1 단락 요약: 이 단락은 진정한 왕이신 예수님이 받으신 박해와 궁극적인 처형에 초점을 두며 희생적인 왕위가 무엇인지 보여준다. 예수님은 자기 부인의 극치를 보여주시며 자기 십자가를 지시고 대속물이 되신다. 그러나 이 단락은 역설적으로 예수님의 왕권이 로마 제국의 모든 권력과 영광보다 광대하며 궁극적으로 승리할 것이라고 암시한다.

24.1 성경 본문

15:1 새벽에 대제사장들이 즉시 장로들과 서기관들 곧 온 공회와 더불어 의논하고 예수를 결박하여 끌고 가서 빌라도에게 넘겨 주니

15:2 빌라도가 묻되 네가 유대인의 왕이냐 예수께서 대답하여 이르시되 네 말이 옳도다 하시매

15:3 대제사장들이 여러 가지로 고발하는지라

15:4 빌라도가 또 물어 이르되 아무 대답도 없느냐 그들이 얼마나 많은 것으로 너를 고발하는가 보라 하되

15:5 예수께서 다시 아무 말씀으로도 대답하지 아니하시니 빌라도가 놀랍게 여기더라

15:6 명절이 되면 백성들이 요구하는 대로 죄수 한 사람을 놓아 주는 전례가 있더니

15:7 민란을 꾸미고 그 민란중에 살인하고 체포된 자 중에 바라바라 하는 자가 있는지라

15:8 무리가 나아가서 전례대로 하여 주기를 요구한대

15:9 빌라도가 대답하여 이르되 너희는 내가 유대인의 왕을 너희에게 놓아 주기를 원하느냐 하니

15:10 이는 그가 대제사장들이 시기로 예수를 넘겨 준 줄 앎이러라

15:11 그러나 대제사장들이 무리를 충동하여 도리어 바라바를 놓아 달라 하게 하니

15:12 빌라도가 또 대답하여 이르되 그러면 너희가 유대인의 왕이라 하는 이를 내가 어떻게 하랴[1]

15:13 그들이 다시 소리 지르되 그를 십자가에 못 박게 하소서

15:14 빌라도가 이르되 어찜이냐 무슨 악한 일을 하였느냐 하니 더욱 소리 지르되 십자가에 못 박게 하소서 하는지라

15:15 빌라도가 무리에게 만족을 주고자 하여 바라바는 놓아 주고 예수는 채찍질하고 십자가에 못 박히게 넘겨 주니라

15:16 군인들이 예수를 끌고 브라이도리온이라는 뜰 안으로 들어가서 온 군대를 모으고

15:17 예수에게 자색 옷을 입히고 가시관을 엮어 씌우고

15:18 경례하여 이르되 유대인의 왕이여 평안할지어다 하고

15:19 갈대로 그의 머리를 치며 침을 뱉으며 꿇어 절하더라

15:20 희롱을 다 한 후 자색 옷을 벗기고 도로 그의 옷을 입히고 십자가에 못 박으려고 끌고 나가니라

---

1 몇몇 주요 사본에서 θέλετε[쎌레테, "(어떻게 하기를) 원하느냐"]는 기록되어 있지 않지만, 다른 주석에서 논의하는 것을 볼 때 이 단어가 포함되었을 가능성이 더 높다. 이 단어의 생략 또는 포함 여부와 상관없이 이 본문의 신학적 중점은 동일하다.

24.1 주해

24.1.1 최후에 승리할 진정한 왕은 제자들이 신실히 따르는 하나님의 아들 예수님이시다.

역사적인 관점에서 볼 때 예수님이 자신을 '그리스도', '하나님의 아들', '인자'라고 부르는 것 자체만으로도 그분이 왕권을 주장한다고 고발하기에 충분했다. 그래서 이 단락은 예수님을 '왕'이라고 비웃는 장면이 자주 등장한다. 그러나 신학적인 관점에서 보면 마가는 예수님이 '왕'으로 희롱당하시는 장면의 아이러니를 부각한다. 예수님이 진정한 왕이시지만, 그분을 왕으로 부르면서도 아무도 그분을 왕으로 인정하지 않는다.[2] 프란스가 말했듯이 "유대인의 왕"이라는 말은 예수님이 메시아라고 스스로 주장했다는 사실을 로마가 반란과 반역죄로 이해할 수 있는 언어로 적절히 표현한 것이다. 그러나 마가복음에서 이 표현은 이 본문을 묶는 강력한 진리가 된다. 비록 많은 사람이 예수님을 '유대인의 왕'이라고 희롱하지만, 그들은 진리를 말하고 있다. 이 본문에서 "유대인의 왕"은 총 여섯 번(15:2, 9, 12, 18, 26, 32) 등장하며, 이렇게 직접적인 표현 외에도 예수님을 왕으로 희롱하고 모욕하는 장면이 자주 등장한다. 이 본문은 모순과 모욕으로 가득하지만, "독자는 역설적으로 예수님이 십자가 위에서 옹립된 왕권 안으로 들어가신다고 인식하게 될 것이다."[3] 마가복음이 독자에게 자주 상기시켜준 것처럼 영광에 이르는 길은 고난을 통과해야 한다.

유대인과 이방인의 재판이 서로 유사하다는 것은 예수님을 대하는 태도가 크게 다르지 않다는 것을 보여준다. 둘 다 똑같이 잘못이 있다. 예수님을 '왕'이라고 불렀지만, 그 누구도 그분을 진정한 왕으로 인정하지 않는다.

---

2 Witherington은 초대 교회 때 수난 기사에 담긴 아이러니에 대한 수많은 기록이 있다고 말한다(*Gospel of Mark*, 393n142). Cyprian은 다음과 같이 기록한다. "모욕하는 자들은 침으로 맹인을 치유한 그에게 침을 뱉었다…다른 사람에게 불멸의 옷을 입힌 그의 옷을 벗겼다…구원의 잔을 건네준 그에게 포도주를 건넸다. 순결하고 공의로운 그는 실로 순결과 공의 그 자체다. 그러나 그는 죄인 가운데 포함되었고, 진실은 거짓 증언으로 가려졌다. 앞으로 심판하실 이가 심판을 받았고, 하나님의 말씀이신 그가 조용히 도살장으로 끌려가셨다"(*Good of Patience* 7). 나지안주스의 그레고리(Gregory Nazianzen)는 다음과 같이 기록했다. "그는 양처럼 도살장으로 끌려갔지만, 이스라엘 목자이며 지금은 온 세계의 목자다. 그는 어린양처럼 침묵하지만, 하나님의 말씀이다…그는 멍이 들고 상처가 났지만, 모든 병과 실환을 치유하신다. 그는 나무에 달려 못 박혔지만, 생명의 나무가 되어 우리에게 생명을 주신다…그는 몰약을 탄 포도주를 받았다. 그런데 그가 누구인가? 물을 포도주로 바꾸고 쓴맛을 없애고 자신이 단맛을 낸다…그는 죽었지만 생명을 주었고, 그의 죽음으로 죽음을 이겨내셨다"(*Oration 29, "On the Son,"* 20).

3 France, *Gospel of Mark*, 628.(『NIGTC 마가복음』 새물결플러스, 991)

마가복음 14:60-62, 63-65(유대인 재판)	마가복음 15:4, 2, 8-20(이방인 재판)
대제사장이… 예수에게 물어 이르되, "아무 대답도 없느냐 이 사람들이 너를 치는 증거가 어떠하냐" 하되	빌라도가 또 물어 이르되 "아무 대답도 없느냐 그들이 얼마나 많은 것으로 너를 고발하는가 보라" 하되
침묵하고 아무 대답도 아니하시거늘	예수께서 다시 아무 말씀으로도 대답하지 아니하시니…
대제사장이 다시 물어 이르되 "네가 찬송 받을 이의 아들 그리스도냐"	빌라도가 묻되 "네가 유대인의 왕이냐"
예수께서 이르시되 "내가 그니라…"	예수께서 대답하여 이르시되 "네 말이 옳도다"
산헤드린 공회와 상의(14:63-64a) 사형 선고(14:63b) 희롱과 고문(14:65)	무리와 상의(15:8-14a) 사형 선고(15:14b-15) 희롱과 고문(15:16-20)*

* Myers, *Binding the Strong Man*, 370과 Witherington, *Gospel of Mark*, 388에서 인용.

슈미트(Schmidt)는 로마군의 승전 행렬과 15:16-21에서 군인들이 예수님을 희롱한 장면의 유사성을 설명했다.[4] 그는 이 장면의 자세한 내용들이 승전 행렬에 선 로마 장군의 모습을 연상시킨다고 말한다. 승전 행렬이 로마 총독의 궁전에서 시작되고(15:16), 온 군대가 모이며(15:16), (하위 계급에게 금지된) 자색 옷을 입히고(15:17), 면류관을 씌우고(15:17), 정형화된 군인들의 찬사가 있으며(15:18-19), 행진(15:20)하는 장면 등이 여기에 해당한다. 지나가는 시몬을 억지로 끌고 가는 장면(15:21)도 의도적인 것으로 보인다. 로마의 승전을 묘사하는 기념비를 보면 한 사람이 양날 도끼를 들고 희생될 황소와 함께 있다. 양날 도끼를 든 사람은 승전을 거둔 장군(전사)처럼 옷을 입고 면류관을 쓰고 있다. 그가 손에 든 것은 바로 적을 죽인 무기다(시몬은 예수님의 십자가를 진다, 15:21). 또한 로마의 승전 행렬은 항상 주피터 신전이 있던 곳인 '머리의 장소' 혹은 카피놀리누스 언덕(*caput*, '머리'에서 파생함)에서 끝이 났다(골고다와 매우 유사함, "해골의 곳", 15:22). 황소를 제물로 바칠 때 관례대로 장군에게 포도주를 건넸고 장군이 거부한

4 Schmidt, "Mark 15.16-32."

포도주는 황소 제단에 뿌렸다(포도주를 거부한 예수님과 유사함, 15:23). "포도주는 적의 피를 상징하는데 희생 제물과 포도주와 패배한 적의 연관성은 이 모든 상징성을 강조한다."[5] 승전 행렬에서 사형 집행자가 패배한 적이 누군지 알리는 플래카드를 들고 있는 것도 흔했다(죄패에 적힌 문구는 유대인을 다스리는 예수님과 왕권을 나타냈음, 15:26). 승전 행렬이 정점에 달했을 때 보통 세 사람(승리를 거둔 장군과 그의 측근 중 두 명)을 찬사하는 무리 가운데 높이 세웠다(두 강도가 예수님과 함께 십자가에 못 박힘, 15:27). 따라서 이 단락이 묘사하는 예수님의 행렬은 '승리에 반하는 행렬'이다. "마가에게 있어서 진정한 승리자는 화려한 로마 황제가 아니라 예수님이다."[6] 마가복음은 하나님의 왕국과 사람의 왕국 사이 그리고 예수님과 로마 제국 사이에 "타협할 수 없는 적개심"을 강조하면서 예수님의 수난 기사를 통해서도 승리를 거두는 그분의 왕권을 묘사한다.[7] 고난과 희생을 당하는 예수님을 따르는 제자가 용기를 낼 수 있는 주된 이유가 여기에 있다. 이들이 따르는 왕은 모든 적을 물리치시고 최후에 승리하실 것이다.

빌라도가 왕권에 대해 물을 때 예수님은 확실하게 대답하시지 않는다(15:2). 그리고 빌라도 역시 그렇게 받아들인다(15:4, 12). 예수님은 분명 메시아시지만, 빌라도가 인식하는 메시아(이 땅에서 로마 제국에 맞서는 한 왕국의 통치자)는 아니다.[8] "유대인/이스라엘의 왕"이라는 표현은 이 본문에서 유일하게 등장하지만, 예수님의 왕권이라는 포괄적인 개념은 마가복음 도처에 내포되어 있다. 변화산 사건(9:1–9), 제자들이 예수님 좌우에 앉는 것(10:37), 바디매오와 종려 주일에 무리가 예수님께 했던 말(10:47–48; 11:10), 스가랴 9:9을 암시한 것(막 11:1–7), 예수님이 메시아임을 스스로 인정하신 것(12:35–37) 그리고 마가복음 내내 예수님의 말씀과 행동에서 드러난 모든 권위가 그분의 왕 되심을 가리킨다. 마가는 이 본문에서 최후에 승리하는 진정한 왕이라는 개념을 통해 예수님을 따르는 자들에게 그분을 '길에서' 끝까지 따르라고 우회적으로 격려한다.

24.1.2 예수님의 왕권은 고난과 희생을 수반한다.[9]

마가복음 15:5에서 예수님이 침묵하시는 모습은 이사야 53:7을 암시한다. 이 구절에

---

5 같은 책, 11.
6 Schmidt, "Jesus' Triumphal March," 30–37.
7 Myers, *Binding the Strong Man*, 380.
8 Witherington, *Gospel of Mark*, 390.
9 이는 현재 예수님의 다스리심을 말한다.

서 빌라도가 놀라워하는(θαυμάζω, 싸우마조) 모습은 나라들이 고난받는 종을 보고 놀라워한다(θαυμάζω)고 설명하는 이사야 52:15을 암시한다. 마가복음의 그리스-로마 배경에서 보더라도 독자들은 예수님이 자신의 운명을 담담하게 받아들이는 모습을 좋게 여겼을 것이다. 당시 문화는 이러한 고상한 자질을 윤리적으로 높이 평가했다.[10]

예수님 대신에 풀려난 자는 "바라바"[Bar-abbas, '아버지의 아들', 14:36에서 마가는 독자를 위해 "아빠"(abba)를 "아버지"라고 번역했다]라는 아이러니한 이름을 갖고 있다. 이 '아버지의 아들'은 민란 죄로 사형을 선고받았지만 석방된다(15:6-15). 반면에 진정한 '아버지의 아들'은 죄가 없으시고 거짓 증언으로 고발되셨지만 그 사람을 대신한다. 누군가를 살인하고 "체포된 자"(δέω, 데오, 15:7)가 석방되고, 다른 사람이 대신하여 "결박"(δέω, 15:1)당한다. 결박당한 자는 이미 한 사람에게 생명을 다시 주셨다(5:41-42).[11] 15:1-39의 구조('개관' 참조)를 보면 바라바를 대속하는 장면은 하나님이 예수님을 버리시는 장면과 대응된다(15:33-38, 구조 안에 B와 B′). 그러나 이 이야기 안에는 '틈'이 있다. 하나님이 왜 아들을 버리셨는지 직접적인 설명이 빠져 있다. 바라바와 예수님이 서로 유사한 점이 있고, 바라바가 예수님 대신에 풀려나며, 마가복음 10:45의 선포와 이사야 53장이 암시하는 바를 볼 때 여기서 대속죄가 시사되고 있음을 알 수 있다.[12] 예수님의 왕권은 고난과 희생을 수반하기 때문에 제자들도 예수님이 직접 말씀하신 것처럼 고난과 희생을 당할 각오로 따라야 한다(막 8:34; 10:45 등).[13]

십자가형은 이 지역에서 로마가 정치적 반역자에게 통상적으로 가한 형벌이지만 로마의 저명인사들은 십자가형을 개탄했다. 키케로(Cicero)는 십자가형의 수치스러

10 Plutarch, *Mor.* 498d-e와 Plato, *Resp.* 2.361e를 참조하라. 후자는 "부당한 대우를 받는 공의로운 사람은 매질, 고문, 결박을 당하고 눈에 화상을 입을 것이다. 그리고 마침내 모든 악행을 당하고 나서 그는 찔릴 것이다"라고 기록한다.

11 죄수를 놓아주는 일이 그 당시에 유행했다고 *b. Pesaḥ.* 91a에서 알 수 있다. Livy, *Epon.* 5.13.8과 Josephus, *Ant.* 17.200-05, 20.215도 참조하라.

12 그럼에도 마가는 속죄설을 소상하게 설명하려고 하는 것이 아니다. 마가는 오히려 제자들이 예수님을 어떻게 따라야 하는지 보여주고 싶어 한다. 이 본문을 설교하기 위해서는 마가의 의도를 존중해야 한다.

13 상징적인 내러티브 측면에서 볼 때 예수님이 몰약을 탄 포도주를 거절하신 것(막 15:23)은 승전한 로마 장군이 포도주를 거절한 것에 상응한다. 그러나 역사적으로 볼 때 예수님이 포도주를 거절하신 이유는 고난을 조금이라도 덜어내지 않고 자신에게 주어진 잔을 온전히 마시기 위함이라고 볼 수 있다. *b. Sanh.* 43a은 잠언 31:6을 인용하며 다음과 같이 기록한다. "처형을 앞둔 사람이 있으면 그의 감각을 마비시키기 위해 몰약을 탄 포도주를 한 잔 준다." 어쩌면 예수님이 유월절 만찬에서 마지막 때 이전에 포도주를 다시는 마시지 않겠다는 말씀(막 14:25)을 지키기 위해서도 거절하셨을 수 있다. 예수님은 아버지의 뜻에 따라 고난당할 것을 단호히 결심하셨다.

움에 대해 이렇게 기록한다. "우리가 만약 죽을 위험에 있더라도 우리는 자유인으로 죽을 수 있다. 그러나 사형 집행자, 머리를 가리는 것, '십자가'라는 말은 로마 시민권자의 인격뿐 아니라 생각, 눈, 귀로부터 완전히 멀어져야만 한다. 이 과정에서 실제로 일어나는 모든 일뿐만 아니라…이를 언급하는 것 자체가 로마 시민권자와 자유인에게 합당치 못하다"(*Rab. Perd.* 16).[14] 더군다나 "유대 군중이 십자가형을 요청한다는 사실(유대교에서 인정된 형 집행 방법은 투석형, 화형, 참수형, 교수형이다. *m. Sanh* 7.1)"이 더 당혹스럽다. 더 나아가 빌라도가 아니라 군중이 십자가형을 선고한다. 이는 마치 로마의 검투사 경기에서 관중이 패배자의 운명을 결정하는 것과 같다![15]

예수님을 조롱하는 장면도 혐오스럽다(15:16–20). 이 장면은 예수님이 당하신 수모를 강조하기 위해 다음과 같은 구조로 이루어져 있다.[16]

A 군인들이 예수님을 궁전 안으로 끌고 감(ἀπήγαγον…ἔσω, 아페가곤…에소) (15:16)
  B 옷을 벗김: 자색 옷을 입히고 가시관을 씌움(ἐνδιδύσκω, 엔디두스코) (15:17)
    C 경의를 표시함: "유대인의 왕"(15:18)
      D 머리를 치고 침을 뱉음(15:19a)
    C′ 경의를 표시함: 꿇어 절함(15:19b)
  B′ 옷을 또 벗김: 자색 옷을 벗김(ἐκδύω, 에크두오) (15:20a)
A′ 군인들이 예수님을 끌고 나감(ἐξάγουσιν, 엑사구신) (15:20b)

로마 보병대의 크기는 저마다 조금씩 달랐지만, 엄밀히 말해 로마 군단의 십분의 일 크기로 대략 육백 명 정도의 군인이 한 보병대를 이루었다. 예수님은 많은 사람("온 군대", 15:16) 앞에서, 그것도 그다지 품위가 없는 군중 앞에서 수모를 당하신다. 군인들이 예수님께 옷을 입히는 행위(15:17)는 ἐνδιδύσκω(엔디두스코, 보통 사용하는 ἐνδύω,

14 십자가형은 "가장 잔인하고 혐오스러운 형벌"이고, "노예에게 가해지는 가장 극심한 처벌"이다(Cicero, *Verr.* 2.5.168). "가장 비참한 죽음이다"(Josephus, *J.W.* 7.203).

15 France, *Gospel of Mark*, 634(『NIGTC 마가복음』 새물결플러스, 999). 이 구절에서 언급하는 '무리'가 예수님이 예루살렘에 들어가실 때 유월절을 위해 모인 '무리'일 가능성은 매우 낮다. 산헤드린 공회는 예수님을 환영한 무리를 두려워했다(11:32; 12:12). 갈릴리에서 온 순례자들은 "호산나!"라고 외쳤지만(κράζω, 크라조, 11:9, 마가는 15:13–14 전에 이 동사를 마지막으로 11:9에서 사용한다), 이 무리는 예수님을 죽이기 위해 "십자가에 못 박게 하소서"라고도 외친다(여기서도 역시 κράζω, 15:13–14).

16 Reid, *Preaching Mark*, 155–56.

엔듀오 대신에 이 단어를 사용한다. 이 단어는 신약에서 이때 외에 누가복음 16:19에서 유일하게 사용한다. "자색 옷"을 입히는 것과 연관이 있다)라는 동사로 묘사된다. 그러므로 이 동사는 조금 더 공들여 옷을 입히거나 왕의 의복을 입힐 때 사용하는 단어다. 실제로 예수님께 옷을 입히고 벗길 때 두 번이나 그를 벌거벗기며 수치를 당하게 한다. 한편 "유대인의 왕이여 평안할지어다"(막 15:18)라는 말은 "가이사 황제여, 평안할지어다"를 패러디한 것이다. 이 단락에서 예수님을 희롱하는 장면이 그 중심에 있다(B, C, D, C′, B′ 구조 참조). 이후에 예수님과 함께 십자가에 못 박힌 강도들도 그분을 희롱한다(15:32). 반면에 십자가형에 대한 이야기는 헬라어로 단 세 단어에 불과하다(καὶ σταυροῦσιν αὐτὸν, 카이 스타우루신 아우톤, "십자가에 못 박고", 15:24). 마가는 예수님의 대속보다는 이 왕이 당하는 고난에 더 초점을 맞춘다. 제자들이 따르는 왕이 희생적으로 고난당하신다면 제자들도 그분을 따라 고난당하지 않겠는가?[17]

24.2 마가복음 15:21-39

24.2 신학적 초점

24.2 제자도에 신실하다는 것은 예수님의 정체성을 인식하고, 그분의 사명을 수용한 자로서 그분의 수난 사명에 동참하며, 처음부터 끝까지 그분과 함께하는 것이다(15:21-39).

- **24.2.1** 예수님의 사명에 신실하다는 것은 그분과 함께 기꺼이 박해를 당한다는 뜻이다.
- **24.2.2** 예수님의 정체성을 인식하고 그분의 사명을 수용한 자는 제자도 여정을 신실하게 걷는다.
- **24.2.3** 예수님께 신실하다는 것은 처음부터 끝까지 그분의 수난 사명에 동참하며 끝까지 그분과 함께하는 것이다.

24.2 단락 요약: 구레네 사람 시몬과 두 강도의 이야기는 제자들이 예수님을 버리고 떠났다는 사실을 신랄하게 전한다. 제자들은 로마 백부장이 보인 믿음을 통해 '보았던' 자는 믿어야 함을, 즉 수난 사명이 끝날 때까지 신실해야 함을 기억한다.

17 모욕과 희롱을 당하시는 예수님의 수난에 초점을 맞춘 이 이야기에서조차 하나님의 계획이 성취되면서 하나님의 역사하심을 엿볼 수 있다. 마가는 성경을 간접적으로 언급하며 이 모든 것이 "기록된 대로"(14:21) 이루어지고 있음을 독자에게 알린다. 예를 들어, 옷을 나누고(막 15:24; 시 22:18), 머리를 흔들며 모욕하고(막 15:29; 시 22:7), '너를 구원하라'고 말하며(막 15:30-31; 시 22:8), 욕하고(막 15:32; 시 22:6), 버림받았다고 소리 지르며(막 15:34; 시 22:1), 신 포도주를 건네고(막 15:36; 시 69:21), 멀리서 바라보는 구경꾼들이 있다(막 15:40; 시 38:11). Evans, *Mark*, 498을 참조하라.

24.2 성경 본문

15:21 마침 알렉산더와 루포의 아버지인 구레네 사람 시몬이 시골로부터 와서 지나가는데 그들이
그를 억지로 같이 가게 하여 예수의 십자가를 지우고
15:22 예수를 끌고 골고다라 하는 곳(번역하면 해골의 곳)에 이르러
15:23 몰약을 탄 포도주를 주었으나 예수께서 받지 아니하시니라
15:24 십자가에 못 박고 그 옷을 나눌새 누가 어느 것을 가질까 하여 제비를 뽑더라
15:25 때가 제삼시가 되어 십자가에 못 박으니라
15:26 그 위에 있는 죄패에 유대인의 왕이라 썼고
15:27 강도 둘을 예수와 함께 십자가에 못 박으니 하나는 그의 우편에, 하나는 좌편에 있더라
15:28 (없음)[18]
15:29 지나가는 자들은 자기 머리를 흔들며 예수를 모욕하여 이르되 아하 성전을 헐고 사흘에
짓는다는 자여
15:30 네가 너를 구원하여 십자가에서 내려오라 하고
15:31 그와 같이 대제사장들도 서기관들과 함께 희롱하며 서로 말하되 그가 남은 구원하였으되
자기는 구원할 수 없도다
15:32 이스라엘의 왕 그리스도가 지금 십자가에서 내려와 우리가 보고 믿게 할지어다 하며 함께
십자가에 못 박힌 자들도 예수를 욕하더라
15:33 제육시가 되매 온 땅에 어둠이 임하여 제구시까지 계속하더니
15:34 제구시에 예수께서 크게 소리 지르시되 엘리 엘리 라마 사박다니 하시니 이를 번역하면 나의
하나님, 나의 하나님 어찌하여 나를 버리셨나이까 하는 뜻이라
15:35 곁에 섰던 자 중 어떤 이들이 듣고 이르되 보라 엘리야를 부른다 하고
15:36 한 사람이 달려가서 해면에 신 포도주를 적시어 갈대에 꿰어 마시게 하고 이르되 가만 두라
엘리야가 와서 그를 내려 주나 보자 하더라
15:37 예수께서 큰 소리를 지르시고 숨지시니라
15:38 이에 성소 휘장이 위로부터 아래까지 찢어져 둘이 되니라
15:39 예수를 향하여 섰던 백부장이 그렇게 숨지심을 보고 이르되 이 사람은 진실로 하나님의
아들이었도다 하더라

18 최고의 성경 사본들은 15:28을 포함하지 않는다.

24.2 주해

24.2.1 예수님의 사명에 신실하다는 것은 그분과 함께 기꺼이 박해를 당한다는 뜻이다.[19]

15:21-27의 구조를 보면 예수님이 십자가에 못 박히시는 장면이 구레네 사람 시몬과 두 강도의 이야기로 둘러싸여 있다. 두 이야기는 예수님과 함께 고난받는 '제자'를 보여준다.

예수님과 함께 고난당함: 시몬, '유사 제자'(15:21)

예수님이 유대인의 왕으로 십자가에 못 박히심(15:21-26)

예수님과 함께 고난당함: 두 강도, '유사 제자'(15:27)

다음 표에서 볼 수 있듯이 구레네 사람에 관한 이야기와 마가복음 1장에서 제자들이 부름받은 이야기(마가복음 8장에서 십자가를 지라는 장면도 포함)의 유사성을 보면 시몬도 제자와 같은 인물로 등장한다. 그러므로 시몬은 사라져버린 진짜 제자들과는 완전히 대조되는 '유사 제자'다.

시몬이 선택됨(마가복음 15:21)	제자들이 선택됨(마가복음 1:16-20)
παράγοντα(파라곤타, "지나가는데", 15:21)	παράγων(파라곤, "지나가시다가", 1:16, 2:13)*
구레네 사람 시몬(15:21)	시몬(2회, 1:16)
이방인(아들들의 이름에서 알 수 있음)	유대인 제자들
아버지(15:21)	아버지(1:20)
두 형제(15:21)**	두 형제(2회, 1:16, 19)
ἄρῃ τὸν σταυρὸν αὐτου(아레 톤 스타우론 아우투, "예수의 십자가를 지우고", 15:21)	ἀράτω τὸν σταυρὸν αὐτοῦ(아라토 톤 스타우론 아우투, "자기 십자가를 지고", 8:34)***

* 마가복음에서 παράγω, 파라곤은 이 세 구절에만 등장한다.

** 15:21에서 시몬의 두 아들의 이름을 기록하는 것을 볼 때 마가복음의 독자인 로마 교회 그리스도인들이 이 가정을 알고 있을 가능성이 높다. 로마서 16:13에도 루포를 언급한다.

*** σταυρός(스타우로스, '십자가')는 처형 장소까지 지고 가게 되어 있는데, 아마도 가로축(파티불룸, *patibulum*)을 가리켰을 것이다. 십자가의 세로축(스타티쿨룸, *staticulum*)은 교수대처럼 눈에 띄는 장소에 두었고, 그 위에 가로축을 달았다.

19 열두 제자는 보여주지 못하는 모습이다!

두 강도 역시 '유사 제자'(15:27)다. 이들은 진짜 제자인 야고보와 요한의 대역(설명하자면)과도 같다. 야고보와 요한은 예수님의 우편과 좌편에 앉게 해달라고 요청하면서 자기들이 예수님의 "잔"을 마시고 "세례(침례)"를 받을 수 있다고 호언장담했다(10:35-40).[20] 그러나 여기서도 아이러니는 강하게 나타난다. '새벽'에 예수님의 열두 제자 중 단 한 사람도 등장하지 않는다. 오직 이 '유사 제자'들만 예수님과 '함께' 있다(3:14에서 예수님은 '자기와 함께' 있게 하시려고 이들을 세우셨다). 그리고 이제 강도들이 예수님이 받는 '세례(침례)'를 함께 받는다. 열두 제자는 "범죄자 중 하나로 헤아림을" 받기를 거부하며 이미 떠나버렸다(사 53:12).

이 신학적 중점을 유지하면서 마가는 십자가형의 구체적인 사항이나 신학적 중요성을 전혀 이야기하지 않는다. 앞서 말했듯이 마가는 창세 이후 가장 중대한 사건을 헬라어 세 단어로 묘사하고 끝낸다(15:24).[21] 마가가 이 단락에서 강조하고 싶은 것은 '새벽'에 고난과 희생을 당하는 예수님을 하나같이 다 떠나버린 제자들의 불충실함이다. 유사 제자만 이 어두운 시간을 예수님과 함께한다. 버림받아 완전히 홀로 남으신 상황에서 "나라도, 신하도, 권력도 없는 왕에게 왕좌는 십자가다."[22] 제자에게 버림받으신 예수님의 외로움은 더 짙게 드러난다. "어둠이 임하"면서 이제는 빛조차 예수님을 떠나버린다(15:33). 그리고 곧이어 하나님도 예수님을 떠나신다(15:34). 모두가 예수님을 떠난다.[23]

지나가는 자들이 예수님을 모욕하며 "너를 구원하여 십자가에서 내려오라"(15:30)라고 말한 것은, 예수님이 제자들에게 자기 십자가를 지고 자기 목숨을 구원하려 하지 말라는 말씀(8:34-36)과 상반된다. 아이러니하게도 예수님을 모욕한 자들의 말을 보면 그들은 예수님이 '구원'해주실 수 있는 분이라는 것을 명백하게 이해했다. 이들은 심

---

20 마가복음 14:23, 36에서 '잔'이 예수님의 수난을 비유하고 있다는 것을 명확하게 알 수 있다. '세례(침례)'가 수난을 상징한다는 내용을 살펴보기 위해서는 Josephus, *J.W.* 4.137, 욥기 9:31(Aquila) 그리고 시편 68:3(Aquila and Symmachus)을 참조하라.

21 마가복음에서는 부활도 직접적으로 보여지지 않고 함축되어 나타난다. 예수님은 십자가에서 못 박히신 이후에 다시 등장하시지 않는다.

22 van Iersel, *Mark*, 469.

23 이 단락에서 접두사 κατα-(카타)가 들어간 수많은 단어를 통해 예수님의 쓸쓸함을 표현한다. καταλύων(카타루온, '헐다', 15:29), καταβάς(카타바스, "내려오라", 15:30), καταβάτω(카타바토, "내려와", 15:32), ἐγκατέλιπές(엥카텔리페스, "버리셨나이까", 15:34), καθελεῖν(카쎌레인, "내려 주나", 15:36), καταπέτασμα(카타페타스마, "휘장", 15:38) 그리고 κάτω(카토, "아래까지", 15:38)에서 이를 알 수 있다. 이것은 영어에서 'down-'을 접두사로 사용하여 부정적인 톤을 내포하는 단어들과 유사하다['downcast'(풀이 죽은), 'downturn'(침체), 'downfall'(몰락) 등과 같이].

지어 예수님이 원하셨던 반응이 '믿음'(15:32)이라는 사실도 알았지만 믿기를 거부했다. "이들은 예수님이 위대한 사람이라는 것을 인식하지 않았거나 못한 것이 아니라 예수님과 그분의 사역을 거부하고 믿지 않았다. 그러므로 저자는 이들의 비난을 '신성 모독'(15:29)(ἐβλασφήμουν, 에블라스페문, '모욕하다')으로 표현한다…아이러니하게도 예수님이 선고받으신 이유(2:7; 14:64)를 행하며 그들 자신에게 선고를 내리고 있다."[24]

예수님을 희롱한 자들의 말(15:31)이 틀린 것은 아니다. 예수님은 다른 이들은 구원하셨다. 3:4, 5:23, 28, 34, 6:56과 10:52에서는 모두 σῴζω(소조, '구원하다' 또는 '치유하다')라는 동사를 사용하며, 고통받는 자들을 괴로움에서 건지시는 것을 표현한다. 그런데 예수님은 자기를 구원하기를 거부하시며 오히려 "많은 사람"을 위해 희생하기를 선택하신다(10:45). 이것이 바로 제자들이 따라야 하는 본이다(8:34–35). 물론 이것이 구원에서 속죄의 측면을 이야기하는 것은 아니다. 다만 마가복음의 신학적 중점이라는 측면에서 볼 때 수난 사명을 감당하시는 예수님을 따르고 '새벽'에도 그분께 신실한 것을 말한다. 특히, 이 본문에서 볼 때 제자들이 직면하는 고난은 매정하고 비열한 희롱과 박해를 견디는 것이며, 심지어 죽음도 포함될 수 있다.

24.2.2 예수님의 정체성을 인식하고 그분의 사명을 수용한 자는 제자도 여정을 신실하게 걷는다.

마가복음 15:32–39도 정교하게 구성되어 있다. '보는 것'과 관련된 모티브가 이 단락에서 지속적으로 반복된다.

A 희롱하는 자: "우리가 보고(ὁράω, 호라오) 믿게 할지어다"(15:32)
  B 첫 번째 심판: 세 시간 동안 어둠이 임함(15:33)
    C 크게 소리 지름(φωνή μεγάλη, 포네 메갈레), 아버지가 버리심(15:34)
      D 곁에 섰던 자: "보라(ὁράω) 엘리야를 부른다"(15:35)
      D′ 포도주를 건넨 자: "엘리야가 와서 그를 내려 주나 보자(ὁράω)"(15:36)
    C′ 크게 소리 지름(φωνή μεγάλη): 영이 떠남(ἐξέπνευσεν, 에크세프뉴센)(15:37)
  B′ 두 번째 심판: 성소 휘장이 찢어짐(15:38)
A′ 백부장은 보고(ὁράω) 믿음(15:39)*

* Myers, *Binding the Strong Man*, 389.

24 Marshall, *Faith as a Theme*, 204–5.

유대인 종교 지도자들은 예수님이 죽음을 면하시는 모습을 보고 믿기를 원한다(15:32).[25] 반면에 로마 백부장은 예수님이 숨지심을 보고 믿는다(15:39). 마가복음에서 처음으로 한 사람이 확신을 가지고 예수님을 "하나님의 아들"이라고 고백한다(14:61에서 대제사장이 불신하며 질문하는 것과는 대조를 이룬다). "유대교의 신학 교육이나 예수님의 제자로서의 혜택도 누리지 못한 이방인 군인이라는 이 증인의 정체는, 예수님이 누구신지 알지 못한 유대교 지도층이나 제자들의 무능력이라는 계속해서 제기되는 주제에 아주 잘 어울린다."[26] 크로니스(Chronis)는 "υἱὸς θεοῦ(후이오스 쎄우, '하나님의 아들')는 마가복음에서 예수님의 신성을 나타내는 칭호"라고 주장한다. 마가복음에서 이 칭호가 사용된 흐름을 보면 사람의 입술로 이와 같이 고백되는 과정이 있었음을 볼 수 있다.[27] 마가복음에서는 심지어 예수님이 하나님의 아들이라는 개념을 담지 않은 '다윗의 자손'이라는 칭호를 사용하는 것도 주저했다(12:35–37). 그러나 이 백부장의 고백을 통해 15:39은 15:34과 더불어 인간이 도저히 이해할 수 없는 역설을 만든다. 하나님이 하나님의 아들을 버리셨다![28]

아마도 사형을 집행하는 분대를 담당했을 이 백부장은 예수님이 죽으시는 모든 과정을 바로 앞에서 보았을 것이다("예수를 향하여 섰던 백부장", 15:39). 위치와 장소만

---

25 실제로 예수님은 죽음을 이기셨고 그들은 죽음을 이기지 못했다. 이들은 예수님의 마지막 말조차 이해하지 못했다(15:34–35)!

26 France, *Gospel of Mark*, 650.(『NIGTC 마가복음』 새물결플러스, 1024)

27 Chronis, "Torn Veil," 105–06. 마가복음에서 "하나님의 아들"은 마가가 이야기를 전할 때(1:1), 하나님이 예수님을 소개하실 때(1:11), 귀신이 예수님께 말할 때(3:11; 5:7), 하나님이 베드로, 야고보, 요한에게 말씀하실 때(9:7), 대제사장이 의심스럽게 예수님께 질문할 때(14:61–62) 그리고 마지막으로 이 백부장이 고백할 때 사용된다(15:39).

28 하나님은 마치 제자들이 예수님을 떠나버린 것이 모자란 것마냥 자기 아들을 버리신다! 그러나 제자들이 예수님을 버렸기 때문에(즉, 그들의 죄 때문에) 하나님이 자기 아들을 버리셨다(예수님이 그들과 모든 이의 죗값을 갚으시기 위해). 하나님이 예수님을 버리실 때 초자연적인 어둠이 임하며 하나님의 심판이 임했음을 나타낸다. 성소 휘장이 찢어지는 것도 하나님의 심판을 나타낸다. 성소 휘장이 찢어지는 것은 하나님의 임재로 나아갈 수 있다는 것을 상징하며 예수님의 속죄가 충분하다는 것을 보여준다(또한 성소 휘장이 찢어졌다는 것이 하나님의 임재가 성전에서 떠났다는 것을 보여준다면, 이는 하나님의 심판을 가리키는 것이다). 하나님의 심판을 상징하는 어둠은 다음 구절에도 사용된다. 신명기 28:29; 이사야 13:9–10; 24:23; 예레미야 4:28; 13:16; 15:9; 에스겔 32:7–8; 요엘 2:10, 31; 3:15; 아모스 8:9(독자를 위한 애도), 스바냐 1:15; 마가복음 13:24–25; 사도행전 2:20; 요한계시록 6:12 등에서다. 그리고 출애굽기에 등장하는 열 가지 재앙에서 장자를 죽이는 마지막 재앙은 구약에서 속죄를 보여주는 대표적 사건인데 이 재앙 바로 직전에 어둠이 임하는 재앙이 있었다(출 10:21–23). 마가는 이 재앙을 상기시켜준다. 출애굽기 10:22 칠십인역은 ἐγένετο σκότος…ἐπὶ πᾶσαν γῆν Αἰγύπτου(에게네토 스코토스…에피 파산 겐 아이굽투, "흑암이…애굽 온 땅에 있어서")라고 기록한다. 마가복음 15:33은 이와 매우 유사하게 σκότος ἐγένετο ἐφ' ὅλην τὴν γῆν(스코토스 에게네토 에프 홀렌 텐 겐, "온 땅에 어둠이 임하여")라고 표현한다. 이는 실로 하나님의 심판이다. 하나님의 아들은 인간의 죄로 인해 죽임당하신다.

놓고 볼 때 골고다의 위치와 백부장이 서 있던 것을 고려하면, 그는 성소 휘장이 찢어지는 것을 볼 수 없었을 것이다(15:38). 마가도 백부장이 그 광경을 보았다고 주장하지 않는다. 따라서 독자는 이 백부장이 정확히 무엇을 보고 예수님을 하나님의 아들이라고 고백했는지 알 수 없다. "그렇게 숨지심을 보고"라는 모호한 표현도 그다지 도움이 되지 못한다. 그러나 내러티브 관점에서 볼 때 마가는 동일하게 '보았지만', 믿지 않은 자들과 '보고' 믿은 백부장을 대조한다(15:32, 39–15:32–39의 구조 참조). 로마 백부장이 예수님이 어떻게 숨지셨는지를 본 직후에 하나님의 아들이라고 고백했다는 것을 볼 때 그는 예수님이 어떻게 죽으셨는지 보고 그분을 믿었을 것이다. 이렇게 믿게 된 백부장은 예수님이 십자가에서 내려오시는 것을 보고 믿고 싶어 하는 이들과는 구분된다. 더 나아가 이 백부장이 "예수를 향하여 섰던"(예수님과 '함께'했다는 것인가?, 15:39) 위치는 예수님 근처에도 없는 열두 제자와 극명하게 대비된다.

백부장은 특별한 이적을 보고 믿은 것이 아니라 그저 믿음의 눈으로 '보고' 믿었다(15:39). 이 본문에서 '보는 것'이 이토록 중요한 역할을 한다는 사실은 놀랍지 않다. 마가는 그동안 '보는 것'을 계속해서 강조해왔다(4:21–22; 8:15, 18, 8:22–26과 10:46–52에서 맹인을 치유하는 이야기). "아무런 이적을 보지 못했지만, 십자가에 달리신 예수님만 보고 그분이 진정 누구인지 아는 사람이 이야기의 절정에서 나타난다…(15:39에서 백부장의 고백은 ἀληθῶς, 알레쏘스, "진실로"로 시작한다). 이렇게 제대로 보는 것은 사람이 스스로 할 수 있는 것이 아니라 하나님의 선물이다. 이런 면에서 이 백부장은 모든 신자의 본이 된다."[29] 본 자는(즉, 과거, 현재, 미래의 모든 제자는) 반드시 믿어야 한다. 그리고 제자들은 '새벽' 시각에 신실하여 수난 사명을 감당하시는 예수님과 함께하며 그분처럼 고난당하고 자기를 부인해야 한다. 예수님의 정체성을 인식하고 그분의 사명을 수용하여 그분께 신실하게 사는 것이 바로 제자도다.

24.2.3 예수님께 신실하다는 것은 그분의 수난 사명에 동참하며 처음부터 끝까지 그분과 함께 하는 것이다.

15:39에 선언된 "하나님의 아들"이라는 칭호는 예수님의 죽음과도 깊이 연관되어 있

29 Boring, *Mark*, 433–34. 이 백부장 전에 예수님을 οὗτος ὁ ἄνθρωπος(후토스 호 안쓰로포스, "이 사람", 15:39)라고 부른 사람은 바로 베드로다. 그는 마지막으로 저주하고 맹세하며 예수님을 부인할 때도 동일하게 말했다. 극명하게 대비된다!

다. 이 칭호를 온전히 이해한 사람은 아직까지 아무도 없었다. 심지어 제자들도 이해하지 못했다. [베드로가 고백한 "그리스도"가 불충분하다고 여겨진 이유가 여기에 있다. 이 칭호에는 예수님의 죽음이라는 개념이 포함되지 않는다(8:27–9:1).] 그러나 이제는 이야기가 완결되었다. 마가복음 첫 구절에 등장했던 칭호("하나님의 아들" 그리고 "예수 그리스도")가 이제는 실현된 것이다.

마가복음 1:1	마가복음 8:29	마가복음 15:39
예수 그리스도 하나님의 아들	그리스도	하나님의 아들

성소 휘장이 찢어졌다고 표현한 동사 ἐσχίσθη(에스키스쎄)는 신적 수동태다. 사람이 이 휘장을 찢을 수는 없었다(바깥 막의 높이는 대략 23m에 달한다). 게더트는 열두 단어로 이루어진 15:38에 대한 해석이 서른다섯 가지가 있다고 말한다.[30] 수많은 학자가 성소 휘장이 바깥 막을 가리키는지 아니면 안쪽 막을 가리키는지에 대한 질문을 놓고 씨름해왔다. 이 휘장을 바깥 막으로 이해하는 것이 더 대중적이지만, 신학적으로는 안쪽 막으로 해석하는 것이 더 적절하다. 왜냐하면 성전에서 이 안쪽 막을 통과하여 하나님의 임재로 나아갔기 때문이다. 마가가 기록한 τὸ καταπέτασμα τοῦ ναου(토 카타페타스마 투 나우)는 어느 한쪽의 해석을 지지하지 않는다. 아마도 이유가 있어서 이렇게 표현했을 것이다. 바깥쪽과 안쪽 막 모두가 하늘의 경계선을 상징했을 수도 있다. 요세푸스는 광야에서 사용된 성막을 묘사하며 지성소가 하늘을 재현했다고 말한다(*Ant.* 3.122–133, 181). 따라서 만약 안쪽 막이 찢어졌다면 하늘이 갈라진 것으로 여길 수 있다. 반면에 요세푸스는 바깥 휘장이 불, 땅, 공기, 물을 상징하는 네 가지 색깔로 이루어졌다고 묘사한다. 이 바깥쪽 휘장은 "하늘의 파노라마"를 담았다(*J.W.* 5.207–221). 그러므로 바깥 막이 찢어졌다는 것 또한 하늘이 갈라지는 것을 상징할 수 있다.[31] 이러한 '천상의' 휘장이라는 개념은 유대교 천문학과 잘 맞는다. 유대인들은 성

30 Geddert, *Watchwords,* 140–43.

31 성전이 파괴되기 약 40년 전(어쩌면 예수님의 죽으신 때)에 성전에서 놀라운 일이 일어났다는 기록이 있다. *b. Yoma* 39b는 "성전이 파괴 전까지 지난 40년간 여호와를 위한 제비가 뽑히지 않았으며(속죄일에 한 제비는 여호와를 위하여, 한 제비는 아사셀을 위하여 뽑았다, 레 16:8), 붉은 실이 희게 되지 않았다(속죄일에 이렇게 되어야만 했다, 사 1:18). 또한 가장 서쪽의 불이 밝혀지지 않았으며(하나님의 임재가 떠났다는 징조일까?), 성전의 문들이 스스로 열렸다"라고 기록한다. Josephus는 성전 경내에서 지진이 일어났고

전 안에 있는 물품이 우주를 부분적으로 상징한다고 믿었고, 성전 자체는 이 땅과 하늘 사이의 통로라고 생각했다. 또한 하늘을 막에 비유하는 것은 널리 알려져 있었다(사 40:22).[32]

그러나 더 재미있는 사실은 동사 σχίζω(스키조, '찢다')가 마가복음에 단 두 번 등장한다는 것이다. 다른 구절들에서 이 동사가 사용될 때는 실제로 하늘이 갈라지는 것을 나타낸다(막 1:10). 예수님의 지상 사역의 시작과 끝에 일어나는 사건의 주체는 서로 매우 유사하다. 예수님이 지상 사역을 시작하실 때 하나님의 영이 내려오면서 하늘이 찢어진다. 그리고 예수님의 지상 사역이 끝날 때는 예수님이 숨을 거두시며 그분의 '영'이 하늘로 올라가고 성소 휘장(하늘을 상징)이 찢어진다.[33]

세례(침례)	십자가
하늘이 갈라짐(σχίζω, 스키조, 1:10)*	성소 휘장이 찢어짐(σχίζω, 15:38)
성령(πνεῦμα, 프뉴마, 1:10)	숨지시다(ἐκπνέω, 에크프네오, 15:37)**
하나님의 임재(1:11)	하나님이 예수님을 버리시다(15:34)
엘리야와 같은 세례(침례) 요한(1:4-9)	엘리야의 부재(15:35-36)
하늘의 소리(1:11)	하늘이 침묵하고 어둠이 임함(15:33)
"너는 내 사랑하는 아들이라"(1:11)	"이 사람은 진실로 하나님의 아들이었도다"(15:39)
예수님의 세례(침례)	'세례(침례)'에 비유되는 예수님의 수난(10:38-39)***

* 마태복음 3:16과 누가복음 3:21은 이 동사 대신에 ἀνοίγω(아노이고, '열리다')를 사용한다. 그러나 공관 복음은 모두 성소 휘장이 찢어질 때 σχίζω를 사용한다.

** 잭슨(Jackson)은 ἐκπνεῖν(에크프네인, '영을 내쉬다')이 (목적어가 있든 없든) 고대 그리스에서는 죽음을 완곡하게 표현할 때 자주 사용된 단어지만, 코이네 헬라어에서는 이렇게 사용하지 않았다고 말한다(Jackson, "Death of Jesus," 26).

*** 공관 복음의 저자 중에서 마가가 유일하게 예수님의 수난을 '세례(침례)'에 비유했다.

하늘이 갈라지는 장면이 시작과 끝을 멋지게 장식하며 "하나님의 아들 예수 그

큰 소리가 많이 났으며(*J.W.* 6.297-300), *J.W.* 6.293에서 성전 안뜰의 큰 동문이 밤 육시 경에 스스로 열렸다고 기록한다. Plummer, "Something Awry," 306-07을 참조하라.

32 Gurtner, "Rending of the Veil," 300. 시편 78:69(시 148:1 참조); 150:1; 히브리서 8:1-5; 요한계시록 11:19; 14:17; 15:5; *T. Levi* 3.4; 5.1; 18.6-7; Philo, *On the Creation* 18.55; *Gen. Rab.* 4.2(창 1:6) 등은 하늘과 성전 사이의 유사성을 이야기한다.

33 Jackson, "Death of Jesus," 27.

리스도의 복음의 시작이라"(1:1)가 마무리된다. 이제 제자도 여정을 (재)시작하는 계획을 담은 에필로그(15:40–16:8)만 남았다. 이 본문에서는 처음 여정에서 실패한 자들을 회복시키고 다음 세대의 제자들을 초대한다.

'새벽'에는 모두가 예수님을 떠나버리고 예수님만 홀로 남으신다. 예수님은 제자들과 함께 계시기 위해 그들을 부르셨지만(3:14; 14:14, 17, 18, 20, 33, 67), 위기의 순간에 모두가 그분을 떠났다. 끝까지 신실하신 예수님만 홀로 남으셨다. 최후에 승리하는 예수님의 왕권은 고난과 희생을 수반한다. 그러나 본 자(즉, 예수님의 정체성을 인식하고 그분의 사명을 수용한 자)는 '새벽'에도 진정한 왕께 신실할 것이다.

설교의 초점 및 개요

설교를 위한 본문 24의 신학적 초점

24 최후에 승리할 왕이신 예수님께 신실한 삶은 그분을 따르는 제자도 여정의 일환으로 고난과 희생이 따른다(15:1–39).

마가복음 수난 기사의 절정인 이 본문은 예수님이 당하시는 고난과 희생에 초점을 맞춘다. 아이러니하게도 총독, 대제사장, 장로, 서기관, 무리, 강도 등이 예수님을 모욕하는 가운데 예수님의 왕 되심이 드러난다. 예수님이 승리를 가져오시는 왕이라는 사실은, 이 이야기 속에 담긴 아이러니와 이 본문이 표현하고 있는 사건이 로마의 승전 행렬과 유사하다는 점에서 알 수 있다. 그럼에도 이 본문은 진정한 왕의 고난과 희생을 중점적으로 다룬다. 그리고 끝까지 예수님과 함께하고자 하는 제자도 동일한 길을 걸어가야 한다. 예수님을 따라가는 제자도 여정에는 고난과 희생이 따른다. 제자는 어느 세기를 살든지 어느 시대에 있든지 그리고 세계 어디에 있든지 간에 이 현실을 피할 수 없다. 모든 제자는 반드시 고난과 희생을 거쳐야 한다. 이것이 바로 자기 십자가를 진다는 의미의 일부이자 이 본문의 주제다.

예수님이 기꺼이 자기 십자가를 지시고 박해 앞에서도 끝까지 신실하신 모습에 고난과 희생의 모티브가 명백하게 드러난다. 그러므로 '본' 자[즉, 예수님의 정체성을 인식하고(제1막) 그분의 사명을 수용한 자(제2막)]는 반드시 믿어야 하고, 이 세상의 왕에게 고난을 당할지라도 진정한 왕께 끝까지 신실해야 한다.

자기를 부인하는 의미에 초점을 맞춘 이전 본문(14:53–72)과는 다르게 이번 본문은 십자가를 진다는 것의 의미를 다룬다(고난과 희생을 당하는 것). 이 본문은 예수님을 따르며 제자도 여정을 걸을 때 어려움에 직면할 제자들을 준비시킨다. 또한 매정한 박해와 비참한 모욕 앞에서도 담대하고 인내해야 할 중요한 이유를 밝힌다. 제자는 최후에 승리할 왕을 따르기 때문이다.[34] 이 진리가 어떠한 소란과 혼란 속에서도 제자를 지탱해주고 평안을 줄 것이다.[35]

본문 24의 설교 개요

I. 무엇? 모욕당하는 현실

- 예수님이 당하신 모욕, 버림받아 홀로 남게 되심: 15:1-10, 16-32
- 연관성: 부르심을 따라 살 때 우리가 당할 수 있는 모욕

II. 어떻게? *고난에 동참하라!*

- 예수님이 당하신 모욕을 함께 받는 것은 자기를 희생적으로 부인하는 것임: 15:11-15, 31, 38-39
- 제자가 그리스도와 함께 고난당할 수 있는 구체적인 방법

III. 왜? 승리가 기다린다

- 예수님은 최후에 승리하심: 본문 내내 등장하는 왕의 모티브
- 연관성: 예수님의 승리를 바라보는 영원의 관점

34 본문 20(13:1-37)도 박해를 다루었지만, 제자가 시련을 이겨낼 수 있는 또 다른 이유에 초점을 맞췄다. 아버지의 섭리, 성령님의 임재 그리고 예수님이 재림하여 제자를 모으실 것이라는 약속이 그 이유다.

35 8:27-9:13(본문 12)에서 예수님이 변형되신 모습에 담긴 미래의 영광을 통해 예수님의 승리를 '예고'했다. 그러나 그 본문은 제자들에게 영원한 관점을 지니라고 말했고, 이번 본문은 변화산 사건과 유사한 면은 있지만, 제자들에게 최후 승리할 왕이신 예수님을 기억하며 그분의 고난과 희생에 동참하라고 말한다. 마가복음이 결말에 이르면서 지금까지 계속 반복된 고난이라는 주제가 또 한 번 등장하지만, 15:1-39은 제자들이 따르는 자가 고난받는 진정한 왕이시기 때문에 그들도 고난에 동참하라고 말한다. 이 본문은 미래의 영광보다는 현재의 고난에 초점을 더 맞춘다.

또 다른 설교 개요

I. 모두가 진정한 왕을 모욕함

- 예수님이 당하신 모욕: 15:1-10, 16-20, 29-32
- 연관성: 부르심 따라 살 때 우리가 당할 수 있는 모욕

II. (그리고) 제자들은 주인을 부인함

- 버림받은 예수님: 15:21-28
- 연관성: 우리도 시련 가운데 홀로 남게 될 수 있음

III. (그러나) 백부장은 하나님의 아들을 알아봄

- 예수님을 알아봄: 15:38-39
- 하나님의 아들은 최후에 승리하심: 본문 내내 등장하는 왕의 모티브

IV. (그러므로) *고난에 동참하라!*

- 예수님이 당하신 모욕을 함께 받는 것은 자기를 희생적으로 부인하는 것임: 15:11-15, 31, 38-39
- 제자가 그리스도와 함께 고난당할 수 있는 구체적인 방법

마가복음을 끝맺는 설교를 할 수 있는 이 본문에서 설교자는 예수님의 고난에 동참하는 데 초점을 두는 것이 적절하다. 그러나 지금까지 설교한 본문에서 고난과 유사한 주제를 다루었기 때문에 이 설교에서는 조금 더 추상적으로 '고난을 이겨낼 수 있는 힘을 위해 기도하라!'와 같은 적용을 제시할 수 있다. 고난을 보다 추상적으로 다루면서 마가복음을 결론 맺는 것이 적절한 방법이 될 수 있다. 물론 예수님을 위해 고난받는 일이 흔치 않은 상황에서는 이 본문을 적용하고 설교하는 것이 어렵다. 그렇지만 하나님의 백성이 미래의 고난에 직면할 수 있도록 준비시켜야 한다. 고난은 결코 먼 미래의 일이 아니다!

본문 25

회복의 소망

마가복음 15:40-16:8

[예수님의 장례, 빈 무덤]

복습, 요약[1]

본문 24 복습: 마가복음 15:1-39은 예수님이 승리하신 왕이라고 암시하며 제자들을 격려하면서도 예수님의 왕권에 복종할 때 고난과 희생이 수반된다는 것을 상기시켜준다. 예수님의 정체성을 인식하고 그분의 사명을 수용한 사람들은 예수님을 끝까지 따른다.

본문 25 요약: 마가복음의 마지막 본문인 15:40-16:8은 예수님께 신실한 것의 중요성에 또 한 번 초점을 맞춘다. 제자들은 과거에 실패했는데도 회복시키시는 하나님의 은혜로 말미암아 담대하고 신실하게 제자도 여정을 지속한다. 제자도 여정에서 실패하고 넘어진 모든 제자에게 소망이 있다.

1 마지막 본문을 다루기 때문에 다음 본문에 대한 예습은 없다.

본문 25. 마가복음 15:40-16:8

본문 25의 신학적 초점

25 제자들은 실패할 수 있지만 하나님이 회복시켜주시기 때문에 예수님과 함께하는 제자도 여정으로 돌아갈 수 있다(15:40-16:8).

25.1 제자도 여정에서 예수님을 따르는 제자는 항상 담대하게 신실함을 지킨다.

25.2 하나님은 제자도 여정에서 예수님께 신실하지 못한 제자에게 회복할 수 있는 소망을 주신다.

개관

마지막 본문은 마가복음의 에필로그로 사용되기도 한다. 16:8에서 여자들이 빈 무덤 앞에서 놀라 떨며 침묵을 지키는 장면으로 마가복음이 끝나는 것에 대해 톨버트(Tolbert)는 다음과 같이 이야기한다. "우리가 상상력을 구사하며 마가복음의 원 독자가 되어보기 위해서는 이 결말의 의미를 묻기보다는 이 결말이 무엇을 수행하고 있는지 물어봐야 한다[2]…마가복음의 결말은 제자도 여정을 시작할 미래의 제자를 모집하는 데 집중하면서도 제자도 여정에서 실패한 자에게 초점을 맞춘다. 이들은 예수님의 정체성을 인식하지 못하고 그분의 사명을 수용하지 못하여 결국 예수님께 신실하지 못했다. 예수님을 완벽하게 따른 자는 아무도 없기 때문에 모든 제자는 실패가 어떠한 결과를 초래하는지 궁금해할 수밖에 없다. 이에 대한 답변은 명백하다. 제자도 여정을 지속하라! 제자 당신은 이 여정을 지속할 것인가?

마가복음의 서론과 결론은 매우 흡사하다.[3]

2 Tolbert, *Sowing the Gospel*, 295–96. 16:8의 결말이 "이상해 보인다." 그리고 마가의 "놀라운 실수"라고 말한 France[France, *Gospel of Mark*, 683(『NIGTC 마가복음』 새물결플러스, 1074)]와는 달리 나는 마가복음의 결말이 타당하다고 생각한다! 이 본문도 다른 마가복음 본문처럼 단순히 역사적 사실을 열거하는 것이 아니라 저자의 의도를 따라 무언가를 수행하고 있다. 여하튼 본 주석은 마가복음의 결말에 대한 수많은 논쟁을 되풀이하는 대신에(이러한 내용은 다른 주석에서 찾아볼 수 있다. '서론'도 참조하라), 오히려 대부분의 학자가 인정하는 마가복음의 결론을 받아들인다. 마가복음 16:8(ἐφοβοῦντο γάρ, 에포분토 가르, "무서워하여")처럼 문장, 단원 혹은 단락이 γάρ로 끝나는 경우는 다음과 같은 헬라어 문학에서도 찾아볼 수 있다. 창세기 45:3, 이사야 29:11 칠십인역, 요한복음 13:13, Plato, *Prot.* 328d (문장이 νέοι γάρ, 네오이 가르로 끝난다), Plotinus, *Enn.* V.5(29번째 논문이 τελειότερον γάρ, 텔레이오테론 가르로 끝난다), Justin Martyr, *Dial.* 32(첫 번째 단락이 ἐσταυρώθη γάρ, 에스타우로쎄 가르로 끝난다) 등에서다. Iverson, "Further Word"를 참조하라.

3 van Iersel, *Mark*, 485.

- 사람이 통상적으로 살지 않는 장소: 광야(1:3, 4, 12, 13), 무덤(16:2)
- 메신저: 선지자의 옷을 입은 세례(침례) 요한(1:6), 흰옷을 입은 한 청년(16:5)
- 부르심: 따르라(1:17, 20과 16:7)
- 메시지: 하나님 나라를 알리는 기쁜 소식(1:1, 14–15), 예수님의 부활을 알리는 소식(16:6)

마가복음을 통해 갈릴리에서부터 예루살렘까지 독자가 걸어온 제자도 여정은 이 본문으로 대단원의 막을 내린다. 그러나 마가는 제자도 여정이 이 시점에서 끝나기를 바라지 않는다. 그는 오히려 예수님께 신실하지 못한 독자가 제자도 여정을 재개하기를 결단하고 제자도 여정을 다시(두 번째로) 시작하기를 바란다. 심지어 예수님도 이 여정을 다시 시작하신다. 예수님은 고난을 통과하여 영광에 이르는 여정이 시작된 '갈릴리'에서 제자들을 기다리시며, 바로 이곳에서 예수님과 함께하는 여정이 재차 시작될 것을 알리신다.

25 마가복음 15:40–16:8

25 신학적 초점

25 제자들은 실패할 수 있지만 하나님이 회복시켜주시기 때문에 예수님과 함께하는 제자도 여정으로 돌아갈 수 있다(15:40–16:8).

25.1 제자도 여정에서 예수님을 따르는 제자는 항상 담대하게 신실함을 지킨다.

25.2 하나님은 제자도 여정에서 예수님께 신실하지 못한 제자에게 회복할 수 있는 소망을 주신다.

25 단락 요약: 마가복음의 마지막 본문은 예수님께 신실한 것의 중요성에 또 한 번 초점을 맞춘다. 또한 제자도 여정에서 예수님께 신실하지 못한 제자의 회복을 강조한다. 마가복음의 열린 결말은 제자도 여정에서 사람의 역할을 강조하며 미래의 제자가 앞장서서 예수님을 따라야 한다고 전한다. 이 본문은 하나님이 제자도 여정에서 실패하고 넘어진 제자를 은혜로 다시 회복시키신다는 소망을 분명히 전한다.

15:40 멀리서 바라보는 여자들도 있었는데 그 중에 막달라 마리아와 또 작은 야고보와 요세의 어머니 마리아와 또 살로메가 있었으니

15:41 이들은 예수께서 갈릴리에 계실 때에 따르며 섬기던 자들이요 또 이 외에 예수와 함께 예루살렘에 올라온 여자들도 많이 있었더라

15:42 이 날은 준비일 곧 안식일 전날이므로 저물었을 때에

15:43 아리마대 사람 요셉이 와서 당돌히 빌라도에게 들어가 예수의 시체를 달라 하니 이 사람은 존경받는 공회원이요 하나님의 나라를 기다리는 자라

15:44 빌라도는 예수께서 벌써 죽었을까 하고 이상히 여겨 백부장을 불러 죽은 지가 오래냐 묻고

15:45 백부장에게 알아 본 후에 요셉에게 시체를 내주는지라

15:46 요셉이 세마포를 사서 예수를 내려다가 그것으로 싸서 바위 속에 판 무덤에 넣어 두고 돌을 굴려 무덤 문에 놓으매

15:47 막달라 마리아와 요세의 어머니 마리아가 예수 둔 곳을 보더라

16:1 안식일이 지나매 막달라 마리아와 야고보의 어머니 마리아와 또 살로메가 가서 예수께 바르기 위하여 향품을 사다 두었다가

16:2 안식 후 첫날 매우 일찍이 해 돋을 때에 그 무덤으로 가며

16:3 서로 말하되 누가 우리를 위하여 무덤 문에서 돌을 굴려 주리요 하더니

16:4 눈을 들어본즉 벌써 돌이 굴려져 있는데 그 돌이 심히 크더라

16:5 무덤에 들어가서 흰 옷을 입은 한 청년이 우편에 앉은 것을 보고 놀라매

16:6 청년이 이르되 놀라지 말라 너희가 십자가에 못 박히신 나사렛 예수를 찾는구나 그가 살아나셨고 여기 계시지 아니하니라 보라 그를 두었던 곳이니라

16:7 가서 그의 제자들과 베드로에게 이르기를 예수께서 너희보다 먼저 갈릴리로 가시나니 전에 너희에게 말씀하신 대로 너희가 거기서 뵈오리라 하라 하는지라

16:8 여자들이 몹시 놀라 떨며 나와 무덤에서 도망하고 무서워하여 아무에게 아무 말도 하지 못하더라

25 주해

25.1 제자도 여정에서 예수님을 따르는 제자는 항상 담대하게 신실함을 지킨다.

이 본문에서 일어나는 모든 일을 여자들이 보았다(θεωρέω, 쎄오레오, '보다', '관찰하다', 15:40, 47; 16:4). 예수님의 죽음, 백부장의 고백, 아리마대 사람 요셉이 예수님의 시신을 장사하기 위해 했던 요청, 청년과 빈 무덤 등 예수님의 수난, 죽음, 장사 그리고 부활까지 모두 여자들이 목격한다.

16:1-8에서는 θεωρέω(쎄오레오, 16:4)뿐만 아니라 ἀναβλέπω(아나블레포, '보다', 16:4)와 ὁράω(호라오, '보다', 16:5, 6, 7)도 여러 번 등장한다. 마가복음에서 '시각'은 주요 모티브로 사용되며 인식과 이해를 나타낸다. 이 본문에 등장하는 여인들은 확실히 '보았고'(인식했고), 예수님을 끝까지 따른 유일한 사람들로서 예수님의 수난 사명을 수용했다. 이들은 계속해서 신실할 것인가?

지금까지는 남자들로 가득한 이야기였다. 마가복음에는 누가복음 8:2-3처럼 여자들이 이 여정을 지원했다는 직접적인 명시도 없었고, 예수님과 동행하는 여자의 이름도 밝히지 않았다(눅 10:38-42에서 마리아와 마르다가 등장하는 것처럼). 지금까지 믿음의 본보기가 되는 여인들이 몇 명 등장했지만(시몬의 장모, 혈루증을 앓은 여인, 수로보니게 여인, 두 렙돈을 바친 과부, 값비싼 향유를 부은 여인), 모두 이름도 없는 조연에 불과했고 해당 본문에만 등장했다. 그러나 이제 남자 제자들이 모두 신실하지 못하여 예수님을 떠나버린 후 여자 제자들이 이들의 공백을 메운다.[4] 이번에는 세 여인이 등장한다(15:40; 16:1). 이전에 예수님의 측근은 세 남자(베드로, 야고보, 요한)였다. 이 여인들은 세 남자(그리고 다른 제자들)처럼 예수님을 따랐고, 더욱이 예수님을 섬기던 자들이다(15:41). 예수님의 측근과 동일한 숫자의 여인이 등장하는 것은 시사하는 바가 있다. '새벽'에 남성 제자들은 예수님을 떠나버렸지만, 여인들은 안식일 이후까지도 남아 있었던 것이다.

공식적으로 '제자'라는 무리에 속한 사람은 모두 예수님에게서 달아났고, 이 중에 예수님의 시신을 가지러 온 자는 없다(다음 주해 참조). 이 여인들이 마지막 희망이다. 이들은 다른 제자들과는 다를 것이다. 이 여인들이 예수님을 "따르며 섬기던 자들"(15:41)이라는 표현에서 매우 유사한 제자도 여정을 걸어왔음을 알 수 있다. 마가의

---

4 France, *Gospel of Mark*, 661-62.(『NIGTC 마가복음』 새물결플러스, 1041-42)

의도는 전혀 모호하지 않다. 이들이야말로 예수님의 제자다.[5] 이 여인들은 어떻게 예수님의 사명을 계속해서 감당할 것인가? 여인들은 예수님의 죽음, 장사 그리고 부활의 증거까지 보았다. 이들은 백부장의 고백, 요셉의 대담함, 청년의 증거를 듣고 보았다(15:39; 15:43; 16:6). 이들에게는 제자도 여정에서 예수님의 사명을 감당할 충분한 증거와 동기가 있다. 과연 이들은 예수님께 신실할 것인가? 아니면 다른 남성 제자들처럼 실패할 것인가?

ζητέω(제테오, '찾다', 16:6, 예수님을 찾으려는 여인들의 노력)는 마가복음에서 하나같이 부정적 의미로 사용되었다[3:32-35; 8:11-12; 11:18; 12:12(11:27); 14:1; 14:11; 14:55, 이 단어에 함축된 부정적 의미를 알려면 1:37의 주해를 참조하라]. 따라서 이 동사가 마가복음에서 마지막으로 여기에 사용된다는 점은 여인들을 결코 좋은 모습으로 비추고 있지 않고, 16:8에서 이들이 실패할 것을 예시한다.[6] 이 여인들이 14:54에 나오는 베드로처럼 ἀπὸ μακρόθεν(아포 마크로쎈, '멀리서') 바라보고 있다는 사실도 이들이 실패할 것이라고 암시한다(15:40). 따라서 독자는 이 여인들도 다른 제자들처럼 주인을 부인하고 비참하게 실패하는 것은 아닌가 질문할 수밖에 없다.

마가는 지금까지 예수님께 호의적인 한 서기관(12:34)과 로마 군인(15:39)을 소개했다. 이제 산헤드린 공회에 속한 요셉을 긍정적으로 묘사한다(15:43). 예루살렘에서 존경받는 이 사람의 용기는 마가가 직접적으로 명시할 정도로 과소평가할 수 없다(15:43). 자신이 속한 산헤드린 공회가 신성 모독자로 고발하고, 사형 판결을 내리며, 선동죄로 죽음에 내몬, 갈릴리에서 온 선지자의 시신을 내어달라고 청하는 것은 매우 위험했다. 15:40에서 묘사한 여인들처럼 이 사람에 관해서도 왜 직접적으로 제자

---

5 "작은 야고보와 요세의 어머니 마리아"(15:40)는 예수님의 어머니일 것이다. 그런데 마가가 이 사실을 기록하지 않은 것이 이상하다. 이 구절 외에도 본문에서 마리아는 두 번 더 등장하는데 마가는 "요세의 어머니" 그리고 "야고보의 어머니"라고 소개한다(15:47; 16:1). 마리아의 가장 유명한 아들인 예수님과는 연관되어 소개하지 않는다. 예수님이 이미 "하나님의 아들"(15:39)로 밝혀졌기 때문에 마가가 세속적인 인간관계로 인해 이 신학적 중점이 흐려지지 않기를 원해서일까? 아니면 3:20-35에서 예수님의 가족이 칭찬하기 힘든 모습으로 묘사되었기 때문일까? 어찌 되었건, 마가복음의 독자는 마리아가 누군지 충분히 알았을 것이다. 마가는 마리아를 띄우지 않고 '일반적인 여인'으로 소개하기를 원했을 것이다. 어떤 여자(혹은 남자)도 마리아나 막달라 마리아나 살로메의 입장이 되어볼 수 있다. 마가는 마리아를 이렇게 소개함으로써 독자가 인물들의 훌륭한 혈통이나 관계가 아니라 인물 자체와 동일시하기를 원한다. 마가복음은 제자도에 관한 매뉴얼이며 제자도는 혈연관계와 상관없이 누구든지 하나님의 뜻을 행하는 자(3:35)를 위한 것이다. 마가는 이러한 목적을 효과적으로 이루기 위해서 예수님의 육신적 가족을 묘사할 때 의도적으로 자제했다. 어쩌면 독자가 이런 의도를 알아차리기를 원했을 것이다.

6 Danove, *Rhetoric of the Characterization*, 4.

라고 명시하지 않는지 의아하게 여길 수 있다. 그러나 하나님의 나라가 가까이 왔다는 것이 예수님의 주된 메시지였음을 볼 때(1:15), 요셉을 "하나님의 나라를 기다리는 자"(15:43)로 묘사한 것은 비록 함축적이지만, 이 사람이 '제자'임을 보여주는 강력한 증거다. 요셉이 지금까지 남아서 예수님의 시신을 담대히 청하는 모습도 공식적으로 '제자'라고 불린 자들이 한심하게 도망간 모습과 너무나 대조된다.

이 본문을 통해 세례(침례) 요한과 예수님의 시신이 처리된 과정이 대조되면서 예수님의 제자들은 긍정적으로 그려지지 않는다. 요한의 제자들은 요한의 시신(πτῶμα, 프토마, 6:29)을 가져다가 장사지냈지만, 예수님의 시신은 그분의 '공식' 제자들이 아니라 비공식 제자가 장사지냈다(15:42–46, 여기서도 πτῶμα가 사용된다. 이 단어는 마가복음에서 두 구절에만 나온다).[7] 마가는 명백하게 제자들의 불충실함을 지적한다. 특히, 산헤드린 공회에 소속된 자로서 예수님께 사형을 선고한 빌라도를 감히 찾아간 요셉과는 분명히 대조되도록 용기 없는 제자들을 지적한다.[8]

마가는 16:3에서도 예수님을 떠나버린 제자들을 비판한다. 여자들이 누가 '심히 큰' 돌을 굴려줄까 묻는 장면(16:3–4)은 불필요해 보인다. 이 여인들은 무덤 문이 열린 후에 등장하며 이러한 혼란과 불안 없이 등장했을 수도 있다. 그러나 이 본문이 뜻밖의 제자들(산헤드린 공회에 소속된 자와 세 명의 여인)과 예수님의 열두 제자를 대조하는 것을 볼 때, 마가가 여인들이 도저히 굴릴 수 없는 돌을 언급하는 장면을 넣은 이유는 이 돌을 굴릴 수 있는 남자들이 떠나버렸다는 사실을 독자에게 또 한 번 알리기 위함이다.

25.2 하나님은 제자도 여정에서 예수님께 신실하지 못한 제자에게 회복할 수 있는 소망을 주신다.

헤스터(Hester)는 "세마포"(15:46)라는 구체적인 표현이 '암호' 역할을 감당하기 위해 사용된다고 말한다. 문학적 장치인 '암호'를 통해 독자는 이전에 (유일하게) 이 단어가 등장했던 14:51–52의 장면과 내용(제자들의 불충실함과 예수님의 외로움)을 떠올리게 된다(본문 22 참조). 실제로 이 단락과 현재 본문에서 유일하게 찾아볼 수 있는 단어

7 세례(침례) 요한의 경우, 장사 후 아무 일이 일어나지 않았지만, 예수님의 경우는 아니었다!

8 '당돌히'라고 번역된 τολμάω, 톨마오는 '감히 …하다'라는 의미도 내포한다(에 7:5; 2 Macc. 4.2; 마 22:46; 막 12:34; 행 5:13; 고전 6:1; 유 1:9 등).

들이 있다. σινδών(신돈, "베 홑이불/세마포")이 14:51–52과 15:46에 쓰일 뿐만 아니라, νεανίσκος(네아니스코스, "청년", 14:51, 16:5)와 περιβάλλω(페리발로, '입다', 14:51; 16:5)도 동일하게 나온다.[9] 또한 λευκός(류코스, "흰")는 9:3(변형되신 예수님의 흰옷)과 16:5에만 등장하는데 이 모든 사건이 서로 연결된다. 이 모든 장면에서 마가는 누가 무엇을 입고 있는지 유별나게 관심을 보인다. (문학적인 측면에서 보면) 마치 옷을 '맞바꿔' 입은 것처럼 보인다. 청년이 벗은 몸으로 도망가기 전까지 입었던 베 홑이불(14:51–52)로 무덤에 있는 예수님의 시신을 싼다(15:46). 그리고 그 대신에 예수님이 변형될 때 입으셨던 흰옷(9:3)은 이제 빈 무덤에 있는 청년이 입고 있다(16:5).[10]

- 청년(νεανίσκος)의 베 홑이불(σινδών, 14:51–52)은 제자들이 예수님을 떠나버린 수치심을 담고 있다.
    - → 예수님의 시신을 감싸고 있는 세마포(σινδών, 15:46)
- 예수님이 변형되실 때 입었던 흰옷(λευκός, 9:3)
    - → 빈 무덤에 있는 청년(νεανίσκος)의 흰옷(λευκός, 16:5)

이 문학적 기법은 제자의 회복을 나타낸다. 벌거벗고 수치스러운 청년은 광채가 나는 예수님의 옷을 입는다(그리고 예수님이 청년의 수치스러운 옷을 입으신다). 즉, 제자의 수치스러운 옷이 예수님께 전가되는 대신에 그분의 영광스러운 옷이 제자에게 전달된

9 Hester, "Dramatic Inconclusion," 76–77. 마가는 왜 이토록 한 청년을 다른 청년과 연관시키는가? 마가가 지금까지 망설임 없이 천사를 자주 언급했듯이(1:13; 8:38; 12:25; 13:27, 32) 16:5에 등장하는 이를 '천사'라고 소개했을 수도 있다. 빈 무덤에 있던 메신저가 실제로 천사였다는 사실을 고려해볼 때(마 28:2, 5, 한 명의 천사도 아니었다, 눅 24:23; 요 20:12), 마가가 천사 대신 구체적으로 다른 용어를 사용한 목적이 있을 것이다. 천사를 νεανίσκος, 네아니스코스로 표현한 것이 가식적이거나 기만적인 것은 아니다. 2 Macc 3.26, 33; 5.2; Josephus, *Ant.* 5.8.2 그리고 5.8.3(이곳에서 사사기 13장에 있는 여호와의 천사를 ἄγγελος τοῦ θεοῦ, 앙겔로스 투 쎄우와 νεανίας, 네아니아스, '청년'으로 묘사한다), Tob 5.5, 7, 10(라파엘이 ἄγγελος, 앙겔로스와 νεανίσκος, 네아니스코스로 묘사된다), *Herm. Vis.* 3.1.6; 3.4.1 등도 천사를 청년으로 묘사한다. 마가가 유일하게 16:5에서 천사를 νεανίσκος로 부르는 이유는 마가복음에 등장하는 또 다른(유일한) νεανίσκος(14:51–52)와 연관시키기 위함이다.

10 Kuruvilla, "Naked Runaway"를 참조하라. 흥미롭게도 '흰'옷이 등장하는 두 장면(변화산과 부활)에서 모두 보는 자들이 '놀란다.' 예수님이 변형되실 때는 온 무리가 매우 '놀라며'(ἐκθαμβέω, 에크쌈베오, 9:15), 부활하실 때는 여인들이 '놀란다'(ἐκθαμβέω, 16:5, 6). 마가복음에서 이 단어는 이 두 곳 외에 14:33에서 유일하게 사용된다. 이 구절에서는 '괴로워하다'라는 뜻을 가진 동음이의어로 등장한다. 신약 전체를 보더라도 마가복음만 이 단어를 유일하게 사용한다. 칠십인역 정경에도 ἐκθαμβέω를 사용하지 않는다(다만 Sir 30.9에는 등장한다).

다. 이러한 '흰옷을 입은 한 청년'이라는 모티브는 실패한 제자들의 회복을 나타낸다. 또한 '옷의 교환'이라는 주제를 더 자세히 살펴보면 흰옷을 입은 이 청년은 하나님 아들의 자리(시 110:1)인 "우편에" 앉아 있다(16:5).[11] 이 청년이 앉아 있는 장소를 보면 회복이라는 의미가 더욱 뚜렷해진다. 사복음서 중 오직 마가복음만 빈 무덤에 있는 천사가 우편에 앉아 있다고 기록한다.[12]

요컨대 저자는 문학적 기교를 통해 진기한 그림을 보여준다. 벌거벗은 몸으로 수치스럽게 도망간 청년은 예수님을 버리고 도망간 제자들을 상징한다(본문 22에서 이미 언급됨). 이 청년이 남긴 베 홑이불은 예수님을 장사할 때 사용된다. 제자들이 주인에게 넘겨준 것은 수치스러운 옷이다. 그러나 그 주인이 부활하신 후 "우편에" 앉은 청년이 나타난다. 이 청년은 예수님이 변형될 때 입으셨던 영광스러운 옷을 입고 있다. 주인이 제자에게 넘겨준 것은 영광스러운 옷이다. 문학적 기교로 표현된 '옷의 교환'(말 그대로 옷을 바꿔 입었다기보다는 문학적, 신학적으로 옷을 바꿔 입은 것이다)은 예수님의 정체성을 인식하고, 사명을 수용하며, 예수님께 신실하는 데 실패한 제자에게 소망이 있다는 약속을 내포한다. 마가복음의 제자도 여정에서 예수님을 따르면서 넘어지고 실패하며 서투르고 우유부단할지라도 모든 제자에게는 소망이 있다. 예수님이 이루신 일로 말미암아 제자의 수치심은 예수님의 영광으로 대체된다. 참으로 소망이 있다![13]

빈 무덤에서 청년이 여자들에게 명령할 때 베드로를 구체적으로 그리고 불필요하게 언급하는 이유는 베드로(그리고 마가복음의 독자)에게 실패가 끝이 아니라는 것을

11 van Iersel, *Mark*, 504를 참조하라.

12 요한복음은 예수님의 시신이 있던 곳에서 천사 하나는 발 편에 그리고 다른 천사는 머리 편에 앉았다고 기록한다(요 20:12). 마가는 자신의 신학적 목적을 이루기 위해 두 천사 중 하나를 '우편'에 앉았다고 기록했을 것이다.

13 고린도후서 5:21이 떠오른다. "하나님이 죄를 알지도 못하신 이를 우리를 대신하여 죄로 삼으신 것은 우리로 하여금 그 안에서 하나님의 의가 되게 하려 하심이라." Myers, *Binding the Strong Man*, 369도 참조하라. 이러한 해석은 사건의 역사성을 무시하려는 의도가 전혀 없다. 사실을 기록하는 저자의 정확성을 전혀 의심하지 않는다. 이는 실제로 일어난 사건이지만, 마가는 예수님과 함께하는 제자도 여정의 의미를 신학적으로 묘사하기 위해 사건을 부분적으로 선별하여 이야기를 전한다. 마가는 이 목표를 염두에 두고 실제적인 사건을 신학적으로 효과적인 이야기로 구성한다. 예를 들면, 빈 무덤에 있던 청년이 천사였다는 사실은 분명하다(마 28:2-5; 눅 24:4, 23; 요 20:12). 놀란 여인들에게 "청년"이 위안을 주는 말을 건네는 장면(막 16:5-8)은 이것이 초자연적인 사건임을 보여준다(창 15:1; 삿 6:23; 단 10:12; 눅 1:13, 30; 2:10 참조). 그러나 마가는 이 "청년"이 누구인지 정확히 밝히는 것보다 신학적 중점(실패하고 넘어진 제자들의 회복)을 전하는 데 관심이 있다. 그렇기 때문에 마가는 옷의 '교환'을 통해 회복을 표현하고자 청년과 다른 청년, 옷과 다른 옷, 흰색과 다른 흰색을 연결한다. 독자가 저자의 문학적 기교(이 또한 성령의 감동으로 된 것이다)를 올바로 이해할 때 비로소 신학적 중점을 이해하고 받아들일 수 있으며, 삶이 바뀔 수 있다. 이처럼 삶이 바뀔 때 우리가 부름받은 대로 온전히 살아갈 수 있다.

알리기 위함이다. 제자도 여정에서 실패한 자들에게는 용서와 회복과 소망이 있다. 부끄럽게도 예수님을 떠나버린 자에게(그리고 수치스럽게도 예수님을 부인한 자에게) 이제 회복의 소망이 부어진다. 새롭게 시작하는 제자도 여정이 선포되면서 새로운 시작이 주어진다. 14:28에서 예수님은 이미 출발점인 갈릴리로 돌아갈 것이라 말씀하시며 새로운 시작을 약속하셨다. 그리고 이제 16:7에서 이 약속을 또 한 번 단언하신다. 예수님은 제자도 여정을 재개하시기 위해 갈릴리에서 제자들을 기다리신다. 예수님이 다시 한번 제자들을 '길에서' 새로 시작하는 제자도 여정으로 이끄실 때 누가 동참할 것인가? "신실한 제자는 십자가를 지고 예수님을 따라 고난의 길을 걸어간다. '갈릴리'에서 '예루살렘'으로 가는 여정이다."[14]

누구든지 예수님을 따르는 '길'에 다시 합류할 수 있다. 마가복음 16:8의 모호한 결말은 결국 우리를 제자도 여정으로 다시 새롭게 초대하는 또 다른 시작이다.[15] "서두에서 언급한 '주의 길'(1:2–3)은 마가복음 내내 예수님이 지속적으로 걸어가신 길이다. 예수님은 이제 평안 가운데 안식하시는 것이 아니라 두려워하는 제자들을 이끌고 계속해서 나아가신다."[16] 초대장이 주어졌다. 당신은 따르겠는가?

마태복음에서는 여인들의 두려움이 "큰 기쁨"과 섞이며 누그러진다(마 28:8). 그러나 마가복음에서는 이들이 변함없이 무서워한다.[17] 마가는 이중 부정문("아무에게 아무 말도 하지 못하더라", 16:8)으로 여인들이 침묵하는 모습을 강조한다. '비밀 모티브'는 지금까지 침묵을 지키기 어려운 사람들에게 침묵을 요구하여 항상 실패했다(1:34, 44; 3:12; 5:43; 7:36; 8:26, 30; 9:9). 이제 이 구절에서는 가서 전하라는 명령이 주어지지만, 여인들은 도리어 침묵을 지킨다. 엎친 데 덮친 격으로 여인들은 심지어 "도망"(φεύγω, 퓨고, 16:8)감으로써 제자들과 청년이 도망간 장면을 연상시킨다(이 장면에서도 φεύγω가

14 Geddert, *Watchwords*, 167.

15 이미 언급했듯이 나는 대부분의 주요 학자들의 관점과 동일하게 마가복음의 결말을 16:8로 본다('단축된' 결말). 마가복음의 결말과 관련된 전체적인 개요를 보기 위해서는 기본 주석 외에 Wallace, "Mark 16:8", Magness, *Sense and Absence, Holmes, "To Be Continued"*, Spencer, "Denial of the Good News" 그리고 Stein, "Ending of Mark"를 참조하라.

16 Boring, *Mark*, 446.

17 France, *Gospel of Mark*, 682.(『NIGTC 마가복음』 새물결플러스, 1073) 마가는 여인들이 왜 무서워했는지 명시하지 않는다. 어쩌면 천사를 만나서 두려워했을 수도 있고, 진귀한 현상 앞에서 두려워했을 수도 있으며(죽은 자가 다시 살아났다!), 자신들이 부족하다 생각하여 두려워했을 수도 있다(4:3–4 그리고 예수님의 제자들도 없었다). 어찌 되었든, 이 여인들은 두려워할 뿐만 아니라 가서 전하라는 명령 앞에서 아무 말도 하지 못했고, 심지어 도망가며 부정적으로 묘사된다. 수치스러운 동사 φεύγω(퓨고, '도망가다', 16:8)가 또 한 번 등장한다(각주 19 참조).

사용된다, 14:50, 52). 독자는 이 여인들이 비참한 모습을 보인 남자들과는 다르리라는 소망을 품겠지만, 이들도 도망가며 실패했다. 남녀 할 것 없이 가족, 친구, 제자 모두가 "길에서" 이탈했다. 누가 이 여정을 지속할 것인가? 누가 남아 있는가?

> **신실한 제자로 남아 있을 사람이 있는가? 마가복음의 모든 장면에 예수님과 함께하지는 않았지만 예수님을 지켜본 사람은 있다. 마가는 독자가 시작부터 끝까지 시종일관 '예수님과 함께'할 수 있게 했다. 독자는 아무도 듣지 못할 때 예수님이 자기 아들이라고 선포하시는 하나님의 음성을 들었고, 아무도 없을 때 광야에서 사탄에게 시험받으시는 예수님과 함께 있었다. 가족이 예수님을 부인할 때도 독자는 계속해서 예수님과 함께했다. 종교 지도자, 무리 그리고 제자들마저 예수님을 오해하고 떠나버릴 때 독자는 그분 곁에 섰다. 예수님의 수제자가 겟세마네 동산에서 잠들며 자기와 함께 한 시간만이라도 깨어 있으라는 예수님의 명령을 묵살할 때 독자는 깨어 예수님의 괴로운 기도를 들었다. 제자들이 모두 도망가고 십자가 주변에 아무도 없을 때 독자는 그곳에 있었다. 예수님이 버림받아 하나님께 부르짖을 때에도 독자는 여전히 그곳에 남아 있었다. 이제 독자는 모두가 실패한 가운데 결말이 없는 이야기의 언저리에 놓여 있다. 그리고 저자는 이야기를 갑작스럽게 중단한 채 이 이야기가 다른 사람을 위한 것이라고 생각했을 독자에게 결단을 내리게 한다.[18]**

마가복음의 끝에 나오는 이처럼 놀라운 도전은 독자/제자에게 매우 중요한 질문을 던진다. 다음 세대 제자들은 바통을 신실하게 이어받을 것인가?

물론, 역사적으로 볼 때 이 본문에 등장한 여인들은 소식을 전했고, 이 소식을 들은 제자들은 부활하신 주님과 재회했다. 또한 기독교가 사라지지 않고 두 번째, 세 번째, 네 번째, 다섯 번째…제자도 여정이 시작되었고 이 여정은 오늘날까지 반복되고 있다.[19] 그러나 문학적으로 볼 때 마가는 독자에게 분명한 질문을 남긴다. 실패했다고

---

18 Boring, *Mark*, 449. Rhoads 외, *Mark as Story*, 143도 참조하라.

19 16:8에 있는 핵심 동사는 과거형이다(ἔφυγον, 에푸곤, '도망갔다' 그리고 εἶπαν, 에이판, '말했다'). 두 과거형 동사가 두 개의 γαρ 절과 합쳐지며 "두려움으로 인한 구체적인 행동을 나타낸다. 이 구절은 도망가고 침묵한 행동이 특정 시간 동안에만 지속되었다는 것을 내포한다. 즉, 여인들은 두려워할 동안만 도망가고 침묵했다." 이러한 해석은 이 여인들이 두려움을 극복한 시점이 있음을 전제한다. 아마 이 여인들은 두려움을 극복한 이후에 부활의 소식을 제자들에게 전했을 것이다. Witherington, *Gospel of Mark*, 45–46.

할지라도 예수님의 사명을 감당하며 책임을 다해 제자도 여정을 지속할 것인가?[20] 이 중대한 책임을 지기 위해 독자는 결단을 내려야 한다. 예수님을 따라 그분의 사명을 감당하든가(과거에 실패했을지라도), 아니면 두려워하며 도망가야 한다. "마가복음 결말에 예배의 앞자리로 나와 결단을 내리게 하는 것은 아니지만 유사한 초청이 함축되어 있다."[21] 마가의 관점에서는 제자들이 갈릴리로 돌아가 예수님을 (다시) 만나는 것은 매우 중요하다. 왜냐하면 다음 제자도 여정과 실패한 제자들의 회복이 여기에 달려 있기 때문이다.[22]

마가복음이 갑작스럽게 끝나며 실망감을 안겨주는 것처럼 보일 수 있지만, 결코 절망으로 끝나지 않는다. 오히려 그 반대다! 이 결말은 예수님의 길이 지속되고 있음을 알려준다. 예수님은 또 다른 제자도 여정을 시작할 준비를 하신다. 그리고 무엇보다도 과거에 실패한 제자들에게 다시 "길에서" 함께하자는 초대장을 건네신다. 절망의 장소인 무덤이 다시 시작하는 제자도 여정의 입구로 바뀌었다. 여정이 곧 다시 시작된다!

설교의 초점 및 개요

설교를 위한 본문 25의 신학적 초점

25 하나님의 은혜로 회복된 제자들은 계속해서 예수님께 신실하며 담대하게 제자도 여정을 걷는다(15:40-16:8).

이 본문은 마가복음의 에필로그 역할을 담당하며 "길에서" 예수님을 따를 것을 권면한다. 과거에 실패한 자들에게조차 권면하며 소망이 있음을 알린다! 실패했던 제자들은 하나님의 은혜로 회복되고, 회복된 제자들은 제자도 여정을 재개하며 예수님의 사

---

20 "마가는 독자의 역사적 교육보다 독자의 제자도에 더 관심을 가진 것으로 보인다"(Geddert, *Watchwords*, 171). 삶을 변화시키기 위한 목적이라면 저자가 하는 말을 분별하는 것보다 문학적 기교(저자가 말한 것을 통해 수행하고 있는 것)에 더 신경을 써야 한다.

21 Meyer, "Taking Up the Cross," 238. "마가복음은 시작점인 갈릴리(1:1)로 돌아가 결말을 맺음으로써, 독자에게 하나님의 아들 예수 그리스도의 복음(1:1)을 갈릴리에서뿐만 아니라 모든 만국에 계속해서 전파하라고 초청한다(13:10; 14:9). 부활하신 예수님은 항상 앞서 가시며 이끄실 것이다"(Heil, "Narrative Strategy," 99).

22 더 넓은 관점에서 바라보면 하나님의 주권이 인간의 책임으로 인해 제한받지는 않는다. 그러나 그렇다고 해서 마가복음의 신학적 중점이 흐려져서는 안 된다. 다음 제자도 여정을 걸어가야 할 책임은 오직 제자들에게 있다.

명을 확장하고 신실하게 반응한다. 이는 예수님을 따를 때 매우 중요한 측면이다. 왜냐하면 누구든지 반드시 실패할 것이기 때문이다. 그러나 제자는 실패가 끝이 아니라는 사실을 알아야 한다. '청년'이 예수님의 옷을 입고 있는 모습은 제자들이 하나님을 섬길 수 있는 자리로 다시 회복될 수 있다는 놀라운 사실을 전한다(막 9, 14, 15, 16장에서 도출). 이야기는 마가복음 16장에서 끝나지 않는다. 제자도 여정도 끝나지 않고 오히려 시작점(갈릴리)으로 돌아가 다시 새롭게 시작된다. 제자들은 다시금 제자도 여정에 합류하고 새로운 제자들도 예수님과 함께하는 여정에 동참한다. 마가는 계속해서 예수님을 따를 것을 촉구한다.

설교자는 제자도에 초점을 맞춘 마가복음의 마지막 본문을 통해 과거에 이미 실패했던 자들에게 예수님을 다시 따르라고 권면할 수 있다. 그리고 이미 제자도의 여정 중에 있는 자들에게는 계속해서 신실히 따르라고 촉구할 수 있다. 열두 제자는 마가복음 내내 실패한 모습을 보였다. 그러나 다행스럽게도 마가는 회복과 새로운 시작이라는 본문으로 결말을 맺는다. 오직 하나님의 은혜로만 예수님과 함께 새롭게 걸을 수 있다. 그렇게 이 여정은 계속된다.

본문 25의 설교 개요

I. 열두 제자의 실패

- 열두 제자가 예수님을 떠나버린 후에 여인들이 남아 예수님을 따르고 섬김: 15:41
- 열두 제자가 두려워 도망간 후에 요셉은 담대함을 보임: 15:42–46
- 그러나 여인들도 선포하기를 두려워하며 실패함, 두 번째 여정이 위태로움: 16:8
- 연관성: 제자도 여정에서 신실하지 못한 우리의 모습

II. 열두 제자를 용서함

- "흰옷을 입은 청년" 모티브: 15:46; 16:5–6
- 예수님이 열두 제자를 재임명하시며 두 번째 여정을 시작하심: 16:7
- 연관성: 우리의 실패도 용서받을 수 있음

III. 신실함: *여정으로 돌아가라!*

- 회중이 신실한 제자도 여정으로 돌아갈 수 있는 구체적인 방법

또 다른 설교 개요

Ⅰ. 여인: 신실하게 남아 있음

- 열두 제자가 예수님을 떠나버린 후에 신실한 여인들이 남아 예수님을 따르고 섬김: 15:41
- 열두 제자의 부재와 대조함
- 연관성: 열두 제자처럼 제자도 여정에서 신실하지 못한 우리의 모습

Ⅱ. 요셉: 담대히 요청함

- 담대한 요셉은 예수님의 시신을 청함: 15:42-46
- 열두 제자의 두려움과 대조함
- 연관성: 열두 제자처럼 제자도 여정에서 담대하지 못한 우리의 모습

Ⅲ. 예수님: 기꺼이 회복시키심

- "흰옷을 입은 청년" 모티브: 15:46; 16:5-6
- 열두 제자를 재임명하시며 두 번째 여정을 시작하심: 16:7
- 연관성: 신실하고 담대하지 못한 우리도 용서받을 수 있음

Ⅳ. *신실하고 담대하게 여정으로 돌아가라!*

- 회중이 신실하고 담대히 제자도 여정으로 돌아갈 수 있는 구체적인 방법

결론

"그가 살아나셨고…예수께서 너희보다 먼저 갈릴리로 가시나니 전에 너희에게 말씀하신 대로 너희가 거기서 뵈오리라."
마가복음 16:6-7

매주 강대상에서 설교하는 사람은 "약 2,000년에서 3,000년이 된 문서가 세 번째 천년인 이 시대에도 진리를 발견할 수 있는 방향을 제시한다는 놀라운 가정"과 마주해야 한다.[1] 고대 문서에서 단순히 정보를 제공하는 차원이 아니라 삶을 변화시키는 진리(적용이 가능하고 하나님의 영광을 위해 삶이 바뀌는 진리)를 찾아내고, 설교를 할 수 있다고 단언하는 것 자체가 매우 놀랍다. 그러나 설교자의 몫과 책임은 결코 작지 않다. 설교자가 구체적인 성경 본문의 권위와 연관성을 가지고 성도에게 강해하려면 고대 문서에 담긴 어려운 본문을 현대 청중과 연결해주어야 한다. 그러므로 설교자는 성령님의 도움으로 삶을 변화시키는 성경의 진리를 전달하는 목회자다. 이 주석은 설교자가 본문과 적용 사이에 놓인 다리를 정확하고 효과적으로 무사히 건너가도록 돕는 광범위한 노력 가운데 작은 시도에 불과하다.

다음과 같이 날카롭게 비판하는 칼 바르트(Karl Barth)의 말을 주의 깊게 들어야 한다.

> 나는 최근 주석가들이 본문을 해석하여 주석을 제공하지 않고 단순히 주석을 향한 첫 단계에 그치는 해석만 내놓는 것이 불만이다. 최근 주석들은 본문을 단지 재구성할 뿐이다. 헬라어 단어와 구절을 정확한 단어로 번역하고 고고학과 언어학과 관련된 자료를 모아 각주를 몇 개 추가한다. 그리고 순전히 실용주의의 관점에서 역사적, 심

1 Schwöbel, "Preacher's Art," 7.

리적으로 이해하기 쉬운 방식으로 주제를 그럴듯하게 배치한다.[2]

나는 바르트의 충고를 마음에 새기고 '주석을 향한 첫 단계'보다 한 발 더 나아가려고 노력했다. 단순히 성경 저자가 말하는 바를 이해하기 쉬운 방식으로 전달하지 않고, 저자가 말한 것으로 무엇을 수행하고 있는지를 전하려고 노력했다. 이 주석은 다음의 말에 동의한다. "이야기의 작가는 단순히 이야기에 담긴 내용을 전달하는 것이 아니라 이야기를 전달하는 과정을 통해 청중에게 무언가를 수행하려고 한다." 마가복음은 마가가 기록한 영감된 이야기 속에 담긴 하나님의 세계(즉, 본문의 신학)의 교훈, 우선순위, 실천 사항에 응하도록 생각, 감정, 행동을 모두 변화시키게끔 독자를 '유혹'하기 위해 쓰였다. 이 목적을 위해 예수님과 그분의 제자들에 관한 이 이야기는(그리고 다른 모든 성경 이야기도 마찬가지로) "정보를 전달하기 위해 언어의 지칭 축을 도는 것이 아니라 독자에게 영향을 미치기 위해 언어의 수사학 축을 돈다."[3] 즉, 마가는 말한 것으로 무언가를 수행하고 있다. 마가가 가진 신학적 의도를 볼 때, 해석자(특히, 설교를 위해 해석하는 사람)는 마가가 말하는 것에만 주목하지 않고 말한 것으로 무엇을 수행하는가에 반드시 주목해야 한다. 이 주석은 설교자를 돕기 위해 마가복음에 독특한 방식으로 접근했다. 이 주석은 본문의 신학(마가복음 각 본문의 신학적 중점) 혹은 저자가 말한 것으로 무엇을 수행하는지를 찾아낼 수 있는 석의의 형태를 사용했다.[4]

이 주석은 성경 본문의 타당한 적용이 오직 본문과 적용 사이에 놓인 결정적인 다리라고 할 수 있는 본문 신학으로 유추할 수 있다는 근본적인 신념으로 쓰였다.[5] 또한 이 주석은 모든 설교의 목적이 하나님의 영광을 위해 삶이 바뀌도록 타당한 적용을 제시하는 것이라는 해석학적 철학에 바탕에 둔다. 본문의 해석은 결국 "본문의 이야기를 우리 삶의 본문 안에서 다시 쓰는 것이다."[6] 그리고 목양의 마음을 가진 설교자는 본문의 신학적 중점이 실제로 사람들의 삶에서 나타나도록 구체적인 적용을 제

2 Barth, *Epistle to the Romans*, 6.

3 Fowler, *Let the Reader Understand*, 10, 222.

4 '들어가는 말'을 참조하라. 또한 이 해석학의 본질, 본문 신학, 설교 과정에서의 중요성을 살펴보기 위해서는 Kuruvilla, *Text to Praxis*, 142–90 그리고 "Pericopal Theology"도 참조하라.

5 이 주석에서는 본문 신학을 '신학적 초점'으로 소개한다. 나는 신학적 중점이 곧 저자가 말하는 것으로 수행하는 것임을 이미 다른 글에서 제안했다(이전 참고 문헌을 참조하라).

6 Barthes, "Day by Day," 101.

시해야 하는 책임이 있다.

성령의 감동을 받은 마가는 마가복음 독자를 제자의 '길'로 인도하고자 한다. 마가는 총 세 개의 막을 통해 예수님의 정체성을 인식하고(1:1–8:21), 그분의 사명을 수용하며(8:22–10:52), 그분께 신실하다는 것(11:1–16:8)이 어떤 의미인지 제자에게 설명한다. 제자도의 주제(그리고 구조)는 갈릴리에서부터 예루살렘까지 이르는 여정을 통해 구체적으로 드러난다. 이 여정을 통해 제자는 예수님을 따라 영광에 이르는 길에 들어서지만, 고난을 통과한다. 그러므로 마가복음 전체의 신학적 초점을 다음과 같이 요약해볼 수 있다. 제자는 예수님의 정체성을 인식하고(제1막), 그분의 사명을 수용하며(제2막), 그분께 신실하며(제3막), 예수님을 따라 고난을 통과하여 영광에 이르는 길을 걷는다.

각각의 본문은 마가복음의 전반적인 신학적 초점에 부분적으로 기여한다. 이 보석을 이루는 다양한 면이 각 본문을 통해 드러난다. 그리고 이 주석의 목적은 이처럼 전반적인 신학적 초점에 기여하는 각 본문의 신학을 설명하는 데 있다.[7] 그러므로 마가복음을 매주 설교하는 설교자는 자신과 청중을 마가복음이 말하는 제자도로 이끌어가는 장엄한 책임을 성령님의 도우심으로 감당해야 한다. 설교자가 전하는 적용이 청중의 삶에 흡수되면서 그리스도인의 성향과 그리스도를 닮은 인격이 형성된다. 그리고 이를 통해 하나님의 백성은 그분의 뜻에 자신을 맞추어가며 하나님께 영광을 돌린다. 이것이 바로 설교의 목적이다.[8] 마가복음 강해를 하는 동안 본문이 삶으로 실천될 것이고, 예수님을 따르는 제자들이 생겨날 것이며, 하나님의 자녀가 그리스도를 닮아갈 것이다. 이렇게 될 때 '하나님의 나라가 가까이 왔다'가 아니라 '하나님 나라가

7 Morna Hooker의 예리한 비평을 우연히 접한 이후 내러티브를 구성하는 본문을 목걸이에 달린 진주에 비교하는 것을 주저하게 된다. "자료가 두서없이 배열된 것을 '목걸이에 달린 진주'에 비교하는 사람은 남성밖에 없다고 말하는 것이 성차별적 발언으로 인식되지 않길 바란다. 어떤 여성이라도 이 비유가 잘못되었다는 것을 즉시 알아차렸을 것이다. 진주는 신중하게 골라 등급을 매겨야 한다. 신약 학자들은 사복음서 저자들이 바로 이처럼 자료를 배열했다는 것을 점차 깨달았다"(*Message of Mark*, 3). 그러나 내가 감히 이 비유를 사용했다면, '두서없는' 배열을 가리킨 것은 절대 아니다. 오히려 정반대다! 나는 Hooker의 말에 전적으로 동의한다. 내러티브 속 본문은 마가가 그러했듯이 신중하게 선별되고 등급이 매겨지며, 구성되고 맞춰지고, 큰 그림 안에서 전략적으로 계획된다.

8 본 주석은 '설교' 주석이 아니라 '신학적' 주석이라는 사실을 다시 이야기할 필요가 있다. 이 주석은 설교자가 설교를 구성하는 데 있어 본문에서 신학으로 옮겨가는 부분(해석학 단계)까지만 인도한다. 신학에서 적용까지 완전히 건너가는 단계는 설교자가 감당해야 할 몫이다. 즉, 설교자는 본문의 신학에서 특정 청중을 위한 구체적이고 실제적인 적용을 유추해야 한다. 그리고 이 모든 것을 설교에 담아내어 효과적이고 설득력 있게 전달해야 한다(수사학 단계).

이곳에 있다'고 말할 수 있을 것이다!

누가 예수님의 정체성을 인식하고, 그분의 사명을 수용하며, 그분께 끝까지 신실하고, 그분의 길을 따라갈 것인가? 누가 하나님 나라를 위해 예수님의 사명을 감당하는 제자가 될 것인가? 마가는 성령님을 통해 청중을 부른다. 그리고 마가복음은 다음과 같이 초청하며 끝맺는다. "예수님이 앞서 가시며 다음 제자도 여정이 시작되었다. 예수님을 따라갈 준비를 하자! 당신은 이 여정에 함께하겠는가?"

참고 문헌

Achtemeier, P. J. "Person and Deed." *Int* 16 (1962) 169–76.

Aland, Barbara, Kurt Aland, Johannes Karavidopoulos, Carlo M. Martini, and Bruce M. Metzger. *The Greek New Testament.* 4th rev. ed. Stuttgart: Deutsche Bibelgesellschaft, United Bible Societies, 1996.

Bailey, Kenneth E. "The Fall of Jerusalem and Mark's Account of the Cross." *ExpTim* 102 (1991) 102–5.

Barthes, Roland. "Day by Day with Roland Barthes." In *On Signs,* by Roland Barthes, edited by Marshall Blonsky, 98–117. Baltimore: Johns Hopkins University Press, 1985.

Batto, Bernard F. "The Sleeping God: An Ancient Near Eastern Motif of Divine Sovereignty." *Bib* 68 (1987) 153–77.

Bauckham, Richard. "For Whom Were Gospels Written?" In *The Gospels for All Christians: Rethinking the Gospel Audiences*, edited by Richard Bauckham, 9–48. Grand Rapids: Eerdmans, 1998.

Best, Ernest. *Disciples and Discipleship: Studies in the Gospel According to Mark.* Edinburgh: T. & T. Clark, 1986.

———. *Following Jesus: Discipleship in the Gospel of Mark.* JSNTSup 4. Sheffield: Sheffield Academic, 1981.

———. "Mark's Narrative Technique." *JSNT* 37 (1989) 43–58.

Black, C. Clifton. "Rhetorical Criticism." In *Hearing the New Testament: Strategies for Interpretation*, edited by Joel B. Green, 256–77. Grand Rapids: Eerdmans, 1995.

Bonhoeffer, Dietrich. *The Cost of Discipleship*. Translated by R. H. Fuller. Revised by Irmgard Booth. New York: Simon and Schuster, 1995.

Booth, Wayne C. *The Company We Keep: An Ethics of Fiction.* Berkeley: University of California Press, 1988.

Boring, M. Eugene. *Mark: A Commentary.* NTL. Louisville: Westminster John Knox, 2006.

———. "Mark 1:1–15 and the Beginning of the Gospel." *Semeia* 52 (1991) 43–81.

Borrell, Augustí. *The Good News of Peter's Denial: A Narrative and Rhetorical Reading of Mark 14:54.66–72.* Translated by Sean Conlon. Atlanta: Scholars, 1998.

Brady, David. "The Alarm to Peter in Mark's Gospel." *JSNT* 4 (1979) 42–57.

Breck, John. *The Shape of Biblical Language: Chiasmus in the Scriptures and Beyond.* Crestwood, NY: St. Vladimir's Seminary Press, 1994.

Brown, Raymond E. "The Passion According to Mark." *Worship* 59 (1985) 116–26.

Buechner, Frederick. *Telling the Truth: The Gospel as Tragedy, Comedy, and Fairy Tale.* San Francisco: Harper & Row, 1977.

Busch, Austin. "Questioning and Conviction: Double-Voiced Discourse in Mark 3:22–30." *JBL* 125 (2006) 477–505.

Buttrick, David. *Homiletic: Moves and Structures.* Philadelphia: Fortress, 1987.

Byrne, Brendan. *A Costly Freedom: A Theological Reading of Mark's Gospel.* Collegeville, MN: Liturgical, 2008.

Camery-Hoggatt, Jerry. *Irony in Mark's Gospel: Text and Subtext.* SNTSMS 72. Cambridge: Cambridge University Press, 1992.

Carmichael, Deborah Bleicher. "David Daube on the Eucharist and the Passover Seder." *JSNT* 42 (1991) 45–67.

Cashmore, David. "'In This Generation': The Comings and Goings of the Son of Man." *Stimulus* 12 (2004) 13–19.

Catchpole, D. R. "The Synoptic Divorce Material as a Traditio-Historical Problem." *BJRL* 57 (1974) 97–127.

———. "The 'Triumphal' Entry." In *Jesus and the Politics of His Day,* edited by Ernst Bammel and C. F. D. Moule, 319–34. Cambridge: Cambridge University Press, 1984.

Chronis, Harry L. "The Torn Veil: Cultus and Christology in Mark 15:37–39." *JBL* 101 (1982) 97–114.
Collins, Adela Yarbro. *Mark: A Commentary.* Hermeneia. Minneapolis: Fortress, 2007.
Craddock, Fred B. *As One without Authority.* St. Louis: Chalice, 2001.
———. *Preaching.* Nashville: Abingdon, 1985.
Danker, Frederick W. "The Literary Unity of Mark 14 1–25." *JBL* 85 (1966) 467–72.
Danove, Paul L. *The Rhetoric of the Characterization of God, Jesus, and Jesus' Disciples in the Gospel of Mark.* JSNTSup 290. London: T. & T. Clark, 2005.
Dart, John. "Scriptural Schemes: The ABCBAs of Biblical Writing." *ChrCent* 121/14 (2004) 22–25.
Derrett, J. Duncan M. "Law in the New Testament: The Palm Sunday Colt." *NovT* 13 (1971) 241–58.
Dewey, Joanna. "The Literary Structure of the Controversy Stories in Mark 2:1—3:6." *JBL* 92 (1973) 394–401.
———. *Markan Public Debate: Literary Technique, Concentric Structure, and Theology in Mark 2:1–3:6.* SBLDS 48. Atlanta: Scholars, 1980.
———. "Oral Methods of Structuring Narrative in Mark." In *Intersections: Post-Critical Studies in Preaching*, edited by Richard L. Eslinger, 23–41. Grand Rapids: Eerdmans, 2004.
Donahue, John R., and Daniel J. Harrington. *The Gospel of Mark.* SP 2. Collegeville, MN: Liturgical, 2002.
Dowd, Sharyn Echols. *Reading Mark: A Literary and Theological Commentary on the Second Gospel.* Macon, GA: Smith & Helwys, 2000.
———. *Prayer, Power, and the Problem of Suffering: Mark 11:22–25 in the Context of Markan Theology.* SBLDS 105. Atlanta: Scholars, 1988.
Driggers, Ira Brent. *Following God through Mark: Theological Tension in the Second Gospel.* Louisville: Westminster John Knox, 2007.
Drury, John. "Mark 1:1–15: An Interpretation." In *Alternative Approaches to New Testament Study*, edited by A. E. Harvey, 25–36. London: SPCK, 1985.
Duff, Paul Brooks. "The March of the Divine Warrior and the Advent of the Greco-Roman King: Mark's Account of Jesus' Entry into Jerusalem." *JBL* 111 (1992) 55–71.
Dunn, James D. G. "Jesus and Purity: An Ongoing Debate." *NTS* 48 (2002) 449–67.
Edwards, James R. "Markan Sandwiches: The Significance of Interpolations in Markan Narratives." *NovT* 31 (1989) 193–216.
Eslinger, Richard. *The Web of Preaching: New Options in Homiletical Method.* Nashville: Abingdon, 2002.
Evans, Craig A. "Mark's Incipit and the Priene Calendar Inscription: From Jewish Gospel to Greco-Roman Gospel." *Journal of Greco-Roman Christianity and Judaism* 1 (2000) 67–81.
———. *Mark 8:27–16:20.* WBC 34B. Nashville: T. Nelson, 2001.
Fackre, Gabriel. "Narrative Theology: An Overview." *Int* 37 (1983) 340–52.
Fay, Greg. "Introduction to Incomprehension: The Literary Structure of Mark 4:1–34." *CBQ* 51 (1989) 65–81.
Fleddermann, Harry. "The Discipleship Discourse (Mark 9:33–50)." *CBQ* 43 (1981) 57–75.
———. "The Flight of a Naked Young Man (Mark 14:51–52)." *CBQ* 41 (1979) 412–18.
Foerster, Wemer, and Johannes Herrmann, "κλῆρος." In *TDNT* 3:774.
Fowler, Robert M. *Let the Reader Understand: Reader-Response Criticism and the Gospel of Mark.* Minneapolis: Fortress, 1991.
———. *Loaves and Fishes: The Function of the Feeding Stories in the Gospel of Mark.* SBLDS 54. Atlanta: Scholars, 1981.
France, R. T. *The Gospel of Mark: A Commentary on the Greek Text.* NIGTC. Grand Rapids: Eerdmans, 2002.
———. *Jesus and the Old Testament: His Application of Old Testament Passages to Himself and His Mission.* Grand Rapids: Baker, 1982.
Geddert, Timothy J. *Mark.* Believers Church Bible Commentary. Scottdale, PA: Herald, 2001.
———. *Watchwords: Mark 13 in Markan Eschatology.* JSNTSup 26. Sheffield: Sheffield Academic, 1989.
Gibson, Jeffrey B. "Jesus' Wilderness Temptation according to Mark." *JSNT* 53 (1994) 3–34.

Gray, Timothy C. *The Temple in the Gospel of Mark: A Study in Its Narrative Role.* WUNT 2/242. Tübingen: Mohr/Siebeck, 2008.
Greidanus, Sidney. *The Modern Preacher and the Ancient Text: Interpreting and Preaching Biblical Literature.* Grand Rapids: Eerdmans, 1988.
Guelich, Robert A. *Mark 1-8:26.* WBC 34A. Dallas: Word, 1989.
Gundry, Robert H. *Mark: A Commentary on His Apology for the Cross.* Grand Rapids: Eerdmans, 1993.
Gurtner,Daniel M. "The Rending of the Veil and Markan Christology: 'Unveiling' the 'ΥΙΟΣ ΘΕΟΥ' (Mark 15:38–39)." *BibInt* 15 (2008) 292–306.
Guttenberger, Gudrun. "Why Caesarea Philippi of All Sites? Some Reflections on the Political Background and Implications of Mark 8:27–30 for the Christology of Mark." In *Zwischen den Reichen: Neues Testament und Römische Herrschaft*, edited by Michael Labahn and Jürgen Zangenberg, 119–31. Tübingen: A. Francke, 2002.
Harrington, W. *Mark.* Wilmington, DE: M. Glazier, 1979.
Hatina, Thomas R. *In Search of a Context: The Function of Scripture in Mark's Narrative.* JSNTSup 232. Studies in Scripture in Early Judaism and Christianity 8. London: Sheffield Academic, 2002.
Healy, Mary. *The Gospel of Mark.* Grand Rapids: Baker, 2008.
Heil, John Paul. "Jesus with the Wild Animals in Mark 1:13." *CBQ* (2006) 63–78.
———. "Mark 14,1–52: Narrative Structure and Reader-Response." *Bib* 71 (1990) 305–32.
———. "The Narrative Strategy and Pragmatics of the Temple Theme in Mark." *CBQ* 59 (1997) 76–100.
———. "Reader-Response and the Narrative Context of the Parables about Growing Seed in Mark 4:1–34." *CBQ* 54 (1992) 271–86.
Hellerman, Joseph H. "Wealth and Sacrifice in Early Christianity: Revisiting Mark's Presentation of Jesus' Encounter with the Rich Young Ruler." *TrinJ*, n.s., 21 (2000) 143–64.
Henderson, Suzanne Watts. *Christology and Discipleship in the Gospel of Mark.* SNTSMS 135. Cambridge: Cambridge University Press, 2006.
———. "'Concerning the Loaves': Comprehending Incomprehension in Mark 6:45–52." *JSNT* 83 (2001) 3–26.
Hester, J. David "Dramatic Inconclusion: Irony and the Narrative Rhetoric of the Ending of Mark." *JSNT* 57 (1995) 61–86.
Hollenbach, B. "Lest They Should Turn and Be Forgiven." *BT* 34 (1983) 312–21.
Holmén, Tom. *Jesus and Jewish Covenant Thinking.* Leiden: Brill, 2001.
Holmes, Michael W. "To Be Continued . . . : The Many Endings of the Gospel of Mark." *BRev* 17.4 (2001) 12–23, 48–49.
Hooker, Morna D. *A Commentary on the Gospel according to St. Mark.* London: A. & C. Black, 1991.
———. "Mark's Parables of the Kingdom (Mark 4:1–34)." In *The Challenge of Jesus' Parables*, edited by Richard N. Longenecker, 79–101. Grand Rapids: Eerdmans, 2000.
———. *The Message of Mark.* London: Epworth, 1983.
———. *The Son of Man in Mark: A Study of the Background of the Term "Son of Man" and Its Use in St. Mark's Gospel.* Montreal: McGill University Press, 1967.
Iersel, Bas M. F. van. "Concentric Structures in Mark 1:14–3:35 (4:1) With Some Observations on Method." *BibInt* 3 (1995) 75–98.
———. "Locality, Structure, and Meaning in Mark." *LB* 53 (1983) 45–54.
———. *Mark: A Reader-Response Commentary.* Translated by W. H. Bisscheroux. London: T. & T. Clark, 1998.
———. *Reading Mark.* Translated by W. H. Bisscheroux. Collegeville, MN: Liturgical, 1988.
Instone-Brewer, David. *Divorce and Remarriage in the Bible: The Social and Literary Context.* Grand Rapids: Eerdmans, 2002.
———. "Jesus' Old Testament Basis for Monogamy." In *The Old Testament in the New Testament: Essays in Honour of J. L. North*, edited by Steve Moyise, 74–105. JSNTSup 189. Sheffield: Sheffield Academic, 2000.
Iverson, Kelly R. *Gentiles in the Gospel of Mark: 'Even the Dogs under the Table Eat the Children's Crumbs.'* LNTS 339. London: T. & T. Clark, 2007.

———. "A Further Word on Final ΓΑΡ (Mark 16:8)." *CBQ* 68 (2006) 79–94.

Jackson, Howard M. "The Death of Jesus in Mark and the Miracle from the Cross." *NTS* 33 (1987) 16–37.

———. "Why the Youth Shed His Cloak and Fled Naked: The Meaning and Purpose of Mark 14:51–52." *JBL* 116 (1997) 273–89.

Kaminouchi, Alberto de Mingo. *"But It Is Not So among You": Echoes of Power in Mark 10.32–45.* JSNTSup 249. Sheffield: Sheffield Academic, 2003.

Kee, Howard Clark. "The Transfiguration in Mark: Epiphany or Apocalyptic Vision?" In *Understanding the Sacred Text: Essays in Honor of Morton S. Enslin on the Hebrew Bible and Christian Beginnings*, edited by John Reumann, 137–52. Valley Forge, PA: Judson, 1972.

Kelsey, David H. "The Bible and Christian Theology." *JAAR* 48 (1980) 385–402.

Kinman, Brent. "Parousia, Jesus' 'A-Triumphal' Entry, and the Fate of Jerusalem (Luke 19:28–44)." *JBL* 118 (1999) 279–94.

Krause, Deborah. "Narrated Prophecy in Mark 11.12–21: The Divine Authorization of Judgment." In *The Gospels and the Scriptures of Israel*, edited by Craig A. Evans and W. Richard Stegner, 235–48. JSNTSup 104. Sheffield: Sheffield Academic, 1994.

Kuruvilla, Abraham. "The Naked Runaway and the Enrobed Reporter of Mark 14 and 16: What Is the Author *Doing* with What He Is *Saying*?" *JETS* 54 (2011): 527–45.

———. Review of *The Narcissism Epidemic: Living in the Age of Entitlement,* by Jean M. Twenge and W. Keith Campbell. *JETS* 52 (2010) 877–80.

———. "Pericopal Theology: The Intermediary between Text and Application." *TrinJ*, n.s., 31 (2010) 265–83.

———. *Text to Praxis: Hermeneutics and Homiletics in Dialogue.* LNTS 393. London: T. & T. Clark, 2009.

Kuthirakkattel, Scaria. *The Beginning of Jesus' Ministry according to Mark's Gospel (1,14—3,6): A Redaction Critical Study.* Rome: Editrice Pontificia Instituto Biblico, 1990.

Lampe, G. W. H. "St. Peter's Denial." *BJRL* 55 (1973) 346–68.

Lowry, Eugene L. *The Homiletical Plot: The Sermon as Narrative Art Form.* Rev. ed. Louisville: Westminster John Knox, 2001.

Lund, Nils Wilhelm. *Chiasmus in the New Testament: A Study in the Form and Function of Chiastic Structures.* Boston: Hendrickson, 1992.

Luther, Martin. "The Second Sermon, March 10, 1522, Monday after Invocavit." In *Luther's Works*, translated by John W. Doberstein, 51:75–78. Philadelphia: Muhlenberg, 1959.

Magness, J. Lee. *Sense and Absence: Structure and Suspension in the Ending of Mark's Gospel.* SBL Semeia Studies. Atlanta: Scholars, 1986.

Malbon, Elizabeth Struthers. "Narrative Criticism: How Does the Story Mean?" In *Mark & Method: New Approaches in Biblical Studies*, edited by Janice Capel Anderson and Stephen D. Moore, 29–57. 2nd ed. Minneapolis: Fortress, 2008.

Marcus, Joel. *Mark: A New Translation with Introduction and Commentary.* Anchor Yale Bible Commentary 27. New Haven, CT: Yale University Press, 2002.

———. *Mark 8–16.* Anchor Yale Bible 27A. New Haven, CT: Yale University Press, 2009.

———. *The Mystery of the Kingdom of God.* SBLDS 90. Atlanta: Scholars.

Marshall, Christopher D. *Faith as a Theme in Mark's Narrative.* SNTSMS 64. Cambridge: Cambridge University Press, 1989.

Merkel, Helmut. "Peter's Curse." In *The Trial of Jesus: Cambridge Studies in Honor of C. F. D. Moule*, edited by Ernst Bammel, 66–71. London: SCM, 1970.

Meyer, Marvin. "Taking Up the Cross and Following Jesus: Discipleship in the Gospel of Mark." *Concordia Theological Journal* 37 (2002) 230–38.

Miller, Susan. "The Woman Who Anoints Jesus (Mk 14.3–9): A Prophetic Sign of the New Creation." *Feminist Theology* 14 (2006) 221–36.

———. *Women in Mark's Gospel.* JSNTSup 259. London: T. & T. Clark, 2004.

Minear, Paul S. "The Needle's Eye: A Study in Form Criticism." *JBL* 61 (1942) 157–69.

Moloney, Francis J. "Mark 6:6b–30: Mission, the Baptist, and Failure." *CBQ* 63 (2001) 647–63.

Moule, C. F. D. "Mark 4:1–20 Yet Once More." In *Neotestamentica et Semitica: Studies in Honor of Matthew Black*, edited by E. E. Ellis and M. Wilcox, 95–113. Edinburgh: T. &T. Clark, 1969.
Moyise, Steve. "The Wilderness Quotation in Mark 1:2–3." In *Wilderness: Essays in Honour of Frances Young*, edited by R. S. Sugirtharajah, 78–87. London: T. & T. Clark, 2005.
Myers, Ched. *Binding the Strong Man: A Political Reading of Mark's Story of Jesus.* Maryknoll, NY: Orbis, 1988.
Nardoni, Enrique. "A Redactional Interpretation of Mark 9:1." *CBQ* 43 (1981) 365–84.
Neyrey, Jerome H. "The Idea of Purity in Mark's Gospel." *Semeia* 35 (1986) 91–128.
Nybroten, Arvid. "Possible Vestiges of the *Afikoman* in the Elevation of the *Panagia*." *GOTR* 43 (1998) 105–27.
Oden, Thomas C., and Christopher A. Hall, editors. *Mark.* Vol. 2 of *Ancient Christian Commentary on Scripture, New Testament.* Downers Grove, IL: InterVarsity, 1998.
O'Donnell, Matthew Brook. "Translation and the Exegetical Process: Using Mark 5.1–10, 'The Binding of the Strongman', as a Test Case." In *Translating the Bible: Problems and Prospects*, edited by Stanley E. Porter and Richard S. Hess, 162–88. JSNTSup 173. Sheffield: Sheffield Academic, 1999.
Osborne, Grant R. "Structure and Christology in Mark 1:21–45." In *Jesus of Nazareth: Lord and Christ: Essays on the Historical Jesus and New Testament Christology*, edited by Joel B. Green and Max Turner, 147–63. Grand Rapids: Eerdmans, 1994.
Painter, John. *Mark's Gospel: Worlds in Conflict.* London: Routledge, 1997.
Pannenberg, Wolfhart. *Systematic Theology.* Translated by Geoffrey W. Bromiley. 3 vols. Grand Rapids: Eerdmans, 1988–1998.
Parrott, Rod. "Conflict and Rhetoric in Mark 2:23–28." *Semeia* 64 (1993) 117–37.
Parunak, H. Van Dyke. "Oral Typesetting: Some Uses of Biblical Structure." *Bib* 62 (1981) 153–68.
Peterson, Eugene H. *Under the Unpredictable Plant: An Exploration in Vocational Holiness.* Grand Rapids: Eerdmans, 1992.
Placher, William C. *Mark.* Belief: A Theological Commentary on the Bible. Louisville: Westminster John Knox, 2010.
Plummer, Robert L. "Something Awry in the Temple? The Rending of the Temple Veil and Early Jewish Sources That Report Unusual Phenomena in the Temple around AD 30." *JETS* 48 (2005) 301–16.
Ratner, Sidney. "Presupposition and Objectivity in History." *Philosophy of Science* 7 (1940) 499–505.
Reid, Robert Stephen. *Preaching Mark.* St. Louis: Chalice, 1999.
Rhoads, David. "Jesus and the Syrophoenician Woman in Mark: A Narrative-Critical Study." *JAAR* 62 (1994) 343–76.
Rhoads, David, Joanna Dewey, and Donald Michie. *Mark as Story: An Introduction to the Narrative of a Gospel.* 2nd ed. Minneapolis: Fortress, 1999.
Robbins, Vernon K. "The Woman Who Touched Jesus' Garment: A Socio-Rhetorical Analysis of the Synoptic Accounts." In *New Boundaries in Old Territory: Form and Social Rhetoric in Mark,* by Vernon K. Robbins, edited by David B. Gowler, 185–200. Emory Studies in Early Christianity 3. New York: P. Lang, 1994.
Rudolph, David J. "Jesus and the Food Laws: A Reassessment of Mark 7:19b." *EvQ* 74 (2002) 291–311.
Russell, Bertrand. *Why I Am Not a Christian, and Other Essays on Religion and Related Subjects.* New York: Simon and Schuster, 1957.
Salyer, Gregory. "Rhetoric, Purity, and Play: Aspects of Mark 7:1–23." *Semeia* 64 (1993) 139–69.
Sandmel, Samuel. "Prolegomena to a Commentary on Mark." *JBR* 31 (1963) 294–300.
Schmidt, Thomas E. "Jesus' Triumphal March to Crucifixion: The Sacred Way as Roman Procession." *BRev* 13 (1997) 30–37.
———. "Mark 15.16–32: The Crucifixion Narrative and the Roman Triumphal Procession." *NTS* 41 (1995) 1–18.
Schweizer, Eduard. *The Good News according to Mark.* Translated by Donald H. Madvig. Atlanta: John Knox, 1970.
Schwöbel, Christoph. "The Preacher's Art: Preaching Theologically." In *Theology through Preaching: Sermons for Brentwood,* by Colin E. Gunton, 1–20. Edinburgh: T. & T. Clark, 2001.

Shepherd, Tom. *Markan Sandwich Stories: Narration, Definition, and Function*. Andrews University Seminary Doctoral Dissertation Series 18. Berrien Springs, MI.: Andrews University Press, 1993.

Sider, Ronald J. *Rich Christians in an Age of Hunger: Moving from Affluence to Generosity*. 5th ed. Nashville: T. Nelson, 2005.

Smith, Geoffrey. "A Closer Look at the Widow's Offering: Mark 12:41–44." *JETS* 40 (1997) 27–36.

Snodgrass, Klyne. "A Hermeneutics of Hearing Informed by the Parables with Special Reference to Mark 4." *BBR* 14 (2004) 59–79.

Spencer, Aída Besançon. "The Denial of the Good News and the Ending of Mark." *BBR* 17 (2007) 269–83.

Stanton, Graham N. "The Fourfold Gospel." *NTS* 43 (1997) 317–46.

Stegner, William Richard. "Jesus' Walking on the Water: Mark 6.45–52." In *The Gospels and the Scriptures of Israel*, edited by Craig A. Evans and William Richard Stegner, 212–34. JSNTSup 104. Sheffield: Sheffield Academic, 1994.

Stein, Robert H. "The Ending of Mark." *BBR* 18 (2008) 79–98.

———. *Mark*. BECNT. Grand Rapids: Baker, 2008.

Sternberg, Meir. *The Poetics of Biblical Narrative: Ideological Literature and the Drama of Reading*. Bloomington, IN: Indiana University Press, 1987.

Stock, Augustine. "Chiastic Awareness and Education in Antiquity." *BTB* 14 (1984) 23–27.

———. *The Method and Message of Mark*. Wilmington, DE: M. Glazier, 1989.

Telford, William R. *The Barren Temple and the Withered Tree*. JSNTSup 1. Sheffield: JSOT Press, 1980.

Todorov, Tzvetan. *The Poetics of Prose*, translated by Richard Howard. Ithaca, NY: Cornell University, 1977.

Tolbert, Mary Ann. "How the Gospel of Mark Builds Character." *Int* 47 (1993) 347–57.

———. *Sowing the Gospel: Mark's World in Literary-Historical Perspective*. Minneapolis: Fortress, 1989.

Trick, Bradley R. "Death, Covenants, and the Proof of the Resurrection in Mark 12:18–27." *NovT* 49 (2007) 232–65.

Twenge, Jean M., and W. Keith Campbell. *The Narcissism Epidemic: Living in the Age of Entitlement*. New York: Free Press, 2009.

Viviano, Benedict T. "The High Priest's Servant's Ear: Mark 14:47." *RB* 96 (1989) 71–80.

Von Wahlde, Urban C. "Mark 9:33–50: Discipleship: The Authority That Serves." *BZ* 29 (1985) 49–67.

Wallace, Daniel B. *Greek Grammar beyond the Basics*. Grand Rapids: Zondervan, 1996.

———. "Mark 16:8 as the Conclusion to the Second Gospel." In *Perspectives on the Ending of Mark: 4 Views*, by David Alan Black, Darrell Bock, Keith Elliott, Maurice Robinson, and Daniel B. Wallace, 1–39. Nashville: Broadman and Holman, 2008.

Watson, Francis B. *Text, Church, and World: Biblical Interpretation in Theological Perspective*. Grand Rapids: Eerdmans, 1994.

Weaver, Richard M. *Language Is Sermonic: Richard M. Weaver on the Nature of Rhetoric*, edited by Richard L. Johannesen, Rennard Strickland, and Ralph T. Eubanks. Baton Rouge: Louisiana State University Press, 1970.

Weeden, Theodore J. *Mark—Traditions in Conflict*. Philadelphia: Fortress, 1971.

Welch, John W. *Chiasmus in Antiquity: Structures, Analyses, Exegesis*. Provo, UT: Research Press, 1999.

Willard, Dallas. *The Spirit of the Disciplines: Understanding How God Changes Lives*. San Francisco: Harper, 1988.

Williams, J. F. *Other Followers of Jesus: Minor Characters as Major Figures in Mark's Gospel*. JSNTSup 102. Sheffield: JSOT Press, 1994.

Winn, Adam. *The Purpose of Mark's Gospel: An Early Christian Response to Roman Imperial Propaganda*. WUNT 2/245. Tübingen: Mohr/Siebeck, 2008.

Witherington, Ben. *The Gospel of Mark: A Socio-Rhetorical Commentary*. Grand Rapids: Eerdmans, 2001.

Wright, John. "Spirit and Wilderness: The Interplay of Two Motifs within the Hebrew Bible as a Background to Mark 1:2–13." In *Perspectives on Language and Text: Essays and Poems in Honor of Francis I. Andersen's Sixtieth Birthday July 28, 1985*, edited by Edgar W. Conrad and Edward G. Newing, 268–98. Winona Lake, IN: Eisenbrauns, 1987.